みんなが
欲しかった！

# 社労士の問題集

TAC出版
TAC PUBLISHING Group

# はじめに

本試験に合格する力をつけるためには、知識をインプットするだけでなく、アウトプット演習を行うことが必要となります。つまり、知識を「わかる」水準から、「得点できる」水準にまで引き上げなければなりません。本書は、姉妹書の『社労士の教科書』の完全準拠問題集として、教科書で学んだ知識を、試験に対応できる実践的水準にまで「効率よく高める」ことにとことんこだわり、制作しました。

本試験で「得点できる」水準にまで知識を高めるには、質のよい問題を、本試験と同一形式で演習することが、最も効果的となります。

本書は、択一式と選択式の問題を『社労士の教科書』のSectionにあわせて編集しています。各問題は、「過去問」「予想問題」を組み合わせて作成しており、試験合格に必要な重要ポイントはすべて盛り込んでいます。これらの問題を本試験と同一の実践的な形式で演習することにより、『社労士の教科書』で学んだ知識を、さらにレベルアップさせていくことが可能となります。

本書掲載の問題を、隅々まで解きこなし、弱点の克服を図りながら得点力を高め、「合格」を勝ち取っていきましょう。合格発表日には良い結果が出ることを心よりお祈りいたします。

2021年９月　TAC社会保険労務士講座　講師一同

本書は、2021年９月６日現在において、公布され、かつ、2022年本試験実施要綱が発表されるまでに施行されることが確定しているものに基づいて問題を作成しております。

2021年９月７日以降に法改正のあるもの、また法改正はなされているが施行規則等で未だ細目について定められていないものについては、2022年２月上旬より下記ホームページにて「法改正情報」を順次公開いたします。

TAC書籍販売サイト「サイバーブックストア」

https：//bookstore.tac-school.co.jp

# 本書の特色

本書には、「過去問」と「予想問題」の両方が収録してあります。本書をしっかりこなして、合格レベルの実力をしっかり養ってください。

## レベル表示

「演習問題」には、それぞれ次のレベル表示がしてあります。どの程度のレベルの問題なのか、本試験問題に対して自己の実力がどの程度なのかを、演習を通して把握することができます。

・基本　本試験よりも平易
・実践　本試験と同等レベル
・応用　相当な思考力を要するもの

## チェック欄

演習は全体を通して数回は繰り返すようにしましょう。各問に付されているチェック欄に日付を書き込んでチェックしていきましょう。

## 『社労士の教科書』とのリンク

本書は『社労士の教科書』の完全準拠問題集です。問題は教科書のSectionにあわせています。教科書を1Section終了した段階で、そのSectionの「択一式問題」や「選択式問題」を解いてみるというように、インプット学習とアウトプット演習を並行して行うことが可能です。

問題1　択一 

教科書 Section 1

| チェック欄 | | |
|---|---|---|
| 1 ／ | 2 ／ | 3 ／ |

**労働基準法の基本理念等**

次の記述のうち、誤っているものはどれか。

**A**　労働基準法は労働条件の最低基準を定めたものであり、この最低基準が標準とならないように、同法は、この最低基準を理由として労働条件を低下させることを禁止し、その向上を図るように努めることを労働関係の当事者に義務づけている。(H25-5B)

**B**　労働基準法第2条第1項が「労働条件は、労働者と使用者が、対等の立場において決定すべきである。」との理念を明らかにした理由は、概念的には対等者である労働者と使用者との間にある現実の力関係の不平等を解決することが、労働基準法の重要な視点であることにある。(H25-5C)

**C**　労働基準法第2条は、労働条件の決定及びこれに伴う両当事者の義務に関する一般的原則を宣言する規定であるにとどまり、監督機関（労働基準監督署等）はこの一般的原則を具体的に適用すべき責務を負う機関ではないので、労働協約、就業規則又は労働契約の履行に関する争いについては、それが労働基準法各本条の規定に抵触するものでない限り、監督権行使に類する積極的な措置をなすべきものではなく、当事者間の交渉により、又はあっせん、調停、仲裁等の紛争処理機関、民事裁判所等において処理されるべきものである。

**D**　労働基準法第3条は、使用者は、労働者の国籍、信条、性別又は社会的身分を理由として、労働条件について差別的取扱をすることを禁じている。(H29-5ア)

**E**　最高裁判所の判例によれば、「労働基準法3条は、労働者の労働条件について信条による差別取扱を禁じているが、特定の信条を有することを解雇の理由として定めることも、労働条件に関する差別取扱として、同条に違反するものと解される。」としている。

4

択一問題は、過去問とTACオリジナル問題をドッキングして作成。問題文が過去問の場合は、文末に過去問ナンバーを記しています。見方は次のとおりです。

H24-1C＝H24択一式問題、問1C
H19-選A＝H19選択式問題、空欄A

問題文の正誤を判断するための根拠となる条文等です。

## 確認してみよう！

基本事項を確認！　絶対に落とせない重要事項をまとめていますので、問題文とあわせてしっかり確認しておきましょう。

『社労士の教科書』の項目番号です。復習のさいに活用しましょう！

## 得点UP ！

応用力を強化！　本試験突破に不可欠な内容です。問題文とあわせてしっかり読み込み、理解しましょう。

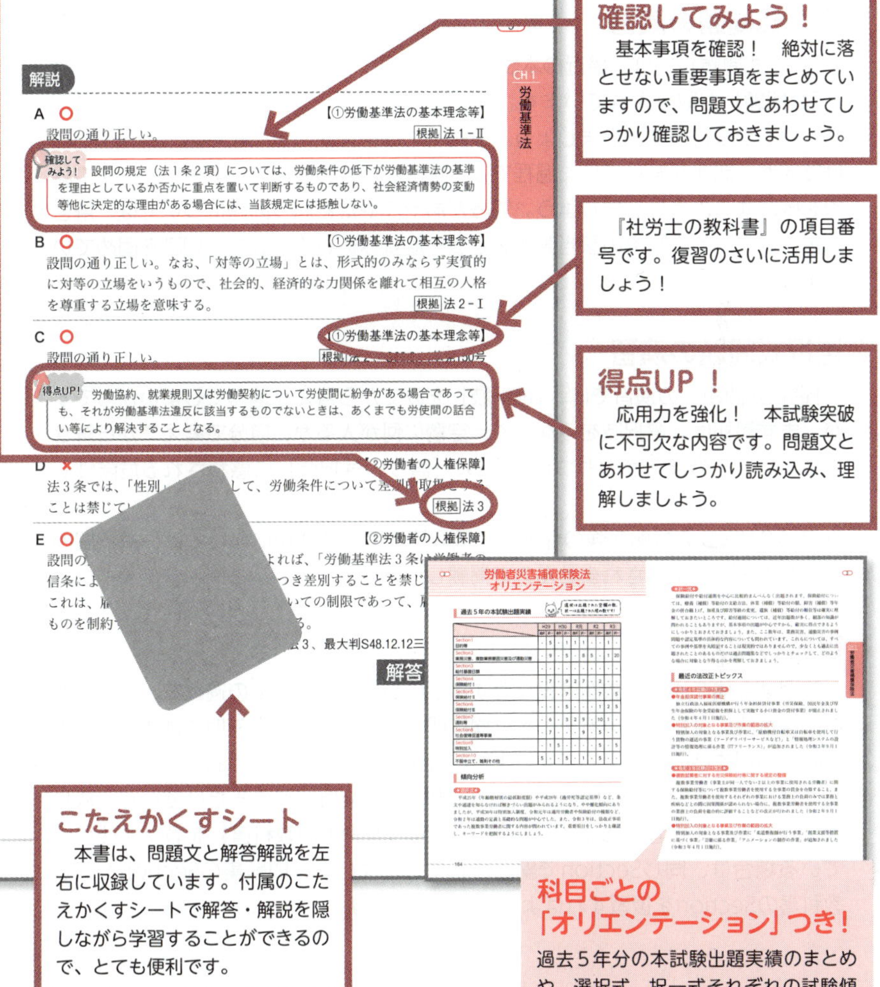


## こたえかくすシート

本書は、問題文と解答解説を左右に収録しています。付属のこたえかくすシートで解答・解説を隠しながら学習することができるので、とても便利です。

## 科目ごとの「オリエンテーション」つき！

過去5年分の本試験出題実績のまとめや、選択式、択一式それぞれの試験傾向の詳細な分析、直近2年分の大きな改正点のまとめ、学習アドバイスなど、科目ごとのオリエンテーションで効果的な演習をすることができます。

# 本書の効果的な学習法

## ●まずは知識のインプット

本書は、『社労士の教科書』のSectionにあわせて編成してあります。問題演習に入る前に、教科書でそのSectionをひととおり復習しておきましょう。演習がスムーズに進みます。

## ●択一式問題の演習

「択一式問題」では、最近の本試験でも定番になりつつある「組合せ問題」や「個数問題」も取り入れています。選択肢の中から、１つの答えを絞り込む練習を、しっかり行っておきましょう。最終的には答えが１つに絞り込めればよいわけですが、問題を解いていく過程では、正解肢以外の肢についても、１つ１つ論点を確認するようにしましょう。知識があやふやだと思う問題については、解答に書かれている教科書の該当箇所をもう一度読み込むなどして、知識を固めていきましょう。

## ●選択式問題の演習

「選択式問題」の演習では、「選択肢」をみてから答えを選んでしまいがちですが、まず最初は、選択肢をみないで、空欄に何が入るか、自分で考えてから解きましょう。そのほうが力もつきますし、「誤りの選択肢」に惑わされる危険性も少なくなります。

※CHAPTER５の労働保険の保険料の徴収等に関する法律においては、選択式問題が本試験で出題されませんので掲載しておりません。

## ●復習の仕方

演習は全体を通して数回は繰り返すようにしましょう。その過程で、誤った問題には各問に付されているチェック欄に印をつけておき、直前期にはそれらを重点的に演習するのが効果的です。また、復習においては、全体的にいまひとつ得点できなかったSectionがある場合は、単に問題を再演習するだけでなく、教科書に立ち戻って復習するようにしましょう。『社労士の教科書』を教材に使用している場合は、同じSectionで編成されていますので、問題集のSectionと同じ教科書のSectionを復習すればよいことになります。

# セパレートBOOK形式

本書は、Part 1 の労働関係科目編と、Part 2 の社会保険関係科目編で、２冊に分解できる「セパレートBOOK形式」を採用しています。対応している『社労士の教科書』も、同じ科目で２冊に分解が可能なため、教科書と問題集を必要な部分だけ、コンパクトに持ち歩けますので、とても便利です。

## ★セパレートBOOKの作りかた★

①白い厚紙から、色紙のついた冊子を抜き取ります。
※色紙と白い厚紙は、のりで接着されています。乱暴に扱いますと、破損する危険性がありますので、ていねいに抜き取るようにしてください。

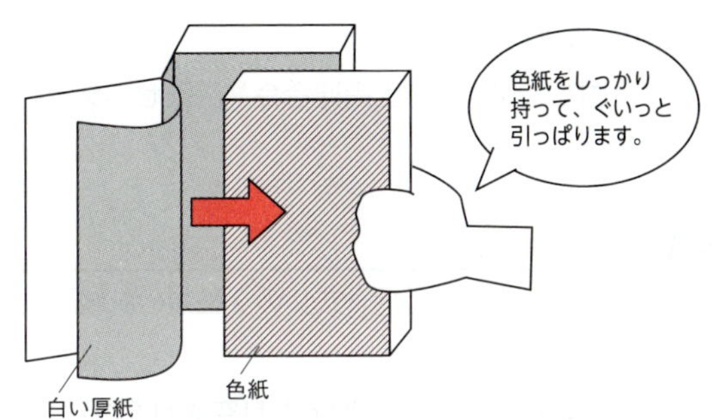


②本体のカバーを裏返しにして、抜き取った冊子にかぶせ、きれいに折り目をつけて使用してください。

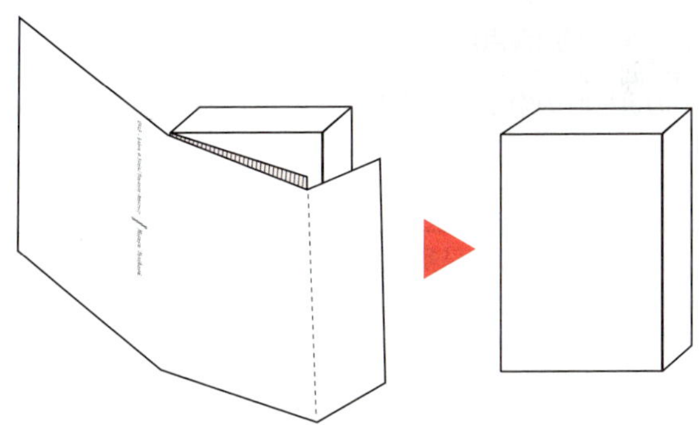

※抜き取るさいの損傷についてのお取替えはご遠慮願います。

# 社会保険労務士試験の概要

## 試験概要・実施スケジュール

| | |
|---|---|
| 受験案内配布 | 4月中旬～ |
| 受験申込受付期間 | 4月中旬～5月下旬　(令和3年は4月19日～5月31日)<br>※郵送にて申込み(令和4年度より「オンライン手続」に変更予定) |
| 試験日程 | 8月下旬　(令和3年は8月22日) |
| 合格発表 | 10月下旬　(令和3年は10月29日) |
| 受験手数料 | 15,000円 |

## 主な受験資格

| |
|---|
| 学校教育法による大学、短期大学、専門職大学、専門職短期大学若しくは高等専門学校（5年制）を卒業した者又は専門職大学の前期課程を修了した者 |
| 行政書士試験に合格した者 |

※　詳細は「全国社会保険労務士会連合会　試験センター」のホームページにてご確認ください。

## 試験形式

社労士試験は「選択式」と「択一式」の2種類の試験形式があり、それぞれの合格基準を満たして合格となります。

| | |
|---|---|
| 選択式 | 8問出題（40点満点〈1問あたり空欄が5つ〉）<br>解答時間は80分<br>文章中の5つの空欄に入るものを、選択肢の中から選び、その番号をマークシートに記入します。 |
| 択一式 | 70問出題（70点満点）<br>解答時間は210分<br>5つの選択肢の中から、正解肢をマークシートに記入します。 |

## 合格基準

合格基準について、年度により多少前後しますが、例年、総得点の7割程度となります。それぞれの試験における総得点の基準と、各科目ごとの基準と、両方をクリアする必要があります。

参考　令和2年度本試験の合格基準

選択式：総得点25点以上かつ各科目3点以上
(ただし、労務管理その他の労働に関する一般常識、社会保険に関する一般常識及び健康保険法は2点以上)

択一式：総得点44点以上かつ各科目4点以上

## 試験科目

| 選択式 8科目 | 科目名 | 択一式 7科目 |
| --- | --- | --- |
| 出題：1問<br>配点：5点 | 労働基準法及び労働安全衛生法 | 出題：10問<br>配点：10点 |
| 出題：1問<br>配点：5点 | 労働者災害補償保険法<br>（労働保険の保険料の徴収等に関する法律を含む※） | 出題：10問<br>配点：10点 |
| 出題：1問<br>配点：5点 | 雇用保険法<br>（労働保険の保険料の徴収等に関する法律を含む※） | 出題：10問<br>配点：10点 |
| 出題：1問<br>配点：5点 | 労務管理その他の労働に関する一般常識 | 出題：10問<br>配点：10点 |
| 出題：1問<br>配点：5点 | 社会保険に関する一般常識 | （上欄と合わせて） |
| 出題：1問<br>配点：5点 | 健康保険法 | 出題：10問<br>配点：10点 |
| 出題：1問<br>配点：5点 | 厚生年金保険法 | 出題：10問<br>配点：10点 |
| 出題：1問<br>配点：5点 | 国民年金法 | 出題：10問<br>配点：10点 |
| 合計：8問<br>配点：40点 | | 合計：70問<br>配点：70点 |

※労働保険の保険料の徴収等に関する法律は、選択式での出題はありません。また、択一式の労働者災害補償保険法及び雇用保険法は、それぞれの問題10問のうち、3問が労働保険の保険料の徴収等に関する法律から出題されます。

## 過去5年間の受験者数・合格者数の推移

| 年度 | 平成28年 | 平成29年 | 平成30年 | 令和元年 | 令和2年 |
| --- | --- | --- | --- | --- | --- |
| 受験申込者数 | 51,953人 | 49,902人 | 49,582人 | 49,570人 | 49,250人 |
| 受験者数 | 39,972人 | 38,685人 | 38,427人 | 38,428人 | 34,845人 |
| 合格者数 | 1,770人 | 2,613人 | 2,413人 | 2,525人 | 2,237人 |
| 合格率 | 4.4% | 6.8% | 6.3% | 6.6% | 6.4% |

**詳細の受験資格や受験申込み及びお問合せは**
**「全国社会保険労務士会連合会　試験センター」へ**
**http://www.sharosi-siken.or.jp**

# TAC出版の社労士本　合格活用術

ここでは、独学で合格を目指していくためのフローをご紹介します。
「みんなが欲しかったシリーズ」と「無敵シリーズ」でていねいに学習を進めていけば、合格に必要な知識は着実についていきます。
2022年度試験での合格を目指し、TAC出版の書籍をフル活用して、がんばりましょう！

準拠CD、DVDを使えば
さらに理解がスムーズに！

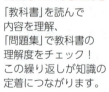

**「合格への
はじめの一歩」**

本気でやさしい
入門書！
社労士試験の全体像、
学習内容のイメージを
つかみましょう！

**「社労士の教科書」
「社労士の問題集」**

「教科書」を読んで
内容を理解、
「問題集」で教科書の
理解度をチェック！
この繰り返しが知識の
定着につながります。

**「合格のツボ　選択対策」
「合格のツボ　択一対策」
「全科目横断総まとめ」**

「合格のツボ」で予想問題を
たくさん解き、基本を強化。
「全科目横断総まとめ」で、
知識をさまざまな角度から
整理し、確実におさえましょう。

**+Web サポートも充実！**

TAC出版の社労士本は、書籍刊行後に法改正があった場合でも、法改正情報を、TAC出版書籍販売サイト「Cyber Book Store」ですばやく公開していきますので、安心して学習に集中することができます。全力で独学者を応援していきます！

**「社労士の年度別過去問題集 5年分」**

最新5年分の過去問を解き、実力チェック！
何度も繰り返し解きましょう！

**「社労士の直前予想模試」**

今までの学習内容の最終確認として、予想模試にチャレンジ！
本試験形式の予想問題を2回分収載しています！

**2022年試験 合格！**

**無敵シリーズ　試験に勝つためのマストアイテム!!**

無敵の社労士
1スタートダッシュ

無敵の社労士
2本試験徹底解剖

無敵の社労士
3完全無欠の直前対策

# CONTENTS

## Part 1　労働関係科目



（　）内は科目別ページ番号です。

### CHAPTER 1　労働基準法



### CHAPTER 2　労働安全衛生法

## CHAPTER 3　労働者災害補償保険法



## CHAPTER 4　雇用保険法



## CHAPTER 5　労働保険の保険料の徴収等に関する法律

## CHAPTER 6　労務管理その他の労働に関する一般常識



# Part 2　社会保険関係科目

Part 2　CONTENTS／ i　　（ ）内は科目別ページ番号です。

## CHAPTER 7　健康保険法



## CHAPTER 8　国民年金法

## CHAPTER 9　厚生年金保険法



## CHAPTER10　社会保険に関する一般常識

## 執筆者

小野寺　雅也
（TAC社会保険労務士講座 専任講師）

みんなが欲しかった！ 社労士シリーズ

2022年度版　みんなが欲しかった！　社労士の問題集

（『ナンバーワン社労士　必修問題集』
平成16年度版 2004年1月10日 初版 第１刷発行）

2021年10月10日　初　版　第１刷発行

編 著 者　ＴＡＣ株式会社
（社会保険労務士講座）
発 行 者　多 田 敏 男
発 行 所　TAC株式会社　出版事業部
（TAC出版）

〒101-8383
東京都千代田区神田三崎町3-2-18
電 話 03（5276）9492（営業）
FAX 03（5276）9674
https://shuppan.tac-school.co.jp

組　　版　株式会社 グ ラ フ ト
印　　刷　株式会社　ワコープラネット
製　　本　東京美術紙工協業組合


ISBN 978-4-8132-9872-4
N.D.C. 364



乱丁・落丁による交換，および正誤のお問合せ対応は，該当書籍の改訂版刊行月末日までといたします。なお，交換につきましては，書籍の在庫状況等により，お受けできない場合もございます。
また，各種本試験の実施の延期，中止を理由とした本書の返品はお受けいたしません。返金もいたしかねますので，あらかじめご了承くださいますようお願い申し上げます。

# TAC出版 書籍のご案内

TAC出版では、資格の学校TAC各講座の定評ある執筆陣による資格試験の参考書をはじめ、資格取得者の開業法や仕事術、実務書、ビジネス書、一般書などを発行しています！

## TAC出版の書籍

＊一部書籍は、早稲田経営出版のブランドにて刊行しております。

### 資格・検定試験の受験対策書籍

- 日商簿記検定
- 建設業経理士
- 全経簿記上級
- 税　理　士
- 公認会計士
- 社会保険労務士
- 中小企業診断士
- 証券アナリスト
- ファイナンシャルプランナー(FP)
- 証券外務員
- 貸金業務取扱主任者
- 不動産鑑定士
- 宅地建物取引士
- 賃貸不動産経営管理士
- マンション管理士
- 管理業務主任者
- 司法書士
- 行政書士
- 司法試験
- 弁理士
- 公務員試験(大卒程度・高卒者)
- 情報処理試験
- 介護福祉士
- ケアマネジャー
- 社会福祉士　ほか

### 実務書・ビジネス書

- 会計実務、税法、税務、経理
- 総務、労務、人事
- ビジネススキル、マナー、就職、自己啓発
- 資格取得者の開業法、仕事術、営業術
- 翻訳ビジネス書

### 一般書・エンタメ書

- ファッション
- エッセイ、レシピ
- スポーツ
- 旅行ガイド（おとな旅プレミアム/ハルカナ）
- 翻訳小説

# 書籍の正誤についてのお問合わせ

万一誤りと疑われる箇所がございましたら、以下の方法にてご確認いただきますよう、お願いいたします。

なお、正誤のお問合わせ以外の書籍内容に関する解説・受験指導等は、**一切行っておりません。**
そのようなお問合わせにつきましては、お答えいたしかねますので、あらかじめご了承ください。

## 1 正誤表の確認方法

TAC出版書籍販売サイト「Cyber Book Store」の
トップページ内「正誤表」コーナーにて、正誤表をご確認ください。

CYBER BOOK STORE TAC出版書籍販売サイト

**URL:https://bookstore.tac-school.co.jp/**

## 2 正誤のお問合わせ方法

正誤表がない場合、あるいは該当箇所が掲載されていない場合は、書名、発行年月日、お客様のお名前、ご連絡先を明記の上、下記の方法でお問合わせください。
なお、回答までに1週間前後を要する場合もございます。あらかじめご了承ください。

### 文書にて問合わせる

●郵送先　〒101-8383 東京都千代田区神田三崎町3-2-18
TAC株式会社 出版事業部 正誤問合わせ係

### FAXにて問合わせる

●FAX番号　**03-5276-9674**

### e-mailにて問合わせる

●お問合わせ先アドレス　**syuppan-h@tac-school.co.jp**

※お電話でのお問合わせは、お受けできません。また、土日祝日はお問合わせ対応をおこなっておりません。
※正誤のお問合わせ対応は、該当書籍の改訂版刊行月末日までといたします。

乱丁・落丁による交換は、該当書籍の改訂版刊行月末日までといたします。なお、書籍の在庫状況等により、お受けできない場合もございます。
また、各種本試験の実施の延期、中止を理由とした本書の返品はお受けいたしません。返金もいたしかねますので、あらかじめご了承くださいますようお願い申し上げます。

TACにおける個人情報の取り扱いについて
■お預かりした個人情報は、TAC(株)で管理させていただき、お問い合わせへの対応、当社の記録保管および当社商品・サービスの向上にのみ利用いたします。お客様の同意なしに業務委託先以外の第三者に開示、提供することはございません(法令等により開示を求められた場合を除く)。その他、個人情報保護管理者、お預かりした個人情報の開示等及びTAC(株)への個人情報の提供の任意性については、当社ホームページ(https://www.tac-school.co.jp)をご覧いただくか、個人情報に関するお問い合わせ窓口(E-mail:privacy@tac-school.co.jp)までお問合せください。

(2020年10月現在)

MEMO

MEMO

# Part 1

# 労働関係科目

CHAPTER1 ■ 労働基準法

CHAPTER2 ■ 労働安全衛生法

CHAPTER3 ■ 労働者災害補償保険法

CHAPTER4 ■ 雇用保険法

CHAPTER5 ■ 労働保険の保険料の徴収等に関する法律

CHAPTER6 ■ 労務管理その他の労働に関する一般常識

（ ）内は科目別ページ番号です。

## CHAPTER 1 労働基準法

## CHAPTER 2 労働安全衛生法

## CHAPTER 3 労働者災害補償保険法

## CHAPTER 4 雇用保険法

## CHAPTER 5 労働保険の保険料の徴収等に関する法律

## CHAPTER 6 労務管理その他の労働に関する一般常識

## 凡　例

本書の執筆においては、次のとおり略称を用いています。

| | |
|---|---|
| **法１** | →法１条 |
| **法１-Ⅰ** | →法１条１項 |
| **法１-Ⅰ①** | →法１条１項１号 |
| **法** | →単なる法は各CHAPTERの法令（例：CHAPTER１内の法は「労働基準法」） |
| **令** | →施行令 |
| **則** | →施行規則 |
| **(40)** | →昭和40年（例：(40)法附則→昭和40年法附則、(25)法附則→平成25年法附則） |
| **労基法** | →労働基準法 |
| **石綿法** | →石綿による健康被害の救済に関する法律 |
| **労審法** | →労働保険審査官及び労働保険審査会法 |
| **整備法** | →失業保険法及び労働者災害補償保険法の一部を改正する法律及び労働保険の保険料の徴収等に関する法律の施行に伴う関係法律の整備等に関する法律 |

| | |
|---|---|
| **労組法** | →労働組合法 |
| **労調法** | →労働関係調整法 |
| **労契法** | →労働契約法 |
| **労働時間等設定改善法** | →労働時間等の設定の改善に関する特別措置法 |
| **個紛法** | →個別労働関係紛争の解決の促進に関する法律 |
| **過労死法** | →過労死等防止対策推進法 |
| **パート・有期法** | →短時間労働者及び有期雇用労働者の雇用管理の改善等に関する法律 |
| **均等法** | →雇用の分野における男女の均等な機会及び待遇の確保等に関する法律 |
| **育介法** | →育児休業、介護休業等育児又は家族介護を行う労働者の福祉に関する法律 |
| **次世代法** | →次世代育成支援対策推進法 |
| **女活法** | →女性活躍推進法 |
| **中退共法** | →中小企業退職金共済法 |
| **最賃法** | →最低賃金法 |
| **賃確法** | →賃金の支払の確保等に関する法律 |
| **労総法** | →労働施策の総合的な推進並びに労働者の雇用の安定及び職業生活の充実等に関する法律 |
| **職安法** | →職業安定法 |
| **派遣法** | →労働者派遣事業の適正な運営の確保及び派遣労働者の保護等に関する法律 |
| **高齢法** | →高年齢者の雇用の安定等に関する法律 |
| **障雇法** | →障害者の雇用の促進等に関する法律 |
| **職能法** | →職業能力開発促進法 |
| **求職者法** | →職業訓練の実施等による特定求職者の就職の支援に関する法律 |
| **健保法** | →健康保険法 |
| **国年法** | →国民年金法 |
| **厚年法** | →厚生年金保険法 |
| **旧法** | →旧厚生年金保険法 |
| **改正前法** | →平成25年改正法施行前厚生年金保険法 |
| **国保法** | →国民健康保険法 |
| **船保法** | →船員保険法 |
| **高医法** | →高齢者の医療の確保に関する法律 |
| **介保法** | →介護保険法 |
| **児手法** | →児童手当法 |
| **社審法** | →社会保険審査官及び社会保険審査会法 |
| **番号法** | →行政手続における特定の個人を識別するための番号の利用等に関する法律 |
| **確拠法** | →確定拠出年金法 |
| **確給法** | →確定給付企業年金法 |
| **社労士法** | →社会保険労務士法 |
| **整備政令** | →失業保険法及び労働者災害補償保険法の一部を改正する法律及び労働保険の保険料の徴収等に関する法律の施行に伴う関係政令の整備等に関する政令 |
| **整備省令** | →失業保険法及び労働者災害補償保険法の一部を改正する法律及び労働保険の保険料の徴収等に関する法律の施行に伴う労働省令の整備等に関する省令 |
| **基金令** | →国民年金基金令 |
| **廃止前基金令** | →公的年金制度の健全性及び信頼性の確保のための厚生年金保険法等の一部を改正する法律の施行に伴う関係政令の整備等に関する政令第１条の規定による廃止前の厚生年金基金令 |

| | |
|---|---|
| 支給金則 | →労働者災害補償保険特別支給金支給規則 |
| 改定率改定令 | →国民年金法による改定率の改定等に関する政令 |
| 措置令 | →国民年金法等の一部を改正する法律の施行に伴う経過措置に関する政令 |
| 女性則 | →女性労働基準規則 |
| 高圧則 | →高気圧作業安全衛生規則 |
| 保険医療機関則 | →保険医療機関及び保険医療養担当規則 |
| 寄宿舎規程 | →事業附属寄宿舎規程 |
| 建設業寄宿舎規程 | →建設業附属寄宿舎規程 |
| 厚労告 | →厚生労働省告示 |
| 厚告 | →(旧)厚生省告示 |
| 労告 | →(旧)労働省告示 |
| 基発 | →厚生労働省労働基準局長名通達 |
| 発基 | →厚生労働省労働基準局関係の労働事務次官名通達 |
| 基収 | →厚生労働省労働基準局長が疑義に応えて発する通達 |
| 女発 | →旧労働省女性少年局長名通達 |
| 労発 | →(旧)労働省労政局長名通達 |
| 労収 | →(旧)労働省労政局長が疑義に応えて発する通達 |
| 発労徴 | →次官又は官房長が発する労働保険徴収課関係の通達 |
| 基災発 | →(旧)労働省労働基準局労災補償部長名で発する通達 |
| 保発 | →厚生労働省(旧厚生省)保険局長名通達 |
| 保文発 | →民間に対して出す厚生省保険局長名通知 |
| 庁文発 | →(旧)社会保険庁運営部年金保険課長名通達 |
| 保保発 | →厚生労働省保険局保険課長名通達 |
| 職発 | →厚生労働省職業安定局長名通達 |
| 保険発 | →(旧)厚生省医療局保険課長名通達 |
| 庁保険発 | →(旧)社会保険庁運営部医療課長名通達 |
| 庁保発 | →(旧)社会保険庁医療部長又は保険部長名通達 |
| 社発 | →(旧)社会局長名通達 |
| 保医発 | →厚生労働省保険局医療課長名通達 |
| 運営基準 | →指定訪問看護の事業の人員及び運営に関する基準 |
| 年管管発 | →厚生労働省年金局事業管理課長名通達 |
| 年発 | →厚生労働省年金局長名通達 |
| 20101 | →CHAPTER 4の5ケタの数字は「雇用保険に関する業務取扱要領」の番号です。 |

本書は、2021年9月6日現在において、公布され、かつ、2022年本試験実施要綱が発表されるまでに施行されることが確定しているものに基づいて問題を作成しております。

2021年9月7日以降に法改正のあるもの、また法改正はなされているが施行規則等で未だ細目について定められていないものについては、2022年2月上旬より下記ホームページにて「法改正情報」を順次公開いたします。

TAC書籍販売サイト「サイバーブックストア」

https://bookstore.tac-school.co.jp

# CHAPTER 1
# 労働基準法

CONTENTS

# 労働基準法　オリエンテーション

## 過去５年の本試験出題実績

選択は出題された空欄の数、択一は出題された肢の数です！

| | H29 | | H30 | | R元 | | R2 | | R3 | |
|---|---|---|---|---|---|---|---|---|---|---|
| | 選択 | 択一 | 選択 | 択一 | 選択 | 択一 | 選択 | 択一 | 選択 | 択一 |
| Section1<br>労働基準法の基本理念等 | - | 10 | - | 4 | - | 4 | 2 | 9 | - | 4 |
| Section2<br>労働契約等 | - | 5 | 2 | 7 | - | 5 | - | 5 | 1 | 4 |
| Section3<br>賃金 | - | 5 | - | 7 | 3 | 11 | - | 1 | - | 11 |
| Section4<br>労働時間、休憩、休日 | - | 3 | - | 3 | - | 1 | - | 2 | - | - |
| Section5<br>変形労働時間制 | - | - | - | 4 | - | 4 | - | 1 | - | - |
| Section6<br>時間外労働・休日労働 | - | 7 | - | 5 | - | 2 | - | 2 | 2 | 3 |
| Section7<br>みなし労働時間制 | - | - | - | - | - | 1 | - | - | - | - |
| Section8<br>年次有給休暇 | 2 | - | - | - | - | 1 | - | 1 | - | 1 |
| Section9<br>年少者、妊産婦等 | 1 | 5 | 1 | 1 | - | 1 | - | 5 | - | 7 |
| Section10<br>就業規則、監督等その他 | - | - | - | 4 | - | 5 | 1 | 9 | - | 5 |

## 傾向分析

**●選択式●**

選択式においては、平成24年については条文及び通達からの出題でしたが、平成25年から令和３年はいずれの年も判例からの出題がみられました。今後も判例からの出題が続くと考えられます。代表的な判例については、その考え方をきちんと理解し、法律用語についても確認しておきましょう。

**●択一式●**

平成24年以降、基本事項からの出題が多いですが、高度な知識を問う問題も増えてきています。ここ数年の傾向をみると、正解肢が比較的はっきりとしており、判断しやすい問題が多い一方で、実務的な知識が必要な出題もみられます。

過去５年では、平成30年及び令和元年に事例形式の問題が出題されています。また、令和元年を除き「個数問題」も出題されていますので、１肢ごとの正誤の判断をより明確に行う必要があります。

## 最近の法改正トピックス

**●令和４年試験向け改正●**

特にありません。

**●令和３年試験向け改正●**

特にありません。

## 学習アドバイス

科目全体としては、「法律的な論点」や「判例」からの出題が増加傾向にあります。そして近年は「制度趣旨」を問う問題も目立ち、全体的に試験のレベルは難化傾向にあるといえます。ただ、手も足も出ないような難問かというと、そうではありません。基本条文をしっかり読み、理解し、確実におさえておけば、合格基準点を確保することは可能です。まずは『社労士の教科書』で法律学習に必要な用語等をおさえつつ、制度趣旨を踏まえて基本条文をきちんと読むところから始めましょう。そして、本問題集で演習を重ねていくことで、ある程度の対応力はつけていくことができるはずです。

## 問題1　択一　基本　教科書 Section 1

# 労働基準法の基本理念等

チェック欄 1／ 2／ 3／

次の記述のうち、誤っているものはどれか。

A　労働基準法は労働条件の最低基準を定めたものであり、この最低基準が標準とならないように、同法は、この最低基準を理由として労働条件を低下させることを禁止し、その向上を図るように努めることを労働関係の当事者に義務づけている。(H25-5B)

B　労働基準法第2条第1項が、「労働条件は、労働者と使用者が、対等の立場において決定すべきである。」との理念を明らかにした理由は、概念的には対等者である労働者と使用者との間にある現実の力関係の不平等を解決することが、労働基準法の重要な視点であることにある。(H25-5C)

C　労働基準法第2条は、労働条件の決定及びこれに伴う両当事者の義務に関する一般的原則を宣言する規定であるにとどまり、監督機関（労働基準監督署等）はこの一般的原則を具体的に適用すべき責務を負う機関ではないので、労働協約、就業規則又は労働契約の履行に関する争いについては、それが労働基準法各本条の規定に抵触するものでない限り、監督権行使に類する積極的な措置をなすべきものではなく、当事者間の交渉により、又はあっせん、調停、仲裁等の紛争処理機関、民事裁判所等において処理されるべきものである。

D　労働基準法第3条は、使用者は、労働者の国籍、信条、性別又は社会的身分を理由として、労働条件について差別的取扱をすることを禁じている。(H29-5ア)

E　最高裁判所の判例によれば、「労働基準法3条は、労働者の労働条件について信条による差別取扱を禁じているが、特定の信条を有することを解雇の理由として定めることも、労働条件に関する差別取扱として、同条に違反するものと解される。」としている。

## 解説

**A ○** 【①労働基準法の基本理念等】

設問の通り正しい。 根拠 法１－Ⅱ

確認してみよう！ 設問の規定（法１条２項）については、労働条件の低下が労働基準法の基準を理由としているか否かに重点を置いて判断するものであり、社会経済情勢の変動等他に決定的な理由がある場合には、当該規定には抵触しない。

**B ○** 【①労働基準法の基本理念等】

設問の通り正しい。なお、「対等の立場」とは、形式的のみならず実質的に対等の立場をいうもので、社会的、経済的な力関係を離れて相互の人格を尊重する立場を意味する。 根拠 法２－Ⅰ

**C ○** 【①労働基準法の基本理念等】

設問の通り正しい。 根拠 法２、S63.3.14基発150号

得点UP！ 労働協約、就業規則又は労働契約について労使間に紛争がある場合であっても、それが労働基準法違反に該当するものでないときは、あくまでも労使間の話合い等により解決することとなる。

**D ×** 【②労働者の人権保障】

法３条では、「性別」を理由として、労働条件について差別的取扱をすることは禁じていない。 根拠 法３

**E ○** 【②労働者の人権保障】

設問の通り正しい。なお、同判例によれば、「労働基準法３条は労働者の信条によって賃金その他の労働条件につき差別することを禁じているが、これは、雇入れ後における労働条件についての制限であって、雇入れそのものを制約する規定ではない。」としている。

根拠 法３、最大判S48.12.12三菱樹脂事件

**解答 D**

## 問題2　択一　基本　教科書 Section 1

チェック欄 1／ 2／ 3／

# 労働基準法の基本理念等

次の記述のうち、正しいものはどれか。

**A**　労働基準法第３条の禁止する「差別的取扱」とは、当該労働者を不利に取り扱うことをいい、有利に取り扱うことは含まない。(H27-1B)

**B**　労働基準法第４条は、賃金についてのみ女性であることを理由とする男性との差別的取扱いを禁止したものであり、その他の労働条件についての差別的取扱いについては同条違反の問題は生じない。(H24-4B)

**C**　就業規則に「無断欠勤をみだりに繰り返す場合には、懲戒解雇することがある」旨の規定を設けることは、懲戒解雇という懲罰をもって労働者の精神の自由を拘束し、その意思に反して労働を強制するものであるから、労働基準法第５条の強制労働の禁止の規定に違反する。

**D**　労働基準法第５条の「労働者の意思に反して労働を強制」するとは、不当なる手段を用いることによって、使用者が労働者の意識ある意思を抑圧し、その自由な発現を妨げてもって労働させることをいうから、同条違反となるのは、労働者が現実に「労働」したことを要する。

**E**　詐欺の手段を用いて労働者を労働させることは、通常労働者は無意識の状態にあって意思を抑圧されるものではないが、労働基準法第５条には違反するものとされている。

## 解説

**A ×** 【②労働者の人権保障】

法3条の禁止する「差別的取扱」には、有利に取り扱うことも含まれる。なお、法4条においても同様である。 根拠 法3

**B ○** 【②労働者の人権保障】

設問の通り正しい。 根拠 法4

確認してみよう! 労働基準法において女性であることを理由とする差別的取扱いを禁止しているのは、賃金についてのみであり、他の一定の労働条件については、男女雇用機会均等法（雇用の分野における男女の均等な機会及び待遇の確保等に関する法律）において、性別を理由とする差別の禁止に関する規定が設けられている。

**C ×** 【②労働者の人権保障】

法5条は、精神又は身体の自由を不当に拘束する手段によって、労働者の意思に反して労働を強制することを禁止しているのであり、設問のように、就業規則に社会通念上認められる懲戒罰を規定することは、これに該当しない。 根拠 法5、S63.3.14基発150号

**D ×** 【②労働者の人権保障】

「労働者の意思に反して労働を強制」するとは、不当なる手段を用いることによって、使用者が労働者の意識ある意思を抑圧し、その自由な発現を妨げてもって労働すべく強要することをいうから、必ずしも労働者が現実に「労働」することを必要とせず、当該強要をもって同条違反となる。

根拠 法5、S23.3.2基発381号

**E ×** 【②労働者の人権保障】

詐欺の手段が用いられても、通常労働者は無意識の状態にあって意思を抑圧されるものではないから、必ずしもそれ自体としては法5条違反に該当しない。 根拠 法5、S23.3.2基発381号

**解答 B**

問題3　択一　実践　教科書 Section 1

チェック欄　1 ／　2 ／　3 ／

## 労働基準法の基本理念等

次の記述のうち、正しいものはどれか。

A　職業安定法の規定により有料職業紹介事業を行う者については、同法に基づく手数料以外に報酬を受ける場合であっても、労働基準法第6条（中間搾取の排除）違反の罰則は適用されない。

B　労働者派遣事業者が、所定の手続を踏まずに、違法に労働者派遣を業として行い、利益を受けている場合には、業として他人の就業に介入して利益を受けていることになり、中間搾取を禁ずる労働基準法第6条に違反する。

C　使用者は、労働者が労働時間中に、選挙権その他公民としての権利を行使し、又は公の職務を執行するために必要な時間を請求した場合においては、拒んではならないが、事業の正常な運営を妨げるときは、請求された時刻を変更することができる。

D　労働者が、裁判員の参加する刑事裁判に関する法律に基づく裁判員としての職務を行うことは、労働基準法第7条の「公の職務」に該当する。

E　労働基準法第7条が、特に、労働者に対し労働時間中における公民としての権利の行使及び公の職務の執行を保障していることにかんがみるときは、労働者が使用者の承認を得ずして公職に就任し、その就任によって会社業務の遂行を著しく阻害する虞れのある場合においても、懲戒解雇に附することはもとより、普通解雇に附することも到底許されるものではない、とするのが最高裁判所の判例である。

## 解説

**A ×** 【②労働者の人権保障】

職業安定法の規定によりその定める範囲内の手数料を受けて有料職業紹介事業を行う場合は「法律に基いて許される場合」に該当し、法６条違反とならないが、職業安定法に基づく手数料以外に報酬等の利益を受けるときは、法６条違反の罰則が適用される。 根拠 法６、118-Ⅰ、S33.2.13基発90号

**B ×** 【②労働者の人権保障】

労働者派遣については、派遣元と労働者との間の労働契約関係及び派遣先と労働者との間の指揮命令関係を合わせたものが全体として当該労働者の労働関係となるものであり、労働関係の外にある第三者が他人の労働関係に介入するものではなく、それが合法であるか違法であるかを問わず、法６条の中間搾取に該当しない。 根拠 法６、H11.3.31基発168号

**C ×** 【②労働者の人権保障】

「事業の正常な運営を妨げるとき」ではなく、「権利の行使又は公の職務の執行に妨げがない限り」請求された時刻を変更することができる。

根拠 法７

**D ○** 【②労働者の人権保障】

設問の通り正しい。「公の職務」に該当するものの例としては、設問の裁判員のほか、衆議院議員等の議員の職務、労働委員会の委員・検察審査員・労働審判員・審議会の委員等の職務や民事訴訟法の規定による証人の職務、公職選挙法の規定による選挙立会人等の職務がある。

根拠 法７、H17.9.30基発0930006号

**E ×** 【②労働者の人権保障】

最高裁の判例では、「懲戒解雇なるものは、普通解雇と異なり、譴責、減給、降職、出勤停止等とともに、企業秩序の違反に対し、使用者によって課せられる一種の制裁罰であると解するのが相当である」とし、「公職に就任することが会社業務の遂行を著しく阻害する虞れのある場合においても、普通解雇に附するは格別（別として）、従業員を懲戒解雇に附することは、許されないものといわなければならない。」としている。

根拠 法７、最二小S38.6.21十和田観光電鉄事件

**解答** 

## 問題4 択一 基本 教科書 Section 1

チェック欄 1 ／ 2 ／ 3 ／

## 労働基準法の基本理念等

次の記述のうち、正しいものはどれか。

**A** 労働基準法第9条にいう「事業」とは、経営上一体をなす支店、工場等を総合した全事業を指称するものであって、場所的観念によって決定されるべきものではない。(H26-1D)

**B** 同居の親族は、事業主と居住及び生計を一にするものとされ、その就労の実態にかかわらず労働基準法第9条の労働者に該当することがないので、当該同居の親族に労働基準法が適用されることはない。(H29-2ウ)

**C** 法人に雇われ、その役職員の家庭において、その家族の指揮命令の下で家事一般に従事している者については、法人に使用される労働者であり労働基準法が適用される。(H29-2イ)

**D** 形式上は請負契約のようなかたちをとっていても、その実体において使用従属関係が認められるときは、当該関係は労働関係であり、当該請負人は労働基準法第9条の「労働者」に当たる。(H27-1E)

**E** 労働基準法に定める「使用者」とは、事業主又は事業の経営担当者その他その事業の労働者に関する事項について、事業主のために行為をする管理監督者以上の者をいう。(H24-4D)

## 解説

**A ✕** 【③適用事業】

「事業」とは、工場、鉱山、事務所、店舗等のように一定の場所において相関連する組織の下に業として継続的に行われる作業の一体をいうのであって、必ずしもいわゆる経営上一体をなす支店、工場等を総合した全事業を指称するものではない。また、一の事業であるか否かは、主として場所的観念によって決定すべきものであるとされている。

根拠 H11.3.31基発168号

**B ✕** 【④労働者と使用者の定義】

同居の親族であっても、常時同居の親族以外の労働者を使用する事業において一般事務又は現場作業等に従事し、かつ、事業主の指揮命令に従っていることが明確であり、就労の実態が他の労働者と同様であって、賃金もこれに応じて支払われている場合には、その同居の親族は、労働基準法上の労働者として取り扱われ、同法が適用される。

根拠 法116-Ⅱ、S54.4.2基発153号

**C ✕** 【③適用事業】

設問の者は、家事使用人に該当し、労働基準法は適用されない。

根拠 法116-Ⅱ、H11.3.31基発168号

**D ○** 【④労働者と使用者の定義】

設問の通り正しい。労働者とは、使用者の指揮命令を受けて労働力を提供し、その対償として賃金を支払われる者、すなわち使用従属関係にある者をいう。

根拠 法9

**E ✕** 【④労働者と使用者の定義】

「使用者」とは、事業主又は事業の経営担当者その他その事業の労働者に関する事項について、事業主のために行為をする「すべての者」をいう。

根拠 法10

**解答 D**

# 問題5 選択 基本 教科書 Section 1

## 労働基準法の基本理念等

チェック欄 1／ 2／ 3／

次の文中の［　　］の部分を選択肢の中の適当な語句で埋め、完全な文章とせよ。

1　労働条件は、労働者が［ A ］を営むための必要を充たすべきものでなければならない。

2　労働基準法で定める労働条件の基準は最低のものであるから、［ B ］は、この基準を理由として労働条件を低下させてはならないことはもとより、その向上を図るように努めなければならない。

3　使用者は、労働者の［ C ］、信条又は社会的身分を理由として、賃金、労働時間その他の労働条件について、差別的取扱をしてはならない。

4　使用者は、暴行、脅迫、監禁その他精神又は身体の自由を［ D ］に拘束する手段によって、労働者の意思に反して［ E ］てはならない。

選択肢

| | | |
|---|---|---|
| ① 違法 | ② 苦役に服させ | ③ 安定した生活 |
| ④ 使用者 | ⑤ 労働者を酷使し | ⑥ 不当 |
| ⑦ 年齢 | ⑧ 強制して労働させ | ⑨ 労働を強制し |
| ⑩ 事業者 | ⑪ 労働組合運動 | ⑫ 事業主 |
| ⑬ 国籍 | ⑭ 労働関係の当事者 | ⑮ 健康な生活 |
| ⑯ 性別 | ⑰ 人たるに値する生活 | ⑱ 強制的 |
| ⑲ 強固 | ⑳ 最低限度の生活 | |

## 解答

【①労働基準法の基本理念等、②労働者の人権保障】

A ⑰ 人たるに値する生活
B ⑭ 労働関係の当事者
C ⑬ 国籍
D ⑥ 不当
E ⑨ 労働を強制し

根拠 法1、3、5

## 解説

《D、Eについて》

問題文4が禁止している強制労働とは、［⑥不当］（D）な手段を用いることによって労働者の意識ある意思を抑圧し、その自由な発現を妨げ、労働すべく強要することをいい、必ずしも現実に労働することを必要としないとされている。したがって、Eに②⑤⑧はふさわしくなく、［⑨労働を強制し］が正解となる。

## 問題6 選択 基本 教科書 Section 1

# 労働基準法の基本理念等

チェック欄 1 ／ 2 ／ 3 ／

次の文中の［　　］の部分を選択肢の中の適当な語句で埋め、完全な文章とせよ。

1　労働基準法は、［ A ］のみを使用する事業及び［ B ］については、適用しない。

2　労働基準法で「労働者」とは、職業の種類を問わず、事業又は事務所に使用される者で、［ C ］をいう。

3　労働基準法で「使用者」とは、［ D ］又は事業の経営担当者その他その事業の労働者に関する事項について、［ D ］のために行為をする［ E ］をいう。

選択肢

| | | |
|---|---|---|
| ① 同居の血族 | ② 仕事を完成させる者 | ③ 請負人 |
| ④ 地方公務員 | ⑤ 使用者以外の者 | ⑥ すべての者 |
| ⑦ 同居の親族 | ⑧ 船員法に規定する船員 | ⑨ 代表者 |
| ⑩ 宗教法人 | ⑪ 委任事務を処理する者 | ⑫ 事業主 |
| ⑬ 直系血族 | ⑭ 賃金を支払われる者 | ⑮ 代理人 |
| ⑯ 公益法人 | ⑰ 監査役 | ⑱ 取締役 |
| ⑲ 家事使用人 | ⑳ 監督若しくは管理の地位にある者 | |

## 解答

【③適用事業、④労働者と使用者の定義】

A ⑦ 同居の親族
B ⑲ 家事使用人
C ⑭ 賃金を支払われる者
D ⑫ 事業主
E ⑥ すべての者

根拠 法9、10、116-Ⅱ

## 解説

《D、Eについて》

Dの［⑫事業主］とは、個人企業の場合は事業主個人をいい、法人企業の場合はその法人をいう。したがって、⑨⑰⑱はふさわしくないことになる。また、使用者に該当するかどうかは、部長、課長等の形式にとらわれることなく、労働者に関する事項について実質的に一定の権限を与えられているかどうかにより判断されることから、Eには［⑥すべての者］が入ることになる。

## 問題7 択一 基本 教科書 Section 2

## 労働契約等

チェック欄 1 / 2 / 3 /

次の記述のうち、誤っているものはどれか。

A　労働基準法は、同法の定める基準に達しない労働条件を定める労働契約について、その部分を無効とするだけでなく、無効となった部分を同法所定の基準で補充することも定めている。(H25-6A)

B　使用者は、労働基準法第15条第1項前段の規定により労働者に対して明示しなければならない労働条件を事実と異なるものとしてはならない。

C　使用者は、期間の定めのある労働契約であって当該労働契約の期間の満了後に当該労働契約を更新する場合があるものの締結の際に、労働者に対して、期間の定めのある労働契約を更新する場合の基準に関する事項を、書面の交付等により明示しなければならない。

D　派遣元の使用者は、労働者派遣法第44条第2項における労働基準法の適用に関する特例により、労働時間に係る労働基準法第32条、第32条の2第1項等の規定については、派遣先の事業のみを派遣中の労働者を使用する事業とみなすとされているところから、これらの特例の対象となる事項については、労働基準法第15条による労働条件の明示をする必要はない。
(H24-2E)

E　労働者が、労働契約の締結に際して、福利厚生施設としての社宅の供与を受けることを契約したが、使用者がこれを供与しなかった。この場合には、労働基準法第15条第2項の規定は適用されず、当該労働者は、即時に労働契約を解除することはできない。

## 解説

**A ○** 【①労働契約】

設問の通り正しい。無効となった部分を同法所定の基準で補充する効力を一般に直律的効力という。 根拠 法13

**B ○** 【②労働条件の明示】

設問の通り正しい。なお、この場合において、「事実と異なるもの」とは、法15条２項において労働者が即時に労働契約を解除することができるとされる場合と同様に判断される。 根拠 則５－Ⅱ

**C ○** 【②労働条件の明示】

設問の通り正しい。設問の事項は、期間の定めのある労働契約であって当該労働契約の期間の満了後に当該労働契約を更新する場合があるものの締結の場合に限り明示しなければならない絶対的明示事項である。

根拠 法15-Ⅰ、則５－ⅠⅢⅣ

**D ×** 【②労働条件の明示】

派遣元の使用者は、労働者派遣法における労働基準法の適用に関する特例により自己が労働基準法に基づく義務を負わない労働時間（法32条、法32条の2,1項等の規定)、休憩、休日等に係る規定を含めて、法15条による労働条件を明示する必要がある。 根拠 法15-Ⅰ、S61.6.6基発333号

**E ○** 【②労働条件の明示】

設問の通り正しい。法15条２項の労働契約の即時解除に係る労働条件は、法15条１項及び則５条１項に規定する労働条件（絶対的明示事項及び相対的明示事項）に限られる。設問の福利厚生施設は、この労働条件に含まれないため、労働者は、即時に労働契約を解除することはできない。

根拠 法15-ⅠⅡ、則５－Ⅰ、S23.11.27基収3514号

**解答**  D

# 問題8 択一 実践 教科書 Section 2

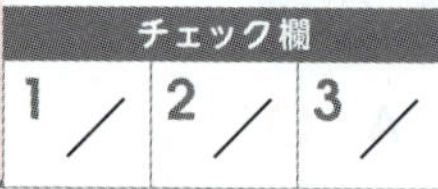


## 労働契約等

次のアからオの記述のうち、正しいものの組合せは、後記AからEまでのうちどれか。

**ア** 労働基準法第15条第1項の規定により明示された労働条件が事実と相違するため、労働者が同条第2項の規定により即時に労働契約を解除した場合において、当該労働者が就業のために住居を変更しており、その契約解除の日から30日以内に帰郷するときは、使用者は、必要な旅費を負担しなければならない。

**イ** 期間の定めのある労働契約（一定の事業の完了に必要な期間を定めるもの及び契約期間の上限が5年とされているものを除く。）を締結する場合には、3年を超える期間について締結してはならないとされており、10年の期間を定めた労働契約を締結したときは、当該労働契約の期間は3年となる。

**ウ** 満60歳以上で薬剤師の資格を有する者が、ある事業場で3年の期間を定めた労働契約を締結して薬剤師以外の業務に就いていた場合、その者は、民法第628条の規定にかかわらず、労働基準法附則第137条の規定に基づき、当該労働契約の期間の初日から1年を経過した日以後においては、その使用者に申し出ることにより、いつでも退職することができる。

**エ** 労働基準法第16条は、労働契約の不履行について違約金を定め又は損害賠償額を予定する契約をすることを使用者に禁止しているが、その趣旨は、このような違約金制度や損害賠償額予定の制度が、ともすると労働の強制にわたり、あるいは労働者の自由意思を不当に拘束し、労働者を使用者に隷属させることとなるので、これらの弊害を防止しようとする点にある。(H25-6D)

**オ** 労働基準法第16条は、労使当事者間における定め及び契約を禁止する規定であり、使用者が身元保証契約において労働者の身元保証人と違約金の定め又は損害賠償額を予定する契約をすることは禁止されていない。

**A**（アとイ）　**B**（アとウ）　**C**（イとエ）
**D**（ウとオ）　**E**（エとオ）

## 解説

**ア ×** 【②労働条件の明示】

「30日以内」を「14日以内」と読み替えると、正しい記述となる。

根拠 法15-Ⅱ Ⅲ

**イ ○** 【③労働者の長期人身拘束の防止】

設問の通り正しい。労働契約の期間に上限を設けているのは、長期にわたり労働者が拘束されることを防止するためである。したがって、設問のように、10年の期間を定めた労働契約については、法13条の規定により、3年の期間を定めたものとなる。

根拠 法13、14-Ⅰ

**ウ ×** 【③労働者の長期人身拘束の防止】

満60歳以上の労働者との間に締結される労働契約については、法附則137条の規定は適用されない。

根拠 法14-Ⅰ②、法附則137

**エ ○** 【③労働者の長期人身拘束の防止】

設問の通り正しい。

根拠 法16

確認してみよう！ 法16条は、金額を予定することを禁止しているのであって、現実に生じた損害について賠償を請求することは禁止していない。

**オ ×** 【③労働者の長期人身拘束の防止】

法16条は、「使用者は、労働契約の不履行について違約金を定め、又は損害賠償額を予定する契約をしてはならない」としており、契約の相手方を労働者に限定していないので、使用者が身元保証人との間で違約金の定め又は損害賠償額を予定する契約をすることも、法16条違反として禁止されている。

根拠 法16

**解答 C（イとエ）**

## 問題9 択一 実践 教科書 Section 2

## 労働契約等

チェック欄 1 ／ 2 ／ 3 ／

次の記述のうち、正しいものはどれか。

A 労働者が、実質的にみて使用者の強制はなく、真意から相殺の意思表示をした場合でも、前借金その他労働することを条件とする前貸の債権と賃金を相殺してはならない。(H28-2D)

B 使用者は、労働契約に附随して貯蓄の契約をさせ、又は貯蓄金を管理する契約をしようとする場合には、当該事業場の労働者の過半数で組織する労働組合（当該労働組合がないときは労働者の過半数を代表する者）との書面による協定をし、これを行政官庁に届け出なければならない。

C 使用者は、労働者の貯蓄金をその委託を受けて管理しようとする場合においては、貯蓄金の管理に関する規程を定め、これを行政官庁に届け出なければならない。

D 労働者が解雇の予告期間中に業務上負傷し、療養のために休業した場合であっても、当該休業を要しなくなった後にその予告期間が満了することとなるときは、その満了の日をもって労働者を解雇することができる。

E 労働者が契約期間を定めて労働契約を締結した場合においては、当該労働者が契約期間満了時に業務上負傷し、又は疾病にかかり療養のために休業していたとしても、解雇制限の規定は適用されず、労働契約はその期間満了とともに終了する。

## 解説

**A ×** 【③労働者の長期人身拘束の防止】

法17条では、使用者の側で相殺を行う場合のみを禁止しているのであって、設問のように、実質的にみて使用者の強制はなく、労働者が真意から相殺の意思表示をした場合における相殺は禁止されていない。 根拠 法17

**B ×** 【③労働者の長期人身拘束の防止】

設問のいわゆる「強制貯金」は、書面による協定（労使協定）の締結・届出により行うことができるものではなく、全面的に禁止されている。労使協定の締結・届出によって行うことができるのは、労働者の委託を受けて行う任意貯蓄である。 根拠 法18-ⅠⅡ

**C ×** 【③労働者の長期人身拘束の防止】

貯蓄金に関する労使協定（貯蓄金管理協定）は、行政官庁に届け出なければならないが、貯蓄金の管理に関する規程（貯蓄金管理規程）は、行政官庁に届け出る必要はない。 根拠 法18-Ⅲ

**D ×** 【④解雇】

労働者が解雇の予告期間中に業務上負傷し、療養のため休業した場合には、たとえその休業が1日であっても解雇制限の規定が適用されるので、解雇の予告期間の満了する日がその休業期間及び当該休業期間満了後30日間にあるときは、当該労働者を解雇してはならない。

根拠 法19-Ⅰ、20-Ⅰ、S26.6.25基収2609号

**E ○** 【④解雇】

設問の通り正しい。 根拠 法19-Ⅰ、S63.3.14基発150号

**確認してみよう！** 契約期間を定めて労働契約を締結した労働者の労働契約は、他に契約期間満了後引続き雇用関係が更新されたと認められる事実がない限りその期間満了とともに終了するので、契約期間満了時に業務上負傷し、又は疾病にかかり療養のために休業していたとしても、解雇制限の規定は適用されない。

**解答 E**

問題10 択一 実践 教科書 Section 2

チェック欄 1 ／ 2 ／ 3 ／

## 労働契約等

次の記述のうち、正しいものはどれか。

A　使用者は、労働者を解雇しようとする場合において、「天災事変その他やむを得ない事由のために事業の継続が不可能となつた場合」には解雇の予告を除外されるが、「天災事変その他やむを得ない事由」には、使用者の重過失による火災で事業場が焼失した場合も含まれる。(R2-5エ)

B　労働基準法第19条第1項ただし書に規定する「天災事変その他やむを得ない事由のために事業の継続が不可能となった場合」に該当するか否かは、派遣中の労働者については、派遣先の事業所について判断される。

C　使用者は、労働者が業務上負傷し、又は疾病にかかり療養のために休業する期間及びその後30日間は、原則として、解雇してはならないが、労働者の責に帰すべき事由に基いて解雇する場合であって、その事由について行政官庁の認定を受けたときは、当該労働者を解雇することができる。

D　使用者は、7月31日の終了をもって労働者を解雇しようとするときは、7月1日までに解雇の予告をしなければならない。

E　使用者は、ある労働者を8月31日の終了をもって解雇するため、同月15日に解雇の予告をする場合には、少なくとも平均賃金の15日分の解雇予告手当を支払わなければならない。

## 解説

**A ×** 【④解雇】

使用者の重過失による火災で事業場が焼失した場合は、解雇予告が除外される「天災事変その他やむを得ない事由のために事業の継続が不可能となった場合」には含まれない。 根拠 法20、S63.3.14基発150号

**B ×** 【④解雇】

派遣中の労働者について「天災事変その他やむを得ない事由のために事業の継続が不可能となった場合」に該当するか否かの判断は、派遣元の事業所についてなされる。 根拠 法19-Ⅰ、派遣法44

**C ×** 【④解雇】

解雇制限が解除されるのは、打切補償を支払う場合又は天災事変その他やむを得ない事由のために事業の継続が不可能となった場合であり、労働者の責に帰すべき事由がある場合であっても、解雇制限は解除されない。 根拠 法19

**D ○** 【④解雇】

設問の通り正しい。解雇の予告期間は、予告をした日の翌日から起算するので、その終了をもって解雇する日（7月31日）から30日を差し引くと予告日となる（7月31日－30日＝7月1日）。 根拠 法20-Ⅰ

**E ×** 【④解雇】

設問の場合には、少なくとも平均賃金の「14日分」の解雇予告手当を支払わなければならない。解雇の予告をした8月15日の翌日（8月16日）から8月31日までの日数が16日であることから、予告期間30日に満たない分として平均賃金の14日（＝30日－16日）分以上の解雇予告手当の支払が必要となる。 根拠 法20-Ⅱ

**解答** 

問題11　択一　実践　教科書 Section 2

チェック欄　1 ／　2 ／　3 ／

## 労働契約等

次の記述のうち、誤っているものはどれか。

**A**　使用者が、労働者の解雇に当たって30日前にその予告をしたが、その予告期間の満了日に解雇の期日を延期することを当該労働者に伝達し、引き続き使用した場合において、その後に使用者が当該労働者を解雇しようとするときは、あらためて解雇の予告をする必要がある。

**B**　使用者が、ある労働者を整理解雇しようと考え、労働基準法第20条の規定に従って、6月1日に、30日前の予告を行った。その後、大口の継続的な仕事が取れ人員削減の必要がなくなったため、同月20日に、当該労働者に対して、「解雇を取り消すので、わが社に引き続きいてほしい。」と申し出たが、当該労働者は同意せず、それに応じなかった。この場合、当該予告期間を経過した日に、当該労働者は、解雇されたこととなる。

**C**　労働基準法第20条に定める解雇予告手当は、解雇の意思表示に際して支払わなければ解雇の効力を生じないものと解されており、一般には解雇予告手当については時効の問題は生じないとされている。(H30-2オ)

**D**　試みの使用期間中の労働者を、雇入れの日から起算して14日以内に解雇する場合は、解雇の予告について定める労働基準法第20条の規定は適用されない。(H26-2C)

**E**　使用者は、労働者が自己の都合により退職した場合には、使用期間、業務の種類、その事業における地位、賃金又は退職の事由について、労働者が証明書を請求したとしても、これを交付する義務はない。(R元-4E)

## 解説

**A ○** 【④解雇】

設問の通り正しい。設問のように、労働者を解雇の予告期間満了後引き続き使用する場合には、通常、同一条件でさらに労働契約がなされたものと解されるので、当該労働者を解雇しようとするときは、あらためて解雇の予告（又は解雇予告手当の支払）をしなければならない。

根拠 法20-Ⅰ、S24.6.18基発1926号

**B ○** 【④解雇】

設問の通り正しい。使用者が行った解雇予告の意思表示は、一般的には取り消すことはできないが、労働者が具体的事情の下に自由な判断によって同意を与えた場合には、取り消すことができるものと解すべきとされている。設問の場合は、「労働者は同意せず、それに応じなかった」のであるから、解雇予告の意思表示は取り消されておらず、予告期間を経過した日に、解雇されたことになる。

根拠 法20-Ⅰ、S33.2.13基発90号

**C ○** 【④解雇】

設問の通り正しい。解雇予告手当は、使用者の支払により、単にその限度で解雇予告の義務を免除するにとどまるものである。したがって、一般に、労働者側から使用者に対して解雇予告手当を請求することはできず、時効の問題も生じない。

根拠 法20、S27.5.17基収1906号

**D ○** 【④解雇】

設問の通り正しい。試の使用期間中の者については、14日を超えて引き続き使用されるに至った場合に、法20条の規定（解雇の予告）が適用される。

根拠 法21-④

**E ×** 【⑤退職時等の証明等】

設問のいわゆる退職時の証明書は、「退職の場合」に請求することができるものであるが、当該「退職の場合」には労働者の自己の都合による退職の場合も含まれる。したがって、設問の場合には、使用者に退職時の証明書の交付義務が生ずる。

根拠 法22-Ⅰ

**解答 E**

## 問題12 択一 実践 教科書 Section 2

チェック欄 1 ／ 2 ／ 3 ／

## 労働契約等

次のアからオの記述のうち、正しいものの組合せは、後記ＡからＥまでのうちどれか。

**ア** 労働基準法第22条第４項は、「使用者は、あらかじめ第三者と謀り、労働者の就業を妨げることを目的として、労働者の国籍、信条、社会的身分若しくは労働組合運動に関する通信」をしてはならないと定めているが、禁じられている通信の内容として掲げられている事項は、例示列挙であり、これ以外の事項でも当該労働者の就業を妨害する事項は禁止される。
(H30-5E)

**イ** 労働基準法第23条第１項によれば、使用者は、労働者の死亡又は退職の場合において、権利者の請求があった場合には、７日以内に賃金を支払い、積立金、保証金、貯蓄金その他名称の如何を問わず、労働者の権利に属する金品を返還しなければならないこととされている。

**ウ** 労働基準法第23条第２項によれば、労働者の死亡又は退職時に支払うべき賃金に関して争がある場合には、使用者は、異議のない部分を所定の期間内に支払わなければならないこととされている。

**エ** 労働基準法第14条第２項の規定に基づく「有期労働契約の締結、更新及び雇止めに関する基準」（以下本問において「基準」という。）では、使用者は、有期労働契約（当該契約を３回以上更新し、又は雇入れの日から起算して１年を超えて継続勤務しているものに係るものに限り、あらかじめ当該契約を更新しない旨明示されているものを除く。）を更新しないこととしようとする場合には、少なくとも当該契約の期間の満了する日の30日前までにその予告をするか、30日前に予告をしないときは、平均賃金の30日分以上の支払をしなければならない、とされている。

**オ** 使用者が、基準に違反して有期労働契約の期間の満了する日の30日前までにその予告をしないときは、６箇月以下の懲役又は30万円以下の罰金に処せられる。

**A**（アとイ）　**B**（アとエ）　**C**（イとウ）
**D**（ウとオ）　**E**（エとオ）

## 解説

**ア ×** 【⑤退職時等の証明等】

法22条4項により禁じられている通信の内容として掲げられている事項（労働者の国籍、信条、社会的身分若しくは労働組合運動）は、制限列挙である。 根拠 法22-Ⅳ、H15.12.26基発1226002号

**イ ○** 【⑤退職時等の証明等】

設問の通り正しい。なお、「賃金」については、所定の賃金支払日に支払わなければならないことから、賃金支払日が請求から7日目の日よりも前に到来する場合や、権利者から請求がない場合については、その賃金支払日までに支払わなければならない。 根拠 法23-Ⅰ

**ウ ○** 【⑤退職時等の証明等】

設問の通り正しい。労働者の死亡又は退職時に支払又は返還をすべき賃金又は金品に関して争がある場合には、使用者は、異議のない部分を、権利者の請求があったときから7日以内に支払い、又は返還しなければならない。 根拠 法23-Ⅱ

**エ ×** 【⑤退職時等の証明等】

設問の場合、少なくとも当該契約の期間の満了する日の30日前までにその予告をしなければならない、とされており、「30日前に予告をしないときは、平均賃金の30日分以上の支払をしなければならない」とする旨の定めはない。 根拠 法14-Ⅱ、H24厚労告551号

**オ ×** 【⑤退職時等の証明等】

基準に違反した場合について罰則の定めはない。 根拠 法14-Ⅲ、117～120

確認してみよう！ 設問の場合には、行政官庁は、基準に関し、期間の定めのある労働契約（有期労働契約）を締結する使用者に対し、必要な助言及び指導を行うことができるとされている。

**解答 C（イとウ）**

# 問題13 選択 基本 教科書 Section 2

チェック欄 1 ／ 2 ／ 3 ／

## 労働契約等

次の文中の［　　］の部分を選択肢の中の適当な語句で埋め、完全な文章とせよ。

労働基準法第20条（解雇の予告）の規定は、次の(1)から(4)に該当する労働者については適用しない。但し、(1)に該当する者が［ A ］を超えて引き続き使用されるに至った場合、(2)若しくは(3)に該当する者が［ B ］を超えて引き続き使用されるに至った場合又は(4)に該当する者が［ C ］を超えて引き続き使用されるに至った場合においては、この限りでない。

(1)　日日雇い入れられる者
(2)　［ D ］以内の期間を定めて使用される者
(3)　季節的業務に［ E ］以内の期間を定めて使用される者
(4)　試の使用期間中の者

選択肢

| | | |
|---|---|---|
| ①　7日 | ②　10日 | ③　14日 |
| ④　30日 | ⑤　1箇月 | ⑥　2箇月 |
| ⑦　3箇月 | ⑧　4箇月 | ⑨　5箇月 |
| ⑩　6箇月 | ⑪　1年 | ⑫　1年6箇月 |
| ⑬　2年 | ⑭　2年6箇月 | ⑮　3年 |
| ⑯　4年 | ⑰　5年 | ⑱　10年 |
| ⑲　一定の事業の完了に必要な期間 | | ⑳　所定の期間 |

## 解答

【④解雇】

A ⑤ 1箇月
B ⑳ 所定の期間
C ③ 14日
D ⑥ 2箇月
E ⑧ 4箇月

根拠 法21

## 解説

《A、B、Dについて》

問題文の法21条の内容（法20条の解雇の予告の規定が適用除外となる問題文の(1)から(4)までの者の定義、及びこれらの者について法20条の解雇の予告の規定が適用される場合の要件）については、条文どおりしっかりと押さえておきたい（例えば、Aは［⑤1箇月］と規定されているのであって、［④30日］を選ばないようにしたい。）。

また、(2)の［⑥2箇月］（D）以内の期間を定めて使用される者については、［⑳所定の期間］（B）を超えて引き続き使用されるに至った場合に、法20条の解雇の予告の規定が適用される。これは、例えば、2箇月の期間を定めて使用される者については「2箇月」を超えて引き続き使用されるに至った場合、50日の期間を定めて使用される者については「50日」を超えて引き続き使用されるに至った場合に、法20条の解雇の予告の規定が適用されるということである。

## 問題14 選択 基本 教科書 Section 2

# 労働契約等

チェック欄 1 ／ 2 ／ 3 ／

次の文中の［　　］の部分を選択肢の中の適当な語句で埋め、完全な文章とせよ。

1　厚生労働大臣は、期間の定めのある労働契約の締結時及び当該労働契約の期間の満了時において労働者と使用者との間に紛争が生ずることを未然に防止するため、使用者が講ずべき労働契約の期間の満了に係る［ A ］に関する事項その他必要な事項についての基準を定めることができる。また、行政官庁は、当該基準に関し、期間の定めのある労働契約を締結する使用者に対し、必要な［ B ］を行うことができる。

2　使用者は、期間の定めのある労働契約（当該契約を1回以上更新し、［ C ］継続勤務している者に係るものに限る。）を更新しようとする場合においては、当該契約の［ D ］及び当該労働者の［ E ］に応じて、契約期間をできる限り長くするよう努めなければならない。

選択肢

| | | | |
|---|---|---|---|
| ① 内容 | ② 又は、雇入れの日から起算して1年を超えて | | |
| ③ 回数 | ④ かつ、雇入れの日から起算して1年を超えて | | |
| ⑤ 実態 | ⑥ 又は、雇入れの日から起算して1年以上 | | |
| ⑦ 期間 | ⑧ かつ、雇入れの日から起算して1年以上 | | |
| ⑨ 賃金の清算 | ⑩ 通知 | ⑪ 手続 | ⑫ 再雇用 |
| ⑬ 知識 | ⑭ 経験 | ⑮ 希望 | ⑯ 能力 |
| ⑰ 助言及び指導 | ⑱ 勧告 | ⑲ 命令 | ⑳ 指示 |

## 解答

【⑤退職時等の証明等】

A ⑩ 通知
B ⑰ 助言及び指導
C ④ かつ、雇入れの日から起算して１年を超えて
D ⑤ 実態
E ⑮ 希望

根拠 法14-ⅡⅢ、H24厚労告551号

## 解説

《Bについて》

問題文１に基づき定められている基準が「有期労働契約の締結、更新及び雇止めに関する基準」（いわゆる「雇止め基準」）である。この基準に関しては、行政官庁は［⑲命令］や［⑳指示］、［⑱勧告］といった強い権限を行使することはできず、必要な［⑰助言及び指導］を行うことができるまでであることに注意したい。

《Cについて》

問題文２は、「雇止め基準」の具体的な内容であるが、最後が「努めなければならない」と努力義務になっていることに注目したい。契約期間をできる限り長くすることの努力義務の対象となる労働者は「労働契約を１回以上更新し、かつ、雇入れの日から起算して１年を超えて継続勤務している者」であるから、Cには［④かつ、雇入れの日から起算して１年を超えて］が入ることになる。

# 問題15 択一 基本 教科書 Section 3

| チェック欄 | | |
|---|---|---|
| 1 ／ | 2 ／ | 3 ／ |

## 賃金

次のアからオの記述のうち、誤っているものの組合せは、後記AからEまでのうちどれか。

**ア** 労働協約、就業規則、労働契約等によってあらかじめ支給条件が明確である場合の退職手当は、労働基準法第11条の賃金であり、同法第24条第2項にいう「臨時の賃金等」に当たる。

**イ** 賞与、家族手当、いわゆる解雇予告手当及び住宅手当は、労働基準法第11条で定義する賃金に含まれる。(H26-3ア)

**ウ** 労働基準法第24条に定めるいわゆる賃金の通貨払の原則の趣旨は、貨幣経済の支配する社会では最も有利な交換手段である通貨による賃金支払を義務づけ、これによって、価格が不明瞭で換価にも不便であり弊害を招くおそれが多い実物給与を禁じることにある。(H25-7ア改題)

**エ** 労働協約の定めによって通貨以外のもので賃金を支払うことが許されるのは、その労働協約の適用を受ける労働者に限られる。(H29-6A)

**オ** 賃金は、その全額を支払わなければならないが、労働協約に別段の定めがある場合又は当該事業場の労働者の過半数で組織する労働組合があるときはその労働組合、労働者の過半数で組織する労働組合がないときは労働者の過半数を代表する者との書面による協定がある場合においては、賃金の一部を控除して支払うことができる。

**A**（アとイ）　**B**（アとエ）　**C**（ウとエ）
**D**（イとオ）　**E**（ウとオ）

## 解説

**ア** ○ 【①賃金の定義】

設問の通り正しい。なお、法24条２項にいう「臨時の賃金等」とは、「臨時に支払われる賃金、賞与その他これに準ずるもので厚生労働省令で定める賃金」のことである。 根拠 法11、S22.9.13発基17号

**イ** × 【①賃金の定義】

いわゆる解雇予告手当は、賃金には含まれない。

根拠 法11、S22.9.13発基17号、S23.8.18基収2520号

**ウ** ○ 【②賃金支払の５原則】

設問の通り正しい。 根拠 法24-Ⅰ

得点UP! 賃金の通貨払の原則は、労働者に不利益な実物給与を禁止するのが本旨であるため、労働者に不利益になるおそれが少ない場合等には例外を認めることが実情に沿うので、法令又は労働協約に定めのある場合には、実物給与で支払うことが認められている。

**エ** ○ 【②賃金支払の５原則】

設問の通り正しい。「労働協約の適用を受ける労働者」に限られるのであって、「労使協定」ではないことに注意すること。また、**ウ**の得点UP!も参照のこと。 根拠 法24-Ⅰ、S63.3.14基発150号

**オ** × 【②賃金支払の５原則】

賃金の一部を控除して支払うことができるのは、「法令に別段の定めがある場合」又は当該事業場の労働者の過半数で組織する労働組合があるときはその労働組合、労働者の過半数で組織する労働組合がないときは労働者の過半数を代表する者との書面による協定（労使協定）がある場合である。

根拠 法24-Ⅰ

**解答 D（イとオ）**

## 問題16 択一 応用 教科書 Section 3

## 賃金

チェック欄 1 ／ 2 ／ 3 ／

次の記述のうち、誤っているものはどれか。

**A** 派遣先の使用者が、派遣中の労働者本人に対して、派遣元の使用者からの賃金を手渡すことだけであれば、労働基準法第24条第１項のいわゆる賃金直接払の原則に違反しない。

**B** 行政官庁が国税徴収法の規定に基づいて行った差押処分に従って、使用者が労働者の賃金を控除のうえ当該行政官庁に納付することは、労働基準法第24条に定めるいわゆる賃金の直接払の原則に抵触しない。
(H25-7イ改題)

**C** 民事執行法に基づき賃金債権が差押えられた場合において、使用者が当該差押えられた部分の賃金債権を差押債権者に支払うことは、労働基準法第24条に定めるいわゆる賃金の直接払の原則に抵触しないものと解されている。

**D** 労働基準法第24条第１項に定めるいわゆる「賃金全額払の原則」は、労働者の賃金債権に対しては、使用者は、使用者が労働者に対して有する債権をもって相殺することを許されないとの趣旨を包含するものと解するのが相当であるが、その債権が当該労働者の故意又は過失による不法行為を原因としたものである場合にはこの限りではない、とするのが最高裁判所の判例である。(H26-3オ)

**E** １か月の賃金支払額（賃金の一部を控除して支払う場合には控除した額。）に100円未満の端数が生じた場合、50円未満の端数を切り捨て、それ以上を100円に切り上げて支払う事務処理方法は、労働基準法第24条違反としては取り扱わないこととされている。(H29-6C)

## 解説

**A ○** 【②賃金支払の５原則】

設問の通り正しい。派遣中の労働者の賃金を派遣先の使用者を通じて支払うことについては、派遣先の使用者が派遣中の労働者本人に対して派遣元の使用者からの賃金を手渡すことだけであれば、直接払の原則に違反しない。 根拠 法24-Ⅰ、S61.6.6基発333号

**B ○** 【②賃金支払の５原則】

設問の通り正しい。なお、設問の場合、賃金の全額払の原則にも抵触しない。 根拠 法24-Ⅰただし書、国税徴収法76

**C ○** 【②賃金支払の５原則】

設問の通り正しい。なお、設問の場合、賃金の全額払の原則にも抵触しないものと解されている。 根拠 法24-Ⅰただし書、民事執行法155

**D ×** 【②賃金支払の５原則】

最高裁判所の判例では、「労働基準法24条１項は、労働者の賃金債権に対しては、使用者は、使用者が労働者に対して有する債権をもって相殺することを許されないとの趣旨を包含するものと解するのが相当である。このことは、その債権が不法行為を原因としたものであっても変りはない。」としている。 根拠 法24-Ⅰ、最大判S36.5.31日本勧業経済会事件

**E ○** 【②賃金支払の５原則】

設問の通り正しい。なお、「１か月の賃金支払額（賃金の一部を控除する場合には、控除した額）に1,000円未満の端数が生じた場合、それを翌月の賃金支払日に繰り越して支払うこと」についても、労働基準法第24条違反としては取り扱わないこととされている。 根拠 S63.3.14基発150号

**解答 D**

## 問題17 択一 実践 教科書 Section 3

チェック欄 1 ／ 2 ／ 3 ／

## 賃金

次の記述のうち、正しいものはどれか。

A　1日及び1か月における時間外労働、休日労働及び深夜業の各々の時間数の合計に1時間未満の端数がある場合に、30分未満の端数を切り捨て、それ以上を1時間に切り上げること、1時間当たりの賃金額及び割増賃金額に円未満の端数が生じた場合に、50銭未満の端数を切り捨て、それ以上を1円に切り上げること並びに1か月における時間外労働、休日労働及び深夜業の各々の割増賃金の総額に1円未満の端数が生じた場合に、50銭未満の端数を切り捨て、それ以上を1円に切り上げることは、いずれも労働基準法第24条及び第37条違反としては取り扱わないこととされている。(H25-3B)

B　賃金は、当該事業場の労働者の過半数で組織する労働組合があるときはその労働組合、労働者の過半数で組織する労働組合がないときは労働者の過半数を代表する者との書面による協定（労使協定）がある場合においては、その一部を控除して支払うことができるものとされているが、当該労使協定を締結した場合には、行政官庁に届け出なければならない。

C　労働者が賃金の支払を受ける前に賃金債権を他に譲渡した場合でも、使用者は当該賃金債権の譲受人に対してではなく、直接労働者に対し賃金を支払わなければならないとするのが、最高裁判所の判例である。(H28-3B)

D　退職金は労働者の老後の生活のための大切な資金であり、労働者が見返りなくこれを放棄することは通常考えられないことであるから、労働者が退職金債権を放棄する旨の意思表示は、それが労働者の自由な意思に基づくものであるか否かにかかわらず、労働基準法第24条第1項の賃金全額払の原則の趣旨に反し無効であるとするのが、最高裁判所の判例である。

(H27-4C)

E　賃金の過払分を後に支払うべき賃金から控除することについて、最高裁判所の判例では、「適正な賃金の額を支払うための手段たる相殺は、労働者がその自由な意思に基づき当該相殺に同意した場合に限り、労働基準法24条1項（賃金の全額払の原則）の禁止するところではないと解するのが相当である」としている。

## 解説

**A ×** 【②賃金支払の５原則】

設問の「１日及び１か月」は、正しくは「１か月」である。１日における時間外労働、休日労働及び深夜業の各々の時間数の合計に１時間未満の端数がある場合に、30分未満の端数を切り捨て、それ以上を１時間に切り上げる端数処理をすることはできない。なお、その他の記述は正しい。

根拠 法24-Ⅰ、37-ⅠⅣ、S63.3.14基発150号

**B ×** 【②賃金支払の５原則】

設問の労使協定（賃金の一部控除に関する労使協定）は、行政官庁に届け出る必要はない。 根拠 法24

**C ○** 【②賃金支払の５原則】

設問の通り正しい。「賃金は、直接労働者に支払わなければならない（賃金の直接払の原則）」とされており、労働者の法定代理人（親権者等）又は任意代理人（弁護士等）に賃金を支払うことや、労働者が賃金債権を譲渡した場合における当該賃金債権の譲受人に対して当該賃金を支払うことは禁止されている。 根拠 法24-Ⅰ、最三小S43.3.12小倉電話局事件

**D ×** 【②賃金支払の５原則】

設問の最高裁判所の判例では、「労働者の自由な意思に基づくものであることが明確であれば、賃金債権の放棄の意思表示の効力を肯定して差し支えない」としている。

根拠 法24-Ⅰ、最二小S48.1.19シンガー・ソーイング・メシーン事件

**E ×** 【②賃金支払の５原則】

賃金の過払分を後に支払うべき賃金から控除する、いわゆる調整的相殺を行う場合には、労働者の同意は必ずしも要しない。最高裁判所の判例では、「適正な賃金の額を支払うための手段たる相殺は、その行使の時期、方法、金額等からみて労働者の経済生活の安定との関係上不当と認められないものであれば、法24条１項の禁止するところではないと解するのが相当である」としている。 根拠 法24-Ⅰ、最一小S44.12.18福島県教組事件

**解答** 

## 問題18　択一　基本　教科書 Section 3

チェック欄　1 ／　2 ／　3 ／

## 賃金

次のアからオの記述のうち、誤っているものの組合せは、後記AからEまでのうちどれか。

**ア**　使用者は、賃金を毎月１回以上、一定の期日を定めて支払わなければならないが、その支払期日を「毎月第４金曜日」と定めたとしても、一定の期日を定めたことにはならない。

**イ**　労働基準法第24条第２項に従って賃金の支払期日が定められている場合、労働者が疾病等非常の場合の費用に充てるため、既に提供した労働に対する賃金を請求する場合であっても、使用者は、支払期日前には、当該賃金を支払う義務を負わない。(H26-4A)

**ウ**　労働基準法第26条にいう「使用者の責に帰すべき事由」には、天災地変等の不可抗力によるものは含まれないが、例えば、親工場の経営難から下請工場が資材、資金の獲得ができず休業した場合は含まれる。(H26-4C)

**エ**　派遣先の事業場が天災地変等の不可抗力によって操業できないために、派遣元の使用者が、派遣労働者をその派遣先に就業させることができなくなった場合は、労働基準法第26条の使用者の責に帰すべき事由に該当せず、当該派遣労働者を休業させたときであっても、休業手当を支払う必要はない。

**オ**　休業手当は、「使用者の責に帰すべき事由による休業」の場合に支払うべきものであり、使用者の帰責事由による休業期間中に就業規則等により所定休日と定められた日があるときは、使用者は、当該所定休日については休業手当を支払う必要はない。

**A**（アとイ）　**B**（アとオ）　**C**（イとエ）
**D**（ウとエ）　**E**（ウとオ）

## 解説

**ア ○** 【②賃金支払の５原則】

設問の通り正しい。設問の場合には、月に７日の範囲で支払期日が変動するので、一定の期日を定めたことにはならない。 根拠 法24-Ⅱ

---

**イ ×** 【③非常時払】

使用者は、労働者が出産、疾病、災害その他厚生労働省令で定める非常の場合の費用に充てるために請求する場合においては、支払期日前であっても、既往の労働に対する賃金を支払わなければならない。 根拠 法25

---

**ウ ○** 【④休業手当】

設問の通り正しい。材料不足や輸出不振、資金難、不況などの経営障害による休業は、「使用者の責に帰すべき事由」による休業と解される。

根拠 法26、S23.6.11基収1998号

---

**エ ×** 【④休業手当】

派遣労働者の休業手当について、法26条の使用者の責に帰すべき事由があるかどうかの判断は派遣元の使用者についてなされる。したがって、設問の場合には、派遣元の使用者について、当該派遣労働者を他の事業場に派遣する可能性等を含めてその責に帰すべき事由に該当しないかどうかを判断することとなり、その責に帰すべき事由に該当するときは、休業手当を支払わなければならない。 根拠 法26、S61.6.6基発333号

---

**オ ○** 【④休業手当】

設問の通り正しい。 根拠 法26、S24.3.22基収4077号

確認してみよう！ 就業規則等により所定休日と定められている日については、休業手当の支払を要しない。

**解答 C（イとエ）**

## 問題19　択一　実践　教科書 Section 3

| チェック欄 | | |
|---|---|---|
| 1 ／ | 2 ／ | 3 ／ |

## 賃金

次の記述のうち、正しいものはどれか。

A　1日の所定労働時間の一部のみ使用者の責に帰すべき事由による休業がなされた場合には、休業手当として、平均賃金の額から現実に就労した時間に対して支払われる賃金の額を控除して得た額の100分の60に相当する金額以上を支払わなければならない。

B　いわゆる出来高払制の保障給を定めた労働基準法第27条の趣旨は、月給等の定額給制度ではなく、出来高払制で使用している労働者について、その出来高や成果に応じた賃金の支払を保障しようとすることにある。
(H26-4E)

C　平均賃金の算定期間中に、①業務上負傷し、又は疾病にかかり療養のため休業した期間、②産前産後の女性が労働基準法第65条の規定によって休業した期間、③労働基準法第39条の規定によって有給休暇を取得した期間、④育児休業、介護休業等育児又は家族介護を行う労働者の福祉に関する法律の規定によって育児休業又は介護休業を取得した期間、⑤使用者の責めに帰すべき事由によって休業した期間、⑥試みの使用期間がある場合には、その日数及びその期間中の賃金は、平均賃金の算定期間及び賃金の総額から控除される。

D　労働基準法に定める「平均賃金」とは、これを算定すべき事由の発生した日以前3か月間にその労働者に対し支払われた賃金の総額を、その期間の総日数で除した金額をいい、年に2回6か月ごとに支給される賞与が当該3か月の期間内に支給されていた場合には、それも算入して計算される。(H24-4E)

E　ある会社で労働協約により6か月ごとに6か月分の通勤定期乗車券を購入し、それを労働者に支給している。この定期乗車券は、労働基準法第11条に規定する賃金であり、各月分の賃金の前払いとして認められるから、平均賃金算定の基礎に加えなければならない。(H26-3ウ)

## 解説

A ×【④休業手当】

1日の所定労働時間の一部のみ使用者の責に帰すべき事由による休業がなされた場合における休業手当の額は、現実に就労した時間に対して支払われる賃金の額が平均賃金の100分の60に相当する金額に満たないときは、少なくともその差額に相当する額である。 根拠 法26、S27.8.7基収3445号

B ×【⑤出来高払制の保障給】

法27条の趣旨は、労働者の責に基づかない事由によって、実収賃金が低下することを防ぐことであり、同条は、出来高払制その他の請負制で使用される労働者の賃金については、労働した時間に応じて一定額の保障を行うべきことを使用者に義務づけている。 根拠 法27

C ×【⑥平均賃金】

設問の①から⑥の期間のうち、③法39条の規定によって有給休暇を取得した期間については、その日数及びその期間中の賃金は、平均賃金の算定期間及び賃金の総額に含まれる。 根拠 法12-Ⅲ

D ×【⑥平均賃金】

平均賃金の算定における賃金の総額には、臨時に支払われた賃金及び3箇月を超える期間ごとに支払われる賃金並びに通貨以外のもので支払われた賃金で一定の範囲に属しないものは算入しない。したがって、設問にある「年に2回6か月ごとに支給される賞与」は、賃金の総額に算入しない。

根拠 法12-ⅠⅣ

E ○【⑥平均賃金】

設問の通り正しい。なお、平均賃金算定の基礎から除外される「3箇月を超える期間ごとに支払われる賃金」に該当するかどうかは、その賃金の「支払期間」ではなく、「計算期間」が3箇月を超えるかどうかによって定まるのであって、設問の定期乗車券のように「各月分の前払い」と認められるもの(「計算期間」は1箇月)については、平均賃金算定の基礎に加えなければならないとされている。 根拠 法11、12、S33.2.13基発90号

**解答 E**

## 問題20 選択 基本 教科書 Section 3

チェック欄 1／ 2／ 3／

# 賃金

次の文中の［　　］の部分を選択肢の中の適当な語句で埋め、完全な文章とせよ。

1 使用者は、労働者が［A］、疾病、災害その他厚生労働省令で定める［B］場合の費用に充てるために請求する場合においては、支払期日前であっても、［C］を支払わなければならない。

2 使用者の責に帰すべき事由による休業の場合においては、使用者は、休業期間中当該労働者に、その平均賃金の［D］以上の手当を支払わなければならない。

3 出来高払制その他の請負制で使用する労働者については、使用者は、［E］に応じ一定額の賃金の保障をしなければならない。

選択肢

| | | |
|---|---|---|
| ① 請負金額 | ② 当該支払期日に支払うべき賃金 | |
| ③ 出来高 | ④ 通常の賃金 | ⑤ 作業効率 |
| ⑥ 労働時間 | ⑦ 当該費用に相当する額の賃金 | |
| ⑧ 100分の80 | ⑨ 既往の労働に対する賃金 | |
| ⑩ 100分の70 | ⑪ 出産　⑫ 育児 | ⑬ 介護 |
| ⑭ 100分の60 | ⑮ 妊娠　⑯ 非常の | ⑰ 緊急の |
| ⑱ 100分の50 | ⑲ やむを得ない | ⑳ 予測し得ない |

## 解答

【③非常時払、④休業手当、⑤出来高払制の保障給】

A　⑪　出産
B　⑯　非常の
C　⑨　既往の労働に対する賃金
D　⑭　100分の60
E　⑥　労働時間

根拠 法25、26、27

## 解説

《Eについて》

出来高払制その他の請負制で使用される労働者（例えば、歩合制賃金の労働者など）については、就業したにもかかわらず、材料手待や原料粗悪等のため出来高が減少するなどして、実収賃金が低下する場合があるため、これらの労働者について、［⑥労働時間］に応じて賃金を保障すべきことを使用者に義務づけている。

## 問題21 選択 基本 教科書 Section 3

チェック欄 1／ 2／ 3／

# 賃金

次の文中の［　　］の部分を選択肢の中の適当な語句で埋め、完全な文章とせよ。

1　労働基準法で平均賃金とは、原則として、これを算定すべき事由の発生した日以前［ A ］間にその労働者に対し支払われた賃金の総額を、その期間の［ B ］で除した金額をいう。

2　上記1の賃金の総額には、［ C ］及び［ D ］期間ごとに支払われる賃金並びに通貨以外のもので支払われた賃金で一定の範囲に属しないものは算入しない。

3　上記2の通貨以外のもので支払われた賃金で、賃金の総額に算入すべきものは、労働基準法第24条第1項ただし書の規定による法令又は［ E ］の別段の定めに基づいて支払われる通貨以外のものとする。

選択肢

| | | |
|---|---|---|
| ①　1箇月を超える | ②　所定労働日数 | ③　就業規則 |
| ④　3箇月を超える | ⑤　総日数 | ⑥　労働契約 |
| ⑦　6箇月を超える | ⑧　労働した日数 | ⑨　労働協約 |
| ⑩　1年を超える | ⑪　平均就労日数 | ⑫　労使協定 |

| | | | |
|---|---|---|---|
| ⑬　3箇月 | ⑭　6箇月 | ⑮　1年 | ⑯　2年 |

| | |
|---|---|
| ⑰　臨時に支払われた賃金 | ⑱　割増賃金 |
| ⑲　年次有給休暇中の賃金 | ⑳　出来高払制の保障給 |

## 解答

【⑥平均賃金】

A ⑬ 3箇月
B ⑤ 総日数
C ⑰ 臨時に支払われた賃金
D ④ 3箇月を超える
E ⑨ 労働協約

根拠 法12-ⅠⅣⅤ、則2-Ⅰ

## 解説

《Bについて》

「平均賃金」とは、いわば1日当たりの生活賃金といえるものであるから、Bには［②所定労働日数］［⑧労働した日数］［⑪平均就労日数］ではなく、［⑤総日数］、つまり総暦日数が入ることになる。

《Eについて》

「通貨以外のもので支払われた賃金」、すなわち現物給与が認められるのは、「法令若しくは労働協約に別段の定めがある場合又は一定の賃金について確実な支払の方法で一定のもの（口座振込等）による場合」であると賃金支払の5原則（通貨払の原則と例外）で学習している。したがって、Eには［⑨労働協約］が入ることになる。

## 問題22 択一 基本 教科書 Section 4

チェック欄 1 ／ 2 ／ 3 ／

# 労働時間、休憩、休日

次の記述のうち、誤っているものはどれか。

A　労働基準法第32条の労働時間とは、労働者が使用者の指揮命令下に置かれている時間をいい、この労働時間に該当するか否かは、労働者の行為が使用者の指揮命令下に置かれたものと評価することができるか否かによって客観的に定まるものであって、労働契約、就業規則、労働協約等の定めのいかんにより決定されるべきものではないと解するのが相当である、とするのが最高裁判所の判例である。

B　労働基準法第38条第1項では、「労働時間は、事業場を異にする場合においても、労働時間に関する規定の適用については通算する」とされているが、これは、異なる事業主の複数の事業場において労働する場合には、適用されない。

C　坑内労働については、労働者が坑口に入った時刻から坑口を出た時刻までの時間を、休憩時間を含めて、労働時間とみなすこととされている。

D　常時10人未満の労働者を使用する商業の事業については、1週間について44時間、1日について8時間まで労働させることができる。

E　労働基準法第34条に定める「休憩時間」とは、単に作業に従事しないいわゆる手待時間は含まず、労働者が権利として労働から離れることを保障されている時間をいう。(H26-5E)

## 解説

**A ○** 【①労働時間】

設問の通り正しい。 根拠 法32、最一小H12.3.9三菱重工長崎造船所事件

得点UP! 同判例では、「労働者が、就業を命じられた業務の準備行為等を事業所内において行うことを使用者から義務付けられ、又はこれを余儀なくされたときは、当該行為を所定労働時間外において行うものとされている場合であっても、当該行為は、特段の事情のない限り、使用者の指揮命令下に置かれたものと評価することができ、当該行為に要した時間は、それが社会通念上必要と認められるものである限り、労働基準法上の労働時間に該当すると解される」としている。

**B ×** 【①労働時間】

事業場を異にする場合とは、事業主を異にする場合も含まれる。

根拠 法38-Ⅰ、S23.5.14基発769号

**C ○** 【①労働時間】

設問の通り正しい。なお、この場合においては、休憩の一斉付与及び休憩の自由利用の規定は適用しないとされている。 根拠 法38-Ⅱ

**D ○** 【②法定労働時間】

設問の通り正しい。常時10人未満の労働者を使用する商業、映画・演劇業（映画の製作の事業を除く。）、保健衛生業及び接客娯楽業については、特例として、1週間の法定労働時間が44時間とされている。

根拠 法40、法別表第1-⑧、則25の2-Ⅰ

**E ○** 【③休憩】

設問の通り正しい。現実に作業はしていないが、使用者からいつ就労の要求があるかもしれない状態で待機しているいわゆる「手待時間」は、就労しないことが使用者から保障されていないため休憩時間ではない。

根拠 法34、S22.9.13発基17号

**解答 B**

## 問題23 択一 基本 教科書 Section 4

チェック欄 1 ／ 2 ／ 3 ／

## 労働時間、休憩、休日

次のアからオの記述のうち、誤っているものの組合せは、後記AからEまでのうちどれか。

**ア** 労働基準法第34条に定める休憩時間の利用について、事業場の規律保持上必要な制限を加えることは、休憩の目的を損なわない限り差し支えない。(H24-5B)

**イ** 使用者は、いわゆる休憩の一斉付与除外に係る労使協定を締結する場合には、一斉に休憩を与えない労働者の範囲及び当該労働者に対する休憩の与え方について、協定しなければならない。

**ウ** 労働基準法第35条に定める「一回の休日」は、24時間継続して労働義務から解放するものであれば、起算時点は問わないのが原則である。(H29-1D)

**エ** 労働基準法第41条第2号に定める「監督若しくは管理の地位にある者」とは、一般的には、部長、工場長等労働条件の決定その他労務管理について経営者と一体的な立場にある者の意であり、名称にとらわれず、実態に即して判断すべきものであるとされている。

**オ** 労働基準法第41条の2に規定するいわゆる高度プロフェッショナル制度の対象労働者の要件の一つとして、労働契約により使用者から支払われると見込まれる賃金の額を1年間当たりの賃金の額に換算した額が基準年間平均給与額の2倍の額を相当程度上回る水準として厚生労働省令で定める額以上であることが規定されている。

**A**（アとイ）　**B**（アとエ）　**C**（イとウ）
**D**（ウとオ）　**E**（エとオ）

## 解説

**ア ○** 【③休憩】

設問の通り正しい。設問の場合は、休憩の自由利用の原則に反するものではない。 根拠 法34-Ⅲ、S22.9.13発基17号

**イ ○** 【③休憩】

設問の通り正しい。 根拠 法34-Ⅱ、則15-Ⅰ

確認してみよう！ 派遣中の労働者に係る休憩の一斉付与除外に係る労使協定は、派遣先の使用者が締結する必要がある。

**ウ ×** 【④休日】

法35条に定める休日とは、暦日を指し午前零時から午後12時までの休業と解されている。 根拠 法35、S23.4.5基発535号

**エ ○** 【⑤労働時間等の適用除外】

設問の通り正しい。 根拠 法41②、S63.3.14基発150号

確認してみよう！ 設問のいわゆる管理監督者とは、部長、工場長等労働条件の決定その他労務管理について経営者と一体的な立場にある者をいい、労働時間、休憩、休日等に関する規制の枠を超えて活動することが要請されざるを得ない重要な職務と責任を有し、現実の勤務態様も労働時間等の規制になじまないような立場にある者に限られ、また、賃金等の待遇面について、その地位にふさわしい待遇がなされているものをいう。

**オ ×** 【⑤労働時間等の適用除外】

「２倍」ではなく、「３倍」である。 根拠 法41の２-Ⅰ②ロ

確認してみよう！ 「基準年間平均給与額」とは、「厚生労働省において作成する毎月勤労統計における毎月きまって支給する給与の額の１月分から12月分までの各月分の合計額」をいう。また、「厚生労働省令で定める額」は、1,075万円である。

**解答 D（ウとオ）**

# 問題24 選択 基本 教科書 Section 4

チェック欄 1／ 2／ 3／

## 労働時間、休憩、休日

次の文中の[　　]の部分を選択肢の中の適当な語句で埋め、完全な文章とせよ。

1　使用者は、商業、映画・演劇業（[ A ]の事業を除く。)、保健衛生業及び接客娯楽業に掲げる事業のうち常時[ B ]未満の労働者を使用するものについては、労働基準法第32条の規定にかかわらず、1週間について[ C ]時間、1日について8時間まで労働させることができる。

2　使用者は、休憩の一斉付与除外の労使協定をする場合には、一斉に休憩を与えない[ D ]及び当該労働者に対する[ E ]について、協定しなければならない。

選択肢

| | | |
|---|---|---|
| ① 演劇 | ② 理由 | ③ 45 |
| ④ 30人 | ⑤ 休憩の時間数 | ⑥ 映画の製作 |
| ⑦ 労働者の範囲 | ⑧ 50人 | ⑨ 健康を確保するための措置 |
| ⑩ 42 | ⑪ 俳優 | ⑫ 43 |
| ⑬ 子役 | ⑭ 10人 | ⑮ 時間帯 |
| ⑯ 44 | ⑰ 労働者の数 | ⑱ 休憩の与え方 |
| ⑲ 100人 | ⑳ 休日 | |

## 解答

【②法定労働時間、③休憩】

A　⑥　映画の製作
B　⑭　10人
C　⑯　44
D　⑦　労働者の範囲
E　⑱　休憩の与え方

根拠 法40、則15、25の2

## 解説

《A～Cについて》

法40条では、「別表第1第1号から第3号まで（製造業、鉱業、建設業）、第6号及び第7号（農林業、水産・養蚕・畜産業）に掲げる事業以外の事業で、公衆の不便を避けるために必要なものその他特殊の必要あるものについては、その必要避くべからざる限度で、法32条から法32条の5までの労働時間及び法34条の休憩に関する規定について、厚生労働省令で別段の定めをすることができる。」と規定しており、この規定に基づき、1週間の法定労働時間を［⑯44］（C）時間とする特例事業が定められている。「映画・演劇業」であっても［⑥映画の製作］（A）の事業は「公衆の不便を避けるために必要なもの」からは除かれることが理解できるであろう。また、「必要避くべからざる限度」とあることから、この特例は、常時［⑭10人］（B）未満の労働者を使用する比較的小規模な事業のみに適用されることも理解しておこう。

問題25 択一 実践 教科書 Section 5

チェック欄 1 ／ 2 ／ 3 ／

## 変形労働時間制

次の記述のうち、誤っているものはどれか。

A　変形労働時間制は、労働時間を弾力化し、業務の繁閑に応じた労働時間の配分等を行うことによって、割増賃金の抑制を図ることを目的として設けられている。

B　1か月単位の変形労働時間制を採用した場合、変形期間を平均し1週間当たりの労働時間を週法定労働時間以内としなければならず、変形期間における法定労働時間の総枠については、次の式によって計算される。
その事業場の週法定労働時間×変形期間の暦日数÷7

C　労働基準法第32条の2に定めるいわゆる1か月単位の変形労働時間制が適用されるためには、単位期間内の各週、各日の所定労働時間を就業規則等において特定する必要があり、労働協約又は就業規則において、業務の都合により4週間ないし1か月を通じ、1週平均38時間以内の範囲内で就業させることがある旨が定められていることをもって、直ちに1か月単位の変形労働時間制を適用する要件が具備されているものと解することは相当ではないとするのが、最高裁判所の判例である。(H27-6イ)

D　フレックスタイム制を採用する場合には、就業規則その他これに準ずるものにおいて、始業及び終業の時刻をその対象となる労働者の決定に委ねる旨を定めなければならないとされている。

E　フレックスタイム制に係る労使協定には、清算期間（その期間を平均し1週間当たりの労働時間が法定労働時間を超えない範囲内において労働させる期間をいう。）を定めることとされているが、この清算期間は3箇月以内の期間に限るものとされている。

## 解説

**A ×** 【①1箇月単位の変形労働時間制】

変形労働時間制は、労働時間を弾力化し、週休2日制の普及、年間休日日数の増加、業務の繁閑に応じた労働時間の配分等を行うことによって、「労働時間の短縮」を図ることを目的として設けられている。

根拠 法32の2～32の4、32の5、S63.1.1基発1号

**B ○** 【①1箇月単位の変形労働時間制】

設問の通り正しい。なお、「その事業場の週法定労働時間」は、40時間（特例事業の場合は44時間）である。

根拠 法32の2-Ⅰ、40-Ⅰ、則25の2-ⅠⅡ、H9.3.25基発195号

**C ○** 【①1箇月単位の変形労働時間制】

設問の通り正しい。1箇月単位の変形労働時間制における労働日及び労働時間の特定は、労働者の生活設計を損なわないようにすることを趣旨としており、使用者が業務の都合によって任意に労働時間を変更するような制度は、当該制度に該当しない。

根拠 法32の2、最一小H14.2.28大星ビル管理事件

**D ○** 【③フレックスタイム制】

設問の通り正しい。フレックスタイム制は、始業及び終業の時刻の両方を労働者の決定に委ねることを要件としており、始業時刻又は終業時刻の一方についてのみ労働者の決定に委ねるものは本制度に含まれない。

根拠 法32の3-Ⅰ

得点UP! 「始業及び終業の時刻」は、就業規則の絶対的必要記載事項である。

**E ○** 【③フレックスタイム制】

設問の通り正しい。なお、1箇月を超え3箇月以内の清算期間を定める労使協定は、有効期限の定め（原則）と行政官庁（所轄労働基準監督署長）への届出が必要とされる。

根拠 法32の3-Ⅰ②

**解答 A**

# 問題26 択一 実践 教科書 Section 5

チェック欄 1 ／ 2 ／ 3 ／

## 変形労働時間制

次のアからオの記述のうち、誤っているものの組合せは、後記AからEまでのうちどれか。

**ア** 労働基準法第32条の4に定めるいわゆる一年単位の変形労働時間制の対象期間は、1か月を超え1年以内であれば、3か月や6か月でもよい。
(H28-4C)

**イ** いわゆる一年単位の変形労働時間制においては、隔日勤務のタクシー運転者等暫定措置の対象とされているものを除き、1日の労働時間の限度は10時間、1週間の労働時間の限度は54時間とされている。(H30-2イ)

**ウ** 使用者が1年単位の変形労働時間制を採用しようとするに当たって、対象期間の労働日数を1年当たり280日以内とする必要があるのは、その対象期間の長さが3箇月を超えるときに限られている。

**エ** 1年単位の変形労働時間制に係る労使協定の協定事項中に「労使双方が合意すれば、協定期間中であっても当該変形労働時間制の一部を変更することがある。」旨が明記されている場合であっても、1年単位の変形労働時間制に係る労使協定に定めた特定期間等その一部を変更することはできない。

**オ** 使用者は、労働基準法別表第1第13号の保健衛生の事業のうち常時10人未満の労働者を使用するものについては、1週間について44時間、1日について8時間まで労働させることができる。また、この特例の下に、1年単位の変形労働時間制を採用することができる。

**A**（アとウ）　**B**（アとエ）　**C**（イとウ）
**D**（イとオ）　**E**（エとオ）

## 解説

**ア ○**　【②１年単位の変形労働時間制】

設問の通り正しい。　根拠 法32の４－Ⅰ②

得点UP!　１年単位の変形労働時間制は、対象期間を単位として適用されるものであるので、労使の合意によって対象期間の途中でその適用を中止することはできないものと解され、少なくともその対象期間中は、その適用が継続される。

**イ ×**　【②１年単位の変形労働時間制】

いわゆる１年単位の変形労働時間制における１週間の労働時間の限度は52時間である。　根拠 法32の4－ⅠⅢ、則12の４－Ⅳ、H11.3.31基発168号

**ウ ○**　【②１年単位の変形労働時間制】

設問の通り正しい。　根拠 法32の４－Ⅲ、則12の４－Ⅲ

得点UP!　１年単位の変形労働時間制における労働日数、労働時間及び連続労働日数の限度については、厚生労働大臣が、労働政策審議会の意見を聴いて定める。

**エ ○**　【②１年単位の変形労働時間制】

設問の通り正しい。　根拠 法32の４－Ⅰ、H6.3.31基発181号

確認してみよう!　「特定期間」とは、対象期間中の特に業務が繁忙な期間をいい、連続労働日数の限度について「１週間に１日の休日が確保できる日数」とされる期間である。

**オ ×**　【②１年単位の変形労働時間制】

１年単位の変形労働時間制を採用する場合には、労働時間の特例（週44時間）の規定は適用されない。

根拠 法32の４、40－Ⅰ、則25の２、H11.3.31基発170号

**解答　D（イとオ）**

問題27 択一 実践 教科書 Section 5

チェック欄 1 ／ 2 ／ 3 ／

## 変形労働時間制

次の記述のうち、正しいものはどれか。

A　1か月単位の変形労働時間制においては、1日の労働時間の限度は16時間、1週間の労働時間の限度は60時間の範囲内で各労働日の労働時間を定めなければならない。(R元-2E)

B　1年単位の変形労働時間制に係る労使協定には、「特定期間（対象期間中の特に業務が繁忙な期間をいう。)」を定めなければならず、特定期間を設定する必要がない場合においても「特定期間を定めない」旨を定める必要がある。

C　使用者は、1年単位の変形労働時間制に係る労使協定において、その対象期間を1か月以上の期間ごとに区分し、最初の期間における労働日及び当該労働日ごとの労働時間並びに当該最初の期間を除く各期間における労働日数及び総労働時間を定めたときは、当該最初の期間を除く当該各期間の初日の少なくとも30日前に、当該事業場に、労働者の過半数で組織する労働組合がある場合においてはその労働組合、労働者の過半数で組織する労働組合がない場合においては労働者の過半数を代表する者の意見を聴いて、当該労働日数を超えない範囲内において当該各期間における労働日及び当該総労働時間を超えない範囲内において当該各期間における労働日ごとの労働時間を定めなければならない。

D　1年単位の変形労働時間制を採用している事業場において、その適用を受ける労働者が育児休業により実際の労働期間が対象期間より短くなった場合であって、その実際の労働期間を平均して1週間当たりの労働時間が40時間を超えているときは、その超えた時間について、労働基準法第37条の規定の例により割増賃金を支払わなければならない。

E　労働基準法第32条の5に定めるいわゆる一週間単位の非定型的変形労働時間制は、小売業、旅館、料理店若しくは飲食店の事業の事業場、又は、常時使用する労働者の数が30人未満の事業場、のいずれか1つに該当する事業場であれば採用することができる。(H28-4D)

## 解説

**A ×**　【①１箇月単位の変形労働時間制】

１箇月単位の変形労働時間制においては、１日の労働時間の限度は定められていない。また、変形期間として定められた期間を平均し１週間当たりの労働時間が法定労働時間を超えない範囲内において各労働日の労働時間を定めなければならない。　根拠 法32の２－Ⅰ、H9.3.25基発195号

**B ○**　【②１年単位の変形労働時間制】

設問の通り正しい。　根拠 法32の４－Ⅰ③、H11.3.31基発169号

得点UP! 特定期間について何ら定めのない労使協定については、「特定期間を定めない」旨定められているものとして取り扱うこととされている。

**C ×**　【②１年単位の変形労働時間制】

設問の最初の期間を除く各期間における労働日及び当該労働日ごとの労働時間を定めるに際しては、当該事業場に、労働者の過半数で組織する労働組合がある場合においてはその労働組合、労働者の過半数で組織する労働組合がない場合においては労働者の過半数を代表する者の同意を得なければならない。　根拠 法32の４－Ⅰ④、Ⅱ

**D ×**　【②１年単位の変形労働時間制】

設問のような賃金の清算の規定は、途中退職者等のその事業場における雇用契約期間が１年単位の変形労働時間制に係る対象期間よりも短い者についての定めであり、育児休業や産前産後休業等により休暇中の者については、適用されない。　根拠 法32の４の２、H11.3.31基発169号

**E ×**　【④１週間単位の非定型的変形労働時間制】

いわゆる１週間単位の非定型的変形労働時間制は、「小売業、旅館、料理店若しくは飲食店の事業の事業場」であること及び「常時使用する労働者の数が30人未満の事業場」であることの、いずれの要件も満たさなければ採用することができない。　根拠 法32の５－Ⅰ、則12条の５－ⅠⅡ

**解答　B**

# 問題28 選択 基本 教科書 Section 5

チェック欄 1／ 2／ 3／

## 変形労働時間制

次の文中の［　］の部分を選択肢の中の適当な語句で埋め、完全な文章とせよ。

1　厚生労働大臣は、［ A ］の意見を聴いて、厚生労働省令で、1年単位の変形労働時間制に係る対象期間における労働日数の限度並びに1日及び1週間の労働時間の限度並びに対象期間（労使協定で特定期間として定められた期間を除く。）及び労使協定で特定期間として定められた期間における連続して労働させる日数の限度を定めることができる。

2　上記1の厚生労働省令で定める労働日数の限度は、対象期間が［ B ］場合は対象期間について1年当たり280日とする。

3　上記1の厚生労働省令で定める1日の労働時間の限度は10時間とし、1週間の労働時間の限度は［ C ］時間とする。

4　上記1の厚生労働省令で定める対象期間における連続して労働させる日数の限度は［ D ］とし、特定期間として定められた期間における連続して労働させる日数の限度は［ E ］に1日の休日が確保できる日数とする。

選択肢

| | | |
|---|---|---|
| ①　1箇月を超える | ②　学識経験者 | ③　48 |
| ④　3箇月以上の | ⑤　労働政策審議会 | ⑥　50 |
| ⑦　3箇月を超える | ⑧　公聴会 | ⑨　52 |
| ⑩　6箇月以上の | ⑪　厚生労働委員会 | ⑫　56 |
| ⑬　6日 | ⑭　1週間 | ⑮　8日 |
| ⑯　9日 | ⑰　10日 | ⑱　11日 |
| ⑲　12日 | ⑳　2週間 | |

## 解答

【②１年単位の変形労働時間制】

A　⑤　労働政策審議会
B　⑦　３箇月を超える
C　⑨　52
D　⑬　６日
E　⑭　１週間

根拠 法32の４-Ⅲ、則12の４-Ⅲ～Ⅴ

## 解説

《Aについて》

［⑤労働政策審議会］は、厚生労働大臣等の諮問に応じて、労働政策に関する重要事項の調査審議を行い、また、労働政策に関する重要事項について、厚生労働大臣等に意見を述べることができるものである。

《D、Eについて》

１年単位の変形労働時間制の対象期間における連続して労働させる日数の限度は［⑬６日］（D)、労使協定で特定期間（対象期間中の特に業務が繁忙な期間をいう。）として定められた期間における連続して労働させる日数の限度は［⑭１週間］（E）に１日の休日が確保できる日数とされている。したがって後者（特定期間）の場合、連続して労働させることのできる日数は最大で12日となる。

# 問題29 選択 基本 教科書 Section 5

チェック欄 1／ 2／ 3／

## 変形労働時間制

次の文中の［　　］の部分を選択肢の中の適当な語句で埋め、完全な文章とせよ。

1　使用者は、日ごとの業務に著しい繁閑の差が生ずることが多く、かつ、これを予測した上で就業規則その他これに準ずるものにより［A］を特定することが困難であると認められる［B］、旅館、料理店及び飲食店の事業であって、常時使用する労働者の数が［C］人未満のものに従事する労働者については、当該事業場に、労働者の過半数で組織する労働組合がある場合においてはその労働組合、労働者の過半数で組織する労働組合がない場合においては労働者の過半数を代表する者との書面による協定があるときは、労働基準法第32条第２項の規定にかかわらず、１日について［D］時間まで労働させることができる。

2　使用者は、上記１により労働者に労働させる場合においては、当該労働させる１週間の［A］を、少なくとも、［E］に、書面により通知しなければならない。

選択肢

| | | |
|---|---|---|
| ① 労働日 | ② 12 | ③ 15 |
| ④ 16 | ⑤ 当該１週間の開始する前 | ⑥ 休日 |
| ⑦ 小売業 | ⑧ 10 | ⑨ 接客業 |
| ⑩ 20 | ⑪ 総労働時間数 | ⑫ 14日前 |
| ⑬ 30 | ⑭ 各日の労働時間 | ⑮ 30日前 |
| ⑯ 卸売業 | ⑰ 当該１週間の開始する日 | ⑱ 50 |
| ⑲ 運送 | ⑳ 100 | |

## 解答

【④１週間単位の非定型的変形労働時間制】

A ⑭ 各日の労働時間
B ⑦ 小売業
C ⑬ 30
D ⑧ 10
E ⑤ 当該１週間の開始する前

根拠 法32の５－ⅠⅡ、則12の５－Ⅰ～Ⅲ

## 解説

《A、Dについて》

問題文１の最後に「１日について［⑧10］（D）時間まで労働させることができる」とあり、「１日」の労働時間の限度のみについて言及しており、「１週間」の労働時間の限度については言及していないことから、「１週間単位の非定型的変形労働時間制」の条文であることがわかる。また、問題文１の冒頭には「日ごとの業務に著しい繁閑の差が生ずることが多く」、とあることから、何を「特定することが困難」なのかを考えれば、Aには［⑭各日の労働時間］がふさわしいと判断できる。

問題30 択一 基本 教科書 Section 6

チェック欄 1 ／ 2 ／ 3 ／

## 時間外労働・休日労働

次の記述のうち、誤っているものはどれか。

A　派遣先の使用者は、派遣先の事業場において、災害その他避けることのできない事由により臨時の必要がある場合には、派遣労働者を法定労働時間外に労働させることができるが、この場合において、事前に行政官庁の許可を受け、又はその暇がない場合に事後に遅滞なく届出をする義務を負うのは、派遣先の使用者である。

B　労働基準法第36条は、時間外又は休日労働を適法に行わせるための手続を規定したものであるから、時間外又は休日労働命令に服すべき労働者の民事上の義務は、同条に定めるいわゆる36協定から直接当然に生ずるものではない。(H24-5D)

C　労働基準法第36条に定めるいわゆる36協定は、これを所轄労働基準監督署長に届け出てはじめて使用者が労働者に適法に時間外労働又は休日労働を行わせることを可能とするのであって、法定労働時間を超えて労働させる場合、単に同協定を締結したのみでは、労働基準法違反の責めを免れない。(H24-5E)

D　36協定に定める事項の１つである労働時間を延長して労働させることができる時間は、限度時間を超えない時間に限ることとされ、その限度時間は、１箇月について100時間及び１年について720時間とされている。

E　事業場の労働者の過半数で組織する労働組合がある場合において、使用者が、その労働組合と36協定を締結し、これを行政官庁に届け出た場合、その協定が有する労働基準法上の効力は、当該組合の組合員でない他の労働者にも及ぶ。(H25-3E)

## 解説

**A ○**　【②臨時の必要による時間外労働・休日労働】

設問の通り正しい。なお、設問の場合の割増賃金の支払義務は、派遣元の使用者にある。　根拠 法33-Ⅰ、S61.6.6基発333号

**B ○**　【③三六協定による時間外労働・休日労働】

設問の通り正しい。36協定の効力は、その協定に定めるところによって労働させても労働基準法に違反しないという免罰的効果をもつものであり、労働者の民事上の義務は、当該協定から直接生じるものではなく、労働協約、就業規則等の根拠が必要とされている。　根拠 法36-Ⅰ、S63.1.1基発１号

**C ○**　【③三六協定による時間外労働・休日労働】

設問の通り正しい。　根拠 法36-Ⅰ

> **得点UP!**　届出が効力（労働基準法に違反しないとする免罰的効力）発生の要件とされている労使協定は、36協定のみである。

**D ×**　【③三六協定による時間外労働・休日労働】

設問の限度時間は、１箇月について45時間及び１年について360時間（１年単位の変形労働時間制の対象期間として３箇月を超える期間を定めて労働させる場合にあっては、１箇月について42時間及び１年について320時間）とされている。　根拠 法36-Ⅳ

**E ○**　【③三六協定による時間外労働・休日労働】

設問の通り正しい。例えば、事業場にＡ組合とＢ組合の２つの労働組合があり、Ａ組合が当該事業場の過半数の労働者で組織されている場合には、Ａ組合と協定することで足り、Ｂ組合と協定する必要はない。

根拠 法36-Ⅰ、S23.4.5基発535号

**解答** 

## 問題31 択一 応用 教科書 Section 6

チェック欄 1 ／ 2 ／ 3 ／

# 時間外労働・休日労働

次の記述のうち、正しいものはどれか。

A　使用者は、労働者が過半数代表者であること若しくは過半数代表者になろうとしたこと又は過半数代表者として正当な行為をしたことを理由として不利益な取扱いをしてはならないとされ、これに違反した使用者には罰則の適用がある。

B　労働組合のない事業場において36協定を締結する場合、労働者側の締結当事者たる「労働者の過半数を代表する者」を選出するときの当該事業場の労働者数の算定に当たっては、当該事業場に派遣されて現に指揮命令を受けて働いている派遣労働者を含める。

C　労働組合のない事業場において36協定を締結する場合、労働者側の締結当事者たる「労働者の過半数を代表する者」の「労働者」の範囲には、そもそも労働時間の規定の適用がない労働基準法第41条第２号に該当する監督又は管理の地位にある者は含まれない。

D　使用者は、36協定で定めるところによって労働時間を延長して労働させ、又は休日において労働させる場合であっても、１箇月について労働時間を延長して労働させ、及び休日において労働させた時間は100時間未満としなければならないとされ、これに違反した使用者については労働基準法の罰則が適用される。

E　坑内労働その他厚生労働省令で定める健康上特に有害な業務（以下本問において「坑内労働等」という。）の労働時間の延長は、１日について２時間を超えてはならないと規定されているが、坑内労働等とその他の労働が同一の日に行われる場合、例えば、坑内労働等に８時間従事した後にその他の労働に２時間を超えて従事させることは、労働基準法第36条による協定の限度内であっても本条に抵触する。(H29-4B改題)

## 解説

**A ×**　【③三六協定による時間外労働・休日労働】

則6条の2,3項では「使用者は、労働者が過半数代表者であること若しくは過半数代表者になろうとしたこと又は過半数代表者として正当な行為をしたことを理由として不利益な取扱いをしないようにしなければならない。」と規定しており、また、同条違反の罰則は規定されていない。

根拠 則6の2-Ⅲ

---

**B ×**　【③三六協定による時間外労働・休日労働】

設問の「労働者の過半数を代表する者」を選出するときの当該事業場の労働者数の算定に当たっては、当該事業場に派遣されて現に指揮命令を受けて働いている派遣労働者は含めない。

根拠 法36-Ⅰ、派遣法44-Ⅱ、S61.6.6基発333号

**確認してみよう！** 派遣労働者の場合は、派遣元の使用者が派遣元事業場の労働組合等と36協定を締結しなければならない。

---

**C ×**　【③三六協定による時間外労働・休日労働】

設問の「労働者」の範囲に、法41条2号に該当する監督又は管理の地位にある者（管理監督者）は含まれる。なお、管理監督者は、労働者の過半数を代表する者（過半数代表者）になることはできないことに注意すること。

根拠 H11.3.31基発168号

---

**D 〇**　【③三六協定による時間外労働・休日労働、Sec10 ⑭罰則】

設問の通り正しい。時間外・休日労働の上限（1箇月100時間未満、複数月平均80時間以下）及び坑内労働等の延長の上限の規定に違反した使用者は、6箇月以下の懲役又は30万円以下の罰金に処せられる。根拠 法36-Ⅵ②、119①

---

**E ×**　【③三六協定による時間外労働・休日労働】

坑内労働等とその他の労働が同一日中に行われ、かつ、これら二種の労働の労働時間数の合計が1日についての法定労働時間を超えた場合においても、その日における坑内労働等の労働時間数が1日についての法定労働時間数に2時間を加えて得た時間数を超えないときは、法36条の手続きが取られている限り適法である。

根拠 法36-Ⅵ①、H11.3.31基発168号

**解答** 

## 問題32 択一 実践 教科書 Section 6

## 時間外労働・休日労働

チェック欄 1 ／ 2 ／ 3 ／

次の記述のうち、誤っているものはどれか。

**A** 1か月単位の変形労働時間制により、毎週日曜を起算日とする1週間について、各週の月曜、火曜、木曜、金曜を所定労働日とし、その所定労働時間をそれぞれ9時間、計36時間としている事業場において、その各所定労働日に9時間を超えて労働時間を延長すれば、その延長した時間は法定労働時間を超えた労働となるが、日曜から金曜までの間において所定どおり労働した後の土曜に4時間の労働をさせても、法定労働時間を超えた労働とはならない。

**B** 賃貸住宅居住者には2万円、持家居住者には1万円を支給するというように、住宅の形態ごとに一律に定額で支給されているものは、いわゆる住宅手当であるから、割増賃金の基礎に算入しないこととされている。

**C** 労働基準法第37条は、「使用者が、第33条又は前条第1項の規定により労働時間を延長し、又は休日に労働させた場合」における割増賃金の支払について定めているが、労働基準法第33条又は第36条所定の条件を充足していない違法な時間外労働ないしは休日労働に対しても、使用者は同法第37条第1項により割増賃金の支払義務があり、その義務を履行しないときは同法第119条第1号の罰則の適用を免れないとするのが、最高裁判所の判例である。(R2-6D)

**D** 労働基準法第37条第3項に規定するいわゆる代替休暇の単位については、まとまった単位で与えられることによって労働者の休息の機会とする観点から、1日又は半日とされており、労使協定では、その一方又は両方を代替休暇の単位として定める必要がある。

**E** 労働者が労働基準法第37条第3項に規定するいわゆる代替休暇を取得した場合であっても、使用者は、当該代替休暇の計算の基礎となった「1箇月について60時間を超えて延長した労働時間」については、通常の労働時間の賃金の2割5分以上の率で計算した割増賃金を支払わなければならない。

## 解説

**A ○** 【④割増賃金】

設問の通り正しい。設問後半の場合、日曜から金曜までの間において所定どおり労働した後の土曜に４時間の労働をさせても、週の労働時間の合計は40時間であるので、法定労働時間を超えた労働とはならない。

根拠 H6.3.31基発181号

**B ×** 【④割増賃金】

割増賃金の基礎に算入しないこととされている住宅手当とは、住宅に要する費用に応じて算定される手当をいうものであり、設問のように、住宅の形態ごとに一律に定額で支給することとされているものは、同条の住宅手当に該当せず、割増賃金の基礎に算入しなければならない。

根拠 法37-Ⅴ、H11.3.31基発170号

**C ○** 【④割増賃金】

設問の通り正しい。同判例では、「適法な時間外労働等について割増金支払義務があるならば、違法な時間外労働等の場合には一層強い理由でその支払義務あるものと解すべきは事理の当然とすべきである」としている。

根拠 法37、最一小S35.7.14小島撚糸事件

**D ○** 【④割増賃金】

設問の通り正しい。なお、代替休暇の単位である「１日又は半日」には、代替休暇以外の通常の労働時間の賃金が支払われる休暇と合わせて与えることができる旨を定めた場合においては、当該休暇と合わせた１日又は半日を含むとされている。根拠 法37-Ⅲ、則19の２-Ⅰ②、H21.5.29基発0529001号

**E ○** 【④割増賃金】

設問の通り正しい。代替休暇は、法37条１項ただし書の規定による法定割増賃金率の引上げ分の割増賃金（５割以上の率で計算した額）の支払に代えて与えられるものであるから、労働者が実際に代替休暇を取得した場合であっても当該代替休暇の計算の基礎となった延長時間については、引上げ前の法定割増賃金率（２割５分以上）による割増賃金の支払が必要となる。

根拠 法37-Ⅲ、則19の２-ⅡⅢ、H21.5.29基発0529001号

**解答** 

# 問題33 選択 基本 教科書 Section 6

チェック欄 1 ／ 2 ／ 3 ／

## 時間外労働・休日労働

次の文中の［　］の部分を選択肢の中の適当な語句で埋め、完全な文章とせよ。

1　災害その他避けることのできない事由によって、［ A ］がある場合においては、使用者は、行政官庁の［ B ］を受けて、その必要の限度において法定労働時間を延長し、又は法定の休日に労働させることができる。ただし、［ C ］のために行政官庁の［ B ］を受ける暇がない場合においては、事後に遅滞なく届け出なければならない。

2　上記1の届出があった場合において、行政官庁がその労働時間の延長又は休日の労働を［ D ］と認めるときは、その後にその時間に相当する休憩又は休日を与えるべきことを、［ E ］ことができる。

選択肢

| | | |
|---|---|---|
| ① 急迫した危険 | ② 指導又は助言する | ③ 不適当 |
| ④ 違法 | ⑤ 適切 | ⑥ 許可 |
| ⑦ 認可 | ⑧ 危険のおそれ | ⑨ 業務の遂行 |
| ⑩ 事態急迫 | ⑪ 事故 | ⑫ 認定 |
| ⑬ 命ずる | ⑭ 臨時の必要 | ⑮ 勧告する |
| ⑯ 救護 | ⑰ 危険又は有害な業務 | ⑱ 承認 |
| ⑲ 特別の事情 | ⑳ 勧奨する | |

## 解答

【②臨時の必要による時間外労働・休日労働】

A ⑭ 臨時の必要
B ⑥ 許可
C ⑩ 事態急迫
D ③ 不適当
E ⑬ 命ずる

根拠 法33-ⅠⅡ

## 解説

《Aについて》

たとえ「災害その他避けることのできない事由」による場合であっても、それが恒常的なものである場合には、通常、それに応じた措置が講じられるべきであり、問題文1の条文（法33条1項）の適用はないとされている。法33条1項の適用は、さらに「臨時の必要性」が認められる場合でなければならず、したがってAには［⑭臨時の必要］が入ることになる。

## 問題34 択一 基本 教科書 Section 7

チェック欄 1／ 2／ 3／

# みなし労働時間制

次の記述のうち、正しいものはどれか。

A　労働者が労働時間の全部又は一部について事業場外で業務に従事した場合において、労働時間を算定し難いときは、原則として、所定労働時間労働したものとみなされるが、当該業務を遂行するためには通常所定労働時間を超えて労働することが必要となるときは、労使協定において「当該業務の遂行に通常必要とされる時間」を定めなければならない。

B　労働基準法第38条の2に定めるいわゆる事業場外労働のみなし労働時間制に関する労使協定については、当該労使協定により定める時間が法定労働時間以下であっても、所轄労働基準監督署長に届け出なければならない。

C　専門業務型裁量労働制に係る労働時間のみなしに関する規定は、労働基準法第6章の年少者及び同法第6章の2の妊産婦等の労働時間に関する規定に係る労働時間の算定については、適用されない。

D　専門業務型裁量労働制に係る対象業務とは、使用者が業務の性質上その遂行の方法を大幅に当該業務に従事する労働者の裁量に委ねる必要があると認める業務のうち、当該業務の遂行の手段及び時間配分の決定等に関し具体的な指示をしないこととする業務のことをいう。

E　専門業務型裁量労働制を採用しようとする場合には、「対象業務に従事する労働者の労働時間として算定される時間」を労使協定に定めなければならないが、この協定すべき時間は、1日又は1週間当たりの労働時間とされている。

## 解説

**A** ×　【①事業場外労働のみなし労働時間制】

設問の場合には、当該業務の遂行に通常必要とされる時間労働したものとみなされることとされており、必ずしも労使協定で定めなければならないものではない。なお、当該時間を労使協定で定めたときは、労使協定で定めた時間を当該業務の遂行に通常必要とされる時間とするものとされている。

根拠 法38の２－ⅠⅡ

**B** ×　【①事業場外労働のみなし労働時間制】

設問の労使協定については、当該労使協定で定める時間が法定労働時間以下である場合には、所轄労働基準監督署長に届け出る必要はない。

根拠 法38の２－Ⅲ、則24の２－Ⅲ

**C** ○　【①事業場外労働のみなし労働時間制、②専門業務型裁量労働制】

設問の通り正しい。みなし労働時間制に関する規定は、労働基準法「第４章」の労働時間に関する規定の適用に係る労働時間の算定について適用されるものである。したがって、第６章の年少者及び第６章の２の妊産婦等の労働時間に関する規定に係る労働時間の算定については、適用されない。

根拠 法38の３－Ⅰ、則24の２の２－Ⅰ、H12.1.1基発１号

**D** ×　【②専門業務型裁量労働制】

専門業務型裁量労働制に係る対象業務とは、業務の性質上その遂行の方法を大幅に当該業務に従事する労働者の裁量に委ねる必要があるため、当該業務の遂行の手段及び時間配分の決定等に関し使用者が具体的な指示をすることが困難なものとして厚生労働省令で定める業務のうち、労働者に就かせることとする業務のことをいう。

根拠 法38の３－Ⅰ①

**E** ×　【②専門業務型裁量労働制】

専門業務型裁量労働制に係る労使協定で定める「対象業務に従事する労働者の労働時間として算定される時間」は、１日当たりの労働時間であり、１週間当たりの労働時間を定めることはできない。

根拠 法38の３－Ⅰ②、H12.1.1基発１号

**解答　C**

## 問題35 択一 基本 教科書 Section 7

## みなし労働時間制

チェック欄 1 ／ 2 ／ 3 ／

次の記述のうち、誤っているものはどれか。

A　企画業務型裁量労働制を採用するにあたり労使委員会の決議事項とされる当該企画業務型裁量労働制の対象業務は、「事業の運営に関する事項についての企画、立案、調査及び分析の業務であって、当該業務の性質上これを適切に遂行するにはその遂行の方法を大幅に労働者の裁量に委ねる必要があるため、当該業務の遂行の手段及び時間配分の決定等に関し使用者が具体的な指示をしないこととする業務」とされている。

B　企画業務型裁量労働制を採用する場合には、適用される労働者の同意を得なければならないことにつき労使委員会で決議しなければならないが、専門業務型裁量労働制の採用に当たって、適用される労働者の同意を得ることについて労使協定で定めることは、労働基準法上求められていない。

C　企画業務型裁量労働制を採用するために行われる労使委員会の決議は、所轄労働基準監督署長に届出をしなければならないが、これはあくまで取締規定であり、届出をしない場合であっても、企画業務型裁量労働制の効力発生に影響するものではない。

D　企画業務型裁量労働制に係る労使委員会の決議を行政官庁に届け出た使用者は、対象業務に従事する労働者の労働時間の状況並びに当該労働者の健康及び福祉を確保するための措置の実施状況について、当該決議が行われた日から起算して6箇月以内に1回、及びその後1年以内ごとに1回（当分の間、6箇月以内ごとに1回）、行政官庁に報告しなければならない。

E　派遣労働者について、企画業務型裁量労働制を適用することはできない。

## 解説

**A ○** 【③企画業務型裁量労働制】

設問の通り正しい。企画業務型裁量労働制の対象業務は、専門業務型裁量労働制の対象業務と異なり、具体的な業務が厚生労働省令で定められているわけではない。

根拠 法38の4－Ⅰ①

**B ○** 【③企画業務型裁量労働制】

設問の通り正しい。 根拠 法38の3－Ⅰ、38の4－Ⅰ⑥、則24の2の2－Ⅲ

得点UP! 企画業務型裁量労働制に係る労働者の同意は、当該労働者ごとに、かつ、決議の有効期間ごとに得なければならない。

**C ×** 【③企画業務型裁量労働制】

設問の決議は、所轄労働基準監督署長に届出をしなければ、企画業務型裁量労働制の効力は発生しない。

根拠 法38の4－Ⅰ、則24の2の3－Ⅰ、H12.1.1基発1号

**D ○** 【③企画業務型裁量労働制】

設問の通り正しい。 根拠 法38の4－Ⅳ、則24の2の5、則附則66の2

確認してみよう! 設問の報告は、現在、6箇月以内ごとに1回行わなければならないものとされている。

**E ○** 【③企画業務型裁量労働制】

設問の通り正しい。事業場外労働のみなし労働時間制や専門業務型裁量労働制を派遣労働者に適用することはできるが、企画業務型裁量労働制を適用することはできない。

根拠 H12.3.28基発180号

**解答 C**

# 問題36 選択 基本 教科書 Section 7

## みなし労働時間制

チェック欄 1 ／ 2 ／ 3 ／

次の文中の［　］の部分を選択肢の中の適当な語句で埋め、完全な文章とせよ。

賃金、労働時間その他の当該事業場における労働条件に関する事項を調査審議し、事業主に対し当該事項について［A］ことを目的とする委員会（使用者及び当該事業場の労働者を代表する者を構成員とするものに限る。）が設置された事業場において、当該委員会がその委員の［B］以上の多数による議決により所定の事項に関する決議をし、かつ、使用者が、当該決議を行政官庁に届け出た場合において、(2)に掲げる労働者の範囲に属する労働者を当該事業場における(1)に掲げる業務に就かせたときは、当該労働者は、(3)に掲げる時間労働したものとみなす。

(1) ［C］に関する事項についての企画、立案、調査及び分析の業務であって、当該業務の性質上これを適切に遂行するにはその遂行の方法を大幅に労働者の裁量に委ねる必要があるため、［D］（対象業務）

(2) 対象業務を適切に遂行するための［E］を有する労働者であって、当該対象業務に就かせたときは当該決議で定める時間労働したものとみなされることとなるものの範囲

(3) 対象業務に従事する上記(2)に掲げる労働者の範囲に属する労働者の労働時間として算定される時間

選択肢

| | | |
|---|---|---|
| ① 5分の4 | ② 労務管理 | ③ 賛同をする |
| ④ 4分の3 | ⑤ 意見を述べる | ⑥ 公的資格 |
| ⑦ 経営方針 | ⑧ 知識、経験等 | ⑨ 3分の2 |
| ⑩ 交渉をする | ⑪ 博士の学位 | ⑫ 2分の1 |
| ⑬ 事業の運営 | ⑭ 企業倫理 | ⑮ 苦情を申し出る |

⑯ 高度の専門的知識等

⑰ 当該業務の遂行の手段及び時間配分の決定等に関し使用者が具体的な指示をすることが困難なものとして厚生労働省令で定める業務のうち、労働者に就かせることとする業務

⑱ 労働時間を算定し難い業務

⑲ 当該業務を遂行するためには通常所定労働時間を超えて労働することが必要となる業務

⑳ 当該業務の遂行の手段及び時間配分の決定等に関し使用者が具体的な指示をしないこととする業務

## 解答

【Sec 4 ⑤労働時間等の適用除外、Sec 7 ③企画業務型裁量労働制】

A　⑤　意見を述べる
B　①　５分の４
C　⑬　事業の運営
D　⑳　当該業務の遂行の手段及び時間配分の決定等に関し使用者が具体的な指示をしないこととする業務
E　⑧　知識、経験等

根拠 法38の４－Ⅰ

## 解説

《C、Dについて》

⑴には「[⑬事業の運営]（C）に関する事項についての企画、立案、調査及び分析の業務であって、…」とあることから、設問の条文は企画業務型裁量労働制に関するものであるということがわかる。次に、Dに入るものの候補として、⑰⑱⑲⑳が挙げられるが、企画業務型裁量労働制には⑰のように具体的な業務が「厚生労働省令」で定められているわけではなく、必ずしも⑲のように「通常所定労働時間を超えて労働すること」を要件としているわけではない。また、⑱の「労働時間を算定し難い」というのは、事業場外労働のみなし労働時間制の要件に係るものであるので、解答を［⑳当該業務の遂行の手段及び時間配分の決定等に関し使用者が具体的な指示をしないこととする業務］に絞り込むことができる。

問題37　択一　基本　教科書 Section 8

チェック欄　1 ／　2 ／　3 ／

## 年次有給休暇

次の記述のうち、誤っているものはどれか。

**A**　労働基準法第39条の趣旨は、労働者の心身の疲労を回復させ、労働力の維持培養を図るため、また、ゆとりある生活の実現にも資するという位置づけから、休日のほかに毎年一定日数の有給休暇を与えることにある。

(H26-6A)

**B**　年次有給休暇を取得した日は、出勤率の計算においては、出勤したものとして取り扱う。(H28-7C)

**C**　１週間の所定労働日数が５日間、１日の所定労働時間が５時間の労働条件で雇用された労働者について、雇入れの日から起算して６箇月の継続勤務期間における出勤率が８割未満であるため年次有給休暇が付与されなかった場合であっても、６箇月経過日から起算して１年間継続勤務しその１年間における全労働日の８割以上出勤したときは、使用者は、当該労働者に対して、11労働日の年次有給休暇を与える必要がある。

**D**　１週間の所定労働日数が５日間、１日の所定労働時間が７時間の労働条件で雇用された労働者が、雇入れ後４箇月目から、１日の所定労働時間は７時間のまま、１週間の所定労働日数が４日間に変更され、そのまま雇入れの日から起算して６箇月間継続勤務し全労働日の８割以上出勤したときは、使用者は、当該労働者に対して、10労働日の年次有給休暇を与える必要がある。

**E**　１箇月単位の変形労働時間制を採用し各日の所定労働時間が異なる事業場において、就業規則に年次有給休暇中に支払うべき賃金を「所定労働時間労働した場合に支払われる通常の賃金」と定めているときは、使用者は、当該事業場の時給制の労働者が年次有給休暇を取得した日について、年次有給休暇を取得した日の所定労働時間数に応じて計算した賃金を支払わなければならない。

## 解説

**A ○** 【①年次有給休暇の権利の発生】

設問の通り正しい。 根拠 法39

得点UP！ 年次有給休暇の権利は、法定要件を満たした場合法律上当然に労働者に生ずる権利であって、労働者の請求をまってはじめて生ずるものではない。

**B ○** 【①年次有給休暇の権利の発生】

設問の通り正しい。なお、「業務上負傷し又は疾病にかかり療養のために休業した期間」「育児休業期間」「介護休業期間」「産前産後の休業期間」なども出勤したものとみなされる。 根拠 法39-Ⅰ、H6.3.31基発181号

**C ○** 【③付与日数】

設問の通り正しい。設問の者の継続勤務期間は「1年6箇月」であり、その前1年間に全労働日の8割以上出勤している。また、設問の者は、比例付与の対象にもならないことから、「11」労働日の年次有給休暇を与える必要がある。 根拠 法39-ⅠⅡ

**D ×** 【③付与日数】

年次有給休暇の付与日数は、その権利が発生した日（基準日）における1週間の所定労働日数及び所定労働時間数で判断される。設問の労働者は、基準日（雇入れの日から起算して6箇月を経過した日）において、週所定労働日数が4日（4日以下）であり、かつ、週所定労働時間が28時間（30時間未満）であるから、いわゆる比例付与の対象となり、使用者は、7労働日の年次有給休暇を付与すれば足りることとなる。

根拠 法39-ⅠⅢ、S63.3.14基発150号

**E ○** 【⑤年次有給休暇中の賃金】

設問の通り正しい。時間給の労働者に係る「所定労働時間労働した場合に支払われる通常の賃金」は、時間給の金額にその日（年次有給休暇を取得した日）の所定労働時間数を乗じた金額とされている。

根拠 法39-Ⅸ、則25-Ⅰ①、S63.3.14基発150号

**解答 D**

問題38 択一 実践 教科書 Section 8

チェック欄 1 ／ 2 ／ 3 ／

## 年次有給休暇

次の記述のうち、正しいものはどれか。

**A** 労働者が長期かつ連続の年次有給休暇を取得しようとする場合には、使用者との事前の調整を経なければ、時季指定権を行使することができない。(H24-6オ)

**B** 使用者は、労働基準法第32条の3に定めるいわゆるフレックスタイム制の適用を受ける労働者については、同法第39条第6項に定める年次有給休暇の計画的付与の対象とすることができない。

**C** 時間単位年休の労使協定において、時間単位年休を取得することができる時間帯に制限を設けるときは、その開始及び終了の時刻を定めることとされている。

**D** 使用者は、年次有給休暇（その日数が10労働日以上である労働者に係るものに限る。）の日数のうち5日については、原則として、基準日（継続勤務した期間を6箇月経過日から1年ごとに区分した各期間（最後に1年未満の期間を生じたときは、当該期間）の初日をいう。）から1年以内の期間に、労働者ごとにその時季を定めることにより与えなければならない。

**E** 労働基準法第136条の規定において、使用者は、同法第39条の規定による年次有給休暇を取得した労働者に対して、賃金の減額その他不利益な取扱いをしてはならないことが罰則付きで定められている。(H25-2エ)

## 解説

**A ×** 【①年次有給休暇の権利の発生】

使用者は、年次有給休暇を労働者の請求（指定）する時季に与えなければならないとされており、その休暇が長期にわたるか否かにかかわらず、その時季指定権の行使に当たって事前の調整は必要とされない。なお、労働者の請求（指定）した時季に年次有給休暇を与えることが事業の正常な運営を妨げる場合においては、使用者は、他の時季にこれを与えることができる（時季変更権）とされている。 根拠 法39-Ⅴ

**B ×** 【④付与の方法】

フレックスタイム制の適用を受ける労働者についても、年次有給休暇の計画的付与の対象とすることができる。 根拠 法39-Ⅵ

**C ×** 【④付与の方法】

時間単位年休は、労働者が時間単位による取得を請求した場合において、労働者が請求した時季に時間単位により年次有給休暇を与えることができることとするものであり、あらかじめ労使協定において時間単位年休を取得することができる時間帯に制限を設けることは認められない。

根拠 法39-ⅣⅤ、H21.5.29基発0529001号

**D ○** 【④付与の方法】

設問の通り正しい。なお、労働者の時季指定又は計画的付与により年次有給休暇を与えた場合においては、当該与えた年次有給休暇の日数（当該日数が5日を超える場合には、5日とする。）分については、時季を定めることにより与えることを要しない。 根拠 法39-Ⅶ

**E ×** 【⑥年次有給休暇を取得した労働者に対する措置】

労働基準法では、法附則136条の規定において、年次有給休暇を取得した労働者に対して、賃金の減額その他不利益な取扱いをしないようにしなければならない旨の定めをしているが、同条は訓示規定と解されており、罰則の定めはない。 根拠 法117～120、法附則136

**解答 D**

## 問題39 選択 基本 教科書 Section 8

# 年次有給休暇

チェック欄 1 ／ 2 ／ 3 ／

次の文中の［　　］の部分を選択肢の中の適当な語句で埋め、完全な文章とせよ。

使用者は、労使協定により、次の(1)から(4)に掲げる事項を定めた場合において、(1)に掲げる［A］に属する労働者が有給休暇を時間を単位として請求したときは、年次有給休暇の日数のうち(2)に掲げる日数については、当該協定で定めるところにより時間を単位として有給休暇を与えることができる。

(1)　時間を単位として有給休暇を与えることができることとされる［A］

(2)　時間を単位として与えることができることとされる有給休暇の日数（［B］に限る。）

(3)　時間を単位として与えることができることとされる有給休暇1日の時間数（［C］を［D］ものとする。）

(4)　［E］以外の時間を単位として有給休暇を与えることとする場合には、その時間数（［C］に満たないものとする。）

選択肢

| | | |
|---|---|---|
| ① 業務の種類 | ② 1日の法定労働時間数 | ③ 1時間 |
| ④ 事業場 | ⑤ 1日の所定労働時間数 | ⑥ 2時間 |
| ⑦ 労働者の範囲 | ⑧ 5日以内 | ⑨ 5時間 |
| ⑩ 労働組合 | ⑪ 5日以上 | ⑫ 0.5時間 |
| ⑬ 下回る | ⑭ 上回る | ⑮ 10日以上 |
| ⑯ 下回らない | ⑰ 上回らない | ⑱ 10日以内 |
| ⑲ 6時間 | ⑳ 7時間 | |

## 解答

【④付与の方法】

A ⑦ 労働者の範囲
B ⑧ 5日以内
C ⑤ 1日の所定労働時間数
D ⑯ 下回らない
E ③ 1時間

根拠 法39-Ⅳ、則24の4

## 解説

《C～Eについて》

(3)の「時間を単位として与えることができることとされる有給休暇1日の時間数（[⑤1日の所定労働時間数]（C）を［⑯下回らない］（D）ものとする。）」とは、1日分の有給休暇が何時間分の時間単位年休に相当するか、ということであり、1日の所定労働時間数を下回らない範囲で定めなければならないということである。例えば、1日の所定労働時間が「7時間」の場合は「7時間以上」、1日の所定労働時間が「8時間」の場合は「8時間以上」の時間数を定めればよいが、1日の所定労働時間が「7.5時間」の場合は「7時間」とすることはできず、「8時間以上」の時間数を定めなければならないということになる（1時間に満たない時間数については、時間単位に切り上げなければならない。）。

また、(4)の「［③1時間］（E）以外の時間を単位として有給休暇を与えることとする場合には、その時間数（[⑤1日の所定労働時間数]（C）に満たないものとする。）」とは、時間単位年休の単位を1時間以外の時間とする場合の時間数は、1日の所定労働時間数に満たない範囲内で、その時間数を定めなければならないということである。例えば、1日の所定労働時間が「4時間」である場合は、「2時間」又は「3時間」のいずれかの時間ということになる（時間単位年休の単位を1日の所定労働時間数と同じ又はこれを上回る時間数としてしまうと、時間単位年休の取得が事実上不可能となってしまう。）。

## 問題40 択一 実践 教科書 Section 9

## 年少者、妊産婦等

次の記述のうち、正しいものはどれか。

A　労働基準法第56条第１項は、「使用者は、児童が満15歳に達するまで、これを使用してはならない。」と定めている。(H29–7A)

B　親権者若しくは後見人又は行政官庁は、労働契約が未成年者に不利であると認める場合においては、さかのぼってこれを解除することができる。

C　使用者は、児童の年齢を証明する戸籍証明書を事業場に備え付けることを条件として、満13歳以上15歳未満の児童を使用することができる。(H29-7B)

D　使用者は、満15歳以上で満18歳に満たない者について、満18歳に達するまでの間（満15歳に達した日以後の最初の３月31日までの間を除く。)、１週間の労働時間が40時間を超えない範囲内で、１日の労働時間を４時間以内に短縮するときは、他の日に10時間まで労働させることができるが、この場合には、使用者は、当該他の日の１日８時間を超える時間分の労働につき時間外労働の割増賃金を支払う必要がある。

E　使用者は、交替制によって労働させる事業については、行政官庁の許可を受けて、満18歳に満たない者を午後10時30分まで労働させることができるが、この規定に基づき満16歳の者を午後８時から午後10時30分まで労働させた場合には、使用者は、午後10時からの30分間の労働につき深夜業の割増賃金を支払う必要がある。

## 解説

**A ×** 【②最低年齢】

「満15歳に達するまで」ではなく、「満15歳に達した日以後の最初の３月31日が終了するまで」である。 根拠 法56-Ⅰ

**B ×** 【①未成年者の労働契約等】

「さかのぼって」が誤りである。親権者若しくは後見人又は行政官庁は、労働契約が未成年者に不利であると認める場合においては、将来に向かってこれを解除することができる。 根拠 法58-Ⅱ

**C ×** 【②最低年齢、③年少者】

使用者は、いわゆる非工業的事業に係る職業で、児童の健康及び福祉に有害でなく、かつ、その労働が軽易なものについては、行政官庁の許可を受けて、満13歳以上の児童をその者の修学時間外に使用することができるものとされている。したがって、設問のように「児童の年齢を証明する戸籍証明書を事業場に備え付けること」を条件としているわけではない。なお、使用者は、年少者を使用する場合には、その年齢を証明する戸籍証明書を事業場に備え付けなければならないものとされている。 根拠 法56-Ⅱ

**D ×** 【③年少者】

法60条３項１号の規定（１週間の労働時間が40時間を超えない範囲内において、１週間のうち１日の労働時間を４時間以内に短縮する場合において、他の日の労働時間を10時間まで延長することができる）は、その要件に該当する場合に法32条（法定労働時間）の義務が解除されることを定めたものである。したがって、設問の場合には、時間外労働の割増賃金は発生しない。 根拠 法60-Ⅲ①、S63.3.14基発150号

**E ○** 【③年少者】

設問の通り正しい。交替制によって労働させる事業については、行政官庁（所轄労働基準監督署長）の許可を受けて、午後10時30分まで（深夜業の時間帯が午後11時から午前６時までとされている場合にあっては、午前５時30分から）満18歳に満たない者を労働させることができるが、この場合には、当然に深夜業に係る割増賃金の支払義務がある。

根拠 法37-Ⅳ、61-Ⅲ、S63.3.14基発150号

**解答 E**

## 問題41 択一 基本 教科書 Section 9

チェック欄 1 ／ 2 ／ 3 ／

# 年少者、妊産婦等

次の記述のうち、誤っているものはどれか。

A 使用者は、行政官庁の許可を受けて使用する満13歳以上の児童については、修学に差し支えないことを証明する学校長の証明書又は親権者若しくは後見人の同意書のいずれかを事業場に備え付けなければならない。

B 1週間の法定労働時間を44時間とする特例措置の適用を受ける事業場であっても、満18歳に満たない者については、1週間について40時間を超えて労働させてはならない。

C 使用者は、労働基準法第56条第1項に定める最低年齢を満たした者であっても、満18歳に満たない者には、労働基準法第36条の協定によって時間外労働を行わせることはできないが、同法第33条の定めに従い、災害等による臨時の必要がある場合に時間外労働を行わせることは禁止されていない。(H30-1エ)

D 労働基準法第56条第2項の規定によって使用する児童の法定労働時間は、修学時間を通算して1週間について40時間、及び修学時間を通算して1日について7時間とされている。(H29-7C)

E 4週間を通じ4日以上の休日を与えるいわゆる変形休日制を採用する事業場では、満18歳に満たない者について、変形休日制の下に労働させることができる。

## 解説

**A ×** 【③年少者】

設問の場合には、学校長の証明書及び親権者又は後見人の同意書の両方を事業場に備え付けなければならず、いずれか一方のみでは足りない。

根拠 法57-Ⅱ

**B ○** 【③年少者】

設問の通り正しい。 根拠 法60-Ⅰ

確認してみよう！ 満18歳に満たない者については、労働時間の特例の規定は、適用されない。

**C ○** 【③年少者】

設問の通り正しい。なお、災害等による臨時の必要がある場合における時間外労働が深夜に及んだ場合でも、深夜業を行わせることは禁止されていない。 根拠 法60-Ⅰ、H11.3.31基発168号

**D ○** 【③年少者】

設問の通り正しい。なお、「修学時間」とは、授業開始時刻から同日の最終授業終了時刻までの時間から休憩時間（昼食時間を含む。）を除いた時間をいう。 根拠 法60-Ⅱ

**E ○** 【③年少者】

設問の通り正しい。 根拠 法35-Ⅱ、60

確認してみよう！ 満18歳に満たない者についても、いわゆる変形休日制の規定は適用される。

**解答 A**

問題42 択一 基本 教科書 Section 9

## 年少者、妊産婦等

チェック欄 1 ／ 2 ／ 3 ／

次の記述のうち、正しいものはどれか。

A 使用者は、妊娠100日目の女性が流産した場合については、労働基準法第65条に規定する産後休業を与える必要はない。(H25-4イ)

B 使用者は、妊娠中の女性が請求した場合においては、他の軽易な業務に転換させなければならない。ただし、その者について医師が他の軽易な業務に転換させなくても支障がないと認めた場合には、他の軽易な業務に転換させなくても差し支えない。(H26-6D)

C 労働基準法では、「妊産婦」は、「妊娠中の女性及び産後６か月を経過しない女性」とされている。(H25-4ウ)

D 使用者は、妊産婦が請求した場合においては、労働基準法第41条各号に掲げる者等を除き、同法第33条第１項及び第３項（非常災害における時間外・休日労働）並びに同法第36条第１項（36協定による時間外・休日労働）の規定にかかわらず、時間外労働をさせてはならず、又は休日に労働させてはならない。

E 使用者は、生理日の就業が著しく困難な女性が休暇を請求したときは、その者を生理日に就業させてはならないとされているが、就業規則等により、当該休暇の上限の日数を定めることは認められている。

## 解説

**A ×** 【④妊産婦等】

法65条における「出産」は、妊娠４か月以上（28日×３か月＋１日＝85日以上）の分娩（生産のみならず死産をも含む。）とされている。したがって、設問のように、妊娠100日目の女性が流産した場合については、使用者は、当該女性に産後休業を与える必要がある。

根拠 法65-Ⅱ、S23.12.23基発1885号

**B ×** 【④妊産婦等】

設問文の前段の記述は正しいが、後段のただし書のような規定はない。

根拠 法65-Ⅲ

**C ×** 【④妊産婦等】

労働基準法では、「妊産婦」は、「妊娠中の女性及び産後１年を経過しない女性」とされている。 根拠 法64の３-Ⅰ

**D ○** 【④妊産婦等】

設問の通り正しい。なお、「労働基準法第41条各号に掲げる者（法41条該当者）」や高度プロフェッショナル制度の対象労働者については、設問の時間外・休日労働の制限の規定は適用されない。 根拠 法66-Ⅱ

**E ×** 【④妊産婦等】

就業規則等により、設問のいわゆる生理休暇の上限の日数を定めることは許されないものとされている。 根拠 法68、S63.3.14基発150号・婦発47号

得点UP！ 有給の生理休暇の日数を定めておくことは、それ以上の生理休暇を与えることが明らかにされていれば差し支えないものとされている。

**解答 D**

## 問題43 択一 実践 教科書 Section 9

チェック欄 1 ／ 2 ／ 3 ／

## 年少者、妊産婦等

次の記述のうち、誤っているものはどれか。

A　使用者は、産後８週間を経過しない女性を就業させてはならないが、労働基準法第41条第２号に規定する監督又は管理の地位にある女性が請求した場合においては、この限りでない。

B　使用者は、妊娠中の女性が請求した場合においては、他の軽易な業務に転換させなければならないが、他に軽易な業務がない場合に、新たに軽易な業務を創設して与えるまでの必要はない。

C　労働基準法第67条第１項に規定する生児を育てるための時間（以下「育児時間」という。）は、１日の労働時間を８時間とする通常の勤務態様を予想し、その間に１日２回の育児時間の付与を義務づけるものであって、１日の労働時間が４時間以内である場合には、１日１回の育児時間の付与をもって足りる。

D　使用者は、妊娠中の女性及び坑内で行われる業務に従事しない旨を使用者に申し出た産後１年を経過しない女性については、坑内で行われるすべての業務に就かせてはならない。

E　妊娠中の女性を労働安全衛生法施行令第１条第３号のボイラーの取扱いの業務に就かせてはならないが、産後１年を経過しない女性がその業務に従事しない旨を使用者に申し出ていないときには同号のボイラーの取扱いの業務に就かせることができる。

## 解説

**A ×** 【④妊産婦等】

設問の「監督又は管理の地位にある女性」など、いわゆる法41条該当者についても産前産後休業の規定は適用されるので、原則として、産後8週間を経過しない当該女性を業務に就かせることはできない。なお、産後6週間を経過した女性が請求した場合において、その者について医師が支障がないと認めた業務に就かせることは、差し支えない。 根拠 法41-②、65-Ⅱ

**B ○** 【④妊産婦等】

設問の通り正しい。 根拠 法65-Ⅲ、S61.3.20基発151号・婦発69号

得点UP! 妊娠中の女性が、転換すべき業務を指定せず、かつ、客観的にみても他に転換すべき軽易な業務がないことにより、やむを得ず休業する場合であっても、休業手当を支払う必要はない。

**C ○** 【④妊産婦等】

設問の通り正しい。 根拠 法67-Ⅰ、S36.1.9基収8996号

確認してみよう! 法67条では、「生後満1年に達しない生児を育てる女性は、休憩時間のほか、1日2回各々少なくとも30分、その生児を育てるための時間を請求することができる。使用者は、育児時間中は、その女性を使用してはならない。」と規定している。

**D ○** 【⑤年少者、妊産婦等の就業制限】

設問の通り正しい。なお、設問の女性以外の満18歳以上の女性については、「坑内で行われる業務のうち人力により行われる掘削の業務その他の女性に有害な業務として厚生労働省令で定めるもの」に就かせてはならない。 根拠 法64の2-①

**E ○** 【⑤年少者、妊産婦等の就業制限】

設問の通り正しい。産後1年を経過しない女性の就業制限業務は、妊娠中の女性の就業制限業務のうち「土砂が崩壊するおそれのある場所又は深さが5メートル以上の地穴における業務及び高さが5メートル以上の場所で、墜落により労働者が危害を受けるおそれのあるところにおける業務」を除いたものである。また、産後1年を経過しない女性の就業制限業務のうち、妊産婦以外の女性について就業が禁止されている業務及びさく岩機、鋲打機等身体に著しい振動を与える機械器具を用いて行う業務以外の業務（ボイラーの取扱い等の業務等）については、その「申出」により就業が禁止される。 根拠 法64の3-ⅠⅢ、女性則2

**解答 A**

問題44 選択 基本 教科書 Section 9

チェック欄 1 ／ 2 ／ 3 ／

## 年少者、妊産婦等

次の文中の[　　]の部分を選択肢の中の適当な語句で埋め、完全な文章とせよ。

1　使用者は、児童が満15歳に達した日以後の最初の３月31日が終了するまで、これを使用してはならないが、法別表第１第１号から第５号までに掲げる事業以外の事業に係る職業で、児童の[A]に有害でなく、かつ、その労働が[B]なものについては、行政官庁の[C]を受けて、[D]以上の児童をその者の修学時間外に使用することができる。映画の製作又は演劇の事業については、[D]に満たない児童についても、同様とする。

2　使用者は、上記１の行政官庁の[C]を受けて使用する児童を、休憩時間を除き、修学時間を通算して１週間について40時間を超えて労働させてはならず、１週間の各日については、休憩時間を除き、修学時間を通算して１日について[E]を超えて、労働させてはならない。

選択肢

| | | |
|---|---|---|
| ①　許可 | ②　６時間 | ③　安全又は衛生 |
| ④　断続的 | ⑤　認定 | ⑥　満14歳 |
| ⑦　満12歳 | ⑧　成長 | ⑨　軽易 |
| ⑩　単純 | ⑪　７時間 | ⑫　認可 |
| ⑬　確認 | ⑭　健康及び福祉 | ⑮　補助的 |
| ⑯　健全な育成 | ⑰　８時間 | ⑱　満13歳 |
| ⑲　５時間 | ⑳　満10歳 | |

## 解答

【②最低年齢、③年少者】

A ⑭ 健康及び福祉
B ⑨ 軽易
C ① 許可
D ⑱ 満13歳
E ⑪ 7時間

根拠 法56、60-Ⅱ

## 解説

《Cについて》

使用者は、児童が満15歳に達した日以後の最初の3月31日が終了するまで、これを使用してはならないのが原則であり、このような法令上一般的に禁止されている行為について、この禁止を解除し、適法にその行為をすることができるようにする行政行為が［①許可］である。

## 問題45 選択 基本 教科書 Section 9

チェック欄 1 ／ 2 ／ 3 ／

# 年少者、妊産婦等

次の文中の［　　］の部分を選択肢の中の適当な語句で埋め、完全な文章とせよ。

1　使用者は、妊産婦を、重量物を取り扱う業務、有害ガスを発散する場所における業務その他妊産婦の［ A ］、［ B ］、［ C ］等に有害な業務に就かせてはならない。

2　使用者は、上記1の業務のうち女性の［ A ］又は［ B ］に係る機能に有害である業務には、妊産婦以外の女性に関しても、就かせてはならない。

3　使用者は、［ D ］（多胎妊娠の場合にあっては、［ E ］）以内に［ B ］する予定の女性が休業を請求した場合においては、その者を就業させてはならない。

選択肢

| | | |
|---|---|---|
| ①　4週間 | ②　衛生 | ③　10週間 |
| ④　保育 | ⑤　福祉 | ⑥　6週間 |
| ⑦　8週間 | ⑧　妊娠 | ⑨　安全 |
| ⑩　育児 | ⑪　精神 | ⑫　12週間 |
| ⑬　看護 | ⑭　出産 | ⑮　14週間 |
| ⑯　養育 | ⑰　健康 | ⑱　16週間 |
| ⑲　哺育 | ⑳　18週間 | |

## 解答

【④妊産婦等、⑤年少者、妊産婦等の就業制限】

A　⑧　妊娠
B　⑭　出産
C　⑲　哺育
D　⑥　6週間
E　⑮　14週間

根拠 法64の3-Ⅰ Ⅱ、65-Ⅰ

## 解説

《A～Cについて》

「妊産婦の［⑧妊娠］（A）、［⑭出産］（B）、［⑲哺育］（C）等に有害な業務」とは、妊娠の正常な維持、継続、それに引き続く出産、また、母乳による育児等に有害な業務のことをいうものとされている。また、哺育等の「等」には出産後の母体の回復等が含まれるとされている。

問題46 択一 実践 教科書 Section10

チェック欄 1 ／ 2 ／ 3 ／

## 就業規則、監督等その他

次のアからオの記述のうち、正しいものの組合せは、後記AからEまでのうちどれか。

**ア** 1つの企業が2つの工場をもっており、いずれの工場も、使用している労働者は10人未満であるが、2つの工場を合わせて1つの企業としてみたときは10人以上となる場合、2つの工場がそれぞれ独立した事業場と考えられる場合でも、使用者は就業規則の作成義務を負う。(R2–7D)

**イ** 派遣労働者に関して、労働基準法第89条により就業規則の作成義務を負うのは、派遣中の労働者とそれ以外の労働者とを合わせて常時10人以上の労働者を使用している派遣元の使用者である。(H25-1C)

**ウ** 同一事業場において、パートタイム労働者について別個の就業規則を作成する場合、就業規則の本則とパートタイム労働者についての就業規則は、それぞれ単独で労働基準法第89条の就業規則となるため、パートタイム労働者に対して同法第90条の意見聴取を行う場合、パートタイム労働者についての就業規則についてのみ行えば足りる。(H30-7A)

**エ** 常時10人以上の労働者を使用する使用者は、就業規則を作成しなければならないものとされており、当該就業規則において制裁の定めをする場合には、必ずその種類及び程度を記載しなければならない。

**オ** 労働者が、遅刻・早退をした場合、その時間に対する賃金額を減給する際も労働基準法第91条による制限を受ける。(R2–7E)

**A**（アとイ）　**B**（アとウ）　**C**（イとエ）
**D**（ウとオ）　**E**（エとオ）

## 解説

**ア ×** 【①就業規則の作成及び届出】

法89条の就業規則の作成義務が課せられる要件である「常時10人以上の労働者を使用する」については、企業単位ではなく事業場を単位としてみるものである。したがって、設問のように2つの工場がそれぞれ独立した事業場と考えられる場合には、いずれの工場も「常時10人以上の労働者を使用する」との要件を満たさず、就業規則の作成義務を負わない。 根拠 法89

**イ ○** 【①就業規則の作成及び届出】

設問の通り正しい。労働者派遣法44条の「労働基準法の適用に関する特例」では、労働基準法89条について特に規定していないことから、派遣労働者と労働契約関係にある派遣元の使用者が就業規則の作成義務を負う。

根拠 法89、S61.6.6基発333号

**ウ ×** 【①就業規則の作成及び届出】

同一の事業場において一部の労働者についてのみ適用される就業規則を別に作成又は変更する場合には、一部の労働者に適用される就業規則もその事業場の就業規則の一部であるから、その作成又は変更に際しての法90条の意見聴取については、当該事業場の全労働者の過半数代表者等の意見を聴くことが必要である。 根拠 法89、90、S63.3.14基発150号

**エ ○** 【①就業規則の作成及び届出、②就業規則の必要記載事項】

設問の通り正しい。制裁の種類及び程度に関する事項は、就業規則のいわゆる相対的必要記載事項であり、制裁の定めをする場合には必ず記載しなければならない。 根拠 法89-⑨

**オ ×** 【③制裁規定の制限】

設問の場合は法91条（制裁規定の制限）による制限を受けない。

根拠 法91、S63.3.14基発150号

**解答 C（イとエ）**

## 問題47 択一 実践 教科書 Section10

チェック欄 1 ／ 2 ／ 3 ／

### 就業規則、監督等その他

次の記述のうち、正しいものはどれか。

A　労働基準法第90条に定める就業規則の作成又は変更についての過半数労働組合、それがない場合には労働者の過半数を代表する者の意見を聴取する義務については、文字どおり労働者の団体的意見を求めるということであって、協議をすることまで使用者に要求しているものではない。(H26-7オ)

B　労働基準法第91条に規定する「減給の制裁」とは、職場規律に違反した労働者に対する制裁として、本来ならばその労働者が受けるべき賃金から一定額を控除することをいうから、これを就業規則に定めて適法に行うためには、同法第24条第1項ただし書の協定（賃金一部控除の労使協定）を締結する必要がある。

C　制裁として賞与から減額する場合には、その賞与が労働基準法第11条に規定する賃金に該当するときは、同法第91条の制裁規定の制限の規定の適用を受けるものであるから、その減給額は、1回の事由について、賞与額の半額を超えてはならない。

D　服務規律違反に対する制裁として一定期間出勤を停止する場合、当該出勤停止期間中の賃金を支給しないことは、減給制限に関する労働基準法第91条違反となる。(H28-5D)

E　厚生労働大臣又は都道府県知事は、法令又は労働協約に抵触する就業規則の変更を命ずることができる。(H24-7C)

## 解説

**A ○** 【①就業規則の作成及び届出】

設問の通り正しい。法90条の「意見を聴かなければならない」とは、協議決定を要求するものではなく、当該就業規則について労働者の過半数代表者等の意見を聴けば労働基準法違反とならないという趣旨である。

根拠 法90-Ⅰ、S25.3.15基収525号

**B ×** 【③制裁規定の制限】

賃金一部控除の労使協定は、減給の制裁を行う場合には必要とされない。法91条によって行われる減給の制裁は、賃金の全額払の原則の例外のうち「法令（労働基準法）に別段の定めがある場合」に該当するものとして認められている。

根拠 法24-Ⅰただし書、91

**C ×** 【③制裁規定の制限】

設問の場合には、減給額は、１回の事由については、平均賃金の１日分の半額を超えてはならない。

根拠 法91、S63.3.14基発150号

確認してみよう！ 設問のように、賞与から減給する場合における減給の総額については、賞与額の10分の１を超えてはならない。

**D ×** 【③制裁規定の制限】

就業規則に出勤停止及びその期間中の賃金を支払わない定めがある場合において、労働者がその出勤停止の制裁を受けるに至った場合、当該出勤停止期間中の賃金を受けられないことは、制裁としての出勤停止の当然の結果であって、減給の制裁に関する法91条とは関係がないため、同条違反となるものではない。

根拠 法91、S23.7.3基収2177号

**E ×** 【④効力関係】

就業規則の変更命令は、「所轄労働基準監督署長」が行うこととされており、厚生労働大臣及び都道府県知事は行うことができない。

根拠 法92-Ⅱ、則50

**解答 A**

# 問題48 択一 実践 教科書 Section10

チェック欄 1 ／ 2 ／ 3 ／

## 就業規則、監督等その他

次の記述のうち、正しいものはどれか。

**A** 使用者は、事業の附属寄宿舎に寄宿する労働者の私生活の自由を侵してはならないが、寄宿舎の設備を管理するために必要な範囲内で、外出又は外泊について使用者の承認を受けさせることができる。

**B** 使用者は、事業の附属寄宿舎における労働者の生活の秩序維持のために必要な範囲内で、寮長、室長その他の役員を選任することができる。

**C** 事業の附属寄宿舎に労働者を寄宿させる使用者は、一定の事項について寄宿舎規則を作成し、所轄労働基準監督署長の許可を受けなければならない。これを変更した場合においても同様である。

**D** 使用者は、寄宿舎規則に規定すべき事項のうち、①起床、就寝、外出及び外泊に関する事項、②行事に関する事項、③食事に関する事項、④安全及び衛生に関する事項の作成又は変更については、寄宿舎に寄宿する労働者の過半数を代表する者の同意を得なければならない。

**E** 使用者は、常時10人以上の労働者を就業させる事業の附属寄宿舎を設置しようとする場合においては、厚生労働省令で定める危害防止等に関する基準に従い定めた計画を、工事開始後遅滞なく、所轄労働基準監督署長に届け出なければならない。

## 解説

**A ×** 【⑤寄宿舎生活の自由と自治】

設問後段の「寄宿舎の設備を管理するために必要な範囲内で、外出又は外泊について使用者の承認を受けさせることができる」旨の規定はない。使用者は、外出又は外泊について使用者の承認を受けさせること等寄宿舎に寄宿する労働者の私生活の自由を侵す行為をしてはならない。

根拠 法94-Ⅰ、寄宿舎規程4-①、建設業寄宿舎規程5-①

**B ×** 【⑤寄宿舎生活の自由と自治】

使用者は、寮長、室長その他寄宿舎生活の自治に必要な役員の選任に干渉してはならないとされており、設問のように使用者が当該役員を選任することは認められていない。

根拠 法94-Ⅱ

**C ×** 【⑥寄宿舎規則】

「事業の附属寄宿舎に労働者を寄宿させる使用者は、一定の事項について寄宿舎規則を作成し、行政官庁（所轄労働基準監督署長）に届け出なければならない。これを変更した場合においても同様である。」と規定されている。

根拠 法95-Ⅰ

**D 〇** 【⑥寄宿舎規則】

設問の通り正しい。なお、寄宿舎規則に規定すべき事項には、問題文中①〜④のほか「⑤建設物及び設備の管理に関する事項」がある（⑤については、同意は必要ない。）。

根拠 法95-Ⅱ

**E ×** 【⑦監督上の行政措置】

設問の届出は、「工事着手の14日前」までに行わなければならない。

根拠 法96の2-Ⅰ、寄宿舎規程3の2-Ⅰ、建設業寄宿舎規程5の2-Ⅰ

**解答 D**

## 問題49　択一　実践　教科書 Section10

# 就業規則、監督等その他

チェック欄 1／ 2／ 3／

次の記述のうち、誤っているものはどれか。

A　労働基準法に規定する災害補償の事由について、労働者災害補償保険法又は厚生労働省令で指定する法令に基づいて労働基準法の災害補償に相当する給付が行なわれるべきものである場合においては、使用者は、補償の責を免れる。

B　労働基準監督官は、事業場、寄宿舎その他の附属建設物に臨検し、帳簿及び書類の提出を求め、又は使用者若しくは労働者に対して尋問を行うことができる。

C　使用者は、就業規則については、その全文を、常時各作業場の見やすい場所へ掲示し、又は備え付けること、書面を交付することその他の厚生労働省令で定める方法によって、労働者に周知させなければならない。

D　労働基準法第106条に定める就業規則の周知義務については、労働契約の効力にかかわる民事的な定めであり、それに違反しても罰則が科されることはない。(H24-7D)

E　事業場に、労働基準法又は同法に基いて発する命令に違反する事実がある場合においては、労働者は、その事実を行政官庁又は労働基準監督官に申告することができ、使用者は、そのような申告をしたことを理由として、労働者に対して解雇その他不利益な取扱をしてはならないこととされており、これに違反した使用者は、同法の定める罰則に処せられる。

## 解説

**A** ○　【⑫災害補償】

設問の通り正しい。　根拠 法84-Ⅰ

**得点UP!** 使用者は、労働基準法による補償を行った場合においては、同一の事由については、その価額の限度において民法による損害賠償の責を免れる。

**B** ○　【⑬監督機関】

設問の通り正しい。　根拠 法101-Ⅰ

**得点UP!** 労働基準監督官は、労働基準法違反の罪について、刑事訴訟法に規定する司法警察官〔司法警察員〕の職務を行う。

**C** ○　【⑧周知義務】

設問の通り正しい。「労働基準法及びこれに基づく命令」については「要旨」、「就業規則、労使協定、労使委員会の決議」については「全文」を労働者に周知させる必要がある。　根拠 法106-Ⅰ

**D** ×　【⑧周知義務、⑭罰則】

法106条に定める就業規則の周知義務に違反した者は、30万円以下の罰金に処せられる。　根拠 法120-①、H24.8.10基発0810第2号

**得点UP!** 就業規則の効力（就業規則で定める労働条件が労働契約の内容を補充し、「労働契約の内容は、その就業規則で定める労働条件による」とする効力）にかかわる「周知（労働契約法7条）」は、労働者が知ろうと思えばいつでも就業規則の存在や内容を知り得るようにしておくことをいうものであり、法106条に定める方法に限定されるものではなく、実質的に判断される。

**E** ○　【⑬監督機関、⑭罰則】

設問の通り正しい。設問の規定に違反した使用者は、6箇月以下の懲役又は30万円以下の罰金に処せられる。　根拠 法104、119-①

**解答**  **D**

問題50 択一 基本 教科書 Section10

チェック欄 1 ／ 2 ／ 3 ／

## 就業規則、監督等その他

次の記述のうち、正しいものはどれか。

A　使用者は、各事業場ごとに賃金台帳を調製し、所定の事項を賃金支払の都度遅滞なく記入しなければならず、日々雇い入れられる者に関してもその調製義務が課せられている。

B　使用者は、労働者名簿、賃金台帳及び解雇、災害補償、賃金その他労働関係に関する重要な書類を５年間（当分の間、３年間）保存しなければならないが、雇入れに関する書類についてはその保存義務は課せられていない。

C　裁判所は、労働基準法第24条第１項の賃金の全額払の規定に違反して賃金を支払わなかった使用者に対して、労働者の請求により、使用者が支払わなければならない金額についての未払金のほか、これと同一額の付加金の支払を命ずることができる。

D　労働基準法の規定による退職手当の請求権は、これを行使することができる時から２年間行わない場合には、時効によって消滅する。

E　法人企業の代表者が労働基準法第24条の規定に違反して賃金を支払わなかった場合、法人企業の代表者の行為は法人の行為として評価されるから、当該違反については、法人企業のみが同法の罰則の対象となる。

## 解説

A ○ 【⑨記録】

設問の通り正しい。 根拠 法108

確認してみよう! 日々雇い入れられる者については、1か月を超えて引き続き使用される者を除き、賃金台帳の記載事項のうち賃金計算期間を記入する必要はないものとされている。

B × 【⑨記録】

雇入れに関する書類についても5年間（当分の間、3年間）保存することが義務づけられている。 根拠 法109、法附則143-Ⅰ

C × 【⑩付加金の支払】

設問の労働者からの請求に基づく裁判所による付加金支払命令の対象となるのは、①解雇予告手当、②休業手当、③割増賃金又は④年次有給休暇中の賃金を支払わなかった使用者である(①～④の4つに限定されている。)。

根拠 法114

D × 【⑪時効】

退職手当の請求権は、これを行使することができる時から「5年間」行わない場合には、時効によって消滅する。 根拠 法115

E × 【⑭罰則】

設問の場合は、違反行為をした法人企業の「代表者」が罰則の対象となり、法人企業についても、両罰規定の対象となり得ることになる。

根拠 法120-①、121-Ⅰ

解答 A

## 問題51 選択 基本 教科書 Section10

チェック欄 1／ 2／ 3／

# 就業規則、監督等その他

次の文中の[　　]の部分を選択肢の中の適当な語句で埋め、完全な文章とせよ。

1　使用者は、事業の附属寄宿舎に寄宿する労働者の[ A ]を侵してはならない。

2　使用者は、寮長、室長その他寄宿舎生活の[ B ]に必要な役員の選任に干渉してはならない。

3　使用者は、常時[ C ]人以上の労働者を就業させる事業、厚生労働省令で定める危険な事業又は衛生上有害な事業の附属寄宿舎を設置し、移転し、又は変更しようとする場合においては、厚生労働省令で定める[ D ]等に関する基準に従い定めた計画を、工事着手[ E ]日前までに、行政官庁に届け出なければならない。

選択肢

| | | |
|---|---|---|
| ① 管理 | ② 7 | ③ 共同生活の権利 |
| ④ 福利施設 | ⑤ 10 | ⑥ 危害防止 |
| ⑦ 14 | ⑧ 秩序の維持 | ⑨ 15 |
| ⑩ 安全及び衛生 | ⑪ 私生活の自由 | ⑫ 20 |
| ⑬ 風紀の保持 | ⑭ 30 | ⑮ 寄宿の自由 |
| ⑯ 寄宿する権利 | ⑰ 50 | ⑱ 自治 |
| ⑲ 建設物及び設備の管理 | | ⑳ 100 |

## 解答

【⑤寄宿舎生活の自由と自治、⑦監督上の行政措置】

A ⑪ 私生活の自由
B ⑱ 自治
C ⑤ 10
D ⑥ 危害防止
E ⑦ 14

根拠 法94、96の２－Ⅰ

## 解説

《Dについて》

「厚生労働省令で定める［⑥危害防止］等に関する基準」とは、事業附属寄宿舎規程等に定める寄宿舎安全衛生基準等のことであるが、問題文３の条文は、事業の附属寄宿舎に収容する労働者の安全衛生の確保の徹底を図るため、はじめから危害の発生が予想されるような建設物又は設備を設けさせないように、事業の附属寄宿舎の設置、移転又は変更に当たってあらかじめ工事着手前にその計画を行政官庁に届け出るべきことを定めたものであることから、Dには［⑥危害防止］が入ることになる。

問題52 選択 基本 教科書 Section10

チェック欄 1 / 2 / 3 /

## 就業規則、監督等その他

次の文中の［　　］の部分を選択肢の中の適当な語句で埋め、完全な文章とせよ。

［ A ］は、解雇予告手当、［ B ］若しくは割増賃金の規定に違反した使用者又は年次有給休暇中の賃金を支払わなかった使用者に対して、労働者の請求により、これらの規定により使用者が支払わなければならない金額についての未払金のほか、［ C ］の付加金の支払を命ずることができる。ただし、この［ D ］から5年（当分の間、［ E ］）以内にしなければならない。

選択肢

① 厚生労働大臣　② 支払は、請求のあった時
③ 都道府県労働局長　④ 支払は、違反のあった時
⑤ 退職手当　⑥ 請求は、違反のあった時
⑦ 休業手当　⑧ 命令は、請求のあった時
⑨ 当該額の2割5分以上の率で計算した額　⑩ 6月
⑪ 当該額の5割以上の率で計算した額　⑫ 1年
⑬ これと同一額　⑭ 当該額の2倍に相当する額
⑮ 帰郷旅費　⑯ 休業補償　⑰ 裁判所
⑱ 2年　⑲ 労働基準監督署長　⑳ 3年

## 解答

【⑩付加金の支払】

A ⑰ 裁判所
B ⑦ 休業手当
C ⑬ これと同一額
D ⑥ 請求は、違反のあった時
E ⑳ 3年

根拠 法114、法附則143-Ⅱ

## 解説

《Bについて》

設問の付加金支払命令の対象となるのは解雇予告手当、[⑦休業手当]、割増賃金又は年次有給休暇中の賃金を支払わなかった使用者であり、この4つに限定されていることをしっかりと押さえておきたい。

《Eについて》

付加金の請求期間は、「5年」と規定されているが、法附則143条2項により、当分の間[⑳3年]と読み替える経過措置が設けられている。

# CHAPTER 2
# 労働安全衛生法

CONTENTS

# 2 労働安全衛生法 オリエンテーション

## 過去5年の本試験出題実績

選択は出題された空欄の数、
択一は出題された肢の数です！

| | H29 | | H30 | | R元 | | R2 | | R3 | |
|---|---|---|---|---|---|---|---|---|---|---|
| | 選択 | 択一 | 選択 | 択一 | 選択 | 択一 | 選択 | 択一 | 選択 | 択一 |
| Section1<br>目的等 | - | 3 | 1 | - | 1 | - | - | 3 | - | 2 |
| Section2<br>安全衛生管理体制Ⅰ | - | 10 | - | 1 | 1 | - | - | 1 | - | 5 |
| Section3<br>安全衛生管理体制Ⅱ | - | - | - | - | - | 3 | - | - | - | - |
| Section4<br>事業者等の講ずべき措置等 | 1 | - | - | 1 | - | 2 | 1 | - | 1 | 1 |
| Section5<br>機械等並びに危険物及び有害物に関する規制 | - | - | 1 | 5 | - | 5 | - | - | - | 3 |
| Section6<br>就業制限、安全衛生教育 | - | - | - | 1 | - | - | - | 5 | 1 | - |
| Section7<br>作業環境測定、作業の管理等 | 1 | - | - | - | - | - | - | - | - | - |
| Section8<br>健康診断 | - | - | - | 1 | - | 5 | 1 | - | - | - |
| Section9<br>面接指導等 | - | - | - | 5 | - | - | - | 5 | - | - |
| Section10<br>監督等その他 | - | 2 | - | 1 | - | - | | 1 | - | 4 |

## 傾向分析

**●選択式●**

条文ベースで問われることが多いのですが、うっかり見落としてしまいそうな語句からの出題もあります。省令や通達などからの出題もみられますが、まずは、法本則の条文の語句については気をつけておきたいところです。普段の学習の際に、条文の重要語句を中心にていねいにみていきましょう。

**●択一式●**

「安全衛生管理体制」「健康管理」（健康診断、面接指導）からの出題が多いですが、近年は、「労働者の危険又は健康障害を防止するための措置」（事業者等の講ずべき措置等）に関する問題も出題頻度が高くなっています。また、「長時間労働者からの申出による面接指導」や派遣労働者に対する労働安全衛生法の適用に関する問題も、本試験でしばしば問われていますので、今後も注意が必要です。派遣労働者に関しては、横断的に整理しておくとよいでしょう。



## 最近の法改正トピックス

●令和4年試験向け改正●

特にありません。

●令和3年試験向け改正●

特にありません。

## 学習アドバイス

労働安全衛生法は、範囲が広く、暗記する項目も多いうえに、しばしば難問といわれる出題もありますので、対策が難しい科目の1つです。ただし、難問は他の受験生にとっても難問ですから、点差が開く問題とはいえませんので、難問対策を考えるよりも、基本事項が出題された場合に確実に得点できる基礎力を身につけることが大切です。まずは、出題頻度の高い項目を中心に基本事項を確実におさえていきましょう。

## 問題1 択一 基本 教科書 Section 1

## 目的等

チェック欄 1／ 2／ 3／

次の記述のうち、誤っているものはどれか。

**A** 事業者は、単に労働安全衛生法で定める労働災害の防止のための最低基準を守るだけでなく、快適な職場環境の実現と労働条件の改善を通じて職場における労働者の安全と健康を確保するようにしなければならない。

**B** 建設物を建設する者は、その建設に際して、当該建設物が使用されることによる労働災害の発生の防止に資するように努めなければならない。

**C** 労働安全衛生法において、労働災害とは、労働者の就業に係る建設物、設備、原材料、ガス、蒸気、粉じん等により、又は作業行動その他業務に起因して、労働者が負傷し、疾病にかかり、又は死亡することをいう。

**D** 労働安全衛生法では、「事業者」は、「事業主又は事業の経営担当者その他その事業の労働者に関する事項について、事業主のために行為をするすべての者をいう。」と定義されている。(H26-8ア)

**E** 2以上の建設業に属する事業の事業者が、一の場所において行われる当該事業の仕事を共同連帯して請け負った場合においては、厚生労働省令で定めるところにより、そのうちの一人を代表者として定め、これを都道府県労働局長に届け出なければならない。

## 解説

**A ○** 【②事業者等の責務】

設問の通り正しい。設問のほか、事業者は、国が実施する労働災害の防止に関する施策に協力するようにしなければならないとされている。

根拠 法3-Ⅰ

**B ○** 【②事業者等の責務】

設問の通り正しい。

根拠 法3-Ⅱ

確認してみよう！ 機械、器具その他の設備の製造者についても、機械、器具その他の設備の製造に際して、これらの物が使用されることによる労働災害の発生の防止に資するように努めなければならないとされている。

**C ○** 【③定義等】

設問の通り正しい。

根拠 法2-①

得点UP！ 労働安全衛生法における労働災害の概念は、労働災害の発生を防止して、労働者の安全及び健康を確保するという見地から、その定義において、原因を

① 労働者の就業に係る建設物、設備、ガス等の物的条件

② 労働者の作業行動その他の業務

とに大別している。

**D ×** 【③定義等】

労働安全衛生法では、「事業者」は、「事業を行う者で、労働者を使用するものをいう。」と定義されている。設問の内容は、労働基準法の使用者の定義である。

根拠 法2-③

確認してみよう！ 「事業者」は、その事業における経営主体のことをいい、個人企業にあってはその事業主個人、会社その他の法人の場合には法人そのもの（法人の代表者ではない）を指す。

**E ○** 【④事業者に関する規定の適用】

設問の通り正しい。

根拠 法5-Ⅰ

確認してみよう！ 届出がないときは、都道府県労働局長が代表者を指名するものとされている。

**解答 D**

# 問題2 選択 基本 教科書 Section 1

## 目的等

チェック欄 1／ 2／ 3／

次の文中の［　］の部分を選択肢の中の適当な語句で埋め、完全な文章とせよ。

1　労働安全衛生法は、［A］と相まって、労働災害の防止のための危害防止基準の確立、［B］及び自主的活動の促進の措置を講ずる等その防止に関する総合的計画的な対策を推進することにより職場における労働者の安全と健康を確保するとともに、［C］を促進することを目的とする。

2　労働安全衛生法第3条第3項では、「建設工事の注文者等仕事を他人に請け負わせる者は、施工方法、工期等について、［D］作業の遂行をそこなうおそれのある条件を［E］ならない。」と規定している。

選択肢

| | | |
|---|---|---|
| ①　附しては | ②　就業環境の改善 | ③　安全で衛生的な |
| ④　労働契約法 | ⑤　安全で効率的な | ⑥　安全衛生措置基準 |
| ⑦　労働基準法 | ⑧　健康で衛生的な | ⑨　責任体制の明確化 |
| ⑩　労働者の就業 | ⑪　衛生で効率的な | ⑫　労働関係の明確化 |
| ⑬　安全衛生管理体制 | ⑭　快適な職場環境の形成 | |
| ⑮　適用範囲の具体化 | ⑯　労働者災害補償保険法 | |
| ⑰　契約の内容としては | ⑱　附さないように配慮しなければ | |
| ⑲　積極的活動の効率化 | ⑳　契約の内容としないように努めなければ | |

## 解答

【①目的、②事業者等の責務】

A ⑦ 労働基準法
B ⑨ 責任体制の明確化
C ⑭ 快適な職場環境の形成
D ③ 安全で衛生的な
E ⑱ 附さないように配慮しなければ

根拠 法1、3-Ⅲ



## 解説

《Aについて》

安全衛生に関する事項は労働者の労働条件の重要な一端を占めるものであり、また、賃金、労働時間、休日などの一般的労働条件の状態は、労働災害の発生に密接な関連を有することから、労働安全衛生法と労働条件についての一般法である［⑦労働基準法］とは、一体としての関係に立つものであることが明らかにされている。

《Cについて》

空欄Cは、かつて「快適な作業環境の形成」とされていたが、平成4年の改正で［⑭快適な職場環境の形成］に改められている。この改正の背景には、技術革新の進展等に伴う労働の態様の変化や高年齢労働者の割合の増加、女性の職場進出などにより、疲労やストレスを感じることが少なく、誰もが働きやすい職場環境が求められるようになってきたことがある。

## 問題3 択一 基本 教科書 Section 2

チェック欄 1 ／ 2 ／ 3 ／

### 安全衛生管理体制 I

次の記述のうち、正しいものはどれか。

A　常時300人以上の労働者を使用する製造業の事業者は、総括安全衛生管理者を選任しなければならないが、総括安全衛生管理者は厚生労働大臣の定める研修を修了した者のうちから選任しなければならない。

B　総括安全衛生管理者の選任は、その選任すべき事由が発生した日から14日以内に行わなければならない。

C　都道府県労働局長は、労働災害を防止するため必要があると認めるときは、事業者に対し、総括安全衛生管理者の解任を命ずることができる。
(H26-9ア)

D　常時50人以上の労働者を使用する事業場の事業者は、その業種にかかわらず、安全管理者を選任しなければならない。

E　常時50人以上の労働者を使用する事業場の事業者は、その業種の区分により、安全衛生推進者又は衛生推進者を選任しなければならない。

## 解説

**A ×** 【①総括安全衛生管理者】

常時300人以上の労働者を使用する製造業の事業者は、総括安全衛生管理者を選任しなければならないが、総括安全衛生管理者については、当該事業場においてその事業の実施を統括管理する者をもって充てなければならない、とされているのみであり、設問のように「厚生労働大臣の定める研修を修了した者」のうちから選任する必要はない。

根拠 法10-ⅠⅡ、令2-②

**B ○** 【①総括安全衛生管理者】

設問の通り正しい。 根拠 法10-Ⅰ、則2-Ⅰ

確認してみよう！ 事業者は、総括安全衛生管理者を選任したときは、遅滞なく、所定の報告書を所轄労働基準監督署長に提出しなければならない。

**C ×** 【①総括安全衛生管理者】

都道府県労働局長が、事業者に対して総括安全衛生管理者の解任を命ずることができる旨の規定はない。 根拠 法10

確認してみよう！ 都道府県労働局長は、労働災害を防止するため必要があると認めるときは、総括安全衛生管理者の業務の執行について事業者に勧告することができる。

**D ×** 【②安全管理者】

「その業種にかかわらず」が誤り。安全管理者の選任を要する業種は、林業、鉱業、建設業、運送業及び清掃業等一定の業種である。

根拠 法11-Ⅰ、令3

**E ×** 【⑤安全衛生推進者・衛生推進者】

常時10人以上50人未満の労働者を使用する事業場の事業者は、安全衛生推進者（安全管理者を選任すべき業種以外の業種の事業場にあっては、衛生推進者）を選任しなければならない。 根拠 法12の2、則12の2

**解答 B**

問題4 択一 実践 教科書 Section 2

チェック欄 1 ／ 2 ／ 3 ／

## 安全衛生管理体制 I

次の記述のうち、正しいものはどれか。

A　安全管理者は、その事業場に専属の者を選任しなければならないが、1人のみ安全管理者を選任する場合において、その者が労働安全コンサルタントであるときは、当該労働安全コンサルタントはその事業場に専属の者でなくてもよい。

B　常時1,000人の労働者を使用する造船業の事業場の事業者は、3人以上の安全管理者を選任しなければならず、そのうち少なくとも1人を専任の安全管理者としなければならない。

C　産業医は、労働者の健康を確保するため必要があると認めるときは、事業者に対し、労働者の健康管理等について必要な勧告をすることができ、事業者は、この勧告を受けたときは、厚生労働省令で定めるところにより、当該勧告の内容その他の厚生労働省令で定める事項を衛生委員会又は安全衛生委員会に報告しなければならない。

D　産業医を選任した事業者は、産業医に対し、厚生労働省令で定めるところにより、労働者の労働時間に関する情報その他の産業医が労働者の健康管理等を適切に行うために必要な情報として厚生労働省令で定めるものを提供するよう努めなければならない。

E　事業者は、安全衛生推進者を選任したときは、遅滞なく、所定の報告書を所轄労働基準監督署長に提出しなければならない。

## 解説

**A ×** 【②安全管理者】

1人のみ安全管理者を選任する場合には、労働安全コンサルタントである者を安全管理者に選任するときであっても、当該労働安全コンサルタントは、その事業場に専属の者でなければならない。 根拠 法11-Ⅰ、則4-Ⅰ②

**B ×** 【②安全管理者】

常時1,000人以上の労働者を使用する造船業の事業場では、安全管理者のうち少なくとも1人を専任の安全管理者としなければならないが、選任すべき人数については、一般的な規定は設けられていない（ただし、事業場の規模や作業の態様等の実態に即して、必要な場合には2人以上の安全管理者を選任するように努めなければならないとされている。）。

根拠 法11-Ⅰ、則4-Ⅰ④

**C ○** 【④産業医】

設問の通り正しい。なお、設問の勧告を受けた事業者は、当該勧告を尊重しなければならないとされている。 根拠 法13-ⅤⅥ

**D ×** 【④産業医】

産業医を選任した事業者は、産業医に対し、厚生労働省令で定めるところにより、労働者の労働時間に関する情報その他の産業医が労働者の健康管理等を適切に行うために必要な情報として厚生労働省令で定めるものを提供しなければならない、とされている（努力規定ではなく、義務規定である。）。 根拠 法13-Ⅳ

**E ×** 【⑤安全衛生推進者・衛生推進者】

安全衛生推進者の選任について、報告義務は課されていない。

根拠 法12の2、則12の3、12の4

**確認してみよう！** 事業者は、安全衛生推進者を選任したときは、当該安全衛生推進者の氏名を作業場の見やすい箇所に掲示する等により関係労働者に周知させなければならないとされている。

**解答 C**

## 問題5 択一 実践 教科書 Section 2

チェック欄 1／ 2／ 3／

# 安全衛生管理体制Ⅰ

次の記述のうち、正しいものはいくつあるか。

**ア** 安全管理者は、作業場等を巡視し、設備、作業方法等に危険のおそれがあるときは、直ちに、その危険を防止するため必要な措置を講じなければならないが、巡視の頻度については特に規定されていない。

**イ** 衛生管理者は、少なくとも毎月1回作業場等を巡視し、設備、作業方法又は衛生状態に有害のおそれがあるときは、直ちに、労働者の健康障害を防止するため必要な措置を講じなければならないこととされている。

**ウ** 産業医は、少なくとも毎月1回（産業医が、事業者から、毎月1回以上、衛生管理者が行う巡視の結果等の一定の情報の提供を受けている場合であって、事業者の同意を得ているときは、少なくとも2月に1回）作業場等を巡視し、作業方法又は衛生状態に有害のおそれがあるときは、直ちに、労働者の健康障害を防止するため必要な措置を講じなければならない。

**エ** 安全衛生推進者は、毎作業日に少なくとも1回、作業場所を巡視しなければならない。

**オ** 作業主任者は、少なくとも毎月1回労働者が作業を行う場所を巡視し、労働者の作業の種類その他作業の実施の状況を把握することとされている。

**A** 一つ
**B** 二つ
**C** 三つ
**D** 四つ
**E** 五つ

## 解説

**ア ○** 【②安全管理者】

設問の通り正しい。 根拠 法11-Ⅰ、則6-Ⅰ

確認してみよう！ 事業者は、安全管理者に対し、安全に関する措置をなし得る権限を与えなければならないとされている。

**イ ×** 【③衛生管理者】

衛生管理者は、少なくとも「毎月1回」ではなく、少なくとも「毎週1回」作業場等を巡視しなければならない。 根拠 法12-Ⅰ、則11-Ⅰ

確認してみよう！ 事業者は、衛生管理者に対し、衛生に関する措置をなし得る権限を与えなければならないとされている。

**ウ ○** 【④産業医】

設問の通り正しい。なお、「一定の情報」とは、衛生管理者が行う巡視の結果のほか、労働者の健康障害を防止し、又は労働者の健康を保持するために必要な情報であって、衛生委員会又は安全衛生委員会における調査審議を経て事業者が産業医に提供することとしたものである。

根拠 法13-Ⅰ、則15

確認してみよう！ 事業者は、産業医に対し、労働者の健康管理等をなし得る権限を与えなければならないとされている。

**エ ×** 【⑤安全衛生推進者・衛生推進者】

安全衛生推進者には、作業場所の巡視義務はない。

根拠 法12の2、則12の2～12の4

**オ ×** 【⑥作業主任者】

作業主任者には、作業場所の巡視義務はない。 根拠 法14、則16～18の2

**解答 B（二つ）**

問題6 択一 応用 教科書 Section 2

チェック欄 1 ／ 2 ／ 3 ／

## 安全衛生管理体制Ⅰ

次の記述のうち、誤っているものはどれか。

A　常時50人の労働者を使用する建設業の事業者は、安全管理者を選任する義務があるが、労働安全コンサルタントであれば、他に資格等を有していない場合であっても、その者を安全管理者に選任し、当該事業場の安全に係る技術的事項を管理させることができる。

B　常時60人の労働者を使用する製造業の事業場の事業者は、衛生管理者を選任する義務があるが、第二種衛生管理者免許を有する当該事業場の労働者であれば、他に資格等を有していない場合であっても、その者を衛生管理者に選任し、当該事業場の衛生に係る技術的事項を管理させることができる。(H24-9C)

C　常時50人の労働者を使用する自動車整備業の事業場の事業者は、産業医を選任する義務があるが、厚生労働大臣の指定する者が行う労働者の健康管理等を行うのに必要な医学に関する知識についての研修を修了した医師であれば、他に資格等を有していない場合であっても、その者を産業医に選任し、当該事業場の労働者の健康管理等を行わせることができる。

(H24-9E)

D　事業者は、高圧室内作業（潜函工法その他の圧気工法により、大気圧を超える気圧下の作業室又はシャフトの内部において行う作業に限る。）については作業主任者を選任しなければならないが、当該作業主任者は、都道府県労働局長の免許を受けた者でなければならない。

E　派遣中の労働者に関しての総括安全衛生管理者、衛生管理者、安全衛生推進者又は衛生推進者及び産業医の選任の義務は、派遣先及び派遣元の事業者双方に課せられており、当該事業場の規模の算定に当たっては、派遣先及び派遣元のそれぞれの事業場において、派遣中の労働者を含めて、常時使用する労働者の数を算出することとされている。

## 解説

**A ○** 【②安全管理者】

設問の通り正しい。安全管理者は、労働安全コンサルタントのほか、学歴に応じて定められた一定の年数以上産業安全の実務に従事した経験を有する者で、厚生労働大臣が定める研修を修了したもの等の中から選任することができる。

根拠 法11-Ⅰ、令3、則5-②

**B ×** 【③衛生管理者】

常時50人以上の労働者を使用する事業場においては、業種にかかわらず、衛生管理者を選任する義務があるが、製造業の事業場においては、第二種衛生管理者免許のみを有する者を衛生管理者に選任することはできない。

根拠 法12-Ⅰ、令4、則7-Ⅰ③イ

**C ○** 【④産業医】

設問の通り正しい。常時50人以上の労働者を使用する事業場においては、業種にかかわらず、産業医を選任する義務がある。また、産業医は、医師であって、労働者の健康管理等を行うのに必要な医学に関する知識について厚生労働省令で定める要件を備えた者でなければならないとされているが、厚生労働大臣の指定する者（法人に限る。）が行う労働者の健康管理等を行うのに必要な医学に関する知識についての研修を修了した医師は、当該要件を備えた者として、産業医に選任することができる。

根拠 法13-ⅠⅡ、令5、則14-Ⅱ①

**D ○** 【⑥作業主任者】

設問の通り正しい。作業主任者は、都道府県労働局長の免許を受けた者又は都道府県労働局長の登録を受けた者が行う技能講習を修了した者のうちから選任しなければならないとされ、設問の作業については、高圧室内作業主任者免許を受けた者でなければならないことが厚生労働省令で定められている。

根拠 法14、令6-①、則16-Ⅰ、則別表第1

**E ○** 【①総括安全衛生管理者】

設問の通り正しい。

根拠 法10、12、12の2、13、派遣法45-Ⅰ、同令6-Ⅲ、同則41-Ⅳ

確認してみよう！ 派遣中の労働者に関しての安全管理者の選任の義務は、派遣先の事業者のみに課せられており、当該事業場の規模の算定に当たっては、派遣先の事業場において、派遣中の労働者を含めて、常時使用する労働者の数を算出することとされている。

**解答 B**

## 問題7　択一　基本　教科書 Section 2

チェック欄 1 ／ 2 ／ 3 ／

## 安全衛生管理体制 I

次のアからオの記述のうち、誤っているものの組合せは、後記AからEまでのうちどれか。

**ア**　通信業の事業場において、常時100人の労働者を使用する場合には、安全委員会及び衛生委員会を設けなければならない。

**イ**　安全委員会又は衛生委員会を設けなければならない事業者は、その委員会を毎月１回以上開催するようにしなければならない。

**ウ**　事業者は、安全委員会、衛生委員会又は安全衛生委員会の開催の都度、遅滞なく、これらの委員会における議事の概要を所定の方法によって労働者に周知させなければならない。

**エ**　事業者が労働安全衛生法第17条の規定により安全委員会を設置しなければならない場合、事業者は、当該事業場の労働者の過半数で組織する労働組合との間における労働協約に別段の定めがあるときを除き、その委員の半数については、当該事業場に労働者の過半数で組織する労働組合があるときにおいてはその労働組合、労働者の過半数で組織する労働組合がないときにおいては労働者の過半数を代表する者の推薦に基づき指名しなければならない。(H26-9オ)

**オ**　事業者は、当該事業場の労働者で、作業環境測定を実施している作業環境測定士であるものを衛生委員会の委員として指名しなければならない。

**A**（アとイ）　**B**（アとエ）　**C**（イとウ）
**D**（ウとオ）　**E**（エとオ）

## 解説

**ア** ○ 【⑦安全委員会、⑧衛生委員会】

設問の通り正しい。通信業の事業場においては、常時100人以上の労働者を使用する場合に、安全委員会を設けなければならず、また、業種を問わず、常時50人以上の労働者を使用する事業場においては、衛生委員会を設けなければならない。なお、安全委員会及び衛生委員会の設置に代えて、安全衛生委員会を設置することもできる。 根拠 法17-Ⅰ、18-Ⅰ、令8-②、9

**イ** ○ 【⑦安全委員会】

設問の通り正しい。 根拠 則23-Ⅰ

> **確認してみよう！** 安全委員会、衛生委員会又は安全衛生委員会を設置したことやその開催状況について行政官庁に届け出る必要はない。

**ウ** ○ 【⑦安全委員会】

設問の通り正しい。なお、所定の方法とは、①常時各作業場の見やすい場所に掲示し、又は備え付けること、②書面を労働者に交付すること、③磁気テープ、磁気ディスクその他これらに準ずる物に記録し、かつ、各作業場に労働者が当該記録の内容を常時確認できる機器を設置することのいずれかとされている。 根拠 則23-Ⅲ

**エ** × 【⑦安全委員会】

設問の「その（安全委員会の）委員の半数」は、「安全委員会の議長となるべき委員以外の委員の半数」である。なお、その他の記述は正しい。

根拠 法17-ⅣⅤ

**オ** × 【⑧衛生委員会】

事業者は、当該事業場の労働者で、作業環境測定を実施している作業環境測定士であるものを衛生委員会の委員として「指名することができる」のであって、指名しなければならないわけではない。 根拠 法18-ⅡⅢ

**解答 E（エとオ）**

## 問題8 択一 実践

教科書 Section 2

### 安全衛生管理体制 I

チェック欄 1 ／ 2 ／ 3 ／

次の記述のうち、誤っているものはどれか。

A　派遣中の労働者に関しての安全委員会の設置の義務は、派遣元の事業の事業者（派遣元事業者）のみに課せられているが、当該事業場の規模の算定に当たっては、派遣元の事業場について、派遣中の労働者の数を含めて、常時使用する労働者の数を算出する。

B　事業者は、安全委員会、衛生委員会又は安全衛生委員会の開催の都度、所定の事項を記録し、これを3年間保存しなければならない。

C　事業者は、衛生委員会の委員として産業医を指名しなければならないが、当該産業医は、その事業場に専属の者でなくてもよい。

D　労働安全衛生法が定める衛生委員会の調査審議事項には、労働者の精神的健康の保持増進を図るための対策の樹立に関する事項が含まれている。

E　安全委員会、衛生委員会又は安全衛生委員会を設けている事業者以外の事業者は、安全又は衛生に関する事項について、関係労働者の意見を聴くための機会を設けるようにしなければならない。（H26-9イ）

## 解説

**A ×** 【①総括安全衛生管理者】

派遣中の労働者に関しての安全委員会の設置の義務は、「派遣先」の事業者のみに課せられており、当該事業場の規模の算定に当たっては、「派遣先」の事業場において、派遣中の労働者を含めて、常時使用する労働者の数を算出することとされている。なお、衛生委員会の設置義務は、派遣元及び派遣先の事業者双方に課せられている。

根拠 法17-Ⅰ、派遣法45-ⅢⅤ、同令6-ⅣⅤ

**B ○** 【⑦安全委員会】

設問の通り正しい。なお、所定の事項とは、①委員会の意見及び当該意見を踏まえて講じた措置の内容、②①に掲げるもののほか、委員会における議事で重要なものである。 根拠 則23-ⅠⅣ

**C ○** 【⑧衛生委員会】

設問の通り正しい。なお、安全衛生委員会の委員として指名される産業医についても同様である。 根拠 法18-Ⅱ③、S63.9.16基発601号の1

**D ○** 【⑧衛生委員会】

設問の通り正しい。設問の「労働者の精神的健康の保持増進を図るための対策の樹立に関する事項」は、精神障害等の労災認定件数が増加しており、事業場において労使が協力してメンタルヘルス対策を推進する重要性が増しているため、則22条8号の調査審議事項（労働者の健康の保持増進を図るため必要な措置の実施計画の作成に関する事項）とは別に明記されたものである。 根拠 法18-Ⅰ④、則22-⑩

**E ○** 【⑧衛生委員会】

設問の通り正しい。 根拠 則23の2

得点UP! 「関係労働者の意見を聴くための機会を設ける」とは、安全衛生の委員会、労働者の常会、職場懇談会等労働者の意見を聴くための措置を講ずることをいうものである。

**解答 A**

## 問題9 選択 基本 教科書 Section 2

チェック欄 1 ／ 2 ／ 3 ／

# 安全衛生管理体制Ⅰ

次の文中の［　　］の部分を選択肢の中の適当な語句で埋め、完全な文章とせよ。

1　産業医は、少なくとも毎月1回（産業医が、事業者から、毎月1回以上、次に掲げる情報の提供を受けている場合であって、［A］ときは、少なくとも2月に1回）作業場等を巡視し、作業方法又は衛生状態に有害のおそれがあるときは、直ちに、労働者の健康障害を防止するため必要な措置を講じなければならない。

⑴　労働安全衛生規則第11条第1項の規定により［B］が行う巡視の結果

⑵　上記⑴に掲げるもののほか、労働者の健康障害を防止し、又は労働者の健康を保持するために必要な情報であって、［C］における調査審議を経て事業者が産業医に提供することとしたもの

2　安全衛生推進者又は衛生推進者は、［D］の登録を受けた者が行う講習を修了した者その他総括安全衛生管理者が統括管理すべき業務（衛生推進者にあっては、衛生に係る業務に限る。）を［E］するため必要な能力を有すると認められる者のうちから選任しなければならない。

選択肢

| | |
|---|---|
| ①　総括安全衛生管理者 | ②　厚生労働大臣又は都道府県労働局長 |
| ③　安全管理者 | ④　安全委員会又は安全衛生委員会 |
| ⑤　管理 | ⑥　都道府県労働局長の許可を受けた |
| ⑦　指示 | ⑧　厚生労働大臣 |
| ⑨　事業者の同意を得ている | ⑩　衛生管理者 |
| ⑪　都道府県労働局長 | ⑫　衛生委員会又は安全衛生委員会 |
| ⑬　労働基準監督署長 | ⑭　厚生労働大臣の承認があった |
| ⑮　担当 | ⑯　安全委員会及び衛生委員会 |
| ⑰　監督 | ⑱　労働基準監督署長の認可を受けた |
| ⑲　作業環境測定士 | ⑳　安全委員会又は衛生委員会 |

## 解答

【④産業医、⑤安全衛生推進者・衛生推進者】

A　⑨　事業者の同意を得ている
B　⑩　衛生管理者
C　⑫　衛生委員会又は安全衛生委員会
D　⑪　都道府県労働局長
E　⑮　担当

根拠 則12の3-Ⅰ、15-Ⅰ



## 解説

《B、Cについて》

事業者が労働者の健康管理等を行わせるのが産業医である。労働者の健康管理等には、労働者の健康を保持するための措置や衛生教育などの事業場の「衛生」に関する事項が含まれることから、Bには［⑩衛生管理者］が入り、また、Cには［⑫衛生委員会又は安全衛生委員会］が入ることになる。

《Eについて》

「安全管理者」や「衛生管理者」が安全衛生業務の管理に権限と責任を有する者としてその業務の技術的事項を「管理」する者であるのに対し、「安全衛生推進者」や「衛生推進者」は、安全衛生業務について権限と責任を有する者の指揮を受けて、その業務を［⑮担当］する者として位置づけられていることに注意しておきたい。

## 問題10 択一 基本 教科書 Section 3

チェック欄 1／ 2／ 3／

## 安全衛生管理体制Ⅱ

次の記述のうち、正しいものはどれか。

A　建設業又は製造業に属する事業を行う元方事業者であって、同一の作業場所において関係請負人の労働者を含めて常時50人（一定の仕事にあっては常時30人）以上の労働者を使用するものは、統括安全衛生責任者を選任しなければならない。

B　統括安全衛生責任者を選任した元方事業者であって、造船業に属する事業を行うものは、元方安全衛生管理者を選任しなければならない。

C　都道府県労働局長は、労働災害を防止するため必要があると認めるときは、統括安全衛生責任者の業務の執行について当該統括安全衛生責任者を選任した事業者に勧告することができる。

D　安全衛生責任者を選任した請負人は、その選任から14日以内に、当該安全衛生責任者の選任に係る報告書を、所轄労働基準監督署長に提出しなければならない。

E　元方安全衛生管理者、安全衛生責任者及び店社安全衛生管理者は、それぞれ厚生労働省令で定める資格を有する者のうちから選任しなければならない。

## 解説

**A ×** 【①統括安全衛生責任者】

統括安全衛生責任者を選任しなければならないのは、建設業又は造船業に属する事業を行う元方事業者（特定元方事業者）である。

根拠 法15-Ⅰ、令7

確認してみよう！ 同一の作業場所において関係請負人の労働者を含めて常時30人以上の労働者を使用する場合に統括安全衛生責任者を選任すべき「一定の仕事」とは、ずい道等の建設の仕事、一定の橋梁の建設の仕事又は圧気工法による作業を行う仕事である。

**B ×** 【②元方安全衛生管理者】

造船業の元方事業者については元方安全衛生管理者の選任義務はない。元方安全衛生管理者の選任義務があるのは、統括安全衛生責任者を選任した元方事業者であって、建設業に属する事業を行うものに限られる。

根拠 法15の２-Ⅰ

**C ○** 【①統括安全衛生責任者】

設問の通り正しい。 根拠 法15-Ⅴ

得点UP！ 都道府県労働局長の勧告は、特定元方事業者の労働者及び関係請負人の労働者が一の場所で行う仕事に係る労働災害の発生率が他の同業種、同規模の仕事と比べて高く、それが統括安全衛生責任者の不適切な業務執行に基づくものであると考えられる場合などに行われる。

**D ×** 【③安全衛生責任者】

安全衛生責任者を選任した請負人について、設問のような行政への報告は義務づけられていない。なお、安全衛生責任者を選任した請負人は、統括安全衛生責任者を選任した事業者に対し、遅滞なく、その旨を通報しなければならないとされている。 根拠 法16

**E ×** 【②元方安全衛生管理者、③安全衛生責任者、④店社安全衛生管理者】

元方安全衛生管理者及び店社安全衛生管理者はそれぞれ厚生労働省令で定める資格を有する者のうちから選任しなければならないが、安全衛生責任者については資格に関する定めはない。

根拠 法15の２-Ⅰ、15の３-Ⅰ、16、則18の４、18の７

**解答 C**

CH 2 労働安全衛生法

## 問題11 選択 実践 教科書 Section 3

チェック欄 1／ 2／ 3／

# 安全衛生管理体制Ⅱ

次の文中の□の部分を選択肢の中の適当な語句で埋め、完全な文章とせよ。

1　[A]を選任した事業者で、[B]を行うものは、厚生労働省令で定める資格を有する者のうちから、厚生労働省令で定めるところにより、元方安全衛生管理者を選任し、その者に[A]が統括管理する事項のうち技術的事項を管理させなければならない。

2　上記1の厚生労働省令で定める資格を有する者は、以下の(1)から(3)の者をいう。

(1)　学校教育法による大学又は高等専門学校における理科系統の正規の課程を修めて卒業した者等で、その後[C]以上建設工事の施工における安全衛生の実務に従事した経験を有するもの

(2)　学校教育法による高等学校又は中等教育学校において理科系統の正規の学科を修めて卒業した者で、その後[D]以上建設工事の施工における安全衛生の実務に従事した経験を有するもの

(3)　その他[E]が定める者

**選択肢**

①　3年　②　2年　③　1年　④　6箇月　⑤　建設業
⑥　10年　⑦　8年　⑧　5年　⑨　4年　⑩　造船業
⑪　製造業　⑫　衛生管理者　⑬　労働基準監督署長
⑭　都道府県知事　⑮　都道府県労働局長
⑯　厚生労働大臣　⑰　統括安全衛生責任者
⑱　安全衛生責任者　⑲　店社安全衛生管理者
⑳　林業、工業、建設業、運送業及び清掃業

**解答**　　【②元方安全衛生管理者】

A　⑰　統括安全衛生責任者
B　⑤　建設業
C　①　3年
D　⑧　5年
E　⑯　厚生労働大臣

根拠 法15の2-Ⅰ、則18の4

**解説**

《A、Bについて》

「元方安全衛生管理者」の選任義務対象業種は、[⑤建設業]（B）のみである（[⑩造船業]は対象業種となっていない。）。なお、[⑰統括安全衛生責任者]（A）を選任すべき事業者以外の請負人で、当該仕事を自ら行うものは、[⑱安全衛生責任者]を選任し、その者に統括安全衛生責任者との連絡その他の厚生労働省令で定める事項を行わせなければならないことも確認しておこう。

## 問題12 択一 実践 教科書 Section 4

| チェック欄 | | |
|---|---|---|
| 1 ／ | 2 ／ | 3 ／ |

### 事業者等の講ずべき措置等

次の記述のうち、正しいものはどれか。

A　事業者は、建設物、設備、原材料、ガス、蒸気、粉じん等による、又は作業行動その他業務に起因する危険性又は有害性等（表示対象物及び通知対象物による危険性又は有害性等を除く。）を調査し、その結果に基づいて、労働安全衛生法又は同法に基づく命令の規定による措置を講ずるほか、労働者の危険又は健康障害を防止するため必要な措置を講ずるように努めなければならないが、製造業（物の加工業を含む。）に属する事業の事業者については、化学物質、化学物質を含有する製剤その他の物で労働者の危険又は健康障害を生ずるおそれのあるものに係る調査のみを行えば足りる。

B　元方事業者は、関係請負人及び関係請負人の労働者が、当該仕事に関し、労働安全衛生法又は同法に基づく命令の規定に違反しないよう必要な指導を行わなければならず、もしこれらの者が、当該仕事に関し、これらの規定に違反していると認めるときは、是正のため必要な指示を行わなければならないとされているが、この規定が適用されるのは、建設業又は造船業に属する事業を行う元方事業者に限られている。

C　特定元方事業者は、その労働者及び関係請負人の労働者の作業が同一の場所において行われることによって生ずる労働災害を防止するため、関係請負人の労働者に対して安全又は衛生のための教育を直接行うことが義務づけられている。

D　造船業以外の製造業の元方事業者についても、その労働者及び関係請負人の労働者の作業が同一の場所において行われることによって生ずる労働災害を防止するため、作業間の連絡及び調整を行うことに関する措置等の必要な措置を講じなければならないとされている。

E　建設業又は造船業に属する事業の仕事で、政令で定めるものを行う事業者は、爆発、火災等が生じたことに伴い労働者の救護に関する措置がとられる場合における労働災害の発生を防止するため、労働者の救護に関し必要な機械等の備付け及び管理を行うこと等所定の措置を講じなければならない。

## 解説

**A ×** 【①調査等の責務】

製造業（物の加工業を含む。）については、化学物質、化学物質を含有する製剤その他の物で労働者の危険又は健康障害を生ずるおそれのあるものに係るもの以外のものについても、危険性又は有害性等の調査が努力義務として課せられている。 根拠 法28の２－Ⅰ、則24の11－Ⅱ

**B ×** 【②元方事業者の責務】

設問の規定は、業種のいかんを問わず、元方事業者について適用される。なお、この規定は、一定の場所において当該事業遂行の全般について権限と責任を有している元方事業者に、関係請負人及びその労働者に対する労働安全衛生法の遵守に関する指導、指示の義務を負わせることとしたものである。 根拠 法29－ⅠⅡ

**C ×** 【③特定元方事業者の責務】

特定元方事業者の講ずべき措置として、「関係請負人が行う労働者の安全又は衛生のための教育に対する指導及び援助を行うこと」は規定されているが、設問のように関係請負人の労働者に対して安全又は衛生のための教育を直接行うことは規定されていない。 根拠 法30－Ⅰ④

**D ○** 【④製造業の元方事業者の責務】

設問の通り正しい。なお、「造船業」の元方事業者については、その労働者及び関係請負人の労働者の作業が同一の場所において行われることによって生ずる労働災害を防止するため、「協議組織の設置及び運営を行うこと」や「作業間の連絡及び調整を行うこと」などに関する必要な措置（特定元方事業者等の講ずべき措置）を講じなければならないとされている。

根拠 法30の２－Ⅰ

**E ×** 【⑧その他の措置】

設問の救護に伴う労働災害の防止の措置は、建設業に属する事業で一定の仕事を行う事業者のみに義務づけられている。なお、当該事業者は、厚生労働省令で定める資格を有する者のうちから、救護に伴う労働災害の防止の措置のうち技術的事項を管理する者（救護技術管理者）を選任し、その者に当該技術的事項を管理させなければならない。 根拠 法25の２－Ⅰ

**解答 D**

## 問題13 択一 実践 教科書 Section 4

| チェック欄 | | |
|---|---|---|
| 1 ／ | 2 ／ | 3 ／ |

# 事業者等の講ずべき措置等

次の記述のうち、誤っているものはどれか。

A　化学物質、化学物質を含有する製剤その他の物を製造し、又は取り扱う設備で政令で定めるものの改造その他の厚生労働省令で定める作業に係る仕事の注文者は、当該物について、当該仕事に係る請負人の労働者の労働災害を防止するため必要な措置を講じなければならない。

B　不整地運搬車を相当の対価を得て業として他の事業者に貸与する者は、所定の除外事由に該当する場合を除き、当該不整地運搬車の貸与を受けた事業者の事業場における当該不整地運搬車による労働災害を防止するため必要な措置を講じなければならない。(H24-10B)

C　工場の用に供される建築物を他の事業者に貸与する者は、所定の除外事由に該当する場合を除き、当該建築物の貸与を受けた事業者の事業に係る当該建築物による労働災害を防止するため必要な措置を講じなければならない。(H24-10C)

D　事業者は、労働者を就業させる建設物その他の作業場について、通路、床面、階段等の保全並びに換気、採光、照明、保温、防湿、休養、避難及び清潔に必要な措置その他労働者の健康、風紀及び生命の保持のため必要な措置を講じなければならない。

E　建設業の仕事で、政令で定めるものを行う事業者は、爆発、火災等が生じたことに伴い労働者の救護に関する措置がとられる場合における労働災害の発生を防止するため、安全管理者のうちから、救護に関する措置のうち技術的事項を管理する者を選任しなければならない。

## 解説

**A ○** 【⑤注文者の責務】

設問の通り正しい。

根拠 法31の2

確認してみよう！ 注文者は、その請負人に対し、当該仕事に関し、その指示に従って当該請負人の労働者を労働させたならば、労働安全衛生法又は同法に基づく命令の規定に違反することとなる指示をしてはならないとされている。

**B ○** 【⑥機械等貸与者の責務】

設問の通り正しい。いわゆる「機械等貸与者の講ずべき措置」に関する記述である。

根拠 法33-Ⅰ、令10-③、則665

得点UP！ 機械等貸与者とは、一定の機械等を相当の対価を得て（有償で）業として他の事業者に貸与する者（いわゆるリース業者）をいい、無償で機械等を貸与する者は含まれない。

**C ○** 【⑦建築物貸与者の責務】

設問の通り正しい。いわゆる「建築物貸与者の講ずべき措置」に関する記述である。

根拠 法34、令11

得点UP！ 建築物貸与者には、機械等貸与者と異なり、無償で建築物を貸与する者を含む。

**D ○** 【⑧その他の措置】

設問の通り正しい。設問は、労働者の健康障害の防止の措置の一環として、建設物その他の作業環境からみて必要な措置について規定したものである。

根拠 法23

**E ×** 【⑧その他の措置】

「救護に関する措置のうち技術的事項を管理する者（救護技術管理者）」は、厚生労働省令で定める資格を有する者のうちから選任しなければならず、安全管理者のうちから選任しなければならないのではない。

根拠 法25の2

**解答 E**

## 問題14 択一 基本 教科書 Section 5

チェック欄 1 ／ 2 ／ 3 ／

### 機械等並びに危険物及び有害物に関する規制

次の記述のうち、誤っているものはどれか。

A　特定機械等で検査証を受けていないもの（労働安全衛生法第38条第３項の規定により部分の変更又は再使用に係る検査を受けなければならない特定機械等で、検査証に裏書を受けていないものを含む。）は、使用してはならない。

B　特定機械等以外の機械等で、一定のものその他危険若しくは有害な作業を必要とするもの、危険な場所において使用するもの又は危険若しくは健康障害を防止するため使用するもののうち、政令で定めるものは、厚生労働大臣が定める規格又は安全装置を具備しなければ、譲渡し、貸与し、又は設置してはならない。

C　事業者は、ボイラーその他の機械等で、政令で定めるものについて、定期に自主検査を行い、及びその結果を記録しておかなければならない。

D　事業者は、労働安全衛生法第57条第１項の政令で定める物（表示対象物）及び通知対象物による危険性又は有害性等を調査しなければならず、また、当該調査の結果に基づいて、同法又はこれに基づく命令の規定による措置を講ずるほか、労働者の危険又は健康障害を防止するため必要な措置を講ずるように努めなければならない。

E　爆発性の物、発火性の物、引火性の物その他の労働者に危険を生ずるおそれのある物を容器に入れ、又は包装して、譲渡し、又は提供する者は、原則として、その容器又は包装に一定の事項を表示しなければならないが、容器に入れ、かつ、包装して、譲渡し、又は提供するときは、その包装に一定の事項を表示しなければならない。

## 解説

**A** ○ 【①特定機械等】

設問の通り正しい。 根拠 法40-Ⅰ

確認してみよう！ ★特定機械等

①ボイラー（小型ボイラー等を除く）、②第１種圧力容器（小型圧力容器等を除く）、③つり上げ荷重が３トン以上（スタッカー式クレーンにあっては、１トン以上）のクレーン、④つり上げ荷重が３トン以上の移動式クレーン、⑤つり上げ荷重が２トン以上のデリック、⑥積載荷重が１トン以上のエレベーター（簡易リフト及び建設用リフトを除く）、⑦ガイドレール等の高さが18メートル以上の建設用リフト（積載荷重が0.25トン未満のものを除く）、⑧ゴンドラ

**B** ○ 【②第42条の機械等】

設問の通り正しい。法42条は、特定機械等（Aの確認してみよう！参照）以外の機械等で、危険又は有害な作業を必要とするものや安全に使用するため構造要件に厳しい制限を要するものについて、その種類に応じて、厚生労働大臣が定める規格又は安全装置を具備しなければ、譲渡、貸与等をしてはならないことを定めたものである。 根拠 法42

**C** ○ 【③定期自主検査】

設問の通り正しい。 根拠 法45-Ⅰ

確認してみよう！ 定期自主検査のうち特定自主検査を行うときは、その使用する労働者で厚生労働省令で定める資格を有する者又は検査業者に実施させなければならない。

**D** ○ 【④危険・有害物】

設問の通り正しい。「表示対象物及び通知対象物による危険性又は有害性等の調査の実施」と「当該調査に基づく労働安全衛生法令の規定による措置を講ずること」は義務であり、「労働者の危険又は健康障害を防止するため必要な措置を講ずること」は努力義務であることに注意すること。 根拠 法57の３-ⅠⅡ

**E** × 【④危険・有害物】

「容器に入れ、かつ、包装して、譲渡し、又は提供するとき」は、主として一般消費者の生活の用に供するためのものを除き、その容器に一定の事項を表示しなければならない。 根拠 法57-Ⅰ

**解答 E**

CH 2 労働安全衛生法

## 問題15 選択 基本 教科書 Section 5

## 機械等並びに危険物及び有害物に関する規制

チェック欄 1 ／ 2 ／ 3 ／

次の文中の［　　］の部分を選択肢の中の適当な語句で埋め、完全な文章とせよ。

1　特定機械等（［ A ］を除く。）を設置した者、特定機械等の厚生労働省令で定める部分に変更を加えた者又は特定機械等で使用を休止したものを再び使用しようとする者は、厚生労働省令で定めるところにより、当該特定機械等及びこれに係る厚生労働省令で定める事項について、［ B ］の［ C ］を受けなければならない。

2　動力により駆動される機械等で、作動部分上の［ D ］又は動力伝導部分若しくは調速部分に厚生労働省令で定める防護のための措置が施されていないものは、譲渡し、貸与し、又は譲渡若しくは貸与の目的で［ E ］してはならない。

選択肢

| | | | |
|---|---|---|---|
| ① 使用 | ② 製造 | ③ 回転軸 | ④ 移動式のもの |
| ⑤ 設置 | ⑥ 展示 | ⑦ 原動機 | ⑧ 第一種圧力容器 |
| ⑨ 承認 | ⑩ 歯車 | ⑪ 突起物 | ⑫ 厚生労働大臣 |
| ⑬ 検査 | ⑭ 許可 | ⑮ ボイラー | ⑯ 都道府県労働局長 |
| ⑰ 認可 | ⑱ 移動式以外のもの | | ⑲ 労働基準監督署長 |
| ⑳ 厚生労働大臣の登録を受けた者 | | | |

## 解答

【①特定機械等、②第42条の機械等】

A ④ 移動式のもの
B ⑲ 労働基準監督署長
C ⑬ 検査
D ⑪ 突起物
E ⑥ 展示

根拠 法38-Ⅲ、43

## 解説

《D、Eについて》

「動力により駆動される機械等」は、一般に回転動又は往復動を伴い、これらの作動部分上にキー、ボルト等の［⑪突起物］（D）がある場合、一定の防護措置が施されていないときは、この部分に作業者の衣服等が巻き込まれることがあるので危険である。なお、本条において、譲渡又は貸与のための［⑥展示］（E）まで禁止にしたのは、安全上望ましくない機械の流通を抑制しようとする意図にほかならないものである。

## 問題16 択一 基本 教科書 Section 6

チェック欄 1／ 2／ 3／

## 就業制限、安全衛生教育

次の記述のうち、誤っているものはいくつあるか。

**ア** 事業者は、労働者を雇い入れたときは、当該労働者に対し、その従事する業務に関する安全又は衛生のための教育を行わなければならないが、常時使用する労働者以外の者については、この限りでないとされている。

**イ** 事業者は、労働安全衛生法第59条及び第60条の規定に基づく雇入れ時等の教育、特別教育又はいわゆる職長教育を行ったときは、それぞれの受講者、科目等の記録を作成して、これを3年間保存しておかなければならない。

**ウ** 事業者は、危険又は有害な業務で、厚生労働省令で定めるものに労働者をつかせるときは、当該業務に関する安全又は衛生のための特別の教育（特別教育）を行わなければならないが、当該特別教育は、その対象となる労働者がその教育科目の全部又は一部について十分な知識及び技能を有していると認められる場合については、当該科目についての特別教育を省略することができる。

**エ** 運送業は、新たに職務に就くこととなった職長に対し、いわゆる職長教育を行うものとされている業種の1つである。

**オ** 派遣労働者に関して、労働安全衛生法第59条第3項の規定に基づく特別教育の実施の義務は、派遣先事業者及び派遣元事業者の両方に課せられている。

**A** 一つ
**B** 二つ
**C** 三つ
**D** 四つ
**E** 五つ

## 解説

**ア ×** 【②安全衛生教育】

設問のいわゆる雇入れ時の安全衛生教育は、常時使用する労働者にその対象が限られるものではなく、臨時・日雇等で使用する労働者等を含むすべての労働者がその対象となる。なお、いわゆる作業内容変更時の安全衛生教育についても同様である。 根拠 法59-Ⅰ

**イ ×** 【②安全衛生教育】

事業者は、特別教育を行ったときは、当該特別教育の受講者、科目等の記録を作成して、これを3年間保存しておかなければならない、と労働安全衛生規則で規定されているのみであり、雇入れ時等の教育及び職長教育については、記録の保存等は規定されていない。 根拠 法59、60、則38

**ウ ○** 【②安全衛生教育】

設問の通り正しい。 根拠 法59-Ⅲ、則37

確認してみよう！「雇入れ時・作業内容変更時の教育」「特別教育」「職長教育」のいずれにおいても、その教育科目（教育事項）の全部又は一部について十分な知識及び技能を有していると認められる労働者については、当該科目（事項）についての教育を省略することができる。

**エ ×** 【②安全衛生教育】

「運送業」は、職長教育が義務づけられている業種には含まれていない。

根拠 法60、令19

確認してみよう！職長教育が義務づけられている業種は、建設業・製造業（一定のものを除く。）・電気業・ガス業・自動車整備業・機械修理業である。

**オ ×** 【②安全衛生教育】

派遣労働者に係る特別教育の実施義務は、派遣先事業者にのみ課せられている。 根拠 法59-Ⅲ、派遣法45-ⅢⅤ

確認してみよう！派遣労働者については、次のように派遣元事業者又は派遣先事業者が安全衛生教育を実施する義務を負う。

① 雇入れ時 ⇒ 派遣元事業者
② 作業内容変更時 ⇒ 派遣元事業者及び派遣先事業者
③ 特別教育・職長教育 ⇒ 派遣先事業者

**解答 D（四つ）**

## 問題17 択一 応用 教科書 Section 6

チェック欄 1 ／ 2 ／ 3 ／

## 就業制限、安全衛生教育

次の記述のうち、正しいものはどれか。

A　事業者は、建設用リフトの運転の業務については、労働安全衛生法第61条第１項に定める資格を有する者でなければ、当該業務に就かせることはできない。

B　クレーン・デリック運転士免許を受けた者は、つり上げ荷重が５トンの移動式クレーンの運転（道路上を走行させる運転を除く。）の業務に就くことができる。(H28-10D)

C　建設機械の一つである機体重量が３トン以上のブル・ドーザーの運転（道路上を走行させる運転を除く。）の業務に係る就業制限は、建設業以外の事業を行う事業者には適用されない。(H28-10B)

D　労働安全衛生法に基づく免許を受けたが、故意又は重大な過失により、当該免許に係る業務について重大な事故を発生させたことにより免許を取り消され、その取消しの日から起算して３年を経過しない者には、同法に基づく免許を与えない。

E　労働安全衛生法第59条及び第60条の安全衛生教育については、それらの実施に要する時間は労働時間と解されるので、当該教育が法定労働時間外に行われた場合には、当然割増賃金が支払われなければならない。(H26-10B)

## 解説

**A ×** 【①就業制限】

建設用リフトの運転の業務については、労働安全衛生法61条１項の就業制限に係る業務の対象とされておらず、特別教育の対象とされている。

根拠 法61-Ⅰ、令20、則36-⑱

**B ×** 【①就業制限】

つり上げ荷重が５トンの移動式クレーンの運転（道路上を走行させる運転を除く。）の業務については、「移動式クレーン運転士免許」を受けた者でなければ就くことができない。

根拠 法61-ⅠⅡ、令20⑦、則41、則別表第３、クレーン則68

**C ×** 【①就業制限】

設問の業務に係る就業制限は、建設業に限られていない（建設業以外の事業を行う事業者にも適用される。）。 根拠 法61-Ⅰ、令20-⑫、令別表第７

**D ×** 【①就業制限】

「３年」ではなく「１年」である。 根拠 法72-Ⅱ①、74-Ⅱ①

**E ○** 【②安全衛生教育】

設問の通り正しい。法59条及び法60条の安全衛生教育は、労働者がその業務に従事する場合の労働災害の防止を図るため、事業者の責任において実施されなければならないものであり、その実施に要する時間は労働時間と解されるので、当該教育が法定労働時間外に行われた場合には、当然割増賃金が支払われなければならない。

根拠 法59、60

**解答 E**

## 問題18 選択 実践 教科書 Section 7

## 作業環境測定、作業の管理等

チェック欄 1 ／ 2 ／ 3 ／

次の文中の［　　］の部分を選択肢の中の適当な語句で埋め、完全な文章とせよ。

1　都道府県労働局長は、作業環境の改善により労働者の健康を保持する必要があると認めるときは、［ A ］の意見に基づき、事業者に対し、作業環境測定の実施その他必要な事項を［ B ］することができる。

2　事業者は、作業環境測定の結果の評価に基づいて、労働者の健康を保持するため必要があると認められるときは、施設又は設備の設置又は整備、［ C ］その他の適切な措置を講じなければならない。

3　労働安全衛生法第65条の3では「事業者は、労働者の［ D ］して、［ E ］を適切に管理するように努めなければならない。」と規定されている。

選択肢

| | | |
|---|---|---|
| ①　労働者の健康 | ②　労働者の従事する作業 | ③　産業医の選任 |
| ④　衛生管理者の選任 | ⑤　作業の進捗状況 | ⑥　作業行動に留意 |
| ⑦　指導 | ⑧　要請 | ⑨　健康診断の実施 |
| ⑩　面接指導の実施 | ⑪　作業環境測定士 | ⑫　産業医 |
| ⑬　健康に配慮 | ⑭　作業環境を考慮 | ⑮　勧告 |
| ⑯　作業状況を把握 | ⑰　労働衛生指導医 | ⑱　作業環境 |
| ⑲　労働衛生専門官 | ⑳　指示 | |

## 解答

【①作業環境測定、②作業の管理】

A ⑰ 労働衛生指導医
B ⑳ 指示
C ⑨ 健康診断の実施
D ⑬ 健康に配慮
E ② 労働者の従事する作業

根拠 法65-Ⅴ、65の2-Ⅰ、65の3

## 解説

《Aについて》

［⑰労働衛生指導医］とは、都道府県労働局長による作業環境測定の実施の指示又は臨時の健康診断の実施の指示に関する事務その他労働者の衛生に関する事務に参画する医師であり、都道府県労働局に置かれている。なお、労働衛生指導医は、厚生労働大臣が、労働衛生に関し学識経験を有する医師のうちから任命（任期2年）することとされている。

《D、Eについて》

問題文3は労働衛生の三管理の一つである「作業管理」に関する条文である（労働衛生の三管理には他に「作業環境管理」「健康管理」がある。）。作業環境管理を十分に行ったとしても、作業の種類によっては十分に良好な環境とならないこともあり、また、労働者の行う作業の中には、身体への負担がかかり、疲労やストレスが生じるおそれがあるものがある。そのため、労働者の［⑬健康に配慮］（D）して、［②労働者の従事する作業］（E）を適切に管理することを事業者の努力義務としたものである。

## 問題19 択一 基本 教科書 Section 8

チェック欄 1 ／ 2 ／ 3 ／

### 健康診断

次の記述のうち、誤っているものはどれか。

A 事業者は、常時使用する労働者を雇い入れるときは、当該労働者に対し、一定の項目について医師による健康診断を行わなければならないが、医師による健康診断を受けた後、3月を経過しない者を雇い入れる場合において、その者が当該健康診断の結果を証明する書面を提出したときは、当該健康診断の項目に相当する項目については、健康診断を行わなくても差し支えない。

B 事業者は、深夜業を含む業務に常時従事する労働者については、当該業務への配置替えの際及び6月以内ごとに1回、定期に、労働安全衛生規則に定める項目について健康診断を実施しなければならない。(H27-10イ)

C 健康診断の受診に要した時間に対する賃金の支払について、労働者一般に対し行われるいわゆる一般健康診断の受診に要した時間については当然には事業者の負担すべきものとされていないが、特定の有害な業務に従事する労働者に対し行われるいわゆる特殊健康診断の実施に要する時間については労働時間と解されているので、事業者の負担すべきものとされている。(H27-10オ)

D 事業者は、健康診断の結果（当該健康診断の項目に異常の所見があると診断された労働者に係るものに限る。）に基づき、当該労働者の健康を保持するために必要な措置について、医師又は歯科医師の意見を聴かなければならない。

E 事業者は、労働安全衛生規則に定める健康診断については、その結果に基づき健康診断個人票を作成して、その個人票を少なくとも3年間保存しなければならない。(H27-10エ)

## 解説

**A** ○ 【①一般健康診断】

設問の通り正しい。いわゆる雇入れ時の健康診断に関する問題である。

根拠 法66-Ⅰ、則43

**B** ○ 【①一般健康診断】

設問の通り正しい。深夜業を含む業務に常時従事する労働者は、設問のいわゆる特定業務従事者の健康診断の対象となる。 根拠 法66-Ⅰ、則13-Ⅰ③ヌ、45-Ⅰ

確認してみよう！ 特定業務従事者が従事する「特定の業務」は、その規模によって専属の産業医の選任が必要となる有害業務である。

**C** ○ 【①一般健康診断】

設問の通り正しい。なお、労働者の健康の確保は、事業の円滑な運営の不可決な条件であることを考えると、一般健康診断の受診に要した時間の賃金を事業者が支払うことが望ましいとされている。また、特殊健康診断は、事業の遂行にからんで当然実施されなければならない性格のものであることから、所定労働時間内に行われるのを原則とし、当該健康診断が時間外に行われた場合には、当然割増賃金を支払わなければならないとされている。

根拠 法66、S47.9.18基発602号

**D** ○ 【④健康診断実施後の措置等】

設問の通り正しい。 根拠 法66の４

確認してみよう！ 事業者は、設問の規定により聴取した医師又は歯科医師の意見を勘案し、その必要があると認めるときは、当該労働者の実情を考慮して、就業場所の変更、作業の転換、労働時間の短縮、深夜業の回数の減少等の措置を講ずるほか、作業環境測定の実施、施設又は設備の設置又は整備、当該医師又は歯科医師の意見の衛生委員会若しくは安全衛生委員会又は労働時間等設定改善委員会への報告その他の適切な措置を講じなければならない。

**E** × 【④健康診断実施後の措置等】

労働安全衛生規則に定める健康診断に係る健康診断個人票は、「３年間」ではなく、「５年間」保存しなければならない。 根拠 法66の３、則51

確認してみよう！ 健康診断個人票の作成及び保存の義務については、健康診断の種類及び事業場の規模を問わない。

〈健康診断個人票の保存期間〉

- 一般の健康診断個人票…５年間
- 特定化学物質健康診断個人票、電離放射線健康診断個人票…30年間
- 石綿健康診断個人票…40年間

**解答 E**

## 問題20 択一 実践 教科書 Section 8

チェック欄 1 ／ 2 ／ 3 ／

### 健康診断

次の記述のうち、正しいものはどれか。

A　常時使用する労働者に対して、事業者に実施することが義務づけられている健康診断は、通常の労働者と同じ所定労働時間で働く労働者であっても1年限りの契約で雇い入れた労働者については、その実施義務の対象から外されている。(H27-10ア)

B　定期健康診断の項目のうち、貧血検査、肝機能検査、血中脂質検査、血糖検査、心電図検査及び腹囲の検査は、40歳未満の者すべてについて省略することができる。

C　事業者は、高圧室内業務又は潜水業務に常時従事する労働者に対し、その雇入れの際、当該業務への配置替えの際及び当該業務についた後3月以内ごとに1回、定期に、特別の項目について、医師による健康診断を行わなければならない。

D　特定業務に常時従事する派遣労働者に係る労働安全衛生規則第45条に基づく健康診断の実施は、派遣元の事業者のみに義務づけられている。

E　健康診断結果に基づき事業者が講ずべき措置に関する指針によれば、健康診断において、その使用する労働者が要再検査又は要精密検査と診断された場合、当該再検査又は精密検査についても、一律に事業者にその実施が義務づけられている。

## 解説

**A ×** 【①一般健康診断】

期間の定めがある労働契約により雇い入れられた労働者であっても、当該契約の契約期間が1年以上である者（設問の労働者は、契約期間が1年であるのでこれに該当する。）については、健康診断の実施義務の対象となる。

根拠 法66-Ⅰ、則43、H26.7.24基発0724第2号他

得点UP! 有期労働契約により使用されるパートタイム労働者であって、次の①又は②のいずれかに該当する者については、1週間の労働時間数が当該事業場において同種の業務に従事する通常の労働者の1週間の所定労働時間数の4分の3以上である場合には、健康診断を実施しなければならない。

① 当該有期労働契約期間が1年（特定業務従事者は6月。以下同じ。）以上である者
② 契約の更新により1年以上使用されることが予定されている者及び1年以上引き続き使用されている者

---

**B ×** 【①一般健康診断】

設問の検査は、35歳の者については省略することができない。

根拠 則44-Ⅱ、H22厚労告25号

---

**C ×** 【②特殊健康診断】

設問の有害業務に常時従事する労働者に対しては、その雇入れの際、当該業務への配置替えの際及び当該業務についた後6月以内ごとに1回、定期に、医師による健康診断を行わなければならない。

根拠 法66-Ⅱ、令22-Ⅰ①、高圧則38-Ⅰ

---

**D ○** 【①一般健康診断、②特殊健康診断】

設問の通り正しい。特定業務従事者の健康診断を含む「一般健康診断」については、派遣元の事業者のみにその実施が義務づけられている。

根拠 法66-Ⅰ、則45-Ⅰ、派遣法45

確認してみよう! 一般健康診断については派遣元事業者のみに、特別の項目についての健康診断（特殊健康診断）については原則として派遣先事業者のみに、それぞれ実施が義務づけられている。

---

**E ×** 【①一般健康診断】

再検査又は精密検査は、診断の確定や症状の程度を明らかにするものであり、一律には事業者にその実施が義務づけられているものではない。

根拠 H29.4.14公示9号（健康診断結果に基づき事業者が講ずべき措置に関する指針）

得点UP! 有機溶剤中毒予防規則、鉛中毒予防規則、特定化学物質障害予防規則、高気圧作業安全衛生規則及び石綿障害予防規則に基づく特殊健康診断として規定されているものについては、事業者に再検査又は精密検査の実施が義務づけられている。

**解答 D**

## 問題21 選択

教科書 Section 8

チェック欄 1／ 2／ 3／

## 健康診断

次の文中の[　　]の部分を選択肢の中の適当な語句で埋め、完全な文章とせよ。

常時使用される労働者のうち、深夜業に従事するものであって、自ら健康診断を受けた日前[ A ]間を平均して1月当たり[ B ]以上深夜業に従事していたものは、その自ら受けた健康診断の結果を証明する書面を事業者に提出することができるが、当該健康診断を受けた日から[ C ]を経過したときは、この限りでないとされている。

事業者は、上記の提出された書面に係る健康診断の結果（当該健康診断の項目に異常の所見があると診断された労働者に係るものに限る。）に基づき、当該労働者の健康を保持するために必要な措置について、当該書面が提出された日から[ D ]以内に、医師の意見を聴かなければならず、また、聴取した医師の意見を[ E ]に記載しなければならない。

**選択肢**

| | | |
|---|---|---|
| ① 5日 | ② 10日 | ③ 14日 |
| ④ 2月 | ⑤ 3月 | ⑥ 4月 |
| ⑦ 5月 | ⑧ 6月 | ⑨ 1年 |
| ⑩ 2年 | ⑪ 3年 | ⑫ 5年 |
| ⑬ 2回 | ⑭ 4回 | ⑮ 6回 |
| ⑯ 8回 | ⑰ 健康診断結果報告書 | ⑱ 健康診断個人票 |
| ⑲ 労働者名簿 | ⑳ 健康管理手帳 | |

## 解答

【③その他の健康診断、④健康診断実施後の措置等】

A ⑧ 6月
B ⑭ 4回
C ⑤ 3月
D ④ 2月
E ⑱ 健康診断個人票

根拠 法66の2、則50の2、51の2－Ⅱ

## 解説

《Cについて》

問題文の自発的健康診断の結果の提出の規定は、自己の健康に不安を有する深夜業従事者であって、事業者の実施する次回の特定業務従事者の健康診断の実施を待てない者が自らの判断で受診した健康診断（自発的健康診断）の結果を事業者に提出した場合に、事業者が、特定業務従事者の健康診断の場合と同様に医師からの意見聴取や事後措置等を講ずることを義務づけたものである。「特定業務従事者の健康診断」は6月以内ごとに1回、定期に行うこととされていることから、［⑤3月］を経過してしまうと、次に事業者が実施する「特定業務従事者の健康診断」と近接してしまうと考えることができる。

## 問題22 択一 実践 教科書 Section 9

## 面接指導等

チェック欄 1 ／ 2 ／ 3 ／

次のアからオの記述のうち、誤っているものの組合せは、後記AからEまでのうちどれか。

**ア** 産業医は、労働安全衛生法第66条の8第1項に規定する面接指導（長時間労働者からの申出による面接指導、以下ウまで単に「面接指導」という。）の要件に該当する労働者に対して、面接指導の申出を行うよう指導することができる。

**イ** 事業者は、面接指導の結果に基づき、法定の事項を記載した当該面接指導の結果の記録を作成して、これを5年間保存しなければならない。
（H25-8B）

**ウ** 事業者は、面接指導の結果に基づく医師の意見を勘案し、その必要があると認めるときは、当該労働者の実情を考慮して、就業場所の変更、作業の転換、労働時間の短縮、深夜業の回数の減少等の措置を講ずるほか、当該医師の意見の衛生委員会若しくは安全衛生委員会又は労働時間等設定改善委員会（労働時間等の設定の改善に関する特別措置法第7条に規定する労働時間等設定改善委員会をいう。）への報告その他の適切な措置を講じなければならない。（H25-8D改題）

**エ** 事業者は、労働安全衛生法第66条の8第1項又は同法第66条の8の2第1項の規定による面接指導（長時間労働者からの申出による面接指導又は研究開発業務従事者への面接指導）を実施するため、厚生労働省令で定める方法により、労働者（一定の者を除く。）の労働時間の状況を把握するよう努めなければならない。

**オ** 医師等による心理的な負担の程度を把握するための検査（ストレスチェック）の結果の通知を受けた労働者であって、心理的な負担の程度が労働者の健康の保持を考慮して厚生労働省令で定める要件に該当するものが医師による面接指導を受けることを希望する旨を申し出たときは、事業者は、当該申出をした労働者に対し、医師による面接指導（労働安全衛生法第66条の10第3項に規定する面接指導）を行わなければならない。

**A**（アとエ）　**B**（アとオ）　**C**（イとウ）
**D**（イとエ）　**E**（ウとオ）

## 解説

**ア ×** 【①面接指導の実施等】

産業医は、設問の労働者に対して、面接指導の申出を行うよう「勧奨」することができる。 根拠 法66の8－Ⅰ、則52の3－Ⅳ

**イ ○** 【①面接指導の実施等】

設問の通り正しい。 根拠 法66の8－Ⅲ、則52の6－Ⅰ

**得点UP!** 法定の記載事項は、次に掲げるものである。

① 実施年月日
② 当該労働者の氏名
③ 面接指導を行った医師の氏名
④ 当該労働者の疲労の蓄積の状況
⑤ 上記①～④に掲げるもののほか、当該労働者の心身の状況
⑥ 面接指導の結果に基づき医師から聴取した意見

**ウ ○** 【①面接指導の実施等】

設問の通り正しい。なお、医師の意見を安全委員会に報告する必要はないことに注意しておこう。 根拠 法66の8－Ⅴ

**エ ×** 【①面接指導の実施等】

事業者は、設問の面接指導を実施するため、厚生労働省令で定める方法により、設問の労働者の労働時間の状況を把握しなければならない（義務規定）とされている。 根拠 法66の8の3

**オ ○** 【②心理的な負担の程度を把握するための検査等】

設問の通り正しい。 根拠 法66の10－Ⅲ

**確認してみよう!** 設問の場合において、事業者は、労働者が当該申出をしたことを理由として、当該労働者に対し、不利益な取扱いをしてはならないとされている。

**解答 A（アとエ）**

## 問題23 選択 基本 教科書 Section 9

チェック欄 1 ／ 2 ／ 3 ／

# 面接指導等

次の文中の［　］の部分を選択肢の中の適当な語句で埋め、完全な文章とせよ。なお、本問の「面接指導」とは、労働安全衛生法第66条の８第１項に規定する面接指導（長時間労働者からの申出による面接指導）をいう。

1　事業者は、その労働時間の状況その他の事項が労働者の［ A ］を考慮して厚生労働省令で定める要件に該当する労働者（一定の者を除く。）に対し、当該労働者の申出により、［ B ］による面接指導を行わなければならない。

上記の「厚生労働省令で定める要件に該当する労働者」とは、原則として、休憩時間を除き１週間当たり40時間を超えて労働させた場合におけるその超えた時間が１月当たり［ C ］を超え、かつ、［ D ］が認められる労働者であることとされている。

2　事業者は、面接指導を行う労働者以外の労働者であって［ E ］が必要なものについては、厚生労働省令で定めるところにより、必要な措置を講ずるように努めなければならない。

選択肢

| | | | |
|---|---|---|---|
| ① 45時間 | ② 医師 | ③ 就業形態 | ④ 異常の所見 |
| ⑤ 60時間 | ⑥ 産業医 | ⑦ 健康状態 | ⑧ 疲労の蓄積 |
| ⑨ 80時間 | ⑩ 継続性 | ⑪ 労働環境 | ⑫ 100時間 |
| ⑬ 健康の保持 | ⑭ 二次健康診断 | | ⑮ 医師又は保健師 |
| ⑯ 健康の管理 | ⑰ 特定保健指導 | | ⑱ 医師又は歯科医師 |
| ⑲ 恒常的な長時間労働 | | | ⑳ 健康への配慮 |

## 解答

【①面接指導の実施等】

A　⑬　健康の保持
B　②　医師
C　⑨　80時間
D　⑧　疲労の蓄積
E　⑳　健康への配慮

根拠 法66の8－Ⅰ、66の9、則52の2－Ⅰ、52の3－Ⅰ

## 解説

《C、Dについて》

設問の長時間労働者からの申出による面接指導の対象となる労働者は、かつて「休憩時間を除き1週間当たり40時間を超えて労働させた場合におけるその超えた時間が1月当たり［⑫100時間］を超え、かつ、［⑧疲労の蓄積］（D）が認められる労働者」とされていたが、平成31年4月の改正で［⑫100時間］が［⑨80時間］（C）に改められている。

## 問題24 択一 実践 教科書 Section10

チェック欄 1 ／ 2 ／ 3 ／

# 監督等その他

次の記述のうち、誤っているものはどれか。

A　派遣先事業者は、派遣労働者が派遣就業中に労働災害により死亡し、又は休業した場合には、労働安全衛生規則第97条の規定に基づく労働者死傷病報告書を提出しなければならない。

B　建設業に属する事業者は、高さ31メートルを超える建築物又は工作物（橋りょうを除く。）の建設、改造、解体又は破壊の仕事を開始しようとするときは、その計画を当該仕事の開始の日の14日前までに、所轄労働基準監督署長に届け出なければならない。

C　事業者は、労働者が事業場内における負傷、窒息又は急性中毒により４日以上休業した場合には、１月から３月まで、４月から６月まで、７月から９月まで、10月から12月までの期間における当該事実について、報告書をそれぞれの期間における最後の月の翌月末日までに、所轄労働基準監督署長に提出しなければならない。

D　産業医を選任した事業者は、その事業場における産業医の業務の内容その他の産業医の業務に関する事項で厚生労働省令で定めるものを、常時各作業場の見やすい場所に掲示し、又は備え付けることその他の厚生労働省令で定める方法により、労働者に周知させなければならない。

E　都道府県労働局長又は労働基準監督署長は、労働安全衛生法第20条から第25条までの規定等の危害防止措置基準に違反する事実があるときは、その違反した事業者、注文者、機械等貸与者又は建築物貸与者に対し、作業の全部又は一部の停止、建設物等の全部又は一部の使用の停止又は変更その他労働災害を防止するため必要な事項を命ずることができる。

## 解説

**A ○** 【④監督機関、雑則等】

設問の通り正しい。なお、設問の場合、派遣元事業者は、派遣先事業者に対し、労働者死傷病報告書の写しの送付を求め、その内容を踏まえて労働者死傷病報告書を作成し、派遣元の事業場を所轄する労働基準監督署長に提出しなければならない。 根拠 法100-Ⅰ、則97、派遣法45-XV

**B ○** 【③計画の届出等】

設問の通り正しい。 根拠 法88-Ⅲ、則90-①

確認してみよう！

| | 計画の届出事由 | 届出時期 | 届出先 |
|---|---|---|---|
| ① | 特定機械等などの一定の機械等（仮設のものを除く）を設置し、若しくは移転し、又はこれらの主要構造部分を変更しようとするとき | 工事の開始の日の30日前まで | 労働基準監督署長 |
| ② | 重大な労働災害を生ずるおそれがある特に大規模な建設業の仕事で、一定のものを開始しようとするとき | 仕事の開始の日の30日前まで | 厚生労働大臣 |
| ③ | 建設業及び土石採取業の仕事で、一定のものを開始しようとするとき | 仕事の開始の日の14日前まで | 労働基準監督署長 |

**C ×** 【④監督機関、雑則等】

設問の場合、労働者が休業した日数が「4日」以上であるため、遅滞なく、報告書を所轄労働基準監督署長に提出しなければならない。労働者が休業した日数が4日未満であるときは、設問の通りである。 根拠 法100-Ⅰ、則97

**D ○** 【④監督機関、雑則等】

設問の通り正しい。なお、周知させる事項としては、事業場における産業医の業務の具体的な内容、産業医に対する健康相談の申出の方法及び産業医による労働者の心身の状態に関する情報の取扱いの方法が規定されている。 根拠 法101-Ⅱ

**E ○** 【④監督機関、雑則等】

設問の通り正しい。 根拠 法98-Ⅰ

得点UP！ 労働基準監督官は、設問の場合において、労働者に急迫した危険があるときは、都道府県労働局長又は労働基準監督署長の権限を即時に行うことができる。

**解答 C**

## 問題25 選択 基本 教科書 Section10

チェック欄 1 ／ 2 ／ 3 ／

# 監督等その他

次の文中の［　］の部分を選択肢の中の適当な語句で埋め、完全な文章とせよ。

1 ［A］は、重大な労働災害として厚生労働省令で定めるもの（以下「重大な労働災害」という。）が発生した場合において、重大な労働災害の再発を防止するため必要がある場合として厚生労働省令で定める場合に該当すると認めるときは、厚生労働省令で定めるところにより、事業者に対し、その事業場の安全又は衛生に関する改善計画（以下「特別安全衛生改善計画」という。）を作成し、これを［A］に提出すべきことを［B］することができる。

2 ［A］は、上記1の［B］をした場合において、［C］を必要とすると認めるときは、当該事業者に対し、労働安全コンサルタント又は労働衛生コンサルタントによる安全又は衛生に係る［D］を受け、かつ、特別安全衛生改善計画の作成について、これらの者の意見を聴くべきことを［E］することができる。

選択肢

| | | | |
|---|---|---|---|
| ① 助言 | ② 監査 | ③ 厚生労働大臣 | ④ 技術的な指導 |
| ⑤ 勧告 | ⑥ 指導 | ⑦ 専門的な助言 | ⑧ 労働衛生専門官 |
| ⑨ 指示 | ⑩ 検査 | ⑪ 労働衛生指導医 | |
| ⑫ 審査 | ⑬ 承認 | ⑭ 高度の専門的知識 | |
| ⑮ 要請 | ⑯ 診断 | ⑰ 高度の技術的検討 | |
| ⑱ 命令 | ⑲ 勧奨 | ⑳ 都道府県労働局長 | |

## 解答

【①特別安全衛生改善計画】

A ③ 厚生労働大臣
B ⑨ 指示
C ⑦ 専門的な助言
D ⑯ 診断
E ⑲ 勧奨

根拠 法78-Ⅰ、80-Ⅰ



## 解説

《Aについて》

設問は「特別安全衛生改善計画」に関する条文であるから、［⑳都道府県労働局長］（安全衛生改善計画）ではなく、［③厚生労働大臣］を選べるようにしておきたい。

《D、Eについて》

［⑲勧奨］（E）とは、一般に、あることをするように、すすめ励ますことをいう。Bに入る［⑨指示］のような強いものではないが、計画の作成に当たり、当該事業場に計画すべき事項に関する専門家がいるとは限らないことから、この事項にふさわしい知識や経験を有する労働安全コンサルタント又は労働衛生コンサルタントの［⑯診断］（D）を受け、その意見を聴くべきことを［⑲勧奨］（E）し、より適切な計画が作成されるよう配慮することとされている。

# CHAPTER 3 労働者災害補償保険法

CONTENTS

# 労働者災害補償保険法 オリエンテーション

## 過去５年の本試験出題実績

選択は出題された空欄の数、択一は出題された肢の数です！

| | H29 | | H30 | | R元 | | R2 | | R3 | |
|---|---|---|---|---|---|---|---|---|---|---|
| | 選択 | 択一 | 選択 | 択一 | 選択 | 択一 | 選択 | 択一 | 選択 | 択一 |
| Section1 目的等 | - | 5 | - | 1 | 1 | 1 | - | - | 1 | - |
| Section2 業務災害、複数業務要因災害及び通勤災害 | - | 9 | - | 5 | - | 8 | 5 | - | 1 | 20 |
| Section3 給付基礎日額 | - | - | - | - | - | - | - | - | - | - |
| Section4 保険給付Ⅰ | - | 7 | - | 9 | 2 | 7 | - | 2 | - | - |
| Section5 保険給付Ⅱ | - | - | - | 7 | - | - | - | 7 | - | 5 |
| Section6 保険給付Ⅲ | - | - | - | 5 | - | - | - | 1 | 2 | 5 |
| Section7 通則等 | - | 6 | - | 3 | 2 | 9 | - | 10 | 1 | - |
| Section8 社会復帰促進等事業 | - | 7 | - | - | - | 9 | - | 5 | - | - |
| Section9 特別加入 | - | 1 | 5 | - | - | - | - | 5 | - | 5 |
| Section10 不服申立て、雑則その他 | 5 | - | - | 5 | - | 1 | - | 5 | - | - |

## 傾向分析

**●選択式●**

平成25年（年齢階層別の最低限度額）や平成28年（過労死等認定基準）など、条文や通達を知らなければ解きづらい出題がみられるようになり、やや難化傾向にありましたが、平成30年は特別加入制度、令和元年は適用労働者や保険給付の種類など、令和２年は通勤の定義と基礎的な問題が中心でした。また、令和３年は、法改正事項であった複数事業労働者に関する内容が問われています。重要項目をしっかりと確認し、キーワードを把握するようにしましょう。

●択一式●

保険給付や給付通則を中心に比較的まんべんなく出題されます。保険給付については、療養（補償）等給付の支給方法、休業（補償）等給付の額、障害（補償）等年金の併合繰上げ、加重及び障害等級の変更、遺族（補償）等給付の順位等は確実に理解しておきたいところです。給付通則については、近年出題数が多く、細部の知識が問われることもありますが、基本事項の出題が中心ですから、確実に得点できるようにしっかりとおさえておきましょう。また、ここ数年は、業務災害、通勤災害の事例問題や認定基準の具体的な内容についても問われています。これらについては、すべての事例や基準を丸暗記することは現実的ではありませんので、少なくとも過去に出題されたことのあるものだけは過去問題集などでしっかりとチェックして、どのような場合に対象となり得るのかを理解しておきましょう。

## 最近の法改正トピックス

●令和４年試験向け改正●

**●年金担保貸付事業の廃止**

独立行政法人福祉医療機構が行う年金担保貸付事業（労災保険、国民年金及び厚生年金保険の年金受給権を担保として実施する小口資金の貸付事業）が廃止されました（令和４年４月１日施行）。

**●特別加入の対象となる事業及び作業の範囲の拡大**

特別加入の対象となる事業及び作業に、「原動機付自転車又は自転車を使用して行う貨物の運送の事業（フードデリバリーサービスなど）」と「情報処理システムの設計等の情報処理に係る作業（ITフリーランス）」が追加されました（令和３年９月１日施行）。

●令和３年試験向け改正●

**●複数就業者に対する労災保険給付等に関する規定の整備**

複数事業労働者（事業主が同一人でない２以上の事業に使用される労働者）に関する保険給付等について複数事業労働者を使用する全事業の賃金を合算すること、また、複数事業労働者を使用するそれぞれの事業における業務上の負荷のみでは業務と疾病などとの間に因果関係が認められない場合に、複数事業労働者を使用する全事業の業務上の負荷を総合的に評価することなどの改正が行われました（令和２年９月１日施行）。

**●特別加入の対象となる事業及び作業の範囲の拡大**

特別加入の対象となる事業及び作業に「柔道整復師が行う事業」「創業支援等措置に基づく事業」「芸能に係る作業」「アニメーションの制作の作業」が追加されました（令和３年４月１日施行）。

●年金受給権者の定期報告の省略

傷病（補償）等年金及び障害（補償）等年金の受給権者の定期報告に加え、遺族（補償）等年金の受給権者の定期報告についても、厚生労働大臣が個人番号（マイナンバー）を活用した情報連携によって特定個人情報（個人番号をその内容に含む個人情報）の提供を受けることができる場合には、原則として省略が可能になりました（令和3年4月1日施行）。

## 学習アドバイス

労災保険法は、初めて見るような細部の知識が問われることもあれば、過去に出題された事項から問われることもあり、後者のような問題でしっかりと得点をすることが重要です。対策として、過去に繰り返し問われている論点をきちんと理解し、異なる文章で出題されても対応できるようにしておきましょう。『社労士の教科書』に記載している事項を中心に、過去問をていねいに学習すれば、得点源とすることが可能な科目です。初見の問題に惑わされることなく、基本事項を確実におさえておきましょう。

MEMO

## 問題1　択一　基本　教科書 Section 1

## 目的等

チェック欄　1 ／　2 ／　3 ／

次の記述のうち、誤っているものはどれか。

A　労働者災害補償保険は、業務上の事由、事業主が同一人でない2以上の事業に使用される労働者（以下「複数事業労働者」という。）の2以上の事業の業務を要因とする事由又は通勤による労働者の負傷、疾病、障害、死亡等に対して迅速かつ公正な保護をするため、必要な保険給付を行い、あわせて、業務上の事由、複数事業労働者の2以上の事業の業務を要因とする事由又は通勤により負傷し、又は疾病にかかった労働者の社会復帰の促進、当該労働者及びその遺族の援護、労働者の安全及び衛生の確保等を図り、もって労働者の福祉の増進に寄与することを目的としている。

B　労災保険法においては、労働者を使用する事業を適用事業とするが、国の直営事業及び官公署の事業（労働基準法別表第1に掲げる事業を除く。）については、同法は、適用しない。

C　国庫は、労災保険事業に要する費用の一部を補助することができる。
（H26-7C）

D　労働者を使用する事業であっても、労働者を常時使用していない場合には、適用事業に該当しない。

E　労働者災害補償保険等関係事務のうち、保険給付（二次健康診断等給付を除く。）並びに社会復帰促進等事業のうち労災就学等援護費及び特別支給金の支給並びに厚生労働省労働基準局長が定める給付に関する事務は、都道府県労働局長の指揮監督を受けて、所轄労働基準監督署長が行う。

## 解説

**A ○** 【①目的等】

設問の通り正しい。 根拠 法1

確認してみよう！ 労働者災害補償保険は、その目的を達成するため、業務上の事由、複数事業労働者の2以上の事業の業務を要因とする事由又は通勤による労働者の負傷、疾病、障害、死亡等に関して保険給付を行うほか、社会復帰促進等事業を行うことができる。

**B ○** 【②適用事業】

設問の通り正しい。「官公署の事業（労働基準法別表第1に掲げる事業を除く。）」とは非現業の官公署のことであり、これらには国家公務員災害補償法、地方公務員災害補償法が適用されることから、労災保険法は適用除外とされている。なお、「国の直営事業」は、現在該当するものがない。

根拠 法3

**C ○** 【①目的等】

設問の通り正しい。国庫は、予算の範囲内において、労災保険事業に要する費用の一部を補助することができるとされている。 根拠 法32

**D ×** 【②適用事業】

労働者を使用する事業であれば、必ずしも常時使用していなくても、暫定任意適用事業等の一部の事業を除き、適用事業に該当する。

根拠 法3、整備政令17、H12労告120号

**E ○** 【①目的等】

設問の通り正しい。なお、二次健康診断等給付に関する事務は、所轄都道府県労働局長が行う。 根拠 則1-Ⅲ

得点UP！ 事業場の所在地を管轄する労働基準監督署長が「所轄労働基準監督署長」であるが、①事業場が2以上の労働基準監督署の管轄区域にまたがる場合は、その事業の主たる事務所の所在地を管轄する労働基準監督署長を、②労働者災害補償保険等関係事務が複数業務要因災害に関するものである場合は、複数事業労働者の2以上の事業のうち、その収入が当該複数事業労働者の生計を維持する程度が最も高いもの（生計維持事業）の主たる事務所の所在地を管轄する労働基準監督署長を、それぞれ「所轄労働基準監督署長」とする。

**解答 D**

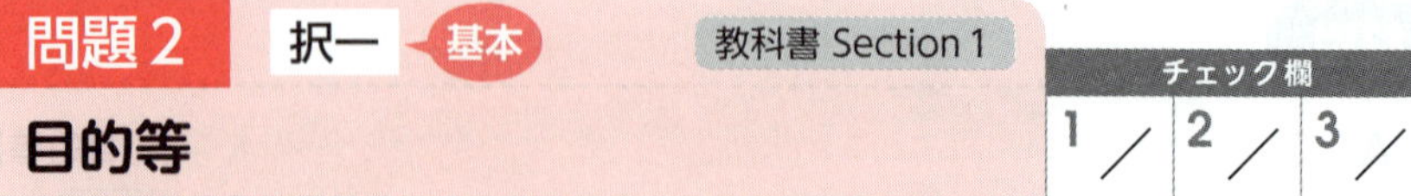


次の記述のうち、誤っているものはどれか。

A　労災保険法は、市の経営する水道事業の非常勤職員には適用されない。(H29-4A)

B　2以上の労災保険適用事業に使用される労働者は、それぞれの事業における労働時間数に関係なくそれぞれの事業において、労災保険法の適用がある。(H26-2エ)

C　派遣労働者が、派遣先の指揮命令を受けて従事した労働によって生じた業務災害については、派遣元の事業を労災保険の適用事業として保険給付が行われる。

D　常時3人の労働者を使用する個人経営の林業の事業については、労災保険の強制適用事業となる。

E　労災保険の暫定任意適用事業の事業主は、その事業に使用される労働者の過半数が希望するときは、労災保険の加入の申請をしなければならない。

## 解説

**A ×** 【②適用事業】

地方公共団体の現業部門の非常勤職員には、労災保険法が適用される。

根拠 法３－Ⅱ、H13.2.22基発93号

**B ○** 【②適用事業】

設問の通り正しい。 根拠 法３－Ⅰ、S28.8.6基収3189号

得点UP！ 雇用保険の場合は、原則としてその者が生計を維持するに必要な主たる賃金を受ける一の雇用関係についてのみ被保険者となる。

**C ○** 【②適用事業】

設問の通り正しい。派遣労働者については、派遣元事業において、適用労働者となる。 根拠 法３－Ⅰ、S61.6.30基発383号

**D ○** 【③暫定任意適用事業】

設問の通り正しい。林業については、個人経営であっても、常時１人でも労働者を使用していれば、強制適用事業となる。

根拠 (44)法附則12、整備政令17、H12労告120号

**E ○** 【③暫定任意適用事業】

設問の通り正しい。なお、労災保険の暫定任意適用事業の事業主が、労災保険の加入の申請をし、厚生労働大臣の認可があったときは、厚生労働大臣の認可があった日に、労災保険に係る保険関係が成立する。

根拠 整備法５－Ⅱ

**解答 A**

## 問題3 選択 基本 教科書 Section 1

チェック欄 1 ／ 2 ／ 3 ／

### 目的等

次の文中の［　］の部分を選択肢の中の適当な語句で埋め、完全な文章とせよ。

労災保険は、業務上の事由、事業主が同一人でない2以上の事業に使用される労働者（以下「複数事業労働者」という。）の2以上の事業の業務を要因とする事由又は通勤による労働者の［A］に対して［B］保護をするため、必要な保険給付を行い、あわせて、業務上の事由、複数事業労働者の2以上の事業の業務を要因とする事由又は通勤により負傷し、又は疾病にかかった労働者の［C］の促進、当該労働者及びその遺族の援護、労働者の［D］の確保等を図り、もって労働者の［E］に寄与することを目的とする。

選択肢

| | | | |
|---|---|---|---|
| ① | 負傷、疾病、出産、死亡 | ② | 負傷、疾病、障害、死亡 |
| ③ | 負傷、疾病、障害、死亡等 | ④ | 負傷、疾病、障害、失業 |
| ⑤ | 公正かつ適切な | ⑥ | 適切かつ円滑な |
| ⑦ | 迅速かつ適切な | ⑧ | 迅速かつ公正な |
| ⑨ | 社会復帰 | ⑩ | 職場復帰 |
| ⑪ | 雇用の継続 | ⑫ | 職業能力開発 |
| ⑬ | 安定した雇用 | ⑭ | 安全及び健康 |
| ⑮ | 賃金支払 | ⑯ | 安全及び衛生 |
| ⑰ | 生活の安定 | ⑱ | 福祉の増進 |
| ⑲ | 労働災害の防止 | ⑳ | 生活の維持及び向上 |

## 解答

【①目的等】

A　③　負傷、疾病、障害、死亡等
B　⑧　迅速かつ公正な
C　⑨　社会復帰
D　⑯　安全及び衛生
E　⑱　福祉の増進

根拠 法1



## 解説

《Aについて》

［③負傷、疾病、障害、死亡等］の「等」には、「二次健康診断等給付」が含まれることを理解しておきたい。

《Bについて》

本来、業務災害に関する補償義務は事業主にあるが、政府管掌の保険制度として必要な給付を行うことにより、事業主の一時的補償負担の緩和を図り、労働者に対する［⑧迅速かつ公正な］保護を確保することが図られている。

## 問題4　択一　実践　教科書 Section 2

## 業務災害、複数業務要因災害及び通勤災害

チェック欄　1 ／　2 ／　3 ／

次の記述のうち、正しいものはどれか。

A　業務上の負傷又は疾病が治って療養の必要がなくなった場合には、その後にその負傷又は疾病が再発しても、新たな業務上の事由によるものでない限り、業務上の負傷又は疾病とは認められない。

B　「脳血管疾患及び虚血性心疾患等（負傷に起因するものを除く。）の認定基準について」（平成13年12月12日付け基発第1063号）によると、同認定基準は、業務による明らかな過重負荷を「異常な出来事」、「短期間の過重業務」及び「長期間の過重業務」に区分し、認定要件としているが、これらの3種類の過重負荷の評価期間は、「異常な出来事」については発症直前から前日までの間、「短期間の過重業務」については発症前おおむね3か月間、「長期間の過重業務」については発症前おおむね1年間としている。

C　「心理的負荷による精神障害の認定基準について」（平成23年12月26日付け基発1226第1号。以下「認定基準」という。）においては、次のいずれの要件も満たす場合に、業務上の疾病として取り扱うこととしている。なお、本問において「対象疾病」とは、「認定基準で対象とする疾病」のことである。

① 対象疾病を発病していること。
② 対象疾病の発病前おおむね6か月の間に、業務による強い心理的負荷が認められること。
③ 業務以外の心理的負荷及び個体側要因により対象疾病を発病したとは認められないこと。(H24-7A)

D　労働基準法施行規則別表第1の2の各号に掲げられている疾病のいずれにも該当しないものであっても、業務に関連がある疾病であれば、業務上の疾病と認められる。

E　複数事業労働者の2以上の事業の業務を要因とする負傷、疾病、障害又は死亡を複数業務要因災害というが、この「複数事業労働者」とは、事業主が同一人でない2以上の事業に使用される労働者をいい、負傷若しくは死亡の原因である事故が発生した日又は診断によって疾病の発生が確定した日において、事業主が同一人でない2以上の事業に使用されていない場合には、複数事業労働者に該当しない。

## 解説

**A** ×　【①業務災害】

業務上の負傷又は疾病の再発については、原因である業務上の負傷又は疾病の連続であって、独立した別個の負傷又は疾病ではないから、引き続き保険給付の対象とすべきであるとされている。

根拠 法7－Ⅰ①、S23.1.9基災発13号

**B** ×　【①業務災害】

「異常な出来事」については発症直前から前日までの間、「短期間の過重業務」については発症前おおむね1週間、「長期間の過重業務」については発症前おおむね6か月間を評価期間としている。

根拠 H13.12.12基発1063号、R2.8.21基発0821第3号

**C** ○　【①業務災害】

設問の通り正しい。設問の要件をすべて満たす場合には、労働基準法施行規則別表1の2,9号に該当する業務上の疾病（人の生命にかかわる事故への遭遇その他心理的に過度の負担を与える事象を伴う業務による精神及び行動の障害又はこれに付随する疾病）として取り扱う。

根拠 H23.12.26基発1226第1号、R2.8.21基発0821第4号

**D** ×　【①業務災害】

業務上の疾病の範囲は、労働基準法施行規則別表第1の2に掲げるものに限定されており、「業務に関連がある疾病」であれば業務上の疾病と認められるわけではない。

根拠 法7－Ⅰ①、労基法75－Ⅱ、同則35、同則別表第1の2

**E** ×　【②複数業務要因災害】

負傷若しくは死亡の原因である事故が発生した日又は診断によって疾病の発生が確定した日において、事業主が同一人でない2以上の事業に使用されていない労働者であっても、負傷、疾病、障害又は死亡の原因又は要因となる事由が生じた時点において事業主が同一人でない2以上の事業に同時に使用されていた労働者については、「複数事業労働者に類する者」として複数事業労働者に含まれる。

根拠 法1、7－Ⅰ②、則5、R2.8.21基発0821第2号

**解答　C**

## 問題5  教科書 Section 2

## 業務災害、複数業務要因災害及び通勤災害

チェック欄 1 ／ 2 ／ 3 ／

次の記述のうち、正しいものはどれか。

**A** 労働者が、就業に関し、住居と就業の場所との間の往復を合理的な経路及び方法により行うことのみが通勤に該当する。(H25-4エ)

**B** 移動の途中の災害であれば、業務の性質を有する場合であっても、通勤災害と認められる。(H29-5C)

**C** 労災保険法第７条に規定する通勤の途中で合理的経路を逸脱した場合でも、日常生活上必要な行為であって厚生労働省令で定めるものをやむを得ない事由により行うための最小限度のものである場合は、当該逸脱の間も含め同条の通勤とする。(H28-5オ)

**D** 労働者が、就業に関し、厚生労働省令で定める就業の場所から他の就業の場所へ移動する際に被った通勤災害は、その終点たる厚生労働省令で定める就業の場所に係る事業場の保険関係に基づき処理される。

**E** 通勤による疾病の範囲は、厚生労働省令で定めるものに限られており、当該厚生労働省令において、「通勤途上で生じた疾病その他通勤に起因する疾病」とされている。

## 解説

**A** ×　　【③通勤災害】

設問のほか、就業に関し、①厚生労働省令で定める就業の場所から他の就業の場所への移動、②住居と就業の場所との間の往復に先行し、又は後続する住居間の移動（厚生労働省令で定める要件に該当するものに限る。）を、合理的な経路及び方法により行うこと（業務の性質を有するものを除く。）についても通勤に該当する。　根拠 法７－Ⅱ

**B** ×　　【③通勤災害】

移動が「業務の性質を有する場合」には、通勤災害ではなく、業務災害である。　根拠 法７－Ⅱ、H28.12.28基発1228第１号

**C** ×　　【③通勤災害】

日常生活上必要な行為であって厚生労働省令で定めるものをやむを得ない事由により行うための最小限度のものである場合は、当該逸脱又は中断の間を除き、通勤とされるのであって、当該逸脱又は中断の間は通勤とはされない。　根拠 法７－Ⅲ

**D** ○　　【③通勤災害】

設問の通り正しい。事業場間移動は当該移動の終点たる事業場において労務の提供を行うために行われる通勤であると考えられ、当該移動の間に起こった災害に関する保険関係の処理については、「終点たる事業場」の保険関係で行うものとされている。　根拠 法７－Ⅱ②、H28.12.28基発1228第１号

**E** ×　　【③通勤災害】

通勤による疾病の範囲は、「通勤による負傷に起因する疾病その他通勤に起因することの明らかな疾病（＝厚生労働省令で定める疾病）」とされている。　根拠 法22－Ⅰ、則18の４

**解答　D**

## 問題6 選択  教科書 Section 2

チェック欄 1 ／ 2 ／ 3 ／

## 業務災害、複数業務要因災害及び通勤災害

次の文中の[　　]の部分を選択肢の中の適当な語句で埋め、完全な文章とせよ。

労災保険法による保険給付の対象となる業務上の疾病の範囲は、[ A ]別表第1の2で以下の通り定められている。

(1) 業務上の負傷に起因する疾病

(2)〜(7) 略

(8) [ B ]業務その他血管病変等を著しく増悪させる業務による脳出血、くも膜下出血、脳梗塞、高血圧性脳症、心筋梗塞、狭心症、心停止（心臓性突然死を含む。）若しくは解離性大動脈瘤又はこれらの疾病に付随する疾病

(9) 人の生命にかかわる事故への遭遇その他[ C ]を与える事象を伴う業務による精神及び行動の障害又はこれに付随する疾病

(10) 前各号に掲げるもののほか、[ D ]の指定する疾病

(11) その他[ E ]疾病

選択肢

| | |
|---|---|
| ① 労働者災害補償保険法施行規則 | ② 労働基準法施行規則 |
| ③ 厚生労働省告示 | ④ 労働安全衛生規則 |
| ⑤ 深夜業を含む | ⑥ 長期間にわたる長時間の |
| ⑦ 高圧室内 | ⑧ 有機溶剤を取り扱う |
| ⑨ 心理的に過度の負担 | ⑩ 著しい疲労の蓄積 |
| ⑪ 身体に過重の負担 | ⑫ 脳機能に影響 |
| ⑬ 労働基準監督署長 | ⑭ 労働衛生指導医 |
| ⑮ 都道府県労働局長 | ⑯ 厚生労働大臣 |
| ⑰ 業務の性質を有する | ⑱ 業務上発生した |
| ⑲ 業務に起因することの明らかな | ⑳ 業務に関連する |

## 解答

【①業務災害】

A ② 労働基準法施行規則
B ⑥ 長期間にわたる長時間の
C ⑨ 心理的に過度の負担
D ⑯ 厚生労働大臣
E ⑲ 業務に起因することの明らかな

根拠 法12の８－Ⅱ、労基法75－Ⅱ、同則35、同則別表第１の２

## 解説

《Aについて》

「業務上の疾病」は、業務災害として本来使用者が労働基準法に基づき災害補償義務を有するものであるから、その範囲は［②労働基準法施行規則］に定められていることを理解しておきたい。

《Eについて》

業務上の疾病の範囲は、「⑴業務上の負傷に起因する疾病」のほか、労働基準法施行規則別表第１の２第２号から第10号に、それぞれ具体的に疾病名が例示されているが、これらに該当しなくても、「⑾その他［⑲業務に起因することの明らかな］疾病」に該当すれば、業務上の疾病の範囲に属することになる。単に［⑰業務の性質を有する］［⑱業務上発生した］［⑳業務に関連する］だけでは、業務上の疾病とは認められないことになるので注意したい。

## 問題7 択一 実践 教科書 Section 3

チェック欄 1 ／ 2 ／ 3 ／

### 給付基礎日額

次の記述のうち、正しいものはどれか。

A　給付基礎日額は、原則として労働基準法第12条の平均賃金に相当する額とされており、業務上の事由、複数事業労働者の２以上の事業の業務を要因とする事由又は通勤による疾病の場合において、同条第１項の平均賃金を算定すべき事由の発生した日は、その疾病の原因である事故が発生した日とされている。

B　給付基礎日額に50銭未満の端数があるときは、これを切り捨て、50銭以上１円未満の端数があるときは、これを１円に切り上げるものとする。

C　労働基準法第12条の平均賃金に相当する額を給付基礎日額とすることが適当でないと認められるときは、厚生労働省令で定めるところによって政府が算定する額を給付基礎日額とする。

D　じん肺にかかったことにより保険給付を受けることとなった労働者については、粉じん作業以外の作業に常時従事することとなった日を平均賃金を算定すべき事由の発生した日とみなして算定することとした場合における平均賃金に相当する額を給付基礎日額とする。

E　１年を通じて船員法第１条に規定する船員として船舶所有者に使用される者の賃金について、基本となるべき固定給のほか、船舶に乗り組むこと、船舶の就航区域、船積貨物の種類等により変動がある賃金が定められる場合には、基本となるべき固定給に係る平均賃金に相当する額を基準とし、厚生労働省労働基準局長が定める基準に従って算定する額を給付基礎日額とする。

## 解説

**A ×** 【①給付基礎日額】

疾病の場合における算定事由発生日は、「事故が発生した日」ではなく、診断によって疾病の発生が確定した日とされている。 根拠 法８－Ⅰ

**B ×** 【①給付基礎日額】

給付基礎日額に「１円未満」の端数があるときは、これを１円に切り上げるものとする。 根拠 法８の５

**C ○** 【①給付基礎日額】

設問の通り正しい。労働基準法12条の平均賃金に相当する額を給付基礎日額とすることが適当でないと認められるときの給付基礎日額の算定は、所轄労働基準監督署長が、労働者災害補償保険法施行規則に定めるところによって行う。 根拠 法８－Ⅱ

**D ×** 【①給付基礎日額】

設問の労働者の給付基礎日額については、「粉じん作業以外の作業に常時従事することとなった日を平均賃金を算定すべき事由の発生した日とみなして算定することとした場合における平均賃金に相当する額」を「給付基礎日額とする」のではなく、原則として、当該額が「最低保障」される（労働基準法12条の平均賃金に相当する額が当該額に満たない場合には、原則として、当該額が給付基礎日額とされる。）。 根拠 法８－Ⅱ、則９－Ⅰ②

確認してみよう！ 振動障害にかかったことにより保険給付を受けることとなった労働者に係る給付基礎日額についても、同様の取扱いがなされる。

**E ×** 【①給付基礎日額】

１年を通じて船員法１条に規定する船員として船舶所有者に使用される者の賃金について、基本となるべき固定給のほか、船舶に乗り組むこと、船舶の就航区域、船積貨物の種類等により変動がある賃金が定められる場合には、基本となるべき固定給に係る平均賃金に相当する額と「変動がある賃金に係る平均賃金に相当する額」とを基準とし、厚生労働省労働基準局長が定める基準に従って算定する額を給付基礎日額とする。

根拠 法８－Ⅱ、則９－Ⅰ③

**解答 C**

CH３ 労働者災害補償保険法

## 問題8 択一 実践 教科書 Section 3

チェック欄 1 ／ 2 ／ 3 ／

## 給付基礎日額

次の記述のうち、正しいものはどれか。

A　休業給付基礎日額については、休業補償給付、複数事業労働者休業給付又は休業給付（以下、本肢及びDにおいて「休業補償給付等」という。）を支給すべき事由が生じた日が当該休業補償給付等に係る療養を開始した日から起算して1年6箇月を経過した日以後の日である場合において、四半期ごとの平均給与額が算定事由発生日の属する四半期の平均給与額の100分の110を超え、又は100分の90を下るに至ったときは、その上下した比率を基準としてスライド改定が行われる。

B　年金たる保険給付の額の算定に用いられる給付基礎日額については、年度ごとの平均給与額が算定事由発生日の属する年度の平均給与額の100分の110を超え、又は100分の90を下るに至った場合は、その上下した比率を基準としてスライド改定が行われる。

C　障害補償一時金若しくは遺族補償一時金、複数事業労働者障害一時金若しくは複数事業労働者遺族一時金又は障害一時金若しくは遺族一時金の額の算定の基礎として用いる給付基礎日額については、スライド改定は行わない。

D　休業給付基礎日額については、休業補償給付等を支給すべき事由が生じた日が当該休業補償給付等に係る療養を開始した日から起算して1年6箇月を経過した日以後の日である場合においては、年齢階層ごとに定められた最低限度額及び最高限度額の適用を受ける。

E　給付基礎日額の最低限度額として厚生労働大臣が定める額は、毎年、年齢階層ごとに、当該年齢階層に属するすべての労働者を、その受けている1月当たりの賃金の額（以下「賃金月額」という。）の高低に従い、12の階層に区分し、その区分された階層のうち最も低い賃金月額に係る階層に属する労働者の受けている賃金月額のうち最も高いものを基礎とし、労働者の年齢階層別の就業状態その他の事情を考慮して定めるものとされている。

## 解説

**A** ×　【②給付基礎日額のスライド】

休業給付基礎日額のスライド改定は、四半期ごとの平均給与額が、算定事由発生日の属する四半期の平均給与額と比較して**10%を超えて変動**するに至った場合に、その四半期の**翌々四半期**に属する最初の日以後に行われるのであって、「療養を開始した日から起算して1年6箇月を経過した日以後」に行われるのではない。　根拠 法8の2-Ⅰ

**B** ×　【②給付基礎日額のスライド】

年金給付基礎日額のスライド改定は、平均給与額の変動の大小にかかわらず**毎年度**行われる。　根拠 法8の3-Ⅰ

**C** ×　【②給付基礎日額のスライド】

一時金たる保険給付の額の算定の基礎として用いる給付基礎日額についても、年金給付基礎日額と同様のスライド改定が行われる。　根拠 法8の4

**D** ○　【③年齢階層別の最低限度額・最高限度額】

設問の通り正しい。なお、年金給付基礎日額については、その支給当初から、年齢階層ごとに定められた最低限度額及び最高限度額の適用を受ける。　根拠 法8の2-Ⅱ

**E** ×　【③年齢階層別の最低限度額・最高限度額】

「12の階層に区分し」ではなく、「20の階層に区分し」である。年齢階層別の最低・最高限度額は、**年齢**を**12階層**に区分し、**賃金月額**を**20**の階層に区分して、一定の方法により定められる。　根拠 法8の2-Ⅲ

**解答** D

問題9 択一 基本 教科書 Section 4

チェック欄 1 ／ 2 ／ 3 ／

## 保険給付Ⅰ

次の記述のうち、正しいものはどれか。

A　労災保険の保険給付は、業務災害に対する迅速公正な保護だけでなく、複数業務要因災害や通勤災害に対しても同様な保護をするために行われるものであるが、複数業務要因災害や通勤災害に関しては、業務災害に係る介護補償給付に対応する保険給付は定められていない。

B　療養の給付は、労災保険法第29条第1項の事業として設置された病院若しくは診療所又は厚生労働大臣の指定する病院若しくは診療所、薬局若しくは訪問看護事業者において行われる。

C　療養の給付の範囲は、「①診察、②薬剤又は治療材料の支給、③処置、手術その他の治療、④居宅における療養上の管理及びその療養に伴う世話その他の看護、⑤病院又は診療所への入院及びその療養に伴う世話その他の看護、⑥移送」のうち、政府が必要と認めるものに限られている。

D　療養補償給付は療養の給付とするが、政府は、療養の給付をすることが困難な場合又は療養の給付を受けないことについて労働者に緊急その他やむを得ない事情がある場合に限り、療養の給付に代えて療養の費用を支給することができる。

E　療養補償給付たる療養の給付を受けようとする者は、厚生労働省令に規定された事項を記載した請求書を、直接、所轄労働基準監督署長に提出しなければならない。(H27-2C)

## 解説

A ×　【①保険給付の種類】

業務災害に係る介護補償給付に対応する複数業務要因災害に関する保険給付として「複数事業労働者介護給付」、通勤災害に関する保険給付として「介護給付」が定められている。　根拠 法20の2-⑦、21-⑦

B ×　【②療養（補償）等給付】

療養の給付は、労災保険法29条1項の事業（社会復帰促進等事業）として設置された病院若しくは診療所又は都道府県労働局長の指定する病院若しくは診療所、薬局若しくは訪問看護事業者において行われる。

根拠 則11-Ⅰ

C ○　【②療養（補償）等給付】

設問の通り正しい。　根拠 法13-Ⅱ

得点UP! 健康保険の場合、⑥の「移送」は「療養の給付」に含まれず、「移送費」として別の保険給付に分類されている。

D ×　【②療養（補償）等給付】

「緊急その他やむを得ない事情」ではなく、「相当の理由」である。

根拠 法13-Ⅲ、則11の2

E ×　【②療養（補償）等給付】

療養補償給付たる療養の給付を受けようとする者は、厚生労働省令に規定された事項を記載した請求書を、当該療養の給付を受けようとする病院若しくは診療所、薬局又は訪問看護事業者（指定病院等）を経由して所轄労働基準監督署長に提出しなければならない。　根拠 則12-Ⅰ

解答 C

問題10 択一 実践 教科書 Section 4

チェック欄 1 ／ 2 ／ 3 ／

## 保険給付 I

療養補償給付たる療養の費用の支給を受けようとする者は、①労働者の氏名、生年月日及び住所、②事業の名称及び事業場の所在地、③負傷又は発病の年月日、④災害の原因及び発生状況、⑤傷病名及び療養の内容、⑥療養に要した費用の額、⑦療養の給付を受けなかった理由、⑧労働者が複数事業労働者である場合は、その旨を記載した請求書を、所轄労働基準監督署長に提出しなければならない。この記載事項のうち事業主（非災害発生事業場の事業主を除く。）の証明を受けなければならないものとして、正しいものはどれか。

**A** ③〜⑥
**B** ③、④
**C** ⑤、⑥
**D** ③、④、⑦
**E** ⑤〜⑦

解説

【②療養（補償）等給付】

療養補償給付たる療養の費用の支給に係る請求において、事業主の証明が必要な事項は、「③負傷又は発病の年月日、④災害の原因及び発生状況」である。

根拠 則12の2－Ⅰ③④、Ⅱ

確認してみよう！ 「⑤傷病名及び療養の内容」及び「⑥療養に要した費用の額」については、診療担当者の証明を受けなければならない。

解答 B（③、④）

## 問題11 択一 基本 教科書 Section 4

# 保険給付 I

| チェック欄 | | |
|---|---|---|
| 1 ／ | 2 ／ | 3 ／ |

次の記述のうち、誤っているものはどれか。

A　政府は、療養給付を受ける労働者（法令で定める者を除く。）から、200円（健康保険法に規定する日雇特例被保険者である労働者については100円）を一部負担金として徴収する。ただし、現に療養に要した費用の総額がこの額に満たない場合は、現に療養に要した費用の総額に相当する額を徴収する。(H24-2B)

B　療養給付に係る一部負担金は、第三者の行為によって生じた事故により療養給付を受ける者からは、徴収しない。

C　療養補償給付は、休業補償給付と併給される場合がある。(H24-3A)

D　休業給付が支給されない休業の初日から第3日目までの待期期間について、事業主は労働基準法に基づく休業補償の義務を負わない。(H24-2E)

E　労働者が業務上の負傷により療養し患部が治ゆした後、社会復帰促進等事業として支給される義肢の装着のため整形外科療養所に入所して再手術を行い義肢の装着を受けた場合には、その入所期間中の休業に関し休業補償給付が支給される。

## 解説

**A ○**　【②療養（補償）等給付】

設問の通り正しい。　根拠 法31-Ⅱ、則44の2-Ⅱ

確認してみよう！　一部負担金は、通勤災害により療養給付を受ける労働者（一定の者を除く。）から徴収されるものであり、業務災害により療養補償給付を受ける労働者や複数業務要因災害により複数事業労働者療養給付を受ける労働者からは徴収されない。

**B ○**　【②療養（補償）等給付】

設問の通り正しい。　根拠 法31-Ⅱ、則44の2-Ⅰ①

確認してみよう！　一部負担金が徴収されない者は、次のとおりである。

① 第三者の行為によって生じた事故により療養給付を受ける者
② 療養の開始後3日以内に死亡した者その他休業給付を受けない者
③ 同一の通勤災害に係る療養給付について既に一部負担金を納付した者
④ 特別加入者

**C ○**　【③休業（補償）等給付】

設問の通り正しい。休業補償給付は、労働者が業務上の負傷又は疾病による療養のため労働することができないために賃金を受けない場合に支給されるものであり、休業補償給付を受ける者に対しても、療養補償給付は行われる。　根拠 法13、14

**D ○**　【③休業（補償）等給付】

設問の通り正しい。「休業給付」は、通勤災害に関する保険給付であり、通勤災害については、事業主は休業補償の義務を負わない。　根拠 労基法76

**E ×**　【③休業（補償）等給付】

労働者が業務上の負傷により療養し患部が治ゆした後、社会復帰促進等事業として支給される義肢の装着のため整形外科療養所に入所して再手術を行い義肢の装着を受けた場合には、その入所期間中の休業に関し休業補償給付が支給されない。　根拠 法14-Ⅰ、S24.2.16基収275号、S24.12.15基収3535号

**解答 E**

## 問題12 択一 応用 教科書 Section 4

チェック欄 1 ／ 2 ／ 3 ／

# 保険給付 I

療養開始後１年６箇月を経過した場合における、所定労働時間のうちその一部分についてのみ労働する日若しくは賃金が支払われる休暇（部分算定日）又は複数事業労働者の部分算定日に係る休業補償給付の額として正しいものはどれか。なお、以下において「最高限度額」とは、労災保険法第８条の２第２項第２号に基づき年齢階層ごとに休業給付基礎日額の最高限度額として厚生労働大臣が定める額をいう。

A 給付基礎日額（最高限度額を給付基礎日額とすることとされている場合にあっては、最高限度額の適用がないものとした場合における給付基礎日額）の100分の60に相当する額から、部分算定日に対して支払われる賃金の額を控除して得た額（当該控除して得た額が最高限度額を超える場合にあっては、最高限度額に相当する額）

B １日の所定労働時間に対する賃金の額（当該賃金額が最高限度額を超える場合にあっては、最高限度額に相当する額）の100分の60に相当する額から、部分算定日に対して支払われる賃金の額を控除して得た額

C 給付基礎日額（最高限度額を給付基礎日額とすることとされている場合にあっては、最高限度額に相当する額）から、部分算定日に対して支払われる賃金の額を控除して得た額の100分の60に相当する額

D 給付基礎日額（最高限度額を給付基礎日額とすることとされている場合にあっては、最高限度額の適用がないものとした場合における給付基礎日額）から、部分算定日に対して支払われる賃金の額を控除して得た額（当該控除して得た額が最高限度額を超える場合にあっては、最高限度額に相当する額）の100分の60に相当する額

E １日の所定労働時間に対する賃金の額（当該賃金額が最高限度額を超える場合にあっては、最高限度額の適用がないものとした場合における当該賃金の額）から、部分算定日に対して支払われる賃金の額を控除して得た額（当該控除して得た額が最高限度額を超える場合にあっては、最高限度額に相当する額）の100分の60に相当する額

## 解説

【③休業（補償）等給付】

〈年齢階層別の最高限度額が適用される場合における、所定労働時間のうちその一部分についてのみ労働する日若しくは賃金が支払われる休暇（部分算定日）又は複数事業労働者の部分算定日に係る休業補償給付の額〉

給付基礎日額（最高限度額を給付基礎日額とすることとされている場合にあっては、最高限度額の適用がないものとした場合における給付基礎日額）から、部分算定日に対して支払われる賃金の額を控除して得た額（当該控除して得た額が最高限度額を超える場合にあっては、最高限度額に相当する額）の100分の60に相当する額　根拠 法14-Ⅰただし書

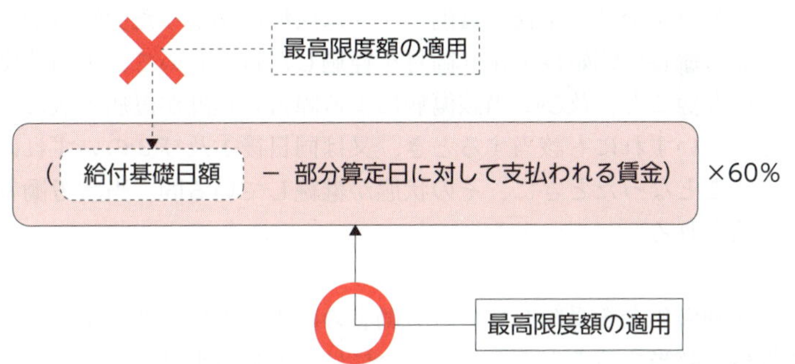

**解答　D**

## 問題13 択一 実践 教科書 Section 4

## 保険給付 I

チェック欄 1 ／ 2 ／ 3 ／

次のアからオの記述のうち、誤っているものの組合せは、後記ＡからＥまでのうちどれか。

**ア** 労働者が留置施設に留置されて懲役、禁錮又は拘留の刑の執行を受けている場合、休業補償給付は支給されない。(H24-3E)

**イ** 傷病補償年金を受けている者には、療養補償給付は支給されない。

**ウ** 傷病補償年金は、業務上負傷し、又は疾病にかかった労働者が、当該傷病に係る療養の開始後１年６箇月を経過した日において、①当該傷病が治っていないこと、及び②当該傷病による障害の程度が傷病等級に該当すること、のいずれにも該当するとき、又は同日後①及び②のいずれにも該当することとなったときに、その状態が継続している間、当該労働者に対して支給される。

**エ** 傷病補償年金を受給している労働者の障害の程度に変更があり、他の傷病等級に該当することとなった場合には、所轄労働基準監督署長は、当該労働者からの請求により、新たに該当するに至った傷病等級に応ずる傷病補償年金の変更に関する決定を行うものとされている。

**オ** 業務上負傷し、又は疾病にかかった労働者が、当該負傷又は疾病に係る療養の開始後３年を経過した日において傷病補償年金を受けている場合には、労働基準法第19条第１項の規定の適用については、当該使用者は、当該３年を経過した日において同法第81条の規定による打切補償を支払ったものとみなされる。(H29-2E)

**A**（アとウ）　**B**（アとオ）　**C**（イとエ）
**D**（イとオ）　**E**（ウとエ）

## 解説

**ア ○** 【③休業（補償）等給付】

設問の通り正しい。休業補償給付が支給されないのは、設問のように罪が確定し刑の執行のために留置等されている場合であり、（未決）勾留中の者については、給付制限は行われない。 根拠 法14の２-①、則12の４-①

**イ ×** 【④傷病（補償）等年金】

傷病補償年金を受けている者についても、療養補償給付は支給される。

根拠 法18-Ⅱ、S52.3.30基発192号

確認してみよう！ 傷病（補償）等年金を受ける者には、休業（補償）等給付は支給されない。

**ウ ○** 【④傷病（補償）等年金】

設問の通り正しい。 根拠 法12の８-Ⅲ

確認してみよう！ 傷病（補償）等年金の支給要件に係る「障害の程度」は、６箇月以上の期間にわたって存する障害の状態によって認定される。

**エ ×** 【④傷病（補償）等年金】

傷病等級の変更による傷病補償年金の変更決定は、傷病補償年金を受給している労働者の請求により行われるものではなく、当該労働者からの定期報告等に基づいて所轄労働基準監督署長が職権により行うこととされている。 根拠 法18の２、則18の３

**オ ○** 【④傷病（補償）等年金】

設問の通り正しい。なお、療養の開始後３年を経過した日後において傷病補償年金を受けることとなった場合には、傷病補償年金を受けることとなった日において、打切補償を支払ったものとみなされる。 根拠 法19

**解答 C（イとエ）**

# 問題14 選択 基本

教科書 Section 4

チェック欄 1 ／ 2 ／ 3 ／

## 保険給付Ⅰ

次の文中の□の部分を選択肢の中の適当な語句で埋め、完全な文章とせよ。

1　療養補償給付は、療養の給付とし、その範囲は、⑴診察、⑵薬剤又は治療材料の支給、⑶処置、手術その他の治療、⑷居宅における療養上の管理及びその療養に伴う世話その他の看護、⑸病院又は診療所への入院及びその療養に伴う世話その他の看護、⑹［A］のうち、［B］が必要と認めるものに限るとされている。

2　療養の給付は、［C］として設置された病院若しくは診療所又は都道府県労働局長の指定する病院若しくは診療所、薬局若しくは訪問看護事業者において行う。

3　［B］は、療養の給付をすることが困難な場合のほか、療養の給付を受けないことについて労働者に［D］理由がある場合には、療養の給付に代えて［E］を支給することができる。

選択肢

| | | |
|---|---|---|
| ① 介護 | ② 療養費 | ③ 合理的な |
| ④ 政府 | ⑤ 正当な | ⑥ 食事療養 |
| ⑦ 移送 | ⑧ 産業医 | ⑨ 療養の費用 |
| ⑩ 事業主 | ⑪ 相当の | ⑫ 生活療養 |
| ⑬ 医師又は歯科医師 | | ⑭ 特別療養費 |
| ⑮ 保険外併用療養費 | | ⑯ やむを得ない |
| ⑰ 労働者の福祉を目的 | | ⑱ 健康保険法の保健福祉事業 |
| ⑲ 社会復帰促進等事業 | | ⑳ 健康保険法の保険医療機関等 |

## 解答

【②療養（補償）等給付】

A ⑦ 移送
B ④ 政府
C ⑲ 社会復帰促進等事業
D ⑪ 相当の
E ⑨ 療養の費用

根拠 法13、則11-Ⅰ、11の２



## 解説

《Dについて》

「療養の給付を受けないことについて労働者に［⑪相当の］理由がある場合」とは、労働者側に療養の費用によること（現金給付）を便宜とする場合、すなわち、傷病の状態からみて緊急に診療を受けなければならないため、指定病院等以外の病院、診療所等で療養を受ける必要がある場合や、最寄りの病院、診療所が指定病院等でない場合などをいう。これに対し、「療養の給付をすることが困難な場合」とは、保険者（政府）側の事情によって療養の給付を行うことが困難な場合、例えば、その地域にたまたま指定病院等が置かれていなかった場合や、特殊な医療技術や医療施設を必要とする傷病であって近くの指定病院等にこれらの技術や施設が整っていない場合などをいう。

## 問題15 選択 基本 教科書 Section 4

チェック欄 1 ／ 2 ／ 3 ／

### 保険給付Ⅰ

次の文中の[ ]の部分を選択肢の中の適当な語句で埋め、完全な文章とせよ。

1　政府は、以下の者を除き、療養給付を受ける労働者から、一部負担金を徴収する。ただし、下記2により減額した[ A ]の支給を受けた労働者については、この限りでない。

(1)　[ B ]によって生じた事故により療養給付を受ける者

(2)　療養の開始後[ C ]以内に死亡した者その他[ A ]を受けない者

(3)　同一の[ D ]に係る療養給付について既に一部負担金を納付した者

(4)　[ E ]

2　療養給付を受ける労働者（上記1の(1)〜(4)の者を除く。）に支給する[ A ]であって最初に支給すべき事由の生じた日に係るものの額は、その額から一部負担金に相当する額を減じた額とする。

選択肢

| | | |
|---|---|---|
| ① 3日 | ② 傷病年金 | ③ 雇用保険の日雇労働被保険者 |
| ④ 年度 | ⑤ 通勤災害 | ⑥ 特別支給金を受ける者 |
| ⑦ 7日 | ⑧ 業務災害 | ⑨ 労働者の責に帰すべき事由 |
| ⑩ 保険給付 | ⑪ 特別加入者 | ⑫ 故意又は重大な過失 |
| ⑬ 14日 | ⑭ 休業補償給付 | ⑮ 事業主の責に帰すべき事由 |
| ⑯ 休業給付 | ⑰ 傷病補償年金 | ⑱ 健康保険の日雇特例被保険者 |
| ⑲ 30日 | ⑳ 第三者の行為 | |

## 解答

【②療養（補償）等給付】

A ⑯ 休業給付
B ⑳ 第三者の行為
C ① 3日
D ⑤ 通勤災害
E ⑪ 特別加入者

根拠 法22の2－Ⅲ、31－Ⅱ、則44の2－Ⅰ、S52.3.30発労徴21号・基発192号

## 解説

《A、Cについて》

Aは問題文中に3か所あるので、最初の空欄で解答が思いつかないときは、後の方の空欄で考えてみるのもよい。例えば、問題文2において、療養給付に係る一部負担金の徴収方法を思い出せば、Aには［⑯休業給付］が入ることがわかる。なお、Cについて、「療養の開始後［① 3日］以内に死亡した者」とは、［⑯休業給付］の待期期間満了前に死亡した者と考えることができる。

## 問題16 択一 実践 教科書 Section 5

## 保険給付Ⅱ

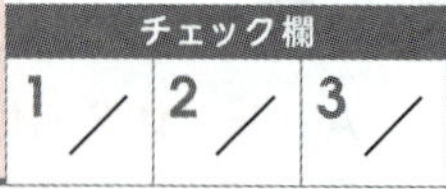


次のアからオの記述のうち、誤っているものの組合せは、後記AからEまでのうちどれか。

**ア** 障害補償給付の障害等級は、第1級から第14級までとされている。

**イ** 業務上負傷し、又は疾病にかかった労働者が、当該負傷又は疾病に係る療養の開始後3年を経過した日において障害補償年金を受けている場合には、労働基準法第19条第1項の規定の適用については、当該使用者は、障害補償年金を受けることとなった日において、同法第81条の規定により打切補償を支払ったものとみなされる。

**ウ** 障害等級第3級の障害補償年金の額は、給付基礎日額の245日分とされている。

**エ** 障害給付を支給すべき身体障害の障害等級は、障害補償給付を支給すべき身体障害の障害等級と同じく、厚生労働省令で定める障害等級表に定めるところによる。(H24-2A)

**オ** 障害等級表に該当する障害が2以上あって厚生労働省令の定める要件を満たす場合には、その障害等級は、厚生労働省令の定めに従い繰り上げた障害等級による。具体例は次の通りである。

① 第5級、第7級、第9級の3障害がある場合　第3級
② 第4級、第5級の2障害がある場合　第2級
③ 第8級、第9級の2障害がある場合　第7級

(H30-6E)

**A** (アとウ)　**B** (アとエ)　**C** (イとエ)
**D** (イとオ)　**E** (ウとオ)

## 解説

**ア ○** 【①障害（補償）等給付】

設問の通り正しい。障害等級は、労災保険法施行規則別表第1に、第1級から第14級まで定められており、障害等級が小さいほど、障害の程度が重い。

根拠 法15-Ⅰ、則14-Ⅰ、則別表第1

**イ ×** 【①障害（補償）等給付】

設問のような規定はない。

根拠 法19

確認してみよう！ 業務上負傷し、又は疾病にかかった労働者が、当該負傷又は疾病に係る療養の開始後3年を経過した日において傷病補償年金を受けている場合には、労働基準法19条1項の規定の適用については、当該使用者は、当該3年を経過した日において、同法81条の規定により打切補償を支払ったものとみなされる。

**ウ ○** 【①障害（補償）等給付】

設問の通り正しい。障害補償給付は、障害等級第1級から第7級に該当する場合は、障害補償年金として支給され、障害等級第8級から第14級に該当する場合は、障害補償一時金として支給される。

根拠 法15-Ⅱ、法別表第1

**エ ○** 【①障害（補償）等給付】

設問の通り正しい。障害給付を支給すべき身体障害の障害等級については、障害補償給付を支給すべき身体障害の障害等級に関する規定（厚生労働省令で定める障害等級表）が準用されている。

根拠 則18の8-Ⅰ

**オ ×** 【①障害（補償）等給付】

設問は、いわゆる「併合繰上げ」の取扱いに関する記述であるが、設問文②の場合には、障害等級「第2級」ではなく、「第1級」となる。その他の記述は正しい。

根拠 法15-Ⅰ、則14-Ⅲ

**解答 D（イとオ）**

CH3 労働者災害補償保険法

問題17 択一 実践 教科書 Section 5

チェック欄 1／ 2／ 3／

## 保険給付Ⅱ

次の記述のうち、正しいものはどれか。

A 既に業務災害による障害の障害等級に応じて障害補償年金を受ける者が、新たな業務災害により障害の程度を加重された場合には、加重後の障害等級に応ずる障害補償年金の額から、既にあった障害の障害等級に応ずる障害補償年金の額を差し引いた額の障害補償年金が支給される。

B 既に身体障害のあった者が、業務上の負傷又は疾病により同一の部位について障害の程度を加重した場合における当該事由に係る障害補償給付の額は、既にあった身体障害が業務上の事由、複数事業労働者の２以上の事業の業務を要因とする事由又は通勤による負傷又は疾病によるものであるか否かによって異なる。

C 障害等級第７級に応ずる障害補償年金の支給を受ける労働者の当該障害の程度が自然的経過により軽減し、新たに障害等級第９級に該当するに至ったときは、障害等級第９級に応ずる障害補償一時金の額から障害等級第７級に応ずる障害補償年金の額を25で除して得た額を差し引いた額の障害補償一時金を支給し、その後は、障害等級第７級に応ずる障害補償年金は支給しない。

D 障害等級第９級の障害補償一時金の支給を受けた労働者の当該障害の程度が自然的経過により増進し、新たに障害等級第７級に該当するに至った場合には、その者に障害等級第７級の障害補償年金が支給される。

E 同一の業務災害により障害等級第９級と障害等級第13級に該当する程度の身体障害を残した場合は、併合して重い方の障害等級が１級繰り上げられて第８級となり、給付基礎日額の503日分の障害補償一時金が支給される。

## 解説

**A ○** 【①障害（補償）等給付】

設問の通り正しい。なお、設問の場合には、既にあった障害の障害等級に応ずる障害補償年金についても引き続き支給される。 根拠 則14-V

**B ×** 【①障害（補償）等給付】

設問の加重の場合の障害補償給付の額は、現在の身体障害の該当する障害等級に応ずる障害補償給付の額から、既にあった身体障害の該当する障害等級に応ずる障害補償給付の額（現在の身体障害の該当する障害等級に応ずる障害補償給付が障害補償年金であって、既にあった身体障害の該当する障害等級に応ずる障害補償給付が障害補償一時金である場合には、その障害補償一時金の額を25で除して得た額）を差し引いた額によることとされており、既にあった身体障害が業務上の事由、複数事業労働者の２以上の事業の業務を要因とする事由又は通勤による負傷又は疾病によるものであるか否かによって異なることはない。 根拠 則14-V

**C ×** 【①障害（補償）等給付】

設問の場合には、障害等級第９級に応ずる障害補償一時金を支給し、その後は、障害等級第７級に応ずる障害補償年金は支給しない。 根拠 法15の２

**D ×** 【①障害（補償）等給付】

障害補償一時金の支給を受けた者の障害の程度が自然的経過により変更した場合には、変更後の障害の程度による障害補償給付は行われない。

根拠 法15の２

**E ×** 【①障害（補償）等給付】

第９級と第13級の障害が残った場合は、第９級（給付基礎日額の391日分）と第13級（給付基礎日額の101日分）を合算した給付基礎日額の492日分の一時金が支給される。 根拠 則14-Ⅲ、則別表第１、S41.1.31基発73号

**解答 A**

## 問題18 択一 応用 教科書 Section 5

チェック欄 1 ／ 2 ／ 3 ／

### 保険給付Ⅱ

次の記述のうち、誤っているものはどれか。

**A** 業務上の傷病が治り、障害等級第８級以下の障害が残って障害補償一時金を受給した者について、当該傷病が再発し、再治ゆ後に同一の部位の障害の程度が障害等級第７級以上に該当することとなった場合には、障害補償年金が支給されることとなるが、その額は、原則として既に受給した障害補償一時金の額の25分の１相当額を差し引いた額による。

**B** 障害補償年金の請求と同時に障害補償年金前払一時金の請求を行った者については、当該障害補償年金の支給の決定の通知のあった日の翌日から起算して１年を経過する日までの間に再度障害補償年金前払一時金を請求することができる。

**C** 障害補償年金前払一時金の額は、障害補償年金に係る障害等級に応じ、障害等級ごとに定められた最高限度額、又は給付基礎日額の200日分、400日分、600日分、800日分、1,000日分及び1,200日分のうち、当該最高限度額に満たない額を障害補償年金前払一時金の支給を受けようとする受給権者が選択する額とされている。

**D** 障害補償年金前払一時金は、その請求が障害補償年金の請求と同時でない場合は、１月、３月、５月、７月、９月又は11月のうち当該障害補償年金前払一時金の請求が行われた月後の最初の月に支給する。

**E** 障害補償年金差額一時金は、労働者の死亡当時その者と生計を同じくしていなかった者にも支給される場合がある。

## 解説

**A** ○　【①障害（補償）等給付】

設問の通り正しい。設問のように、障害補償一時金を受給した者について、傷病が再発した場合、再治ゆ後の残った障害の程度が従前の障害より悪化したときは、加重に準じた取扱い（差額支給）がなされる。

根拠 則14-Ⅴ、S41.1.31基発73号

確認してみよう！　障害（補償）等一時金を受給した者の傷病が再発し、再治ゆ後の残った障害の程度が従前の障害より軽減した場合には、再治ゆ後に残った障害については、給付は行われない。

**B** ×　【②障害（補償）等年金前払一時金】

障害補償年金前払一時金の請求は、同一の事由に関し、1回に限り行うことができるとされているのみであり、設問のような規定はない。

根拠 則附則-XXⅦ

**C** ○　【②障害（補償）等年金前払一時金】

設問の通り正しい。

根拠 法附則59-Ⅱ、則附則-XXⅣ

確認してみよう！　障害（補償）等年金前払一時金の最高限度額は、第1級が給付基礎日額の1,340日分、第2級が同1,190日分、第3級が同1,050日分、第4級が同920日分、第5級が同790日分、第6級が同670日分、第7級が同560日分とされている。

**D** ○　【②障害（補償）等年金前払一時金】

設問の通り正しい。

根拠 則附則-XXⅨ

確認してみよう！　障害（補償）等年金前払一時金の請求は、障害（補償）等年金の請求と同時に行わなければならないが、障害（補償）等年金の支給決定通知日の翌日から起算して1年を経過する日までの間は、当該障害（補償）等年金を請求した後においても障害（補償）等年金前払一時金を請求することができる。

**E** ○　【③障害（補償）等年金差額一時金】

設問の通り正しい。障害補償年金差額一時金を受けることができる遺族は、

① 労働者の死亡の当時その者と生計を同じくしていた配偶者、子、父母、孫、祖父母及び兄弟姉妹

② ①に該当しない配偶者、子、父母、孫、祖父母及び兄弟姉妹

である。したがって、労働者の死亡の当時その者と生計を同じくしていた者に限られない。

根拠 法附則58-Ⅱ

**解答　B**

# 問題19 択一 基本 教科書 Section 5

## 保険給付Ⅱ

障害補償年金差額一時金を受けることができる遺族として、以下の①から⑥に掲げる者がある場合において、障害補償年金差額一時金を受けるべき遺族の順位として正しいものは、後記ＡからＥまでのうちどれか。なお、本問において「生計同一関係」とは、労働者の死亡の当時その者と生計を同じくしていたことをいう。

① 生計同一関係にあった夫（障害状態にない・45歳）
② 生計同一関係にあった子（障害状態にない・13歳）
③ 生計同一関係になかった父（障害等級第２級・59歳）
④ 生計同一関係にあった祖母（障害状態にない・85歳）
⑤ 生計同一関係にあった妹（障害状態にない・32歳）
⑥ 生計同一関係になかった兄（障害等級第３級・38歳）

A ①⇒②⇒③⇒④⇒⑤⇒⑥
B ②⇒①⇒③⇒④⇒⑥⇒⑤
C ①⇒②⇒④⇒⑤⇒③⇒⑥
D ②⇒①⇒④⇒⑤⇒③⇒⑥
E ②⇒④⇒①⇒⑤⇒③⇒⑥

## 解説

【③障害（補償）等年金差額一時金】

障害補償年金差額一時金を受けることができる遺族は、生計を同じくしていた者が生計を同じくしていなかった者よりも優先され、配偶者⇒子⇒父母⇒孫⇒祖父母⇒兄弟姉妹の順序である。また、この場合、年齢や障害の状態は問われない。したがって、設問の場合、①生計同一関係にあった夫 ⇒ ②生計同一関係にあった子 ⇒ ④生計同一関係にあった祖母 ⇒ ⑤生計同一関係にあった妹 ⇒ ③生計同一関係になかった父 ⇒ ⑥生計同一関係になかった兄、の順となる。

根拠 法附則58-Ⅱ

〈障害（補償）等年金差額一時金の遺族の順位〉

| 労働者の死亡の当時その者と生計を同じくしていた<br>①配偶者、②子、③父母、④孫、⑤祖父母、⑥兄弟姉妹 |
|---|
| 労働者の死亡の当時その者と生計を同じくしていなかった<br>⑦配偶者、⑧子、⑨父母、⑩孫、⑪祖父母、⑫兄弟姉妹 |

**解答** C（①⇒②⇒④⇒⑤⇒③⇒⑥）

## 問題20　択一　実践　教科書 Section 5

## 保険給付Ⅱ

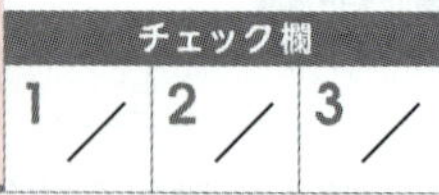


次のアからオの記述のうち、誤っているものの組合せは、後記AからEまでのうちどれか。

**ア**　労働者が老人福祉法の規定による特別養護老人ホームに入所している間については、介護補償給付は支給されない。(H24-3D)

**イ**　介護補償給付の額は、常時介護を要する状態の被災労働者については、支給すべき事由が生じた月において介護に要する費用として支出された額が、労災保険法施行規則に定める額に満たない場合にあっては、当該介護に要する費用として支出された額である。(H25-2E)

**ウ**　介護補償給付は、障害補償年金又は傷病補償年金を受ける権利を有する者が、その受ける権利を有する障害補償年金又は傷病補償年金の支給事由となる障害であって厚生労働省令で定める程度のものにより、常時又は随時介護を要する状態にあれば、現に介護を受けていない場合でも支給される。

**エ**　常時介護を要する状態にある労働者が介護補償給付を受ける場合において、その支給すべき事由が生じた最初の月に親族等の介護を受けたときであっても、介護に要する費用を支出して介護を受けていないときは、その月について、介護補償給付は支給されない。

**オ**　傷病補償年金を受ける権利を有する労働者が、介護補償給付を請求する場合における当該請求は、当該傷病補償年金の請求をした後に行わなければならない。

**A**（アとイ）　**B**（アとエ）　**C**（イとウ）
**D**（ウとオ）　**E**（エとオ）

## 解説

**ア ○** 【④介護（補償）等給付】

設問の通り正しい。 根拠 法12の8－Ⅳ②、則18の3の3－①

確認してみよう！ ①障害者支援施設に入所している間（生活介護を受けている場合に限る。）、②障害者支援施設（生活介護を行うものに限る。）に準ずる施設として厚生労働大臣が定めるもの（特別養護老人ホーム、原子爆弾被爆者特別養護ホーム等）に入所している間、③病院又は診療所に入院している間については、介護（補償）等給付は支給されない。

**イ ○** 【④介護（補償）等給付】

設問の通り正しい。「支給すべき事由が生じた月」における、常時介護を要する状態にある場合の介護補償給付の額は、労災保険法施行規則に定める額（171,650円）を上限とする実費相当額（介護に要する費用として支出された額）である。 根拠 法19の2、則18の3の4－Ⅰ

**ウ ×** 【④介護（補償）等給付】

介護補償給付を受けるためには、一定の障害状態にあって、常時又は随時介護を要する状態であるのみでは足りず、実際に常時又は随時介護を受けていることが必要である。 根拠 法12の8－Ⅳ

**エ ○** 【④介護（補償）等給付】

設問の通り正しい。 根拠 法12の8－Ⅳ、19の2、則18の3の4－Ⅰ

確認してみよう！ 介護（補償）等給付の最低保障が行われるのは、①支給事由が生じた月以外の月であって、②親族等による介護を受けた日があり、③介護費用として支出された額が最低保障額未満又は介護費用を支出して介護を受けた日がない場合、である。

**オ ×** 【④介護（補償）等給付】

傷病補償年金の受給権者に係る介護補償給付の初回請求は、当該傷病補償年金の支給決定を受けた後に行わなければならない。

根拠 則18の3の5－Ⅰ、H8.3.1基発95号

**解答 D（ウとオ）**

## 問題21 択一 実践 教科書 Section 6

チェック欄 1 ／ 2 ／ 3 ／

## 保険給付Ⅲ

次の記述のうち、正しいものはどれか。

A　傷病補償年金の受給権者が死亡した場合には、その死亡の原因が当該傷病やその他業務上の事由によるものでなくても、その一定の遺族の請求に基づき遺族補償年金が支給される。

B　労働者の死亡の当時胎児であった子が出生したときは、遺族補償年金の規定の適用については、労働者の死亡の当時にさかのぼって、その子は、労働者の収入によって生計を維持していた子とみなす。

C　労働者が業務災害により死亡した場合、当該労働者と同程度の収入があり、生活費を分担して通常の生活を維持していた妻は、一般に「労働者の死亡当時その収入によって生計を維持していた」ものにあたらないので、遺族補償年金を受けることはできない。(H28-6イ)

D　遺族補償給付を受けることができる配偶者には、婚姻の届出をしていないが事実上婚姻関係と同様の事情にあった者も含まれるが、死亡した被災労働者が民法第739条に規定する届出による婚姻関係にあり、かつ、他の者と事実上の婚姻関係を有していた、いわゆる重婚的内縁関係にあった場合には、事実上婚姻関係と同様の事情にあった者は当該遺族補償給付を受けることができる配偶者とされることはない。

E　遺族補償年金の額は、遺族の数が1人である場合には、給付基礎日額の153日分とされているが、その者が55歳以上の妻又は厚生労働省令で定める障害の状態にある妻の場合には、給付基礎日額の175日分とされる。

解説

A ×

【①遺族（補償）等年金】

遺族補償年金は、労働者が業務上死亡した場合において、その一定の遺族の請求に基づいて支給されるものである。したがって、傷病補償年金の受給権者が死亡した場合であっても、その死亡の原因が当該傷病やその他業務上の事由によるものでなければ、遺族補償年金が支給されることはない。

根拠 法12の8－Ⅰ④、Ⅱ

B ×

【①遺族（補償）等年金】

労働者の死亡の当時胎児であった子が出生したときは、遺族補償年金の規定の適用については、将来に向かって、その子は、労働者の死亡の当時その収入によって生計を維持していた子とみなされる。つまり、出生したときに受給資格が発生するのであって、労働者の死亡時にさかのぼって発生するのではない。

根拠 法16の2－Ⅱ

C ×

【①遺族（補償）等年金】

「労働者の死亡当時その収入によって生計を維持していた」とは、もっぱら又は主として労働者の収入によって生計を維持されていることを要せず、労働者の収入によって生計の一部を維持されていれば足りるので、設問の妻は遺族補償年金を受けることができる。

根拠 法16の2－Ⅰ、S41.1.31基発73号

D ×

【①遺族（補償）等年金】

届出による婚姻関係がその実体を失って形骸化し、かつ、その状態が固定化して近い将来解消される見込みがなかった場合に限って、「事実上婚姻関係と同様の事情にあった者」が遺族補償給付を受けることができる配偶者となる。

根拠 法16の2－Ⅰ、16の7－Ⅰ①、H10.10.30基発627号

E ○

【①遺族（補償）等年金】

設問の通り正しい。なお、「厚生労働省令で定める障害の状態」とは、身体に障害等級の第5級以上に該当する障害がある状態又は負傷若しくは疾病が治らないで、身体の機能若しくは精神に、労働が高度の制限を受けるか、若しくは労働に高度の制限を加えることを必要とする程度以上の障害がある状態とされている。

根拠 法16の3－Ⅰ、法別表第1

解答 E

## 問題22 択一 基本 教科書 Section 6

チェック欄 1 ／ 2 ／ 3 ／

## 保険給付Ⅲ

次の記述のうち、正しいものはどれか。

A　遺族補償年金を受けることのできる遺族として、労働者の死亡の当時、障害の状態になかった当該労働者の夫（満58歳）及び父（満75歳）がいた場合、当該遺族補償年金の受給権者は父となるが、夫が60歳に達したときは、その月の翌月から夫が受給権者となる。

B　遺族補償年金を受けることのできる遺族として、妻（満28歳）、子（満3歳）、父（満62歳）及び母（満57歳）がおり、どの遺族も障害の状態になく、かつ生計を同じくしている場合、遺族補償年金の額の算定の基礎となる遺族の人数は4人であり、給付基礎日額の245日分の遺族補償年金が妻に支給される。

C　遺族補償年金を受ける権利を有する同順位者が2人以上ある場合の遺族補償年金の額は、労災保険法別表第1に規定する額を同順位者の人数で除して得た額となる。

D　遺族補償給付を受ける権利を有する遺族が妻であり、かつ、当該妻と生計を同じくしている遺族補償年金を受けることができる遺族がない場合において、当該妻が55歳に達したとき（労災保険法別表第一の厚生労働省令で定める障害の状態にあるときを除く。）は、その達した月から遺族補償年金の額を改定する。(H25-1A)

E　遺族補償年金を受ける権利を有する者の所在が6箇月以上明らかでない場合には、当該遺族補償年金は、同順位者があるときは同順位者の、同順位者がないときは次順位者の申請によって、所在不明になったときにさかのぼり、その月の翌月分からその支給が停止される。

## 解説

**A ×** 【①遺族（補償）等年金】

設問のいわゆる若年停止者に該当する夫が60歳に達しても、遺族補償年金を受けることのできる遺族の順位は繰り上がらない。したがって、遺族補償年金の受給権者は父のままである。

根拠 法16の2－ⅠⅢ、(40)法附則43－ⅠⅡ

**B ×** 【①遺族（補償）等年金】

受給権者と生計を同じくしている受給資格者のうち、55歳以上60歳未満で厚生労働省令で定める障害の状態にない夫、父母、祖父母及び兄弟姉妹（設問の場合は母）は、遺族補償年金の年金額を算定するに当たっての遺族の数には含まれない。したがって、遺族補償年金の額の算定の基礎となる遺族は、妻、子及び父の３人であって、受給権者である妻に支給される当該年金額は、給付基礎日額の223日分である。

根拠 法16の2－ⅠⅢ、16の3－Ⅰ、法別表第1、(40)法附則43－Ⅰ

**C ○** 【①遺族（補償）等年金】

設問の通り正しい。 根拠 法16の3－Ⅱ

得点UP！ 遺族（補償）等年金を受ける権利を有する者が２人以上あるときは、これらの者は、原則として、そのうち１人を、遺族（補償）等年金の請求及び受領についての代表者に選任しなければならない。

**D ×** 【①遺族（補償）等年金】

設問の場合、その達した月の翌月から遺族補償年金の額を改定する。

根拠 法16の3－Ⅳ

**E ×** 【①遺族（補償）等年金】

設問の「６箇月」は、正しくは「１年」である。

根拠 法16の5－Ⅰ、S41.1.31基発73号

**解答 C**

## 問題23 択一 実践 教科書 Section 6

## 保険給付Ⅲ

チェック欄 1 ／ 2 ／ 3 ／

次のアからオの記述のうち、誤っているものの組合せは、後記AからEまでのうちどれか。

**ア** 業務上の災害により死亡した労働者Yには2人の子がいる。1人はYの死亡の当時19歳であり、Yと同居し、Yの収入によって生計を維持していた大学生で、もう1人は、Yの死亡の当時17歳であり、Yと離婚した元妻と同居し、Yが死亡するまで、Yから定期的に養育費を送金されていた高校生であった。2人の子は、遺族補償年金の受給資格者であり、同順位の受給権者となる。(R2-6C)

**イ** 遺族補償年金を受ける権利は、その権利を有する遺族が、直系血族又は直系姻族の養子となったときであっても、それを理由に消滅することはない。

**ウ** 遺族補償年金を受ける権利は、その権利を有する子が厚生労働省令で定める障害の状態にあるときであっても、婚姻をしたときは、消滅する。

**エ** 遺族補償年金を受ける権利は、その権利を有する孫については、18歳に達した日以後の最初の3月31日が終了した場合には消滅するが、18歳に達した日以後の最初の3月31日において厚生労働省令で定める障害の状態にあるときには、消滅しない。

**オ** 遺族補償年金を受ける権利は、その権利を有する厚生労働省令で定める障害の状態にある祖父母については、その事情がなくなった場合には消滅するが、労働者の死亡の当時60歳以上であったときには、消滅しない。

**A** (アとイ)　**B** (アとエ)　**C** (イとウ)
**D** (ウとオ)　**E** (エとオ)

## 解説

**ア** ×　【①遺族（補償）等年金】

死亡した労働者Ｙの19歳の子については、厚生労働省令で定める障害の状態にある場合でなければ、遺族補償年金の受給資格者とならない。

根拠 法16の２－Ⅰ

**イ** ○　【①遺族（補償）等年金】

設問の通り正しい。　根拠 法16の４－Ⅰ③

確認してみよう！　遺族（補償）等年金を受ける権利は、直系血族又は直系姻族以外の者の養子となったときには消滅する。

**ウ** ○　【①遺族（補償）等年金】

設問の通り正しい。なお、「婚姻」には、届出をしていないが、事実上婚姻関係と同様の事情にある場合が含まれる。　根拠 法16の４－Ⅰ②

**エ** ×　【①遺族（補償）等年金】

設問の後半が誤りである。子、孫又は兄弟姉妹については、「18歳に達した日以後の最初の３月31日において厚生労働省令で定める障害の状態」にあっても、「労働者の死亡の時から引き続き厚生労働省令で定める障害の状態」にある場合でなければ、遺族補償年金を受ける権利は消滅する。

根拠 法16の４－Ⅰ⑤

**オ** ○　【①遺族（補償）等年金】

設問の通り正しい。遺族補償年金を受ける権利は、その権利を有する厚生労働省令で定める障害の状態にある夫、子、父母、孫、祖父母又は兄弟姉妹については、その事情がなくなった場合には消滅するが、夫、父母又は祖父母については、労働者の死亡の当時60歳以上であったとき、子又は孫については、18歳に達する日以後の最初の３月31日までの間にあるとき、兄弟姉妹については、18歳に達する日以後の最初の３月31日までの間にあるか又は労働者の死亡の当時60歳以上であったときは消滅しない。

根拠 法16の４－Ⅰ⑥

**解答　B（アとエ）**

## 問題24 択一 実践 教科書 Section 6

## 保険給付Ⅲ

チェック欄 1 ／ 2 ／ 3 ／

次の記述のうち、誤っているものはどれか。

A 労働者の死亡前に、当該労働者の死亡により遺族補償年金を受けることができる遺族となるべき者を故意又は過失によって死亡させた者は、遺族補償年金を受けるべき遺族としない。(H25-1C)

B 遺族補償年金の受給権者が、遺族補償年金前払一時金の請求を行い、その後当該遺族補償年金の受給権を失った場合には、転給により当該遺族補償年金の受給権者となった次順位者は、遺族補償年金前払一時金の請求を行うことはできない。

C 労働者が業務災害により死亡した場合、その祖父母は、当該労働者の死亡当時その収入により生計を維持していなかった場合でも、遺族補償一時金の受給者となることがある。(H25-1B)

D 労働者の死亡の当時、その収入によって生計を維持していた遺族が厚生労働省令で定める障害の状態にない56歳の父のみであった場合、当該父が60歳に達する月までの間、遺族補償年金の支給は停止されるが、遺族補償年金前払一時金は、その者の請求に基づき支給される。

E 遺族補償年金を受ける権利を有する死亡労働者の妻が再婚をした場合であっても、他に遺族補償年金を受ける権利を有する者がいないときは、当該再婚をした妻が遺族補償一時金の請求権を取得することがある。

## 解説

**A ×** 【①遺族（補償）等年金】

労働者の死亡前に、当該労働者の死亡によって遺族補償年金を受けることができる先順位又は同順位の遺族となるべき者を故意に死亡させた者は、遺族補償年金を受けることができる遺族としない。 根拠 法16の9－Ⅱ

**B ○** 【②遺族（補償）等年金前払一時金】

設問の通り正しい。遺族補償年金前払一時金の請求は、同一の事由に関し、1回に限り行うことができるのであるから、先順位者が既に請求を行っている場合には、転給により遺族補償年金の受給権者となった者は、請求を行うことはできない。 根拠 則附則-XXXⅢ

**C ○** 【③遺族（補償）等一時金】

設問の通り正しい。遺族補償一時金を受けることができる遺族は、①配偶者、②労働者の死亡の当時その収入によって生計を維持していた子、父母、孫及び祖父母、③労働者の死亡の当時その収入によって生計を維持していなかった子、父母、孫及び祖父母、④兄弟姉妹である。なお、その支給を受けるべき遺族の順位も、この順序による。 根拠 法16の7－Ⅰ③

**D ○** 【②遺族（補償）等年金前払一時金】

設問の通り正しい。若年停止者であっても、遺族補償年金前払一時金を受給することができる。 根拠 (40)法附則43－ⅠⅢ

**E ○** 【③遺族（補償）等一時金】

設問の通り正しい。遺族補償年金の受給権を失った者であっても、遺族補償一時金の受給権者になり得る。

根拠 法16の4－Ⅰ②、16の6－Ⅰ②、16の7－Ⅰ①

**解答 A**

## 問題25 択一 実践 教科書 Section 6

# 保険給付Ⅲ

チェック欄 1 ／ 2 ／ 3 ／

次の記述のうち、正しいものはどれか。

A 葬祭料の額は、315,000円に給付基礎日額の30日分を加えた額（その額が給付基礎日額の60日分を超える場合には、給付基礎日額の60日分）とされている。

B 葬祭料の支給を受けようとする者は、負傷又は発病及び死亡の年月日、災害の原因及び発生状況に関する事項等を記載した請求書に、葬祭に要した費用の額を証明する書類を添付して、所轄労働基準監督署長に提出しなければならない。

C 二次健康診断等給付は、社会復帰促進等事業として設置された病院若しくは診療所又は都道府県労働局長の指定する病院若しくは診療所（以下「健診給付病院等」という。）において行われるが、健診給付病院等で二次健康診断等給付を行うことが困難な場合のほか、健診給付病院等で二次健康診断等給付を受けないことについて労働者に相当の理由がある場合においては、二次健康診断等給付の費用の支給が行われる。

D 一次健康診断の結果その他の事情により既に脳血管疾患又は心臓疾患の症状を有すると認められる場合には、二次健康診断等給付は行われない。
(H30-7A)

E 二次健康診断等給付の請求は、一次健康診断の結果を知った日から３箇月以内に行わなければならない。

## 解説

**A ×** 【④葬祭料等（葬祭給付）】

葬祭料の額は、315,000円に給付基礎日額の30日分を加えた額（その額が給付基礎日額の60日分に満たない場合には、給付基礎日額の60日分）とされている。

根拠 法17、則17

**B ×** 【④葬祭料等（葬祭給付）】

葬祭料の請求に当たって、葬祭に要した費用の額を証明する書類を添付する必要はない。

根拠 則17の２

**C ×** 【⑤二次健康診断等給付】

二次健康診断等給付は、健診給付病院等で現物給付として行われるものであり、設問後半のような「二次健康診断等給付の費用の支給」が行われることはない。

根拠 法26、則11の３-Ⅰ

**D ○** 【⑤二次健康診断等給付】

設問の通り正しい。二次健康診断等給付は過労死等の原因である脳血管・心臓疾患の発生の予防を図るためのものであるから、既にこれらの症状を有すると認められる者については、予防ではなく、必要に応じて治療の対象となる。

根拠 法26-Ⅰ

**E ×** 【⑤二次健康診断等給付】

二次健康診断等給付の請求は、原則として一次健康診断を受けた日から３箇月以内に行わなければならない。

根拠 則18の19-Ⅳ

**解答** 

## 問題26 択一 基本

教科書 Section 6

# 保険給付Ⅲ

チェック欄 1 ／ 2 ／ 3 ／

次の記述のうち、誤っているものはどれか。

A　二次健康診断等給付は、一次健康診断において、血圧検査、血液検査その他業務上の事由による脳血管疾患及び心臓疾患の発生にかかわる身体の状態に関する検査であって、厚生労働省令で定めるものが行われた場合において、当該検査を受けた労働者がそのいずれかの項目に異常の所見があると診断されたときに、当該労働者（当該一次健康診断の結果その他の事情により既に脳血管疾患又は心臓疾患の症状を有すると認められるものを除く。）に対し、その請求に基づいて行う。

B　二次健康診断等給付の範囲は、二次健康診断及び特定保健指導とされ、二次健康診断とは、脳血管及び心臓の状態を把握するために必要な検査(労災保険法第26条第1項に規定する検査を除く。）であって厚生労働省令で定めるものを行う医師による健康診断（1年度につき1回に限る。）である。

C　政府は、二次健康診断の結果その他の事情により既に脳血管疾患又は心臓疾患の症状を有すると認められる労働者については、当該二次健康診断に係る特定保健指導を行わないとされている。(H25-3C)

D　二次健康診断等給付を受けようとする者は、所定の事項を記載した請求書をその二次健康診断等給付を受けようとする健診給付病院等を経由して所轄都道府県労働局長に提出しなければならない。(H30-7E)

E　二次健康診断を受けた労働者から、当該二次健康診断の実施の日から3か月以内にその結果を証明する書面の提出を受けた事業者は、二次健康診断の結果に基づき、当該健康診断項目に異常の所見があると診断された労働者につき、当該労働者の健康を保持するために必要な措置について、医師の意見をきかなければならない。(H30-7D)

## 解説

**A ×** 【⑤二次健康診断等給付】

「当該検査を受けた労働者がそのいずれかの項目に異常の所見があると診断されたとき」ではなく、「当該検査を受けた労働者がそのいずれの項目にも異常の所見があると診断されたとき」である。 根拠 法26-Ⅰ

**B ○** 【⑤二次健康診断等給付】

設問の通り正しい。なお、特定保健指導とは、二次健康診断の結果に基づき、脳血管疾患及び心臓疾患の発生の予防を図るため、面接により行われる医師又は保健師による保健指導（二次健康診断ごとに１回に限る。）である。 根拠 法26-Ⅱ

**C ○** 【⑤二次健康診断等給付】

設問の通り正しい。一次健康診断の結果その他の事情により既に脳血管疾患又は心臓疾患の症状を有すると認められる労働者については、二次健康診断等給付は行われず、また、二次健康診断の結果その他の事情により既に脳血管疾患又は心臓疾患の症状を有すると認められる労働者については、当該二次健康診断に係る特定保健指導は行われない。 根拠 法26-Ⅲ

**D ○** 【⑤二次健康診断等給付】

設問の通り正しい。なお、二次健康診断等給付の請求書には、一次健康診断において所定の検査のいずれの項目にも異常の所見があると診断されたことを証明することができる書類を添えなければならない。

根拠 則18の19-Ⅰ

**E ○** 【⑤二次健康診断等給付】

設問の通り正しい。 根拠 法27、則18の17、18の18

得点UP！ 二次健康診断の結果に基づく医師からの意見聴取は、当該二次健康診断の結果を証明する書面が事業者に提出された日から２月以内に行うこととされている。

**解答 A**

# 問題27 選択 基本 教科書 Section 6

チェック欄 1 ／ 2 ／ 3 ／

## 保険給付Ⅲ

次の文中の［　　］の部分を選択肢の中の適当な語句で埋め、完全な文章とせよ。

1　遺族補償年金の額は、遺族補償年金の受給権者及びその者［A］いる受給資格者（［B］で厚生労働省令で定める障害の状態にない夫、父母、祖父母及び兄弟姉妹を除く。）の人数の区分に応じた額になる。

2　遺族補償年金の額は、上記1の遺族が受給権者1人のみの場合は、原則として給付基礎日額の［C］日分になるが、当該受給権者が［D］の妻又は厚生労働省令で定める障害の状態にある妻である場合は、給付基礎日額の［E］日分になる。

選択肢

| | | | |
|---|---|---|---|
| ① 101 | ② 131 | ③ 153 | ④ 156 |
| ⑤ 175 | ⑥ 201 | ⑦ 223 | ⑧ 245 |
| ⑨ 50歳以上 | ⑩ 55歳以上 | ⑪ 60歳以上 | ⑫ 65歳以上 |
| ⑬ 50歳以上60歳未満 | | ⑭ 55歳以上60歳未満 | |
| ⑮ 60歳以上65歳未満 | | ⑯ 65歳以上70歳未満 | |
| ⑰ と生計を同じくして | | ⑱ に扶養されて | |
| ⑲ により生計を維持して | | ⑳ と同一の世帯に属して | |

## 解答

【①遺族（補償）等年金】

A ⑰ と生計を同じくして
B ⑭ 55歳以上60歳未満
C ③ 153
D ⑩ 55歳以上
E ⑤ 175

根拠 法16の３-Ⅰ、法別表第１、(40)法附則43-Ⅰ



## 解説

《Aについて》

遺族補償年金の額は、受給権者及びその者［⑰と生計を同じくして］いる受給資格者の人数で決まる。遺族補償年金の受給権者及び受給資格者は、「死亡労働者［⑲により生計を維持して］いた」者であるから、Aに⑲を入れると「その者（＝受給権者）により生計を維持している」ということになってしまい、ふさわしくない。

《Bについて》

「［⑭55歳以上60歳未満］で厚生労働省令で定める障害の状態にない夫、父母、祖父母及び兄弟姉妹」は、遺族補償年金の額の算定の基礎にならない。ただし、この年齢は「労働者の死亡の当時」とされているわけではないので、これらの者が60歳に到達し、他の欠格事由に該当していなければ、その翌月から遺族補償年金の額の算定の基礎に含まれることになる。

## 問題28 選択 基本 教科書 Section 6

# 保険給付Ⅲ

チェック欄 1 ／ 2 ／ 3 ／

次の文中の[　]の部分を選択肢の中の適当な語句で埋め、完全な文章とせよ。

1　二次健康診断等給付は、[ A ]第66条第１項の規定による健康診断又は当該健康診断に係る同条第５項ただし書の規定による健康診断のうち、直近のもの（以下「一次健康診断」という。）において、血圧検査、血液検査その他[ B ]による脳血管疾患及び心臓疾患の発生にかかわる身体の状態に関する検査であって、厚生労働省令で定めるものが行われた場合において、当該検査を受けた労働者がその[ C ]異常の所見があると診断されたときに、当該労働者（当該一次健康診断の結果その他の事情により既に脳血管疾患又は心臓疾患の症状を有すると認められるものを除く。）に対し、その請求に基づいて行う。

2　二次健康診断等給付の請求は、原則として一次健康診断を受けた日から[ D ]以内に、一定の事項を記載した請求書を、当該二次健康診断等給付を受けようとする健診給付病院等を経由して所轄[ E ]に提出することによって行わなければならない。

選択肢

| | | |
|---|---|---|
| ① 労働基準法 | ② １箇月 | ③ いずれかの項目に |
| ④ 通勤 | ⑤ ３箇月 | ⑥ ２以上の項目に |
| ⑦ 健康保険法 | ⑧ ６箇月 | ⑨ ３以上の項目に |
| ⑩ 業務上の事由 | ⑪ １年 | ⑫ いずれの項目にも |
| ⑬ 労働基準監督署長 | ⑭ 公共職業安定所長 | |
| ⑮ 業務外の事由 | ⑯ 労働安全衛生法 | |
| ⑰ 都道府県労働局長 | ⑱ 労働者災害補償保険法 | |
| ⑲ 業務上の事由又は通勤 | | |
| ⑳ 地方厚生局長（地方厚生支局長を含む。） | | |

## 解答

【⑤二次健康診断等給付】

A　⑯　労働安全衛生法
B　⑩　業務上の事由
C　⑫　いずれの項目にも
D　⑤　３箇月
E　⑰　都道府県労働局長

根拠 法26-Ⅰ、則18の19-ⅠⅣ



## 解説

《A、Bについて》

二次健康診断等給付が創設された背景は、「定期健康診断」における有所見率が高まっているなど、健康状態に問題のある労働者が増加しているなかで、「業務による過重負荷」により基礎疾患が自然経過を超えて急激に著しく増悪し、脳血管疾患又は心臓疾患を発症し突然死などの重大な事態に至る「過労死」等の事案が増加傾向にあることである。「定期健康診断」からAには［⑯労働安全衛生法］を、「業務による過重負荷」からBには［⑩業務上の事由］を選びたい。

《Eについて》

二次健康診断等給付に関する事務は所轄［⑰都道府県労働局長］が行うことをしっかり押さえておこう。

## 問題29 択一 実践 教科書 Section 7

チェック欄 1 ／ 2 ／ 3 ／

### 通則等

次の記述のうち、誤っているものはどれか。

**A** 年金たる保険給付の支給は、支給すべき事由が生じた月の翌月から始めるものとされている。(R元–1A)

**B** 年金たる保険給付は、その支給を停止すべき事由が生じたときは、その事由が生じた月の翌月からその事由が消滅した月までの間は、支給しない。(H24–4E)

**C** 労災保険法による保険給付は、同法所定の手続により行政機関が保険給付の決定をすることにより給付の内容が具体的に定まり、受給者は、それ以前においては政府に対し具体的な一定の保険給付請求権を有しないとするのが、最高裁判所の判例の趣旨である。(H29–7A)

**D** 船舶が沈没した際現にその船舶に乗っていた労働者の死亡が3か月以内に明らかとなり、かつ、その死亡の時期がわからない場合には、遺族補償給付、葬祭料、遺族給付及び葬祭給付の支給に関する規定の適用については、その船舶が沈没した日に、当該労働者は、死亡したものと推定する。(R2–2A)

**E** 航空機に乗っていてその航空機の航行中行方不明となった労働者の生死が3か月間わからない場合には、遺族補償給付、葬祭料、遺族給付及び葬祭給付の支給に関する規定の適用については、労働者が行方不明となって3か月経過した日に、当該労働者は、死亡したものと推定する。(R2–2B)

## 解説

**A ○** 【①年金給付の支給期間等】

設問の通り正しい。年金たる保険給付の支給は、支給すべき事由が生じた月の翌月から始め、支給を受ける権利が消滅した月で終わるものとされている。

根拠 法9－Ⅰ

**B ○** 【①年金給付の支給期間等】

設問の通り正しい。なお、年金の支給停止とは、受給権（＝支給決定請求権）は存続しているが、支払請求権が発生しないため年金の支払が行われないことをいい、このような支給停止も支給と同様に月単位で行われる。

根拠 法9－Ⅱ

**C ○** 【①年金給付の支給期間等】

設問の通り正しい。最高裁判所の判例では、労災保険法による保険給付は、保険事故の発生により、抽象的な保険給付請求権（支給決定請求権）が発生するに過ぎず、同法所定の手続により行政機関が保険給付の決定をすることによって給付の内容が具体的に定まり、具体的な給付請求権（支払請求権）を取得するに至るのであるから、この行政機関の保険給付の決定を待つことなく、訴えによって直接、具体的な給付を求める請求権は有しない、としている。

根拠 最二小S29.11.26労働者災害補償保険金給付請求事件

**D ○** 【②死亡の推定】

設問の通り正しい。なお、死亡の推定の規定は、複数業務要因災害に関する保険給付（複数事業労働者遺族給付・複数事業労働者葬祭給付）には適用されない。

根拠 法10

**E ×** 【②死亡の推定】

設問の場合、労働者が行方不明となった日に、当該労働者は死亡したものと推定する。

根拠 法10

**解答 E**

## 問題30 択一 基本

教科書 Section 7

チェック欄 1 ／ 2 ／ 3 ／

## 通則等

次の記述のうち、誤っているものはどれか。

**A** 労災保険法に基づく遺族補償年金を受ける権利を有する者が死亡した場合において、その死亡した者に支給すべき遺族補償年金でまだその者に支給しなかったものがあるときは、当該遺族補償年金を受けることができる他の遺族は、自己の名で、その未支給の遺族補償年金の支給を請求することができる。(H30-4ア)

**B** 労災保険法に基づく遺族補償年金を受ける権利を有する者が死亡した場合において、その死亡した者が死亡前にその遺族補償年金を請求していなかったときは、当該遺族補償年金を受けることができる他の遺族は、自己の名で、その遺族補償年金を請求することができる。(H30-4イ)

**C** 労災保険法に基づく保険給付（遺族補償年金、複数事業労働者遺族年金及び遺族年金を除く。以下**C**において同じ。）を受ける権利を有する者が死亡した場合において、死亡した者が死亡前にその保険給付を請求していなかったときに、自己の名でその未支給の保険給付の支給を請求することができるのは、死亡した者の相続人である。

**D** 労災保険法に基づく保険給付を受ける権利を有する者が死亡し、その者が死亡前にその保険給付を請求していなかった場合、未支給の保険給付を受けるべき同順位者が2人以上あるときは、その1人がした請求は、全員のためその全額につきしたものとみなされ、その1人に対してした支給は、全員に対してしたものとみなされる。(H30-4ウ)

**E** 労災保険に関する書類には、印紙税を課さない。

## 解説

**A** ○ 【③未支給の保険給付】

設問の通り正しい。未支給の遺族補償年金については、当該遺族補償年金を受けることができる他の遺族が、その未支給の遺族補償年金の請求権者となる。 根拠 法11-Ⅰ

**B** ○ 【③未支給の保険給付】

設問の通り正しい。なお、未支給の保険給付とは、①請求があったがまだ支給決定がないもの及び支給決定はあったがまだ支払われていないもの、②支給事由が生じた保険給付であって、請求されていないものをいい、本問のAは①に関する問題、Bは②に関する問題である。 根拠 法11-Ⅱ

**C** × 【③未支給の保険給付】

「相続人」ではなく、その死亡した者の「配偶者（婚姻の届出をしていないが、事実上婚姻関係と同様の事情にあった者を含む。）、子、父母、孫、祖父母又は兄弟姉妹であって、その者の死亡の当時その者と生計を同じくしていたもの」である。 根拠 法11-Ⅰ

**D** ○ 【③未支給の保険給付】

設問の通り正しい。 根拠 法11-Ⅳ

得点UP！ 未支給給付については、手続を簡素化するため、同順位者が2人以上ある場合について、特別の規定が設けられているので、請求人の1人に全額を支給すればよいこととなる。ただし、2人以上が同時に請求した場合に、請求人の人数で等分して各人に支給することを排除する趣旨のものではないとされている。

**E** ○ 【④受給権の保護】

設問の通り正しい。 根拠 法44

得点UP！ 租税その他の公課は、労災保険の保険給付として支給を受けた金品を標準として課することはできないとされている。

**解答 C**

## 問題31 択一 基本

教科書 Section 7

チェック欄 1 ／ 2 ／ 3 ／

## 通則等

次の記述のうち、正しいものはどれか。

A　業務上の傷病による療養のため労働することができないために賃金を受けない労働者として休業補償給付を受けていた者が労働契約の期間満了によって退職した場合には、療養のため労働することができないために賃金を受けない状態にあるとはいえず、引き続いて休業補償給付を受けることはできない。

B　保険給付を受ける権利は、譲り渡し、担保に供し、又は差し押さえることができない。ただし、遺族補償給付、複数事業労働者遺族給付又は遺族給付を受ける権利を有する遺族が、遺族補償給付、複数事業労働者遺族給付又は遺族給付を受けることができる他の遺族に対してその権利を譲り渡す場合はこの限りでない。

C　年金たる保険給付の受給権者は、毎年、厚生労働大臣が指定する日までに、一定の事項を記載した報告書を、所轄労働基準監督署長に提出しなければならないが、所轄労働基準監督署長があらかじめその必要がないと認めて通知したとき又は厚生労働大臣が番号法の規定により当該報告書と同一の内容を含む特定個人情報の提供を受けることができるときは、この限りでない。

D　政府は、保険給付の原因である事故が第三者の行為によって生じた場合において、保険給付をしたときは、労働基準法による災害補償の価額の限度で、保険給付を受けた者が第三者に対して有する損害賠償の請求権を取得する。

E　保険給付を受けるべき者が当該第三者から同一の事由について損害賠償を受けることができるときは、政府は、その価額の限度で保険給付をしないことができる。

## 解説

**A** ×　【④受給権の保護】

保険給付を受ける権利は、労働者の退職によって変更されることはないので、設問の場合であっても、支給要件に該当する限り、引き続いて休業補償給付を受けることができる。　根拠 法12の5－Ⅰ、14－Ⅰ

**B** ×　【④受給権の保護】

保険給付を受ける権利は、譲り渡し、担保に供し、又は差し押さえることができず、設問後半のような例外規定はない。　根拠 法12の5－Ⅱ

**C** ○　【⑤年金受給権者の定期報告書】

設問の通り正しい。なお、厚生労働大臣が指定する日（指定日）は、受給権者の生年月日〔遺族（補償）等年金の受給権者については、その支給事由に係る死亡労働者の生年月日〕に応じて、毎年6月30日（1月から6月生まれの者の場合）又は10月31日（7月から12月生まれの者の場合）と定められている。　根拠 法12の7、則21－Ⅰ

**D** ×　【⑩第三者行為災害】

政府は、保険給付の原因である事故が第三者の行為によって生じた場合において、保険給付をしたときは、その「給付の価額」の限度で、保険給付を受けた者が第三者に対して有する損害賠償の請求権を取得する。

根拠 法12の4－Ⅰ

**E** ×　【⑩第三者行為災害】

保険給付を受けるべき者が当該第三者から同一の事由について損害賠償を「受けた」ときは、政府は、その価額の限度で保険給付をしないことができる。　根拠 法12の4－Ⅱ

**解答　C**

## 問題32 択一 基本 教科書 Section 7

## 通則等

チェック欄 1 ／ 2 ／ 3 ／

次の記述のうち、正しいものはどれか。

A　年金たる保険給付を減額して改定すべき事由が生じたにもかかわらず、その事由が生じた月の翌月以後の分として減額しない額の年金たる保険給付が支払われたときは、その支払われた年金たる保険給付の当該減額すべきであった部分は、その後に支払うべき年金たる保険給付の内払とみなすことができる。(H24-4A)

B　同一の傷病に関し、休業補償給付を受けている労働者が障害補償給付又は傷病補償年金を受ける権利を有することとなり、かつ、休業補償給付は行われないこととなった場合において、その後も休業補償給付が支払われたときであっても、その支払われた休業補償給付は、当該障害補償給付又は傷病補償年金の内払とみなされない。

C　障害補償年金を受ける権利を有する労働者が遺族補償年金を受ける権利を有することとなり、かつ、障害補償年金を受ける権利が消滅した場合において、その消滅した月の翌月以後の分として障害補償年金が支払われたときは、その支払われた障害補償年金は、遺族補償年金の内払とみなす。

D　傷病補償年金の受給権者が死亡したためその支給を受ける権利が消滅したにもかかわらず、その死亡の日の属する月の翌月以後の分として当該傷病補償年金の過誤払が行われた場合において、当該過誤払による返還金に係る債権に係る債務の弁済をすべき者が、障害補償年金を受けることができる者であるときは、当該障害補償年金の支払金の金額を当該過誤払による返還金債権の金額に充当することができる。

E　遺族補償年金を受ける権利を有する者が死亡したためその支給を受ける権利が消滅したにもかかわらず、その死亡の日の属する月の翌月以後の分として当該遺族補償年金の過誤払が行われた場合において、当該過誤払による返還金に係る債権に係る債務の弁済をすべき者が、同一の事由に基づく同順位の遺族補償年金を受けることができる者であっても、当該遺族補償年金の支払金の金額を当該過誤払による返還金債権の金額に充当することはできない。

## 解説

**A ○** 【⑥支払の調整】

設問の通り正しい。「年金たる保険給付を減額して改定すべき事由」としては、給付基礎日額のスライドにより減額改定される場合、障害の程度の軽減により障害（補償）等年金の額が減額改定される場合、遺族（補償）等年金の額の算定基礎となる遺族の人数の減少により遺族（補償）等年金の額が減額改定される場合などがある。 根拠 法12-Ⅰ

**B ×** 【⑥支払の調整】

設問の場合、その支払われた休業補償給付は、当該障害補償給付又は傷病補償年金の内払とみなされる。 根拠 法12-Ⅲ

**C ×** 【⑥支払の調整】

受給権消滅の場合の内払処理は、同一の傷病に係る保険給付間で行われるものであり、遺族補償年金は、その対象とされない。 根拠 法12-Ⅱ

**D ×** 【⑥支払の調整】

設問の場合、「当該障害補償年金の支払金の金額を当該過誤払による返還金債権の金額に充当すること」はできない。過誤払による返還金債権の金額に充当することができる保険給付は、年金たる保険給付の受給権者の死亡に関連する保険給付であり、全く別の事由により支給される保険給付は、その対象とされない。 根拠 法12の2、則10の2

**E ×** 【⑥支払の調整】

設問の場合、遺族補償年金の支払金の金額を当該過誤払による返還金に係る債権の金額に充当することができる。 根拠 法12の2、則10の2-②

**解答 A**

問題33 択一 基本 教科書 Section 7

チェック欄 1 ／ 2 ／ 3 ／

## 通則等

次の記述のうち、正しいものはどれか。

A　同一の事由により障害補償年金と厚生年金保険法の規定による障害厚生年金が支給される場合には、障害補償年金の額は、政令で定める所定の率を乗じて減額した額（その額が政令で定める額を下回るときは当該政令で定める額）となる。

B　同一の事由により休業補償給付と厚生年金保険法の規定による障害厚生年金が支給される場合には、休業補償給付の額が減額調整されることはない。

C　同一の事由により障害補償一時金と厚生年金保険法の規定による障害手当金が支給される場合には、障害補償一時金の額は、政令で定める所定の率を乗じて減額した額（その額が政令で定める額を下回るときは当該政令で定める額）となる。

D　障害補償年金の受給権者に国民年金法第30条の４の規定による障害基礎年金（20歳前傷病による障害基礎年金）が支給される場合には、障害補償年金の額は、政令で定める所定の率を乗じて減額した額（その額が政令で定める額を下回るときは当該政令で定める額）となる。

E　遺族補償年金の受給権者に厚生年金保険法の規定による老齢厚生年金が支給される場合には、遺族補償年金の額は、政令で定める所定の率を乗じて減額した額（その額が政令で定める額を下回るときは当該政令で定める額）となる。

## 解説

**A ○** 【⑦併給調整】

設問の通り正しい。なお、問題文カッコ書の「その額が政令で定める額を下回る」場合とは、政令で定める所定の率（調整率）を乗ずることによって、全体の受給総額（調整後の労災保険給付額＋社会保険給付額）が減少する場合をいい、この場合は「政令で定める額」、すなわち「調整前の労災保険給付額－社会保険給付額」を「調整後の労災保険給付額」とする。

根拠 法別表第1

**B ×** 【⑦併給調整】

同一の事由により休業補償給付と厚生年金保険法の規定による障害厚生年金が支給される場合には、休業補償給付の額は、政令で定める所定の率を乗じて減額した額（その額が政令で定める額を下回るときは当該政令で定める額）となる。

根拠 法14-Ⅱ

**C ×** 【⑦併給調整】

同一の事由により障害補償一時金と厚生年金保険法の規定による障害手当金が支給される場合には、厚生年金保険法の規定による障害手当金は支給されず、障害補償一時金はその全額が支給される。

根拠 厚年法56-③

**D ×** 【⑦併給調整】

障害補償年金の受給権者に国民年金法30条の4の規定による障害基礎年金（20歳前傷病による障害基礎年金）が支給される場合には、国民年金法30条の4の規定による障害基礎年金は支給されず、障害補償年金はその全額が支給される。なお、この国民年金側での調整は「同一の事由」であるか否かにかかわらず行われる。

根拠 国年法36の2-Ⅰ①

**E ×** 【⑦併給調整】

遺族補償年金の受給権者に厚生年金保険法の規定による老齢厚生年金が支給される場合であっても、これをもって遺族補償年金が減額されることはない。

根拠 法別表第1

**解答** 

## 問題34 択一 実践 教科書 Section 7

## 通則等

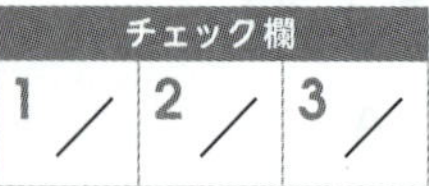


次のアからオの記述のうち、誤っているものの組合せは、後記AからEまでのうちどれか。

**ア** 労働者が、結果の発生を意図した故意により事故を生じさせたときは、保険給付は行われないが、業務上の精神障害によって、正常の認識、行為選択能力が著しく阻害され、又は自殺行為を思いとどまる精神的な抑制力が著しく阻害されている状態で自殺が行われたと認められる場合には、結果の発生を意図した故意には該当せず、支給制限は行われない。

**イ** 業務遂行中の災害であっても、労働者が過失により自らの死亡を生じさせた場合は、その過失が重大なものではないとしても、政府は保険給付の全部又は一部を行わないことができる。(H26-3B)

**ウ** 業務起因性の認められる負傷であっても、被災した労働者が正当な理由なく療養に関する指示に従わないことにより負傷の回復を妨げた場合は、政府は保険給付の全部又は一部を行わないことができる。(H26-3C)

**エ** 政府は、保険給付を受ける権利を有する者が、正当な理由なく、行政の出頭命令に従わないときは、保険給付の支給決定を取り消し、支払った金額の全部又は一部の返還を命ずることができる。(H24-4D)

**オ** 政府は、保険給付を受ける権利を有する者が、正当な理由がなくて、保険給付に関し必要な労災保険法施行規則で定める書類その他の物件を政府に提出しないときは、保険給付の支払を一時差し止めることができる。(H25-3D)

**A**（アとイ）　**B**（アとオ）　**C**（イとウ）
**D**（イとエ）　**E**（エとオ）

## 解説

**ア** ○ 【⑧支給制限等】

設問の通り正しい。 根拠 法12の2の2-Ⅰ、H11.9.14基発545号

確認してみよう！ 労働者が、故意に負傷、疾病、障害若しくは死亡又はその直接の原因となった事故を生じさせたときは、政府は、保険給付を行わない。

**イ** × 【⑧支給制限等】

設問の支給制限は、労働者に重大な過失がある場合に行われるのであり、単に「過失」のみでは設問の支給制限は行われない。 根拠 法12の2の2-Ⅱ

確認してみよう！ 労働者が故意の犯罪行為若しくは重大な過失により、又は正当な理由がなくて療養に関する指示に従わないことにより、負傷、疾病、障害若しくは死亡若しくはこれらの原因となった事故を生じさせ、又は負傷、疾病若しくは障害の程度を増進させ、若しくはその回復を妨げたときは、政府は、保険給付の全部又は一部を行わないことができる。

**ウ** ○ 【⑧支給制限等】

設問の通り正しい。**イ**の確認してみよう！を参照のこと。 根拠 法12の2の2-Ⅱ

**エ** × 【⑧支給制限等】

設問の場合には、保険給付の支払を一時差し止めることができるのであり、「保険給付の支給決定を取り消し、支払った金額の全部又は一部の返還を命ずる」ことができるのではない。 根拠 法47の3

**オ** ○ 【⑧支給制限等】

設問の通り正しい。 根拠 法47の3

得点UP! 「一時差し止める」とは、支給停止とは異なり、金銭給付の支払を一時的にしないことであり、差止事由がなくなれば、差し止めた期間分の保険給付がさかのぼって支給される。

**解答 D（イとエ）**

## 問題35 択一 応用 教科書 Section 7

チェック欄 1 ／ 2 ／ 3 ／

## 通則等

次の記述のうち、誤っているものはどれか。

A　事業主が故意又は重大な過失により労働保険の保険料の徴収等に関する法律（以下、本書において「労働保険徴収法」という。）第4条の2第1項の規定による届出であって労災保険に係る保険関係の成立に係るものをしていない期間中に生じた事故については、政府は、保険給付を行わない。

B　政府は、事業主が労働保険徴収法に規定する一般保険料を納付しない期間中に生じた事故について保険給付を行ったときは、当該事故が労働保険徴収法に規定する督促状に指定する期限後の期間に生じたものである場合に限り、その保険給付に要した費用に相当する金額の全部又は一部を事業主から徴収することができる。

C　労災保険法第31条第1項に基づくいわゆる事業主からの費用徴収は、業務災害に関する保険給付にあっては、労働基準法の規定による災害補償の価額の限度又は船員法の規定による災害補償のうち労働基準法の規定による災害補償に相当する災害補償の価額の限度で行われる。

D　不正の手段により労災保険に係る保険給付を受けた者があるときは、政府は、その保険給付に要した費用に相当する金額の全部又は一部をその者から徴収することができる。（H27-6ウ）

E　労働者が偽りその他不正な手段により保険給付を受けた場合において、事業主が虚偽の報告又は証明をしたためその保険給付が行われたものであるときは、政府は、その事業主に対し、保険給付を受けた者と連帯して、保険給付に要した費用に相当する金額の全部又は一部についての徴収金を納付すべきことを命ずることができる。

## 解説

**A ×** 【⑨費用徴収】

設問の場合には、原則として、労災保険法31条１項に基づく事業主からの費用徴収が行われるのであり、「保険給付を行わない」のではない。なお、政府が当該事業について労働保険徴収法15条３項の規定による決定（概算保険料の認定決定）をしたときは、その認定決定後の期間は費用徴収の対象から除かれている。

根拠 法31-Ⅰ①

**B ○** 【⑨費用徴収】

設問の通り正しい。一般保険料を納付しない期間中に生じた事故であっても、政府から督促を受けるまでの間に生じた事故や督促状の指定期限前に生じた事故については、設問の費用徴収の対象とはならない。

根拠 法31-Ⅰ②

**C ○** 【⑨費用徴収】

設問の通り正しい。 根拠 法31-Ⅰ

得点UP! 事業主からの費用徴収の対象となる保険給付から、療養（補償）等給付、介護（補償）等給付及び二次健康診断等給付は除かれている。

**D ○** 【⑨費用徴収】

設問の通り正しい。 根拠 法12の３-Ⅰ

確認してみよう！ 偽りその他不正の手段により保険給付を受けた者があるときは、政府は、その保険給付に要した費用に相当する金額の全部又は一部をその者から徴収することができる。

**E ○** 【⑨費用徴収】

設問の通り正しい。 根拠 法12の３-Ⅱ

得点UP! 不正受給者からの費用徴収の対象となるのは、保険給付のうち、不正の手段によって給付を受けた部分（不当利得分）のすべてである（保険給付の全部又は一部であって、不正受給した部分の全部又は一部ではない。）。

**解答 A**

## 問題36 択一 実践 教科書 Section7

## 通則等

チェック欄 1／ 2／ 3／

次の記述のうち、正しいものはどれか。

A　保険給付の原因である事故が第三者の行為により生じた場合であって、労災保険の受給権者と第三者との間に示談が成立したときには、その示談が真正に、すなわち錯誤や強迫などではなく両当事者の真意により成立したものであれば、その内容が労災保険給付と同一の事由に基づく損害賠償請求権の全部の填補を目的としたものでなかったとしても、政府は保険給付を行わない。

B　保険給付の原因である事故が第三者の行為によって生じた場合において、保険給付を受けるべき者が当該第三者から慰謝料、見舞金、香典等精神的苦痛に対する損害賠償を受けたときは、原則として、政府は、その価額の限度で保険給付をしないことができる。

C　政府は、保険給付の原因である事故が第三者の行為によって生じた場合において、保険給付をしたときは、その給付の価額の限度で、保険給付を受けた者が第三者に対して有する損害賠償の請求権を取得するが、政府が第三者に対して行う損害賠償の請求権の行使は、保険給付を受けた者が保険給付の支給事由と同一の事由につき第三者に対して請求し得る損害賠償の額の範囲内において、災害発生後7年以内に支給事由の生じた保険給付であって、災害発生後7年以内に支払うべきものについて、その支払の都度行う。

D　企業内の災害補償制度が、労働協約、就業規則等からみて労災保険の保険給付と重なる損害填補の性質を有するものであることが明らかに認められる場合には、政府は、当該保険給付について支給調整を行うことができる。

E　被災労働者の遺族である妻と子が、遺族補償年金の支給事由と同一の事由について、事業主から損害賠償を半分ずつ受けた後、妻が再婚したため遺族補償年金の受給権を失い、次順位者たる子が遺族補償年金の転給を受ける場合には、当該子に対する遺族補償年金について民事損害賠償との支給調整が行われる。

## 解説

**A** ×　　【⑩第三者行為災害】

第三者行為災害に係る示談の取扱いについては、その示談が**真正**に成立し、**かつ**、その示談の内容が、受給権者の第三者に対して有する損害賠償請求権（保険給付と同一の事由に基づくものに限る。）の**全部の塡補を目的としているときに限り**、政府は保険給付を行わないとされている。

根拠 法12の４－Ⅱ、S38.6.17基発687号

**B** ×　　【⑩第三者行為災害】

政府が、設問の損害賠償と保険給付との調整を行うことができるのは、「保険給付のなされるべき事由と**同一の事由に基づく損害賠償**」を受けた場合である。したがって、設問のように第三者から慰謝料、見舞金、香典等精神的苦痛に対する損害賠償を受けたとしても、原則として、保険給付の支払には影響がない。

根拠 法12の４－Ⅱ、H8.3.5基発99号

**C** ×　　【⑩第三者行為災害】

「７年」を「**５年**」と置き換えると正しい記述になる。

根拠 法12の４－Ⅰ、R2.3.30基発0330第33号

**D** ○　　【⑪事業主責任災害】

設問の通り正しい。なお、労災保険給付に**上積み**して支給される企業内労災補償については、調整の対象とされない。

根拠 法附則64－Ⅱ、S56.10.30基発696号

**E** ×　　【⑪事業主責任災害】

先順位の受給権者が失権した後の後順位の受給権者が受ける遺族補償年金と民事損害賠償との間では、支給調整は行われない。

根拠 法附則64－Ⅱ、H5.3.26発基29号

**解答** 

## 問題37 選択 

教科書 Section 7

チェック欄 1 ／ 2 ／ 3 ／

# 通則等

次の文中の [　　] の部分を選択肢の中の適当な語句で埋め、完全な文章とせよ。

年金たる保険給付を受ける権利を有する者が死亡したためその [ A ] したにもかかわらず、その死亡の日の属する月の翌月以後の分として当該年金たる保険給付の [ B ] が行われた場合において、当該 [ B ] による [ C ] に係る債権（以下「[ C ] 債権」という。）に係る [ D ] をすべき者に支払うべき保険給付があるときは、厚生労働省令で定めるところにより、当該保険給付の支払金の金額を当該 [ B ] による [ C ] 債権の金額に [ E ] することができる。

**選択肢**

| | | | | | | | |
|---|---|---|---|---|---|---|---|
| ① | 支払 | ② | 未払 | ③ | 支給を受ける権利が停止 | | |
| ④ | 履行 | ⑤ | 相殺 | ⑥ | 支給を受ける権利が消滅 | | |
| ⑦ | 充当 | ⑧ | 返還金 | ⑨ | 未払金 | ⑩ | 併給 |
| ⑪ | 内払 | ⑫ | 過誤払 | ⑬ | 延滞金 | ⑭ | 追徴金 |
| ⑮ | 債権の回収 | ⑯ | 債権の放棄 | | | ⑰ | 支給を停止 |
| ⑱ | 債務の返還 | ⑲ | 債務の弁済 | | | ⑳ | 額を減額 |

## 解答

【⑥支払の調整】

A　⑥　支給を受ける権利が消滅
B　⑫　過誤払
C　⑧　返還金
D　⑲　債務の弁済
E　⑦　充当

根拠 法12の2

## 解説

《Eについて》

支払の調整については、内払処理と充当処理で迷うことがあるが、本問は「年金たる保険給付を受ける権利を有する者が死亡したため」とあることから、「死亡」をキーワードに［⑦充当］を選べるようにしておきたい。なお、充当処理が行われるのは次の2つのパターンである。

⑴　年金たる保険給付の受給権者の死亡に係る遺族（補償）等年金、遺族（補償）等一時金、葬祭料等（葬祭給付）又は障害（補償）等年金差額一時金の受給権者が、当該年金たる保険給付の受給権者の死亡に伴う当該年金たる保険給付の支払金の金額の過誤払による返還金債権に係る債務の弁済をすべき者であるとき。

⑵　遺族（補償）等年金の受給権者が、同一の事由による同順位の遺族（補償）等年金の受給権者の死亡に伴う当該遺族（補償）等年金の支払金の金額の過誤払による返還金債権に係る債務の弁済をすべき者であるとき。

## 問題38 選択  教科書 Section 7

チェック欄 1 ／ 2 ／ 3 ／

# 通則等

次の文中の[　　]の部分を選択肢の中の適当な語句で埋め、完全な文章とせよ。

政府は、事業主が故意又は[ A ]により労働保険徴収法の規定による届出であって労災保険に係る保険関係の成立に係るものをしていない期間（政府が当該事業について概算保険料の認定決定をしたときは、その決定後の期間を除く。）中に生じた事故について保険給付を行ったときは、厚生労働省令で定めるところにより、[ B ]に関する保険給付にあっては[ C ]法の規定による[ D ]の価額の限度又は船員法の規定による[ D ]のうち[ C ]法の規定による[ D ]に相当する[ D ]の価額の限度で、[ E ]に関する保険給付にあっては[ E ]を[ B ]とみなした場合に支給されるべき[ B ]に関する保険給付に相当する[ C ]法の規定による[ D ]の価額（当該[ E ]に係る事業ごとに算定した額に限る。）の限度で、通勤災害に関する保険給付にあっては通勤災害を[ B ]とみなした場合に支給されるべき[ B ]に関する保険給付に相当する[ C ]法の規定による[ D ]の価額の限度で、その保険給付に要した費用に相当する金額の全部又は一部を事業主から徴収することができる。

選択肢

| | | |
|---|---|---|
| ① 再発 | ② 障害 | ③ 過失 |
| ④ 障害補償 | ⑤ 災害補償 | ⑥ 公務災害 |
| ⑦ 労働災害 | ⑧ 打切補償 | ⑨ 不正の行為 |
| ⑩ 労働基準 | ⑪ 業務災害 | ⑫ 重大な過失 |
| ⑬ 刑事補償 | ⑭ 補償給付 | ⑮ 負傷又は疾病 |
| ⑯ 労災補償 | ⑰ 重度災害 | ⑱ 公務災害補償 |
| ⑲ 複数業務要因災害 | | ⑳ 故意の犯罪行為 |

## 解答

【⑨費用徴収】

A　⑫　重大な過失
B　⑪　業務災害
C　⑩　労働基準
D　⑤　災害補償
E　⑲　複数業務要因災害

根拠 法31-Ⅰ①



## 解説

《B～Eについて》

事業主からの費用徴収に関する問題である。労災保険は、労働基準法に規定する使用者の災害補償義務を、保険給付という仕組みによりいわば政府が肩代わりするものであるから、費用徴収に際しても、[⑩労働基準]（C）法の規定による[⑤災害補償]（D）の価額の限度で行われることになる。なお、「通勤災害」については、使用者に労働基準法上の災害補償義務はないことから、これを[⑪業務災害]（B）とみなしてその価額を算定することになる。また、[⑲複数業務要因災害]（E）については、複数の就業先の業務上の負荷を総合して評価することにより認定されるものであり、それぞれの就業先の業務上の負荷のみでは業務と疾病等との間に因果関係が認められず、それぞれの就業先の使用者に労働基準法上の補償義務はないことから、これを[⑪業務災害]とみなし、当該[⑲複数業務要因災害]に係る事業ごとにその価額を算定することになる。

## 問題39 択一 基本 教科書 Section 8

チェック欄 1 ／ 2 ／ 3 ／

# 社会復帰促進等事業

次の記述のうち、誤っているものはいくつあるか。

**ア** 特別支給金は、社会復帰促進等事業の１つとして、労災保険のすべての保険給付に対応して支給される。

**イ** 社会復帰促進等事業のうち特別支給金の支給に関する事務は、都道府県労働局長の指揮監督を受けて、所轄労働基準監督署長が行う。

**ウ** 休業特別支給金の額は、１日につき算定基礎日額の100分の20に相当する額とされる。（H28-7B）

**エ** 既に身体障害のあった者が、業務上の事由、複数事業労働者の２以上の事業の業務を要因とする事由又は通勤による負傷又は疾病により同一の部位について障害の程度を加重した場合における当該事由に係る障害特別支給金の額は、現在の身体障害の該当する障害等級に応ずる障害特別支給金の額とされる。

**オ** 遺族特別支給金の額は、300万円とされ、遺族特別支給金の支給を受ける遺族が２人以上ある場合には、それぞれに300万円が支給される。（H24-6D）

A 一つ
B 二つ
C 三つ
D 四つ
E 五つ

## 解説

**ア** ×　【②特別支給金】

特別支給金は、労災保険のすべての保険給付に対応して支給されるわけではなく、療養（補償）等給付、介護（補償）等給付、葬祭料等（葬祭給付）及び二次健康診断等給付に対応する特別支給金はない。

根拠 法29-1②、支給金則2

**イ** ○　【②特別支給金】

設問の通り正しい。政府は、社会復帰促進等事業のうち、その一部を独立行政法人労働者健康安全機構に行わせるものとするとされているが、特別支給金の支給に関する事務は、都道府県労働局長の指揮監督を受けて、所轄労働基準監督署長が行うこととされている。

根拠 則1-Ⅲ、支給金則3-Ⅲ他

**ウ** ×　【②特別支給金】

休業特別支給金の額は、1日につき休業給付基礎日額の100分の20に相当する額とされる。

根拠 支給金則3-Ⅰ

**エ** ×　【②特別支給金】

加重障害に係る障害特別支給金の額は、現在の身体障害の該当する障害等級に応ずる障害特別支給金の額から、既にあった身体障害の該当する障害等級に応ずる障害特別支給金の額を差し引いた額とされている。

根拠 支給金則4-Ⅱ

**オ** ×　【②特別支給金】

遺族特別支給金の額は300万円とされているが、遺族特別支給金の支給を受ける遺族が2人以上ある場合には、300万円をその人数で除して得た額とされている。

根拠 支給金則5-Ⅲ

**解答　D（四つ）**

問題40 択一 実践 教科書 Section 8

チェック欄 1／ 2／ 3／

## 社会復帰促進等事業

次の記述のうち、誤っているものはどれか。

A　休業特別支給金の支給を受けようとする者は、当該休業特別支給金の支給の申請の際に、特別給与の総額を記載し、かつ、事業主の証明を受けた届書を所轄労働基準監督署長に提出しなければならない。

B　政府が被災労働者に支給する特別支給金は、社会復帰促進等事業の一環として、被災労働者の療養生活の援護等によりその福祉の増進を図るために行われるものであり、被災労働者の損害を填補する性質を有するということはできず、したがって、被災労働者の受領した特別支給金を、使用者又は第三者が被災労働者に対し損害賠償すべき損害額から控除することはできないとするのが、最高裁判所の判例の趣旨である。(H29-6D)

C　特別支給金は、社会復帰促進等事業の一環として被災労働者等の福祉の増進を図るために行われるものであるが、譲渡、差押えについては、法令上禁止されていない。

D　遺族補償年金前払一時金が支給されたため、遺族補償年金の支給が停止された場合であっても、遺族特別年金については支給は停止されない。

E　遺族特別支給金の支給の申請は、労働者の死亡の日の翌日から起算して2年以内に行わなければならない。(H24-6E)

## 解説

**A ○** 【②特別支給金】

設問の通り正しい。 根拠 支給金則12

得点UP! 休業（補償）等給付の支給を受ける者に対しては、特別給与を算定の基礎とする特別支給金は支給されないが、この届書によって特別給与の総額を届け出た者が、傷病（補償）等年金の支給の決定を受けたときは、傷病特別年金の支給の申請を行ったものとして取り扱って差し支えないものとされている。

**B ○** 【③特別支給金の通則事項】

設問の通り正しい。 根拠 支給金則20、最二小H8.2.23コック食品事件

確認してみよう！ ★特別支給金と保険給付との相違点

- 前払一時金給付を受給した場合でも支給停止されない。
- 費用徴収は行われない（不当利得として民事上の返還手続が必要となる。）。
- 損害賠償との調整は行われない。
- 社会保険との併給調整は行われない。
- 譲渡、差押等の対象となる。

**C ○** 【③特別支給金の通則事項】

設問の通り正しい。Bの確認してみよう！を参照のこと。 根拠 支給金則20

**D ○** 【③特別支給金の通則事項】

設問の通り正しい。Bの確認してみよう！を参照のこと。 根拠 支給金則13-Ⅱただし書

**E ×** 【③特別支給金の通則事項】

遺族特別支給金の支給の申請は、労働者の死亡の日の翌日から起算して「5年」以内に行わなければならない。 根拠 支給金則5-Ⅷ

**解答 E**

CH3 労働者災害補償保険法

## 問題41 選択  教科書 Section 8

チェック欄 1 ／ 2 ／ 3 ／

# 社会復帰促進等事業

次の文中の［　　］の部分を選択肢の中の適当な語句で埋め、完全な文章とせよ。

政府は、労災保険の適用事業に係る労働者及びその遺族について、［ A ］事業として次の事業を行うことができる。

(1)　［ B ］の円滑な社会復帰を促進するために必要な事業

(2)　［ B ］及びその遺族の［ C ］を図るために必要な事業

(3)　労働者の安全及び衛生の確保、保険給付の適切な実施の確保並びに［ D ］を図るために必要な事業

なお、政府は、当該［ A ］事業のうち、独立行政法人［ E ］法に掲げるものを独立行政法人［ E ］に行わせるものとされている。

選択肢

|  |  |  |
|---|---|---|
| ① 被災労働者 | ② 福祉医療機構 | |
| ③ 生活保護 | ④ 賃金の支払の確保 | |
| ⑤ 適用労働者 | ⑥ 社会復帰促進等 | |
| ⑦ 賃金の保全 | ⑧ 高齢・障害・求職者雇用支援機構 | |
| ⑨ 療養 | ⑩ 被災家族 | ⑪ 快適な職場環境の確保 |
| ⑫ 福祉 | ⑬ 被保険者 | ⑭ 良好な就業条件の確保 |
| ⑮ 援護 | ⑯ 保健福祉 | ⑰ 勤労者退職金共済機構 |
| ⑱ 援助 | ⑲ 労働福祉 | ⑳ 労働者健康安全機構 |

## 解答

【①社会復帰促進等事業】

A ⑥ 社会復帰促進等
B ① 被災労働者
C ⑮ 援護
D ④ 賃金の支払の確保
E ⑳ 労働者健康安全機構

根拠 法29-ⅠⅢ



## 解説

《A～Dについて》

［⑥社会復帰促進等］（A）事業は、労災保険の保険給付を補完して行われる事業である。この社会復帰促進等事業は、「社会復帰促進事業」「被災労働者等援護事業」「安全衛生確保等事業」の3つに大きく分かれることがしっかりと頭に入っていれば、Bには［①被災労働者］を、Cには［⑮援護］を入れることができるだろう。

また、Dの［④賃金の支払の確保］については、「労働に関する一般常識」で学習する「賃金支払確保法（賃金の支払の確保等に関する法律）」の「未払賃金の立替払事業」が、一定の要件に該当する労災保険の適用事業の事業主が破産手続開始の決定を受けた場合等に行われることと関連づけて押さえておきたい。

## 問題42 択一 基本　教科書 Section 9

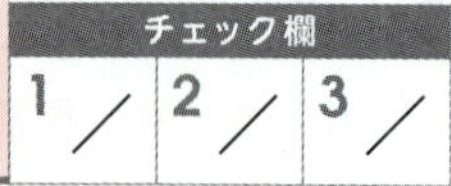

## 特別加入

次のアからオの記述のうち、誤っているものの組合せは、後記AからEまでのうちどれか。

**ア**　常時100人の労働者を使用するサービス業の事業主で、労働保険徴収法に定める労働保険事務組合に労働保険事務の処理を委託する者は、労災保険に特別加入することができる。

**イ**　事業主の立場において行う事業主本来の業務のみに従事する中小事業主は、自らを包括加入の対象から除外することを申し出た場合には、当該事業主が行う事業に従事する者（労働者である者を除く。）のみを労災保険に特別加入させることができる。

**ウ**　いわゆる一人親方等として特別加入をしている者は、当該特別加入に係る団体以外の団体を通じて、当該特別加入に係る事業と異なる種類の事業に関し、重ねて特別加入をすることはできない。

**エ**　海外派遣者について、派遣先の海外の事業が厚生労働省令で定める数以下の労働者を使用する事業に該当していれば、その海外の事業の代表者として派遣される場合であっても、特別加入の対象となり得る。

**オ**　日本国内において行われている事業が期間を定めて行われる有期事業である場合、当該事業の事業主が海外において行われる事業に派遣する労働者については、労災保険に特別加入することができる。

**A**（アとイ）　**B**（アとエ）　**C**（イとウ）
**D**（ウとオ）　**E**（エとオ）

## 解説

**ア ○** 【①特別加入の対象者】

設問の通り正しい。 根拠 法33-①、則46の16

確認してみよう！ ★中小事業主の範囲

| 事業の種類 | 使用労働者数 |
|---|---|
| 金融業、保険業、不動産業、小売業 | 常時50人以下 |
| 卸売業、サービス業 | 常時100人以下 |
| 上記以外の事業 | 常時300人以下 |

**イ ○** 【①特別加入の対象者】

設問の通り正しい。中小事業主等の特別加入においては、事業主と当該事業に従事する者（労働者である者を除く。）を包括して加入させるのが原則であるが、設問のように、事業主について労働者としての就業の実態がない場合には、当該事業に従事する者のみを労災保険に特別加入させることができる。 根拠 法33-①②、H15.5.20基発0520002号

**ウ ×** 【①特別加入の対象者】

一人親方等として特別加入をしている者は、「同一の種類の事業又は同一の種類の作業」に関しては、当該特別加入に係る団体以外の団体を通じたとしても、重ねて特別加入をすることはできないが、設問のように、「異なる種類の事業又は異なる種類の作業」に関しては、重ねて特別加入することができる。 根拠 法35-Ⅱ、H11.12.3基発695号

**エ ○** 【①特別加入の対象者】

設問の通り正しい。なお、設問の対象となる「厚生労働省令で定める数以下の労働者を使用する事業」とは、中小事業主等の特別加入における中小事業主の範囲と同一である。 根拠 法33-⑦、H11.12.3基発695号

**オ ×** 【①特別加入の対象者】

日本国内で有期事業を行う事業主から海外へ派遣される労働者は、労災保険に特別加入することができない。 根拠 法33-⑦

**解答 D（ウとオ）**

問題43 択一 実践 教科書 Section 9

チェック欄 1 ／ 2 ／ 3 ／

## 特別加入

次の記述のうち、正しいものはどれか。

A　特別加入者（複数事業労働者である者を除く。以下本肢、C、D及びEにおいて同じ。）に関し支給する年金たる保険給付の額の算定の基礎として用いる給付基礎日額は、3,500円から25,000円（家内労働者及びその補助者は2,000円から25,000円）の範囲で定める額のうちから、特別加入者の希望する額を考慮して所轄都道府県労働局長が定めることとされており、年齢階層別の最低限度額及び最高限度額の規定の適用は受けない。

B　特別加入者に係る業務災害、複数業務要因災害及び通勤災害の認定は、その就業上の地位やその他の事情を考慮して厚生労働大臣が定める指針によって行う。

C　特別加入者に係る休業補償給付は、業務上負傷し、又は疾病にかかり、その療養のため4日以上業務に従事することができないことに加え、給付基礎日額に相当する所得の喪失があった場合に限り、支給される。

D　一人親方等の特別加入者については、通勤災害に関する保険給付が行われることはない。

E　中小事業主及び海外派遣者の特別加入者は、適用事業に使用される労働者とみなされ、労災保険のすべての保険給付が行われる。

## 解説

A ○ 【②特別加入の効果】

設問の通り正しい。なお、設問の給付基礎日額については、年齢階層別の最低・最高限度額の規定の適用は受けないが、スライド制の規定の適用は受ける。

根拠 法34-Ⅰ③、35-Ⅰ⑥、36-Ⅰ②、則1-Ⅰ、46の20、46の24、46の25の3、(5)則附則2-Ⅲ

B × 【②特別加入の効果】

「特別加入者に係る業務災害、複数業務要因災害及び通勤災害の認定は、厚生労働省労働基準局長が定める基準によって行う」とされており、「その就業上の地位やその他の事情を考慮して厚生労働大臣が定める指針によって行う」とはされていない。 根拠 則46の26

C × 【②特別加入の効果】

特別加入者に係る休業補償給付については、「所得の喪失」を要件とせず、「全部労働不能」を支給事由としているため、「給付基礎日額に相当する所得の喪失があった場合に限り」とするのは誤りである。

根拠 法14-Ⅰ、H11.12.3基発695号

D × 【②特別加入の効果】

一人親方等の特別加入者であっても、住居と就業の場所との間の往復の状況等を考慮して厚生労働省令で定める者を除き、通勤災害に関する保険給付は行われる。 根拠 法35-Ⅰ

確認してみよう！ 一人親方等の特別加入者のうち、通勤災害に関する保険給付が行われない者（住居と就業の場所との間の往復の状況等を考慮して厚生労働省令で定める者）は、次のとおりである。

① 自動車を使用して行う旅客若しくは貨物の運送の事業又は原動機付自転車若しくは自転車を使用して行う貨物の運送の事業に従事する者
② 漁船による水産動植物の採捕の事業（船員法1条に規定する船員が行う事業を除く。）に従事する者
③ 特定農作業・指定農業機械作業従事者
④ 家内労働者及びその補助者

E × 【②特別加入の効果】

特別加入者には、二次健康診断等給付は行われないため、「労災保険のすべての保険給付が行われる」とするのは誤りである。

根拠 H20.4.1基発0401042号

**解答 A**

## 問題44 択一 基本 教科書 Section10

チェック欄 1／ 2／ 3／

## 不服申立て、雑則その他

次の記述のうち、正しいものはどれか。

A 保険給付に関する決定に不服のある者は、労働者災害補償保険審査官に対して審査請求をし、その決定に不服のある者は、厚生労働大臣に対して再審査請求をすることができる。

B 保険給付に関する決定に係る審査請求及び再審査請求は、文書又は口頭ですることができる。

C 療養補償給付、休業補償給付、葬祭料、介護補償給付、複数事業労働者療養給付、複数事業労働者休業給付、複数事業労働者葬祭給付、複数事業労働者介護給付、療養給付、休業給付、葬祭給付、介護給付及び二次健康診断等給付を受ける権利は、これらを行使することができる時から２年を経過したとき、障害補償給付、遺族補償給付、複数事業労働者障害給付、複数事業労働者遺族給付、障害給付及び遺族給付を受ける権利は、これらを行使することができる時から５年を経過したときは、時効によって消滅する。

D 傷病補償年金、複数事業労働者傷病年金又は傷病年金を受ける権利は、これらを行使することができる時から５年を経過したときは、時効によって消滅する。

E 偽りその他不正の手段により保険給付を受けた者は、６月以下の懲役又は20万円以下の罰金に処せられる。

## 解説

**A ×** 【①不服申立て】

保険給付に関する決定に不服のある者は、労働者災害補償保険審査官に対して審査請求をし、その決定に不服のある者は、労働保険審査会に対して再審査請求をすることができる。 根拠 法38-Ⅰ

**B ×** 【①不服申立て】

審査請求は文書又は口頭ですることができるが、再審査請求は文書でしなければならない。 根拠 法38-Ⅰ、労審法9、39

**C ○** 【②時効等】

設問の通り正しい。 根拠 法42

確認してみよう！ 療養（補償）等給付のうち「療養（補償）等給付たる療養の給付」は現物給付で行われるため、実際には時効の問題は生じないが、「療養（補償）等給付たる療養の費用の支給」を受ける権利については、その費用を支出した日の翌日から起算して2年を経過したときに、時効によって消滅する。

**D ×** 【②時効等】

傷病（補償）等年金を受ける権利は、所轄労働基準監督署長が職権により支給決定をするため、時効の問題は生じない。

根拠 法42、会計法30、S52.3.30発労徴21号・基発192号

確認してみよう！ 支払期月ごとに生ずる支分権たる支払請求権については、会計法30条の規定により、これを行使することができる時から5年で時効により消滅する。

**E ×** 【②時効等】

偽りその他不正の手段により保険給付を受けた者については、政府は、その保険給付に要した費用に相当する金額の全部又は一部をその者から徴収することができるとされているが、労災保険法上の罰則は適用されない。

根拠 法51他

**解答 C**

## 問題45 択一 実践 教科書 Section10

チェック欄 1 ／ 2 ／ 3 ／

## 不服申立て、雑則その他

次の記述のうち、正しいものはどれか。

A 休業補償給付、複数事業労働者休業給付又は休業給付を受ける権利の時効は、当該休業に係る傷病が発生した日の翌日から進行する。

B 障害補償年金差額一時金、複数事業労働者障害年金差額一時金又は障害年金差額一時金の支給を受ける権利の時効は、当該障害に係る傷病が治った日の翌日から進行する。

C 二次健康診断等給付の支給を受ける権利の時効は、労働者が一次健康診断を受けた日の翌日から進行する。

D 療養補償給付、複数事業労働者療養給付又は療養給付たる療養の費用の支給を受ける権利の時効は、診断によって療養を必要とすることが確認された日の翌日から進行する。

E 葬祭料、複数事業労働者葬祭給付又は葬祭給付の支給を受ける権利の時効は、労働者が死亡した日の翌日から進行する。

## 解説

**A ×** 【②時効等】

保険給付を受ける権利の時効は、その権利を行使することができる時から進行する。したがって、設問の場合は「当該休業に係る傷病が発生した日」ではなく、労務不能の日ごとに、すなわち「当該傷病に係る療養のため労働することができないために賃金を受けない日ごと」に、その翌日から進行する。 根拠 法42、43

**B ×** 【②時効等】

「当該障害に係る傷病が治った日」ではなく、障害補償年金、複数事業労働者障害年金又は障害年金の「受給権者が死亡した日」の翌日から進行する。 根拠 法43、法附則58-Ⅲ、60の2-Ⅱ、61-Ⅲ

**C ×** 【②時効等】

労働者が「一次健康診断を受けた日」ではなく、「一次健康診断の結果を了知し得る日」の翌日から進行する。なお、二次健康診断等給付のうち、「二次健康診断」の請求は、原則として一次健康診断を受けた日から3箇月以内にしなければならないこととされていることから、時効の問題が生ずるのは「特定保健指導」についてである。 根拠 法42、43

**D ×** 【②時効等】

「診断によって療養を必要とすることが確認された日」ではなく、「療養に要する費用を支払った日」の翌日から進行する。なお、「療養の費用の支給」（現金給付）ではなく「療養の給付」（現物給付）については、時効の問題は生じない。 根拠 法42、43

**E ○** 【②時効等】

設問の通り正しい。「葬祭が行われた日」の翌日から進行するわけではないことに注意しよう。 根拠 法42、43

**解答 E**

問題46 選択 基本 教科書 Section10

チェック欄 1／ 2／ 3／

## 不服申立て、雑則その他

次の文中の［　］の部分を選択肢の中の適当な語句で埋め、完全な文章とせよ。

［A］に関する決定に不服のある者は、［B］に対して審査請求をし、その決定に不服のある者は、［C］に対して再審査請求をすることができるが、当該審査請求をしている者は、審査請求をした日から［D］を経過しても審査請求についての決定がないときは、［B］が審査請求を棄却したものとみなすことができる。なお、当該審査請求及び再審査請求は、［E］に関しては、裁判上の請求とみなされる。

選択肢

| | | |
|---|---|---|
| ① 時効の援用 | ② 保険給付又は社会復帰促進等事業 | |
| ③ 時効の完成猶予及び更新 | ④ 労働者災害補償保険審査会 | |
| ⑤ 労働保険審査会 | ⑥ 災害補償審査会 | ⑦ 30日 |
| ⑧ 災害補償審査官 | ⑨ 労働基準監督官 | ⑩ 60日 |
| ⑪ 労働基準監督署長 | ⑫ 事実認定 | ⑬ 3箇月 |
| ⑭ 誤った教示の救済 | ⑮ 保険給付 | ⑯ 6箇月 |
| ⑰ 不正受給者からの費用徴収 | ⑱ 事業主からの費用徴収 | |
| ⑲ 労働者災害補償保険審査官 | ⑳ 厚生労働省労働基準局長 | |

## 解答

【①不服申立て】

A ⑮ 保険給付
B ⑲ 労働者災害補償保険審査官
C ⑤ 労働保険審査会
D ⑬ 3箇月
E ③ 時効の完成猶予及び更新

根拠 法38



## 解説

《A～Cについて》

労災保険法において、［⑲労働者災害補償保険審査官］（B）に対する審査請求及び［⑤労働保険審査会］（C）に対する再審査請求の対象となる処分は、［⑮保険給付］（A）に関する処分に限られることをしっかりと押さえておきたい。

《Eについて》

［③時効の完成猶予及び更新］について、「時効の完成猶予」とは、時効期間が満了しても、その完成を猶予することをいい、「時効の更新」とは、それまでに経過した時効期間がリセットされ、改めてゼロから起算されることをいう。

# CHAPTER 4
# 雇用保険法

CONTENTS

2

# 雇用保険法　オリエンテーション

## 過去５年の本試験出題実績

選択は出題された空欄の数、択一は出題された肢の数です！

| | H29 | | H30 | | R元 | | R2 | | R3 | |
|---|---|---|---|---|---|---|---|---|---|---|
| | 選択 | 択一 | 選択 | 択一 | 選択 | 択一 | 選択 | 択一 | 選択 | 択一 |
| Section1<br>目的等 | - | - | - | 3 | - | 2 | - | - | - | - |
| Section2<br>被保険者等 | 2 | 5 | - | 5 | - | - | 5 | 4 | - | 6 |
| Section3<br>失業等給付、求職者給付Ⅰ | - | 6 | 3 | 15 | 2 | 14 | - | 5 | 5 | 9 |
| Section4<br>求職者給付Ⅱ | - | 1 | - | - | - | - | - | 10 | - | - |
| Section5<br>求職者給付Ⅲ | - | 2 | - | - | - | - | - | - | - | 5 |
| Section6<br>求職者給付Ⅳ | - | - | - | - | - | - | - | - | - | - |
| Section7<br>就職促進給付 | - | - | - | 5 | - | 6 | - | - | - | - |
| Section8<br>教育訓練給付 | - | 1 | - | - | - | 1 | - | - | - | 4 |
| Section9<br>雇用継続給付、育児休業給付 | - | 5 | 2 | 5 | 3 | 5 | - | - | - | 5 |
| Section10<br>通則、不服申立て、雑則その他 | 3 | 15 | - | 2 | - | 7 | - | 16 | - | 6 |

## 傾向分析

**●選択式●**

ほぼ基本事項からの出題です。教科書の基本事項をおさえ、本問題集をしっかり解いておけば、十分に対応できるものです。用語や数字について問われることも多いので、これらについては、自分でノートを作るなどして、しっかりとまとめておきたいところです。

**●択一式●**

平成24年以降やや難化の傾向にありますが、全体としては基本事項を中心に過去に問われた事項が繰り返し出題されていますので、『社労士の教科書』を読み込んだうえで、本問題集をきちんと解いておけば、対応力はつけていけるでしょう。出題の中心は「基本手当」であり、そのほか「被保険者」「雇用保険事務」「就職促進給付」「雇用継続給付」「育児休業給付」がよく問われています。

まずは、雇用保険独特の用語（「被保険者であった期間」「被保険者期間」「算定対象期間」「算定基礎期間」「支給単位期間」「支給対象月」など…。雇用保険法で学ぶ内容には、似たような語句が多くあります。）の意味を正確に把握し、かつ、数字に気をつけて、各給付の基礎をしっかりと固めることが必要です。

## 最近の法改正トピックス

**●令和４年試験向け改正●**

**●複数の事業主に雇用される65歳以上の労働者についての適用**

「２以上の事業主の適用事業に雇用される65歳以上の者であること」、「１の事業主の適用事業における１週間の所定労働時間が20時間未満であること」、「２の事業主の適用事業（申出を行う労働者の１の事業主の適用事業における１週間の所定労働時間が５時間以上であるものに限る。）における１週間の所定労働時間の合計が20時間以上であること」のいずれにも該当する者が、厚生労働大臣に申し出た場合には、当該申出を行った日から高年齢被保険者（特例高年齢被保険者）となることができるものとされました（令和４年１月１日施行）。

**●育児休業給付金におけるみなし被保険者期間の計算方法の特例**

育児休業給付金の支給に当たっては、原則として、休業開始前２年間に、「育児休業開始日」を起点として計算したみなし被保険者期間（賃金支払基礎日数が原則として11日以上）が12か月以上あることを要件としていますが、女性被保険者が育児休業前に産前産後休業を取得している場合、出産日に応じて育児休業開始日が定まることから、そのタイミングによってはみなし被保険者期間が12か月未満となり、支給要件を満たせないことがありました。そこで、育児休業開始日を起点として算定したみなし被保険者期間が12か月に満たない場合においては、「産前休業開始日」等を起点としてみなし被保険者期間を算定することとされました（令和３年９月１日施行）。

**●令和３年試験向け改正●**

**●被保険者期間の算入について、労働時間による基準を補完的に設定**

被保険者期間として算入されるためには、賃金支払基礎日数が11日以上あることなどが要件とされていますが、短時間労働者等については、例えば週２日と週３日の労働を定期的に継続する場合のように、被保険者期間に算入されず、給付を受けることができない事例があったため、被保険者期間の算入に当たり、日数だけでなく労働時間による基準も補完的に設定するよう見直されました（令和２年８月１日施行）。

●離職理由による給付制限期間の短縮

離職理由による基本手当等の給付制限について、令和２年10月１日以降に正当な理由がなく自己の都合によって離職した者については、５年間のうち２回目の離職まで（離職日を基準とします。）は給付制限期間が２か月とされることとなりました。なお、３回目以降の離職に係る給付制限期間は、原則として、３箇月となります（令和２年10月１日施行）。

## 学習アドバイス

雇用保険法は、似たような用語が多く、また、暗記しなければならない数字が多いですが、これらを正確に覚えて基礎を固めておけば、高得点が狙える科目です。

行政手引の内容や、助成金等の規定で細かい論点が問われることはありますが、出題の中心は過去に問われたことのある論点が多いですので、ていねいに学習し、得点源としたいところです。

MEMO

## 問題1 択一 実践 教科書 Section 1

## 目的等

チェック欄 1／ 2／ 3／

次の記述のうち、正しいものはどれか。

A　雇用保険の目的には、労働者の職業の安定に資するため、失業の予防、雇用状態の是正及び雇用機会の増大、労働者の能力の開発及び向上その他労働者の福祉の増進を図ることが含まれる。

B　雇用安定事業のうち、雇用保険法第62条第1項第1号が規定する、景気の変動、産業構造の変化その他の経済上の理由により事業活動の縮小を余儀なくされた場合において、労働者を休業させる事業主その他労働者の雇用の安定を図るために必要な措置を講ずる事業主に対して、必要な助成及び援助を行う事業の実施に関する事務は、都道府県知事が行うこととされている。(H25-7D)

C　雇用保険法において「失業」とは、被保険者について、事業主との雇用関係が終了することをいう。

D　常時5人未満の労働者を雇用する農林の事業は、法人である事業主の事業を除き、当分の間、任意適用事業とされている。(H25-1A)

E　事業主が適用事業に該当する部門と任意適用事業に該当する部門を兼営している場合、それぞれの部門が独立した事業と認められるときであっても、すべての部門が適用事業となる。(H30-7イ)

## 解説

**A ○** 【①目的等】

設問の通り正しい。設問は、雇用保険法の目的条文のうち、雇用保険二事業（雇用安定事業及び能力開発事業）に対応する部分である。 根拠 法1

**B ×** 【①目的等】

設問の事業の実施に関する事務は、都道府県知事が行うこととはされていない。能力開発事業のうち、職業能力開発促進法に規定する計画に基づく職業訓練を行う事業主及び職業訓練の推進のための活動を行う同法に規定する事業主等（中央職業能力開発協会を除く。）に対する助成の事業の実施に関する事務は、都道府県知事が行うこととされている。

根拠 法2－Ⅱ、令1－Ⅰ

**C ×** 【①目的等】

設問文は、「失業」ではなく、「離職」の定義である。雇用保険法において「失業」とは、被保険者が離職し、労働の意思及び能力を有するにもかかわらず、職業に就くことができない状態にあることをいう。

根拠 法4－Ⅱ Ⅲ

**D ×** 【③暫定任意適用事業】

常時5人未満の労働者を雇用する農林の事業は、「国、都道府県、市町村その他これらに準ずるものの事業」及び「法人である事業主の事業」を除き、当分の間、任意適用事業とされている。 根拠 法附則2－Ⅰ①、令附則2

**E ×** 【③暫定任意適用事業】

設問の場合、それぞれの部門が独立した事業と認められるときは、適用事業に該当する部門のみが適用事業となる。 根拠 20106

**解答 A**

CH4 雇用保険法

## 問題2 択一 基本 教科書 Section 2

## 被保険者等

チェック欄 1 ／ 2 ／ 3 ／

次の記述のうち、誤っているものはどれか。

A　1週間の所定労働時間が15時間である者は、特例高年齢被保険者及び日雇労働被保険者に該当することとなる者を除き、被保険者とならない。

B　同一の事業主の適用事業に継続して31日以上雇用されることが見込まれない者は、前2月の各月において18日以上同一の事業主の適用事業に雇用された者及び雇用保険法を適用することとした場合において同法第42条に規定する日雇労働者であって同法第43条第1項各号のいずれかに該当するものに該当することとなる者を除き、被保険者とならない。

C　学校教育法第1条、第124条又は第134条第1項の学校の学生又は生徒は、休学中の者であっても、雇用保険法の被保険者とはならない。

D　船員法第1条に規定する船員であって、漁船に乗り組むため雇用される者であっても、雇用保険法が適用される場合がある。(H25-1E)

E　都道府県等の事業に雇用される者について、当該都道府県等の長が雇用保険法を適用しないことについて厚生労働大臣に申請を行い、その承認を受けたときは、その承認の申請に係る被保険者については、その承認の申請がなされた日から雇用保険法を適用しない。

## 解説

**A ○** 【②適用除外等】

設問の通り正しい。１週間の所定労働時間が20時間未満である者は、特例高年齢被保険者及び日雇労働被保険者に該当することとなる者を除き、被保険者とならない。

根拠 法６-①

**B ○** 【②適用除外等】

設問の通り正しい。なお「雇用保険法を適用することとした場合において同法第42条に規定する日雇労働者であって同法第43条第１項各号のいずれかに該当するものに該当することとなる者」とは、日雇労働被保険者となる者のことである。

根拠 法６-②

**C ×** 【②適用除外等】

設問の学生又は生徒は、原則として被保険者とならないが、休学中の者については、他の要件を満たせば、被保険者となるため誤りである。

根拠 法６-④、則３の２-②、20303

**D ○** 【②適用除外等】

設問の通り正しい。船員法１条に規定する船員であって、漁船（政令で定めるものに限る。）に乗り組むため雇用される者（１年を通じて船員として適用事業に雇用される場合を除く。）については、雇用保険法は適用しない。

根拠 法６-⑤

**E ○** 【②適用除外等】

設問の通り正しい。

根拠 法６-⑥、則４-Ⅰ②、Ⅱ

確認してみよう！ 雇用保険法を適用しないことについて承認をしない旨の決定があったときは、その承認の申請がなされた日にさかのぼって雇用保険法を適用する。

**解答 C**

CH４ 雇用保険法

## 問題3 択一 基本 教科書 Section 2

チェック欄 1 / 2 / 3 /

## 被保険者等

次の記述のうち、誤っているものはどれか。

A 株式会社の代表取締役は被保険者にならない。

B いわゆる登録型の派遣労働者が、同一の派遣元事業主の下での雇用契約が継続して31日以上続く見込みがあり、かつ、1週間の所定労働時間が20時間以上であれば、被保険者となる。

C 65歳に達した日以後に新たに雇用される者は、高年齢被保険者となることはない。

D 適用事業に被保険者として雇用されている労働者が長期欠勤している場合であって、かつ、賃金の支払を受けなくなった場合であっても、雇用関係が存続する限りは、被保険者の資格を喪失しない。

E 適用事業に被保険者として雇用されている労働者が、事業主の命により日本国の領域外にある他の事業主の事業に派遣され、雇用される場合であっても、その者を派遣した事業主との雇用関係が継続している限り被保険者となる。

## 解説

A ○ 【②適用除外等】

設問の通り正しい。なお、株式会社の「取締役」は原則として被保険者とはならないが、取締役であって、同時に会社の部長や支店長等従業員としての身分を有し、報酬支払等の面からみて労働者的性格の強い者であって、雇用関係があると認められるものについては被保険者となり得る。

根拠 法4-Ⅰ、20351

B ○ 【②適用除外等】

設問の通り正しい。いわゆる登録型の派遣労働者やパートタイム労働者については、1週間の所定労働時間が20時間以上であり、かつ、同一の事業主の適用事業に継続して31日以上雇用されることが見込まれる場合に被保険者となる。 根拠 法4-Ⅰ、6-①②、20303

C × 【①被保険者とその種類】

65歳に達した日以後に新たに雇用される者であっても、他の要件を満たせば、高年齢被保険者となる。 根拠 法4-Ⅰ、37の2-Ⅰ

D ○ 【②適用除外等】

設問の通り正しい。適用事業に被保険者として雇用される労働者が長期欠勤している場合であっても、雇用関係が存続する限りは、賃金の支払を受けていると否とを問わず、被保険者の資格は喪失しない。

根拠 法4-Ⅰ、20352

E ○ 【②適用除外等】

設問の通り正しい。 根拠 法4-Ⅰ、20352

確認してみよう！ 国外就労者の被保険者資格については、次のとおりである。

① その者が日本国外に出張して就労する場合
➡被保険者となる
② その者が日本国外にある適用事業主の支店、出張所等に転勤した場合
➡被保険者となる
③ その者が日本国外にある他の事業主の事業に出向し、雇用された場合
➡国内の出向元事業主との雇用関係が継続している限り被保険者となる

**解答 C**

## 問題4　択一　応用　教科書 Section 2

チェック欄　1 ／　2 ／　3 ／

### 被保険者等

次の記述のうち、正しいものはどれか。

A　同時に２以上の雇用関係について被保険者となることはない。

B　100日の期間を定めて週あたり労働時間が35時間で季節的に雇用されていた者が、引き続き30日間雇用されるに至った場合は、その30日間の初日から短期雇用特例被保険者となる。（H26-5A）

C　満40歳の短期雇用特例被保険者が同一の事業主に引き続き６か月以上雇用されるに至った場合、その６か月以上雇用されるに至った日以後は、短期雇用特例被保険者ではなく一般被保険者となる。

D　適用区域外の地域に居住する日雇労働者が適用区域外の地域にある適用事業に雇用される場合には、日雇労働被保険者となることはできない。

E　日雇労働被保険者が前２月の各月において18日以上同一の事業主の適用事業に雇用された場合又は同一の事業主の適用事業に継続して31日以上雇用された場合において、公共職業安定所長の認可を受けたときは、その者は、一般被保険者となることができる。

## 解説

**A ×** 【①被保険者とその種類、②適用除外等】

同時に2以上の雇用関係にある労働者については、当該2以上の雇用関係のうち1の雇用関係（原則として、その者が生計を維持するに必要な主たる賃金を受ける雇用関係とする。）についてのみ被保険者となるが、法37条の5（高年齢被保険者の特例）に基づく申出により高年齢被保険者となる場合には、この限りでない。

根拠 法4-Ⅰ、37の5-Ⅰ

**確認してみよう！** 次に掲げる要件のいずれにも該当する者は、厚生労働省令で定めるところにより、厚生労働大臣に申し出て、当該申出を行った日から高年齢被保険者となることができる。

① 2以上の事業主の適用事業に雇用される65歳以上の者であること。
② 1の事業主の適用事業における1週間の所定労働時間が20時間未満であること。
③ 2の事業主の適用事業（申出を行う労働者の1の事業主の適用事業における1週間の所定労働時間が5時間以上であるものに限る。）における1週間の所定労働時間の合計が20時間以上であること。

**B ○** 【①被保険者とその種類、②適用除外等】

設問の通り正しい。設問の者は、週あたりの労働時間が30時間以上であっても、「100日」の期間を定めて季節的に雇用されていたため、4か月以内の期間を定めて季節的に雇用される者として雇用保険法の適用が除外されるが、「引き続き30日間雇用されるに至った場合」には、当初定められた期間と新たに予定された雇用期間が通算して4か月を超えることになるため、その定められた期間を超えた日から被保険者資格を取得する。

根拠 法6-③、38-Ⅰ、H22厚労告154号、20555

**C ×** 【①被保険者とその種類、②適用除外等】

「6か月以上」が誤り。設問の短期雇用特例被保険者が同一の事業主に引き続き「1年以上」雇用されるに至った場合、その「1年以上」雇用されるに至った日以後は、一般被保険者となる。

根拠 20451

**D ×** 【①被保険者とその種類、②適用除外等】

適用区域外の地域にある適用事業であっても、日雇労働の労働市場の状況その他の事情に基づいて厚生労働大臣が指定したものに雇用される被保険者である日雇労働者は、日雇労働被保険者となることができる。また、これに該当しなくても、公共職業安定所長の認可（任意加入の認可）を受けた場合には、日雇労働被保険者となることができる。

根拠 法43-Ⅰ③④

**E ×** 【①被保険者とその種類、②適用除外等】

設問の場合は、原則として一般被保険者等に切り替えられるのであり、公共職業安定所長の認可を受けたときは、その者は、引き続き、日雇労働被保険者となることができる。

根拠 法43-Ⅱ

**解答 B**

## 問題5 択一 実践 教科書 Section 2

チェック欄 1 ／ 2 ／ 3 ／

### 被保険者等

次の記述のうち、誤っているものはどれか。

**A** 厚生労働大臣は、雇用保険法第7条の規定による事業主からの届出若しくは同法第8条の規定による被保険者若しくは被保険者であった者からの請求により、又は職権で、労働者が被保険者となったこと又は被保険者でなくなったことの確認を行うものとする。

**B** 被保険者は、厚生労働大臣に対して被保険者であることの確認の請求を口頭で行うことができる。(H26-4C)

**C** 日雇労働被保険者に関しては、被保険者資格の確認の制度が適用されない。(H29-3C)

**D** 事業主は、事業所を設置したとき、又は事業所を廃止したときは、適用事業所設置（廃止）届に所定の書類を添えてその設置又は廃止の日の翌日から起算して14日以内に、事業所の所在地を管轄する公共職業安定所の長に提出しなければならない。

**E** 事業所が2つに分割された場合は、分割された2の事業所のうち主たる事業所と分割前の事業所とを同一のものとして取り扱い、もう一方の従たる事業所については雇用保険適用事業所設置届の提出を要する。

## 解説

**A ○** 【③被保険者資格の確認】

設問の通り正しい。なお、被保険者又は被保険者であった者は、いつでも、被保険者資格の確認を請求することができるとされている。

根拠 法9－Ⅰ

**B ○** 【③被保険者資格の確認】

設問の通り正しい。被保険者となったこと又は被保険者でなくなったことの確認の請求は、文書又は口頭で行うものとされている。

根拠 法8、則8－Ⅰ

**C ○** 【③被保険者資格の確認】

設問の通り正しい。日雇労働被保険者に関しては、本人に資格取得届の提出義務があるため、確認の制度は適用されない。 根拠 法43－Ⅳ

**D ×** 【④適用事業に関する届出】

設問の適用事業所設置（廃止）届は、設置又は廃止の日の翌日から起算して10日以内に、事業所の所在地を管轄する公共職業安定所の長に提出しなければならない。 根拠 則141－Ⅰ

**E ○** 【④適用事業に関する届出】

設問の通り正しい。なお、設問の場合において、主たる事業所についての届出は不要であるが、事業所の名称、所在地に変更がある場合は、その旨の届出を要することはもちろんである。 根拠 則141－Ⅰ、22101

**解答 D**

## 問題6 択一 実践 教科書 Section 2

チェック欄 1 ／ 2 ／ 3 ／

## 被保険者等

次の記述のうち、誤っているものはどれか。

A 事業主は、その雇用する労働者が当該事業主の行う適用事業に係る被保険者となったことについて、当該事実のあった日の属する月の翌月10日までに、雇用保険被保険者資格取得届に必要に応じ所定の書類を添えて、その事業所の所在地を管轄する公共職業安定所の長に提出しなければならない。

B 公共職業安定所長は、一般被保険者となったことの確認をしたときは、その確認に係る者に雇用保険被保険者証を交付しなければならないが、この場合、被保険者証の交付は、当該被保険者を雇用する事業主を通じて行うことができる。

C 雇用保険被保険者証の交付を受けた者は、当該雇用保険被保険者証を滅失し、又は損傷したときは、雇用保険被保険者証再交付申請書をその者の選択する公共職業安定所長に提出し、雇用保険被保険者証の再交付を受けなければならない。

D 事業主は、その雇用する一般被保険者を当該事業主の一の事業所から他の事業所に転勤させたときは、原則として、当該事実のあった日の翌日から起算して10日以内に、雇用保険被保険者転勤届に必要に応じ所定の書類を添えて、転勤後の事業所の所在地を管轄する公共職業安定所の長に提出しなければならないが、両事業所が同じ公共職業安定所の管轄内にあるときには、当該届出は不要である。(H24-2E改題)

E 事業主は、その雇用する一般被保険者の個人番号（番号法第２条第５項に規定する個人番号をいう。）が変更されたときは、速やかに、個人番号変更届をその事業所の所在地を管轄する公共職業安定所の長に提出しなければならない。

## 解説

**A ○** 【⑤日雇労働被保険者以外の被保険者に関する届出】

設問の通り正しい。 根拠 則6-ⅠⅣⅤ

確認してみよう！ 次の届出や申請（④及び⑤については、事業主を経由して提出する場合に限る。）は、特定法人にあっては、原則として、電子情報処理組織を使用して行うものとされている。

① 雇用保険被保険者資格取得届
② 雇用保険被保険者転勤届
③ 雇用保険被保険者資格喪失届
④ 高年齢雇用継続基本給付金の支給申請
⑤ 育児休業給付金の支給申請

**B ○** 【⑤日雇労働被保険者以外の被保険者に関する届出】

設問の通り正しい。雇用保険被保険者証のほか、雇用保険被保険者離職票、雇用保険被保険者休業開始時賃金証明票、雇用保険被保険者休業・所定労働時間短縮開始時賃金証明票の交付等も、事業主を通じて行うことができる。 根拠 則10-ⅠⅡ

**C ○** 【⑤日雇労働被保険者以外の被保険者に関する届出】

設問の通り正しい。雇用保険被保険者証再交付申請書は、どこの公共職業安定所に申請しても差し支えない。 根拠 則1-Ⅴ④、10-Ⅲ

**D ×** 【⑤日雇労働被保険者以外の被保険者に関する届出】

被保険者の転勤に関する届出は、「両事業所が同じ公共職業安定所の管轄内にあるとき」であっても行わなければならない。 根拠 則13-ⅠⅢ、21752

**E ○** 【⑤日雇労働被保険者以外の被保険者に関する届出】

設問の通り正しい。「番号法第2条第5項に規定する個人番号」とは、いわゆるマイナンバーのことである。 根拠 則14

**解答 D**

## 問題7　択一 実践　教科書 Section 2

## 被保険者等

| チェック欄 | | |
|---|---|---|
| 1 ／ | 2 ／ | 3 ／ |

次の記述のうち、正しいものはどれか。

A　雇用保険被保険者資格喪失届は、当該事実のあった日の当日から起算して10日以内に、事業所の所在地を管轄する公共職業安定所の長に提出しなければならない。

B　事業主は、その雇用する労働者が被保険者でなくなったことの原因が離職である場合は、雇用保険被保険者資格喪失届に雇用保険被保険者離職証明書を添えなければならないが、その者が受給資格等を有しないと認めるときは、当該離職証明書を添えないことができる。

C　事業主がその事業所の所在地を管轄する公共職業安定所長へ雇用保険被保険者資格喪失届を提出する場合、離職の日において59歳以上である被保険者については、当該被保険者が雇用保険被保険者離職票の交付を希望しないときでも離職証明書を添えなければならない。(H26-4A)

D　適用事業の事業主は、その雇用した日雇労働者が日雇労働被保険者に該当するものである場合には、日雇労働被保険者資格取得届を、その事業所の所在地を管轄する公共職業安定所の長に提出しなければならない。

E　管轄公共職業安定所の長は、日雇労働被保険者資格取得届の提出を受けたときは、当該日雇労働被保険者資格取得届に係る者に、雇用保険被保険者証を交付しなければならない。

## 解説

A ✕ 【⑤日雇労働被保険者以外の被保険者に関する届出】

「当日」ではなく、「翌日」である。 根拠 則7-Ⅰ

B ✕ 【⑤日雇労働被保険者以外の被保険者に関する届出】

受給資格等の有無により、雇用保険被保険者離職証明書を添えないことができるとする規定はない。 根拠 則7-ⅠⅢ

C ○ 【⑤日雇労働被保険者以外の被保険者に関する届出】

設問の通り正しい。事業主は、雇用保険被保険者資格喪失届を提出する際に当該被保険者が雇用保険被保険者離職票の交付を希望しないときは、離職証明書（雇用保険被保険者離職証明書）を添えないことができるが、離職の日において59歳以上である被保険者については、この限りでないとされている。 根拠 則7-Ⅲ

D ✕ 【⑥日雇労働被保険者に関する届出】

日雇労働被保険者資格取得届は、「日雇労働者本人」が、「管轄公共職業安定所（その者の住所又は居所を管轄する公共職業安定所）の長」に提出しなければならない。 根拠 則71-Ⅰ

E ✕ 【⑥日雇労働被保険者に関する届出】

管轄公共職業安定所の長は、日雇労働被保険者資格取得届の提出を受けたとき（当該日雇労働被保険者資格取得届を提出した者が日雇労働者及び日雇労働被保険者に該当すると認められる場合に限る。）は、当該日雇労働被保険者資格取得届を提出した者に、「雇用保険被保険者証」ではなく、「日雇労働被保険者手帳」を交付しなければならない。 根拠 則73-Ⅰ

**解答 C**

## 問題8 選択 基本 教科書 Section 2

チェック欄 1／ 2／ 3／

# 被保険者等

次の文中の［　］の部分を選択肢の中の適当な語句で埋め、完全な文章とせよ。

1　被保険者であって、季節的に雇用されるもののうち次の(1)及び(2)のいずれにも該当しない者（［A］を除く。）を［B］という。

(1)　［C］以内の期間を定めて雇用される者

(2)　1週間の所定労働時間が20時間以上30時間未満である者

2　［A］が前2月の各月において［D］以上同一の事業主の適用事業に雇用された場合又は同一の事業主の適用事業に［E］以上雇用された場合において、厚生労働省令で定めるところにより公共職業安定所長の認可を受けたときは、その者は、引き続き、［A］となることができる。

選択肢

| | | |
|---|---|---|
| A | ①　日雇特例被保険者<br>③　短期雇用特例被保険者 | ②　日雇労働被保険者<br>④　短時間労働被保険者 |
| B | ①　日雇特例被保険者<br>③　短期雇用特例被保険者 | ②　日雇労働被保険者<br>④　短時間労働被保険者 |
| C | ①　3箇月<br>③　6箇月 | ②　4箇月<br>④　1年 |
| D | ①　17日<br>③　24日 | ②　18日<br>④　26日 |
| E | ①　通算して30日<br>③　継続して30日 | ②　通算して31日<br>④　継続して31日 |

## 解答

【①被保険者とその種類】

A ② 日雇労働被保険者
B ③ 短期雇用特例被保険者
C ② 4箇月
D ② 18日
E ④ 継続して31日

根拠 法38-Ⅰ、43-Ⅱ、H22厚労告154号

## 解説

《A、D、Eについて》

問題文1のAだけで考えてもわからない場合には、問題文2のAに注目してみよう。Aは、前2月の各月において［②18日］（D）以上同一の事業主の適用事業に雇用された場合又は同一の事業主の適用事業に［④継続して31日］（E）以上雇用された場合には、本来Aではなくなる（一般被保険者などに切り替えられる）のだが、「公共職業安定所長の認可」を受けたときは、「その者は、引き続き［ A ］となることができる」とあることから、Aには［②日雇労働被保険者］が入ることがわかる。なお、［①日雇特例被保険者］とは、健康保険法3条2項の被保険者のことである。

《Bについて》

問題文1の「季節的に雇用されるもの」というキーワードから、［③短期雇用特例被保険者］が入ることを確認しておこう。

## 問題9　選択　基本　教科書 Section 2

チェック欄　1 ／　2 ／　3 ／

# 被保険者等

次の文中の［　　］の部分を選択肢の中の適当な語句で埋め、完全な文章とせよ。

1　事業主は、その雇用する労働者が離職により当該事業主の行う適用事業に係る被保険者でなくなったことについて、当該事実のあった日［A］に、雇用保険被保険者資格喪失届に、雇用保険［B］を添えて、［C］公共職業安定所の長に提出しなければならない。

2　事業主は、上記1により当該雇用保険被保険者資格喪失届を提出する際に当該被保険者が雇用保険［D］の交付を希望しないときは、雇用保険［B］を添えないことができる。ただし、離職の日において［E］である被保険者については、この限りでない。

**選択肢**

| | | | |
|---|---|---|---|
| ① | 被保険者手帳 | ② | の属する月の末日まで |
| ③ | 被保険者離職票 | ④ | の属する月の翌月10日まで |
| ⑤ | 受給資格確認票 | ⑥ | 被保険者離職証明書 |
| ⑦ | 受給資格者証 | ⑧ | 被保険者資格証明書 |
| ⑨ | 受給資格証明書 | ⑩ | 当該事業主の選択する |
| ⑪ | の翌日から起算して10日以内 | ⑫ | 被保険者証 |
| ⑬ | の翌日から起算して14日以内 | ⑭ | 30歳未満 |
| ⑮ | その事業所の所在地を管轄する | ⑯ | 59歳以上 |
| ⑰ | その者の住所又は居所を管轄する | ⑱ | 60歳未満 |
| ⑲ | 厚生労働省職業安定局長の定める | ⑳ | 64歳以上 |

## 解答

【⑤日雇労働被保険者以外の被保険者に関する届出】

A　⑪　の翌日から起算して10日以内
B　⑥　被保険者離職証明書
C　⑮　その事業所の所在地を管轄する
D　③　被保険者離職票
E　⑯　59歳以上

根拠 則7－ⅠⅢ

## 解説

《B、Dについて》

受給資格者（一般被保険者であった者）が、基本手当を受けるためには、離職後、管轄公共職業安定所に出頭し、求職の申込みをしなければならない。この際に提出するのが、離職時に交付された雇用保険［③被保険者離職票］（離職票）であるが、この離職票の作成のもととなるのが雇用保険［⑥被保険者離職証明書］である。したがって、事業主は、被保険者が離職により資格喪失する際には、原則として、雇用保険被保険者資格喪失届に雇用保険［⑥被保険者離職証明書］（B）を添えて手続を行わなければならないが、当該被保険者が雇用保険［③被保険者離職票］（D）の交付を希望しないときは、原則としてこの添付を省略することができる。

## 問題10 択一 基本 教科書 Section 3

チェック欄 1 ／ 2 ／ 3 ／

## 失業等給付、求職者給付 I

次の記述のうち、正しいものはどれか。

A 失業等給付は、求職者給付、就職促進給付及び雇用継続給付の３種類に大別される。

B 就職困難者（雇用保険法第22条第２項に規定する厚生労働省令で定める理由により就職が困難なものをいう。以下同じ。）が失業している場合、離職の日以前２年間に被保険者期間が通算して12か月以上なくても、離職の日以前１年間に被保険者期間が通算して６か月以上あれば、その離職の理由を問わず、基本手当を受けることができる。

C 事業主の命により離職の日以前外国の子会社に出向していたため日本での賃金の支払いを引き続き５年間受けていなかった者は、基本手当の受給資格を有さない。

D 最後に被保険者となった日前に、当該被保険者が特例受給資格を取得したことがあっても、当該特例受給資格に係る離職の日以前における被保険者であった期間は、被保険者期間に含めることができる。

E 被保険者が平成26年４月１日に就職し、同年９月25日に離職したとき、同年４月１日から４月25日までの間に賃金の支払の基礎になった日数が11日以上あれば、被保険者期間は６か月となる。（H26-1E）

## 解説

**A ×** 【①失業等給付の種類】

失業等給付は、求職者給付、就職促進給付、教育訓練給付及び雇用継続給付の4種類に大別される。 根拠 法10-Ⅰ

**B ×** 【②受給資格】

「その離職の理由を問わず」が誤り。設問のような受給要件の特例が認められるのは、その離職の理由が倒産・解雇等離職者又は特定理由離職者に該当する場合である。 根拠 法13-ⅠⅡ、50101

**C ○** 【②受給資格】

設問の通り正しい。受給要件の緩和により算定対象期間が延長されたとしても、その期間が4年を超えることはない。したがって、設問の場合は「算定対象期間に被保険者期間がない」こととなり、基本手当の受給資格を有することはない。 根拠 法13-Ⅰ、50152、50153

**D ×** 【②受給資格】

被保険者期間を計算する場合において、最後に被保険者となった日前に、当該被保険者が受給資格、高年齢受給資格又は特例受給資格を取得したことがある場合には、当該受給資格、高年齢受給資格又は特例受給資格に係る離職の日以前における被保険者であった期間は、被保険者期間に含めないこととされている。 根拠 法14-ⅠⅡ①

**E ×** 【②受給資格】

設問の場合、平成26年4月1日から4月25日までの期間は2分の1か月の被保険者期間として計算される。したがって、設問の者の被保険者期間は最長でも5.5か月であり、「6か月」となることはない。 根拠 法14-Ⅰ

**解答 C**

## 問題11 択一 応用 教科書 Section 3

## 失業等給付、求職者給付 I

チェック欄 1 ／ 2 ／ 3 ／

次の記述のうち、誤っているものはどれか。なお、AからCの者は受給資格者であり、就職困難者以外の者とする。

A　基本手当の受給資格に係る離職が、その者を雇用していた事業主の事業について発生した倒産（破産手続開始、再生手続開始、更生手続開始又は特別清算開始の申立てその他厚生労働省令で定める事由に該当する事態をいう。）又は当該事業主の適用事業の縮小若しくは廃止に伴うものである者として厚生労働省令で定めるものは、特定受給資格者となる。

B　解雇（自己の責めに帰すべき重大な理由によるものを除く。）その他の厚生労働省令で定める理由により離職した者は、特定受給資格者となる。

C　期間の定めのある労働契約の期間が満了し、かつ、当該労働契約の更新がないこと（その者が当該更新を希望したにもかかわらず、当該更新についての合意が成立するに至らなかった場合に限る。）その他のやむを得ない理由により離職したものとして厚生労働省令で定める者は、特定受給資格者となる。

D　被保険者期間は、被保険者であった期間のうち、当該被保険者でなくなった日又は各月においてその日に応当し、かつ、当該被保険者であった期間内にある日（その日に応当する日がない月においては、その月の末日。以下「喪失応当日」という。）の各前日から各前月の喪失応当日までさかのぼった各期間（原則として、賃金の支払の基礎となった日数が11日以上であるものに限る。）を1箇月として計算する。

E　雇用保険法第9条の規定による被保険者となったことの確認があった日の2年前の日前における被保険者であった期間は、原則として、被保険者期間の計算の対象となる被保険者であった期間に算入しない。

## 解説

**A ○** 【②受給資格】

設問の通り正しい。設問は、いわゆる倒産等による離職者に関する条文である。なお、受給資格者が倒産等による離職者に該当する場合であっても、就職困難者に該当する場合には、特定受給資格者とならない。

根拠 法23-Ⅱ①

**B ○** 【②受給資格】

設問の通り正しい。設問は、いわゆる解雇等による離職者に関する条文である。なお、受給資格者が解雇等による離職者に該当する場合であっても、就職困難者に該当する場合には、特定受給資格者とならない（上記Aと同様である。）。

根拠 法23-Ⅱ②

**C ×** 【②受給資格】

設問の者は、必ずしも特定受給資格者とならない。なお、設問の者のうち、倒産・解雇等離職者以外の者は、特定理由離職者となる。根拠 法13-Ⅲ

**D ○** 【②受給資格】

設問の通り正しい。なお、当該被保険者となった日からその日後における最初の喪失応当日の前日までの期間の日数が15日以上であり、かつ、原則として、当該期間内における賃金の支払の基礎となった日数が11日以上であるときは、当該期間を２分の１箇月の被保険者期間として計算する。

根拠 法14-Ⅰ

**E ○** 【②受給資格】

設問の通り正しい。なお、特例対象者にあっては、「２年前の日」が「被保険者の負担すべき労働保険料の額に相当する額がその者に支払われた賃金から控除されていたことが明らかである時期のうち最も古い時期として厚生労働省令で定める日」となる。

根拠 法14-Ⅱ②

**解答 C**

## 問題12 択一 基本 教科書 Section 3

チェック欄 1 ／ 2 ／ 3 ／

# 失業等給付、求職者給付 I

次の記述のうち、誤っているものはどれか。

A　失業の認定を受けようとする受給資格者は、離職後、厚生労働省令で定めるところにより、公共職業安定所に出頭し、求職の申込みをしなければならない。

B　受給資格者は、失業の認定を受けようとするときは、失業の認定日に、管轄公共職業安定所に出頭し、失業認定申告書に雇用保険被保険者離職票を添えて提出した上、職業の紹介を求めなければならない。

C　公共職業安定所長の指示した公共職業訓練等を受ける受給資格者に係る失業の認定は、1月に1回、直前の月に属する各日（既に失業の認定の対象となった日を除く。）について行うものとする。

D　管轄公共職業安定所の長は、失業の認定に当たっては、雇用保険法施行規則第22条第1項の規定により受給資格者から提出された失業認定申告書に記載された求職活動の内容を確認するものとする。

E　受給資格者が、疾病又は負傷のために公共職業安定所に出頭することができなかった場合において、その期間が継続して15日未満であるときは、証明書を提出することによって失業の認定を受けることができる。

## 解説

**A ○** 【③受給手続】

設問の通り正しい。なお、厚生労働省令では、「基本手当の支給を受けようとする者（未支給給付請求者を除く。）は、管轄公共職業安定所に出頭し、雇用保険被保険者離職票に所定の書類を添えて提出しなければならない。」と規定している。 根拠 法15-Ⅱ

**B ×** 【③受給手続】

失業認定申告書に添えるのは、「雇用保険被保険者離職票」ではなく、「雇用保険受給資格者証」である。 根拠 則22-Ⅰ

**C ○** 【③受給手続】

設問の通り正しい。なお、失業の認定は、求職の申込みを受けた公共職業安定所において、受給資格者が離職後最初に出頭した日から起算して４週間に１回ずつ直前の28日の各日について行うものとされており、設問は公共職業訓練等を受ける場合の特例である。 根拠 法15-Ⅲただし書、則24-Ⅰ

**D ○** 【③受給手続】

設問の通り正しい。 根拠 法15-Ⅴ、則28の２-Ⅰ

> 確認してみよう！ 失業の認定が行われるためには、前回の認定日から今回の認定日の前日までに、原則として２回以上の求職活動を行った実績があることが必要となる。

**E ○** 【③受給手続】

設問の通り正しい。設問の場合において、失業の認定を受けようとするときは、その理由がやんだ後における最初の失業の認定日に管轄公共職業安定所に出頭し、医師その他診療を担当した者の証明書を雇用保険受給資格者証に添えて提出しなければならない。 根拠 法15-Ⅳ①

**解答 B**

CH４ 雇用保険法

## 問題13 択一 実践 教科書 Section 3

チェック欄 1 ／ 2 ／ 3 ／

## 失業等給付、求職者給付 I

次の記述のうち、誤っているものはどれか。

A　受給資格者は、失業の認定日に、民間の職業紹介事業者の紹介に応じて求人者に面接するために公共職業安定所に出頭することができなかったときは、その理由を記載した証明書を提出することによって、公共職業安定所に出頭しなくても、失業の認定を受けることができる。(H25-2イ)

B　受給資格者が、職業に就くためその他やむを得ない理由のため所定の失業の認定日に管轄公共職業安定所に出頭することができない場合には、その旨を管轄公共職業安定所の長に申し出ることにより、失業の認定日を変更することができる。

C　基本手当は、厚生労働省令で定めるところにより、4週間に1回、失業の認定を受けた日分を支給するものとする。ただし、厚生労働大臣は、公共職業安定所長の指示した公共職業訓練等を受ける受給資格者その他厚生労働省令で定める受給資格者に係る基本手当の支給について別段の定めをすることができる。

D　管轄公共職業安定所の長は、やむを得ない理由があると認めるときは、受給資格者の申出により管轄公共職業安定所において基本手当を支給することができる。

E　受給資格者（口座振込受給資格者を除く。）が疾病、負傷、就職その他やむを得ない理由によって、支給日に管轄公共職業安定所に出頭することができないときは、その代理人が当該受給資格者に支給されるべき基本手当の支給を受けることができる。(H25-2エ)

## 解説

**A** ×　【③受給手続】

設問の場合には、証明書による失業の認定を受けることはできない。

根拠 法15-Ⅳ

確認してみよう！　公共職業安定所の紹介に応じて求人者に面接するために公共職業安定所に出頭することができなかったときは、その理由を記載した証明書を提出することによって、失業の認定を受けることができる。

**B** ○　【③受給手続】

設問の通り正しい。　根拠 則23-Ⅰ①

確認してみよう！　変更の申出は、原則として、事前になされなければならないが、変更理由が突然生じた場合、失業の認定日前に就職した場合等であって、事前に変更の申出を行わなかったことについてやむを得ない理由があると認められるときは、次回の所定の失業の認定日の前日までに申し出て、変更の取扱いを受けることができる。

**C** ○　【③受給手続】

設問の通り正しい。　根拠 法30-Ⅰ

確認してみよう！　公共職業安定所長の指示した公共職業訓練等を受ける受給資格者に係る基本手当は、１月に１回支給するものとされている。

**D** ○　【③受給手続】

設問の通り正しい。基本手当は、受給資格者に対し、受給資格者の預金又は貯金への振込みの方法（口座振込）により支給するが、設問はその例外規定である。　根拠 則45-Ⅰ

**E** ○　【③受給手続】

設問の通り正しい。　根拠 則46-Ⅰ

確認してみよう！　代理人による「失業の認定」は原則として認められていないが、代理人による「基本手当の受給」は認められている。

**解答　A**

## 問題14 択一 基本 教科書 Section 3

チェック欄 1／ 2／ 3／

## 失業等給付、求職者給付 I

次の記述のうち、正しいものはどれか。

A　雇用保険法において「賃金」とは、賃金、給料、手当、賞与その他名称のいかんを問わず、労働の対償として事業主が労働者に支払うもの（通貨以外のもので支払われるものを除く。）をいう。

B　賃金日額は、算定対象期間において被保険者期間として計算された最後の6か月間に支払われた賃金（臨時に支払われる賃金及び3か月を超える期間ごとに支払われる賃金を除く。以下同じ。）の総額をその期間の総日数で除して得た額とする。

C　賃金が、労働した日若しくは時間によって算定される者に係る賃金日額は、原則として、算定対象期間において被保険者期間として計算された最後の6か月間に支払われた賃金の総額を当該最後の6か月間に労働した日数で除して得た額の100分の60に相当する額が最低保障される。

D　賃金日額の最高限度額は45歳以上60歳未満が最も高いが、最低限度額は年齢に関わりなく一律である。(H26-3イ)

E　受給資格に係る離職日に満30歳である受給資格者の基本手当の日額は、原則として、その者について計算される賃金日額に、100分の80から100分の60までの範囲で厚生労働省令により定める率を乗じて得た金額である。

## 解説

**A ×** 【④基本手当の日額】

「通貨以外のもので支払われるものを除く」ではなく、「通貨以外のもので支払われるものであって、厚生労働省令で定める範囲外のものを除く」である。通貨以外のもので支払われるものであって、厚生労働省令で定める範囲のもの（食事、被服及び住居の利益のほか、公共職業安定所長が定めるもの）は、賃金とされる。 根拠 法４－Ⅳ、則２－Ⅰ

**B ×** 【④基本手当の日額】

「その期間の総日数」で除すのではなく、「180」で除して得た額である。

根拠 法17－Ⅰ

**C ×** 【④基本手当の日額】

「100分の60」ではなく、「100分の70」に相当する額が最低保障される。

根拠 法17－Ⅱ①

**D ○** 【④基本手当の日額】

設問の通り正しい。賃金日額の最高限度額は受給資格に係る離職の日の年齢に応じて４段階（60歳以上65歳未満、45歳以上60歳未満、30歳以上45歳未満、30歳未満）に定められており、45歳以上60歳未満が最も高く設定されているが、最低限度額については、その年齢にかかわりなく一律である。 根拠 法17－Ⅳ、Ｒ３厚労告283号

**E ×** 【④基本手当の日額】

設問の場合に賃金日額に乗じる率の範囲は、100分の80から「100分の50」である。なお、受給資格に係る離職日（基準日）における年齢が60歳以上65歳未満の受給資格者について、賃金日額に乗じる率の範囲は、100分の80から100分の45である。 根拠 法16－Ⅰ

**解答 D**

## 問題15 択一 実践 教科書 Section 3

チェック欄 1 ／ 2 ／ 3 ／

# 失業等給付、求職者給付 I

次の記述のうち、正しいものはどれか。

A　雇用保険被保険者離職証明書に当該被保険者の賃金額を記載するに当たっては、年３回、業績に応じて支給される賞与は除外しなければならない。

B　事業主が労働の対償として労働者に住居を供与する場合、その住居の利益は賃金日額の算定対象に含まない。(H26-3オ)

C　受給資格に係る離職の日において45歳の受給資格者Ａと、受給資格に係る離職の日において60歳の受給資格者Ｂが、それぞれの年齢区分に応じて定められている賃金日額の最高限度額の適用を受ける場合、Ｂの基本手当の日額はＡの基本手当の日額よりも多くなる。

D　受給資格者が失業の認定に係る期間中に自己の労働によって収入を得た場合、その収入の１日分に相当する額から雇用保険法第19条第２項に定める額（以下「控除額」という。）を控除した額と基本手当の日額との合計額が賃金日額の100分の80に相当する額を超えないときは、基本手当の日額に100分の80を乗じ、基礎日数を乗じて得た額を支給する。

E　厚生労働大臣は、年度の平均給与額が直近の控除額が変更された年度の前年度の平均給与額を超え、又は下るに至った場合においては、その上昇し、又は低下した比率を基準として、その翌年度の４月１日以後の控除額を変更しなければならない。

## 解説

**A ○** 【④基本手当の日額】

設問の通り正しい。年3回までの賞与は、「3か月を超える期間ごとに支払われる賃金」に該当し、賃金日額の算定の基礎には含まれないので、雇用保険被保険者離職証明書に記載する賃金額から除かれる。

根拠 法17-Ⅰカッコ書、則7-Ⅰ、則様式第5号

**B ×** 【④基本手当の日額】

設問の住居は「労働の対償」として供与されており、その住居の利益は「賃金に算入すべき通貨以外のもので支払われるもの」と解釈できることから、賃金日額の算定対象に含まれる。

根拠 法4-Ⅳ、17-Ⅰ、則2-Ⅰ、50403、50501

**C ×** 【④基本手当の日額】

「45歳以上60歳未満」のAの方が「60歳以上65歳未満」のBよりも賃金日額の最高限度額が高く、基本手当の日額の計算においても、Aは「賃金日額の最高限度額×100分の50」となるのに対し、Bは「賃金日額の最高限度額×100分の45」となるので、Aの基本手当の日額のほうが多くなる。

根拠 法16、17-Ⅳ②、R3厚労告283号

**D ×** 【④基本手当の日額】

設問の場合、「基本手当の日額に基礎日数（収入の基礎となった日数）を乗じて得た額」が支給される（基本手当の日額に100分の80を乗じるということはない。）。

根拠 法19-Ⅰ①

**E ×** 【④基本手当の日額】

設問の場合においては、その上昇し、又は低下した比率を基準として、その翌年度の8月1日以後の控除額を変更しなければならない。

根拠 法19-Ⅱ

**解答 A**

問題16 択一 基本 教科書 Section 3

チェック欄 1 ／ 2 ／ 3 ／

## 失業等給付、求職者給付 I

次の記述のうち、正しいものはどれか。なお、本問以降において「基準日」とは、基本手当の受給資格に係る離職の日のことである。

**A** 特定受給資格者や就職困難者に該当しない一般の受給資格者であって、算定基礎期間が10年である者の場合、基準日における年齢にかかわらず、基本手当の所定給付日数は90日である。

**B** 基準日に満62歳で、算定基礎期間が25年である特定受給資格者の場合、基本手当の所定給付日数は240日である。

**C** 算定基礎期間が1年未満の就職困難者である受給資格者の場合、基準日における年齢にかかわらず、基本手当の所定給付日数は90日である。

**D** 基準日に満46歳で、算定基礎期間が24年の特定受給資格者の場合、基本手当の所定給付日数は240日である。

**E** 受給資格者が、当該受給資格に係る離職をした事業主Aのところで雇用される6か月前まで、他の事業主Bに被保険者として雇用されていた場合、Bでの離職により基本手当又は特例一時金の受給資格を得ていたならば、現実にそれらの支給を受けていなくても、Bで被保険者であった期間は、今回の基本手当の算定基礎期間として通算されない。

## 解説

**A ×** 【⑤所定給付日数】

設問の「90日」は、正しくは「120日」である。 根拠 法22-Ⅰ②

**B ○** 【⑤所定給付日数】

設問の通り正しい。基準日における年齢が60歳以上65歳未満で、算定基礎期間が20年以上の特定受給資格者に係る基本手当の所定給付日数は、240日である。 根拠 法23-Ⅰ①イ

**C ×** 【⑤所定給付日数】

設問の「90日」は、正しくは「150日」である。 根拠 法22-Ⅱ

**D ×** 【⑤所定給付日数】

設問の「240日」は、正しくは「330日」である。 根拠 法23-Ⅰ②イ

**E ×** 【⑤所定給付日数】

設問の場合、Bでの離職により基本手当又は特例一時金の受給資格を得ていたとしても、現実にそれらの支給を受けていなければ、Bで被保険者であった期間は、算定基礎期間として通算される。 根拠 法22-Ⅲ

**解答 B**

## 問題17 択一 実践 教科書 Section 3

チェック欄 1 ／ 2 ／ 3 ／

# 失業等給付、求職者給付 I

次の記述のうち、誤っているものはどれか。なお、本問において延長給付は考慮しないものとする。

A　基準日において50歳であり、算定基礎期間が1年の就職困難者である受給資格者については、受給期間は、原則として、基準日の翌日から起算して1年に60日を加えた期間である。

B　基準日において55歳であって算定基礎期間が25年である者が特定受給資格者である場合、基本手当の受給期間は基準日の翌日から起算して1年に30日を加えた期間となる。(H26-2エ)

C　受給資格者がその受給期間内に再就職して再び離職した場合で、当該再就職によって特例受給資格を取得したときは、前の受給資格に係る受給期間内であれば、その受給資格に基づく基本手当の残日数分を受給することができる。(H24-3B)

D　基本手当の受給期間中に妊娠、出産、育児その他厚生労働省令で定める理由により引き続き30日以上職業に就くことができない場合、当該職業に就くことができない日数を所定の受給期間に加算することができるが、その加算された期間が4年を超えるときは、4年とされる。

E　受給資格者であって、当該受給資格に係る離職の理由が60歳以上の定年に達したことによるものであるものが、当該離職後一定の期間求職の申込みをしないことを希望する場合の受給期間延長の申出は、原則として、当該申出に係る離職の日の翌日から起算して2か月以内にしなければならない。

## 解説

**A ○** 【⑥受給期間】

設問の通り正しい。受給期間が１年に60日を加えた期間となるのは、基準日において45歳以上65歳未満であって、算定基礎期間が１年以上の就職困難者（所定給付日数が360日の受給資格者）である。

根拠 法20-Ⅰ②、22-Ⅱ①

**B ○** 【⑥受給期間】

設問の通り正しい。基準日において45歳以上60歳未満であって算定基礎期間が20年以上の特定受給資格者の場合、基本手当の受給期間は、原則として、基準日の翌日から起算して１年に30日を加えた期間となる。

根拠 法20-Ⅰ③、23-Ⅰ②イ

**C ×** 【⑥受給期間】

受給資格者が、その受給資格に係る受給期間内に新たに受給資格、高年齢受給資格又は「特例受給資格」を取得したときは、その取得した日以後においては、前の受給資格に基づく基本手当は、支給されない。

根拠 法20-Ⅲ

**D ○** 【⑥受給期間】

設問の通り正しい。なお、「厚生労働省令で定める理由」には、①疾病又は負傷（傷病手当の支給を受ける場合における当該傷病手当に係る疾病又は負傷を除く。）、②①に掲げるもののほか、管轄公共職業安定所の長がやむを得ないと認めるものがある。

根拠 法20-Ⅰカッコ書

**E ○** 【⑥受給期間】

設問の通り正しい。なお、設問の手続は、受給期間延長申請書に雇用保険被保険者離職票を添えて管轄公共職業安定所の長に提出することによって行う。

根拠 法20-Ⅱ、則31の２-Ⅰ、31の３-ⅠⅡ

**解答 C**

## 問題18 選択 基本 教科書 Section 3

チェック欄 1 ／ 2 ／ 3 ／

# 失業等給付、求職者給付 I

次の文中の［　　］の部分を選択肢の中の適当な語句で埋め、完全な文章とせよ。

1　基本手当の支給を受けようとする者（未支給給付請求者を除く。）は、離職後、管轄公共職業安定所に出頭し、雇用保険［ A ］を提出するとともに、［ B ］をしなければならない。

2　管轄公共職業安定所の長は、雇用保険［ A ］を提出した者が、受給資格を有すると認めたときは、失業の認定を受けるべき日を定め、その者に知らせるとともに、雇用保険［ C ］に必要な事項を記載した上、交付しなければならない。

3　受給資格者は、失業の認定を受けようとするときは、失業の認定日に、管轄公共職業安定所に出頭し、失業認定申告書に雇用保険［ C ］を添えて提出した上、［ D ］なければならない。

4　失業の認定は、［ B ］を受けた公共職業安定所において、原則として、受給資格者が［ E ］から起算して4週間に1回ずつ直前の28日の各日について行うものとする。

選択肢

①　求人に応募し　②　受給資格者証　③　受給資格者票
④　求職の申込み　⑤　被保険者手帳　⑥　被保険者証
⑦　基本手当の請求　⑧　公共職業訓練等受講の申込み
⑨　被保険者離職票　⑩　受給資格に係る離職の日の翌日
⑪　待期期間の満了後　⑫　募集情報等提供事業者への登録をし
⑬　被保険者離職証明書　⑭　適性検査の受検の申込み
⑮　被保険者資格喪失届　⑯　受給資格に係る離職の日
⑰　職業の紹介を求め　⑱　職業のあっせんを受け
⑲　離職後最初に出頭した日　⑳　被保険者資格喪失確認通知書

## 解答

【③受給手続】

A ⑨ 被保険者離職票
B ④ 求職の申込み
C ② 受給資格者証
D ⑰ 職業の紹介を求め
E ⑲ 離職後最初に出頭した日

根拠 法15-ⅡⅢ、則19-ⅠⅢ、22-Ⅰ

## 解説

基本手当の受給手続の流れと、手続に際して提出が必要な書類をしっかりと整理しておこう。離職後、最初に管轄公共職業安定所に出頭し、［④求職の申込み］（B）をすることになるが、この際に提出が必要なのは雇用保険［⑨被保険者離職票］（A）であり、受給資格があると認められた場合に交付されるのは雇用保険［②受給資格者証］（C）である。その後は、原則として［⑲離職後最初に出頭した日］（E）から起算して４週間に１回ずつ出頭し、失業の認定を受けることになるが、その際には、すでに交付を受けている［②受給資格者証］（C）を提出して、［⑰職業の紹介を求め］（D）ることになる。

問題19　選択　基本　教科書 Section 3

チェック欄　1 ／　2 ／　3 ／

## 失業等給付、求職者給付 I

次の文中の□の部分を選択肢の中の適当な語句で埋め、完全な文章とせよ。

1　基準日における年齢が[A]であって、算定基礎期間が1年以上の就職困難者である受給資格者に対する基本手当の所定給付日数は360日であり、基本手当の受給期間は、原則として1年に[B]を加えた期間である。

2　基準日における年齢が[C]であって、算定基礎期間が20年以上の[D]に対する基本手当の所定給付日数は[E]であり、基本手当の受給期間は、原則として1年に30日を加えた期間である。

選択肢

| | | |
|---|---|---|
| A | ① 30歳未満<br>③ 30歳以上45歳未満 | ② 45歳以上60歳未満<br>④ 45歳以上65歳未満 |
| B | ① 45日<br>③ 90日 | ② 60日<br>④ 120日 |
| C | ① 30歳未満<br>③ 30歳以上45歳未満 | ② 45歳以上60歳未満<br>④ 45歳以上65歳未満 |
| D | ① 特定受給資格者<br>③ 特定理由離職者 | ② 特例受給資格者<br>④ 特例対象者 |
| E | ① 240日<br>③ 300日 | ② 270日<br>④ 330日 |

## 解答

【⑤所定給付日数、⑥受給期間】

A　④　45歳以上65歳未満
B　②　60日
C　②　45歳以上60歳未満
D　①　特定受給資格者
E　④　330日

根拠 法20-Ⅰ②③、22-Ⅱ①、23-Ⅰ②イ

## 解説

《B、Eについて》

基本手当の受給期間の問題である。「受給期間」とは、基本手当の支給を受けることができる期間をいい、原則として受給資格に係る離職の日の翌日から起算して1年間とされている。離職から求職の申込みまでの期間や待期、自己の労働による収入があった場合など基本手当の支給を受けることができない期間も勘案し、余裕をみて、1年間で受給できる基本手当の日数の限度を「300日」と設定していると考えてみるとよいだろう。すると、所定給付日数が「360日」の者については、「300日＋60日」で受給期間は1年に［②60日］（B）を加えた期間、所定給付日数が［④330日］（E）の者については、「300日＋30日」で受給期間は1年に30日を加えた期間と考えることができる。

## 問題20 択一 基本 教科書 Section 4

## 求職者給付Ⅱ

| チェック欄 | | |
|---|---|---|
| 1 ／ | 2 ／ | 3 ／ |

次の記述のうち、誤っているものはどれか。

A　公共職業安定所長が、その指示した一定の公共職業訓練等を受け終わってもなお就職が相当程度に困難であると認めた一定の受給資格者については、訓練延長給付の対象となるが、その給付日数は、30日から支給残日数を差し引いた日数が限度とされている。

B　全国延長給付は、連続する4月間の各月における基本手当の支給を受けた受給資格者の数を、当該受給資格者の数に当該各月の末日における一般被保険者の数を加えた数で除して得た率が、それぞれ100分の3となる場合には、支給されることがある。(H25-3D改題)

C　広域延長給付を受けている受給資格者については、その者について訓練延長給付が行われることとなった場合であっても、当該広域延長給付が終わった後でなければ訓練延長給付は行われない。

D　個別延長給付の上限日数は、特定受給資格者であって、心身の状況が厚生労働省令で定める基準に該当する者については、受給資格に係る離職の日において35歳以上60歳未満で算定基礎期間が20年以上である者を除き、60日である。

E　特定理由離職者、特定受給資格者又は就職が困難な受給資格者のいずれにも該当しない受給資格者は、個別延長給付を受けることができない。

(R2-3B)

## 解説

**A ○** 【①延長給付】

設問の通り正しい。なお、設問の場合には、受給期間もその日数分延長される。 根拠 法24-Ⅱ、令5-Ⅰ

**B ×** 【①延長給付】

全国延長給付が行われるためには、少なくとも設問の率（基本手当の受給率）が100分の4を超えていることが必要である。 根拠 法27-Ⅰ、令7-Ⅰ①

**C ○** 【①延長給付】

設問の通り正しい。設問の者の場合は、引き続き広域延長給付が優先して行われ、広域延長給付が終わった後に訓練延長給付が行われる。

根拠 法28-Ⅰ

確認してみよう！ 一の受給資格者について2以上の延長給付の措置がとられる場合には、個別延長給付・地域延長給付⇒広域延長給付⇒全国延長給付⇒訓練延長給付の順に行われる。

**D ○** 【①延長給付】

設問の通り正しい。 根拠 法24の2-Ⅰ①、Ⅲ①

確認してみよう！ 設問の者（特定受給資格者であって、心身の状況が厚生労働省令で定める基準に該当する者）であって、受給資格に係る離職の日において35歳以上60歳未満で算定基礎期間が20年以上である者の個別延長給付の上限日数は、30日である。

**E ○** 【①延長給付】

設問の通り正しい。なお、個別延長給付の適用対象者となるのは、就職が困難な受給資格者以外の受給資格者のうち、特定理由離職者（希望に反して契約更新がなかったことにより離職した者に限る。）若しくは特定受給資格者又は就職が困難な受給資格者であって、一定の要件に該当するものである。 根拠 法24の2-Ⅰ Ⅱ

**解答 B**

## 問題21 択一 基本 教科書 Section 4

## 求職者給付Ⅱ

チェック欄 1／ 2／ 3／

次の記述のうち、正しいものはどれか。なお、設問の公共職業訓練等については、その期間が2年を超えるものを除くものとする。

A　技能習得手当には、受講手当、通所手当及び寄宿手当の3種類がある。
(H24-4エ)

B　寄宿手当は、受給資格者が、公共職業安定所長の指示した公共職業訓練等を受けるため、その者により生計を維持されている同居の親族（婚姻の届出をしていないが、事実上その者と婚姻関係と同様の事情にある者を含む。）と別居して寄宿する場合に、その寄宿する期間について支給する。

C　受講手当は、受給資格者が公共職業安定所長の指示した公共職業訓練等を受けた日であって、基本手当の支給対象となる日に支給されるものであり、当該受給資格者が、内職収入による減額計算により基本手当が支給されないこととなる日については、支給されない。

D　受講手当の日額は、500円とし、90日分を限度として支給するものとする。

E　通所手当は月額で支給され、公共職業訓練等を受ける期間に属さない日がある月であっても、減額されることはない。

## 解説

**A** ×　　【②基本手当以外の一般被保険者に係る求職者給付】

技能習得手当は、「受講手当及び通所手当」とされており、「寄宿手当」はこれに含まれていない。　根拠 法10-Ⅱ、則56

**B** ○　　【②基本手当以外の一般被保険者に係る求職者給付】

設問の通り正しい。なお、寄宿手当の月額は、10,700円とするが、受給資格者が親族と別居して寄宿していない日、公共職業訓練等を受ける期間に属さない日などのある月の寄宿手当の月額は、その日数のその月の現日数に占める割合を10,700円に乗じて得た額を減じた額（日割計算した額）とする。　根拠 法36-Ⅱ

**C** ×　　【②基本手当以外の一般被保険者に係る求職者給付】

当該受給資格者が内職収入による減額計算により基本手当が支給されないこととなる日は、基本手当の支給の対象となる日に含まれるので、設問の場合には、受講手当が支給される。　根拠 法36-Ⅰ、則57-Ⅰ

**D** ×　　【②基本手当以外の一般被保険者に係る求職者給付】

受講手当の日額は、500円とし、40日分を限度として支給するものとされている。　根拠 則57

**E** ×　　【②基本手当以外の一般被保険者に係る求職者給付】

通所手当は月額で支給されるが、設問の「公共職業訓練等を受ける期間に属さない日」や「基本手当の支給の対象となる日（基本手当の減額の規定により基本手当が支給されないこととなる日を含む。）以外の日」、「受給資格者が、天災その他やむを得ない理由がないと認められるにもかかわらず、公共職業訓練等を受けなかった日」がある月については、寄宿手当と同様に日割減額が行われる。　根拠 則59-Ⅴ

**解答　B**

CH 4 雇用保険法

# 問題22　択一　基本　教科書 Section 4

## 求職者給付Ⅱ

次のアからオの記述のうち、誤っているものの組合せは、後記AからEまでのうちどれか。なお、ウにおいて「支給日」とは基本手当を支給すべき日のことである。

**ア**　求職の申込後に疾病又は負傷のために公共職業安定所に出頭することができない場合において、その期間が継続して15日未満のときは、証明書により失業の認定を受け、基本手当の支給を受けることができるので、傷病手当は支給されない。(H28-2イ)

**イ**　傷病手当の日額は、雇用保険法第16条の規定による基本手当の日額に100分の80を乗じて得た額である。(H28-2エ)

**ウ**　傷病手当の支給に係る雇用保険法第37条第１項の認定は、原則として、受給資格者が当該職業に就くことができない理由がやんだ後における最初の支給日（口座振込受給資格者にあっては、支給日の直前の失業の認定日）までに受けなければならない。

**エ**　雇用保険法第37条第１項の認定を受けた受給資格者が、当該認定を受けた日について、健康保険法の規定による傷病手当金の支給を受けることができる場合には、傷病手当は支給されないが、傷病手当の額が健康保険法の傷病手当金の額を上回るときは、その差額が傷病手当として支給される。

**オ**　広域延長給付に係る基本手当を受給中の受給資格者については、傷病手当が支給されることはない。(H24-4ウ)

**A**（アとイ）　**B**（アとウ）　**C**（イとエ）
**D**（ウとオ）　**E**（エとオ）

## 解説

**ア ○**　【②基本手当以外の一般被保険者に係る求職者給付】

設問の通り正しい。　根拠 法15-Ⅳ①、37-Ⅰ、53003

確認してみよう！　傷病手当の支給要件は以下のとおりである。
① 離職後公共職業安定所に出頭し、求職の申込みをしていること
② 疾病又は負傷のため継続して15日以上職業に就くことができないこと
③ ②の状態が①の後において生じたものであること

**イ ×**　【②基本手当以外の一般被保険者に係る求職者給付】

傷病手当の日額は、基本手当の日額に相当する額である。　根拠 法37-Ⅲ

**ウ ○**　【②基本手当以外の一般被保険者に係る求職者給付】

設問の通り正しい。「雇用保険法第37条第1項の認定」とは、「疾病又は負傷のために基本手当の支給を受けることができないことについての認定」である。なお、「支給日」がないときは、「受給期間の最後の日から起算して1か月を経過した日」とされる。　根拠 法37-Ⅰ、則63-Ⅰ

**エ ×**　【②基本手当以外の一般被保険者に係る求職者給付】

雇用保険法37条1項の認定を受けた受給資格者が、当該認定を受けた日について、傷病手当金（健康保険法）、休業補償（労働基準法）、休業（補償）等給付（労働者災害補償保険法）その他これらに相当する給付であって法令等により行われるもののうち政令で定めるものの支給を受けることができる場合には、傷病手当は支給しないとされており、傷病手当の額がこれらの給付の額より上回る場合であっても、傷病手当は支給されない。

根拠 法37-Ⅷ

**オ ○**　【②基本手当以外の一般被保険者に係る求職者給付】

設問の通り正しい。傷病手当が支給される日数は、受給資格者の所定給付日数から当該受給資格に基づき既に基本手当を支給した日数（基本手当の支給があったものとみなされる日数を含む。）を差し引いた日数とされており、延長給付に係る基本手当を受給中の受給資格者については、傷病手当は支給されない。　根拠 法37-Ⅳ、53004

**解答　C（イとエ）**

CH 4 雇用保険法

## 問題23 択一 応用 教科書 Section 5

## 求職者給付Ⅲ

チェック欄 1 ／ 2 ／ 3 ／

次の記述のうち、正しいものはどれか。

**A** 高年齢求職者給付金は、高年齢被保険者が失業した場合において、離職の日以前2年間に、被保険者期間が通算して12か月以上なければ、支給されない。

**B** 高年齢受給資格者が高年齢求職者給付金の受給期限内に高年齢求職者給付金の支給を受けることなく就職した後再び失業した場合（新たに高年齢受給資格又は特例受給資格を取得した場合を除く。）において、当該期間内に公共職業安定所に出頭し、求職の申込みをした上、失業の認定を受けたときは、その者は、当該高年齢受給資格に基づく高年齢求職者給付金の支給を受けることができる。

**C** 高年齢求職者給付金の支給を受けようとする高年齢受給資格者は、公共職業安定所において、離職後最初に出頭した日から起算して4週間に1回ずつ直前の28日の各日について、失業の認定を受けなければならない。

(H29-5D)

**D** 特例高年齢被保険者（雇用保険法第37条の5第1項の規定により高年齢被保険者となった者をいう。）については、全ての適用事業を離職した場合でなければ、高年齢求職者給付金が支給されることはない。

**E** 高年齢受給資格者であるXの当該高年齢受給資格に係る算定基礎期間が15か月である場合、Xが支給を受けることのできる高年齢求職者給付金の額は、基本手当の日額の50日分に相当する額を下回ることはない。

(H24-5B)

## 解説

**A ×** 【①高年齢求職者給付金】

高年齢求職者給付金は、高年齢被保険者が失業した場合において、原則として、離職の日以前1年間に、被保険者期間が通算して6か月以上であったときに、支給される。

根拠 法37の3-Ⅰ

**B ○** 【①高年齢求職者給付金】

設問の通り正しい。なお、高年齢求職者給付金の受給期限は、離職の日の翌日から起算して1年を経過する日とされている。

根拠 法37の3-Ⅱ

**C ×** 【①高年齢求職者給付金】

高年齢求職者給付金の支給を受けようとする高年齢受給資格者は、離職の日の翌日から起算して1年を経過する日までに、管轄公共職業安定所に出頭し、求職の申込みをした上、失業の認定を受けなければならないとされており、また、高年齢求職者給付金は一時金として支給されるので、失業の認定は1回限り行われる。

根拠 法37の4-Ⅴ

**D ×** 【①高年齢求職者給付金】

設問のような規定はない。なお、1つの適用事業のみを離職する場合であっても、高年齢求職者給付金は支給され得るが、その額は、当該適用事業における賃金日額に基づき算出され、賃金日額の最低限度額の適用はない。

根拠 法37の6

**E ×** 【①高年齢求職者給付金】

算定基礎期間が1年以上の高年齢受給資格者であっても、失業の認定があった日から受給期限までの日数が50日に満たない場合には、当該認定のあった日から受給期限までの日数に相当する日数とされるため、高年齢求職者給付金の額は基本手当の日額の50日分に相当する額を下回ることがある。

根拠 法37の4-Ⅰ

**解答 B**

CH 4 雇用保険法

## 問題24 択一 実践 教科書 Section 5

# 求職者給付Ⅲ

チェック欄 1 ／ 2 ／ 3 ／

次の記述のうち、誤っているものはどれか。

A 短期雇用特例被保険者が失業し、特例一時金を受給するための被保険者期間の計算においては、当分の間、当該短期雇用特例被保険者の資格を取得した日の属する月の初日から当該短期雇用特例被保険者の資格を喪失した日の前日の属する月の末日まで引き続き短期雇用特例被保険者として雇用された後当該短期雇用特例被保険者でなくなったものとみなす。

B 特例一時金の支給を受けようとする特例受給資格者は、離職の日の翌日から起算して6か月を経過する日までに、求職の申込みをした上、失業していることについての認定を受けなければならない。

C 特例受給資格に係る離職の日において65歳以上の特例受給資格者に支給する特例一時金の算定に用いる賃金日額の最高限度額には、同日において30歳以上45歳未満の特例受給資格者に適用される賃金日額の最高限度額と同様の額が適用される。

D 特例一時金の支給を受けた者が、失業の認定の翌日に就職したとしても、当該特例一時金を返還する必要はない。

E 特例受給資格者が、当該特例受給資格に基づく特例一時金の支給を受ける前に公共職業安定所長の指示した一定の公共職業訓練等を受ける場合には、特例一時金が支給されず、その者を受給資格者とみなして、当該公共職業訓練等を受け終わる日までの間に限り、求職者給付が支給される。

## 解説

A ○ 【②特例一時金】

設問の通り正しい。短期雇用特例被保険者の被保険者期間はすべて暦月単位で計算される。 根拠 法附則3

B ○ 【②特例一時金】

設問の通り正しい。特例一時金の受給期限は、離職の日の翌日から起算して6か月を経過する日とされている。 根拠 法40-Ⅲ

C × 【②特例一時金】

「30歳以上45歳未満」ではなく、「30歳未満」である。 根拠 法40-Ⅱ

D ○ 【②特例一時金】

設問の通り正しい。特例一時金については、その失業の認定日に失業の状態にあればよいのであり、翌日から就職したとしても返還の必要はない(高年齢求職者給付金も同様)。 根拠 55301

E ○ 【②特例一時金】

設問の通り正しい。なお、設問の公共職業訓練等は、その期間が30日（当分の間は40日）以上2年以内のものに限られ、また、支給される求職者給付は基本手当、技能習得手当及び寄宿手当に限られる。 根拠 法41-Ⅰ

**解答 C**

## 問題25 択一 実践 教科書 Section 6

チェック欄 1 ／ 2 ／ 3 ／

## 求職者給付Ⅳ

次の記述のうち、誤っているものはどれか。

A　日雇労働求職者給付金のいわゆる普通給付は、日雇労働被保険者が失業した日の属する月における失業の認定を受けた日について、その月の前2月間に、その者について納付されている印紙保険料が通算して45日分であるときは、通算して17日分を限度として支給する。

B　日雇労働求職者給付金のいわゆる普通給付の支給に係る失業の認定は、原則として、その者の選択する公共職業安定所において、日々その日について行うものとする。

C　日雇労働求職者給付金の日額は、日雇労働求職者給付金のいわゆる普通給付も、いわゆる特例給付も、現状では7,500円、6,200円及び4,100円の3種類である。(H24-6C)

D　日雇労働求職者給付金の支給を受けることができる者が同時に基本手当の受給資格者である場合においては、基本手当を優先して支給することとし、日雇労働求職者給付金は支給しない。

E　日雇労働求職者給付金のいわゆる特例給付は、原則として、4週間に1回失業の認定を行った日に当該認定に係る日分が支給され、したがって、この場合は、当該認定日に最大で24日分が支給されることになる。

(H24-6D)

## 解説

**A ○** 【①日雇労働求職者給付金】

設問の通り正しい。日雇労働求職者給付金のいわゆる普通給付は、日雇労働被保険者が失業した日の属する月における失業の認定を受けた日について、その月の前２月間に納付されている印紙保険料が通算して44日分以上の場合は、通算して17日分を限度として支給される。 根拠 法50-Ⅰ

**B ○** 【①日雇労働求職者給付金】

設問の通り正しい。普通給付に係る失業の認定は、原則として、「その者の選択する」公共職業安定所において「日々その日」について行われることに注意すること。 根拠 則１-Ⅴ④、75-Ⅰ

**C ○** 【①日雇労働求職者給付金】

設問の通り正しい。日雇労働求職者給付金の日額は、いわゆる普通給付及び特例給付のいずれも、納付された印紙保険料の等級別状況に応じて、第１級給付金（7,500円）から第３級給付金（4,100円）の間で決定される。

根拠 法48、54②、90551、90603

**D ×** 【②基本手当との調整】

日雇労働求職者給付金の支給を受けることができる者が同時に基本手当の受給資格者である場合において、その者が、基本手当の支給を受けたときはその支給の対象となった日については日雇労働求職者給付金を支給せず、日雇労働求職者給付金の支給を受けたときはその支給の対象となった日については基本手当を支給しないこととされており、「基本手当を優先して支給すること」とはされていない。 根拠 法46

**E ○** 【①日雇労働求職者給付金】

設問の通り正しい。日雇労働求職者給付金のいわゆる特例給付は、原則として、４週間に１回失業の認定を行った日に、当該認定に係る日分が支給されるが、各週の最初の不就労日計４日分は除かれるため、最大で24日分が支給されることになる。

根拠 法50-Ⅱ、53-Ⅰ、55-Ⅳ、則76-Ⅰ、79-Ⅰ、90603

**解答 D**

CH 4 雇用保険法

## 問題26 選択

教科書 Section 6

チェック欄 1 ／ 2 ／ 3 ／

# 求職者給付Ⅳ

次の文中の[ ]の部分を選択肢の中の適当な語句で埋め、完全な文章とせよ。

日雇労働被保険者が失業した場合において、次の(1)から(3)のいずれにも該当するときは、その者は、[ A ]公共職業安定所の長に申し出て、特例給付による日雇労働求職者給付金の支給を受けることができる。

(1) 継続する6月間に当該日雇労働被保険者について印紙保険料が各月[ B ]分以上、[ C ]分以上納付されていること。

(2) 上記(1)に規定する継続する6月間（以下「基礎期間」という。）のうち[ D ]間に普通給付又は特例給付による日雇労働求職者給付金の支給を受けていないこと。

(3) 基礎期間の最後の月の翌月以後[ E ]間（申出をした日が当該[ E ]の期間内にあるときは、同日までの間）に普通給付による日雇労働求職者給付金の支給を受けていないこと。

選択肢

| | | | | | |
|---|---|---|---|---|---|
| ① | 1月 | ② | その者の選択する | | |
| ③ | 2月 | ④ | その事業主の選択する | | |
| ⑤ | 3月 | ⑥ | その事業所の所在地を管轄する | | |
| ⑦ | 4月 | ⑧ | その者の住所又は居所を管轄する | | |
| ⑨ | 11日 | ⑩ | 前の4月 | ⑪ | 又は通算して60日 |
| ⑫ | 15日 | ⑬ | 後の4月 | ⑭ | 又は通算して78日 |
| ⑮ | 17日 | ⑯ | 前の5月 | ⑰ | かつ、通算して60日 |
| ⑱ | 26日 | ⑲ | 後の5月 | ⑳ | かつ、通算して78日 |

## 解答

【①日雇労働求職者給付金】

A ⑧ その者の住所又は居所を管轄する
B ⑨ 11日
C ⑳ かつ、通算して78日
D ⑲ 後の５月
E ③ ２月

根拠 法53-Ⅰ、55-Ⅲ、則１-Ⅴ①、78-Ⅰ

## 解説

《日雇労働求職者給付金（特例給付）の支給要件のイメージ》

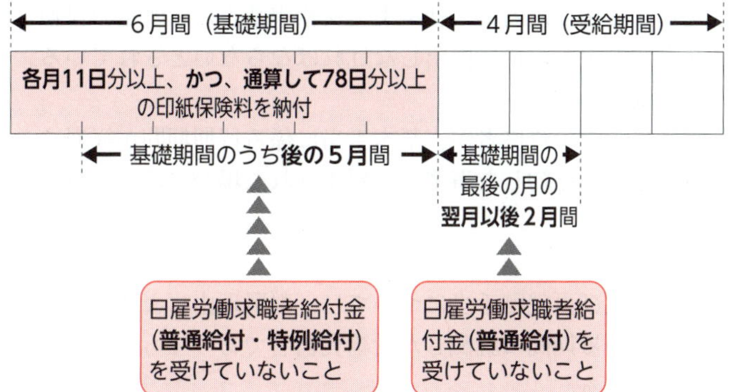


《D、Eについて》

印紙保険料納付要件が問われる「継続する６月間（基礎期間）」について、最初の１月間において日雇労働求職者給付金の支給を受けていたとしても、それは、基礎期間より前の印紙保険料納付要件に基づき支給を受けたものであるので、基礎期間のうち最初の１月間を除く［⑲後の５月］（D）間に普通給付又は特例給付による日雇労働求職者給付金の支給を受けていないことが要件とされている。また、特例給付による日雇労働求職者給付金の「受給期間」となる４月間のうち、最初の［③２月］（E）間について普通給付による日雇労働求職者給付金の支給を受けてしまうと、当該普通給付に係る印紙保険料納付要件が問われる「前２月」と基礎期間の後の２月間（５月目・６月目）が重複してしまうため、基礎期間の最後の月の翌月以後［③２月］間については普通給付による日雇労働求職者給付金の支給を受けていないことが要件とされている。

## 問題27 択一 実践 教科書 Section 7

チェック欄 1 ／ 2 ／ 3 ／

# 就職促進給付

次のアからオまでの記述のうち、正しいものの組合せは、後記AからEまでのうちどれか。

**ア** 基本手当の受給資格者が、所定給付日数の3分の1以上かつ45日以上の支給残日数があったとしても、離職前の事業主に再び雇用されたときは、就業手当を受給することができない。(H26-6A)

**イ** 就業手当の支給を受けようとする受給資格者は、職業に就いた日の翌日から起算して10日以内に、就業手当支給申請書に、所定の書類を添えて管轄公共職業安定所の長に提出しなければならないとされている。

**ウ** 基本手当の受給資格者が、基本手当に係る待期期間が経過する日前に雇入れをすることを約した事業主に雇用された場合には、就業手当は支給されない。

**エ** 就業手当及び再就職手当については、離職理由による基本手当の給付制限を受けている期間に就職した受給資格者であっても、一定の要件を満たせば支給される。

**オ** 所定給付日数が180日である受給資格者が厚生労働省令で定める安定した職業に就いた場合において、当該職業に就いた日の前日における基本手当の支給残日数が140日であるときに受給できる再就職手当の額は、基本手当日額の84日分である。

**A** (アとエ)　**B** (アとオ)　**C** (イとウ)
**D** (ウとエ)　**E** (ウとオ)

## 解説

**ア ○** 【①就業手当】

設問の通り正しい。なお、設問の「離職前の事業主」には、関連事業主（資本等の状況からみて離職前の事業主と密接な関係にある他の事業主をいう。）を含むとされている。 根拠 法56の3－Ⅰ①イ、則82－Ⅰ①

**イ ×** 【①就業手当】

就業手当支給申請書の提出は、基本手当の失業の認定の対象となる日について、当該失業の認定を受ける日にしなければならないとされている。なお、失業の認定日に現に職業に就いている場合の就業手当支給申請書の提出は、当該失業の認定日における失業の認定の対象となる日について、次の失業の認定日の前日までにしなければならないとされている。

根拠 則82の5－Ⅲ

**ウ ×** 【①就業手当】

基本手当の受給資格者が、「求職の申込みをした日前」に雇入れをすることを約した事業主に雇用された場合には、就業手当は支給されない。

根拠 法56の3－Ⅰ①イ、則82－Ⅰ

**エ ○** 【①就業手当、②再就職手当及び就業促進定着手当】

設問の通り正しい。なお、設問の給付制限を受ける場合、待期期間の満了後1か月の期間内の就職については、公共職業安定所又は職業紹介事業者等の紹介によるものであることがその支給要件とされている。また、常用就職支度手当については、給付制限を受けている期間に就職した場合には、支給されない。 根拠 法56の3－Ⅰ①、則82－Ⅰ③

**オ ×** 【②再就職手当及び就業促進定着手当】

設問の場合、当該職業に就いた日の前日における基本手当の支給残日数（140日）が当該受給資格に基づく所定給付日数（180日）の3分の2以上であることから、基本手当日額に支給残日数に相当する日数に10分の7を乗じて得た数（140日×10分の7＝「98」）を乗じて得た額（すなわち基本手当日額の「98」日分）が再就職手当の額となる。 根拠 法56の3－Ⅲ②

**解答 A（アとエ）**

## 問題28 択一 基本 教科書 Section 7

チェック欄 1 ／ 2 ／ 3 ／

## 就職促進給付

次の記述のうち、誤っているものはどれか。

A　就業促進定着手当の額は、再就職手当に係る基本手当日額に支給残日数に相当する日数に10分の４（早期再就職者は10分の３）を乗じて得た数を乗じて得た額が限度とされる。

B　受給資格者は、就業促進定着手当の支給を受けようとするときは、再就職手当の支給に係る職業に就いた日から起算して６か月目に当たる日の翌日から起算して１か月以内に、就業促進定着手当支給申請書を管轄公共職業安定所の長に提出しなければならない。

C　受給資格者が安定した職業に就いた日前３年以内の就職について就業手当を受給したことがある場合であっても、所定の要件を満たせば、再就職手当を受給することが可能である。

D　高年齢求職者給付金の支給を受けた者であっても、当該高年齢受給資格に係る離職の日の翌日から起算して１年を経過していない場合には、所定の要件を満たせば、常用就職支度手当を受給することができる。

E　所定給付日数が300日である受給資格者が厚生労働省令で定める安定した職業に就いた場合において、当該職業に就いた日の前日における基本手当の支給残日数が60日であるときに、受給できる常用就職支度手当の額は基本手当日額の36日分となる。

## 解説

**A ○** 【②再就職手当及び就業促進定着手当】

設問の通り正しい。就業促進定着手当は、再就職手当の支給を受けた者が、再就職先に6か月以上雇用され、再就職先での6か月間の賃金が離職前の賃金よりも低い場合に、就職日の前日における基本手当の支給残日数の40%（早期再就職者は30%）を上限として、低下した賃金の6か月分を支給するものである。

根拠 法56の3-Ⅲ②

---

**B ×** 【②再就職手当及び就業促進定着手当】

「1か月以内」ではなく、「2か月以内」である。 根拠 則83の4-Ⅰ

---

**C ○** 【②再就職手当及び就業促進定着手当】

設問の通り正しい。なお、受給資格者が安定した職業に就いた日前3年以内の就職について就業促進手当（就業手当を除く。）の支給を受けたことがある場合は、再就職手当は支給されない（常用就職支度手当についても同様）。

根拠 法56の3-Ⅱ、則82の4、57052

---

**D ○** 【③常用就職支度手当】

設問の通り正しい。常用就職支度手当については、受給資格者のみならず、高年齢受給資格者（高年齢求職者給付金の支給を受けた者であって、当該高年齢受給資格に係る離職の日の翌日から起算して1年を経過していないものを含む。）、特例受給資格者（特例一時金の支給を受けた者であって、当該特例受給資格に係る離職の日の翌日から起算して6か月を経過していないものを含む。）や日雇受給資格者も、所定の要件を満たせば、支給の対象となる。

根拠 法56の3-Ⅰ②

---

**E ○** 【③常用就職支度手当】

設問の通り正しい。所定給付日数が270日以上の受給資格者に係る常用就職支度手当の額は、基本手当の支給残日数にかかわらず、基本手当日額に90に10分の4を乗じて得た数を乗じて得た額（90×0.4=36）となる。

根拠 法56の3-Ⅲ③イ、則83の6

**解答 B**

CH 4 雇用保険法

## 問題29 択一 基本 教科書 Section 7

チェック欄 1 ／ 2 ／ 3 ／

## 就職促進給付

次の記述のうち、正しいものはどれか。

A　移転費は、受給資格者が公共職業安定所の紹介した職業に就くため、その住所及び居所を変更しなければ、受給することができない。(H26-6C)

B　受給資格者は、移転費の支給を受けようとするときは、移転の日の翌日から起算して10日以内に、移転費支給申請書に雇用保険受給資格者証等を添えて管轄公共職業安定所の長に提出しなければならない。

C　求職活動支援費は、受給資格者等が求職活動に伴い、公共職業安定所長の紹介による広範囲の地域にわたる求職活動を行った場合にのみ、支給される。

D　求職活動支援費の支給対象となる者は、受給資格者のほか、高年齢受給資格者、特例受給資格者とされており、日雇受給資格者はその支給対象とされていない。

E　求職活動支援費の1つである広域求職活動費は、離職理由による給付制限を受けている受給資格者等が公共職業安定所の紹介により広範囲の地域にわたる求職活動（広域求職活動）をする場合であっても、他の要件を満たせば支給される。

## 解説

**A ×** 【④移転費】

移転費は、受給資格者等が公共職業安定所、特定地方公共団体若しくは職業紹介事業者（一定のものを除く）の紹介した職業に就くため、又は公共職業安定所長の指示した公共職業訓練等を受けるため、その住所又は居所を変更する場合において、公共職業安定所長が厚生労働大臣の定める基準に従って必要があると認めたときに、支給される。 根拠 法58-Ⅰ

**B ×** 【④移転費】

受給資格者等は、移転費の支給を受けようとするときは、移転の日の翌日から起算して1か月以内に、移転費支給申請書に雇用保険受給資格者証等を添えて管轄公共職業安定所の長に提出しなければならない。

根拠 則92-Ⅰ

**C ×** 【⑤求職活動支援費】

求職活動支援費は、公共職業安定所長の紹介による広範囲の地域にわたる求職活動を行った場合のほか、公共職業安定所の職業指導に従って行う職業に関する教育訓練の受講その他の活動をした場合や求職活動を容易にするための役務を利用した場合についても、公共職業安定所長が必要があると認めたときは、支給される。 根拠 法59-Ⅰ

**D ×** 【⑤求職活動支援費】

日雇受給資格者についても、求職活動支援費の支給対象とされている。なお、その他の記述は正しい。 根拠 法56の３-Ⅱ、59-Ⅰ

**E ○** 【⑤求職活動支援費】

設問の通り正しい。広域求職活動費は、待期期間又は給付制限期間が経過した後に広域求職活動を開始したときでなければ支給されないが、この「給付制限期間」には「離職理由による給付制限期間」は含まれない。

根拠 法59-Ⅰ①、則95の２-①、96

**解答 E**

CH 4 雇用保険法

## 問題30 選択

教科書 Section 7

チェック欄 1 ／ 2 ／ 3 ／

# 就職促進給付

次の文中の［　　］の部分を選択肢の中の適当な語句で埋め、完全な文章とせよ。

1　就業促進定着手当は、［ A ］の支給を受けた者が［ A ］の支給に係る同一事業主の適用事業にその職業に就いた日から引き続いて［ B ］以上雇用された場合であって、その職業に就いた日から［ B ］間に支払われた賃金を雇用保険法第17条に規定する賃金とみなして算定されることとなる賃金日額に相当する額（以下「みなし賃金日額」という。）が当該［ A ］に係る基本手当日額の算定の基礎となった賃金日額（以下「算定基礎賃金日額」という。）を下回ったときに支給される。

2　就業促進定着手当の額は、算定基礎賃金日額［ C ］得た額に同一事業主の適用事業にその職業に就いた日から引き続いて雇用された［ B ］間のうち［ D ］日数を乗じて得た額とし、当該［ A ］に係る基本手当日額に支給残日数に相当する日数に［ E ］（早期再就職者は10分の３）を乗じて得た数を乗じて得た額を限度とする。

**選択肢**

| | | | | | |
|---|---|---|---|---|---|
| ① | 10分の２ | ② | をみなし賃金日額で除した | | |
| ③ | 10分の４ | ④ | にみなし賃金日額を乗じて | | |
| ⑤ | 10分の５ | ⑥ | にみなし賃金日額を加えて | | |
| ⑦ | 10分の６ | ⑧ | からみなし賃金日額を減じて | | |
| ⑨ | 法定労働 | ⑩ | 実際に労働した | | |
| ⑪ | 所定労働 | ⑫ | 賃金の支払の基礎となった | | |
| ⑬ | 再就職手当 | ⑭ | ２箇月 | ⑮ | ６箇月 |
| ⑯ | 就業手当 | ⑰ | ３箇月 | ⑱ | １年 |
| ⑲ | 常用就職支度金 | ⑳ | 常用就職支度手当 | | |

## 解答

【②再就職手当及び就業促進定着手当】

A ⑬ 再就職手当
B ⑮ 6箇月
C ⑧ からみなし賃金日額を減じて
D ⑫ 賃金の支払の基礎となった
E ③ 10分の4

根拠 法56の3-Ⅲ②、則83の2、83の3

## 解説

《就業促進定着手当の支給要件・支給額のイメージ》

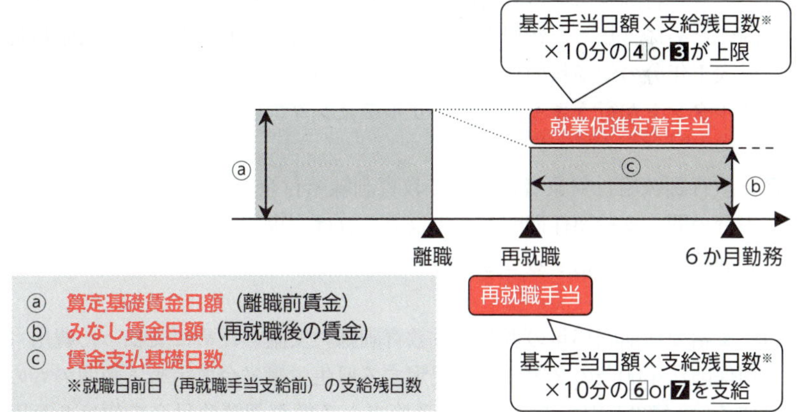


《A、B、Eについて》

就業促進定着手当は、［⑬再就職手当］（A）の支給を受けた者が、再就職先に［⑮6箇月］（B）以上雇用され、再就職先での［⑮6箇月］間の賃金が離職前の賃金よりも低い場合に、再就職日前日における基本手当の支給残日数の「40％」（早期再就職者にあっては、「30％」）を上限として、低下した賃金の［⑮6箇月］分を支給するものである。したがって、Eには［③10分の4］が入ることになる。なお、この上限額の率は、［⑬再就職手当］の支給率が60％であったものについては、「40％」とされ、早期再就職者（就職日前日における基本手当の支給残日数が当該受給資格に基づく所定給付日数の3分の2以上であるもの）については、［⑬再就職手当］の支給率が70％となるので、「30％」とされている。

## 問題31 択一 実践 教科書 Section 8

## 教育訓練給付

チェック欄 1／ 2／ 3／

次の記述のうち、誤っているものはどれか。

A　一般教育訓練に係る教育訓練給付金の支給を受けるためには、当該教育訓練を受け、当該教育訓練を修了したことが必要であるが、当該教育訓練を行った指定教育訓練実施者によりその旨の証明がされていない場合にも、所定の要件を満たすことにより、支給を受けることができる。

(H25-4イ改題)

B　一般教育訓練に係る教育訓練給付金の算定の基礎となる、教育訓練の受講のために支払った費用として認められるのは、原則として、入学料及び最大１年分の受講料のほか、その開始日前１年以内に受けたキャリアコンサルタントが行うキャリアコンサルティングの費用（上限２万円）である。

C　教育訓練給付対象者が初めて教育訓練給付金を受ける場合については、当分の間、支給要件期間が２年以上あれば、専門実践教育訓練に係る教育訓練給付金を受給することができる。

D　支給要件期間15年の者が一般教育訓練の受講のために支払った費用（雇用保険法第60条の２第４項に規定する厚生労働省令で定める範囲のものとする。）が30万円である場合、受給できる教育訓練給付金の額は６万円である。

E　教育訓練給付対象者であって、特定一般教育訓練に係る教育訓練給付金の支給を受けようとするものは、当該特定一般教育訓練を開始する日の１か月前までに、教育訓練給付金及び教育訓練支援給付金受給資格確認票を管轄公共職業安定所の長に提出しなければならない。

## 解説

**A ×** 【①教育訓練給付金】

一般教育訓練に係る教育訓練給付金は、当該教育訓練を行った指定教育訓練実施者により当該教育訓練を修了した旨の証明がされた場合でなければ支給されない。 根拠 法60の2－Ⅰ、則101の2の4－①、101の2の11

**B ○** 【①教育訓練給付金】

設問の通り正しい。なお、一般教育訓練に係る教育訓練給付金の支給申請手続に際しては、特定一般教育訓練や専門実践教育訓練の場合と異なり、キャリアコンサルティングを踏まえて記載した職務経歴等記録書の提出を要しないが、キャリアコンサルティングを受けた場合には、2万円を上限として、一般教育訓練に係る教育訓練給付金の算定の基礎となる、教育訓練の受講のために支払った費用に含めることができる。

根拠 法60の2－Ⅳカッコ書、則101の2の2－Ⅰ⑥カッコ書、101の2の6

**C ○** 【①教育訓練給付金】

設問の通り正しい。過去に教育訓練給付金の支給を受けたことがない場合については、一般教育訓練及び特定一般教育訓練に係る教育訓練給付金の支給要件期間は1年以上、専門実践教育訓練に係る教育訓練給付金の支給要件期間は2年以上とされる。 根拠 法60の2－Ⅰ、法附則11、則附則24

**D ○** 【①教育訓練給付金】

設問の通り正しい。

〈計算式〉30万円×20/100＝6万円

根拠 法60の2－ⅣⅤ、則101の2の7－①、101の2の8－Ⅰ①、101の2の9

**E ○** 【①教育訓練給付金】

設問の通り正しい。なお、特定一般教育訓練に係る教育訓練給付金の支給を受けようとするときは、当該教育訓練給付金の支給に係る特定一般教育訓練を修了した日の翌日から起算して1か月以内に、教育訓練給付金支給申請書を管轄公共職業安定所の長に提出しなければならない。

根拠 則101の2の11の2－Ⅰ

**解答 A**

CH4 雇用保険法

## 問題32 択一 実践 教科書 Section 8

チェック欄 1 ／ 2 ／ 3 ／

# 教育訓練給付

次の記述のうち、誤っているものはどれか。

A　教育訓練給付金は、教育訓練給付対象者が、厚生労働省令で定めるところにより、雇用の安定及び就職の促進を図るために必要な職業に関する教育訓練として厚生労働大臣が指定する教育訓練を受け、当該教育訓練を修了した場合のみならず、当該教育訓練を受けている場合であって厚生労働省令で定める場合も支給され得る。

B　適用事業Aで一般被保険者として2年間雇用されていた者が、Aの離職後傷病手当を受給し、その後適用事業Bに2年間一般被保険者として雇用された場合、当該離職期間が1年以内であり過去に教育訓練給付金の支給を受けていないときには、当該一般被保険者は教育訓練給付金の対象となる。（H27-4オ）

C　専門実践教育訓練のうち栄養士法に規定する管理栄養士養成施設により行われる教育訓練その他の法令の規定により4年の修業年限が規定されている教育訓練（長期専門実践教育訓練）を受講している者であって、所定の要件を満たすものについては、一の支給限度期間ごとに支給する額は224万円が上限とされる。

D　教育訓練給付対象者であって、専門実践教育訓練に係る教育訓練給付金の支給を受けようとする者は、当該専門実践教育訓練を開始した日の翌日から起算して1か月以内に、教育訓練給付金及び教育訓練支援給付金受給資格確認票に所定の書類を添えて管轄公共職業安定所の長に提出しなければならない。

E　離職理由による給付制限により基本手当を支給しないこととされる期間については、教育訓練支援給付金は、支給しない。

## 解説

**A ○** 【①教育訓練給付金】

設問の通り正しい。なお、「教育訓練を受けている場合であって厚生労働省令で定める場合」とは、専門実践教育訓練を受けている場合であって、当該専門実践教育訓練の受講状況が適切であると認められる場合である。根拠 法60の２－Ⅰ

**B ○** 【①教育訓練給付金】

設問の通り正しい。過去に教育訓練給付金の支給を受けたことがない設問の者は、一般教育訓練及び特定一般教育訓練に係る教育訓練給付金の支給要件期間（１年以上）並びに専門実践教育訓練に係る教育訓練給付金の支給要件期間（２年以上）のどちらも満たすことになる。なお、支給要件期間を算定する場合に、基本手当や傷病手当等の支給の有無は影響しないため、設問のように離職期間が１年以内であるときは、その前後の被保険者として雇用された期間（過去に教育訓練給付金の支給を受けたことがあるときは、当該給付金の支給要件期間となった期間を除く。）は通算される。

根拠 法60の２－ⅠⅡ、法附則11、則101の２の７、則附則24

**C ○** 【①教育訓練給付金】

設問の通り正しい。長期専門実践教育訓練を受講する者が一定の要件を満たす場合には、教育訓練給付金の支給総額の上限が160万円（資格取得等及び就職に結びついた場合には224万円）となり、一の支給限度期間ごとに支給する額についても224万円が上限とされる。根拠 則101の２の８－Ⅲ

確認してみよう！ 長期専門実践教育訓練に係る上限額の拡充対象者の要件は次のとおりである。

① 当該長期専門実践教育訓練の基準日から起算して３年が経過していること

② 当該長期専門実践教育訓練の基準日が、支給限度期間の初日であること（長期専門実践教育訓練の受講開始日前10年以内の期間に、別の専門実践教育訓練を受講したことがないこと）

③ 当該長期専門実践教育訓練の基準日から起算して30箇月を経過する日の属する支給単位期間（３年目の後期）における賃金の日額が、基本手当の日額の算定に当たって100分の50（60歳以上65歳未満の者にあっては、100分の45）を乗ずることとされている賃金日額の額のうち最も低額なもの〔12,240円（60歳以上65歳未満11,000円）〕未満であること（高収入の在職者でないこと）

**D ×** 【①教育訓練給付金】

設問の届出は、原則として、当該専門実践教育訓練を開始する日の１か月前までにしなければならないとされている。根拠 則101の２の12－Ⅰ

**E ○** 【②教育訓練支援給付金】

設問の通り正しい。基本手当が支給される期間や基本手当の待期期間、基本手当の給付制限が行われる期間については、教育訓練支援給付金は支給されない。

根拠 法附則11の２－Ⅳ

**解答 D**

問題33 選択 実践 教科書 Section 8

チェック欄 1 ／ 2 ／ 3 ／

## 教育訓練給付

次の文中の［　］の部分を選択肢の中の適当な語句で埋め、完全な文章とせよ。

［ A ］が原則として3年以上である者であって、［ B ］を図るために必要な職業に関する教育訓練のうち中長期的なキャリア形成に資する専門的かつ実践的な教育訓練として［ C ］が指定する教育訓練（以下「専門実践教育訓練」という。）を受け、修了し、当該専門実践教育訓練に係る［ D ］、かつ、一般被保険者又は高年齢被保険者（特例高年齢被保険者を除く。）として雇用された者（一定の者に限る。）又は雇用されている者に支給する教育訓練給付金の額は、当該教育訓練の受講のために支払った費用（一定のものに限る。）の額（当該教育訓練の受講のために支払った費用の額であることについて当該教育訓練に係る指定教育訓練実施者により証明がされたものに限る。）に100分の［ E ］を乗じて得た額（その額が厚生労働省令で定める額を超えるときは、その定める額）とする。

選択肢

| | | |
|---|---|---|
| ① 都道府県知事 | ② 技能講習を受講し | ③ 50 |
| ④ 算定対象期間 | ⑤ 公共職業安定所長 | ⑥ 60 |
| ⑦ 厚生労働大臣 | ⑧ 資格試験を受験し | ⑨ 70 |
| ⑩ 算定基礎期間 | ⑪ 資格の取得等をし | ⑫ 80 |
| ⑬ 職業に就き | ⑭ 雇用状態の是正及び雇用機会の増大 | |
| ⑮ 被保険者期間 | ⑯ 厚生労働省職業能力開発局長 | |
| ⑰ 失業の予防 | ⑱ 雇用の安定及び就職の促進 | |
| ⑲ 支給要件期間 | ⑳ 生活及び雇用の安定 | |

## 解答

【①教育訓練給付金】

A ⑲ 支給要件期間
B ⑱ 雇用の安定及び就職の促進
C ⑦ 厚生労働大臣
D ⑪ 資格の取得等をし
E ⑨ 70

根拠 法60の2－ⅠⅣ、則101の2の7－②③

## 解説

《Aについて》

［⑲支給要件期間］とは、基準日（教育訓練開始日）を離職の日とみなして算定した算定基礎期間に相当する期間（被保険者であった期間）と考えて差し支えないが、基準日前に教育訓練給付金の支給を受けたことがあるときは、当該給付金に係る基準日（過去に受けた教育訓練給付金に係る教育訓練開始日）前の被保険者であった期間が除かれる（基本手当等の支給の有無は関係ない）点が［⑩算定基礎期間］や［⑮被保険者期間］などとは異なることに留意しておこう。

《Bについて》

教育訓練給付金は、基準日に一般被保険者又は高年齢被保険者である者のほか、基準日が当該基準日の直前の一般被保険者又は高年齢被保険者でなくなった日から原則１年の期間内にあるものも支給対象になる。教育訓練給付金の支給を行うことが、現役の一般被保険者又は高年齢被保険者にとっては「雇用の安定」につながり、また、一般被保険者又は高年齢被保険者であった者については「就職の促進」につながるというイメージから［⑱雇用の安定及び就職の促進］を選べるとよいだろう。

問題34 択一 応用 教科書 Section 9

チェック欄 1 ／ 2 ／ 3 ／

## 雇用継続給付、育児休業給付

次の記述のうち、正しいものはどれか。

A　高年齢雇用継続給付が支給されるのは、一般被保険者（高年齢被保険者、短期雇用特例被保険者及び日雇労働被保険者以外の被保険者）に限られる。

B　60歳に達した日に算定基礎期間に相当する期間が5年に満たない者が、その後継続雇用され算定基礎期間に相当する期間が5年に達した場合、他の要件を満たす限り算定基礎期間に相当する期間が5年に達する日の属する月から65歳に達する日の属する月まで高年齢雇用継続基本給付金が支給される。(R元-6A)

C　受給資格者が当該受給資格に基づく基本手当の支給を受けたことがなければ、傷病手当の支給を受けたことがあっても、高年齢雇用継続基本給付金の支給を受けることができる。

D　高年齢雇用継続基本給付金を受ける者が、その支給対象月において介護休業給付金の支給に係る休業を開始した場合は、高年齢雇用継続基本給付金は支給されない。

E　高年齢再就職給付金の支給要件を満たす者が64歳で再就職し、当該再就職をした日の前日における基本手当の支給残日数が200日以上である場合には、再就職日の属する月から当該再就職日の翌日から起算して2年を経過する日が属する月までの期間、高年齢再就職給付金が支給される。

解説

A ✕ 【①高年齢雇用継続基本給付金、②高年齢再就職給付金】

高年齢雇用継続給付は、一般被保険者のほか、高年齢被保険者にも支給され得る。高年齢雇用継続給付は、所定の要件を満たせば65歳に達する日の属する月まで支給されるので、高年齢雇用継続給付の支給対象となる被保険者には「高年齢被保険者」も含まれる。 根拠 法61-ⅠⅡ、61の2-ⅠⅡ

B ○ 【①高年齢雇用継続基本給付金】

設問の通り正しい。なお、この場合の賃金低下に係る要件は、60歳到達時の賃金ではなく、算定基礎期間相当期間が5年に達した時の賃金と、その後の賃金とが比較されることになる。 根拠 法61-ⅠⅡ、59011、59012

C ✕ 【①高年齢雇用継続基本給付金、Sec 4 ②基本手当以外の一般被保険者に係る求職者給付】

傷病手当の支給を受けたことがある場合には、傷病手当を支給した日数に相当する日数分の「基本手当」を支給したものとみなされるため、高年齢雇用継続基本給付金の支給を受けることはできない。なお、他の要件を満たせば、高年齢再就職給付金の支給を受けることはできる。根拠 法37-Ⅵ、61-Ⅰ

D ✕ 【①高年齢雇用継続基本給付金】

設問の場合であっても、高年齢雇用継続基本給付金が支給され得る場合があるので誤りである。「支給対象月」とは、被保険者が60歳に達した日の属する月から65歳に達する日の属する月までの期間内にある月（その月の初日から末日まで引き続いて、被保険者であり、かつ、介護休業給付金又は育児休業給付金の支給を受けることができる休業をしなかった月に限る。）をいう、とされており、その月の初日から末日まで引き続いて介護休業給付金の支給を受けることができる休業をした場合でなければ、支給対象月となり得る（高年齢再就職給付金に係る再就職後の支給対象月においても同様）。 根拠 法61-Ⅱ

E ✕ 【②高年齢再就職給付金】

設問の場合における高年齢再就職給付金は、再就職日の属する月から65歳に達する日の属する月までの期間内の再就職後の支給対象月について支給される。 根拠 法61の2-Ⅱ

解答 B

# 問題35 択一 実践

教科書 Section 9

チェック欄 1 ／ 2 ／ 3 ／

## 雇用継続給付、育児休業給付

次の記述のうち、正しいものはどれか。なお、本問から問題37までにおいて「被保険者」とは、短期雇用特例被保険者及び日雇労働被保険者以外の被保険者のことである。

A　みなし賃金日額に30を乗じて得た額が42万円である被保険者の支給対象月の所定の賃金月額が32万円である場合、負傷による欠勤により賃金額が8万円減額されたときは、その月について高年齢雇用継続基本給付金として3万6千円が支給される。

B　再就職後の支給対象月における高年齢再就職給付金の額として算定された額が、基本手当の受給資格者について定められた賃金日額の最低限度額を超えないときは、当該再就職後の支給対象月については、高年齢再就職給付金は支給されない。

C　被保険者は、初めて高年齢雇用継続基本給付金の支給を受けようとするときは、最初の支給対象月の初日から起算して2か月以内に、原則として、高年齢雇用継続給付受給資格確認票・(初回) 高年齢雇用継続給付支給申請書に雇用保険被保険者六十歳到達時等賃金証明書等の書類を添えて、事業主を経由してその事業所の所在地を管轄する公共職業安定所の長に提出しなければならない。

D　高年齢再就職給付金に係る初回の支給申請手続にあたっては、その支給申請書に雇用保険被保険者六十歳到達時等賃金証明書を添える必要はない。

E　60歳に達した日以後安定した職業に就き、再就職手当の支給を受けた者であっても、所定の要件を満たせば、同一の就職につき、高年齢再就職給付金が支給されることがある。

## 解説

**A ×** 【①高年齢雇用継続基本給付金】

支給対象月において、負傷により支払を受けることができなかった賃金がある場合には、その支払を受けたものとみなして賃金額を算定するため、設問の場合の支給対象月の賃金額は32万円となり、みなし賃金日額に30を乗じて得た額（42万円）の100分の75（31万５千円）以上であるので、高年齢雇用継続基本給付金は支給されない。 根拠 法61-Ⅰ、則101の３-②

**B ×** 【②高年齢再就職給付金】

再就職後の支給対象月における高年齢再就職給付金の額として算定された額が、基本手当の受給資格者について定められた賃金日額の最低限度額の100分の80に相当する額を超えないときは、当該再就職後の支給対象月については、高年齢再就職給付金は支給されない。 根拠 法61-Ⅵ、61の２-Ⅲ

**C ×** 【①高年齢雇用継続基本給付金】

「２か月以内」ではなく、「４か月以内」である。 根拠 則101の５-Ⅰ

**D ○** 【②高年齢再就職給付金】

設問の通り正しい。高年齢再就職給付金の支給対象者は基本手当の支給を受けたことがある受給資格者であり、高年齢再就職給付金の支給要件の判定及び支給額の算定に用いる基本手当の日額の算定の基礎となった賃金日額は、雇用保険被保険者離職証明書で確認できるため、雇用保険被保険者六十歳到達時等賃金証明書は必要ない。 根拠 則101の７-Ⅰ

**E ×** 【②高年齢再就職給付金】

再就職手当の支給を受けた者に高年齢再就職給付金が支給されることはない。高年齢再就職給付金の支給を受けることができる者が、同一の就職につき再就職手当の支給を受けることができる場合において、その者が再就職手当の支給を受けたときは高年齢再就職給付金を支給せず、高年齢再就職給付金の支給を受けたときは再就職手当を支給しないとされている。

根拠 法61の２-Ⅳ

**解答**  D

CH４ 雇用保険法

## 問題36 択一 基本 教科書 Section 9

## 雇用継続給付、育児休業給付

チェック欄 1／ 2／ 3／

次のアからオの記述のうち、正しいものの組合せは、後記AからEまでのうちどれか。

**ア** 被保険者が介護休業について介護休業給付金の支給を受けたことがある場合において、当該被保険者が同一の対象家族について3回以上の介護休業をした場合における3回目以後の介護休業については、介護休業給付金は支給されない。

**イ** 被保険者が介護休業について介護休業給付金の支給を受けたことがある場合において、同一の対象家族について当該被保険者がした介護休業ごとに、当該介護休業を開始した日から当該介護休業を終了した日までの日数を合算して得た日数が93日に達した日後の介護休業については、介護休業給付金は支給されない。

**ウ** 介護休業給付金は、一支給単位期間において公共職業安定所長が就業をしていると認める日数が10日を超える場合であっても、公共職業安定所長が就業をしていると認める時間が80時間以下であれば、支給され得る。

**エ** 介護休業給付金又は育児休業給付金の額の算定に用いる休業開始時賃金日額の最高限度額については、当該休業を開始した日における年齢にかかわらず、30歳以上45歳未満の受給資格者に係る賃金日額の最高限度額が適用される。

**オ** 介護休業給付金に係る介護休業の対象となる対象家族の範囲は、被保険者の配偶者（婚姻の届出をしていないが、事実上婚姻関係と同様の事情にある者を含む。）、父母、子及び配偶者の父母並びに被保険者の祖父母、兄弟姉妹及び孫である。

**A**（アとイ）　**B**（アとウ）　**C**（イとオ）
**D**（ウとエ）　**E**（エとオ）

## 解説

**ア ×**　【③介護休業給付金】

被保険者が介護休業について介護休業給付金の支給を受けたことがある場合において、当該被保険者が同一の対象家族について4回以上の介護休業をした場合における4回目以後の介護休業については、介護休業給付金は支給されない。 根拠 法61の4－Ⅵ①

**イ ○**　【③介護休業給付金】

設問の通り正しい。 根拠 法61の4－Ⅵ②

確認してみよう！ 同一の対象家族について受給した介護休業給付金に係る介護休業の回数は3回が限度であり、また、支給日数は通算して93日が限度となる。

**ウ ×**　【③介護休業給付金】

設問のような規定はない。介護休業給付金は、一支給単位期間において公共職業安定所長が就業をしていると認める日数が10日以下でなければ、支給されない。 根拠 則101の16－Ⅰ

**エ ×**　【③介護休業給付金、④育児休業給付金】

介護休業給付金の額の算定に用いる休業開始時賃金日額の最高限度額については、当該休業を開始した日における年齢にかかわらず、45歳以上60歳未満の受給資格者に係る賃金日額の最高限度額が適用される。

根拠 法61の4－Ⅳ、61の7－Ⅴ

**オ ○**　【③介護休業給付金】

設問の通り正しい。なお、「父母」には実父母のみならず養父母も含まれ、「子」には実子のみならず養子も含まれる。 根拠 法61の4－Ⅰ、則101の17

**解答 C（イとオ）**

## 問題37 択一 応用 教科書 Section 9

チェック欄 1 ／ 2 ／ 3 ／

## 雇用継続給付、育児休業給付

次の記述のうち、誤っているものはどれか。

**A** 特例高年齢被保険者（雇用保険法第37条の５第１項の規定により高年齢被保険者となった者をいう。）については、介護休業を全ての適用事業についてした場合に、介護休業給付金の対象となり得る。

**B** 育児休業給付金を受給するためには、少なくとも、当該育児休業を開始した日前１年間に、みなし被保険者期間が通算して６か月以上なければならない。

**C** 育児休業給付金の額の算定の基礎となる支給日数は、支給単位期間の区分に応じて定められており、育児休業を終了した日の属する支給単位期間については暦日数、それ以外の支給単位期間については30日とされている。

**D** 育児休業給付金を受給している被保険者が労働基準法第65条第１項の規定による産前休業をした場合、厚生労働省令で定める特別の事情がなければ育児休業給付金を受給することができなくなる。(H29-6C)

**E** 育児休業給付金に係る支給単位期間に事業主から賃金が支払われた場合において、当該賃金の額が休業開始時賃金日額に支給日数を乗じて得た額の100分の80に相当する額以上であるときは、当該賃金が支払われた支給単位期間については、育児休業給付金は、支給されない。

## 解説

**A** ○ 【③介護休業給付金】

設問の通り正しい。特例高年齢被保険者については、全ての適用事業について介護休業又は育児休業をした場合に、介護休業給付金又は育児休業給付金の対象となり得る。

根拠 法37の6－Ⅰ

**B** × 【④育児休業給付金】

育児休業給付金を受給するためには、少なくとも、当該育児休業を開始した日前2年間（当該休業を開始した日前2年間に疾病、負傷その他厚生労働省令で定める理由により引き続き30日以上賃金の支払を受けることができなかった被保険者については、当該理由により賃金の支払を受けることができなかった日数を2年に加算した期間（その期間が4年を超えるときは、4年間））に、みなし被保険者期間が通算して12か月以上なければならない。

根拠 法61の7－Ⅰ

**C** ○ 【④育児休業給付金】

設問の通り正しい。支給単位期間ごとの支給日数は、原則として30日として計算されるが、当該休業を終了した日の属する支給単位期間の支給日数は、当該支給単位期間における当該休業を開始した日又は休業開始応当日から当該休業を終了した日までの日数（暦日数）で計算される。

根拠 法61の7－Ⅴ

**D** ○ 【④育児休業給付金】

設問の通り正しい。休業終了予定日とされた日までに、育児休業の申出をした被保険者について産前産後休業期間、介護休業期間又は新たな育児休業期間が始まった場合（特別の事情が生じたときを除く。）には、育児休業給付金を受給することができなくなる。

根拠 則101の22－Ⅰ③ハ、59503

**E** ○ 【④育児休業給付金】

設問の通り正しい。なお、事業主から支払われた賃金の額が休業開始時賃金日額に支給日数を乗じて得た額の100分の80未満であるときは、当該賃金の額と育児休業給付金の額の合計額が休業開始時賃金日額に支給日数を乗じて得た額の100分の80を超えないように育児休業給付金の額が調整（減額）される。

根拠 法61の7－Ⅵ

**解答 B**

## 問題38 選択 基本 教科書 Section 9

チェック欄 1 ／ 2 ／ 3 ／

# 雇用継続給付、育児休業給付

次の文中の［　　］の部分を選択肢の中の適当な語句で埋め、完全な文章とせよ。

1　高年齢雇用継続基本給付金は、被保険者（［ A ］を除く。以下本問において同じ。）が［ B ］歳に達した日又は［ B ］歳に達した日後において、算定基礎期間に相当する期間が［ C ］年以上であって、支給対象月に支払われた賃金の額が、みなし賃金日額に30を乗じて得た額の100分の［ D ］に相当する額を下るに至った場合に、当該支給対象月について支給される。ただし、当該支給対象月に支払われた賃金の額が、支給限度額以上であるときは支給されない。

2　上記1において支給対象月とは、被保険者が［ B ］歳に達した日の属する月から［ E ］までの期間内にある月（その月の初日から末日まで引き続いて、被保険者であり、かつ、介護休業給付金又は育児休業給付金の支給を受けることができる休業をしなかった月に限る。）をいう。

選択肢

| | | | | |
|---|---|---|---|---|
| A | ①　高年齢被保険者、短期雇用特例被保険者及び日雇労働被保険者<br>②　短期雇用特例被保険者及び日雇労働被保険者<br>③　高年齢被保険者及び短期雇用特例被保険者<br>④　高年齢被保険者及び日雇労働被保険者 | | | |
| B | ①　55 | ②　59 | ③　60 | ④　65 |
| C | ①　1 | ②　2 | ③　5 | ④　10 |
| D | ①　60 | ②　61 | ③　75 | ④　80 |
| E | ①　65歳に達する日の属する月<br>②　65歳に達する日の属する月の前月<br>③　70歳に達する日の属する月<br>④　70歳に達する日の属する月の前月 | | | |

## 解答

【①高年齢雇用継続基本給付金】

A ② 短期雇用特例被保険者及び日雇労働被保険者
B ③ 60
C ③ 5
D ③ 75
E ① 65歳に達する日の属する月

根拠 法61-ⅠⅡ

## 解説

《A、Eについて》

高年齢雇用継続給付（高年齢雇用継続基本給付金・高年齢再就職給付金）は、原則として一般被保険者がその支給対象となるが、［①65歳に達する日の属する月］（E）まで支給され得ることから、高年齢被保険者もその支給対象となる（一般被保険者が「65歳に達する日の属する月」は、高年齢被保険者に切り替えられるからである。）。したがって、Aには［②短期雇用特例被保険者及び日雇労働被保険者］が入ることになる。

## 問題39 択一 基本 教科書 Section10

## 通則、不服申立て、雑則その他

チェック欄 1／ 2／ 3／

次の記述のうち、正しいものはどれか。

A 失業等給付を受ける権利は、譲り渡し、担保に供し、又は差し押えることができないが、基本手当を受ける権利を独立行政法人福祉医療機構に担保に供する場合は、この限りでない。

B 租税その他の公課は、常用就職支度手当として支給された金銭を標準として課することができる。(H28-7ア)

C 失業等給付の支給を受けることができる者が死亡した場合において、その未支給の失業等給付の支給を受けるべき者（その死亡した者と死亡の当時生計を同じくしていた者に限る。）の順位は、その死亡した者の配偶者（婚姻の届出をしていないが、事実上婚姻関係と同様の事情にあった者を含む。）、子、父母、孫、祖父母又は兄弟姉妹の順序による。(H29-1D)

D 未支給の失業等給付の支給を請求しようとする者は、死亡した受給資格者、高年齢受給資格者、特例受給資格者、日雇受給資格者又は就職促進給付、教育訓練給付金若しくは雇用継続給付の支給を受けることができる者が死亡したことを知った日の翌日から起算して1箇月以内に、未支給失業等給付請求書に所定の書類を添えて死亡者に係る公共職業安定所の長に提出しなければならない。

E 政府は、偽りその他不正の行為により基本手当の支給を受けた者に対して、支給した基本手当の全部又は一部を返還することを命ずるとともに、当該偽りその他不正の行為により支給を受けた基本手当の額の3倍に相当する額以下の金額を納付することを命ずることができる。

## 解説

**A** ×　【①受給権の保護】

「失業等給付を受ける権利は、譲り渡し、担保に供し、又は差し押えることができない」とされ、設問後段のような例外規定はない。　根拠 法11

**B** ×　【①受給権の保護】

「租税その他の公課は、失業等給付として支給を受けた金銭を標準として課することができない」とされており、常用就職支度手当は失業等給付に該当するので、租税その他の公課は、常用就職支度手当として支給を受けた金銭を標準として課することができない。

根拠 法10-ⅠⅣ①、12、56の3-Ⅰ②

**C** ○　【②未支給の失業等給付】

設問の通り正しい。　根拠 法10の3-ⅠⅡ

得点UP！ 未支給給付の請求、不正受給による給付の返還命令・納付命令、受給権の保護及び公課の禁止の規定は、育児休業給付についても準用される。

**D** ×　【②未支給の失業等給付】

「死亡したことを知った日の翌日から起算して1箇月以内」ではなく、「死亡した日の翌日から起算して6箇月以内」である。

根拠 法10の3-Ⅰ、則17の2-Ⅰ

**E** ×　【③不正利得の返還命令等】

政府は、偽りその他不正の行為により失業等給付の支給を受けた者に対して、支給した失業等給付の全部又は一部を返還することを命ずるとともに、当該偽りその他不正の行為により支給を受けた失業等給付の額の2倍に相当する額以下の金額を納付することを命ずることができる（設問の「基本手当」は失業等給付に該当する）。　根拠 法10-ⅠⅡ①、10の4-Ⅰ

**解答 C**

CH 4 雇用保険法

## 問題40 択一 実践 教科書 Section10

## 通則、不服申立て、雑則その他

チェック欄 1 ／ 2 ／ 3 ／

次の記述のうち、誤っているものはどれか。

**A** 受給資格者が偽りの理由によって不正に短期訓練受講費の支給を受けようとしたときには、その受けようとした日以後、当該受給資格に係る基本手当は原則として支給されないが、やむを得ない理由がある場合には、基本手当の全部又は一部が支給されることがある。

**B** 偽りその他不正の行為により求職者給付の支給を受け、又は受けようとした者には、やむを得ない理由がある場合を除き、これらの給付の支給を受け、又は受けようとした日以後、就職促進給付を支給しない。

**C** 日雇労働求職者給付金の支給を受けることができる者が、偽りその他不正の行為により求職者給付又は就職促進給付の支給を受け、又は受けようとしたときは、やむを得ない理由がある場合を除き、その支給を受け、又は受けようとした月及びその月の翌月から3箇月間は、日雇労働求職者給付金を支給しない。

**D** 被保険者が自己の責めに帰すべき重大な理由によって解雇された場合、その者が当該解雇された日の後1か月以上3か月以内の間で公共職業安定所長の定める期間は、基本手当が支給されない。

**E** 被保険者が自己の責に帰すべき重大な理由によって解雇された場合であっても、公共職業安定所長の指示した公共職業訓練の受講開始日以後は、他の要件を満たす限り基本手当が支給される。(H26-7C)

## 解説

**A ○**　【⑤不正受給による給付制限】

設問の通り正しい。偽りその他不正の行為により求職者給付又は就職促進給付の支給を受け、又は受けようとした者には、やむを得ない理由がある場合を除き、これらの給付の支給を受け、又は受けようとした日以後、基本手当を支給しないものとされている。設問の「短期訓練受講費」は就職促進給付の求職活動支援費に該当する。

根拠 法10-Ⅳ③、34-Ⅰ、59-Ⅰ②、則95の2-②

**B ○**　【⑤不正受給による給付制限】

設問の通り正しい。なお、設問の不正受給者が設問の日以後新たに受給資格、高年齢受給資格又は特例受給資格を取得した場合には、その受給資格、高年齢受給資格又は特例受給資格に基づく就職促進給付は支給される。

根拠 法60-Ⅰ

**C ○**　【⑤不正受給による給付制限】

設問の通り正しい。

根拠 法52-Ⅲ

**得点UP!**　日雇労働求職者給付金の支給を受けることができる者が、公共職業安定所の紹介する業務に就くことを拒んだときは、紹介された業務が、その者の能力からみて不適当であると認められるなど正当な理由がある場合を除き、その拒んだ日から起算して7日間は、日雇労働求職者給付金を支給しない。

**D ×**　【⑦離職理由による給付制限】

「当該解雇された日の後」が誤り。設問の給付制限は、待期期間の満了後1か月以上3か月以内の間で公共職業安定所長の定める期間（ただし、公共職業安定所長の指示した公共職業訓練等を受ける期間及び当該公共職業訓練等を受け終わった日後の期間は除く。）について行われる。

根拠 法33-Ⅰ

**E ○**　【⑦離職理由による給付制限】

設問の通り正しい。設問の場合には、離職理由による給付制限が解除される。

根拠 法33-Ⅰただし書

CH 4 雇用保険法

## 問題41 択一 応用 教科書 Section10

### 通則、不服申立て、雑則その他

チェック欄 1／ 2／ 3／

次の記述のうち、誤っているものはどれか。

A　政府は、雇用安定事業として、景気の変動、産業構造の変化その他の経済上の理由により事業活動の縮小を余儀なくされた場合において、労働者を休業させる事業主その他労働者の雇用の安定を図るために必要な措置を講ずる事業主に対して、必要な助成及び援助を行うことができる。

B　政府は、雇用安定事業として、定年の引上げ、継続雇用制度の導入、高年齢者就業確保措置の実施等により高年齢者の雇用を延長し、又は同法に規定する高年齢者等に対し再就職の援助を行い、若しくは高年齢者等を雇い入れる事業主その他高年齢者等の雇用の安定を図るために必要な措置を講ずる事業主に対して、必要な助成及び援助を行うことができる。

C　政府は、被保険者等に関し、職業生活の全期間を通じて、これらの者の能力を開発し、及び向上させることを促進するため、能力開発事業を行うことができるが、この「被保険者等」は被保険者及び被保険者であった者に限られる。

D　都道府県が設置する職業能力開発大学校に対する経費の補助は、能力開発事業の対象に含まれている。

E　政府は、職業能力開発促進法第10条の４第２項に規定する有給教育訓練休暇を与える事業主に対して、必要な助成及び援助を行うことができる。

(H29-7C)

## 解説

**A ○** 【⑧二事業】

設問の通り正しい。 根拠 法62-Ⅰ①

得点UP！ 雇用安定事業として事業主に支給される助成金には、雇用調整助成金、労働移動支援助成金、65歳超雇用推進助成金、地域雇用開発助成金などがある。

**B ○** 【⑧二事業】

設問の通り正しい。設問の事業として、65歳超雇用推進助成金を支給し、及び高年齢者雇用安定法に規定する高年齢者等の雇用に関する技術的事項について、事業主に対し相談その他の援助を行うものとすることなどが規定されている。 根拠 法62-Ⅰ③

**C ×** 【⑧二事業】

雇用保険二事業（雇用安定事業及び能力開発事業）の対象となるのは、「被保険者及び被保険者であった者」に限られず、「被保険者になろうとする者」も対象となり得る。 根拠 法62-Ⅰ、63-Ⅰ

**D ○** 【⑧二事業】

設問の通り正しい。能力開発事業の一つとして「公共職業能力開発施設（公共職業能力開発施設の行う職業訓練を受ける者のための宿泊施設を含む。）又は職業能力開発総合大学校（職業能力開発総合大学校の行う指導員訓練又は職業訓練を受ける者のための宿泊施設を含む。）を設置し、又は運営すること、職業能力開発促進法に規定する職業訓練を行うこと及び公共職業能力開発施設を設置し、又は運営する都道府県に対して、これらに要する経費の全部又は一部の補助を行うこと。」が規定されている。

根拠 法63-Ⅰ②、則127-Ⅰ

**E ○** 【⑧二事業】

設問の通り正しい。なお、「有給教育訓練休暇」とは、職業人としての資質の向上その他職業に関する教育訓練を受ける労働者に対して与えられる有給休暇（労働基準法39条の規定による年次有給休暇として与えられるものを除く。）をいう。 根拠 法63-Ⅰ④

**解答 C**

CH 4 雇用保険法

## 問題42 択一 基本 教科書 Section10

## 通則、不服申立て、雑則その他

チェック欄 1 ／ 2 ／ 3 ／

次の記述のうち、正しいものはいくつあるか。

**ア** 雇用保険法によると、高年齢求職者給付金の支給に要する費用は、国庫の負担の対象とはならない。(H29-5E)

**イ** 高年齢雇用継続基本給付金及び高年齢再就職給付金に要する費用については、国庫負担はない。

**ウ** 教育訓練給付に要する費用については、原則として、その3分の1を国庫が負担するものとされている。

**エ** 国庫は、能力開発事業の1つである就職支援法事業の職業訓練受講給付金の支給について、当該職業訓練受講給付金に要する費用の4分の1を負担する。

**オ** 国庫は、毎年度、予算の範囲内において、雇用保険事業の事務の執行に要する経費を補助することができる。

A 一つ
B 二つ
C 三つ
D 四つ
E 五つ

## 解説

**ア** ○ 【⑨費用の負担】

設問の通り正しい。 根拠 法66-Ⅰ

確認してみよう！ ★給付費に関する国庫負担まとめ

| 給付の種類 | | 負担割合 |
|---|---|---|
| 求職者給付（高年齢求職者給付金を除く） | 日雇労働求職者給付金以外 | 1/4 |
| | 日雇労働求職者給付金 | 1/3 |
| | 広域延長給付受給者に係るもの | 1/3 |
| 介護休業給付金及び育児休業給付金 | | 1/8 |
| 就職支援法事業の職業訓練受講給付金 | | 1/2 |

※当分の間、上記割合の100分の55（平成29年度から令和３年度については上記割合の100分の10）

**イ** ○ 【⑨費用の負担】

設問の通り正しい。**ア**の確認してみよう！を参照のこと。 根拠 法66-Ⅰ

**ウ** × 【⑨費用の負担】

教育訓練給付に要する費用については、国庫負担はない。 根拠 法66、67

**エ** × 【⑨費用の負担】

国庫は、職業訓練受講給付金に要する費用の２分の１（当分の間は、当該２分の１の100分の55に相当する額、平成29年度から令和３年度までの各年度においては、当該２分の１の100分の10に相当する額）を負担するとされている。 根拠 法64、66-Ⅰ⑤、法附則13-Ⅰ、14-Ⅰ

**オ** × 【⑨費用の負担】

国庫は、毎年度、予算の範囲内において、雇用保険事業の事務の執行に要する経費を負担する。 根拠 法66-Ⅵ

**解答** B（二つ）

CH 4 雇用保険法

問題43 択一 基本 教科書 Section10

チェック欄 1 ／ 2 ／ 3 ／

## 通則、不服申立て、雑則その他

次の記述のうち、誤っているものはどれか。

A　不正受給による失業等給付等の返還命令又は納付命令に不服のある者は、雇用保険審査官に対して審査請求をすることができる。

B　雇用調整助成金の不支給決定に不服のある者は、雇用保険審査官に対して審査請求をすることができる。

C　雇用保険審査官に対する審査請求の決定に不服のある者は、労働保険審査会に対して再審査請求をすることができる。

D　雇用保険法に基づく審査請求及び再審査請求は、時効の完成猶予及び更新に関しては、裁判上の請求とみなされる。

E　雇用保険法第９条の規定による、労働者が被保険者でなくなったことの確認に関する処分が確定したときは、当該処分についての不服を、当該処分に基づく失業等給付等に関する処分についての不服の理由とすることができない。

## 解説

**A ○**　【⑩不服申立て】

設問の通り正しい。　根拠 法69-Ⅰ

確認してみよう！　雇用保険審査官に対する審査請求及び労働保険審査会に対する再審査請求の対象となるのは、次の処分に不服がある者である。

① 被保険者資格の確認の処分
② 失業等給付等に関する処分
③ 不正受給による失業等給付等の返還命令又は納付命令の処分

**B ×**　【⑩不服申立て】

設問の雇用調整助成金のような雇用保険二事業として支給される助成金に関する処分については、雇用保険審査官に対する審査請求の対象とされていない。　根拠 法69-Ⅰ

**C ○**　【⑩不服申立て】

設問の通り正しい。なお、雇用保険審査官の決定について不服がある者は、労働保険審査会に対して再審査請求をすることができるほか、裁判所に処分の取消しの訴えを提起することもできる。　根拠 法69-Ⅰ

**D ○**　【⑩不服申立て】

設問の通り正しい。　根拠 法69-Ⅲ

得点UP！　「時効の完成猶予」とは、時効期間が満了しても、その完成を猶予することをいい、「時効の更新」とは、それまでに経過した時効期間がリセットされ、改めてゼロから起算されることをいう。

**E ○**　【⑩不服申立て】

設問の通り正しい。なお、労働者が被保険者となったことの確認に関する処分が確定したときにも同様に、当該処分についての不服を、当該処分に基づく失業等給付等に関する処分についての不服の理由とすることができない。　根拠 法70

**解答　B**

## 問題44 択一 基本 教科書 Section10

チェック欄 1 ／ 2 ／ 3 ／

### 通則、不服申立て、雑則その他

次の記述のうち、正しいものはどれか。

A　被保険者であった者に係る資格取得の確認の請求をする権利は、離職後2年を経過すれば時効によって消滅する。(H26-4B)

B　事業主及び労働保険事務組合は、雇用保険に関する書類（雇用安定事業又は能力開発事業に関する書類及び労働保険徴収法又は同法施行規則による書類を除く。）をその完結の日から3年間（被保険者に関する書類にあっては、4年間）保管しなければならない。

C　行政庁は、雇用保険二事業に関する規定の施行のため必要があると認めるときは、当該職員に、適用事業所に立ち入り、関係者に対して質問させ、又は帳簿書類の検査をさせることができる。

D　事業主は、労働者が雇用保険法第8条の規定による確認（被保険者となったこと又は被保険者でなくなったことの確認）の請求又は同法第37条の5第1項の規定による申出（特例高年齢被保険者となることの申出）をしたことを理由として、労働者に対して解雇その他不利益な取扱いをしないようにしなければならないが、当該規定の違反に対する罰則は定められていない。

E　法人（法人でない労働保険事務組合を含む。以下同じ。）の代表者又は法人若しくは人の代理人、使用人その他の従業者が、その法人又は人の業務に関して、一定の違反行為をしたときは、行為者を罰するほか、その法人又は人に対しても所定の懲役刑又は罰金刑を科する。

## 解説

**A** ×　【⑪雑則等】

設問の「被保険者であった者に係る資格取得の確認の請求をする権利」について、「離職後２年を経過」することで時効消滅する旨の規定はない。被保険者又は被保険者であった者は、いつでも、被保険者となったこと又は被保険者でなくなったことの確認を請求することができるとされている。

根拠 法８、74

**B** ×　【⑪雑則等】

事業主及び労働保険事務組合は、雇用保険に関する書類（雇用安定事業又は能力開発事業に関する書類及び労働保険徴収法又は同法施行規則による書類を除く。）をその完結の日から２年間（被保険者に関する書類にあっては、４年間）保管しなければならない。

根拠 則143

**C** ○　【⑪雑則等】

設問の通り正しい。行政庁は、雇用保険法の施行のため必要があると認めるときは、当該職員に、適用事業所に立ち入り、関係者に対して質問させ、又は帳簿書類の検査をさせることができるとされており、行政庁の職員には、雇用保険二事業に関してもこの立入検査等の権限が認められている。

根拠 法79-Ⅰ

**D** ×　【⑪雑則等】

設問の場合には、解雇その他不利益な取扱いを「しないようにしなければならない」ではなく、「してはならない（不利益取扱いの禁止）」とされており、当該規定に違反した事業主は、６か月以下の懲役又は30万円以下の罰金に処せられる。

根拠 法73、83-②

**E** ×　【⑪雑則等】

「懲役刑又は罰金刑」を「罰金刑」とすると正しい記述になる。法人の代表者又は法人若しくは人の代理人、使用人その他の従業者が、その法人又は人の業務に関して、法83条から法85条までの各号に掲げる違反行為をしたときは、行為者を罰するほか、その法人又は人に対しても各本条の罰金刑を科するとされている。

根拠 法86-Ⅰ

**解答 C**

## 問題45 選択 実践 教科書 Section10

チェック欄 1 ／ 2 ／ 3 ／

# 通則、不服申立て、雑則その他

次の文中の[ ]の部分を選択肢の中の適当な語句で埋め、完全な文章とせよ。

1　失業等給付の支給を受けることができる者（以下「受給資格者等」という。）が死亡した場合において、その者に支給されるべき失業等給付でまだ支給されていないものがあるときは、その者の死亡の当時その者[ A ]いた一定の遺族は、[ B ]の名で、その未支給の失業等給付の支給を請求することができる。未支給の失業等給付の支給を請求しようとする者は、当該受給資格者等が死亡した日の翌日から起算して[ C ]以内に、未支給失業等給付請求書を[ D ]公共職業安定所の長に提出しなければならない。

2　被保険者となったこと若しくは被保険者でなくなったことの確認、失業等給付等に関する処分又は不正受給による失業等給付等の返還命令若しくは納付命令の処分に不服のある者は、雇用保険審査官に対して審査請求をし、その決定に不服のある者は、[ E ]に対して再審査請求をすることができる。

選択肢

| | | | |
|---|---|---|---|
| ① 法定代理人 | ② 受給資格者等 | | |
| ③ 死亡者に係る | ④ 厚生労働大臣 | | |
| ⑤ 労働保険審査会 | ⑥ 労働政策審議会 | | |
| ⑦ 公共職業安定所長 | ⑧ 都道府県労働局長 | | |
| ⑨ と世帯を同じくして | ⑩ と生計を同じくして | | |
| ⑪ により生計を維持して | ⑫ 1箇月 | ⑬ 3箇月 | |
| ⑭ と同居し、かつ、扶養されて | | ⑮ 4箇月 | |
| ⑯ 厚生労働省職業安定局長の定める | | ⑰ 6箇月 | |
| ⑱ その請求しようとする者の選択する | | ⑲ 自己 | |
| ⑳ その請求しようとする者の住所又は居所を管轄する | | | |

## 解答

【②未支給の失業等給付、⑩不服申立て】

A　⑩　と生計を同じくして
B　⑲　自己
C　⑰　6箇月
D　③　死亡者に係る
E　⑤　労働保険審査会

根拠 法10の3-Ⅰ、69-Ⅰ、則17の2-Ⅰ

## 解説

《Dについて》

未支給失業等給付請求書の提出先である［③死亡者に係る］公共職業安定所の長とは、例えば、基本手当であれば、原則として、死亡者の死亡の当時における住所又は居所を管轄する公共職業安定所の長、高年齢雇用継続給付であれば、原則として、死亡者の死亡の当時において雇用されていた事業所を管轄する公共職業安定所の長というイメージである。

## 問題46 選択 実践 教科書 Section10

チェック欄 1／ 2／ 3／

# 通則、不服申立て、雑則その他

次の文中の［　　］の部分を選択肢の中の適当な語句で埋め、完全な文章とせよ。

1　雇用保険法第33条によれば、被保険者が［ A ］によって解雇され、又は正当な理由がなく自己の都合によって退職した場合には、同法第21条に規定する待期期間の満了後［ B ］以内の間で公共職業安定所長の定める期間は、基本手当を支給しない。ただし、公共職業安定所長の指示した［ C ］を受ける期間及び当該［ C ］を受け終わった日後の期間については、この限りでない。

2　上記1の規定により基本手当を支給しないこととされる場合において、当該基本手当を支給しないこととされる期間に［ D ］日及び当該受給資格に係る所定給付日数に相当する日数を加えた期間が1年（所定給付日数が360日である受給資格者にあっては、1年に［ E ］日を加えた期間）を超えるときは、当該受給資格者の受給期間は、原則として、当初の基本手当の受給期間に当該超える期間を加えた期間とする。

選択肢

| | | | |
|---|---|---|---|
| ① 7 | ② 技能講習 | ③ 1箇月 | ④ 2箇月 |
| ⑤ 14 | ⑥ 公共職業訓練等 | | ⑦ 1箇月以上3箇月 |
| ⑧ 21 | ⑨ 専門実践教育訓練 | | ⑩ 1箇月以上6箇月 |
| ⑪ 28 | ⑫ キャリアコンサルティング | | |
| ⑬ 30 | ⑭ 自己の責めに帰すべき理由 | | |
| ⑮ 45 | ⑯ 自己の責めに帰すべき重大な理由 | | |
| ⑰ 60 | ⑱ 明示された労働条件が事実と相違すること | | |
| ⑲ 90 | ⑳ 明示された労働条件が事実と著しく相違すること | | |

## 解答

【⑦離職理由による給付制限】

A　⑯　自己の責めに帰すべき重大な理由
B　⑦　1箇月以上3箇月
C　⑥　公共職業訓練等
D　⑧　21
E　⑰　60

根拠 法33-ⅠⅢ、則48の2

## 解説

《Dについて》

問題文2の離職理由による給付制限に伴う受給期間の延長の趣旨は、所定給付日数の多い人が離職理由による給付制限を受けた場合、原則的な受給期間では所定給付日数分の基本手当を受給できなくなってしまうことがあるため、受給期間を延長してその受給を保障しようとするものである。Dでは、受給資格者が、離職後、最初に公共職業安定所に出頭して求職の申込みをするまでの期間や7日の待期期間を考慮して、[⑧21] 日という日数が定められている。

《Eについて》

原則的な受給期間は「1年」、「1年＋30日」又は「1年＋60日」であるが、「1年＋30日」となる者は、所定給付日数が330日の「特定受給資格者」であり、「離職理由による給付制限」を受ける者ではないので、Eには [⑰60] が入ることになる。

# CHAPTER 5
# 労働保険の保険料の徴収等に関する法律

CONTENTS

2 労働保険の保険料の徴収等に関する法律 オリエンテーション

## 過去5年の本試験出題実績

選択は出題された空欄の数、
択一は出題された肢の数です！

| | H29 | | H30 | | R元 | | R2 | | R3 | |
|---|---|---|---|---|---|---|---|---|---|---|
| | 選択 | 択一 | 選択 | 択一 | 選択 | 択一 | 選択 | 択一 | 選択 | 択一 |
| Section1<br>総則、保険関係の成立及び消滅等 | | 5 | | - | | 6 | | 1 | | 5 |
| Section2<br>事業の一括 | | - | | 5 | | - | | 5 | | 5 |
| Section3<br>労働保険料の種類等 | | 5 | | 6 | | 5 | | 7 | | - |
| Section4<br>概算保険料 | | 6 | | 9 | | 2 | | 3 | | 10 |
| Section5<br>確定保険料等 | | 4 | | 5 | | 4 | | 2 | | - |
| Section6<br>メリット制 | | - | | - | | - | | 5 | | - |
| Section7<br>印紙保険料 | | - | | - | | - | | 3 | | - |
| Section8<br>特例納付保険料 | | - | | - | | - | | - | | 5 |
| Section9<br>督促等、不服申立て、雑則その他 | | 5 | | - | | 8 | | 4 | | - |
| Section10<br>労働保険事務組合 | | 5 | | 5 | | 5 | | - | | 5 |

## 傾向分析

●択一式●

労働保険料の申告・納付の手続、保険関係の一括、労働保険事務組合が頻出事項です。これらについては、金額や期限等の数字が論点となることが多いので、きちんと整理しておきたいところです。そのほか、過去の本試験においては、労働保険料の計算問題が出題されたこともありました。本試験では電卓の持ち込みができませんので、本書を利用して、計算問題に解き慣れておくことをお勧めします。なお、近年では、計算式などが問われるようになり、実際に計算することを要する問題は出題されていませんが、計算問題を解くことによって、労働保険料の申告・納付の仕組みを再確認することができるというメリットもあります。

## 最近の法改正トピックス

**●令和４年試験向け改正●**

特にありません。

**●令和３年試験向け改正●**

**●労災保険率の算定方法の改正**

労災保険法に複数事業労働者に対する新たな保険給付が創設されたことに伴い、労災保険率の算定方法に所要の改正が行われました（令和２年９月１日施行）。

## 学習アドバイス

労働保険の保険料の徴収等に関する法律は、労働保険の適用・保険料の徴収の手続をまとめた法律ですので、１つ１つの手続をていねいに覚えていけば、高得点を取ることも可能です。

まずは、概算保険料の申告・納付から確定保険料の申告・納付の流れをきちんと理解し、各手続について、数字に注意して覚えていきましょう。また、平成22年以降の試験要領から、選択式において労働保険の保険料の徴収等に関する法律を出題しないことが記載されていますので、択一式対策に絞って学習しましょう。

## 問題1 択一 基本 教科書 Section 1

## 総則、保険関係の成立及び消滅等

| チェック欄 | | |
|---|---|---|
| 1 ／ | 2 ／ | 3 ／ |

次の記述のうち、誤っているものはどれか。

**A** 国の行う事業（「国の直営事業」及び「労働基準法別表第1に掲げる事業を除く官公署の事業」）については、二元適用事業とはならない。
(H26-雇8C)

**B** 港湾労働法第2条第2号の港湾運送の行為を行う事業は、当該事業を労災保険に係る保険関係及び雇用保険に係る保険関係ごとに別個の事業とみなして労働保険徴収法が適用される。

**C** 事業の期間が予定される事業であっても、その期間が5年を超えるものは、継続事業である。

**D** 建設の事業は、労働保険徴収法において二元適用事業に該当する。

**E** 労働保険徴収法は、労働保険の適用徴収の一元化を目的として制定されたものであるが、都道府県及び市町村の行う事業については、労災保険と雇用保険とで適用労働者の範囲が異なるため、両保険ごとに別個の事業とみなして同法を適用することとしている。(H26-雇8B)

## 解説

**A ○**　【②適用事業の区分】

設問の通り正しい。国の行う事業は、労災保険に係る保険関係が成立する余地がないので、二元適用事業とはならない。　根拠 法39、則70

**B ○**　【②適用事業の区分】

設問の通り正しい。設問の事業は、二元適用事業である。

根拠 法39-Ⅰ、則70-②

得点UP！ 港湾労働法における「港湾」とは、東京、横浜、名古屋、大阪、神戸及び関門の港湾をいい、「港湾労働法第2条第2号の港湾運送の行為を行う事業」とは、当該港湾における港湾労働法施行令別表で定める区域で港湾運送の行為を行う事業をいう。

**C ×**　【②適用事業の区分】

設問のような規定はない。事業の期間が予定される事業は、その期間の長さにかかわらず有期事業である。　根拠 法7-②

**D ○**　【②適用事業の区分】

設問の通り正しい。　根拠 法39-Ⅰ、則70-④

確認してみよう！ ★二元適用事業

① 都道府県及び市町村の行う事業
② 都道府県に準ずるもの及び市町村に準ずるものの行う事業
③ 港湾労働法に規定する港湾運送の行為を行う事業
④ 農林、畜産、養蚕又は水産の事業（船員が雇用される事業を除く）
⑤ 建設の事業

**E ○**　【②適用事業の区分】

設問の通り正しい。都道府県及び市町村の行う事業は、二元適用事業である。　根拠 法39-Ⅰ

**解答 C**

## 問題2 択一 基本 教科書 Section 1

## 総則、保険関係の成立及び消滅等

| チェック欄 | | |
|---|---|---|
| 1 ／ | 2 ／ | 3 ／ |

次の記述のうち、誤っているものはどれか。

**A** 労働保険の保険関係は、適用事業の事業主が、その事業が開始された日から10日以内に保険関係成立届を所轄労働基準監督署長又は所轄公共職業安定所長に提出することによって成立する。(H25-災9B)

**B** 一元適用事業であって労働保険事務組合に労働保険事務の処理を委託しないもの（雇用保険にかかる保険関係のみが成立している事業を除く。）に関する保険関係成立届の提出先は、所轄労働基準監督署長である。

(H28-雇8A)

**C** 労災保険に係る保険関係が成立している事業のうち建設の事業に係る事業主は、労災保険関係成立票を見やすい場所に掲げなければならない。

**D** 労災保険暫定任意適用事業の事業主が、その事業に使用される労働者の同意を得ずに労災保険に任意加入の申請をした場合、当該申請は有効である。(R元-災10ウ)

**E** 労災保険の適用事業が、使用労働者数の減少により、労災保険暫定任意適用事業に該当するに至ったときは、その翌日に、その事業につき所轄都道府県労働局長による任意加入の認可があったものとみなされる。

(H29-災9B)

## 解説

**A ×** 【③保険関係の成立】

労働保険の保険関係は、保険関係成立届の提出によって成立するのではなく、適用事業を開始したとき等に法律上当然に成立する。

根拠 法3、4、R3.3.29基発0329第23号

**B ○** 【③保険関係の成立】

設問の通り正しい。なお、一元適用事業であって労働保険事務組合に労働保険事務の処理を委託するものに関する保険関係成立届の提出先は、所轄公共職業安定所長である。 根拠 法4の2－Ⅰ、則1－Ⅰ②、4－Ⅱ

**C ○** 【③保険関係の成立】

設問の通り正しい。労災保険関係成立票の掲示義務は、労災保険に係る保険関係が成立している建設の事業に係る事業主のみに課されている。

根拠 則77

**D ○** 【③保険関係の成立】

設問の通り正しい。労災保険暫定任意適用事業の事業主が労災保険の任意加入の申請を行うに当たり、当該事業に使用される労働者の同意を得る必要はないため、設問の申請は有効である。 根拠 整備法5－Ⅰ

**E ○** 【③保険関係の成立】

設問の通り正しい。いわゆる「擬制任意適用事業」の規定に関する問題である。 根拠 整備法5－Ⅲ、8の2、同省令3の2

**解答 A**

問題3 択一 実践 教科書 Section 1

チェック欄 1 ／ 2 ／ 3 ／

## 総則、保険関係の成立及び消滅等

次の記述のうち、誤っているものはどれか。

A 労働保険の保険関係が成立している事業の事業主は、当該事業を廃止したときは、当該事業に係る保険関係廃止届を所轄労働基準監督署長又は所轄公共職業安定所長に提出しなければならず、この保険関係廃止届が受理された日の翌日に、当該事業に係る労働保険の保険関係が消滅する。
(H29-災9A)

B 労災保険の保険給付の特例の規定により保険給付が行われることとなった労働者を使用する労災保険暫定任意適用事業の事業主は、当該保険給付の費用に充てるための特別保険料を徴収する一定の期間を経過するまでの間は、当該事業の労災保険に係る保険関係の消滅の申請をすることができない。

C 名称、所在地等変更届は、労働保険の保険関係が成立している事業の事業主が、その氏名又は名称及び住所等の事項に変更があった場合に、その変更が生じた日の翌日から起算して10日以内に所轄労働基準監督署長又は所轄公共職業安定所長に提出しなければならない。

D 事業主は、労働保険徴収法施行規則第73条第１項の代理人を選任し、又は解任したときは、代理人選任・解任届を所轄労働基準監督署長又は所轄公共職業安定所長に提出しなければならない。(H25-災9A)

E 雇用保険に係る保険関係が成立している雇用保険暫定任意適用事業の事業主は、その事業に使用される労働者の４分の３以上の同意を得ていれば、当該保険関係が成立した後１年を経過していなくても、当該事業の雇用保険に係る保険関係の消滅の申請をすることができる。

## 解説

**A ×** 【④保険関係の消滅】

事業を廃止したときは、その翌日に、その事業についての労働保険の保険関係は法律上当然に消滅するため、手続は特に必要ない（保険関係廃止届というものは存在しない。）。 根拠 法5

**B ○** 【④保険関係の消滅】

設問の通り正しい。労災保険暫定任意適用事業の事業主が、申請により保険関係を消滅させようとするときは、その事業に使用される**労働者の過半数の同意**を得るほか、設問のように特別保険料が徴収される場合は、当該**特別保険料の徴収期間を経過**していることが必要とされる。なお、**擬制任意適用事業以外**の事業にあっては、**保険関係が成立した後1年を経過**していることも必要とされる。 根拠 整備法8－ⅠⅡ

**C ○** 【③保険関係の成立】

設問の通り正しい。名称、所在地等変更届の提出が必要となるのは、設問のように事業主の氏名又は名称及び住所又は所在地に変更があった場合のほか、「事業の名称」「事業の種類」「事業の行われる場所」「有期事業にあっては、事業の予定される期間」に変更があった場合である。

根拠 法4の2－Ⅱ、則5－Ⅱ、R3.3.29基発0329第23号

**D ○** 【③保険関係の成立】

設問の通り正しい。なお、代理人選任・解任届に記載された事項であって代理人の選任に係るものに変更を生じたときも同様に届け出なければならない。 根拠 則73－Ⅱ、R3.3.29基発0329第23号

**E ○** 【④保険関係の消滅】

設問の通り正しい。「（擬制任意適用事業以外の事業にあっては、）保険関係が成立した後1年を経過していること」というのは、労災保険に係る保険関係が成立している労災保険暫定任意適用事業が、当該事業の労災保険に係る保険関係の消滅の申請をする場合の要件である。 根拠 法附則4

**解答 A**

## 問題4 択一 実践 教科書 Section 2

チェック欄 1 ／ 2 ／ 3 ／

# 事業の一括

次の記述のうち、正しいものはどれか。なお、本問以降において、「請負金額」、「機械装置の価額に相当する額」及び「請負代金の額」は、消費税及び地方消費税に相当する額を含まない額とする。

A 労働保険徴収法第７条（有期事業の一括）の規定の要件に該当する事業は、事業主が所轄労働基準監督署長に届け出ることにより有期事業の一括が行われ、その届出は、それぞれの事業が開始された日の属する月の翌月10日までにしなければならないとされている。

B 労働保険徴収法第７条（有期事業の一括）の規定の要件に該当する建設の事業の規模は、請負金額（一定の場合には、所定の計算方法による。）が１億９千万円未満で、かつ、概算保険料の額に相当する額が160万円未満のものである。

C 労働保険徴収法第７条（有期事業の一括）の規定の要件に該当する立木の伐採の事業の規模は、素材の見込生産量が100立方メートル未満で、かつ、概算保険料の額に相当する額が160万円未満のものである。

D 当初、独立の有期事業として保険関係が成立した事業が、その後、事業の規模が変動し有期事業の一括のための要件を満たすに至った場合は、その時点から有期事業の一括の対象事業とされる。(H28-災8D)

E 一括有期事業についての事業主は、次の保険年度の６月１日から起算して40日以内又は保険関係が消滅した日から起算して50日以内に、一括有期事業報告書を所轄都道府県労働局歳入徴収官に提出しなければならない。

## 解説

**A** ×　【①有期事業の一括】

有期事業の一括は、届け出ることによって行われるのではなく、法律上当然に行われる。

根拠 法7

**B** ×　【①有期事業の一括】

「1億9千万円未満」ではなく、「1億8千万円未満」である。

根拠 法7、則6-Ⅰ

**C** ×　【①有期事業の一括】

「100立方メートル未満」ではなく、「1,000立方メートル未満」である。

根拠 法7、則6-Ⅰ

**D** ×　【①有期事業の一括】

当初、独立の有期事業として保険関係が成立した事業は、その後、事業の規模に変動があった場合でも、一括の対象とされない。

根拠 法7、S40.7.31基発901号

確認してみよう！ 一括された個々の事業については、事業の規模の変更等があっても、あくまで当初の一括の扱いによることとし、また、当初独立の有期事業として保険関係が成立した事業は、事業の規模の変更等があっても、一括扱いの対象とはしない。

**E** ○　【①有期事業の一括】

設問の通り正しい。「次の保険年度の6月1日から起算して40日以内又は保険関係が消滅した日から起算して50日以内」とは、確定保険料の申告・納付期限であり、一括有期事業報告書は確定保険料申告書と併せて提出することになる。

根拠 則34、R3.3.29基発0329第23号

**解答　E**

## 問題5　択一　実践　教科書 Section 2

チェック欄 1／ 2／ 3／

## 事業の一括

次の記述のうち、正しいものはどれか。

A　立木の伐採の事業が数次の請負によって行われる場合には、労働保険徴収法の規定の適用については、それらの事業は一の事業とみなされ、元請負人のみが当該事業の事業主とされる。(H26-災9A)

B　厚生労働省令で定める事業が数次の請負によって行われる場合において、労災保険の保険関係に関し当該事業を一の事業とすることについて元請負人の認可申請があり、厚生労働大臣の認可があったときは、労働保険徴収法の規定の適用については、それらの事業は一の事業とみなされ、元請負人のみが当該事業の事業主とされる。(H26-災9C)

C　労災保険の保険関係が成立している建設の事業が数次の請負によって行われる場合であって、労働保険徴収法の規定の適用については、元請負人のみが当該事業の事業主とされる場合においても、雇用保険に係る保険関係については、元請負人のみが当該事業の事業主とされることなく、それぞれの事業ごとに労働保険徴収法が適用される。(H26-災9D)

D　請負事業の一括が行われている事業において、下請負人をその請負事業の事業主とする認可を受けるためには、下請負人の請負に係る事業について概算保険料の額に相当する額が160万円未満又は請負金額が1億8千万円未満であることが、その要件である。

E　厚生労働省令で定める事業が数次の請負によって行われる場合であって、労働保険徴収法の規定の適用については、元請負人のみが当該事業の事業主とされる場合においても、元請負人の諾否にかかわらず、下請負人の申請に基づき厚生労働大臣の認可を受けることによって、当該下請負人が元請負人とみなされる。(H26-災9E)

## 解説

**A** ×　【②請負事業の一括】

「立木の伐採の事業」については、請負事業の一括は行われない。

根拠 法8-Ⅰ、則7

**B** ×　【②請負事業の一括】

請負事業の一括は、法律上当然に行われるものであって、元請負人の申請及び厚生労働大臣の認可により行われるものではない。　根拠 法8-Ⅰ

**C** ○　【②請負事業の一括】

設問の通り正しい。設問の請負事業の一括が行われるのは、「労災保険に係る保険関係」についてのみであり、「雇用保険に係る保険関係」については行われない。したがって、数次の請負による建設の事業であっても、雇用保険に係る保険関係については、元請負事業に一括することなく、それぞれの事業ごとに労働保険徴収法が適用される。　根拠 法8-Ⅰ、則7

**D** ×　【③下請負事業の分離】

下請負事業の分離の要件は、概算保険料の額に相当する額が160万円以上又は請負金額が1億8千万円以上である。　根拠 法8-Ⅱ、則6-Ⅰ、9

**E** ×　【③下請負事業の分離】

下請負事業の分離により下請負人をその請負事業に係る事業の事業主とするためには、元請負人及び下請負人が共同で申請しなければならない。

根拠 法8、則8

**解答 C**

## 問題6 択一 実践 教科書 Section 2

### 事業の一括

チェック欄 1 ／ 2 ／ 3 ／

次の記述のうち、正しいものはどれか。

A　継続事業の一括の認可を受けるためには、二以上の事業が、厚生労働大臣の指定を受けることを希望する一の事業の所在地を管轄する都道府県労働局の管轄区域又はこれと隣接する都道府県労働局の管轄区域内で行われることが必要である。

B　継続事業の一括の認可については、それぞれの事業が、労災保険率表による事業の種類を同じくすることがその要件とされているが、雇用保険に係る保険関係が成立している二元適用事業の場合は、労災保険率表による事業の種類を同じくする必要はない。

C　事業主が同一人である二以上の継続事業が、一定の要件に該当するときは、当該事業主は「継続事業一括申請書」を指定事業に係る所轄都道府県労働局長に提出し、その認可を受けることによって、継続事業の一括が認められる。

D　継続事業の一括の認可があったときは、当該二以上の事業に使用されるすべての労働者が指定事業に使用される労働者とみなされ、指定事業以外の事業の保険関係は消滅する。この場合、指定事業以外の事業については、保険関係消滅申請書を提出することにより、労働保険料の確定精算の手続はすべて終了する。

E　継続事業の一括の認可を受けた指定事業の事業主は、労災保険及び雇用保険の給付に関する事務並びに雇用保険の被保険者に関する事務について、当該指定事業の所在地を管轄する労働基準監督署長又は公共職業安定所長に対して一括して行うことができる。

## 解説

**A ×** 【④継続事業の一括】

継続事業の一括の認可において、設問のような地域制限は規定されていない。

根拠 法９、則10

**B ×** 【④継続事業の一括】

雇用保険に係る保険関係が成立している二元適用事業であっても、継続事業の一括の認可を受けるに当たっては、それぞれの事業が、労災保険率表による事業の種類を同じくすることが必要である。

根拠 法９、則６-Ⅱ②カッコ書、10-Ⅰ②

**C ○** 【④継続事業の一括】

設問の通り正しい。有期事業の一括や請負事業の一括が「法律上当然に」行われるのに対し、継続事業の一括については厚生労働大臣（権限の委任により所轄都道府県労働局長）の認可が必要であることに注意しよう。

根拠 法９、45、則10-Ⅱ、76-②、R3.3.29基発0329第23号

**D ×** 【④継続事業の一括】

設問の場合には、指定事業以外の事業については、「確定保険料申告書」を提出することにより、労働保険料の確定精算の手続をしなければならない。

根拠 法５、９、19-Ⅰ、則36-Ⅰカッコ書、S40.7.31基発901号

**E ×** 【④継続事業の一括】

継続事業の一括の効果は、労災保険及び雇用保険の給付に関する事務並びに雇用保険の被保険者に関する事務については及ばない。したがって、これらの事務は、一括されたそれぞれの事業場の所在地を管轄する労働基準監督署長（二次健康診断等給付は都道府県労働局長）又は公共職業安定所長に対して行うことになる。

根拠 法９、S40.7.31基発901号、S42.4.4基災発９号、22003

**解答 C**

## 問題7　択一　実践　教科書 Section 3

チェック欄　1／　2／　3／

## 労働保険料の種類等

次の記述のうち、誤っているものはどれか。

A　労働保険徴収法第39条第1項に規定する事業以外の事業（一元適用事業）の場合は、労災保険に係る保険関係と雇用保険に係る保険関係ごとに別個の事業として一般保険料の額を算定することはない。(H30-雇8B)

B　慶弔見舞金は、就業規則に支給に関する規定があり、その規定に基づいて支払われたものであっても労働保険料の算定基礎となる賃金総額に含めない。

C　請負による建設の事業であって、賃金総額を正確に算定することが困難なものについては、その事業の種類に従い、請負金額に一定の労務費率を乗じて得た額を賃金総額とすることとされている。

D　労災保険率は、労働保険徴収法施行規則で定める事業の種類ごとに定められており、その最高は、1000分の88である。

E　労災保険率は、政令で定めるところにより、労災保険法の適用を受ける全ての事業の過去3年間の業務災害、複数業務要因災害及び通勤災害に係る災害率並びに二次健康診断等給付に要した費用の額、社会復帰促進等事業として行う事業の種類及び内容その他の事情を考慮して厚生労働大臣が定める。(H24-災9エ改題)

## 解説

**A ×** 【②一般保険料の額】

一元適用事業であっても、雇用保険法の適用を受けない者を使用するものについては、当該事業を労災保険に係る保険関係及び雇用保険に係る保険関係ごとに別個の事業とみなして一般保険料の額を算定するものとされている。

根拠 整備省令17-Ⅰ

**B ○** 【③賃金総額】

設問の通り正しい。結婚祝金、死亡弔慰金、災害見舞金などは、労働協約、就業規則、労働契約等により、その支払いが事業主に義務づけられているものであっても、「賃金総額」に算入しない。

根拠 法２-Ⅱ、11-Ⅱ、S25.2.16基発127号

**C ○** 【③賃金総額】

設問の通り正しい。 根拠 法11-ⅠⅢ、則12-①、13-Ⅰ、則別表第２

確認してみよう！ 賃金総額の特例が適用されるのは、労災保険に係る保険関係が成立している事業のうち、次の①～④に掲げる事業であって、賃金総額を正確に算定することが困難なものである。

① 請負による建設の事業
② 立木の伐採の事業
③ 造林の事業、木炭又は薪を生産する事業その他の林業の事業（立木の伐採の事業を除く）
④ 水産動植物の採捕又は養殖の事業

**D ○** 【④一般保険料率】

設問の通り正しい。現在、金属鉱業、非金属鉱業（石灰石鉱業又はドロマイト鉱業を除く。）又は石炭鉱業が、1000分の88で最高である。

根拠 則16-Ⅰ、則別表第１

**E ○** 【④一般保険料率】

設問の通り正しい。 根拠 法12-Ⅱ

得点UP！ 労災保険率は、労災保険法の規定による保険給付及び社会復帰促進等事業に要する費用の予想額に照らし、将来にわたって、労災保険の事業に係る財政の均衡を保つことができるものでなければならないものとされている。

**解答 A**

## 問題8　択一　応用　教科書 Section 3

チェック欄 1／ 2／ 3／

# 労働保険料の種類等

次の記述のうち、正しいものはどれか。

A　労災保険率を決定する際の事業の種類に関し、労働者派遣事業における事業の種類は、派遣労働者の派遣先での作業実態に基づき決定され、必ずしも「その他の各種事業」になるものではない。(H24-災8C)

B　第1種特別加入保険料率は、特別加入の承認を受けた中小事業主が行う事業についての労災保険率、社会復帰促進等事業の種類及び内容等を考慮して厚生労働大臣の定める率とされている。

C　第3種特別加入保険料率は、海外派遣者が海外において従事している事業と同種又は類似の日本国内で行われている事業についての業務災害、複数業務要因災害及び通勤災害に係る災害率、社会復帰促進等事業として行う事業の種類及び内容その他の事情を考慮して厚生労働大臣が定めるとされ、令和3年度の厚生労働大臣の定める率は、事業の種類にかかわらず一律に1000分の5とされている。

D　第2種特別加入保険料率は、特別加入する一人親方等の事業又は作業と同種又は類似の事業等についての業務災害、複数業務要因災害及び通勤災害に係る災害率（通勤災害に関する保険給付を受けることができない者については、通勤災害に係る災害率を除く。）、社会復帰促進等事業として行う事業の種類及び内容その他の事情を考慮して厚生労働大臣が定める率であり、23の事業又は作業の種類ごとに、最高1000分の49から最低1000分の3の範囲内で定められている。

E　労働保険徴収法第12条第4項によれば、清酒製造の事業の雇用保険率は、建設の事業の雇用保険率と同じである。

## 解説

**A** ○　【④一般保険料率】

設問の通り正しい。労働者派遣事業に係る労災保険率の適用は、派遣労働者の派遣先での作業実態に基づき「労災保険率適用事業細目表」により事業の種類を決定し、「労災保険率表」による労災保険率を適用することとされている。

根拠 則16-Ⅰ、S61.6.30発労徴41号・基発383号

**B** ×　【⑤特別加入保険料の額】

第1種特別加入保険料率は、特別加入の承認を受けた中小事業主が行う事業についての労災保険率と同一の率から、労災保険法の適用を受けるすべての事業の過去3年間の二次健康診断等給付に要した費用の額を考慮して厚生労働大臣の定める率を減じた率とされている。なお、現在、当該厚生労働大臣の定める率は「零」とされている。

根拠 法13

**C** ×　【⑤特別加入保険料の額】

設問文中の「1000分の5」は、正しくは「1000分の3」である。

根拠 法14の2-Ⅰ、則23の3

**D** ×　【⑤特別加入保険料の額】

設問文中の「1000分の49」は、正しくは「1000分の52」である。

根拠 法14-Ⅰ、則23、別表第5

**E** ×　【④一般保険料率】

清酒製造の事業の雇用保険率と、建設の事業の雇用保険率は同じではない。建設の事業の方が、1000分の1.0高い。

根拠 法12-Ⅳ

**解答**

A

## 問題9 択一 基本 教科書 Section 4

チェック欄 1／ 2／ 3／

## 概算保険料

次の記述のうち、誤っているものはどれか。

A　継続事業（一括有期事業を含む。）について、前保険年度から保険関係が引き続く事業に係る労働保険料は保険年度の6月1日から起算して40日以内の7月10日までに納付しなければならないが、保険年度の中途で保険関係が成立した事業に係る労働保険料は保険関係が成立した日の翌日から起算して50日以内に納付しなければならない。（H30-雇9ウ）

B　建設の有期事業を行う事業主は、当該事業に係る労災保険の保険関係が成立した場合には、その成立した日の翌日から起算して20日以内に、概算保険料を概算保険料申告書に添えて、申告・納付しなければならない。（H27-災9B）

C　一元適用事業についての第1種特別加入保険料に係る概算保険料申告書は、日本銀行又は所轄労働基準監督署長を経由して提出することができる。

D　社会保険適用事業所の事業主の継続事業（労働保険事務組合に労働保険事務の処理を委託しているものを除く。）に係る概算保険料申告書は、日本銀行又は所轄労働基準監督署長を経由して所轄都道府県労働局歳入徴収官に提出することができるが、一定の要件を満たしていれば、年金事務所を経由して提出することもできる。

E　保険関係が7月1日に成立し、事業の全期間が6か月を超え、また当該事業の全期間の納付すべき概算保険料の額が75万円以上である有期事業の事業主が、概算保険料の延納の申請をした場合は、当該保険関係成立の日から11月30日までの期間が最初の期となり、当該最初の期分の概算保険料については、7月21日が納期限となる。

## 解説

**A ○** 【①概算保険料の申告・納付期限】

設問の通り正しい。なお、一括有期事業は、原則として、継続事業として取り扱うこととされている。 根拠 法15-Ⅰ、S40.7.31基発901号

**B ○** 【①概算保険料の申告・納付期限】

設問の通り正しい。なお、保険年度の中途に保険関係が成立した継続事業（一括有期事業を含む。）については、Aのとおり、その成立した日の翌日から起算して50日以内に、概算保険料を概算保険料申告書に添えて、申告・納付しなければならない。 根拠 法15-Ⅱ、30、則38-Ⅰ

**C ×** 【②概算保険料の申告・納付先】

設問の場合は、所轄労働基準監督署長を経由して提出することはできない。 根拠 則1-Ⅲ②、38-Ⅱ⑥

**D ○** 【②概算保険料の申告・納付先】

設問の通り正しい。設問の事業主の継続事業であって、概算保険料申告書が「口座振替により概算保険料を納付する場合に提出するものでないこと」「6月1日から40日以内に提出する一般保険料に係るものであること」の場合には、年金事務所を経由して提出することができる。

根拠 則38-ⅠⅡ

**E ○** 【④概算保険料の延納】

設問の通り正しい。7月1日に保険関係が成立した場合、その日の属する延納に係る期の末日（7月31日）までの期間が2月以内であるため、最初の期は次の期（8月1日から11月30日）と合わせて、保険関係成立日から11月30日までとなる。また、設問は有期事業に係る概算保険料の延納をする場合であるので、最初の期分については、保険関係成立日の翌日から起算して20日以内に納付しなければならないことから、設問の通り7月21日が納期限となる。 根拠 法18、則28

**解答 C**

## 問題10 択一 基本 教科書 Section 4

チェック欄 1／ 2／ 3／

# 概算保険料

次の記述のうち、誤っているものはどれか。

A　労働保険事務組合に労働保険事務の処理を委託している継続事業（前年度から引き続き保険関係が成立しているものとする。）の事業主が、概算保険料の延納の申請をし、当該概算保険料を３期に分けて納付する場合には、各期分の概算保険料の納期限は、最初の期分は７月14日、第２の期分は11月14日、第３の期分は翌年２月14日となる。

B　保険年度の中途に保険関係が成立した継続事業にあっては、納付すべき概算保険料が40万円以上であって、９月30日までに当該保険関係が成立したものであれば、概算保険料の延納は認められ得る。

C　10月１日以降に保険関係が成立した継続事業については、他のいかなる要件を満たしていた場合であっても、その保険年度においては概算保険料を延納することはできない。

D　概算保険料について延納が認められている有期事業（一括有期事業を除く。）の事業主の４月１日から７月31日までの期分の概算保険料の納期限は、労働保険事務組合に労働保険事務の処理を委託している場合であっても、３月31日とされている。(H27-雇9E)

E　概算保険料を延納する場合において、概算保険料の額を期の数で除した際に、１円未満の端数を生じたときは、その端数は第１期分に加えて納付する。

## 解説

**A ×** 【④概算保険料の延納】

設問の場合における最初の期分の納期限は、6月1日から起算して40日以内であるため、「7月14日」ではなく「7月10日」となる。最初の期については、労働保険事務組合に労働保険事務の処理を委託している場合であっても、委託していない場合と同様の納期限となっている。なお、第2の期分及び第3の期分の納期限についての記述は正しい。 根拠 法18、則27-Ⅱ

**B ○** 【④概算保険料の延納】

設問の通り正しい。 根拠 法18、則27-Ⅰ

確認してみよう！ 継続事業（一括有期事業を含む。）において、概算保険料の延納を申請できるのは、次の①及び②の要件を満たすものである。

① 次のいずれかに該当していること
　ⓐ 納付すべき概算保険料の額が40万円（労災保険に係る保険関係又は雇用保険に係る保険関係のみが成立している事業については、20万円）以上の事業であること
　ⓑ 事業に係る労働保険事務の処理が労働保険事務組合に委託されている事業であること（概算保険料額不問）
② 当該保険年度において10月1日以降に保険関係が成立した事業ではないこと

**C ○** 【④概算保険料の延納】

設問の通り正しい。Bの確認してみよう！を参照のこと。 根拠 法18、則27-Ⅰ

**D ○** 【④概算保険料の延納】

設問の通り正しい。有期事業の延納に係る各期の納期限は、第1期目が保険関係成立日の翌日から起算して20日以内、第2期目以後は「4月1日～7月31日」の期が3月31日、「8月1日～11月30日」の期が10月31日、「12月1日～3月31日」の期が1月31日とされている。 根拠 法18、則28

確認してみよう！ 有期事業（一括有期事業を除く。）において、概算保険料の延納を申請できるのは、次の①及び②の要件を満たすものである。

① 次のいずれかに該当していること
　ⓐ 納付すべき概算保険料の額が75万円以上の事業であること
　ⓑ 事業に係る労働保険事務の処理が労働保険事務組合に委託されている事業であること（概算保険料額不問）
② 事業の全期間が6月以内の事業ではないこと

**E ○** 【④概算保険料の延納】

設問の通り正しい。例えば、概算保険料額200万円を3期に分けて延納する場合は、第2期及び第3期の額は、2,000,000÷3＝666,666.6…の1円未満を切り捨て、各666,666円となる。第1期の額は、2,000,000－666,666×2＝666,668円となる。 根拠 則27-Ⅱ、S43.3.12基発123号

**解答 A**

CH5 労働保険の保険料の徴収等に関する法律

## 問題11 択一 実践 教科書 Section 4

チェック欄 1 ／ 2 ／ 3 ／

## 概算保険料

次の記述のうち、正しいものはどれか。

A　事業主は、賃金総額の見込額が増加した場合において、増加後の賃金総額の見込額が増加前の賃金総額の見込額の100分の200を超えるか、又は、増加後の賃金総額の見込額に基づき算定した概算保険料の額と既に納付した概算保険料の額との差額が13万円以上であるときは、その日から30日以内に、増加後の見込額に基づく労働保険料の額と納付した労働保険料の額との差額を申告・納付しなければならない。

B　労災保険に係る保険関係のみ成立していた事業の事業主が、労災保険及び雇用保険の両保険に係る保険関係が成立する事業に該当するに至ったため、一般保険料に係る保険料率が変更した場合において、当該変更後の保険料率に基づいて算定した概算保険料の額が、既に納付した概算保険料の額を超えるときは、その多寡を問わず、増加概算保険料を申告・納付しなければならない。

C　継続事業の事業主は、増加概算保険料の納付に当たり、増加前の概算保険料について延納の申請をしていないときであっても、増加前の概算保険料の額と増加概算保険料の額との合計額が40万円を超えるときは、当該増加概算保険料について延納の申請をすることができる。

D　事業主は、賃金総額の見込額が減少した場合において、減少後の見込額が減少前の見込額の100分の50未満となり、既に納付した概算保険料の額と減少後の見込額に基づく概算保険料の額との間に差額が生じた場合には、その日から30日以内に、当該差額の還付の請求をすることができる。

E　増加概算保険料申告書は、所轄都道府県労働局歳入徴収官に提出しなければならないとされているが、一定の区分に従い、日本銀行（本店、支店、代理店及び歳入代理店をいう。）又は所轄労働基準監督署長を経由して行うことができるが、年金事務所を経由して提出することはできない。

## 解説

**A ×** 【⑤増加概算保険料】

「増加前の賃金総額の見込額の100分の200を超えるか、又は増加後の賃金総額の見込額に基づき算定した概算保険料の額と既に納付した概算保険料の額との差額が13万円以上であるとき」ではなく、「増加前の賃金総額の見込額の100分の200を超え、かつ、増加後の賃金総額の見込額に基づき算定した概算保険料の額と既に納付した概算保険料の額との差額が13万円以上であるとき」である。 根拠 法16、則25-Ⅰ

**B ×** 【⑤増加概算保険料】

労災保険又は雇用保険のみが成立していた事業が、両保険とも成立するに至ったため一般保険料率が変更した場合は、①変更後の一般保険料率に基づき算定した概算保険料の額が既に納付した概算保険料の額の100分の200を超え、かつ、②変更後の一般保険料率に基づき算定した概算保険料の額と既に納付した概算保険料の額との差額が13万円以上である場合に、増加概算保険料を納付しなければならない。 根拠 法附則5、則附則4-Ⅰ

**C ×** 【⑤増加概算保険料】

増加概算保険料については、増加前の概算保険料について延納の申請をしていない場合には、延納の申請をすることができない。 根拠 法18、則30-Ⅰ

**D ×** 【⑤増加概算保険料】

設問のような規定は設けられていない。 根拠 法16、則25-Ⅰ

**E ○** 【⑤増加概算保険料】

設問の通り正しい。年金事務所を経由して提出できるのは、少なくとも「6月1日から40日以内」に提出する一般保険料に係る申告書であり、増加概算保険料申告書は対象とされていない。 根拠 法16、則38-Ⅰ、Ⅱ⑤⑥

**解答 E**

問題12 択一 応用 教科書 Section 4

| チェック欄 | | |
|---|---|---|
| 1 ／ | 2 ／ | 3 ／ |

## 概算保険料

次の記述のうち、正しいものはどれか。

A 政府は、保険年度の中途に、一般保険料率の引上げを行った場合には、概算保険料を追加徴収するものとされており、一般保険料率の引下げを行った場合においては、当該引下げに相当する額の労働保険料が厚生労働省令の定める額を超える事業があるときは、当該事業の事業主の請求に基づき、その超える額を還付することができる。

B 政府が、保険年度の中途に、第１種特別加入保険料率、第２種特別加入保険料率又は第３種特別加入保険料率の引上げを行った場合における概算保険料の追加徴収は規定されておらず、この場合は、確定保険料の申告及び納付時に精算を行うことになる。

C 政府が、保険年度の中途に、一般保険料率の引上げを行った場合、所轄都道府県労働局歳入徴収官は、事業主に対して、保険料率の引上げによる労働保険料の増加額等を通知して、追加徴収を行うこととなるが、当該事業主は当該通知を発せられた日から起算して20日以内に増加額を納付しなければならない。

D 概算保険料を延納する事業主に限り、追加徴収の概算保険料を延納することができる。

E 労働保険徴収法第17条第１項の規定に基づき概算保険料の追加徴収が行われる場合に、所轄都道府県労働局歳入徴収官は事業主に対して追加徴収する概算保険料の額の通知を行うが、当該徴収金の納付は、納入告知書によって行う。

## 解説

**A** ×　【⑥概算保険料の追加徴収】

政府は、保険年度の中途に、一般保険料率の引上げを行った場合には、概算保険料を追加徴収するものとされているが、一般保険料率の引下げを行った場合において、後半のような保険料還付を行う制度は設けられていない。　根拠 法17

**B** ×　【⑥概算保険料の追加徴収】

政府が、保険年度の中途に、第1種特別加入保険料率、第2種特別加入保険料率又は第3種特別加入保険料率の引上げを行った場合においても、一般保険料の場合と同様に、追加徴収が行われる。　根拠 法17-Ⅰ

**C** ×　【⑥概算保険料の追加徴収】

追加徴収に係る増加額は、当該追加徴収に係る通知が発せられた日から起算して「20日以内」ではなく、「30日を経過した日まで」に納付しなければならない。　根拠 法17、則26

**D** ○　【⑥概算保険料の追加徴収】

設問の通り正しい。増加概算保険料及び概算保険料の追加徴収については、概算保険料を延納する事業主に限り、これらを延納することができる。　根拠 法18、則31

**E** ×　【⑥概算保険料の追加徴収】

設問の場合の納付は、「納付書」によって行われる。　根拠 法17、則38-Ⅳ

解答 D

## 問題13 択一 基本 教科書 Section 4

チェック欄 1／ 2／ 3／

### 概算保険料

次の記述のうち、正しいものはどれか。

A 政府は、事業主が概算保険料申告書を所定の期限までに提出しないとき、又は概算保険料申告書の記載に誤りがあると認めるときは、当該労働保険料の額を決定し、これを事業主に通知することとなるが、事業主は、その通知を受けた日から15日以内に納付しなければならない。

B 認定決定された概算保険料については延納をすることができるが、認定決定された増加概算保険料については延納することはできない。

(H29-災10エ)

C 事業主が、概算保険料申告書を提出しなかったために、概算保険料の認定決定が行われた場合には、納付すべき労働保険料の額に100分の10を乗じて得た額の追徴金が徴収される。

D 労働保険事務組合に労働保険事務の処理を委託している事業主で、当該保険年度の９月30日までに保険関係が成立している継続事業の事業主は、認定決定を受けたときは、認定決定された当該概算保険料の額について、延納の申請をすることができない。

E 事業主が所定の納期限までに概算保険料申告書を提出しなかったことにより、所轄都道府県労働局歳入徴収官が行う認定決定の通知は、納入告知書によって行われる。(H25-雇9A)

## 解説

**A ○** 【⑦概算保険料の認定決定】

設問の通り正しい。なお、設問の労働保険料（概算保険料）の額の決定及びその通知は、所轄都道府県労働局歳入徴収官が行う。 根拠 法15-ⅢⅣ

**B ×** 【⑦概算保険料の認定決定】

設問前半は正しいが、増加概算保険料については、認定決定は行われない。なお、増加概算保険料については、要件を満たせば延納することができる。 根拠 法16、18、則29

**C ×** 【⑦概算保険料の認定決定】

概算保険料の認定決定が行われても、追徴金は徴収されない。

根拠 法15-ⅢⅣ、21

**D ×** 【⑦概算保険料の認定決定】

認定決定された概算保険料の額についても、概算保険料の延納の要件を満たしていれば、延納の申請をすることができる。

根拠 法15-Ⅲ、18、則29-Ⅰ

**E ×** 【⑦概算保険料の認定決定】

設問の通知は、納入告知書によっては行われない。なお、認定決定に係る概算保険料の納付は、納付書によって行わなければならない。

根拠 法15-Ⅲ、則38-ⅣⅤ

**解答 A**

## 問題14 択一 応用 教科書 Section 4

チェック欄 1 ／ 2 ／ 3 ／

# 概算保険料

甲会社の事業内容等は、以下のとおりである。甲会社の令和４年度分の概算保険料の雇用保険分の額として、正しいものはどれか。

① 事業内容　小売業（雇用保険率は令和３年度と同様とする。）
② 雇用保険に係る保険関係成立日　平成20年４月１日
③ 令和３年度の雇用保険に係る賃金総額　45,500,800円
④ 令和４年度の雇用保険に係る賃金総額の見込額　60,100,000円

A　540,900円
B　500,500円
C　409,509円
D　409,507円
E　409,500円

## 解説

【③概算保険料の額】

・小売業における雇用保険率は1000分の９（一般の事業）である。

・「令和３年度の雇用保険に係る賃金総額」の「45,500,800円」について、1,000円未満の端数は切り捨てる。

・「令和４年度の雇用保険に係る賃金総額の見込額」が、「令和３年度の雇用保険に係る賃金総額」の100分の50以上100分の200以下であるため、「令和３年度の雇用保険に係る賃金総額」を用いて令和４年度の概算保険料の雇用保険分の額を求める。

**【計算式】**

$$45{,}500{,}000 \times \frac{9}{1000} = 409{,}500\text{（円）}$$

根拠 法12-Ⅳ、15-Ⅰ、則24-Ⅰ、R3厚労告40号

**解答 E**

## 問題15 択一 基本 教科書 Section 5

## 確定保険料等

チェック欄 1 ／ 2 ／ 3 ／

次の記述のうち、正しいものはどれか。

**A** 継続事業（一括有期事業を含む。）の労働保険料（印紙保険料を除く。）は、当該保険料の算定の対象となる期間が終わってから確定額で申告し、当該確定額と申告・納付済みの概算保険料額との差額（納付した概算保険料がないときは当該確定額）を納付する仕組みをとっており、この確定額で申告する労働保険料を確定保険料という。（H26-雇9エ）

**B** 6月30日に事業を廃止した場合、その年の8月20日までに確定保険料申告書を所轄都道府県労働局歳入徴収官に提出しなければならない。

**C** 請負金額50億円、事業期間7年の建設の事業について、成立した保険関係に係る確定保険料の申告書は、その事業が終了するまでの間、保険年度ごとに、毎年、7月10日までに提出しなければならない。

**D** 継続事業（一括有期事業を含む。）の事業主は、納付した概算保険料の額が法所定の計算により確定した額に足りないときは、その不足額を、確定保険料申告書提出期限の翌日から40日以内に納付しなければならない。（H26-雇9ウ）

**E** 保険年度の中途で保険関係が消滅した事業について、当該事業の事業主がすでに納付した概算保険料の額が確定保険料の額と同額のときは、確定保険料の申告を行う必要はない。

## 解説

**A** ○ 【①確定保険料の申告期限】

設問の通り正しい。なお、継続事業の場合には、前年度の確定保険料額の申告・納付（精算）と当年度の概算保険料額の申告・納付を同時に行うこととなり、これを年度更新という。 根拠 法19

**B** × 【①確定保険料の申告期限】

設問の場合、「８月19日」までに提出しなければならない。保険関係が消滅した場合には、保険関係が消滅した日（設問の場合、７月１日）から50日以内に確定保険料申告書を提出しなければならない。

根拠 法５、19-ⅠⅡ、則36-Ⅰカッコ書、38-Ⅰ

**C** × 【①確定保険料の申告期限】

設問の有期事業に係る確定保険料申告書については、保険関係が消滅した日から50日以内に提出しなければならない。 根拠 法19-Ⅱ

**D** × 【③確定精算】

設問の場合の事業主は、その不足額を、次の保険年度の６月１日から40日以内又は保険関係が消滅した日から50日以内に納付しなければならない。

根拠 法19-Ⅲ

**E** × 【①確定保険料の申告期限】

確定保険料の申告は、設問のように納付すべき労働保険料がない場合であっても行わなければならない。 根拠 法19-Ⅰ

**解答 A**

## 問題16　択一　実践　教科書 Section 5

## 確定保険料等

| チェック欄 | | |
|---|---|---|
| 1 ／ | 2 ／ | 3 ／ |

次の記述のうち、誤っているものはどれか。

A　納付すべき労働保険料がない場合の確定保険料申告書の提出は、所轄労働基準監督署長又は年金事務所を経由して行うことができるが、日本銀行を経由して行うことはできない。

B　事業主が所定の納期限までに確定保険料申告書を提出しなかったことにより、所轄都道府県労働局歳入徴収官が行う認定決定の通知は、納付書によって行われる。

C　継続事業の事業主が納付した労働保険料の額が、確定保険料の額を超える場合において還付請求が行われないとき、所轄都道府県労働局歳入徴収官は、法令の定めるところにより、その超える額を次の保険年度の概算保険料又は未納の労働保険料等に充当する。(H24-雇10D)

D　事業主が、確定保険料申告書を提出する際に、又は確定保険料の認定決定の通知を受けた日の翌日から起算して10日以内に、それぞれ、既に納付した概算保険料の額のうち、確定保険料の額を超える額（以下「超過額」という。）の還付を請求したときは、官署支出官又は所轄都道府県労働局資金前渡官吏は、その超過額を還付するものとする。

E　継続事業であって、納付すべき確定保険料の額が40万円以上である事業主であっても、確定保険料を延納することはできない。

解説

A ○ 【①確定保険料の申告期限】

設問の通り正しい。納付すべき労働保険料がない場合の確定保険料申告書の提出は、日本銀行を経由して行うことはできない。 根拠 則38-Ⅱ④⑦

B × 【④確定保険料の認定決定】

設問の場合は、「納付書」ではなく、「納入告知書」によって行われる。

根拠 法19-Ⅳ、則38-Ⅴ

C ○ 【③確定精算】

設問の通り正しい。なお、未納の労働保険料「等」には、一般拠出金が含まれる。 根拠 則37-Ⅰ

D ○ 【③確定精算】

設問の通り正しい。なお、超過額について還付の請求を行わない場合には、設問**C**のとおり次の保険年度の概算保険料（継続事業の場合）又は未納の労働保険料等に充当することとなる。 根拠 則36-Ⅰ

E ○ 【③確定精算】

設問の通り正しい。概算保険料を延納することはできるが、確定保険料を延納することはできない。 根拠 法18、19-Ⅰ

解答 B

## 問題17 択一 基本 教科書 Section 5

チェック欄 1 ／ 2 ／ 3 ／

# 確定保険料等

次のアからオまでのうち、労働保険徴収法第21条の２の規定に基づく口座振替による納付の対象とならないものはいくつあるか。

**ア** 労働保険徴収法第16条の規定による増加概算保険料の納付

**イ** いわゆる認定決定された概算保険料の納付

**ウ** 確定保険料の額から既に納付した概算保険料の額を控除した不足額の納付

**エ** 労働保険徴収法第21条の規定による追徴金の納付

**オ** 労働保険徴収法第18条の規定により延納する場合における概算保険料の納付

A 一つ
B 二つ
C 三つ
D 四つ
E 五つ

## 解説

【⑤口座振替による納付】

労働保険徴収法第21条の２の規定に基づく口座振替による納付の対象となるのは、次のとおりである。

① 概算保険料
② 延納により納付する概算保険料
③ 確定保険料（確定精算による不足額を含む）

増加概算保険料（**ア**）、認定決定された概算保険料（**イ**）及び追徴金（**エ**）については、口座振替による納付の対象とならない。

根拠 法21の２－Ⅰ、則38条の４

**解答** C（三つ）

## 問題18 択一 応用 教科書 Section 5

## 確定保険料等

チェック欄 1 ／ 2 ／ 3 ／

以下の派遣労働者に係る令和３年度分の労働保険料（確定保険料分）について、派遣元事業主及び当該派遣労働者に係る労働者派遣の役務の提供を受ける者（以下「派遣先事業主」という。）が負担するものとして、正しいものはどれか。なお、賃金総額及び派遣元事業主、派遣先事業主の事業内容等は、以下のとおりである。また、派遣元事業主は、下記派遣先にのみ労働者を派遣するものである。

| | |
|---|---|
| 派遣労働者 | 令和３年度において、派遣元事業主が雇用した労働者であり、雇用保険の一般被保険者である。派遣労働者の総数は15名である。 |
| 賃金総額 | 令和３年度において、上記派遣労働者に支払われた賃金総額は、5,000万円である。 |

| | 派遣元事業主 | 派遣先事業主 |
|---|---|---|
| 事業内容 | その他の各種事業<br>（労働者派遣事業） | 電気機械器具製造業 |
| （参考）<br>保険率 | （労災保険率）<br>・電気機械器具製造業　1000分の2.5<br>・その他の各種事業　1000分の３<br>（雇用保険率）<br>・一般の事業　1000分の９ | |

| 符号 | 派遣元事業主 | 派遣先事業主 |
|---|---|---|
| A | なし | 5,000万円×（1000分の2.5＋1000分の９） |
| B | 5,000万円×1000分の９ | 5,000万円×1000分の３ |
| C | 5,000万円×1000分の９ | 5,000万円×1000分の2.5 |
| D | 5,000万円×（1000分の2.5＋1000分の９） | なし |
| E | 5,000万円×（1000分の３＋1000分の９） | なし |

## 解説

【②確定保険料の額、Sec 3 ④一般保険料率】

設問の場合、派遣労働者については、派遣元の事業が労災保険及び雇用保険の適用事業とされ、派遣労働者に係る一般保険料は、派遣元の労働保険の保険関係に基づき徴収される。また、労働者派遣事業に係る労災保険率の適用は、原則として、派遣先での作業実態に基づき事業の種類を決定し、労災保険率表による労災保険率を適用することとされている。したがって、設問の場合、労災保険率は、派遣先の事業に係る1000分の2.5が適用され、派遣元事業主が、「5,000万円×（1000分の2.5＋1000分の９）」の労働保険料を負担しなければならない。

根拠 法19-Ⅰ①、則別表第１、R3厚労告40号、S61.6.30発労徴41号・基発383号

**解答 D**

## 問題19 択一 実践 教科書 Section 6

## メリット制

チェック欄 1／ 2／ 3／

次の記述のうち、誤っているものはどれか。

A　継続事業（一括有期事業を含む。）に係るいわゆるメリット制の適用を受けることができる事業は、連続する3保険年度中の各保険年度において、少なくとも次のいずれかに該当する事業であることが必要である。

①　100人以上の労働者を使用する事業

②　20人以上100人未満の労働者を使用する事業であって所定の要件を満たすもの

③　規模が、建設の事業及び立木の伐採の事業について当該保険年度の確定保険料の額が40万円以上であるもの

（H24-災9イ）

B　継続事業（一括有期事業を含む。）のメリット制の適用を受けることができる事業は、連続する3保険年度中の最後の保険年度の3月31日において労災保険に係る保険関係が成立した後3年以上経過したものでなければならない。

C　メリット収支率の算定に当たっては、特別加入の承認を受けた海外派遣者の従事する海外の事業により業務災害が生じた場合に係る保険給付及び特別支給金の額は、その算定基礎となる保険給付等の額には含まれない。

D　メリット収支率を算定する基礎となる保険給付の額には、特定の業務に長期間従事することにより発生する疾病であって、厚生労働省令で定めるものにかかった者に係る保険給付の額は、含まないこととされている。

E　有期事業（一括有期事業を除く。）のメリット制は、労災保険に係る保険関係が成立している建設の事業又は立木の伐採の事業であって、建設の事業にあっては請負金額が1億1,000万円以上である場合、立木の伐採の事業にあっては素材の生産量が1,000立方メートル以上である場合に限り、適用される。

## 解説

**A ○** 【①継続事業のメリット制】

設問の通り正しい。なお、②の「所定の要件」は、災害度係数（その事業の労働者の数に、その同種の事業に係る労災保険率から非業務災害率である1000分の0.6を減じた率を乗じて得た数をいう。）が0.4以上とされている。

根拠 法12-Ⅲ、則17-ⅠⅢ

**B ○** 【①継続事業のメリット制】

設問の通り正しい。いわゆるメリット収支率は、この連続する3保険年度間の業務災害に関する保険給付等の額及び業務災害に係る保険料の額を基礎として算定する。

根拠 法12-Ⅲ

**C ○** 【①継続事業のメリット制】

設問の通り正しい。第1種特別加入者に係る保険給付及び特別支給金の額や保険料額は収支率の算定の基礎に含まれるが、第3種特別加入者の従事する海外の事業により業務災害が生じた場合に係る保険給付及び特別支給金の額や保険料額は算定の基礎に含まれない。

根拠 法12-Ⅲ、則18の2

**D ○** 【①継続事業のメリット制】

設問の通り正しい。特定疾病にかかった者（非災害性腰痛患者、振動障害患者、じん肺症患者、石綿にさらされる業務による肺がん若しくは中皮腫患者又は騒音性難聴患者であって最後に従事した事業場での従事期間が一定期間に満たない者）に対する保険給付等の額は、メリット収支率の算定の基礎に含まれない。

根拠 法12-Ⅲ

**E ×** 【②有期事業のメリット制】

有期事業のメリット制は、設問のほか、建設の事業又は立木の伐採の事業であって、確定保険料の額が40万円以上である場合にも適用される。

根拠 法20-Ⅰ、則35-Ⅰ

**解答 E**

## 問題20 択一 実践 教科書 Section 6

## メリット制

チェック欄 1 ／ 2 ／ 3 ／

次の記述のうち、正しいものはどれか。

A　継続事業に対する労働保険徴収法第12条による労災保険率は、メリット制適用要件に該当する事業のメリット収支率が85％以上、又は75％以下である場合に、厚生労働大臣は一定の範囲内で、当該事業のメリット制適用年度における労災保険率を引き上げ又は引き下げることができる。

B　平成30年度から令和2年度までの連続する3保険年度の各保険年度において、常時100人以上の労働者を使用する継続事業（一括有期事業を含む。）には、その3保険年度におけるメリット収支率により算出された労災保険率が令和3年度の保険料に適用される。

C　有期事業のメリット収支率の算定については、事業が終了した日から6か月を経過した日前の期間において算定する場合には第1種調整率を用いる。

D　有期事業のメリット制の適用により、確定保険料の額を引き上げた場合には、所轄都道府県労働局歳入徴収官は、当該引き上げられた確定保険料の額と当該事業主が既に申告・納付した確定保険料の額との差額を徴収するものとし、通知を発する日から起算して30日を経過した日を納期限と定め、当該納期限、納付すべき当該差額及びその算定の基礎となる事項を事業主に通知しなければならない。

E　有期事業のメリット制の適用により、確定保険料の額を引き下げた場合には、所轄都道府県労働局歳入徴収官は、当該引き下げられた確定保険料の額を事業主に通知するが、この場合、当該事業主が既に申告・納付した確定保険料の額と当該引き下げられた額との差額の還付を受けるためには、当該通知を受けた日の翌日から起算して30日以内に、還付請求を行わなければならない。

## 解説

**A** ×　　【①継続事業のメリット制】

設問の継続事業の労災保険率のメリット制の適用要件については、正しくは「メリット収支率が85%を超え、又は75%以下である場合」である。

根拠 法12-Ⅲ

**B** ×　　【①継続事業のメリット制】

メリット制が適用された労災保険率は、連続する３保険年度の最後の保険年度の「次の次の保険年度」から適用される。したがって、設問の場合は、「令和４年度」の保険料からの適用となる。

根拠 法12-Ⅲ

**C** ×　　【②有期事業のメリット制】

設問文中の「事業が終了した日から６か月を経過した日前の期間」は、正しくは「事業が終了した日から３か月を経過した日前の期間」である。

根拠 法20-Ⅰ

**D** ○　　【②有期事業のメリット制】

設問の通り正しい。なお、設問の通知は納入告知書により行われる。

根拠 法20-ⅢⅣ、則26、35-Ⅳ

**E** ×　　【②有期事業のメリット制】

設問文中の「当該通知を受けた日の翌日から起算して30日以内に」は、正しくは「当該通知を受けた日の翌日から起算して10日以内に」である。

根拠 法20-Ⅲ、則36-Ⅰ

**解答** 

## 問題21 択一 基本 教科書 Section 7

## 印紙保険料

チェック欄 1 ／ 2 ／ 3 ／

次の記述のうち、正しいものはどれか。

A　印紙保険料の額は、日雇労働被保険者1人につき、1日当たり、76円、146円、196円のいずれかとされている。

B　事業主は、日雇労働被保険者を使用する日ごとにその者に係る印紙保険料を納付しなければならない。

C　日雇労働被保険者に係る印紙保険料の納付については、請負事業の一括により元請負人が事業主とされる場合、当該元請負人が、その使用する日雇労働被保険者及び下請負人が使用する日雇労働被保険者に係る印紙保険料を納付しなければならない。(H24-雇9A)

D　印紙保険料の納付は、日雇労働被保険者に交付された日雇労働被保険者手帳に雇用保険印紙をはり、これに消印して行い、又は、あらかじめ所轄都道府県労働局歳入徴収官の承認を受けて、納入告知書に当該印紙保険料額を添えて直接金融機関に納付することによって行うことができる。(H24-雇9B)

E　日雇労働被保険者は、事業主に使用されたときは、その都度雇用保険印紙の貼付又は印紙保険料納付計器による納付印の押なつを受けるために、その所持する日雇労働被保険者手帳を事業主に提出しなければならない。

## 解説

**A ×** 【①印紙保険料の納付】

印紙保険料の額は、日雇労働被保険者１人につき、１日当たり、「96円」、146円、「176円」のいずれかとされている。 根拠 法22-Ⅰ

**B ×** 【①印紙保険料の納付】

事業主は、日雇労働被保険者に「賃金を支払う都度」その者に係る印紙保険料を納付しなければならない。 根拠 法23-Ⅰ

**C ×** 【①印紙保険料の納付】

請負事業の一括により元請負人が事業主とされる場合の印紙保険料の納付は、当該元請負人が使用する労働者以外の日雇労働被保険者に係る印紙保険料については、当該日雇労働被保険者を使用する下請負人が行わなければならない。 根拠 法23-Ⅰカッコ書

**D ×** 【①印紙保険料の納付】

印紙保険料の納付については、「あらかじめ所轄都道府県労働局歳入徴収官の承認を受けて、納入告知書に当該印紙保険料額を添えて直接金融機関に納付することによって行うことができる。」とする規定はない。 根拠 法23-Ⅰ～Ⅲ

**E ○** 【①印紙保険料の納付】

設問の通り正しい。なお、事業主は、日雇労働被保険者を使用した場合には、その者に賃金を支払う都度、その使用した日数に相当する枚数の雇用保険印紙をその使用した日の日雇労働被保険者手帳における該当日欄にはり、消印するか、又はその使用した日の日雇労働被保険者手帳における該当日欄に納付印をその使用した日数に相当する回数だけ押さなければならない。 根拠 則39

**解答** 

## 問題22 択一 基本

教科書 Section 7

チェック欄 1 ／ 2 ／ 3 ／

### 印紙保険料

次の記述のうち、正しいものはどれか。

A 事業主は、雇用保険印紙を購入しようとするときは、あらかじめ、雇用保険印紙購入通帳交付申請書を所轄都道府県労働局歳入徴収官に提出して、雇用保険印紙購入通帳の交付を受けなければならない。

B 雇用保険印紙購入通帳の有効期間の満了後引き続き雇用保険印紙を購入しようとする事業主は、雇用保険印紙購入通帳の有効期間の更新を受けなければならない。

C 事業主は、原則として、雇用保険印紙を譲り渡し、又は譲り受けてはならないが、やむを得ない事由により公共職業安定所長の許可を受けた場合には、例外として、譲り渡し、又は譲り受けることができる。

D 事業主は、雇用保険印紙を購入しようとするときは、雇用保険印紙購入申込書に購入しようとする雇用保険印紙の種類別枚数、購入年月日、労働保険番号並びに事業主の氏名又は名称及び住所又は所在地を記入し、公共職業安定所に提出しなければならない。

E 賃金の日額が8,200円未満である日雇労働被保険者に係る印紙保険料の額は、その労働者に支払う賃金の日額に雇用保険率を乗じて得た額である。

## 解説

**A ×** 【②雇用保険印紙】

雇用保険印紙購入通帳交付申請書は、所轄公共職業安定所長に提出する。

根拠 則42-Ⅰ、R3.3.29基発0329第23号

**B ○** 【②雇用保険印紙】

設問の通り正しい。雇用保険印紙購入通帳は、その交付の日の属する保険年度に限り、その効力を有するとされ、雇用保険印紙購入通帳の有効期間（当該雇用保険印紙購入通帳の有効期間について設問の規定により更新を受けたときにあっては、当該更新を受けた雇用保険印紙購入通帳の有効期間）の更新を受けようとする事業主は、当該雇用保険印紙購入通帳の有効期間が満了する日の翌日の1月前から当該期間が満了する日（3月1日から3月31日）までの間に、当該雇用保険印紙購入通帳を添えて、雇用保険印紙購入通帳更新申請書を所轄公共職業安定所長に提出して、新たに雇用保険印紙購入通帳の交付を受けなければならない。

根拠 則42-Ⅲ

**C ×** 【②雇用保険印紙】

設問のような規定はない。例外なく、事業主は、雇用保険印紙を譲り渡し、又は譲り受けてはならない。

根拠 則41-Ⅱ

**D ×** 【②雇用保険印紙】

雇用保険印紙購入申込書は、雇用保険印紙を販売する日本郵便株式会社の営業所に提出しなければならない。雇用保険印紙は、印紙をもってする歳入金納付に関する法律3条1項の規定によって総務大臣が厚生労働大臣に協議して定める日本郵便株式会社の営業所（郵便の業務を行うものに限る。）において販売している。

根拠 則43-Ⅰ

**E ×** 【①印紙保険料の納付、Sec 3 ⑥印紙保険料の額】

設問の日雇労働被保険者に係る印紙保険料の額は、1日当たり96円である。

根拠 法22-Ⅰ③

**解答 B**

## 問題23 択一 基本 教科書 Section 7

チェック欄 1 ／ 2 ／ 3 ／

# 印紙保険料

次の記述のうち、誤っているものはどれか。

**A** 事業主は、厚生労働省令で定めるところにより、印紙保険料納付計器を、厚生労働大臣の承認を受けて設置した場合には、当該印紙保険料納付計器により、日雇労働被保険者が所持する日雇労働被保険者手帳に納付すべき印紙保険料の額に相当する金額を表示して納付印を押すことによって印紙保険料を納付することができる。

**B** 事業主その他正当な権限を有する者を除いては、何人も消印を受けない雇用保険印紙を所持してはならない。

**C** 雇用保険印紙購入通帳の交付を受けている事業主は、毎月における雇用保険印紙の受払状況を印紙保険料納付状況報告書によって、所轄都道府県労働局歳入徴収官に報告しなければならないが、日雇労働被保険者を１人も使用せず、印紙の受払いのない月の分に関しては、何ら報告する義務はない。

**D** 事業主は、雇用保険印紙が変更されたときは、その保有する雇用保険印紙の買戻しを申し出ることができるが、雇用保険印紙が変更された場合の買戻しの期間は、雇用保険印紙が変更された日から６か月間である。

**E** 事業主は、日雇労働被保険者を使用しなくなったとき（保有する雇用保険印紙の等級に相当する賃金日額の日雇労働被保険者を使用しなくなったときを含む。）は、雇用保険印紙の買戻しを申し出ることができるが、当該買戻しの申出をするには、あらかじめ所轄公共職業安定所長の確認を受けなければならない。

## 解説

**A ○**　【①印紙保険料の納付】

設問の通り正しい。なお、事業主は、印紙保険料納付計器の設置の承認を受けようとする場合には、承認申請書を、当該印紙保険料納付計器を設置しようとする事業場の所轄公共職業安定所長を経由して、納付計器に係る都道府県労働局歳入徴収官に提出しなければならない。　根拠 法23-Ⅲ

**B ○**　【②雇用保険印紙】

設問の通り正しい。　根拠 則41-Ⅲ

確認してみよう！　雇用保険印紙の悪用又は濫用を防止する意味から、その譲渡若しくは譲受（則41条２項）又は正当な権限を有しない者の所持（則41条３項）を禁止している。

**C ×**　【②雇用保険印紙】

毎月における雇用保険印紙の受払状況の報告は、日雇労働被保険者を１人も使用せず、印紙の受払いのない月の分についてもその旨を報告する義務があり、何ら報告する義務がないわけではない。

根拠 法24、則54、R3.3.29基発0329第23号

**D ○**　【②雇用保険印紙】

設問の通り正しい。　根拠 則43-Ⅱ

確認してみよう！

| 買戻し事由 | 確認 | 期間 |
|---|---|---|
| ⑴　雇用保険に係る保険関係が消滅したとき | あらかじめ所轄公共職業安定所長の確認 | |
| ⑵　日雇労働被保険者を使用しなくなったとき（保有する雇用保険印紙の等級に相当する賃金日額の日雇労働被保険者を使用しなくなったときを含む。） | あらかじめ所轄公共職業安定所長の確認 | |
| ⑶　雇用保険印紙が変更されたとき | | 変更日から6か月間 |

**E ○**　【②雇用保険印紙】

設問の通り正しい。Dの確認してみよう！を参照のこと。　根拠 則43-Ⅱ Ⅲ

**解答　C**

CH 5 労働保険の保険料の徴収等に関する法律

## 問題24 択一 実践 教科書 Section 7

チェック欄 1 ／ 2 ／ 3 ／

# 印紙保険料

次の記述のうち、誤っているものはどれか。

A　事業主が印紙保険料の納付を怠った場合には、所轄都道府県労働局歳入徴収官は、その納付すべき印紙保険料の額を決定し、これを事業主に通知することとされており、この場合当該事業主は、雇用保険印紙により、日本銀行又は所轄都道府県労働局収入官吏に、その納付すべき印紙保険料を納付しなければならない。

B　印紙保険料の納付を怠ったことにより、印紙保険料についての認定決定の通知を受けた事業主は、納入告知書により、調査決定をした日から20日以内の休日でない日までに納付しなければならない。

C　事業主は、正当な理由がないと認められるにもかかわらず、印紙保険料の納付を怠ったときは、原則として、認定決定された印紙保険料の額（その額に1,000円未満の端数があるときは、その端数は、切り捨てる）の100分の25に相当する追徴金を徴収される。

D　日雇労働被保険者が日雇労働被保険者手帳を事業場に持参せず、その日に日雇労働被保険者手帳を持参させることが困難であり、かつ、その後も事業場で日雇労働被保険者手帳に雇用保険印紙を貼付する機会がなかったため、雇用保険印紙を貼付できなかった場合は、正当な理由があったものとして、事業主から追徴金を徴収しない。

E　事業主が印紙保険料の納付を怠ったことにより印紙保険料の認定決定が行われた場合であっても、その納付を怠った印紙保険料の額が1,000円未満であるときは、追徴金は徴収されない。

## 解説

**A ×** 【③印紙保険料の認定決定】

設問の場合は、雇用保険印紙によることはできず、現金により納付しなければならない。 根拠 法25-Ⅰ、則1-Ⅲ②、38-Ⅲ②、H15.3.31基発0331002号

**B ○** 【③印紙保険料の認定決定】

設問の通り正しい。印紙保険料の認定決定の通知は、所轄都道府県労働局歳入徴収官が、納入告知書により行う。

根拠 法25-Ⅰ、則38-Ⅴ、H15.3.31基発0331002号

**C ○** 【③印紙保険料の認定決定】

設問の通り正しい。印紙保険料に係る追徴金（100分の25相当額）が印紙保険料以外の労働保険料に係る追徴金（100分の10相当額）に比し高い率とされているのは、印紙保険料の納付を怠ることは、罰則の適用があることとあわせ、他の労働保険料の場合よりも違法性ないし懲罰性が大きいものと判断されているからである。 根拠 法25-Ⅱ

**D ○** 【③印紙保険料の認定決定】

設問の通り正しい。単に日雇労働被保険者が日雇労働被保険者手帳を提出しなかったために印紙保険料を納付できなかったというだけでは、事業主はその件に係る追徴金の徴収を免れず、事業主が督促したにもかかわらず、日雇労働被保険者がその提出を拒んだ等の正当な理由がなければならない。 根拠 法25-Ⅱ、H15.3.31基発0331002号

**E ○** 【③印紙保険料の認定決定】

設問の通り正しい。印紙保険料に係る追徴金が徴収されない場合は、①正当な理由がある場合、②納付を怠った印紙保険料の額が1,000円未満である場合の2つである。 根拠 法25-Ⅱ

**解答 A**

## 問題25 択一 実践 教科書 Section 8

チェック欄 1／ 2／ 3／

### 特例納付保険料

次の記述のうち、誤っているものはどれか。

A　特例納付保険料に係る対象事業主は、雇用保険に係る保険関係が成立していたにもかかわらず、保険関係成立の届出をしていなかった事業主であって、雇用保険法第22条第5項に規定する特例対象者を雇用していたものである。

B　特例納付保険料の額は、対象事業主が納付する義務を履行していない一般保険料（一定の期間に係るものであって、その徴収する権利が時効によって消滅しているものに限る。）の額（雇用保険率に応ずる部分の額に限る。）のうち当該特例対象者に係る額に相当する額として厚生労働省令で定めるところにより算定した額である。

C　厚生労働大臣は、やむを得ない事情がある場合を除き、対象事業主に対して、特例納付保険料の納付を勧奨しなければならない。

D　対象事業主は、厚生労働大臣から特例納付保険料の納付の勧奨を受けた場合には、特例納付保険料を納付する旨を、厚生労働大臣に対し、書面により申し出ることができる。

E　対象事業主は、特例納付保険料の納付の申出を行った場合には、政府の指定する期限までに、特例納付保険料を納付しなければならない。

## 解説

**A** ○　【①特例納付保険料】

設問の通り正しい。なお、特例対象者とは、賃金台帳、源泉徴収票等に基づき、雇用保険の被保険者となったことの確認があった日の2年前の日より前に被保険者の負担すべき額（一般保険料の額）に相当する額がその者に支払われた賃金から控除されていたことが明らかである時期がある者である。　根拠 法26-Ⅰ

**B** ×　【②特例納付保険料の額】

特例納付保険料の額は、当該特例対象者に係る額に相当する額として厚生労働省令で定めるところにより算定した額に「厚生労働省令で定める額を加算した額」である。なお、その他の記述は正しい。　根拠 法26-Ⅰ

**C** ○　【③特例納付保険料の納付の勧奨】

設問の通り正しい。なお、設問の厚生労働大臣の権限は、都道府県労働局長に委任されている。　根拠 法26-Ⅱ

**D** ○　【③特例納付保険料の納付の勧奨】

設問の通り正しい。なお、設問の申出は、事業主の氏名又は名称及び住所又は所在地、労働保険番号並びに特例納付保険料の額を記載した書面を都道府県労働局長に提出することによって行わなければならないとされている。　根拠 法26-Ⅲ

**E** ○　【④特例納付保険料の納付】

設問の通り正しい。　根拠 法26-Ⅴ

確認してみよう！　所轄都道府県労働局歳入徴収官は、特例納付保険料を徴収しようとする場合には、通知を発する日から起算して30日を経過した日をその納期限と定め、事業主に、所定の事項を通知しなければならない。

**解答　B**

## 問題26 択一 実践 教科書 Section 9

## 督促等、不服申立て、雑則その他

チェック欄 1 ／ 2 ／ 3 ／

次の記述のうち、誤っているものはどれか。

**A** 労働保険料を納付しない事業主があるときは、政府は、督促状により督促状を発する日から起算して10日以上経過した日を期限と指定して督促しなければならない。

**B** 労働保険料その他労働保険徴収法の規定による徴収金の先取特権の順位は、国税及び地方税に次ぐものとされている。(H25-雇10E)

**C** 事業主が労働保険料その他労働保険徴収法の規定による徴収金を法定納期限までに納付せず督促状が発せられた場合でも、当該事業主が督促状に指定された期限までに当該徴収金を完納したときは、延滞金は徴収されない。(H29-雇9A)

**D** 政府が確定保険料の認定決定を行い、納付すべき労働保険料の額又はその不足額について追徴金が徴収される場合において、事業主が当該追徴金について、督促を受けたにもかかわらず、督促状に指定する期限までに納付しないときは、当該追徴金の額に納期限の翌日からその完納又は財産差押えの日の前日までの期間の日数に応じ、所定の割合を乗じて計算した延滞金を徴収する。

**E** 事業主は、雇用保険の被保険者が負担すべき労働保険料相当額を被保険者の賃金から控除することが認められているが、この控除は、被保険者に賃金を支払う都度、当該賃金に応ずる額についてのみ行うことができるものとされているので、例えば、月給制で毎月賃金を支払う場合に、1年間分の被保険者負担保険料額全額をまとめて控除することはできない。

(H25-雇10D)

## 解説

**A ○** 【①督促】

設問の通り正しい。なお、督促は、労働保険料以外の労働保険徴収法の規定による徴収金を納付しない者に対しても行われる。 根拠 法27-Ⅰ Ⅱ

**B ○** 【②滞納処分等】

設問の通り正しい。なお、厚生年金保険、健康保険等に係る徴収金などの先取特権の順位とは同順位とされている。 根拠 法29

**C ○** 【③延滞金の徴収】

設問の通り正しい。 根拠 法28-Ⅴ①

確認してみよう！ 次の①～⑥の場合には、延滞金が徴収されない。

① 督促状に指定した期限までに労働保険料その他労働保険徴収法の規定による徴収金を完納した場合
② 納付義務者の住所又は居所がわからないため、公示送達の方法によって督促した場合
③ 労働保険料の額が1,000円未満であるとき
④ 延滞金の額が100円未満である場合
⑤ 労働保険料について滞納処分の執行を停止し、又は猶予した場合（その執行を停止し、又は猶予した期間に対応する部分の金額に限る）
⑥ 労働保険料を納付しないことについてやむを得ない理由があると認められる場合

**D ×** 【③延滞金の徴収】

追徴金を滞納し、督促状に指定する期限までに納付しない場合であっても、追徴金は労働保険料ではないので、延滞金は徴収されない（延滞金は、労働保険料の滞納があった場合で、労働保険料を督促したときに限り徴収されるものである。）。 根拠 法27-Ⅰ、28-Ⅰ

**E ○** 【④労働保険料の負担割合】

設問の通り正しい。 根拠 法32-Ⅰ、則60-Ⅰ

確認してみよう！ 事業主は、被保険者に賃金を支払う都度、当該賃金に応ずる被保険者の負担すべき一般保険料の額に相当する額（日雇労働被保険者にあっては、当該額及び印紙保険料の額の２分の１の額に相当する額）を当該賃金から控除することができる。

**解答 D**

CH 5 労働保険の保険料の徴収等に関する法律

## 問題27 択一 基本 教科書 Section 9

## 督促等、不服申立て、雑則その他

チェック欄 1 ／ 2 ／ 3 ／

次の記述のうち、正しいものはどれか。

**A** 労働保険料その他労働保険徴収法の規定による徴収金を徴収し、又はその還付を受ける権利は、これらを行使することができる時から２年を経過したときは、時効によって消滅する。

**B** 労働保険徴収法第15条第３項の規定により概算保険料の額を決定した場合に都道府県労働局歳入徴収官が行う通知には、時効の更新の効力はない。

**C** 事業主が、労働保険徴収法第42条の規定による命令に違反して報告をせず、若しくは虚偽の報告をし、又は文書を提出せず、若しくは虚偽の記載をした文書を提出した場合には罰則規定が適用されるが、労働保険事務組合については、同様の場合であっても罰則規定は適用されない。

**D** 事業主が、印紙保険料を納付すべき場合に、雇用保険印紙をはらず、又は消印をしなかったときは、１年以下の懲役又は100万円以下の罰金に処せられる。

**E** 雇用保険暫定任意適用事業の事業主が、当該事業に使用される労働者の２分の１以上が希望する場合において、その希望に反して雇用保険の加入の申請をしなかった場合でも、当該事業主に罰則は適用されない。

## 解説

A ○ 【⑥雑則等】

設問の通り正しい。なお、「還付」を受ける対象となるものには、精算返還金（すでに納付した概算保険料の額のうち、事業主が申告した確定保険料の額を超える部分の額や有期事業についてのメリット制の適用に伴う確定保険料の差額）などがある。

根拠 法41-Ⅰ

B × 【⑥雑則等】

政府が行う労働保険料その他徴収法の規定による徴収金の徴収の告知は、時効の更新の効力を生ずるとされており、概算保険料の認定決定をした場合に都道府県労働局歳入徴収官が行う通知はこれに該当し、時効の更新の効力を有する。

根拠 法41-Ⅱ

C × 【⑥雑則等】

労働保険事務組合についても同様の罰則規定の適用がある。

根拠 法46-③、47-②

D × 【⑥雑則等】

設問の場合の罰則は、「６月以下の懲役又は30万円以下の罰金」である。

根拠 法46-①

E × 【⑥雑則等】

設問の事業主は、６箇月以下の懲役又は30万円以下の罰金に処せられる。

根拠 法附則２-Ⅲ、７-Ⅰ

**解答 A**

## 問題28　択一　基本　教科書 Section10

チェック欄 1 ／ 2 ／ 3 ／

# 労働保険事務組合

次の記述のうち、正しいものはどれか。

**A**　常時300人以下の労働者を使用する建設の事業の事業主は、労働保険事務組合に労働保険事務の処理を委託することはできない。

**B**　常時100人以下の労働者を使用する卸売業の事業主は、労働保険事務組合に労働保険事務の処理を委託することができる。

**C**　労働保険事務組合に労働保険事務の処理を委託することができる事業主は、継続事業（一括有期事業を含む。）のみを行っている事業主に限られる。(H29-雇10B)

**D**　労働保険事務組合の認可を受けようとする事業主の団体又はその連合団体は、事業主の団体の場合は法人でなければならないが、その連合団体の場合は代表者の定めがあれば法人でなくともよい。(H29-雇10C)

**E**　法人でない団体については、団体の事業内容、構成員の範囲、その他団体の組織、運営方法等から団体性が明確でない場合であっても、都道府県労働局長の判断により労働保険事務組合としての認可を受けることができる。

## 解説

**A ×** 【①労働保険事務組合の概要】

常時300人以下の労働者を使用する建設の事業の事業主は、労働保険事務組合に労働保険事務の処理を委託することができる。

根拠 法33-Ⅰ、則62-ⅠⅡ

**B ○** 【①労働保険事務組合の概要】

設問の通り正しい。 根拠 法33-Ⅰ、則62-ⅠⅡ

確認してみよう！ ★労働保険事務組合に労働保険事務を委託することができる中小事業主の範囲

| 事業の種類 | 使用労働者数 |
|---|---|
| 金融業、保険業、不動産業、小売業 | 常時50人以下 |
| 卸売業、サービス業 | 常時100人以下 |
| 上記以外の事業 | 常時300人以下 |

**C ×** 【①労働保険事務組合の概要】

一括有期事業以外の有期事業を行っている事業主も労働保険事務組合に労働保険事務の処理を委託することができる。 根拠 法33-Ⅰ、則62-ⅠⅡ

**D ×** 【②労働保険事務組合の認可】

「事業主の団体の場合は法人でなければならない」ということはない。なお、事業主の団体又はその連合団体（団体等）が法人でない場合にあっては、代表者の定めがあることのほか、団体等の事業内容、構成員の範囲、その他団体等の組織、運営方法等が定款等において明確に定められ、団体性が明確であることを要するとされている。 根拠 H12.3.31発労徴31号

**E ×** 【②労働保険事務組合の認可】

法人でない団体が労働保険事務組合としての認可を受けるためには、「団体性が明確であること」を要する。 根拠 法33-ⅠⅡ、H12.3.31発労徴31号

**解答 B**

## 問題29 択一 実践 教科書 Section10

# 労働保険事務組合

チェック欄 1／ 2／ 3／

次の記述のうち、正しいものはどれか。

A　印紙保険料納付状況報告書を所轄都道府県労働局歳入徴収官に提出する事務は、労働保険徴収法第33条第1項の規定により、事業主が労働保険事務組合に委託して処理させることができると定められている労働保険事務に含まれる。

B　労働保険事務等処理委託届は、労働保険事務組合が労災保険に係る保険関係が成立している事業のうち二元適用事業又は労災保険の特別加入に係る一人親方等の団体のみの委託を受けて労働保険事務を処理する場合においては、当該事務組合の主たる事務所の所在地を管轄する公共職業安定所長を経由して、当該事務所の所在地を管轄する都道府県労働局長に提出しなければならない。(H25-災9E)

C　労働保険事務組合の主たる事務所の所在地を管轄する都道府県労働局長は、労働保険事務組合の認可の取消しがあったときには、その旨を、当該労働保険事務組合に係る委託事業主に対し通知しなければならない。(H29-雇10D)

D　労働保険料に係る報奨金の額は、現在、労働保険事務組合ごとに、2千万円以下の額とされている。(H30-雇10E)

E　労働保険料に係る報奨金の交付を受けようとする労働保険事務組合は、労働保険事務組合報奨金交付申請書を、所轄公共職業安定所長に提出しなければならない。(H30-雇10D)

## 解説

**A ×** 【①労働保険事務組合の概要】

設問の事務は、法33条１項の規定により事業主が労働保険事務組合に委託して処理させることができると定められている労働保険事務に含まれない。印紙保険料に関する事項は、労働保険事務組合に処理を委託することができる事務の範囲から除かれている。 根拠 法33-Ⅰ、H12.3.31発労徴31号

**B ×** 【③労働保険事務組合の責任等】

設問の場合の労働保険事務等処理委託届は、労働保険事務組合の主たる事務所の所在地を管轄する労働基準監督署長を経由して、当該事務所の所在地を管轄する都道府県労働局長に提出するものとされている。

根拠 則64-Ⅰ、78-Ⅲ

**C ○** 【②労働保険事務組合の認可】

設問の通り正しい。 根拠 則67-Ⅱ

得点UP！ 厚生労働大臣（都道府県労働局長）は、労働保険事務組合が、労働保険関係法令の規定に違反したとき、又はその行うべき労働保険事務の処理を怠り、若しくはその処理が著しく不当であると認めるときは、労働保険事務組合の認可を取り消すことができる。

**D ×** 【④報奨金】

労働保険料に係る報奨金の額は、現在、労働保険事務組合ごとに、「1,000万円」又は「常時15人以下の労働者を使用する事業の事業主の委託を受けて納付した前年度の労働保険料（督促を受けて納付した労働保険料を除く。）の額（その額が確定保険料の額を超えるときは、当該確定保険料の額）に100分の２を乗じて得た額に厚生労働省令で定める額を加えた額」の「いずれか低い額以内」とされている。 根拠 報奨金政令２-Ⅰ

**E ×** 【④報奨金】

労働保険事務組合報奨金交付申請書は、所轄都道府県労働局長に提出しなければならない。なお、労働保険事務組合報奨金交付申請書は、10月15日までに提出するものとされている。 根拠 報奨金省令２-Ⅰ

**解答 C**

CH５ 労働保険の保険料の徴収等に関する法律

## 問題30 択一 実践 教科書 Section10

# 労働保険事務組合

チェック欄 1 ／ 2 ／ 3 ／

次の記述のうち、正しいものはどれか。

A　労働保険徴収法第19条第４項の規定により委託事業主に対してする認定決定の通知が労働保険事務組合に対してなされた場合、その通知の効果については、当該労働保険事務組合と当該委託事業主との間の委託契約の内容によっては当該委託事業主に及ばないことがある。(H25-雇8D)

B　労働保険事務組合は、概算保険料の納期限が到来しているにもかかわらず、委託事業主が概算保険料の納付のための金銭を労働保険事務組合に交付しない場合、当該概算保険料を立て替えて納付しなければならない。(H25-雇8A)

C　労働保険事務組合の責めに帰すべき事由によって生じた労働保険料の延滞金については、当該労働保険事務組合に対して国税滞納処分の例によって処分してもなお徴収すべき残余がある場合には、政府は、その残余の額を当該労働保険事務組合に事務処理を委託している事業主から徴収することができる。

D　政府は、委託事業主に使用されている者又は使用されていた者が、雇用保険の失業等給付等を不正に受給した場合に、それが労働保険事務組合の虚偽の届出、報告又は証明によるものであっても、当該委託事業主に対し、不正に受給した者と当該委託事業主が連帯して、失業等給付等の返還又は納付を命ぜられた金額の納付をすることを命ずることとなり、当該労働保険事務組合に対してはその返還等を命ずることはできない。

E　労働保険事務組合は、労働保険事務の処理の業務を廃止しようとするときは、30日前までに、その旨の届書を、その主たる事務所の所在地を管轄する都道府県労働局長に提出しなければならない。

## 解説

**A ×** 【③労働保険事務組合の責任等】

法34条の規定により、設問の通知の効果については、当該労働保険事務組合と当該委託事業主の間の委託契約の内容のいかんにかかわらず、当該委託事業主に及ぶことになる。 根拠 法34、H12.3.31発労徴31号

**B ×** 【③労働保険事務組合の責任等】

委託事業主が労働保険関係法令の規定による労働保険料その他の徴収金の納付のため、金銭を労働保険事務組合に交付したときは、その金額の限度で、労働保険事務組合は、政府に対して当該徴収金の納付の責めに任ずるものとされているのであり、設問のように立て替えて納付する義務はない。

根拠 法35-Ⅰ

**C ○** 【③労働保険事務組合の責任等】

設問の通り正しい。労働保険関係法令の規定により政府が追徴金又は延滞金を徴収する場合において、その徴収について労働保険事務組合の責めに帰すべき理由があるときは、その限度で、労働保険事務組合は、政府に対して当該徴収金の納付の責めに任ずるものとされているが、この労働保険事務組合が納付すべき徴収金については、当該労働保険事務組合に対して国税滞納処分の例によって処分をしてもなお徴収すべき残余がある場合に限り、政府は、その残余の額を当該事業主から徴収することができるとされている。 根拠 法35-ⅡⅢ

**D ×** 【③労働保険事務組合の責任等】

設問の場合には、政府は、労働保険事務組合に対して、不正受給者と連帯して失業等給付等の返還等を命ずることができる。

根拠 法35-Ⅳ、H12.3.31発労徴31

**E ×** 【③労働保険事務組合の責任等】

労働保険事務組合は、労働保険事務の処理の業務を廃止しようとするときは、60日前までに、その旨の届書を、その主たる事務所の所在地を管轄する都道府県労働局長に提出しなければならない。 根拠 法33-Ⅲ、則66

**解答 C**

CH 5 労働保険の保険料の徴収等に関する法律

# CHAPTER 6
# 労務管理その他の労働に関する一般常識

CONTENTS

2

# 労務管理その他の労働に関する一般常識 オリエンテーション

## 過去5年の本試験出題実績

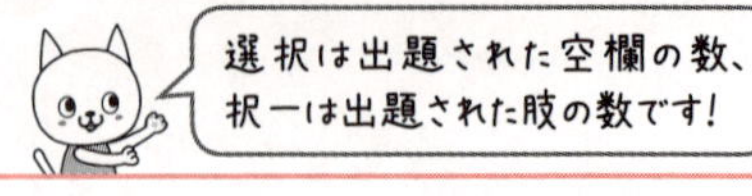


| | H29 | | H30 | | R元 | | R2 | | R3 | |
|---|---|---|---|---|---|---|---|---|---|---|
| | 選択 | 択一 | 選択 | 択一 | 選択 | 択一 | 選択 | 択一 | 選択 | 択一 |
| Section1<br>集団的労使関係法 | - | 1 | - | 2 | - | - | - | 5 | - | - |
| Section2<br>個別労働関係法 | - | 9 | 2 | 7 | 1 | 6 | - | 3 | - | 7 |
| Section3<br>労働市場法 | 1 | - | - | 1 | 2 | 4 | - | 2 | 5 | 3 |
| Section4<br>労務管理 | - | - | - | - | - | - | - | - | - | - |
| Section5<br>労働経済、労働統計 | 4 | 10 | 3 | 10 | 2 | 10 | 5 | 10 | - | 10 |

## 傾向分析

**●選択式●**

選択式は、法規のみで構成された問題の他、各種白書や統計といった労働経済を組み合わせた混合問題が出題されています。労務管理に関する問題は、平成23年に出題されて以降、直近10年間では出題されていません。過去5年では、平成29年に能力開発基本調査、平成30年に人口動態統計、令和元年に就業構造基本調査と統計からの出題が続き、令和2年には統計の名称そのものが問われましたが、令和3年では法規及び白書等からの出題となりました。範囲が広いこともあって、出題箇所を絞ることが難しく得点しづらいのが特徴です。各法律の目的、基本理念、用語の定義、法改正点や、労働経済白書等で取り上げられている事項については、きちんと把握しておきましょう。

**●択一式●**

「労働経済白書」や「各種統計」については、細かい事項からの出題もみられます。これらの対策としては、まずは数値であれば大まかな数値（約3割、半数を下回る等）をおさえるようにしましょう。また、賃金引上げの理由の順位等、理由について問う問題もみられますので、主要な統計については注意しておさえるようにしましょう。

「労働法規」に関しては、近年では、「労働組合法」「労働契約法」の出題が目立ち、最高裁判所の判例からの出題もみられます。

労働法規は、各法規の重要な条文をおさえるとともに、上記の頻出法規については、主要な最高裁判所の判例や通達からの問題や、具体例を用いた問題等に対応できるようにしておきましょう。

## 最近の法改正トピックス

●令和４年試験向け改正●

●育児・介護休業法

有期雇用労働者の育児休業及び介護休業の取得要件のうち「事業主に引き続き雇用された期間が１年以上である者」であることという要件が廃止されました。また、「育児休業の申出・取得を円滑にするための雇用環境の整備に関する措置」、「妊娠・出産（本人又は配偶者）の申出をした労働者に対して事業主から個別の制度周知及び休業の取得意向の確認のための措置」を講ずることが事業主の義務とされました（令和４年４月１日施行）。

●女性活躍推進法

一般事業主行動計画の策定・届出義務及び女性の職業生活における活躍に関する情報公表の義務の対象が、常時雇用する労働者数が301人以上の事業主から101人以上の事業主に拡大されました（令和４年４月１日施行）。

●令和３年試験向け改正●

●男女雇用機会均等法

セクシュアルハラスメント等に起因する問題に関する国、事業主及び労働者の責務を明確化し、労働者が事業主にセクシュアルハラスメント等の相談をしたこと等を理由とする事業主による不利益取扱いを禁止するなどハラスメント対策の強化が図られました。なお、育児・介護休業法においても同様の改正が行われています（令和２年６月１日施行）。

●育児・介護休業法

子の看護休暇、介護休暇について、時間単位での取得が可能になりました（令和３年１月１日施行）。

●女性活躍推進法

女性の職業生活における活躍に関する情報公表制度を強化するとともに、情報公表に関する勧告に従わなかった場合に企業名公表ができることとされました。また、女性活躍に関する取組が特に優良な事業主に対する特例認定制度（「プラチナえるぼし」認定）が創設されました（令和２年６月１日施行）。

●労働施策総合推進法

事業主に、パワーハラスメント防止のため、相談体制の整備等の雇用管理上の措置を講じることを義務づける（中小事業主については令和４年３月31日までは努力義務）とともに、パワーハラスメントに関する労使紛争について、都道府県労働局長による紛争解決援助、紛争調整委員会による調停の対象とすること等とされました（令和２年６月１日施行）。

また、常用労働者数301人以上の大企業に対し、中途採用比率の公表を義務づけることとされました（令和３年４月１日施行）。

### ●労働者派遣法

派遣元事業主が派遣労働者として雇用しようとする者に説明すべき待遇に関する事項に、段階的かつ体系的な教育訓練及び派遣労働者の求めに応じて実施するキャリアコンサルティングの内容が追加されました（令和３年１月１日施行）。

また、へき地の医療機関への看護師等の派遣及び社会福祉施設等への看護師の日雇派遣が解禁されました（令和３年４月１日施行）。

### ●高年齢者雇用安定法

65歳から70歳までの高年齢者就業確保措置〔定年引上げ、継続雇用制度の導入、定年廃止、労使で同意した上での雇用以外の措置（継続的に業務委託契約する制度、社会貢献事業に継続的に従事できる制度）の導入のいずれか〕を講ずることを事業主の努力義務とするなど、70歳までの就業を支援することとされました（令和３年４月１日施行）。

### ●障害者雇用率に係る経過措置の廃止

障害者雇用率に係る経過措置が令和３年２月28日をもって廃止されました。これにより、例えば、一般の民間事業主に係る法定の障害者雇用率は「100分の2.3」となり、その雇用する労働者の数（短時間労働者は0.5人として算入）が常時「43.5人」以上である場合に、障害者の雇用状況に関する報告の義務及び障害者雇用推進者の選任努力義務が生じることとなりました（令和３年３月１日施行）。

## 学習アドバイス

労働一般常識は、学ぶべき法令の数が多いほか、労働経済白書等や各種統計数値、労務管理など出題範囲が広いうえ、出題項目も各種統計から細かい出題がみられるなど、社会保険労務士試験では、最も得点しづらい科目といえるでしょう。ただし、法令については、基本事項からの出題が多い傾向にあり、平成24年以降は毎年最高裁判所の判例が出題されていますが、得点することはそれほど困難ではないでしょう。そのため、高得点を狙うのではなく、基準点を取ることを目標に、まずは『社労士の教科書』に記載してある内容と、本書に記載されている条文や判例をおさえることを目標としましょう。

また、各種統計については、『社労士の教科書』及び本書に記載されているものについては、本試験前に最新の数値を確認しておき、余力に応じて、直前期教材などを活用して情報量を増やしていきましょう。

いずれの項目も、基本事項を確実におさえておくことが重要です。

## 問題1 択一 基本 教科書 Section 1

## 集団的労使関係法

| チェック欄 | | |
|---|---|---|
| 1 ／ | 2 ／ | 3 ／ |

労働組合法に関する次の記述のうち、誤っているものはどれか。

A 労働協約に定める労働条件その他の労働者の待遇に関する基準に違反する労働契約の部分は無効とされ、当該無効となった労働契約の部分及び労働契約に定めのない部分は、労働協約に規定する基準の定めるところによるものとされている。

B 労働組合法で「労働者」とは、職業の種類を問わず、事業又は事務所に使用される者で、賃金を支払われる者をいう。

C 使用者は、同盟罷業その他の争議行為であって正当なものによって損害を受けたことの故をもって、労働組合又はその組合員に対し賠償を請求することができない。

D 労働協約は、書面に作成され、かつ、両当事者がこれに署名し又は記名押印しない限り、仮に、労働組合と使用者との間に労働条件その他に関する合意が成立したとしても、これに労働協約としての規範的効力を付与することはできないと解すべきであるとするのが、最高裁判所の判例である。

E 労働者が労働時間中に時間又は賃金を失うことなく使用者と協議し、又は交渉することを使用者が許すことは、不当労働行為に当たらない。

## 解説

**A ○** 【①労働組合法】

設問の通り正しい。設問の規定は、労働協約に定める労働条件その他の労働者の待遇に関する基準に違反する労働契約の部分は無効とする「強行的効力」と、その無効となった労働契約の部分及び労働契約に定めのない部分は労働協約に規定する基準の定めるところによるものとする「直律的効力」について定めており、この2つの効力を合わせたものを「規範的効力」という。 根拠 労組法16

**B ×** 【①労働組合法】

労働組合法で「労働者」とは、職業の種類を問わず、賃金、給料その他これに準ずる収入によって生活する者をいい、「事業又は事務所に使用される」ことは要件とされていない。 根拠 労組法3

**C ○** 【①労働組合法】

設問の通り正しい。いわゆる民事免責に関する条文である。 根拠 労組法8

**D ○** 【①労働組合法】

設問の通り正しい。なお、労働組合法14条では、「労働組合と使用者又はその団体との間の労働条件その他に関する労働協約は、書面に作成し、両当事者が署名し、又は記名押印することによってその効力を生ずる。」と規定している。 根拠 労組法14、16、最三小H13.3.13都南自動車教習所事件

**E ○** 【①労働組合法】

設問の通り正しい。使用者が、労働組合の運営のための経費の支払につき経理上の援助を与えることは、不当労働行為として禁止されているが、設問の場合はこれにあたらない。 根拠 労組法7-③

**解答 B**

問題2 択一 実践 教科書 Section 1

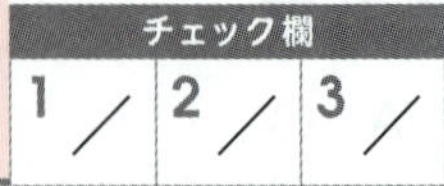


## 集団的労使関係法

労働組合法及び労働関係調整法に関する次の記述のうち、正しいものはどれか。

**A** 労働組合法によれば、一の工場事業場に複数の労働組合がある場合においては、使用者は、当該工場事業場の労働者の過半数で組織する労働組合とのみ誠実に団体交渉を行う義務を負う。

**B** 日本の労働組合の最大の特徴は、労働組合が企業別に組織されているいわゆる企業別組合である点にあり、使用者は、労働者の労働条件の変更を行う場合には、まず企業内の多数労働組合と団体交渉を行う義務を負う。
(H25-2A)

**C** 労働組合に対する使用者の言論が不当労働行為に該当するかどうかは、言論の内容、発表の手段、方法、発表の時期、発表者の地位、身分、言論発表の与える影響などを総合して判断し、当該言論が組合員に対し威嚇的効果を与え、組合の組織、運営に影響を及ぼすような場合は支配介入となるとするのが、最高裁判所の判例である。(H24-2E)

**D** 労働協約には3年をこえる有効期間の定をすることができないとされ、3年をこえる有効期間の定をした労働協約は無効とされる。

**E** 労働関係調整法によれば、労働争議とは、労働関係の当事者間において、労働関係に関する主張が一致しないで、そのために争議行為が発生している状態をいい、争議行為が発生するおそれがある状態は含まないものとされている。

## 解説

**A ×** 【①労働組合法】

使用者が、雇用する労働者の代表者と団体交渉をすることを正当な理由がなくて拒むことは、不当労働行為として禁止されているが、団体交渉の労働者側の当事者は、労働者の過半数で組織する労働組合に限られるものではない。したがって使用者は、当該労働組合とのみ団体交渉を行う義務を負うとの記述は誤りである。

根拠 労組法７-②

**B ×** 【①労働組合法】

設問文中の「まず企業内の多数労働組合と団体交渉を行う義務を負う」が誤りである。なお、最高裁判所の判例においては「複数組合併存下にあっては、各組合はそれぞれ独自の存在意義を認められ、固有の団体交渉権及び労働協約締結権を保障されているものであるから、その当然の帰結として、使用者は、いずれの組合との関係においても誠実に団体交渉を行うべきことが義務づけられているものといわなければならず、また、単に団体交渉の場面に限らず、すべての場面で使用者は各組合に対し、中立的態度を保持し、その団結権を平等に承認、尊重すべきものであり、各組合の性格、傾向や従来の運動路線のいかんによって差別的な取扱いをすることは許されないものといわなければならない」としている。

根拠 労組法７-②、最三小S60.4.23日産自動車事件

**C ○** 【①労働組合法】

設問の通り正しい。設問の判例においては「およそ使用者だからといって憲法21条に掲げる言論の自由が否定されるいわれがないことはもちろんであるが、憲法28条の団結権を侵害してはならないという制約をうけることを免れず、使用者の言論が組合の結成、運営に対する支配介入にわたる場合は不当労働行為として禁止の対象となると解すべきである」としている。

根拠 最二小S57.9.10プリマハム事件

**D ×** 【①労働組合法】

「労働協約には、３年をこえる有効期間の定をすることができない」とする記述は正しいが、３年をこえる有効期間の定をした労働協約は、「３年の有効期間の定をした労働協約とみなす」こととされているので誤りである。

根拠 労組法15-ⅠⅡ

**E ×** 【②労働関係調整法】

労働争議には争議行為が発生するおそれがある状態も含まれる。

根拠 労調法６

**解答 C**

CH 6 労務管理その他の労働に関する一般常識

## 問題3 選択 実践 教科書 Section 1

チェック欄 1 ／ 2 ／ 3 ／

## 集団的労使関係法

次の文中の[　]の部分を選択肢の中の適当な語句で埋め、完全な文章とせよ。

1　労働組合法第16条では、「労働協約に定める労働条件その他の労働者の待遇に関する基準に[ A ]労働契約の部分は、無効とする。この場合において無効となった部分は、基準の定めるところによる。労働契約に定がない部分についても、同様とする。」と規定している。

2　労働組合法第17条では、「一の工場事業場に常時使用される同種の労働者の[ B ]の労働者が一の労働協約の適用を受けるに至ったときは、当該工場事業場に使用される他の同種の労働者に関しても、当該労働協約が適用されるものとする。」と規定している。

3　労働組合法第18条第1項では、「一の地域において従業する同種の労働者の[ C ]が一の労働協約の適用を受けるに至つたときは、当該労働協約の当事者の双方又は一方の申立てに基づき、[ D ]の決議により、[ E ]は、当該地域において従業する他の同種の労働者及びその使用者も当該労働協約（第2項の規定により修正があったものを含む。）の適用を受けるべきことの決定をすることができる。」と規定している。

選択肢

| | | |
|---|---|---|
| ① 過半数 | ② 労働組合 | ③ 3分の2以上の数 |
| ④ 大部分 | ⑤ 達しない | ⑥ 厚生労働大臣又は都道府県知事 |
| ⑦ 5分の4以上の数 | ⑧ 定のある | ⑨ 調停委員会 |
| ⑩ 6分の5以上の数 | ⑪ 定のない | ⑫ 仲裁委員会 |
| ⑬ 違反する | ⑭ 労働委員会 | ⑮ 斡旋委員会 |
| ⑯ 5分の3以上の数 | ⑰ 労働政策審議会 | ⑱ 2分の1以上の数 |
| ⑲ 4分の3以上の数 | ⑳ 厚生労働大臣又は都道府県労働局長 | |

## 解答

【①労働組合法】

A ⑬ 違反する
B ⑲ 4分の3以上の数
C ④ 大部分
D ⑭ 労働委員会
E ⑥ 厚生労働大臣又は都道府県知事

根拠 労組法16、17、18-Ⅰ

## 解説

《Aについて》

就業規則の最低基準効について定める労働契約法12条と異なり、［⑤達しない］ではなく［⑬違反する］が正解となることに注意しよう。

《Dについて》

［⑭労働委員会］には中央労働委員会及び都道府県労働委員会の2種類があり、設問の労働協約の拡張適用（地域的一般的拘束力）の決議のほか、労働組合の資格審査及び法人格取得の審査、不当労働行為の審査等並びに労働争議のあっせん、調停及び仲裁の権限を有する。

問題4 選択 基本 教科書 Section 1

チェック欄 1 ／ 2 ／ 3 ／

## 集団的労使関係法

次の文中の ☐ の部分を選択肢の中の適当な語句で埋め、完全な文章とせよ。

1　労働組合法は、労働者が使用者との交渉において対等の立場に立つことを促進することにより労働者の地位を向上させること、労働者がその労働条件について交渉するために自ら代表者を選出することその他の団体行動を行うために A に労働組合を組織し、団結することを B すること並びに使用者と労働者との関係を規制する労働協約を締結するための団体交渉をすること及びその手続を C することを目的とする。

2　労働関係調整法は、労働関係の当事者が、直接の協議又は団体交渉によって、労働条件その他労働関係に関する事項を定め、又は労働関係に関する D を調整することを妨げるものでないとともに、又、労働関係の当事者が、かかる E を免除するものではない。

選択肢

| | | |
|---|---|---|
| ① 促進 | ② 承認 | ③ 統一的 |
| ④ 紛争 | ⑤ 努力をする責務 | ⑥ 労働争議 |
| ⑦ 代理 | ⑧ 自主的 | ⑨ 容認 |
| ⑩ 保障 | ⑪ 交渉をする義務 | ⑫ 争議行為 |
| ⑬ 調整をする義務 | ⑭ 積極的 | ⑮ 助成 |
| ⑯ 民主的 | ⑰ 主張の不一致 | ⑱ 代行 |
| ⑲ 紛争を解決する責務 | ⑳ 擁護 | |

## 解答

【①労働組合法、②労働関係調整法】

A ⑧ 自主的
B ⑳ 擁護
C ⑮ 助成
D ⑰ 主張の不一致
E ⑤ 努力をする責務

根拠 労組法1、労調法4

## 解説

《B、Cについて》

「労働組合を組織し、団結すること」は憲法28条が勤労者の団結権として保障しているものであるが、この「勤労者の団結権」を具体的、かつ単なる保障以上に積極的に［⑳擁護］（B）していこうとするのが労働組合法の目的の一つとされている。一方、「団体交渉をすること」も憲法28条が勤労者の団体交渉権として保障しているものであるが、あくまでも「労働協約を締結するための」団体交渉をすること及びその「手続」について具体的かつ積極的に［⑮助成］（C）することを労働組合法の目的の一つとしている。何を［⑳擁護］し、何を［⑮助成］することを目的としているのかをしっかりととらえてそれぞれの用語を覚えておきたい。

## 問題5 択一 基本 教科書 Section 2

## 個別労働関係法

チェック欄 1 ／ 2 ／ 3 ／

労働契約法に関する次の記述のうち、誤っているものはどれか。

**A** 労働契約法第3条第1項において、「労働契約は、労働者及び使用者が対等の立場における合意に基づいて締結し、又は変更すべきものとする。」と規定されている。(H26-1D)

**B** 労働契約は、労働者及び使用者が仕事と生活の調和にも配慮しつつ締結し、又は変更すべきものとされている。(H25-1A)

**C** 使用者は、労働契約に伴い、労働者がその生命、身体等の安全を確保しつつ労働することができるよう、必要な配慮をするものとされている。(H24-1B)

**D** 使用者が労働者を懲戒することができる場合においても、当該懲戒が、その権利を濫用したものとして、無効とされることがある。(H24-1E)

**E** 労働契約法における「労働者」とは、使用者に使用されて労働し、賃金を支払われる者をいうとされているが、これに該当する場合においても家事使用人について同法は適用されない。

## 解説

**A ○** 【①労働契約法】

設問の通り正しい。なお、労働契約法３条１項は、労働契約を締結し、又は変更するに当たっては、労働契約の締結当事者である労働者及び使用者の対等の立場における合意によるべきという「労使対等の原則」を規定し、労働契約の基本原則を確認したものであり、労働条件の決定について労働者と使用者が対等の立場に立つべきことを規定した労働基準法２条１項と同様の趣旨である。 根拠 労契法３－Ⅰ

**B ○** 【①労働契約法】

設問の通り正しい。設問の労働契約法３条３項は、近年、仕事と生活の調和が重要となっていることから、この重要性が改めて認識されるよう、労働契約の締結当事者である労働者及び使用者が、労働契約を締結し、又は変更する場合には、仕事と生活の調和に配慮すべきものとするという「仕事と生活の調和への配慮の原則」を規定したものである。

根拠 労契法３－Ⅲ

**C ○** 【①労働契約法】

設問の通り正しい。設問の労働契約法５条は、使用者が当然に「安全配慮義務」を負うことを規定したものである。 根拠 労契法５

**D ○** 【①労働契約法】

設問の通り正しい。労働契約法15条において「使用者が労働者を懲戒することができる場合において、当該懲戒が、当該懲戒に係る労働者の行為の性質及び態様その他の事情に照らして、客観的に合理的な理由を欠き、社会通念上相当であると認められない場合は、その権利を濫用したものとして、当該懲戒は、無効とする。」としている。 根拠 労契法15

**E ×** 【①労働契約法】

労働契約法は、家事使用人に対しても適用される。「労働者」に該当するか否かは、「使用者に使用されて」と規定されているとおり、労務提供の形態や報酬の労務対償性及びこれらに関連する諸要素を勘案して総合的に判断し、使用従属関係が認められるか否かにより判断されるものであり、これが認められる場合には、「労働者」に該当する。これは、労働基準法９条の「労働者」の判断と同様の考え方であるが、労働基準法において同法の適用除外とされている家事使用人も、使用従属関係が認められる場合には、労働契約法上の労働者とされる。 根拠 労契法２－Ⅰ、21

**解答 E**

## 問題6 択一 実践 教科書 Section 2

## 個別労働関係法

チェック欄 1／ 2／ 3／

労働契約法及び労働時間等設定改善法に関する次の記述のうち、誤っているものはどれか。

A　労働基準法については労働基準監督官による監督指導及び罰則により最低労働基準の履行が確保されるものであるが、労働契約法については労働基準監督官による監督指導及び罰則による履行確保は行われない。

B　労働契約法によれば、労働契約は、労働者が使用者に使用されて労働し、使用者がこれに対して賃金を支払うことによって成立するものとされており、当事者の合意、認識等の主観的事情は、労働契約の成否に影響を与えない。

C「使用者が労働者を懲戒するには、あらかじめ就業規則において懲戒の種別及び事由を定めておくことを要する」とするのが、最高裁判所の判例である。(H26-1A)

D　労働契約法第18条のいわゆる有期契約労働者の無期転換申込権の定めは、同一の使用者との間で締結された2以上の有期労働契約の通算契約期間が5年を超える場合において適用されるものであるから、一定の事業の完了に必要な期間を定めるものとして5年を超える有期労働契約が締結されている場合において、一度も更新がないときは、同条の規定は適用されない。

E　労働時間等設定改善法によれば、事業主は、その雇用する労働者の労働時間等の設定の改善を図るため、業務の繁閑に応じた労働者の始業及び終業の時刻の設定、健康及び福祉を確保するために必要な終業から始業までの時間の設定、年次有給休暇を取得しやすい環境の整備その他の必要な措置を講ずるように努めなければならない。

## 解説

**A ○**　【①労働契約法】

設問の通り正しい。労働基準法は、罰則をもって担保する労働条件の基準（最低労働基準）を設定しているものであるが、労働契約法は、これを前提として、労働条件が定められる労働契約について、合意の原則その他基本的事項を定め、労働契約に関する民事的なルールを明らかにしているものであり、その締結当事者である労働者及び使用者の合理的な行動による円滑な労働条件の決定又は変更を促すものである。

根拠 H24.8.10基発0810第２号

**B ×**　【①労働契約法】

労働契約法６条では、「労働契約は、労働者が使用者に使用されて労働し、使用者がこれに対して賃金を支払うことについて、労働者及び使用者が合意することによって成立する。」とされている。これは、当事者の合意により契約が成立することが契約の一般原則であり、労働契約についても当てはまるものであって、同条は、この労働契約の成立についての基本原則である「合意の原則」を確認したものである。

根拠 労契法６、H24.8.10基発0810第２号

**C ○**　【①労働契約法】

設問の通り正しい。なお、設問の判例では、続けて「そして、就業規則が法的規範としての性質を有するものとして、拘束力を生ずるためには、その内容を適用を受ける事業場の労働者に周知させる手続が採られていることを要するものというべきである」としている。

根拠 最二小H15.10.10フジ興産事件

**D ○**　【①労働契約法】

設問の通り正しい。労働契約法18条は、有期労働契約が５年を超えて反復更新された場合は、有期契約労働者の申込みにより期間の定めのない労働契約（無期労働契約）に転換させる仕組み（無期転換ルール）を設けることにより、有期労働契約の濫用的な利用を抑制し労働者の雇用の安定を図ることとしたものである。

根拠 労契法18、H24.8.10基発0810第２号

**E ○**　【②労働時間等設定改善法】

設問の通り正しい。「健康及び福祉を確保するために必要な終業から始業までの時間の設定」とは、いわゆる勤務間インターバル制度のことであり、当該制度の導入の措置が、事業主の努力義務とされている。

根拠 労働時間等設定改善法２－Ⅰ

**解答　B**

## 問題7 択一 実践 教科書 Section 2

# 個別労働関係法

チェック欄 1 ／ 2 ／ 3 ／

労働時間等設定改善法、個別労働関係紛争解決促進法及び過労死等防止対策推進法に関する次の記述のうち、正しいものはどれか。

**A** 労働時間等設定改善法において「労働時間等の設定」とは、労働時間、休日数、年次有給休暇を与える時季、深夜業の回数、終業から始業までの時間その他の労働時間等に関する事項を定めることをいう。

**B** 個別労働関係紛争解決促進法によれば、都道府県労働局長は、個別労働関係紛争（労働関係調整法第6条に規定する労働争議に当たる紛争を含む。）に関し、当該個別労働関係紛争の当事者の双方又は一方からその解決につき援助を求められた場合には、当該個別労働関係紛争の当事者に対し、必要な助言又は指導をすることができる。

**C** 個別労働関係紛争解決促進法によれば、都道府県労働局長は、労働者の募集及び採用に関する事項についての紛争について、当該紛争の当事者の双方又は一方からあっせんの申請があった場合において、その解決のために必要があると認めるときは、紛争調整委員会にあっせんを行わせるものとされている。

**D** 過労死等防止対策推進法によれば、事業主は、過労死等の防止のための対策を効果的に推進するため、過労死等の防止のための対策に関する大綱を定めなければならない。

**E** 過労死等防止対策推進法において「過労死等」とは、業務における過重な負荷による脳血管疾患若しくは心臓疾患を原因とする死亡のみをいい、業務における強い心理的負荷による精神障害を原因とする自殺による死亡又はこれらの脳血管疾患若しくは心臓疾患若しくは精神障害は含まれないものとされている。

## 解説

A ○ 【②労働時間等設定改善法】

設問の通り正しい。 根拠 労働時間等設定改善法1の2-Ⅱ

確認してみよう！ 労働時間等設定改善法において「労働時間等」とは、労働時間、休日及び年次有給休暇（労働基準法39条の規定による年次有給休暇として与えられるものをいう。）その他の休暇をいう。

B × 【④個別労働関係紛争解決促進法】

設問の個別労働関係紛争から「労働関係調整法第6条に規定する労働争議に当たる紛争」は除かれている。 根拠 個紛法4-Ⅰ

C × 【④個別労働関係紛争解決促進法】

「労働者の募集及び採用に関する事項についての紛争」は、紛争調整委員会に行わせるあっせんの対象とならない。 根拠 個紛法5-Ⅰ

D × 【③過労死等防止対策推進法】

政府は、過労死等の防止のための対策を効果的に推進するため、過労死等の防止のための対策に関する大綱を定めなければならない。

根拠 過労死法7-Ⅰ

E × 【③過労死等防止対策推進法】

過労死等防止対策推進法において「過労死等」とは、業務における過重な負荷による脳血管疾患若しくは心臓疾患を原因とする死亡若しくは業務における強い心理的負荷による精神障害を原因とする自殺による死亡又はこれらの脳血管疾患若しくは心臓疾患若しくは精神障害をいう。

根拠 過労死法2

解答 A

## 問題8 択一 基本 教科書 Section 2

チェック欄 1／ 2／ 3／

# 個別労働関係法

パートタイム・有期雇用労働法に関する次の記述のうち、正しいものはどれか。

**A** パートタイム・有期雇用労働法において「短時間労働者」とは、1週間の所定労働時間が同一の事業主に雇用される通常の労働者の1週間の所定労働時間に比し短く、かつ20時間未満の労働者をいう。

**B** 事業主は、その雇用する短時間・有期雇用労働者について、その就業の実態等を考慮して、適正な労働条件の確保、教育訓練の実施、福利厚生の充実その他の雇用管理の改善及び通常の労働者への転換の推進に関する措置等を講ずることにより、通常の労働者との均衡のとれた待遇の確保等を図り、当該短時間・有期雇用労働者がその有する能力を有効に発揮することができるように努めるものとする。

**C** 事業主は、短時間・有期雇用労働者を雇い入れたときは、速やかに、当該短時間・有期雇用労働者に対して、昇給の有無、退職手当の有無、臨時の賃金の有無、賞与の有無及び短時間・有期雇用労働者の雇用管理の改善等に関する事項に係る相談窓口に関する事項を文書の交付等により明示しなければならない。

**D** 事業主は、通常の労働者と同視すべき短時間・有期雇用労働者に係る賃金（通勤手当、退職手当等を除く。）の決定について、短時間・有期雇用労働者であることを理由として、通常の労働者と差別的取扱いをしてはならないとされている。

**E** 事業主は、短時間労働者に係る事項について就業規則を作成し、又は変更しようとするときは、当該事業所において雇用する短時間労働者の過半数を代表すると認められるものの意見を聴かなければならない。

## 解説

**A ×** 【⑤パートタイム・有期雇用労働法】

パートタイム・有期雇用労働法において「短時間労働者」とは、１週間の所定労働時間が、その時間数にかかわらず、同一の事業主に雇用される通常の労働者の１週間の所定労働時間に比し短い労働者をいう。

根拠 パート・有期法２-Ⅰ

**B ○** 【⑤パートタイム・有期雇用労働法】

設問の通り正しい。 根拠 パート・有期法３-Ⅰ

確認してみよう！ パートタイム・有期雇用労働法において「有期雇用労働者」とは、事業主と期間の定めのある労働契約を締結している労働者をいい、短時間労働者と有期雇用労働者を合わせて「短時間・有期雇用労働者」という。

**C ×** 【⑤パートタイム・有期雇用労働法】

臨時の賃金の有無は、設問の文書の交付等により明示しなければならない事項（特定事項）ではない。 根拠 パート・有期法６-Ⅰ、同則２-Ⅰ

**D ×** 【⑤パートタイム・有期雇用労働法】

「（通勤手当、退職手当等を除く。）」の部分が誤り。「通常の労働者と同視すべき短時間・有期雇用労働者」については、短時間・有期雇用労働者であることを理由として、基本給、賞与その他のすべての待遇について通常の労働者との差別的取扱いを禁止しているため、通勤手当や退職手当等についても通常の労働者と差別的取扱いをしてはならない。

根拠 パート・有期法９、H31.1.30基発0130第１号他

**E ×** 【⑤パートタイム・有期雇用労働法】

事業主は、設問の意見を「聴くように努めるものとする」とされている。なお、設問の規定は、事業主が有期雇用労働者に係る事項について就業規則を作成し、又は変更しようとする場合について準用されており、この場合において、「短時間労働者」とあるのは、「有期雇用労働者」と読み替えるものとされている。 根拠 パート・有期法７-Ⅰ

**解答 B**

## 問題9　択一　実践　教科書 Section 2

チェック欄　1 ／　2 ／　3 ／

# 個別労働関係法

パートタイム・有期雇用労働法に関する次の記述のうち、正しいものはどれか。

**A**　事業主は、その雇用する短時間・有期雇用労働者の基本給、賞与その他の待遇のそれぞれについて、当該待遇に対応する通常の労働者の待遇との間において、当該短時間・有期雇用労働者及び通常の労働者の業務の内容及び当該業務に伴う責任の程度（以下「職務の内容」という。）、当該職務の内容及び配置の変更の範囲その他の事情のうち、当該待遇の性質及び当該待遇を行う目的に照らして適切と認められるものを考慮して、不合理と認められる相違を設けてはならない。

**B**　事業主は、通常の労働者に対して実施する教育訓練であって、当該通常の労働者が従事する職務の遂行に必要な能力を付与するためのものについては、職務内容同一短時間・有期雇用労働者（通常の労働者と同視すべき短時間・有期雇用労働者を除く。以下同じ。）が既に当該職務に必要な能力を有している場合であっても、当該職務内容同一短時間・有期雇用労働者に対して、これを実施しなければならない。

**C**　事業主は、通常の労働者に対して利用の機会を与える福利厚生施設であって、健康の保持又は業務の円滑な遂行に資するものとして厚生労働省令で定めるもの（給食施設、休憩室及び更衣室）については、その雇用する短時間・有期雇用労働者に対しても、利用の機会を与えるよう配慮しなければならない。

**D**　事業主は、短時間・有期雇用労働者を雇い入れた場合において、当該労働者の請求があったときは、速やかに、パートタイム・有期雇用労働法第８条から第13条までの規定（不合理な待遇の禁止、差別的取扱いの禁止、賃金・教育訓練・福利厚生施設、通常の労働者への転換）により措置を講ずべきこととされている事項（労働基準法第15条第１項に規定する厚生労働省令で定める事項及び特定事項を除く。）に関し講ずることとしている措置の内容について、当該短時間・有期雇用労働者に説明しなければならない。

**E**　事業主は、その雇用する短時間・有期雇用労働者について、通常の労働者への転換を推進するための措置を講ずることが義務付けられているが、一定の資格を有する短時間・有期雇用労働者を対象とした通常の労働者への転換のための試験制度を設けることとした場合であっても、当該義務を果たしたことにはならない。

## 解説

**A ○** 【⑤パートタイム・有期雇用労働法】

設問の通り正しい。設問の規定は、事業主に対し、その雇用する短時間・有期雇用労働者と通常の労働者との間で、基本給や賞与などあらゆる待遇について、「職務内容（業務の内容＋責任の程度）」「職務内容・配置の変更の範囲」「その他の事情」を考慮して、不合理な待遇差を設けることを禁止したものである。 根拠 パート・有期法8

**B ×** 【⑤パートタイム・有期雇用労働法】

事業主は、通常の労働者に対して実施する教育訓練であって、当該通常の労働者が従事する職務の遂行に必要な能力を付与するためのものについては、職務内容同一短時間・有期雇用労働者（通常の労働者と同視すべき短時間・有期雇用労働者を除く。以下同じ。）が既に当該職務に必要な能力を有している場合には、これを実施しなくてもよい。

根拠 パート・有期法11-Ⅰ、同則4

**C ×** 【⑤パートタイム・有期雇用労働法】

事業主は、設問の福利厚生施設の利用の機会を「与えなければならない」とされている。 根拠 パート・有期法12、同則5

**D ×** 【⑤パートタイム・有期雇用労働法】

設問の説明は、短時間・有期雇用労働者の請求の有無にかかわらず、短時間・有期雇用労働者を雇い入れたときは、速やかに、行わなければならない。 根拠 パート・有期法14-Ⅰ

**E ×** 【⑤パートタイム・有期雇用労働法】

一定の資格を有する短時間・有期雇用労働者を対象とした通常の労働者への転換のための試験制度を設けることその他の通常の労働者への転換を推進するための措置を講ずることとした場合には、通常の労働者への転換を推進するための措置を講ずる義務を果たしたことになる。

根拠 パート・有期法13-③

**解答 A**

## 問題10 択一 基本 教科書 Section 2

## 個別労働関係法

チェック欄 1 ／ 2 ／ 3 ／

男女雇用機会均等法に関する次の記述のうち、誤っているものはどれか。

A　男女雇用機会均等法では、事業主は、職場において行われる性的な言動に対するその雇用する労働者の対応により当該労働者がその労働条件につき不利益を受け、又は当該性的な言動により当該労働者の就業環境が害されることのないよう、当該労働者からの相談に応じ、適切に対応するために必要な体制の整備その他の雇用管理上必要な措置を講じなければならないとされている。

B　男女雇用機会均等法では、事業主は、職場において行われるその雇用する女性労働者に対する当該女性労働者が妊娠したこと、出産したこと、労働基準法の規定による産前休業を請求し、又は同法の規定による産前産後休業をしたことその他の妊娠又は出産に関する事由であって厚生労働省令で定めるものに関する言動により当該女性労働者の就業環境が害されることのないよう、当該女性労働者からの相談に応じ、適切に対応するために必要な体制の整備その他の雇用管理上必要な措置を講じなければならないとされている。

C　男女雇用機会均等法では、事業主は、労働者が職場における性的な言動に起因する問題や妊娠、出産等に関する言動に起因する問題に関し相談を行ったこと又は事業主による当該相談への対応に協力した際に事実を述べたことを理由として、当該労働者に対して解雇その他不利益な取扱いをしてはならないことを規定している。

D　事業主は、労働者の職種及び雇用形態の変更について、労働者の性別を理由として、異なる取扱いをすることは、男女雇用機会均等法に違反しない。

E　男女雇用機会均等法第７条（性別以外の事由を要件とする措置）には、労働者の募集又は採用に関する措置であって、労働者の身長、体重又は体力に関する事由を要件とするものが含まれる。(H26-2C)

## 解説

**A** ○　【⑥男女雇用機会均等法】

設問の通り正しい。いわゆるセクシュアルハラスメントの防止の措置を事業主に義務づけた規定である。

根拠 均等法11-Ⅰ

---

**B** ○　【⑥男女雇用機会均等法】

設問の通り正しい。いわゆるマタニティハラスメントの防止の措置を事業主に義務づけた規定である。

根拠 均等法11の3-Ⅰ

---

**C** ○　【⑥男女雇用機会均等法】

設問の通り正しい。労働者がセクシュアルハラスメント等に関する相談等を行うことに躊躇することがないよう、労働者が当該相談したこと等を理由とした不利益取扱いを禁止するものである。

根拠 均等法11-Ⅱ、11の3-Ⅱ

---

**D** ×　【⑥男女雇用機会均等法】

設問の事項について、労働者の**性別を理由**として、異なる取扱いをすることは男女雇用機会均等法6条違反となる。なお、ポジティブ・アクションを講じる場合については、この限りではないとされている。

根拠 均等法6-③、H27厚労告458号

---

**E** ○　【⑥男女雇用機会均等法】

設問の通り正しい。設問のほか、「労働者の**募集**若しくは**採用**、**昇進**又は**職種の変更**に関する措置であって、労働者の**住居の移転を伴う配置転換に応じることができる**ことを要件とするもの」及び「労働者の**昇進**に関する措置であって、労働者が勤務する事業場と**異なる事業場に配置転換された経験がある**ことを要件とするもの」が規定されている。

根拠 均等法7、同則2-①

解答 D

問題11 択一 実践 教科書 Section 2

チェック欄 1 ／ 2 ／ 3 ／

## 個別労働関係法

男女雇用機会均等法に関する次の記述のうち、正しいものはどれか

A　男女雇用機会均等法によれば、労働者の性別を理由として、賃金について差別的取扱いをすることを禁止している。

B　男女雇用機会均等法によれば、妊娠中の女性労働者及び出産後1年を経過しない女性労働者に対してなされた解雇は、いかなる場合であっても無効とされる。

C　事業主は、雇用管理上特に必要であるなどの合理的な理由がないにもかかわらず、労働者の募集若しくは採用、昇進又は職種の変更に当たって、学歴に一定の基準を設けることは、男女雇用機会均等法第7条のいわゆる間接差別に違反する。

D　事業主は、男女雇用機会均等法第7条に規定するいわゆる間接差別の禁止に係る規定（労働者の募集及び採用に係るものを除く。）に関し、労働者から苦情の申出を受けたときは、苦情処理機関（事業主を代表する者及び当該事業場の労働者を代表する者を構成員とする当該事業場の労働者の苦情を処理するための機関をいう。）に対し当該苦情の処理をゆだねる等その自主的な解決を図るように努めなければならない。

E　男女雇用機会均等法第5条の募集及び採用に関する措置についての労働者と事業主との間の紛争については、都道府県労働局長による助言、指導又は勧告、及び都道府県労働局長が紛争調整委員会（個別労働関係紛争の解決の促進に関する法律第6条第1項の紛争調整委員会をいう。）に行わせる調停の対象とならない。

## 解説

**A ×** 【⑥男女雇用機会均等法】

男女雇用機会均等法では、性別を理由とする賃金の差別的取扱いは禁止していない。なお、労働基準法4条において、女性であることを理由とする（性別を理由とする）賃金の差別的取扱いが禁止されている。

根拠 均等法5、6

**B ×** 【⑥男女雇用機会均等法】

「いかなる場合であっても」の部分が誤り。妊娠中の女性労働者及び出産後1年を経過しない女性労働者に対してなされた解雇は、原則として無効であるが、事業主が当該解雇が当該女性労働者の妊娠・出産等を理由とする解雇でないことを証明したときは、この限りでないとされている。

根拠 均等法9-Ⅳ

**C ×** 【⑥男女雇用機会均等法】

男女雇用機会均等法において、法違反として指導等の対象とする間接差別は、同法施行規則2条に限定的に列挙されている。設問の措置はこれに該当しないため、いわゆる間接差別にはあたらない。 根拠 均等法7、同則2

**D ○** 【⑥男女雇用機会均等法】

設問の通り正しい。なお、設問の法15条（苦情の自主的解決）の対象となるのは、いわゆる間接差別の禁止（法7）のほか、性別を理由とする差別的取扱いの禁止（法6）、妊娠、出産等を理由とする不利益取扱いの禁止等（法9）及び妊娠中及び出産後の健康管理（法12、13-Ⅰ）の規定に定める事項（労働者の募集及び採用に係るものを除く。）に関し、労働者から苦情の申出を受けた場合である。 根拠 均等法15

**E ×** 【⑥男女雇用機会均等法】

募集及び採用に関する措置は、紛争調整委員会の調停の対象とならないが、都道府県労働局長の助言、指導又は勧告の対象となる。なお、当該措置は、苦情の自主的解決の対象から除かれている。

根拠 均等法17-Ⅰ、18-Ⅰ

**解答 D**

## 問題12 択一 基本 教科書 Section 2

## 個別労働関係法

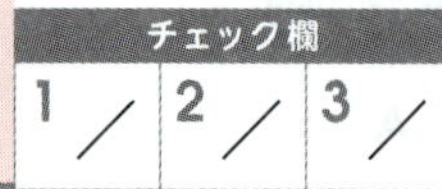


育児・介護休業法、次世代育成支援対策推進法及び女性活躍推進法に関する次の記述のうち、誤っているものはどれか。

A　1歳に満たない子を養育する労働者であっても、当該労働者が日々雇用される者である場合は、育児・介護休業法第5条第1項に規定する育児休業を取得することができない。

B　期間を定めて雇用される労働者であって、当該事業主に引き続き雇用された期間が1年未満である者は、要介護状態にある対象家族を介護する場合であっても、育児・介護休業法第11条第1項に規定する介護休業を申し出ることはできない。

C　次世代育成支援対策推進法によれば、次世代育成支援対策は、父母その他の保護者が子育てについての第一義的責任を有するという基本的認識の下に、家庭その他の場において、子育ての意義についての理解が深められ、かつ、子育てに伴う喜びが実感されるように配慮して行われなければならない。

D　国及び地方公共団体以外の事業主（以下「一般事業主」という。）であって、常時雇用する労働者の数が100人を超えるものは、事業主行動計画策定指針に即して、一般事業主行動計画を定め、厚生労働省令で定めるところにより、厚生労働大臣に届け出なければならない。

E　女性活躍推進法によれば、厚生労働大臣は、同法第8条第1項又は第7項の規定による一般事業主行動計画の届出をした一般事業主からの申請に基づき、厚生労働省令で定めるところにより、当該事業主について、女性の職業生活における活躍の推進に関する取組に関し、当該取組の実施の状況が優良なものであることその他の厚生労働省令で定める基準に適合するものである旨の認定を行うことができる。

## 解説

**A ○** 【⑦育児・介護休業法】

設問の通り正しい。なお、介護休業や子の看護休暇、介護休暇、所定外労働・時間外労働・深夜業の制限、所定労働時間の短縮措置等の規定などにおいても、その対象者から日々雇用される者が除かれている。

根拠 育介法2-①カッコ書、5-Ⅰ

**B ×** 【⑦育児・介護休業法】

設問の者であっても、「介護休業開始予定日から起算して93日を経過する日から6月を経過する日までに、その労働契約（労働契約が更新される場合にあっては、更新後のもの）が満了することが明らかでない」場合には、介護休業の申出をすることができる。「期間を定めて雇用される者」の育児休業・介護休業の申出について、「当該事業主に引き続き雇用された期間が1年以上であること」を要件とする規定は、令和4年4月より廃止されている。 根拠 育介法11-Ⅰ

**得点UP!** 労使協定を締結した場合には、当該事業主に引き続き雇用された期間が1年に満たない労働者を育児休業・介護休業の申出の対象から除外することができる（無期雇用労働者の場合も同様）。

**C ○** 【⑧次世代育成支援対策推進法】

設問の通り正しい。設問は、次世代育成支援対策推進法の基本理念である。なお、「次世代育成支援対策」とは、次代の社会を担う子どもを育成し、又は育成しようとする家庭に対する支援その他の次代の社会を担う子どもが健やかに生まれ、かつ、育成される環境の整備のための国若しくは地方公共団体が講ずる施策又は事業主が行う雇用環境の整備その他の取組をいう。 根拠 次世代法3

**D ○** 【⑨女性活躍推進法】

設問の通り正しい。なお、一般事業主であって、常時雇用する労働者の数が100人以下のものは、事業主行動計画策定指針に即して、一般事業主行動計画を定め、厚生労働省令で定めるところにより、厚生労働大臣に届け出るよう努めなければならないとされている。

根拠 女活法8-Ⅰ

**E ○** 【⑨女性活躍推進法】

設問の通り正しい。いわゆる「えるぼし認定」に関する規定である。 根拠 女活法9

**得点UP!** 厚生労働大臣は、設問の認定を受けた一般事業主からの申請に基づき、厚生労働省令で定めるところにより、当該事業主について、女性の職業生活における活躍の推進に関する取組に関し、当該事業主の策定した一般事業主行動計画に基づく取組を実施し、当該一般事業主行動計画に定められた目標を達成したこと、男女雇用機会均等法に規定する男女雇用機会均等推進者を選任していること、当該女性の職業生活における活躍の推進に関する取組の実施の状況が特に優良なものであることその他の厚生労働省令で定める基準に適合するものである旨の認定（プラチナえるぼし認定）を行うことができる。

**解答 B**

## 問題13 択一 基本 教科書 Section 2

チェック欄 1／ 2／ 3／

# 個別労働関係法

最低賃金法に関する次のアからオの記述のうち、誤っているものの組合せは、後記AからEまでのうちどれか

**ア** 最低賃金額（最低賃金において定める賃金の額をいう。以下同じ。）は、時間によって定めるものとされているが、賃金が通常出来高払制その他の請負制によって定められている場合であって、時間によって定めることが不適当であると認められるときは、時間以外によって最低賃金額を定めることができる。

**イ** 最低賃金法において「労働者」とは、労働基準法第９条に規定する労働者（同居の親族のみを使用する事業又は事務所に使用される者及び家事使用人を除く。）をいう。

**ウ** 最低賃金の適用を受ける労働者と使用者との間の労働契約で最低賃金額に達しない賃金を定めるものは、その部分については無効とされ、無効となった部分は、最低賃金審議会が定める基準によるものとされている。

**エ** 午後10時から午前５時まで（労働基準法第37条第４項の規定により厚生労働大臣が定める地域又は期間については、午後11時から午前６時まで）の間の労働に対して支払われる賃金のうち、通常の労働時間の賃金の計算額をこえる部分については最低賃金の対象となる賃金に算入しない。

**オ** 賃金の低廉な労働者について、賃金の最低額を保障するため、地域別最低賃金（一定の地域ごとの最低賃金をいう。以下同じ。）は、あまねく全国各地域について決定されなければならず、この地域別最低賃金は、地域における労働者の生計費及び賃金並びに通常の事業の賃金支払能力を考慮して定められなければならない。

**A**（アとウ） **B**（アとオ） **C**（イとウ）
**D**（イとエ） **E**（エとオ）

## 解説

**ア ×** 【⑩最低賃金法】

最低賃金額は、時間によって定めるものとされており、設問後半のような例外はない。なお、賃金が時間以外の期間又は出来高払制その他の請負制によって定められている場合は、当該賃金が支払われる労働者については、所定の方法により、当該賃金を時間についての金額に換算して、最低賃金の効力の規定を適用するものとされている。 根拠 最賃法3

**イ ○** 【⑩最低賃金法】

設問の通り正しい。なお、最低賃金法において「使用者」とは、労働基準法10条に規定する使用者をいい、「賃金」とは、労働基準法11条に規定する賃金をいう。 根拠 最賃法2-①

**ウ ×** 【⑩最低賃金法】

最低賃金の適用を受ける労働者と使用者との間の労働契約で最低賃金額に達しない賃金を定めるものは、その部分については無効とされるが、無効となった部分については、「最低賃金と同様の定をしたものとみなす」とされている。 根拠 最賃法4-Ⅱ

**エ ○** 【⑩最低賃金法】

設問の通り正しい。最低賃金の対象となる賃金に算入しない賃金として、最低賃金法4条3項2号においては、「通常の労働時間又は労働日の賃金以外の賃金で厚生労働省令で定めるもの」を規定しており、厚生労働省令では、設問の賃金（深夜割増賃金）のほか、所定労働時間をこえる時間の労働に対して支払われる賃金（時間外労働に対する賃金）、所定労働日以外の日の労働に対して支払われる賃金（休日労働に対する賃金）が規定されている。 根拠 最賃法4-Ⅲ②、同則1-Ⅱ③

**オ ○** 【⑩最低賃金法】

設問の通り正しい。なお、「労働者の生計費」を考慮するに当たっては、労働者が健康で文化的な最低限度の生活を営むことができるよう、生活保護に係る施策との整合性に配慮するものとされている。

根拠 最賃法9-ⅠⅡ

**解答 A（アとウ）**

問題14 択一 実践 教科書 Section 2

チェック欄 1／ 2／ 3／

## 個別労働関係法

最低賃金法及び賃金支払確保法に関する次の記述のうち、正しいものはどれか。

A 最低賃金法に定める最低賃金には、都道府県ごとに定められる地域別最低賃金と、特定の産業について定められる特定最低賃金があり、これらに反する労働契約の部分は無効となり、最低賃金と同様の定めをしたものとみなされるが、同法違反には罰則は定められていない。(H26-2D)

B 労働者派遣法第44条第1項に規定する派遣中の労働者については、最低賃金法第13条の規定により、当該派遣元の事業の事業場の所在地を含む地域について決定された地域別最低賃金が適用される。

C 最低賃金法第8条において、「最低賃金の適用を受ける使用者は、厚生労働省令で定めるところにより、当該最低賃金の概要を、常時作業場の見やすい場所に掲示し、又はその他の方法で、労働者に周知させるための措置をとらなければならない。」と周知が義務化されており、同法第41条第1号において、法第8条に違反した者（地域別最低賃金及び船員に適用される特定最低賃金に係るものに限る。）に対する罰則が定められている。

D 賃金支払確保法によれば、事業主は、労働者の貯蓄金をその委託を受けて管理する場合において、貯蓄金の管理が労働者の預金の受入れであるときは、毎年3月31日における受入預金額（当該事業主が受け入れている預金の額をいう。以下同じ。）について、同日後1年間を通ずる貯蓄金の保全措置を講ずるように努めなければならない。

E 賃金支払確保法によれば、事業主は、その事業を退職した労働者に係る賃金（退職手当を除く。）の全部又は一部をその退職の日（退職の日後に支払期日が到来する賃金にあっては、当該支払期日。以下同じ。）までに支払わなかった場合には、当該労働者に対し、当該退職の日の翌日からその支払をする日までの期間について、その日数に応じ、当該退職の日の経過後まだ支払われていない賃金の額に年20パーセントの率を乗じて得た金額を遅延利息として支払わなければならない。

## 解説

**A ×** 【⑩最低賃金法】

設問の「同法違反には罰則は定められていない」とする部分が誤りである。使用者が地域別最低賃金未満の額又は船員に適用される特定最低賃金未満の額の賃金しか支払わなかったときは、最低賃金法40条の罰則（50万円以下の罰金）が適用される。また、使用者が地域別最低賃金以上特定最低賃金（船員に適用される特定最低賃金を除く。）未満の額の賃金しか支払わなかったときは、労働基準法120条の罰則（30万円以下の罰金）が適用される。根拠 最賃法４－ⅠⅡ、６、９－Ⅰ、15－Ⅰ、40、労基法24－Ⅰ、120－①

**B ×** 【⑩最低賃金法】

派遣中の労働者については、「派遣元」ではなく、「派遣先」の事業の事業場の所在地を含む地域について決定された地域別最低賃金が適用される。

根拠 最賃法13

**C ○** 【⑩最低賃金法】

設問の通り正しい。最低賃金法８条に違反した者は、30万円以下の罰金に処せられる。 根拠 最賃法８、41－①

**D ×** 【⑪賃金支払確保法】

いわゆる貯蓄金の保全措置は、事業主が講ずべき義務規定である（努力規定ではない。）。なお、退職手当の保全措置については、貯蓄金の保全措置に準ずる措置を講ずるように努めなければならないとされている。

根拠 賃確法３

**E ×** 【⑪賃金支払確保法】

設問の遅延利息の率は、年「20パーセント」ではなく、「14.6パーセント」である。 根拠 賃確法６－Ⅰ、同令１

**解答 C**

問題15 択一 実践 教科書 Section 2

チェック欄 1 ／ 2 ／ 3 ／

## 個別労働関係法

中小企業退職金共済法に関する次の記述のうち、正しいものはどれか。

A　中小企業者でない事業主についても、厚生労働大臣が必要であると認める場合には、独立行政法人勤労者退職金共済機構と退職金共済契約を締結することができる。

B　中小企業退職金共済制度においては、中小企業者は、期間を定めて雇用される者等一定のものを除き、すべての従業員について退職金共済契約を締結するようにしなければならない。

C　退職金共済契約の掛金月額の減額は、掛金の納付を継続することが著しく困難であると厚生労働大臣が認めた場合であって、かつ被共済者がこれに同意した場合に限りすることができる。

D　独立行政法人勤労者退職金共済機構は、被共済者が退職したときは、その者（退職が死亡によるものであるときは、その遺族）に退職金を支給するが、当該被共済者に係る掛金の納付があった月数（掛金納付月数）が3年に満たないときは、この限りでない。

E　独立行政法人勤労者退職金共済機構が支給する退職金は、いかなる場合においても一時金として支給するものとされている。

## 解説

**A ×** 【⑫中小企業退職金共済法】

中小企業者でなければ、退職金共済契約を締結することができない。

根拠 中退共法2-Ⅲ、3-Ⅰ

**B ○** 【⑫中小企業退職金共済法】

設問の通り正しい。 根拠 中退共法3-Ⅲ

得点UP! 「期間を定めて雇用される者」のほか、試用期間中の者、現に退職金共済契約の被共済者である者、短時間労働者（1週間の所定労働時間が、同一の事業主に雇用される通常の従業員の1週間の所定労働時間に比し短く、かつ、30時間未満である者）等についても、退職金共済契約の被共済者としないことができる。

**C ×** 【⑫中小企業退職金共済法】

掛金月額の減額は、被共済者の同意を得たとき、又は掛金の納付を継続することが著しく困難であると厚生労働大臣が認めた場合でなければすることができないのであり、掛金の納付を継続することが著しく困難であると厚生労働大臣が認めた場合には、さらに被共済者の同意を得る必要はない。

根拠 中退共法8-Ⅲ、9-Ⅱ

**D ×** 【⑫中小企業退職金共済法】

「3年」ではなく、「12月」である。 根拠 中退共法10-Ⅰ

**E ×** 【⑫中小企業退職金共済法】

退職金は、原則として一時金として支給されるが、機構は、被共済者が退職した日において60歳未満であるとき等一定の場合を除き、被共済者の請求により退職金の全部又は一部を分割払の方法により支給することができる。

根拠 中退共法11、12-Ⅰ

**解答 B**

## 問題16 選択 実践 教科書 Section 2

チェック欄 1 ／ 2 ／ 3 ／

### 個別労働関係法

次の文中の□の部分を選択肢の中の適当な語句で埋め、完全な文章とせよ。

1 労働契約法第1条において、「この法律は、労働者及び使用者の自主的な交渉の下で、労働契約が［A］により成立し、又は変更されるという［A］の原則その他労働契約に関する基本的事項を定めることにより、合理的な［B］が円滑に行われるようにすることを通じて、労働者の保護を図りつつ、［C］の安定に資することを目的とする。」と規定されている。

2 解雇に関するルールを明記することによって、解雇に際して発生する紛争を防止し、また、その解決を図ることを目的として、労働契約法第16条において、「解雇は、客観的に合理的な理由を欠き、［D］と認められない場合は、その権利を［E］したものとして、無効とする。」と規定されている。

選択肢

| | | | |
|---|---|---|---|
| ① 決議 | ② 合意 | ③ 同意 | ④ 労働者の雇用 |
| ⑤ 濫用 | ⑥ 留保 | ⑦ 放棄 | ⑧ 労働者の生活 |
| ⑨ 強制 | ⑩ 協議 | ⑪ 職業 | ⑫ 労使協定の締結 |
| ⑬ 雇用関係 | | ⑭ 労働条件の決定又は変更 | |
| ⑮ 正当である | | ⑯ 就業規則の作成又は変更 | |
| ⑰ 一般的に妥当 | | ⑱ 社会通念上相当である | |
| ⑲ 個別の労働関係 | | ⑳ 就業規則に適合する | |

## 解答

【①労働契約法】

A ② 合意
B ⑭ 労働条件の決定又は変更
C ⑲ 個別の労働関係
D ⑱ 社会通念上相当である
E ⑤ 濫用

根拠 労契法１、16、H24.8.10基発0810第２号

## 解説

《Cについて》

労働関係を取り巻く状況をみると、就業形態が多様化し、労働者の労働条件が個別に決定され、又は変更される場合が増加するとともに、個別労働関係紛争が増加している。このような中、［⑲個別の労働関係］の安定に資するため、労働契約に関する民事的なルールの必要性が一層高まり、労働契約の基本的な理念及び労働契約に共通する原則や、判例法理に沿った労働契約の内容の決定及び変更に関する民事的なルール等を一つの体系としてまとめるべく、労働契約法が制定されたという背景があることを押さえておきたい。

《D、Eについて》

問題文２の労働契約法16条は、最高裁判所判決で確立しているいわゆる解雇権濫用法理を規定したものである。解雇が「客観的に合理的な理由」を欠き、また［⑱社会通念上相当である］（D）と認められない場合には、権利［⑤濫用］（E）に該当するものとして無効となることを明らかにしたものである。

## 問題17 選択 基本 教科書 Section 2

チェック欄 1 ／ 2 ／ 3 ／

# 個別労働関係法

次の文中の［　　］の部分を選択肢の中の適当な語句で埋め、完全な文章とせよ。

育児・介護休業法は、育児休業及び介護休業に関する制度並びに子の看護休暇及び介護休暇に関する制度を設けるとともに、子の養育及び家族の介護を［ A ］するため所定労働時間等に関し事業主が講ずべき措置を定めるほか、子の養育又は家族の介護を行う労働者等に対する支援措置を講ずること等により、子の養育又は家族の介護を行う労働者等の［ B ］及び［ C ］の促進を図り、もってこれらの者の［ D ］に寄与することを通じて、これらの者の福祉の増進を図り、あわせて［ E ］に資することを目的とする。

選択肢

| | |
|---|---|
| ① 健康の確保 | ② 再就職 |
| ③ 職業生活と家庭生活との両立 | ④ 促進 |
| ⑤ 家族の一員としての地位の確保 | ⑥ 雇用の継続 |
| ⑦ 生活の安定 | ⑧ 労働時間の短縮 |
| ⑨ 職業生活の充実 | ⑩ 容易に |
| ⑪ 経済的社会的地位の向上 | ⑫ 職業訓練 |
| ⑬ 職業生活設計 | ⑭ 円滑に |
| ⑮ 完全雇用の達成 | ⑯ 労働条件の適正化 |
| ⑰ 円満な家庭生活 | ⑱ 援護 |
| ⑲ 経済及び社会の発展 | ⑳ 職業の安定 |

## 解答

【⑦育児・介護休業法】

A ⑩ 容易に
B ⑥ 雇用の継続
C ② 再就職
D ③ 職業生活と家庭生活との両立
E ⑲ 経済及び社会の発展

根拠 育介法 1

## 解説

《Bについて》

［⑥雇用の継続］とは、育児休業又は介護休業によって休業している期間等において労働契約関係が継続することの意であり、育児休業、介護休業その他の制度がなければ退職してしまうような労働者について、当該事業主との間において労働契約関係が退職により途切れることのないようにすることを目的としたものである。

《Cについて》

［②再就職］の促進とは、妊娠、出産若しくは育児又は介護を理由として退職した者に対して再就職を促進するものであり、すぐに再就職をすることを希望する者に限らず、当面は育児又は介護に専念しつつ将来において再就職することを希望する者に対する再就職の促進を含むものである。育児・介護休業法では、国は、育児等退職者（妊娠、出産若しくは育児又は介護を理由として退職した者）に対して、その希望するときに再び雇用の機会が与えられるようにするため、職業指導、職業紹介、職業能力の再開発の措置その他の措置が効果的に関連して実施されるように配慮するとともに、育児等退職者の円滑な再就職を図るため必要な援助を行うものとすることなどが規定されている。

## 問題18 択一 基本 教科書 Section 3

## 労働市場法

チェック欄 1 ／ 2 ／ 3 ／

労働施策総合推進法及び職業安定法に関する次の記述のうち、正しいものはどれか。

**A** 労働施策総合推進法の規定による再就職援助計画は、経済的事情による事業規模の縮小等であって、その実施に伴い、一の事業所において、常時雇用する労働者について１箇月の期間内に５人以上の離職者を生ずることとなるものを行おうとするときに、当該事業規模の縮小等の実施に伴う最初の離職者の生ずる日の１月前までに作成しなければならない。

**B** 労働施策総合推進法によれば、新たに外国人を雇い入れた際の外国人雇用状況の届出は、当該外国人が雇用保険の被保険者でない場合には、外国人雇用状況届出書を、雇い入れた日の属する月の翌月10日までに、事業所の所在地を管轄する公共職業安定所の長に提出することによって行うものとされている。

**C** 職業安定法によれば、公共職業安定所、特定地方公共団体及び職業紹介事業者は、求人の申込みは全て受理しなければならないが、労働に関する法律の規定であって政令で定めるものの違反に関し、法律に基づく処分、公表その他の措置が講じられた者（厚生労働省令で定める場合に限る。）からの求人の申込みは受理しないことができる。

**D** 職業安定法によれば、無料の職業紹介事業（職業安定機関及び特定地方公共団体の行うものを除く。）を行おうとする者は、学校等及び特別の法人が無料の職業紹介事業を行う場合を除き、厚生労働大臣の許可を受けなければならず、当該許可の初回の有効期限は、当該許可の日から起算して３年とされている。

**E** 職業安定法によれば、地方公共団体は、無料の職業紹介事業を行うことができるが、この場合には、厚生労働大臣の許可を受けなければならない。

## 解説

**A ×** 【①労働施策総合推進法】

再就職援助計画は、経済的事情による事業規模の縮小等であって、その実施に伴い、一の事業所において、常時雇用する労働者について１箇月の期間内に「30人以上」の離職者を生ずることとなるものを行おうとするときに作成しなければならない。 根拠 労総法24-Ⅰ、同則７の２、７の３-Ⅰ

**B ×** 【①労働施策総合推進法】

設問の場合には、外国人雇用状況届出書を、雇い入れた日の属する月の翌月末日までに提出しなければならない。

根拠 労総法28-Ⅰ、同則10-Ⅲ、12-Ⅱ

**C ○** 【②職業安定法】

設問の通り正しい。公共職業安定所等は、労働基準法や職業安定法、最低賃金法、男女雇用機会均等法、育児・介護休業法などについて一定の違反があった事業主からの求人の申込みを不受理とすることができる。

根拠 職安法５の５-Ⅰ③

**D ×** 【②職業安定法】

設問の許可の有効期限は、当該許可の日から起算して「５年」とされている。 根拠 職安法33-ⅠⅢ

**E ×** 【②職業安定法】

地方公共団体が無料の職業紹介事業を行う場合には、その旨を、厚生労働大臣に通知しなければならないとされている（厚生労働大臣の「許可」は必要とされていない。）。なお、厚生労働大臣に通知して無料の職業紹介事業を行う地方公共団体を特定地方公共団体という。 根拠 職安法29-ⅠⅡ

**解答 C**

## 問題19 択一 応用 教科書 Section 3

## 労働市場法

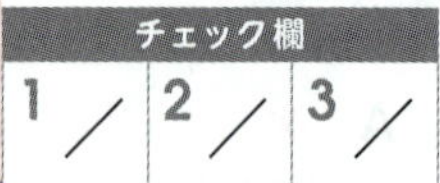


労働施策総合推進法及び職業安定法に関する次の記述のうち、正しいものはどれか。

**A** 労働施策総合推進法によれば、常時雇用する労働者の数が300人を超える事業主は、厚生労働省令で定めるところにより、労働者の職業選択に資するよう、雇い入れた通常の労働者及びこれに準ずる者として厚生労働省令で定める者の数に占める中途採用により雇い入れられた者の数の割合を定期的に公表するように努めなければならない。

**B** 労働施策総合推進法によれば、国は、労働者の就業環境を害する同法第30条の２第１項に規定する言動を行ってはならないことその他当該言動に起因する問題（優越的言動問題）に対する事業主その他国民一般の関心と理解を深めるため、広報活動、啓発活動その他の措置を講ずるように努めなければならない。

**C** 職業安定法に規定する職業紹介事業者は、職業紹介に関し、求人者又は求職者から申出を受けた苦情の処理に関すること等の一定の事項を統括管理させるため、職業紹介責任者を選任しなければならない。ただし、無料の職業紹介事業を行う者については、当該職業紹介責任者を選任する必要はないとされている。

**D** 職業安定法によれば、公共職業安定所は、同盟罷業（いわゆるストライキ）の行われている事業所から求人の申込みがあった場合であっても、当該事業所が当該同盟罷業により業務の正常な運営が阻害されているときは、当該事業所に求職者を紹介することは差し支えないものとされている。

**E** 職業安定法によれば、有料職業紹介事業者は、医師の業務に就く職業について、求職者を紹介してはならない。

## 解説

**A ×** 【①労働施策総合推進法】

設問の事業主に関する中途採用に関する情報は、「定期的に公表しなければならない」（義務規定）とされている。 根拠 労総法27の2－Ⅰ

**B ○** 【①労働施策総合推進法】

設問の通り正しい。いわゆるパワーハラスメント防止の措置に関する国の責務に関する規定である。 根拠 労総法30の3－Ⅰ

**C ×** 【②職業安定法】

設問文のただし書の部分が誤り。学校等及び特定地方公共団体の行う無料職業紹介事業を除く無料の職業紹介事業を行う者（厚生労働大臣の許可を受けて行う無料の職業紹介事業者及び厚生労働大臣に届出をして無料の職業紹介事業を行う特別の法人）についても、職業紹介責任者を選任しなければならない。 根拠 職安法32の14、33－Ⅳ、33の2－Ⅶ、33の3－Ⅱ他

**D ×** 【②職業安定法】

公共職業安定所は、労働争議に対する中立の立場を維持するため、同盟罷業又は作業所閉鎖の行われている事業所に、求職者を紹介してはならない。 根拠 職安法20－Ⅰ

**E ×** 【②職業安定法】

有料職業紹介事業者は、原則として次の職業を求職者に紹介してはならない。

① 港湾運送業務に就く職業
② 建設業務に就く職業 根拠 職安法32の11

**解答 B**

## 問題20 択一 応用 教科書 Section 3

## 労働市場法

チェック欄 1／ 2／ 3／

労働者派遣法に関する次の記述のうち、誤っているものはどれか。

A　派遣元事業主は、関係派遣先に労働者派遣をするときは、関係派遣先への派遣割合が100分の80以下となるようにしなければならない。

B　派遣元事業主は、その雇用する派遣労働者の基本給、賞与その他の待遇のそれぞれについて、当該待遇に対応する派遣先に雇用される通常の労働者の待遇との間において、当該派遣労働者及び通常の労働者の職務の内容、当該職務の内容及び配置の変更の範囲その他の事情のうち、当該待遇の性質及び当該待遇を行う目的に照らして適切と認められるものを考慮して、不合理と認められる相違を設けてはならない。

C　派遣元事業主は、いかなる場合においても日雇労働者（日々又は30日以内の期間を定めて雇用する労働者をいう。）について労働者派遣を行ってはならず、雇用の機会の確保が特に困難であると認められる労働者の雇用の継続等を図るために必要であると認められる場合であっても、その雇用する日雇労働者について労働者派遣を行った場合には労働者派遣法に違反する。

D　派遣先は、労働者派遣の役務の提供を受けようとする場合において、当該労働者派遣に係る派遣労働者が当該派遣先を離職した者であるときは、当該離職の日から起算して1年を経過する日までの間は、当該派遣労働者（雇用の機会の確保が特に困難であり、その雇用の継続等を図る必要があると認められる者として厚生労働省令で定める者を除く。）に係る労働者派遣の役務の提供を受けてはならない。

E　派遣先は、その指揮命令の下に労働させる派遣労働者について、当該派遣労働者を雇用する派遣元事業主からの求めに応じ、当該派遣労働者が従事する業務と同種の業務に従事するその雇用する労働者が従事する業務の遂行に必要な能力を付与するための教育訓練については、当該派遣労働者が当該業務に必要な能力を習得することができるようにするため、一定の場合を除き、当該派遣労働者に対しても、これを実施する等必要な措置を講じなければならない。

## 解説

**A ○** 【③労働者派遣法】

設問の通り正しい。 根拠 派遣法23の2

確認してみよう！

派遣割合＝（全派遣労働者のグループ企業内での総労働時間 － 60歳以上定年退職者のグループ企業内での総労働時間）／全派遣労働者の総労働時間

**B ○** 【③労働者派遣法】

設問の通り正しい。設問の規定は、職務内容や職務内容・配置の変更の範囲、その他の事情の**相違を考慮**して派遣先に雇用される通常の労働者との**不合理な待遇差を禁止**したものである。 根拠 派遣法30の3－Ⅰ

**C ×** 【③労働者派遣法】

派遣元事業主は、原則として**日雇労働者（日々又は30日以内の期間を定めて雇用する労働者**をいう。）について労働者派遣を行ってはならないが、設問のように雇用の機会の確保が特に**困難**であると認められる労働者の雇用の継続等を図るために必要であると認められる場合等一定の場合には労働者派遣を行うことが認められている。 根拠 派遣法35の4－Ⅰ

**D ○** 【③労働者派遣法】

設問の通り正しい。なお、設問の厚生労働省令で定める者は、「60歳以上の定年に達したことにより退職した者であって当該労働者派遣をしようとする派遣元事業主に雇用されているもの」とされており、この者については、設問の規定（離職した労働者に係る労働者派遣の役務の提供の受入れの禁止）の対象とならない。 根拠 派遣法40の9－Ⅰ

**E ○** 【③労働者派遣法】

設問の通り正しい。なお、一定の場合とは、当該派遣労働者が既に当該業務に必要な能力を有している場合や当該教育訓練と同様の教育訓練を派遣元事業主が既に実施した場合又は実施することができる場合である。

根拠 派遣法40－Ⅱ

**解答 C**

## 問題21 択一 実践 教科書 Section 3

## 労働市場法

チェック欄 1 ／ 2 ／ 3 ／

労働者派遣法に関する次の記述のうち、正しいものはどれか。

**A** 労働者派遣のうち、労働者派遣事業と職業紹介事業の双方の許可を受けた者が、派遣労働者と派遣先との間で、雇用関係の成立のために職業紹介を行うことを予定して紹介予定派遣を行った場合、同一の派遣労働者についての派遣受入期間は3箇月を超えてはならない。

**B** 何人も、警備業務について、労働者派遣事業を行ってはならないが、当該業務について紹介予定派遣を行う場合においてはこの限りではない。

**C** 派遣元事業主は、労働者を派遣労働者として雇い入れたときは、雇入れ後遅滞なく、当該労働者にその旨（紹介予定派遣に係る派遣労働者として雇い入れた場合にあっては、その旨を含む。）を明示しなければならない。

**D** 派遣元事業主は、その雇用する派遣労働者に係る派遣先である者又は派遣先となろうとする者との間で、正当な理由がなく、その者が当該派遣労働者を当該派遣元事業主との雇用関係の終了後雇用することを禁ずる旨の契約を締結してはならない。

**E** 派遣元事業主は、その雇用する派遣労働者が段階的かつ体系的に派遣就業に必要な技能及び知識を習得することができるように教育訓練を実施するよう努めなければならない。

## 解説

**A** ×　【③労働者派遣法】

派遣元事業主は、紹介予定派遣を行うに当たっては、同一の派遣労働者についての派遣受入期間は6箇月を超えてはならない。

根拠 派遣法2-④、H30厚労告428号

**B** ×　【③労働者派遣法】

警備業務については、紹介予定派遣であっても労働者派遣を行ってはならない。

根拠 派遣法4-Ⅰ③

確認してみよう！　医師の業務については、紹介予定派遣であること等一定の場合には労働者派遣を行うことが認められている。

**C** ×　【③労働者派遣法】

派遣元事業主は、労働者を派遣労働者として雇い入れようとするときは、あらかじめ、当該労働者にその旨（紹介予定派遣に係る派遣労働者として雇い入れようとする場合にあっては、その旨を含む。）を明示しなければならない。

根拠 派遣法32-Ⅰ

**D** ○　【③労働者派遣法】

設問の通り正しい。なお、派遣元事業主は、その雇用する「派遣労働者」又は「派遣労働者として雇用しようとする労働者」との間で、正当な理由がなく、その者に係る派遣先である者（派遣先であった者を含む。）又は派遣先となることとなる者に当該派遣元事業主との雇用関係の終了後雇用されることを禁ずる旨の契約を締結してはならないとされている。

根拠 派遣法33-Ⅱ

**E** ×　【③労働者派遣法】

派遣元事業主は、その雇用する派遣労働者が段階的かつ体系的に派遣就業に必要な技能及び知識を習得することができるように教育訓練を実施しなければならないとされており、「段階的かつ体系的な教育訓練」の実施は派遣元事業主の義務とされている。

根拠 派遣法30の2-Ⅰ

**解答**  D

CH6 労務管理その他の労働に関する一般常識

## 問題22 択一 基本 教科書 Section 3

チェック欄 1 ／ 2 ／ 3 ／

## 労働市場法

高年齢者雇用安定法に関する次の記述のうち、誤っているものはどれか。

A　高年齢者雇用安定法第８条では、事業主がその雇用する労働者の定年（以下単に「定年」という。）の定めをする場合には、原則として、当該定年は、60歳を下回ることができないことを定めており、これに違反した事業主については、50万円以下の罰金に処せられる。

B　定年（65歳未満のものに限る。以下本問において同じ。）の定めをしている事業主は、その雇用する高年齢者の65歳までの安定した雇用を確保するため、次の①から③のいずれかの措置を講じなければならない。
①当該定年の引上げ
②継続雇用制度（現に雇用している高年齢者が希望するときは、当該高年齢者をその定年後も引き続いて雇用する制度をいう。）の導入
③当該定年の定めの廃止

C　事業主は、その雇用する高年齢者等（厚生労働省令で定める者に限る。）その他厚生労働省令で定める者（以下「再就職援助対象高年齢者等」という。）が解雇（自己の責めに帰すべき理由によるものを除く。）その他の厚生労働省令で定める理由により離職する場合において、当該再就職援助対象高年齢者等が再就職を希望するときは、求人の開拓その他当該再就職援助対象高年齢者等の再就職の援助に関し必要な措置（以下「再就職援助措置」という。）を講ずるように努めなければならない。

D　事業主は、厚生労働省令で定めるところにより、解雇（自己の責めに帰すべき理由によるものを除く。）その他これに類するものとして厚生労働省令で定める理由（以下「解雇等」という。）により離職することとなっている高年齢者等（厚生労働省令で定める者に限る。）が希望するときは、その円滑な再就職を促進するため、当該高年齢者等の職務の経歴、職業能力その他の当該高年齢者等の再就職に資する事項（解雇等の理由を除く。）として厚生労働省令で定める事項及び事業主が講ずる再就職援助措置を明らかにする書面を作成し、当該高年齢者等に交付しなければならない。

E　定年（65歳以上70歳未満のものに限る。以下同じ。）の定めをしている事業主又は継続雇用制度（高年齢者を70歳以上まで引き続いて雇用する制度を除く。）を導入している事業主は、その雇用する高年齢者（特殊関係事業主に現に雇用されている者を含み、厚生労働省令で定める者を除く。以下本問において同じ。）について、原則として、次に掲げる措置を講ずることにより、65歳から70歳までの安定した雇用を確保するよう努めなければならない。
①当該定年の引上げ
②65歳以上継続雇用制度（その雇用する高年齢者が希望するときは、当該高年齢者をその定年後等も引き続いて雇用する制度をいう。）の導入
③当該定年の定めの廃止

## 解説

**A ×** 【④高年齢者雇用安定法】

設問の前半は正しいが、この法8条違反について罰則は定められていないので誤りである。

根拠 高齢法8、55～57

**B ○** 【④高年齢者雇用安定法】

設問の通り正しい。

根拠 高齢法9－Ⅰ

確認してみよう！ 継続雇用制度には、事業主が、特殊関係事業主（当該事業主の経営を実質的に支配することが可能となる関係にある事業主その他の当該事業主と特殊の関係のある事業主として厚生労働省令で定める事業主をいう。）との間で、当該事業主の雇用する高年齢者であってその定年後に雇用されることを希望するものをその定年後に当該特殊関係事業主が引き続いて雇用することを約する契約を締結し、当該契約に基づき当該高年齢者の雇用を確保する制度が含まれるものとされている。

**C ○** 【④高年齢者雇用安定法】

設問の通り正しい。なお、設問の再就職援助措置の対象となる「高年齢者等」とは、45歳以上70歳未満で常時雇用される者等で一定のものをいう。

根拠 高齢法15－Ⅰ

**D ○** 【④高年齢者雇用安定法】

設問の通り正しい。「求職活動支援書」の作成に係る規定である。

根拠 高齢法17－Ⅰ

**E ○** 【④高年齢者雇用安定法】

設問の通り正しい。設問の措置（高年齢者就業確保措置）は事業主の努力義務とされている。なお、事業主が、労働者の過半数組織労働組合等の同意を得た創業支援等措置を講ずることにより、その雇用する高年齢者について、定年後等（定年後又は継続雇用制度の対象となる年齢の上限に達した後をいう。）又は65歳以上継続雇用制度の対象となる年齢の上限に達した後70歳までの間の就業を確保する場合は、この限りでないとされている。

根拠 高齢法10の2－Ⅰ

**解答 A**

# 問題23 択一 基本 教科書 Section 3

## 労働市場法

障害者雇用促進法に関する次の記述のうち、誤っているものはどれか。なお、本問において事業主とは、一般の民間事業主のことであり、特殊法人は含まないものとする。

**A** 事業主に係る法定雇用障害者数の算定にあたって、重度身体障害者又は重度知的障害者である労働者（週所定労働時間が30時間以上の労働者とする。）は、その1人をもって2人の対象障害者とみなされる。

**B** 独立行政法人高齢・障害・求職者雇用支援機構は、障害者雇用調整金及び特例給付金の支給に要する費用等並びに当該業務に係る事務の処理に要する費用に充てるため、法定雇用率を達成していない事業主から、毎年度、障害者雇用納付金を徴収するが、常時300人以下の労働者を雇用する事業主については、当分の間、徴収しないこととしている。

**C** 常時43.5人以上の労働者を雇用する事業主は、毎年、6月1日現在における対象障害者である労働者の雇用に関する状況を、翌月15日までに管轄公共職業安定所の長に報告しなければならない。

**D** 事業主は、その雇用する労働者の数が常時43.5人以上であるときは、障害者雇用推進者を選任するように努めなければならない。

**E** 厚生労働大臣は、その雇用する労働者の数が常時300人以下である事業主からの申請に基づき、厚生労働省令で定めるところにより、当該事業主について、障害者の雇用の促進及び雇用の安定に関する取組に関し、当該取組の実施状況が優良なものであることその他の厚生労働省令で定める基準に適合するものである旨の認定を行うことができる。

## 解説

**A ○** 【⑤障害者雇用促進法】

設問の通り正しい。なお、重度身体障害者又は重度知的障害者である短時間労働者は、その1人をもって1人の対象障害者とみなされる。

根拠 障雇法43-ⅠⅣ、同令10

**B ×** 【⑤障害者雇用促進法】

常時300人以下ではなく、「常時100人以下」の労働者を雇用する事業主については、当分の間、障害者雇用納付金を徴収しないこととされている。

根拠 障雇法53-Ⅰ、同法附則4-Ⅰ

**C ○** 【⑤障害者雇用促進法】

設問の通り正しい。 根拠 障雇法43-Ⅶ、同則7、8

確認してみよう！ 一般の民間事業主に係る障害者雇用率は、現在「100分の2.3」とされており、常時43.5人以上の労働者を雇用する一般の民間事業主は、1人以上の対象障害者である労働者を雇用するようにしなければならない（1÷2.3%≒43.5）。

**D ○** 【⑤障害者雇用促進法】

設問の通り正しい。Cの 確認してみよう！ を参照のこと。 根拠 障雇法78-ⅡⅢ、同則7

**E ○** 【⑤障害者雇用促進法】

設問の通り正しい。なお、設問の認定を受けた事業主は、商品等に厚生労働大臣の定める表示「もにす」を付することができるとされている。

根拠 法77-Ⅰ

**解答 B**

## 問題24 択一 応用 教科書 Section 3

## 労働市場法

職業能力開発促進法及び求職者支援法に関する次の記述のうち、正しいものはどれか。

A　職業能力開発促進法第5条によれば、厚生労働大臣は、職業能力の開発（職業訓練、職業能力検定その他法の規定による職業能力の開発及び向上）に関する基本となる「職業能力開発基本計画」を策定するものとされ、また、常時雇用する労働者の数が300人を超える事業主は、雇用する労働者の職業能力の開発に関する事業内職業能力開発計画を作成しなければならない、とされている。

B　職業能力開発促進法第10条の3及び第10条の4の規定により、事業主は、雇用する労働者の職業生活設計に即した自発的な職業能力の開発及び向上を促進するために、当該労働者に、他の者の設置する施設により行われる職業に関する教育訓練を5年以内ごとに1回受けさせなければならない。

C　職業能力開発促進法によれば、事業主は、厚生労働省令で定めるところにより、職業能力開発推進者を選任するように努めなければならないが、常時使用する労働者が10人未満である事業主については、当該選任の努力義務は課せられていない。

D　求職者支援法において「特定求職者」とは、公共職業安定所に求職の申込みをしている者（雇用保険の被保険者及び受給資格者である者を除く。）のうち、労働の意思及び能力を有しているものであって、職業訓練その他の支援措置を行う必要があるものと公共職業安定所長が認めたものをいう。

E　求職者支援法において「認定職業訓練」とは、職業訓練を行う者の申請に基づき、当該者の行う職業訓練について、職業訓練実施計画に照らして適切なものであること等所定の要件に適合するものであることについて都道府県知事の認定を受けた職業訓練をいう。

## 解説

**A ×** 【⑥職業能力開発促進法】

事業主は事業内職業能力開発計画を常時雇用する労働者の数にかかわりなく作成するように努めなければならないとされている。なお、設問前段の厚生労働大臣が「職業能力開発基本計画」を策定するものとされているという記述は正しい。

根拠 職能法 5 - Ⅰ、11- Ⅰ

**B ×** 【⑥職業能力開発促進法】

事業主は、雇用する労働者の職業生活設計に即した自発的な職業能力の開発及び向上を促進するものとされているが、「当該労働者に、他の者の設置する施設により行われる職業に関する教育訓練を５年以内ごとに１回受けさせなければならない」というような義務は課せられていない。

根拠 職能法10の３、10の４

**C ×** 【⑥職業能力開発促進法】

事業の規模にかかわらず、事業主は、職業能力開発推進者を選任するよう努めなければならない。

根拠 職能法12

**D ○** 【⑦求職者支援法】

設問の通り正しい。

根拠 求職者法２

**確認してみよう!** 求職者支援法は、特定求職者に対し、職業訓練の実施、当該職業訓練を受けることを容易にするための給付金の支給その他の就職に関する支援措置を講ずることにより、特定求職者の就職を促進し、もって特定求職者の職業及び生活の安定に資することを目的としている。

**E ×** 【⑦求職者支援法】

「認定職業訓練」の認定を行うのは「都道府県知事」ではなく「厚生労働大臣」である。

根拠 求職者法４- Ⅰ Ⅱ

**解答** 

## 問題25 選択 基本 教科書 Section 3

チェック欄 1 ／ 2 ／ 3 ／

# 労働市場法

次の文中の［　　］の部分を選択肢の中の適当な語句で埋め、完全な文章とせよ。

1　労働施策総合推進法は、国が、少子高齢化による人口構造の変化等の経済社会情勢の変化に対応して、労働に関し、その政策全般にわたり、必要な施策を総合的に講ずることにより、労働市場の機能が適切に発揮され、労働者の多様な事情に応じた雇用の安定及び職業生活の充実並びに［ A ］の向上を促進して、労働者がその有する能力を有効に発揮することができるようにし、これを通じて、労働者の職業の安定と経済的社会的地位の向上とを図るとともに、経済及び社会の発展並びに［ B ］に資することを目的とする。

2　障害者雇用促進法は、障害者の雇用義務等に基づく雇用の促進等のための措置、雇用の分野における障害者と障害者でない者との均等な機会及び待遇の確保並びに障害者がその有する能力を有効に発揮することができるようにするための措置、［ C ］の措置その他障害者がその能力に適合する職業に就くこと等を通じてその職業生活において自立することを促進するための措置を総合的に講じ、もって障害者の職業の安定を図ることを目的とする。

3　障害者雇用促進法第37条第1項では、「全て事業主は、対象障害者の雇用に関し、［ D ］の理念に基づき、［ E ］を与える共同の責務を有するものであって、進んで対象障害者の雇入れに努めなければならない。」と定めている。

選択肢

| | | |
|---|---|---|
| ① 適応訓練 | ② 適切な業務 | ③ 労働者の資質 |
| ④ 職業訓練 | ⑤ 正当な賃金 | ⑥ 職業能力 |
| ⑦ 法の下の平等 | ⑧ 適当な雇用の場 | ⑨ 労働生産性 |
| ⑩ 社会連帯 | ⑪ 均等な機会 | ⑫ 労働条件 |
| ⑬ 公共の福祉 | ⑭ 雇用の促進 | ⑮ 労働市場の均衡 |
| ⑯ 均等待遇 | ⑰ 完全雇用の達成 | ⑱ 雇用の確保 |
| ⑲ 職業リハビリテーション | ⑳ 医学的リハビリテーション | |

## 解答

【①労働施策総合推進法、⑤障害者雇用促進法】

A ⑨ 労働生産性
B ⑰ 完全雇用の達成
C ⑲ 職業リハビリテーション
D ⑩ 社会連帯
E ⑧ 適当な雇用の場

根拠 労総法１－Ⅰ、障雇法１、37－Ⅰ

## 解説

《Aについて》

［⑨労働生産性］の向上とは、大まかに言えば、一人ひとりが生み出す付加価値を向上させることである。今後の我が国では、少子高齢化による供給制約（生産年齢人口の減少）を克服していくことが大きな課題であり、そのためには資本投入増加に加え、この［⑨労働生産性］の向上が必要不可欠であるとされている。

《Bについて》

［⑰完全雇用の達成］の完全雇用とは、失業者が一人もいないという状態をいうものではなく、非自発的失業がない状態を指す概念である。

問題26 選択 基本 教科書 Section 3

チェック欄 1 ／ 2 ／ 3 ／

## 労働市場法

次の文中の□の部分を選択肢の中の適当な語句で埋め、完全な文章とせよ。

1　職業安定法は、 A と相まって、公共に奉仕する公共職業安定所その他の職業安定機関が関係行政庁又は関係団体の協力を得て職業紹介事業等を行うこと、職業安定機関以外の者の行う職業紹介事業等が労働力の需要供給の適正かつ円滑な調整に果たすべき役割にかんがみその適正な運営を確保すること等により、各人にその有する能力に適合する職業に就く機会を与え、及び産業に必要な労働力を充足し、もって職業の安定を図るとともに、経済及び社会の発展に寄与することを目的としている。

2　高年齢者雇用安定法第3条第1項では、「高年齢者等は、その職業生活の全期間を通じて、その B に応じ、雇用の機会その他の多様な就業の機会が確保され、 C が図られるように配慮されるものとする。」と定めている。

3　高年齢者雇用安定法及び同法施行規則によれば、事業主がその雇用する労働者の定年の定めをする場合には、当該定年は D を下回ることはできないとされている。ただし、鉱業法に規定する事業における E に従事している労働者については、この限りでない。

選択肢

| | | |
|---|---|---|
| ① 意思 | ② 経験 | ③ 職業生活の充実 |
| ④ 職務経歴 | ⑤ 意欲及び能力 | ⑥ 仕事と生活の均衡 |
| ⑦ 職業能力開発促進法 | ⑧ 生活の安定 | ⑨ 雇用保険法 |
| ⑩ 社会的地位の確立 | ⑪ 労働施策総合推進法 | |
| ⑫ 70歳 | ⑬ 労働基準法 | ⑭ 65歳 |
| ⑮ 運送の業務 | ⑯ 警備の業務 | ⑰ 60歳 |
| ⑱ 軽易な業務 | ⑲ 坑内作業の業務 | ⑳ 50歳 |

## 解答

【②職業安定法、④高年齢者雇用安定法】

A ⑪ 労働施策総合推進法
B ⑤ 意欲及び能力
C ③ 職業生活の充実
D ⑰ 60歳
E ⑲ 坑内作業の業務

根拠 職安法1、高齢法3－Ⅰ、8、同則4の2

## 解説

《Aについて》

職業安定法は、公共職業安定所その他の職業安定機関が、日本国憲法に規定する個人の勤労権の保障や職業選択の自由の趣旨を尊重しつつ、各人の有する能力に適当な職業に就く機会を与えることによって、産業に必要な労働力を充足し、もって職業の安定を図るとともに、経済及び社会の発展に寄与することを目的として、昭和22年に制定された。一方、［⑪労働施策総合推進法］の前身である雇用対策法は、労働市場の構造の変化に政策を対応させるため、労働市場に関する基本法として、昭和41年に制定されており、同法の制定に合わせて「雇用対策法と相まって」という文言が職業安定法１条に追加されることとなり、現在に至っている。

## 問題27 択一 応用 教科書 Section 4

## 労務管理

チェック欄 1 ／ 2 ／ 3 ／

労務管理に関する次の記述のうち、誤っているものはどれか。

A 職務分析とは、各職務の内容、特徴、資格要件等を観察・研究し、その結果を職務記述書等にまとめることを通して、他の職務との質的違いを明確にする手続きをいう。

B 人事考課とは、個々の従業員の職務能力、勤務態度、業務成績等を、上司等が測定し、客観的な評価を加えることをいう。この人事考課の際に生じる評定誤差（心理的偏向）には、中央化傾向、寛大化傾向、ハロー効果などがあるが、このうち寛大化傾向とは、被考課者がある1つの面で優れている又は劣っていると、それが全体の印象になり、他の考課要素に影響を与える傾向である。

C 専門職制度とは、高度の専門的な知識や技術を有する従業員を、ライン管理職の系列とは別のスタッフ系列として位置付けつつ、昇進や給与面では、ライン管理職と同等の処遇を行おうとする制度をいう。

D テレワークとは、情報通信ネットワークを活用して、時間と場所に制約されることなくいつでもどこでも仕事ができる働き方をいい、テレワークには、雇用形態で行われる在宅勤務、サテライトオフィス勤務、モバイルワークと、非雇用形態で行われるSOHO（Small Office, Home Office）とがある。

E 定年後も引き続き従業員を雇用する制度を継続雇用制度といい、継続雇用制度には、定年時に退職させることなく、引き続き雇用する制度である勤務延長制度と、定年時にいったん退職させたのち、再び雇用する再雇用制度がある。

## 解説

**A ○** 【①人事情報】

設問の通り正しい。なお、職務分析によって得られた職務情報に基づき、個々の職務について、職務価値の相対的評価を行うことを「職務評価」という。

**B ×** 【①人事情報】

「寛大化傾向」とは、部下の評点を高めにつけてしまう傾向である（設問後半は「ハロー効果」についての記述である。）。なお、設問前半の記述は正しい。

**C ○** 【②雇用管理】

設問の通り正しい。なお、ライン管理職とは、名称の如何を問わず、企業の組織系列の各部署において配下の係員又は労働者の集団を指導・監督する役職をいう。

**D ○** 【②雇用管理】

設問の通り正しい。

得点UP! 情報通信機器を活用して請負契約に基づきサービスの提供を行う在宅形態での就業を「在宅就業（在宅就労）」といい、そのうち主として他の者が代わって行うことが容易なものを「在宅ワーク」という。これらは、「非雇用形態」で行われるものであり、「雇用形態」で行われる「在宅勤務」とは区別される。

**E ○** 【②雇用管理】

設問の通り正しい。なお、定年時にいったん退職させたのち、再び雇用する制度である再雇用制度の方が、大企業を中心に、主流となっている。

**解答 B**

問題28 択一 応用 教科書 Section 4

チェック欄 1 ／ 2 ／ 3 ／

## 労務管理

労務管理に関する次の記述のうち、正しいものはどれか。

A　Off-JTとは、職場で上司又は先輩が部下又は後輩に対して、仕事を通して計画的に、業務に関する知識、技能、問題解決能力等について教育訓練することをいう。

B　賃金体系とは、基本給を中心として編成された複合的賃金の体系（基本給及び諸手当の体系）をいうが、基本給は属人給、仕事給、総合決定給に大別することができる。このうち、仕事給とは、年齢、勤続年数、学歴といった属人的要素により決定される基本給をいう。

C　ベースアップとは、賃金表の中で個々の労働者の賃金を職務内容、職務遂行能力、年齢等に対応して引上げることをいい、昇給とは、物価水準の上昇、企業の成長、生産性の向上等に対応して賃金水準を引上げることをいう。

D　科学的管理法とは、時間研究や動作研究に基づいて標準作業方法と標準作業時間が設定され、その方法と時間内で作業を行うことを課業とし、労働者がその課業を達成した場合には割増された賃金を支払い、未達成の場合は賃金を減額する差別的出来高給制を採用する管理法である。

E　マグレガーは、人間観の理論を、人間は外部から強制されなければ目標達成のための努力をしないというX理論と、人間は自我の欲求や自己実現の欲求が満たされるよう目標達成のために努力するというY理論に分け、X理論の人間観に立脚した管理が行われるべきとした。

## 解説

**A ×** 【③能力開発】

Off-JT（職場外訓練）とは、集合教育、外部講習会への参加、通信教育の受講といった職場外で行われる教育訓練をいう。なお、設問はOJT（職場内訓練）に関する記述である。

**B ×** 【④賃金管理】

設問の後段の記載は、「仕事給」ではなく、「属人給」についての記載である。仕事給とは、仕事的要素により決定される基本給である。

> **確認してみよう！** 仕事給のうち、職務の相対的価値により決定されるものを職務給、職務遂行能力により決定されるものを職能給、職種によって決定されるものを職種給、業績によって決定されるものを業績給という。

**C ×** 【④賃金管理】

ベースアップと昇給の説明が逆である。ベースアップとは、物価水準の上昇、企業の成長、生産性の向上等に対応して賃金水準を引上げることをいい、昇給とは、賃金表の中で個々の労働者の賃金を職務内容、職務遂行能力、年齢等に対応して引上げることをいう。

**D ○** 【⑤人間関係管理】

設問の通り正しい。「科学的管理法」は、アメリカのテーラーが提唱した工場における管理法であり、テーラー・システム又は課業管理システムとも呼ばれる。

**E ×** 【⑤人間関係管理】

X理論・Y理論においては、「Y理論」の人間観に立脚した管理が行われるべきとした。

**解答** 

## 問題29 選択 実践 教科書 Section 4

チェック欄 1／ 2／ 3／

# 労務管理

次の文中の［　］の部分を選択肢の中の適当な語句で埋め、完全な文章とせよ。

1　人間関係論とは、［A］が中心となって1920年代から1930年代にかけて行ったホーソン工場での実験を基礎として生まれた理論である。この実験においては、経営組織の中には、意識的に形成された公式組織のほかに、自然発生的に［B］が形成され、時にはこの［B］の統制力が公式組織の統制力を上回ることがあることが明らかとなっている。この、人間関係論に基づいて［B］を重視し、人間関係を改善し、従業員の［C］（士気、意欲）の向上を図ろうとする一連の管理を人間関係管理という。その施策としては、カウンセリング（悩み・不安についての相談面接をいう）や、苦情処理制度（紛争や不平・不満を解決するための常設制度）、［C］調査（従業員の［C］の実態調査）などがある。

2　マズローの欲求５段階説では、人間の基本的欲求には、低次元のものから順に、①生理的欲求、②［D］の欲求、③所属と愛の欲求、④承認の欲求、⑤［E］欲求、の５段階の欲求があり、低次の欲求が満たされると、より高次の欲求が強まり、それを目標としてモチベーションが高まるとされている。

選択肢

| | | |
|---|---|---|
| A | ①　マズロー<br>③　テーラー | ②　ハーズバーグ<br>④　メーヨー、レスリスバーガー |
| B | ①　役職<br>③　専門職 | ②　フォーマル組織<br>④　インフォーマル組織 |
| C | ①　キャリア<br>③　モラール | ②　動機<br>④　ディーセントワーク |
| D | ①　安全・安定<br>③　尊厳 | ②　地位確立<br>④　自我 |
| E | ①　存在の認識の<br>③　物質的 | ②　自己実現の<br>④　金銭的 |

## 解答

【⑤人間関係管理】

A ④ メーヨー、レスリスバーガー
B ④ インフォーマル組織
C ③ モラール
D ① 安全・安定
E ② 自己実現の

## 解説

《A、Bについて》

問題文1のいわゆる「ホーソン実験」は、［④メーヨー、レスリスバーガー］（A）を中心とするハーバード大学の学者がアメリカのウエスタン・エレクトリック社のホーソン工場で行った一連の実験（照明実験、継電器組立実験など）で、人間関係論発展の契機となった画期的な実験である。この実験では、作業能率を左右するのは、照明等の物的環境や賃金などの非人間的な条件ではなく、そこで労働する労働者の作業意欲であることが証明され、従業員相互の［④インフォーマル組織］（B）の重要性が明らかとなった。

この［④インフォーマル組織］（例えば、飲み友達やゴルフ仲間など）の中には共通の規範があり、その集団に属する従業員の行動を規制していることが実証され、時には［②フォーマル組織］（例えば、部・課といった枠組みや部長・課長といった役職など）より、［④インフォーマル組織］の方が強い統制力をもつ場合があるとされている。

《Cについて》

［③モラール］とは、集団に帰属することに誇りをもって団結し、企業の目的達成に努力しようとする心理的な態度のことをいう。なお、問題文2の「モチベーション」とは、「動機づけ」のことであり、自ら進んで行動しようとする心的状態になること、又はもたらすことをいう。

問題30 選択 応用 教科書 Section 4

チェック欄 1 ／ 2 ／ 3 ／

## 労務管理

次の文中の［　　］の部分を選択肢の中の適当な語句で埋め、完全な文章とせよ。

多様化する雇用形態別の人材マネジメントの近年の特徴に関しては、正規雇用労働者については、厚生労働省が2012年3月にとりまとめた「非正規雇用問題に係るビジョン」で述べられているように、(1)労働契約の期間の定めはない、(2)所定労働時間がフルタイムである、(3)直接雇用である、といった3つの要素に加え、大企業で典型的にみられる形態としては、［ A ］を背景として、(4)勤続に応じた処遇、雇用管理の体系（勤続年数に応じた賃金体系、昇進・昇格、配置、能力開発等）となっている、(5)勤務地や業務内容の限定がなく［ B ］がある、といった要素を満たすイメージで論じられることが多い。

人材マネジメントの基本的な考え方として、「［ C ］」をきちんと決めておいてそれに「［ D ］」を当てはめるという「［ E ］」雇用と、「［ D ］」を中心にして管理が行われ、「［ D ］」と「［ C ］」の結びつきはできるだけ自由に変えられるようにしておく「メンバーシップ型」雇用があり、「メンバーシップ型」が日本の正規雇用労働者の特徴であるとする議論もあるが、上記(4)や(5)のイメージはこうした特徴を反映しているものとも考えられる。こうしたことは我が国の企業が、景気の変動に伴う労働需要の変化に対して、主に残業の増減や配置転換、出向等を活用して対応してきたこととも密接に関連していると考えられる。

選択肢

| | | |
|---|---|---|
| A | ① 長期雇用慣行<br>③ 高度経済成長 | ② 企業別労働組合<br>④ オイルショック |
| B | ① 時間外労働<br>③ 定年 | ② 転勤<br>④ 企業別組合 |
| C | ① 目標<br>③ 職能資格基準 | ② 職務価値の相対的位置づけ<br>④ 仕事 |
| D | ① 人事考課<br>③ 人 | ② 職務等級<br>④ 賃金 |
| E | ① ジョブ型<br>③ 能力主義型 | ② 目標管理型<br>④ エキスパート型 |

## 解答

【Section 4 全般】

A ① 長期雇用慣行
B ① 時間外労働
C ④ 仕事
D ③ 人
E ① ジョブ型

根拠「平成26年版労働経済白書（厚生労働省）」P44、45、94、95

## 解説

《Aについて》

Aに続く(4)の文に「勤続に応じた」や「勤続年数に応じた」とあることから考えると、［①長期雇用慣行］を選ぶことができる。

《Bについて》

問題文の最後に「上記(4)や(5)のイメージは…（中略）…景気の変動に伴う労働需要の変化に対して、主に残業の増減や配置転換、出向等を活用して対応」とあり、この「配置転換、出向等」がBの前の「勤務地や業務内容の限定がなく」に対応することから考えると、「残業の増減」に対応するものとして、［①時間外労働］を選ぶことができる。

## 問題31　択一　基本　教科書 Section 5

チェック欄　1 ／　2 ／　3 ／

# 労働経済、労働統計

次のアからオの統計調査のうち、統計法による基幹統計調査として行われるものはいくつあるか。

**ア**　労働力調査（総務省）

**イ**　毎月勤労統計調査（厚生労働省）

**ウ**　賃金構造基本統計調査（厚生労働省）

**エ**　就労条件総合調査（厚生労働省）

**オ**　能力開発基本調査（厚生労働省）

A　一つ
B　二つ
C　三つ
D　四つ
E　五つ

## 解説

【①統計に関する基礎知識】

統計法による基幹統計調査として行われるのは、**ア**「労働力調査（総務省）」、**イ**「毎月勤労統計調査（厚生労働省）」、**ウ**「賃金構造基本統計調査（厚生労働省）」の３つである。なお、**エ**及び**オ**の調査は、統計法による一般統計調査として行われる。

**得点UP!** 「基幹統計調査」とは、基幹統計の作成を目的とする統計調査をいい、「基幹統計」とは、次の各号のいずれかに該当する統計をいう。

① 国勢統計

② 国民経済計算

③ 行政機関が作成し、又は作成すべき統計であって、次のいずれかに該当するものとして総務大臣が指定するもの

- 全国的な政策を企画立案し、又はこれを実施する上において特に重要な統計
- 民間における意思決定又は研究活動のために広く利用されると見込まれる統計
- 国際条約又は国際機関が作成する計画において作成が求められている統計その他国際比較を行う上において特に重要な統計

なお、「一般統計調査」とは、行政機関が行う統計調査のうち基幹統計調査以外のものをいう。

**解答** C（三つ）

## 問題32 択一 基本 教科書 Section 5

## 労働経済、労働統計

労働力調査（総務省）に関する次の記述のうち、誤っているものはどれか。

A　労働力調査（総務省）は、我が国における就業及び不就業の状態を明らかにするための基礎資料を得ることを目的としている。

B　労働力調査（総務省）は、全数調査として行われている。

C　労働力調査（総務省）に定義される「非労働力人口」とは、15歳以上人口のうち労働力人口以外の者の人口をいう。

D　労働力調査（総務省）に定義される「完全失業率」とは、労働力人口に占める完全失業者の割合をいう。

E　労働力調査（総務省）を基に、女性の労働力率を年齢階級別にグラフに表すと、いわゆるM字型カーブを描いている。

## 解説

**A ○** 【②労働統計の概要】

設問の通り正しい。労働力調査は、統計法に基づく基幹統計「労働力統計」を作成するための統計調査であり、我が国における就業及び不就業の状態を明らかにするための基礎資料を得ることを目的としている。

根拠 労働力調査（総務省）

**B ×** 【②労働統計の概要】

労働力調査（総務省）は、標本調査として行われている。

根拠 労働力調査（総務省）

**C ○** 【②労働統計の概要】

設問の通り正しい。なお、「労働力人口」とは、15歳以上の人口のうち、「就業者」と「完全失業者」を合わせたものをいう。

根拠 労働力調査（総務省）

**D ○** 【②労働統計の概要】

設問の通り正しい。 根拠 労働力調査（総務省）

確認してみよう！ 「完全失業者」とは、次の3つの要件を満たす者をいう。

① 仕事がなくて調査週間中に少しも仕事をしなかった（就業者ではない。）。
② 仕事があればすぐ就くことができる。
③ 調査週間中に、仕事を探す活動や事業を始める準備をしていた（過去の求職活動の結果を待っている場合を含む。）。

**E ○** 【②労働統計の概要】

設問の通り正しい。なお、「労働力率」とは、15歳以上の人口に占める労働力人口の割合をいい、「労働力人口比率」ともいう。

根拠 労働力調査（総務省）

**解答 B**

問題33 択一 基本 教科書 Section 5

チェック欄 1 ／ 2 ／ 3 ／

## 労働経済、労働統計

次の記述のうち、正しいものはどれか。

A 毎月勤労統計調査（厚生労働省）は、常時50人以上を雇用する事業所を対象として行われている。

B 毎月勤労統計調査（厚生労働省）にいう「きまって支給する給与」とは、就業規則等にあらかじめ定められている支給条件、算定方法によって支給される給与のことであって、所定外給与を除いたものをいう。

C 毎月勤労統計調査（厚生労働省）にいう「総実労働時間数」とは、所定内労働時間数と所定外労働時間数の合計をいう。

D 賃金構造基本統計調査（厚生労働省）は、我が国の賃金の変動を時系列に把握することを目的として行われている。

E 賃金構造基本統計調査（厚生労働省）は、全数調査として行われている。

## 解説

**A** ×　【②労働統計の概要】

毎月勤労統計調査（厚生労働省）は、常時５人以上を雇用する事業所を対象として行われている。　根拠 毎月勤労統計調査（厚生労働省）

**B** ×　【②労働統計の概要】

「きまって支給する給与」には、所定外給与を含む。

根拠 毎月勤労統計調査（厚生労働省）

**C** ○　【②労働統計の概要】

設問の通り正しい。なお、「所定内労働時間数」とは、就業規則等で定められた正規の始業時刻と終業時刻との間の実労働時間数（所定労働時間内に実際に働いた労働時間）をいい、「所定外労働時間数」とは、早出、残業、臨時の呼出、休日出勤等の実労働時間数をいう。

根拠 毎月勤労統計調査（厚生労働省）

**D** ×　【②労働統計の概要】

賃金構造基本統計調査（厚生労働省）は、我が国の賃金構造の実態を詳細に把握することを目的として行われている。

根拠 賃金構造基本統計調査（厚生労働省）

**E** ×　【②労働統計の概要】

賃金構造基本統計調査（厚生労働省）は、標本調査として行われている。

根拠 賃金構造基本統計調査（厚生労働省）

**解答　C**

## 問題34 選択 基本 教科書 Section 5

チェック欄 1／ 2／ 3／

# 労働経済、労働統計

次の文中の［　］の部分を選択肢の中の適当な語句で埋め、完全な文章とせよ。

15歳以上人口のうち、毎月の末日に終わる1週間（以下「調査期間」という。）に収入を伴う仕事（以下「仕事」という。）を［A］以上した［B］と仕事を持ちながら、調査期間中に仕事を休んでいた休業者を合わせたものを［C］という。また、仕事を持たず、調査期間中に仕事をしなかった者のうち、就業が可能でこれを希望し、かつ、求職活動をした者を［D］といい、［C］と［D］を合わせたものを［E］という。

選択肢

| | | |
|---|---|---|
| ① 1時間 | ② 労働力人口 | ③ 10時間 |
| ④ 8時間 | ⑤ 非労働力人口 | ⑥ 20時間 |
| ⑦ 失業者 | ⑧ パートタイム労働者 | ⑨ アルバイト |
| ⑩ 完全失業者 | ⑪ 契約社員 | ⑫ 派遣労働者 |
| ⑬ 自営業者 | ⑭ 家族従業者 | ⑮ 内職者 |
| ⑯ 従業員 | ⑰ 従業者 | ⑱ 就業者 |
| ⑲ 雇用者 | ⑳ 求職者 | |

## 解答

【②労働統計の概要】

A ① 1時間
B ⑰ 従業者
C ⑱ 就業者
D ⑩ 完全失業者
E ② 労働力人口

根拠 労働力調査（総務省）

## 解説

労働力調査の用語に関する問題である。

15歳以上人口のうち、［⑱就業者］（C）と［⑩完全失業者］（D）を合わせたものが［②労働力人口］（E）、それ以外が［⑤非労働力人口］である。

［⑱就業者］（C）とは、［⑰従業者］（B）と「休業者」を合わせたものであり、調査週間中に賃金、給料、諸手当、内職収入などの収入を伴う仕事を「①1時間」（A）以上した者をいう。なお、［⑭家族従業者］は、収入の有無を問わない。

# 問題35 選択 応用 教科書 Section 5

## 労働経済、労働統計

チェック欄 1／ 2／ 3／

次の文中の［　］の部分を対応する選択肢群の中の最も適切な語句で埋め、完全な文章とせよ。

1　毎月勤労統計調査は、統計法に基づく国の重要な統計調査である基幹統計調査として実施されており、その調査結果は、内閣府が作成する景気動向指数において、所定外労働時間指数（製造業、事業所規模30人以上、季節調整値）が［A］に、常用雇用指数（製造業、事業所規模30人以上、前年同月比）が［B］に採用されているほか、幅広く活用されている。

2　人口調査において、就業状態（収入を伴う仕事をしているかどうか）を把握する方法には、一定期間の状態により把握する［C］方式と、ふだんの状態により把握する［D］方式がある。

就業構造基本調査では、15歳以上の人の就業・不就業について、構造調査であることから「ふだん」の状態によって把握する［D］方式で調査している。一方、労働力調査は［E］であることから、「月末1週間」の状態によって把握する［C］方式で調査している。

［D］方式と［C］方式を比べると、［D］方式は、調査の時期や調査時の偶発的状況に影響されることが少ないという利点を持つ一方、定義に曖昧さが残り回答者の意識に左右される部分が大きいという欠点があり、［C］方式は、調査の時期や調査時の偶発的状況に影響されやすいという欠点を持つ一方、厳密に定義ができるという利点がある。

選択肢

| | | |
|---|---|---|
| A | ①　先行系列<br>③　遅行系列 | ②　一致系列<br>④　不規則系列 |
| B | ①　先行系列<br>③　遅行系列 | ②　一致系列<br>④　不規則系列 |
| C | ①　アクチュアル<br>③　アクティヴ | ②　トレンド<br>④　ユージュアル |
| D | ①　アクチュアル<br>③　アクティヴ | ②　トレンド<br>④　ユージュアル |
| E | ①　動向調査<br>③　標本調査 | ②　悉皆調査<br>④　静態調査 |

## 解答

【②労働統計の概要】

A　②　一致系列
B　③　遅行系列
C　①　アクチュアル
D　④　ユージュアル
E　①　動向調査

根拠 毎月勤労統計調査（厚生労働省）、就業構造基本調査（総務省）、労働力調査（総務省）

## 解説

《A、Bについて》

景気動向指数は、生産、雇用など様々な経済活動での重要かつ景気に敏感に反応する指標の動きを統合することによって、景気の現状把握及び将来予測に資するために内閣府が作成する指標である。景気動向指数の作成には、現在30系列の経済指標が用いられており、各経済指標は景気変動に対する時間的関係から、[①先行系列]、[②一致系列]（A）、[③遅行系列]（B）に分けられ、これらから景気に対し先行して動く「先行指数」、ほぼ一致して動く「一致指数」、遅れて動く「遅行指数」の3つがそれぞれ作成されている。

「所定外労働時間指数」については、景気拡大局面では残業も併せて増加し、景気後退局面では残業も併せて減少するというイメージでとらえることができるだろう。一方、「常用雇用指数」については、景気拡大局面で急激に雇用を増やすことは難しく、また、景気後退局面で急激に雇用を減らすことは難しいというイメージでとらえることができるだろう。

MEMO

MEMO

MEMO

# MEMO

# Part 2

# 社会保険関係科目

# Part 2 CONTENTS

（　）内は科目別ページ番号です。

## CHAPTER 7 健康保険法

## CHAPTER 8 国民年金法

## CHAPTER 9 厚生年金保険法

## CHAPTER 10 社会保険に関する一般常識

**凡　例** 本書の執筆においては、次のとおり略称を用いています。

| | |
|---|---|
| **法1** | →法１条 |
| **法1－Ⅰ** | →法１条１項 |
| **法1－Ⅰ①** | →法１条１項１号 |
| **法** | →単なる法は各CHAPTERの法令（例：CHAPTER１内の法は「労働基準法」） |
| **令** | →施行令 |
| **則** | →施行規則 |
| **(40)** | →昭和40年（例：(40)法附則→昭和40年法附則、(25)法附則→平成25年法附則） |
| **労基法** | →労働基準法 |
| **石綿法** | →石綿による健康被害の救済に関する法律 |
| **労審法** | →労働保険審査官及び労働保険審査会法 |
| **整備法** | →失業保険法及び労働者災害補償保険法の一部を改正する法律及び労働保険の保険料の徴収等に関する法律の施行に伴う関係法律の整備等に関する法律 |
| **労組法** | →労働組合法 |
| **労調法** | →労働関係調整法 |
| **労契法** | →労働契約法 |
| **労働時間等設定改善法** | →労働時間等の設定の改善に関する特別措置法 |
| **個紛法** | →個別労働関係紛争の解決の促進に関する法律 |
| **過労死法** | →過労死等防止対策推進法 |
| **パート・有期法** | →短時間労働者及び有期雇用労働者の雇用管理の改善等に関する法律 |
| **均等法** | →雇用の分野における男女の均等な機会及び待遇の確保等に関する法律 |
| **育介法** | →育児休業、介護休業等育児又は家族介護を行う労働者の福祉に関する法律 |
| **次世代法** | →次世代育成支援対策推進法 |
| **中退共法** | →中小企業退職金共済法 |
| **最賃法** | →最低賃金法 |
| **賃確法** | →賃金の支払の確保等に関する法律 |
| **労働施策総合推進法** | →労働施策の総合的な推進並びに労働者の雇用の安定及び職業生活の充実等に関する法律 |
| **職安法** | →職業安定法 |
| **派遣法** | →労働者派遣事業の適正な運営の確保及び派遣労働者の保護等に関する法律 |
| **高齢法** | →高年齢者の雇用の安定等に関する法律 |
| **障雇法** | →障害者の雇用の促進等に関する法律 |
| **職能法** | →職業能力開発促進法 |
| **求職者法** | →職業訓練の実施等による特定求職者の就職の支援に関する法律 |
| **健保法** | →健康保険法 |
| **国年法** | →国民年金法 |
| **厚年法** | →厚生年金保険法 |
| **旧法** | →旧厚生年金保険法 |
| **改正前法** | →平成25年改正法施行前厚生年金保険法 |
| **国保法** | →国民健康保険法 |
| **船保法** | →船員保険法 |
| **高医法** | →高齢者の医療の確保に関する法律 |
| **介保法** | →介護保険法 |

児手法　→児童手当法
社審法　→社会保険審査官及び社会保険審査会法
番号法　→行政手続における特定の個人を識別するための番号の利用等に関する法律
確拠法　→確定拠出年金法
確給法　→確定給付企業年金法
社労士法　→社会保険労務士法
整備政令　→失業保険法及び労働者災害補償保険法の一部を改正する法律及び労働保険の保険料の徴収等に関する法律の施行に伴う関係政令の整備等に関する政令
整備省令　→失業保険法及び労働者災害補償保険法の一部を改正する法律及び労働保険の保険料の徴収等に関する法律の施行に伴う労働省令の整備等に関する省令
基金令　→国民年金基金令
廃止前基金令　→公的年金制度の健全性及び信頼性の確保のための厚生年金保険法等の一部を改正する法律の施行に伴う関係政令の整備等に関する政令第１条の規定による廃止前の厚生年金基金令
支給金則　→労働者災害補償保険特別支給金支給規則
改定率改定令　→国民年金法による改定率の改定等に関する政令
措置令　→国民年金法等の一部を改正する法律の施行に伴う経過措置に関する政令
女性則　→女性労働基準規則
高圧則　→高気圧作業安全衛生規則
保険医療機関則　→保険医療機関及び保険医療養担当規則
寄宿舎規程　→事業附属寄宿舎規程
建設業寄宿舎規程　→建設業附属寄宿舎規程
厚労告　→厚生労働省告示
厚告　→(旧)厚生省告示
労告　→(旧)労働省告示
基発　→厚生労働省労働基準局長名通達
発基　→厚生労働省労働基準局関係の労働事務次官名通達
基収　→厚生労働省労働基準局長が疑義に応えて発する通達
女発　→旧労働省女性少年局長名通達
労発　→(旧)労働省労政局長名通達
労収　→(旧)労働省労政局長が疑義に応えて発する通達
発労徴　→次官又は官房長が発する労働保険徴収課関係の通達
基災発　→(旧)労働省労働基準局労災補償部長名で発する通達
保発　→厚生労働省(旧厚生省)保険局長名通達
保文発　→民間に対して出す厚生省保険局長名通知
庁文発　→(旧)社会保険庁運営部年金保険課長名通達
保保発　→厚生労働省保険局保険課長名通達
職発　→厚生労働省職業安定局長名通達
保険発　→(旧)厚生省医療局保険課長名通達
庁保険発　→(旧)社会保険庁運営部医療課長名通達
庁保発　→(旧)社会保険庁医療部長又は保険部長名通達
社発　→(旧)社会局長名通達
保医発　→厚生労働省保険局医療課長名通達
運営基準　→指定訪問看護の事業の人員及び運営に関する基準
年管管発　→厚生労働省年金局事業管理課長名通達
年発　→厚生労働省年金局長名通達

20101 →CHAPTER 4の5ケタの数字は「雇用保険に関する業務取扱要領」の番号です。

本書は、2021年9月6日現在において、公布され、かつ、2022年本試験実施要綱が発表されるまでに施行されることが確定しているものに基づいて問題を作成しております。

2021年9月7日以降に法改正のあるもの、また法改正はなされているが施行規則等で未だ細目について定められていないものについては、2022年2月上旬より下記ホームページにて「法改正情報」を順次公開いたします。

TAC書籍販売サイト「サイバーブックストア」

https://bookstore.tac-school.co.jp

# CHAPTER 7
# 健康保険法

## CONTENTS

# 2 健康保険法　オリエンテーション

## 過去５年の本試験出題実績

選択は出題された空欄の数、
択一は出題された肢の数です！

| | H29 | | H30 | | R元 | | R2 | | R3 | |
|---|---|---|---|---|---|---|---|---|---|---|
| | 選択 | 択一 | 選択 | 択一 | 選択 | 択一 | 選択 | 択一 | 選択 | 択一 |
| Section1<br>目的等、保険者 | 1 | 5 | 3 | 10 | 2 | 4 | - | 3 | - | 5 |
| Section2<br>適用事業所、被保険者等 | - | 13 | - | 10 | - | 9 | 1 | 14 | - | 9 |
| Section3<br>保険医療機関等 | 1 | 5 | - | 1 | - | 3 | 1 | 3 | - | 3 |
| Section4<br>標準報酬 | 1 | 6 | - | 6 | 1 | 8 | - | 4 | 2 | 7 |
| Section5<br>保険給付Ⅰ | - | 7 | - | 5 | - | 7 | 2 | 7 | - | 4 |
| Section6<br>保険給付Ⅱ | - | 2 | 2 | 5 | 2 | 5 | - | 6 | - | 7 |
| Section7<br>費用の負担等 | 2 | 5 | - | 6 | - | 8 | - | 5 | 3 | 5 |
| Section8<br>日雇特例被保険者に関する保険給付等 | - | - | - | 1 | - | 1 | - | 1 | - | 1 |
| Section9<br>通則等 | - | 6 | - | 4 | - | 3 | - | 4 | - | 6 |
| Section10<br>保健事業及び福祉事業、不服申立て、雑則等 | - | 1 | - | 2 | - | 2 | 1 | 3 | - | 3 |

## 傾向分析

**●選択式●**

「目的等、保険者」「保険給付」からの出題が多く、高額療養費に関しては平成28年及び令和２年には計算問題が出題されました。これらの問題は、数値を問うものが多いので、金額や割合などの数値はきちんと覚えておく必要があります。令和元年は、傷病手当金の支給期間の起算日等が問われました。

●択一式●

健康保険法は、各項目からまんべんなく出題され、細かな内容も問われます。そのうち「保険給付」では、「傷病手当金」及び「高額療養費」が高い頻度で出題されています。過去の本試験で問われた内容やその周辺知識が問われることが多いので、まずは、『社労士の教科書』の内容を押さえ、本書で演習を重ねていきましょう。

## 最近の法改正トピックス

●令和4年試験向け改正●

●任意継続被保険者制度の見直し

任意継続被保険者が、被保険者でなくなることを希望する旨を保険者（全国健康保険協会及び健康保険組合）に申し出た場合には、その申出が受理された日の属する月の末日が到来するに至った日の翌日から、任意継続被保険者の資格を喪失することとされました。また、健康保険組合は、資格喪失時の標準報酬月額が当該組合の全被保険者の平均標準報酬月額を超える任意継続被保険者については、規約で定めるところにより、資格喪失時の標準報酬月額（又は平均標準報酬月額を超え資格喪失時標準報酬月額未満の範囲内においてその規約で定めた額）をその者の標準報酬月額とすることができるようになりました（令和4年1月1日施行）。

●傷病手当金の支給期間の通算化

傷病手当金の支給期間は、その支給を始めた日から1年6月を超えない期間とされていましたが、その支給を始めた日から「通算して」1年6月間に改められました（令和4年1月1日施行）。

●出産育児一時金の見直し

産科医療補償制度が見直され、当該制度の掛金を16,000円から12,000円に引き下げることに伴い、出産育児一時金の額を404,000円（＋加算額16,000円）から408,000円（＋加算額12,000円）に見直し、総額（420,000円）は維持することとされました（令和4年1月1日施行）。

●保健事業における健診情報等の活用促進

労働安全衛生法等による健診の情報を保険者が保健事業で活用できるよう、事業者に対し被保険者等の健診情報を求めること等が可能とされました（令和4年1月1日施行）。

●令和3年試験向け改正●

●オンライン資格確認の導入

療養の給付等を受けるに当たり、電子資格確認等（オンライン資格確認）により被保険者であることの確認が行われることとされました。これにより、被保険者証がなくても、個人番号カード（マイナンバーカード）で受診できる仕組みが整備されることになりました（令和２年10月１日施行）。

## 学習アドバイス

健康保険法は、保険給付を中心に、科目全体を通してまんべんなく出題されていますので、基本事項は広くみておく必要があります。ときには、通達や細かい内容を問う問題もみられ、年によっては難易度の高い場合もあります。まずは、『社労士の教科書』で基礎を固め、そのうえで過去問で出題されている通達等の細かい規定を本書でマスターしていきましょう。

MEMO

## 問題1 択一 基本

教科書 Section 1

チェック欄 1 ／ 2 ／ 3 ／

## 目的等、保険者

次の記述のうち、正しいものはどれか。

A 健康保険法は、労働者又はその被扶養者の業務災害以外の疾病、負傷若しくは障害又は死亡に関して保険給付を行い、もって国民の生活の安定と福祉の向上に寄与することを目的としている。

B 健康保険の保険者は、全国健康保険協会及び健康保険組合であるが、日雇特例被保険者の健康保険は、健康保険組合のみが管掌する。

C 全国健康保険協会には、役員として、理事長１人、理事９人以内及び監事２人を置くものとされており、理事長は、全国健康保険協会を代表し、その業務を執行するものとされている。

D 事業主（被保険者を使用する適用事業所の事業主をいう。）及び被保険者の意見を反映させ、全国健康保険協会の業務の適正な運営を図るため、全国健康保険協会に評議会が置かれている。

E 全国健康保険協会が管掌する健康保険の事業に関する業務のうち、被保険者の保険料の徴収に係る業務は、任意継続被保険者に係るものを除き、厚生労働大臣が行う。

## 解説

**A ×** 【①目的等】

健康保険法は、労働者又はその被扶養者の業務災害以外の疾病、負傷若しくは死亡又は出産に関して保険給付を行い、もって国民の生活の安定と福祉の向上に寄与することを目的としている。健康保険法には、「障害」を支給事由とする保険給付はない。 根拠 法1

**B ×** 【②保険者の種類】

健康保険の保険者は、全国健康保険協会及び健康保険組合であるが、日雇特例被保険者の健康保険は、「全国健康保険協会」のみが管掌する。

根拠 法4、123-Ⅰ

**C ×** 【③全国健康保険協会】

全国健康保険協会には、役員として、理事長1人、理事6人以内及び監事2人を置くものとされている。その他の記述は正しい。

根拠 法7の9、7の10-Ⅰ

**D ×** 【③全国健康保険協会】

全国健康保険協会の業務の適正な運営を図るため、全国健康保険協会に置かれているのは、運営委員会である。評議会は、都道府県ごとの実情に応じた業務の適正な運営に資するため、全国健康保険協会の支部ごとに設けられているものである。 根拠 法7の18-Ⅰ

**E ○** 【③全国健康保険協会】

設問の通り正しい。 根拠 法5-Ⅱ

確認してみよう！ 全国健康保険協会管掌健康保険の任意継続被保険者に係る保険料の徴収は、保険者である全国健康保険協会が行う。

**解答 E**

## 問題2　択一　実践　教科書 Section 1

チェック欄 1 ／ 2 ／ 3 ／

## 目的等、保険者

次の記述のうち、正しいものはどれか。

A　適用事業所の事業主は、健康保険組合を設立しようとするときは、健康保険組合を設立しようとする適用事業所に使用される被保険者の２分の１以上の同意を得なければならないが、健康保険組合が設立された場合には、その設立に同意をしなかったものを含め、その適用事業所に使用されるすべての被保険者が健康保険組合の組合員となる。

B　適用事業所の事業主は、共同して健康保険組合を設立することができるが、この場合には、被保険者の数は、合算して常時1,000人以上でなければならない。

C　健康保険組合の設立事業所に使用される被保険者は、当該設立事業所に使用されなくなった場合には、任意継続被保険者となるときを含め、当該健康保険組合の組合員でなくなる。

D　健康保険組合が解散し消滅した場合には、健康保険組合連合会が当該健康保険組合の権利義務を承継する。

E　健康保険組合の規約の変更（厚生労働省令で定める事項に係るものを除く。）の議事は、組合会において、組合会議員の定数の過半数で決するものとされている。

## 解説

A ○ 【④健康保険組合】

設問の通り正しい。なお、２以上の適用事業所について健康保険組合を設立しようとする場合においては、この被保険者の２分の１以上の同意は、各適用事業所について得なければならない。 根拠 法12-Ⅰ、17-Ⅰ

B × 【④健康保険組合】

設問の場合（共同設立の場合）には、被保険者の数は、合算して常時3,000人以上でなければならない。 根拠 法11-Ⅱ、令１の２-Ⅱ

C × 【④健康保険組合】

健康保険組合の設立事業所に使用される被保険者は、当該設立事業所に使用されなくなったときであっても、任意継続被保険者であるときは、なお当該健康保険組合の組合員となる。 根拠 法17-Ⅱ

D × 【④健康保険組合】

健康保険組合が解散し消滅した場合は、「全国健康保険協会」が当該健康保険組合の権利義務を承継する。 根拠 法26-Ⅳ

E × 【④健康保険組合】

組合会議員の定数の「過半数」ではなく、組合会議員の定数の３分の２以上の多数で決するものとされている。 根拠 法16-Ⅱ、令10-Ⅲ

解答 A

## 問題3 択一 実践 教科書 Section 1

## 目的等、保険者

チェック欄 1 ／ 2 ／ 3 ／

次の記述のうち、正しいものはどれか。

A　全国健康保険協会は、毎事業年度、事業計画及び予算を作成し、当該事業年度開始後2か月以内に、厚生労働大臣に届け出なければならない。

B　全国健康保険協会は、その業務に要する費用に充てるため必要な場合において、財務大臣の認可を受けて、短期借入金をすることができる。

C　厚生労働大臣は、全国健康保険協会の事業年度ごとの業績について、評価を行わなければならない。また、厚生労働大臣は、当該評価を行ったときは、遅滞なく、全国健康保険協会に対し、当該評価の結果を通知するとともに、これを公表するよう努めなければならない。

D　健康保険組合は、合併しようとするときは、組合会において組合会議員の定数の4分の3以上の多数により議決し、厚生労働大臣の認可を受けなければならない。

E　健康保険組合がその設立事業所を増加させ、又は減少させようとするときは、その増加又は減少に係る適用事業所の事業主及びその適用事業所に使用される被保険者それぞれの2分の1以上の同意を得なければならない。

## 解説

**A** ×　　【③全国健康保険協会】

全国健康保険協会は、毎事業年度、事業計画及び予算を作成し、当該事業年度開始前に、厚生労働大臣の認可を受けなければならない。

根拠 法7の27

**B** ×　　【③全国健康保険協会】

全国健康保険協会は、その業務に要する費用に充てるため必要な場合において、厚生労働大臣の認可を受けて、短期借入金をすることができる。なお、厚生労働大臣は、その認可をしようとするときは、あらかじめ、財務大臣に協議しなければならないとされている。　根拠 法7の31-Ⅰ

**C** ×　　【③全国健康保険協会】

設問の後段が誤りである。厚生労働大臣は、当該評価を行ったときは、遅滞なく、全国健康保険協会に対し、当該評価の結果を通知するとともに、これを公表しなければならないとされている。　根拠 法7の30

**D** ○　　【④健康保険組合】

設問の通り正しい。なお、健康保険組合が分割しようとするときについても同様に、組合会において組合会議員の定数の4分の3以上の多数により議決し、厚生労働大臣の認可を受けなければならないこととされている。

根拠 法23-Ⅰ

**E** ×　　【④健康保険組合】

健康保険組合がその設立事業所を増加させ、又は減少させようとするときは、その増加又は減少に係る適用事業所の事業主の全部及びその適用事業所に使用される被保険者の2分の1以上の同意を得なければならない。

根拠 法25-Ⅰ

**解答** 

## 問題4 択一 応用 教科書 Section 1

チェック欄 1 ／ 2 ／ 3 ／

## 目的等、保険者

次のアからオの記述のうち、誤っているものの組合せは、後記AからEまでのうちどれか。

**ア** 全国健康保険協会は、毎事業年度末において、当該事業年度及びその直前の2事業年度内において行った保険給付に要した費用の額（前期高齢者納付金等、後期高齢者支援金等及び日雇拠出金並びに介護納付金の納付に要した費用の額（前期高齢者交付金がある場合には、これを控除した額）を含み、国庫補助の額を除く。）の1事業年度当たりの平均額の12分の1に相当する額に達するまでは、当該事業年度の剰余金の額を準備金として積み立てなければならない。

**イ** 全国健康保険協会は、毎事業年度、財務諸表を作成し、これに当該事業年度の事業報告書等を添え、監事及び会計監査人の意見を付けて、決算完結後2月以内に厚生労働大臣に提出し、その承認を受けなければならない。

**ウ** 健康保険組合は、毎年度終了後6か月以内に、厚生労働省令に定めるところにより、事業及び決算に関する報告書を作成し、厚生労働大臣に提出しなければならない。(H24-4オ)

**エ** 健康保険組合は、支払上現金に不足を生じたときは、準備金に属する現金を繰替使用し、又は一時借入金をすることができるが、この繰替使用した金額及び一時借入金は、やむを得ない場合であっても、翌会計年度内に返還しなければならない。(H30-7B)

**オ** 健康保険事業の収支が均衡しない健康保険組合であって、政令で定める要件に該当するものとして厚生労働大臣の指定を受けたもの（指定健康保険組合）は、政令で定めるところにより、指定の日の属する年度を初年度とする3箇年間における財政の健全化に関する計画（健全化計画）を定め、厚生労働大臣の承認を受けなければならない。

**A**（アとウ）　**B**（アとエ）　**C**（イとウ）
**D**（イとオ）　**E**（エとオ）

## 解説

**ア ○** 【③全国健康保険協会】

設問の通り正しい。 根拠 令46-Ⅰ

確認してみよう! 健康保険組合については、毎事業年度末において、当該事業年度及びその直前の2事業年度内において行った保険給付に要した費用の額（被保険者又はその被扶養者が健康保険組合である保険者が開設する病院若しくは診療所又は薬局から受けた療養に係る保険給付に要した費用の額を除く。）の1事業年度当たりの平均額の12分の3（当分の間、12分の2）に相当する額と当該事業年度及びその直前の2事業年度内において行った前期高齢者納付金等、後期高齢者支援金等及び日雇拠出金並びに介護納付金の納付に要した費用の額（前期高齢者交付金がある場合には、これを控除した額）の1事業年度当たりの平均額の12分の1に相当する額とを合算した額に達するまでは、当該事業年度の剰余金の額を準備金として積み立てなければならないとされている。

**イ ○** 【③全国健康保険協会】

設問の通り正しい。なお、全国健康保険協会は、毎事業年度の決算を翌事業年度の5月31日までに完結しなければならない。 根拠 法7の28-Ⅱ

確認してみよう! 全国健康保険協会は、毎事業年度、事業計画及び予算を作成し、当該事業年度開始前に、厚生労働大臣の認可を受けなければならない。

**ウ ○** 【④健康保険組合】

設問の通り正しい。 根拠 令24-Ⅰ

確認してみよう! 健康康保険組合は、毎年度、収入支出の予算を作成し、当該年度の開始前に、厚生労働大臣に届け出なければならない。

**エ ×** 【④健康保険組合】

繰替使用した金額及び一時借入金は、当該会計年度内に返還しなければならない。 根拠 法30、令21

**オ ×** 【④健康保険組合】

健全化計画の期間は、指定の日の属する年度を初年度とする3箇年間ではなく、指定の日の属する年度の翌年度を初年度とする3箇年間である。その他の記述は正しい。 根拠 法28-Ⅰ、令30-Ⅰ

**解答 E（エとオ）**

## 問題5 選択 基本 教科書 Section 1

## 目的等、保険者

チェック欄 1 ／ 2 ／ 3 ／

次の文中の［　　］の部分を選択肢の中の適当な語句で埋め、完全な文章とせよ。

1　健康保険法第2条では、「健康保険制度については、これが［A］制度の基本をなすものであることにかんがみ、高齢化の進展、疾病構造の変化、社会経済情勢の変化等に対応し、その他の［A］制度及び［B］制度並びにこれらに密接に関連する制度と併せてその在り方に関して常に検討が加えられ、その結果に基づき、［A］の運営の効率化、［C］の内容及び［D］の適正化並びに国民が受ける医療の質の向上を総合的に図りつつ、実施されなければならない」とされている。

2　適用事業所の事業主は、健康保険組合を設立しようとするときは、健康保険組合を設立しようとする適用事業所に使用される被保険者の［E］の同意を得て、規約を作り、厚生労働大臣の認可を受けなければならない。また、2以上の適用事業所について健康保険組合を設立しようとする場合においては、各適用事業所について当該同意を得なければならない。

選択肢

| | | |
|---|---|---|
| ① 給付 | ② 説明責任 | ③ 2分の1以上 |
| ④ 診療 | ⑤ 社会保険 | ⑥ 3分の2以上 |
| ⑦ 薬剤 | ⑧ 公的年金 | ⑨ 4分の3以上 |
| ⑩ 診断 | ⑪ 疾病保険 | ⑫ 費用の負担 |
| ⑬ 過半数 | ⑭ 医療技術 | ⑮ 国民健康保険 |
| ⑯ 社会保障 | ⑰ 医療保険 | ⑱ 情報管理 |
| ⑲ 介護保険 | ⑳ 後期高齢者医療 | |

## 解答

【①目的等、④健康保険組合】

A ⑰ 医療保険
B ⑳ 後期高齢者医療
C ① 給付
D ⑫ 費用の負担
E ③ 2分の1以上

根拠 法2、12

## 解説

《A～Dについて》

Aについては、問題文3行目の空欄の前に「その他の」とあることから、健康保険制度を含む［⑰医療保険］制度と考えて解答を導くことができる。また、問題文1の後半には「［⑰医療保険］の運営の効率化、［①給付］（C）の内容及び［⑫費用の負担］（D）の適正化」とあることから、Bについては「給付の内容及び費用の負担の適正化」に対応するものを考えて、［⑳後期高齢者医療］制度であることに気がつけるようにしたい（［⑳後期高齢者医療］制度は社会保険一般常識で学習する。）。

## 問題6 択一 基本 教科書 Section 2

## 適用事業所、被保険者等

チェック欄 1 ／ 2 ／ 3 ／

次の記述のうち、正しいものはどれか。

A　日本国内において常時従業員を使用する法人の事業所であっても、外国人経営の事業所は、強制適用事業所とならない。

B　強制適用事業所が、健康保険法第3条第3項各号に定める強制適用事業所の要件に該当しなくなったとき、被保険者の2分の1以上が希望した場合には、事業主は厚生労働大臣に任意適用事業所の認可を申請しなければならない。(H27-5A)

C　従業員が15人の個人経営の理髪店で、被保険者となるべき者の2分の1以上が希望した場合には、事業主に速やかに適用事業所とするべき義務が生じる。(H24-8A)

D　事業主に変更があったときは、変更前の事業主及び変更後の事業主は、5日以内に、連署をもって所定の事項を記載した届書を厚生労働大臣又は健康保険組合に提出しなければならない。

E　2以上の適用事業所の事業主が同一である場合には、当該事業主は、厚生労働大臣の承認を受けて、当該2以上の事業所を一の適用事業所とすることができる。

## 解説

A ×　【①強制適用事業所】

法人の事業所であって、常時従業員を使用するものは、外国人経営の事業所であっても、強制適用事業所となる。　根拠 法3-Ⅲ②

B ×　【②任意適用事業所】

強制適用事業所が、法3条3項各号の強制適用事業所の要件に該当しなくなったときは、法31条1項の認可（任意適用事業所の認可）があったものとみなされるため、設問のような手続は必要とされない（任意適用の擬制）。　根拠 法32

C ×　【②任意適用事業所】

健康保険法においては、被保険者となるべき者からの希望がある場合であっても、適用事業所とすべき義務は生じない。　根拠 法31

D ×　【④適用事業所に関する届出】

変更前の事業主は届出を義務づけられていない。事業主に変更があったときは、「変更後の事業主」は、5日以内に、所定の事項を記載した届書を厚生労働大臣又は健康保険組合に提出しなければならない。　根拠 則31

E ○　【③適用事業所の一括】

設問の通り正しい。なお、設問の承認があったときは、当該2以上の適用事業所は、適用事業所でなくなったものとみなされる。　根拠 法34-Ⅰ

**解答　E**

## 問題7 択一 実践 教科書 Section 2

## 適用事業所、被保険者等

チェック欄 1 ／ 2 ／ 3 ／

次の記述のうち、正しいものはどれか。

A　健康保険法では常時５人以上の従業員を使用している事業所を適用事業所としているが、事業所における従業員の員数の算定においては、当該事業所に常時雇用されている者であっても、適用除外の規定によって被保険者とすることができない者は除かれる。(H24-2C)

B　常時５人の従業員を使用する、個人経営の旅館業の事業主は、その事業所を適用事業所とするためには任意適用事業所の認可を受けなければならない。

C　任意適用事業所の事業主は、当該事業所に使用される者（被保険者である者に限る。）の３分の２以上の同意を得て、厚生労働大臣に申請し、認可を受けた場合、適用事業所でなくすることができる。

D　任意適用事業所に使用される者（被保険者である者に限る。）の４分の３以上が事業主に対して任意適用取消しの申請を求めた場合には、事業主は当該申請を厚生労働大臣に対して行わなければならない。(H28-1イ)

E　初めて適用事業所となった事業主は、当該事実のあった日から10日以内に新規の適用に関する届書を提出しなければならないが、事業の廃止、休止その他の事情により適用事業所に該当しなくなったとき（任意適用事業所の取消に係る申請の場合を除く。）の届出は、当該事実があった後、速やかに提出すればよい。(H24-10C)

## 解説

**A ×** 【①強制適用事業所】

事業所における従業員の員数の算定においては、適用除外の規定によって被保険者とすることができない者であっても、当該事業所に常時雇用されている者は含まれる。 根拠 法 3 -Ⅲ①、S18.4.5保発905号

**B ○** 【①強制適用事業所】

設問の通り正しい。旅館業は非適用業種であり、また、設問の事業は個人経営であることから、その事業所を適用事業所とするためには、任意適用事業所の認可を受けなければならない。 根拠 法 3 -Ⅲ、31-Ⅰ

確認してみよう！ 任意適用事業所の認可を受けようとするときは、当該事業所の事業主は、当該事業所に使用される者（被保険者となるべき者に限る。）の 2 分の 1 以上の同意を得て、厚生労働大臣に申請しなければならない。

**C ×** 【②任意適用事業所】

「3 分の 2 以上」ではなく、「4 分の 3 以上」の同意を得なければならない。 根拠 法33

**D ×** 【②任意適用事業所】

任意適用事業所に使用される者からの希望がある場合であっても、事業主には任意適用取消しの申請をすべき義務は生じない。 根拠 法33

**E ×** 【④適用事業所に関する届出】

設問の届出は、どちらも、当該事実があった日から「5 日以内」に提出しなければならない。 根拠 則19、20-Ⅰ

**解答 B**

## 問題8 択一 基本 教科書 Section 2

チェック欄 1 ／ 2 ／ 3 ／

## 適用事業所、被保険者等

次の記述のうち、正しいものはどれか。

A　代表者が1人の法人の事業所であって、代表者以外に従業員を雇用していないものについては、適用事業所とはならない。(R元-4ア)

B　季節的業務に使用される者が、当初4か月未満使用される予定であったが、業務の都合により、継続して4か月以上使用されることになった場合には、そのときから被保険者となる。(H25-9D)

C　国民健康保険組合の事業所に使用される者は、その数が5人以上であっても、日雇特例被保険者となる場合を除き、被保険者となることはできない。(H26-5ア)

D　適用事業所に使用される短時間労働者であって、1週間の所定労働時間が同一の適用事業所に使用される通常の労働者の1週間の所定労働時間の4分の3未満であり、かつ、その1月間の所定労働日数が通常の労働者の1月間の所定労働日数の4分の3未満である者は、被保険者となることはない。

E　適用事業所に期間の定めなく採用された者について、就業規則に2か月の試用期間が定められている場合は、その間は被保険者とならず、試用期間を経過した日の翌日から被保険者となる。(H26-10D)

## 解説

**A ×** 【①強制適用事業所、⑥一般の被保険者】

常時1人以上の従業員を使用する法人の事業所は適用事業所となるが、法人の代表者であっても、法人から労働の対償として報酬を受けている場合には、その法人に使用される者として被保険者となるため、設問の事業所については適用事業所となり得る。 根拠 法3-Ⅲ②、S24.7.28保発74号

**B ×** 【⑥一般の被保険者】

季節的業務に4か月以内の期間を限って使用される者は被保険者とはならず、また、4か月以内の期間の予定で使用されていた者が、業務の都合等により継続して4か月を超えて使用されることとなっても、被保険者にはならないため、設問の場合は、被保険者とならない。

根拠 法3-Ⅰ④、S9.4.17保発191

確認してみよう！ 季節的業務に使用される者は、当初から4か月を超える予定で使用される場合には、初めから被保険者となる。

**C ○** 【⑥一般の被保険者】

設問の通り正しい。「国民健康保険組合の事業所に使用される者」は、健康保険法の適用除外とされている。 根拠 法3-Ⅰ⑥

**D ×** 【⑥一般の被保険者】

設問の短時間労働者であっても、「①1週間の所定労働時間が20時間以上、②当該事業所に継続して1年以上使用されることが見込まれること、③報酬の額（一定の方法により算定した額）が88,000円以上であること、④学生等でないこと」の①から④の要件をすべて満たし、かつ、特定適用事業所等一定の適用事業所に使用される場合には、被保険者となる。

根拠 法3-Ⅰ⑨、(24)法附則46-Ⅰ

**E ×** 【⑦一般の被保険者の資格の得喪】

設問の場合には、「試用期間を経過した日の翌日」からではなく、「適用事業所に使用されるに至った日」から被保険者となる。

根拠 法35、S26.11.28保文発5177号

**解答 C**

## 問題9 択一 実践 教科書 Section 2

## 適用事業所、被保険者等

チェック欄 1 / 2 / 3 /

次のアからオの記述のうち、正しいものの組合せは、後記AからEまでのうちどれか。

**ア** 臨時に使用される者であって、適用事業所に日々雇い入れられる者は、1月以上引き続き使用されるに至った場合には、一般の被保険者となる。

**イ** 事業所で所在地が一定しないものに使用される者で、当初から6月を超えて使用されるものは、一般の被保険者となる。

**ウ** 60日間の期間を定めて適用事業所に臨時に使用される者が、その期間中に負傷し休業のまま引き続き60日を超えて使用関係が存在し、負傷の治癒後に労務に服することが見込まれるときは、61日目から被保険者の資格を取得する。

**エ** 適用事業所に新たに使用されることになった者が、当初から自宅待機とされた場合にあっては、当該事業所の事業主との間に雇用契約が成立しており、かつ、休業手当が支払われているときであっても、自宅待機の間は被保険者の資格を取得しない。

**オ** 同一の事業所において、雇用契約上一旦退職した者が1日の空白もなく引き続き再雇用された場合は、被保険者資格を継続するものであるが、60歳以上の者が、定年等による退職後に継続して再雇用される場合は、使用関係が一旦中断したものとみなし、被保険者資格喪失届及び被保険者資格取得届を提出することができる。(H24-8C改題)

**A**（アとイ）　**B**（アとエ）　**C**（イとオ）
**D**（ウとエ）　**E**（ウとオ）

## 解説

**ア ×** 【⑥一般の被保険者】

1月以上ではなく、1月を超え、引き続き使用されるに至った場合には、一般被保険者となる。 根拠 法3-Ⅰ②

**イ ×** 【⑥一般の被保険者】

事業所で所在地が一定しないものに使用される者は、その使用期間の長短にかかわらず被保険者とはならない。 根拠 法3-Ⅰ③

**ウ ○** 【⑥一般の被保険者】

設問の通り正しい。臨時に使用される者で、2月以内の期間を定めて使用される者は、一般の被保険者とならないが、その者が、所定の期間を超えて引き続き使用されるに至ったときは、その超えた日から、一般の被保険者となる。なお、将来労務に服することができず、単に健康保険の給付を受けるために使用関係を継続する場合は、被保険者の資格を取得しないとされている。 根拠 法3-Ⅰ②ロ、35、S5.8.6保規344号

**エ ×** 【⑦一般の被保険者の資格の得喪】

設問の場合には、その休業手当の支払いの対象となった日の初日に被保険者の資格を取得する。 根拠 法35、S50.3.29保険発25号・庁保険発8号

**オ ○** 【⑦一般の被保険者の資格の得喪】

設問の通り正しい。

根拠 法36、H8.4.8保文発269号・庁文発1431号、H25.1.25保保発0125第1号

**得点UP!** 同一の事業所において雇用契約上一旦退職した者が1日の空白もなく引き続き再雇用された場合は、退職金の支払の有無又は身分関係若しくは職務内容の変更の有無にかかわらず、その者の事実上の使用関係は中断することなく存続しているものであるから、被保険者の資格も継続するが、60歳以上の者で、退職後継続して再雇用されるものについては、使用関係が一旦中断したものとみなし、事業主から被保険者資格喪失届及び被保険者資格取得届を提出させる取扱いとして差し支えないとされている。

**解答 E（ウとオ）**

## 問題10 択一 基本 教科書 Section 2

## 適用事業所、被保険者等

チェック欄 1 ／ 2 ／ 3 ／

次の記述のうち、正しいものはどれか。

A　被保険者資格喪失の前日まで継続して２月以上被保険者であった者であっても、任意適用事業所の取消により資格を喪失した場合、任意継続被保険者となることはできない。

B　任意継続被保険者となる旨の申出をした者が、初めて納付すべき保険料をその納付期日までに納付しなかったときは、その日の翌日に、任意継続被保険者の資格を喪失する。

C　任意継続被保険者は、後期高齢者医療の被保険者となった日の翌日からその資格を喪失する。(H26-7D)

D　特例退職被保険者の資格取得の申出は、健康保険組合において正当の理由があると認めるときを除き、特例退職被保険者になろうとする者に係る年金証書等が到達した日の翌日（被用者年金給付の支給がその者の年齢を事由としてその全額について停止された者については、その停止すべき事由が消滅した日の翌日）から起算して20日以内にしなければならない。ただし、健康保険組合が新たに特定健康保険組合の認可を受けた場合は、この限りではない。(H27-1C)

E　特例退職被保険者は、特例退職被保険者となった日から起算して２年を経過したときは、その日の翌日に、その資格を喪失する。

## 解説

A ○ 【⑧任意継続被保険者】

設問の通り正しい。任意継続被保険者となるためには、適用事業所に使用されなくなったため又は適用除外の規定に該当するに至ったため一般の被保険者の資格を喪失した者でなければならない。 根拠 法３－Ⅳ

B × 【⑧任意継続被保険者】

設問の場合（初めて納付すべき保険料をその納付期日までに納付しなかったとき）には、原則として、その者は、任意継続被保険者とならなかったものとみなされる。資格を喪失するのではない。 根拠 法37－Ⅱ

C × 【⑧任意継続被保険者】

任意継続被保険者は、後期高齢者医療の被保険者となった「日」からその資格を喪失する。 根拠 法38－⑥

D × 【⑨特例退職被保険者】

設問文中、「20日以内」は、正しくは「３月以内」である。 根拠 則168－④

E × 【⑨特例退職被保険者】

特例退職被保険者については、任意継続被保険者と異なり、資格取得から２年を経過したことによって資格を喪失するものとはされていない。

根拠 法附則３－Ⅵ

**解答 A**

## 問題11 択一 基本 教科書 Section 2

チェック欄 1／ 2／ 3／

## 適用事業所、被保険者等

次の記述のうち、誤っているものはどれか。なお、設問の被扶養者認定に係る者は、国内居住要件等を満たしており、後期高齢者医療の被保険者等である者その他健康保険法の適用を除外すべき特別の理由がある者として厚生労働省令で定める者には該当しないものとする。

**A** 被保険者の兄弟姉妹は、その被保険者と同一世帯に属していなくても、その被保険者により生計を維持されていれば被扶養者になるが、被保険者の配偶者の兄弟姉妹は、たとえ被保険者により生計維持されていたとしても、その被保険者と同一世帯に属していなければ被扶養者になることができない。(H24-10B)

**B** 被保険者の養父母は、主としてその被保険者により生計を維持している場合には、被保険者と同一世帯に属していなくとも、原則として被扶養者として認められる。

**C** 被保険者の配偶者で届出はしていないが事実上の婚姻関係と同様の事情にある者及びその者の子については、主として被保険者により生計を維持していても同一の世帯に属していない場合は、被扶養者として認められない。

**D** 被保険者の配偶者で届出をしていないが事実上婚姻関係と同様の事情にあるものが死亡した後の当該配偶者の父母及び子は、引き続きその被保険者と同一の世帯に属し、主としてその被保険者により生計を維持している場合は、被扶養者として認められる。

**E** 被保険者の従兄弟は、その者により生計を維持し、かつ、生計を同じくしていた場合であっても、被扶養者として認められることはない。

## 解説

A ○ 【⑩被扶養者】

設問の通り正しい。なお、出題当時においては、兄姉が被扶養者となるには、被保険者と同一世帯に属することが要件とされていたため、誤りの内容（×肢）であった。 根拠 法 3 -Ⅶ①

B ○ 【⑩被扶養者】

設問の通り正しい。養父母は父母に該当するので、生計維持関係のみを満たせば被扶養者となる。 根拠 法 3 -Ⅶ①、S32.9.2保発123号

C × 【⑩被扶養者】

被保険者の配偶者で届出をしていないが事実上婚姻関係と同様の事情にある者については、主としてその被保険者により生計を維持していれば、同一の世帯に属していない場合であっても、被扶養者となるが、その者の子が被扶養者と認められるには、生計維持要件及び同一世帯要件の双方が必要である。 根拠 法 3 -Ⅶ①③

D ○ 【⑩被扶養者】

設問の通り正しい。設問の配偶者の死亡後におけるその父母及び子であっても、引き続きその被保険者と同一の世帯に属し、主としてその被保険者により生計を維持するものであれば、被扶養者として認められる。

根拠 法 3 -Ⅶ④

E ○ 【⑩被扶養者】

設問の通り正しい。被保険者の従兄弟（従姉妹）は、3親等内の親族に該当しないので、被扶養者として認められることはない。 根拠 法 3 -Ⅶ

**解答 C**

## 問題12 択一 実践 教科書 Section 2

## 適用事業所、被保険者等

チェック欄 1 ／ 2 ／ 3 ／

次のアからオの記述のうち、正しいものの組合せは、後記AからEまでのうちどれか。なお、設問の被扶養者認定に係る者は、国内居住要件等を満たしており、後期高齢者医療の被保険者等である者その他健康保険法の適用を除外すべき特別の理由がある者として厚生労働省令で定める者には該当しないものとする。

**ア** 「被保険者と同一の世帯に属するもの」であることが被扶養者の要件となる場合、この者は、被保険者と住居及び家計を共同にする者をいい、同一戸籍内にあるか否かを問わず、被保険者が世帯主であることを必ずしも要しない。(H25-5C)

**イ** 年収250万円の被保険者と同居している母(58歳であり障害者ではない。)は、年額100万円の遺族厚生年金を受給しながらパート労働しているが健康保険の被保険者にはなっていない。このとき、母のパート労働による給与の年間収入額が120万円であった場合、母は当該被保険者の被扶養者になることができる。(H27-8B)

**ウ** 年間の収入が400万円である被保険者と同居している被保険者の62歳の母に収入があり、その収入額が年間190万円である場合には、当該母は、原則として被扶養者として認められる。

**エ** 被保険者の父が障害厚生年金の受給権者で被保険者と同一世帯に属していない場合、その年間収入が160万円で、かつ、被保険者からの援助額が年額100万円であるとき、被保険者の被扶養者に該当する。

**オ** 夫婦が共働きで、ともに被保険者である場合に、妻の年間収入が夫の年間収入を下回るときは、当該夫婦と同一の世帯に属し生計を維持されている妻の母は、原則として夫の被扶養者とすることとされている。

**A**（アとウ）　**B**（アとオ）　**C**（イとエ）
**D**（ウとエ）　**E**（ウとオ）

## 解説

**ア ○** 【⑩被扶養者】

設問の通り正しい。

根拠 法3-Ⅶ、S27.6.23保文発3533号

得点UP! 被扶養者が病気のため病院等に入院等しているような場合であっても、一時的な別居と認められる場合であれば、同一の世帯に属するものと認められる。

**イ ×** 【⑩被扶養者】

設問の母は、当該被保険者の被扶養者になることはできない。収入がある者についての被扶養者の認定においては、その認定に係る者が被保険者と同一世帯に属している場合、原則として、年間収入が130万円未満（その認定に係る者が60歳以上又は概ね厚生年金保険法による障害厚生年金の受給要件に該当する程度の障害者である場合は180万円未満）であり、かつ、被保険者の年間収入の2分の1未満であることを要するが、設問の場合の母の年間収入は、遺族厚生年金の年額も合わせると「220万円」となるため、被扶養者になることはできない。

根拠 法3-Ⅶ①、H5.3.5保発15号・庁保発4号

**ウ ×** 【⑩被扶養者】

設問の母は、被扶養者として認められない。被保険者と同一世帯に属している認定対象者（設問の場合は、被保険者の母）の年齢が60歳以上である場合は、その年間収入が180万円未満であり、かつ、被保険者の年間収入の2分の1未満であるときに、原則として被扶養者として認められる。

根拠 法3-Ⅶ①、H5.3.5保発15号・庁保発4号

**エ ×** 【⑩被扶養者】

認定対象者が被保険者と同一世帯に属していない場合は、認定対象者の年間収入が130万円（認定対象者が60歳以上又は概ね厚生年金保険法による障害厚生年金の受給要件に該当する程度の障害者の場合は180万円）未満であって、かつ、被保険者からの援助による収入額より少ないことを要するとされているが、設問の被保険者の父は、年間収入は180万円未満であるが、被保険者の援助額（100万円）を上回るので、被扶養者には該当しない。

根拠 法3-Ⅶ①、H5.3.5保発15号・庁保発4号

**オ ○** 【⑩被扶養者】

設問の通り正しい。なお、「年間収入」は、過去の収入、現時点の収入、将来の収入等から今後1年間の収入を見込んだものとされている。

根拠 法3-Ⅶ②、R3.4.30保保発0430第2号他

**解答 B（アとオ）**

## 問題13 択一 実践 教科書 Section 2

## 適用事業所、被保険者等

チェック欄 1 ／ 2 ／ 3 ／

次の記述のうち、正しいものはどれか。

A　任意適用事業所の適用の取消しによる被保険者資格の喪失は、厚生労働大臣の確認によって、その効力を生ずる。(H26-7B)

B　被保険者の資格の取得及び喪失の確認は、適用事業所の事業主が行う被保険者の資格の取得及び喪失に関する事項の届出又は被保険者若しくは被保険者であった者からの請求により行われ、保険者等が職権により行うことはできない。

C　保険者は、被保険者が70歳以上の被保険者に係る一部負担金の負担割合の規定の適用を受けるときは、原則として、当該被保険者に高齢受給者証を有効期限を定めて交付しなければならない。(H26-5オ)

D　一般の被保険者は、その住所を変更したときは、速やかに、変更後の住所を事業主に申し出るとともに、被保険者証を事業主に提出しなければならない。事業主は、その申出を受けたときは、遅滞なく、変更後の住所を被保険者証を添えて厚生労働大臣又は健康保険組合に届け出なければならない。(H28-2E)

E　被保険者は、被扶養者を有するに至ったときは、速やかに、所定の事項を記載した被扶養者届を事業主を経由して厚生労働大臣又は健康保険組合に提出しなければならず、また、当該事項に変更があったときは、その都度、事業主を経由して厚生労働大臣又は健康保険組合に届け出なければならないとされている。

## 解説

**A** ×　【⑪資格得喪の確認等】

任意適用事業所の適用の取消しによる被保険者資格の喪失は、厚生労働大臣の認可を必要とするものであり、したがって、あらためて確認の必要はない。

根拠 法39-Ⅰ

確認してみよう！ 被保険者資格の取得及び喪失の確認は、次の場合には行われない。
① 任意適用事業所の適用の取消しによる被保険者資格の喪失
② 任意継続被保険者の資格の取得及び喪失
③ 特例退職被保険者の資格の取得及び喪失

**B** ×　【⑪資格得喪の確認等】

被保険者の資格の取得及び喪失の確認は、保険者等の職権によっても行われる。

根拠 法39-Ⅱ

**C** ○　【⑬被保険者証等】

設問の通り正しい。なお、被保険者証に一部負担金の割合及び高齢受給者証を兼ねる旨を明記した場合は、この限りでないとされている。

根拠 則52-Ⅰ

**D** ×　【⑫被保険者等に関するその他の届出】

設問の場合、被保険者は、被保険者証を事業主に提出する必要はなく、また同様に、その申出を受けた事業主は、変更後の住所を届け出る際に被保険者証を添える必要はない。

根拠 則28の2-Ⅰ、36の2

**E** ×　【⑫被保険者等に関するその他の届出】

設問の届出（被扶養者届）は、「速やかに」ではなく、5日以内に提出しなければならない。なお、後段の記述は正しい。

根拠 則38-Ⅰ Ⅱ

**解答　C**

問題14　選択　基本　教科書 Section 2

チェック欄 1 ／ 2 ／ 3 ／

## 適用事業所、被保険者等

次の文中の[　　]の部分を選択肢の中の適当な語句で埋め、完全な文章とせよ。

1　健康保険法において「任意継続被保険者」とは、適用事業所に使用されなくなったため、又は適用除外の規定に該当するに至ったため被保険者の資格を喪失した者であって、喪失の日の前日まで[ A ]以上一般の被保険者（[ B ]である被保険者を除く。）であったもののうち、保険者に申し出て、継続して当該保険者の被保険者となった者をいう。ただし、[ C ]の被保険者又は後期高齢者医療の被保険者等である者は、この限りでない。

2　任意継続被保険者の資格取得の申出は、保険者が正当な理由があると認めるときを除き、被保険者の資格を喪失した日から[ D ]日以内にしなければならない。

3　任意継続被保険者の資格取得の申出をした者が、初めて納付すべき保険料をその[ E ]までに納付しなかったときは、その納付の遅延について正当な理由があると保険者が認めたときを除き、その者は、任意継続被保険者とならなかったものとみなされる。

選択肢

| | | |
|---|---|---|
| ① 通算して2月 | ② 30 | ③ 納付期日 |
| ④ 通算して1年 | ⑤ 20 | ⑥ 国民健康保険 |
| ⑦ 継続して2月 | ⑧ 14 | ⑨ 厚生年金保険 |
| ⑩ 継続して1年 | ⑪ 10 | ⑫ 督促状の指定期限日 |
| ⑬ 健康保険組合の役員 | | ⑭ 共済組合の組合員 |
| ⑮ 全国健康保険協会の役員 | | ⑯ 介護保険 |
| ⑰ 納付期日の属する月の末日 | | ⑱ 船員保険 |
| ⑲ 国民健康保険組合の組合員 | | ⑳ 納期限の翌日 |

## 解答

【⑧任意継続被保険者】

A ⑦ 継続して２月
B ⑭ 共済組合の組合員
C ⑱ 船員保険
D ⑤ 20
E ③ 納付期日

根拠 法３-Ⅳ、37

## 解説

《Aについて》

喪失の日の前日まで［⑦継続して２月］以上であるから、１か月以上被保険者であった者が一時資格を喪失し、再び被保険者となり、１か月経過したところで資格を喪失した場合には任意継続被保険者となることはできない。

《Bについて》

［⑭共済組合の組合員］である者に対しては、原則として健康保険法による保険給付をせず、保険料も徴収しないこととなっており、また、各共済法において同様の任意継続被保険者制度が設けられていることから、除かれることになる。

## 問題15 選択 実践 教科書 Section 2

## 適用事業所、被保険者等

チェック欄 1／ 2／ 3／

次の文中の［　　］の部分を選択肢の中の適当な語句で埋め、完全な文章とせよ。

1　収入がある者についての被扶養者の認定基準によると、被扶養者としての届出に係る者（以下「認定対象者」という。）が被保険者と同一世帯に属している場合には、認定対象者の年間収入が［A］万円未満（認定対象者が［B］である場合又は概ね厚生年金保険法による障害厚生年金の受給要件に該当する程度の障害者である場合にあっては［C］万円未満）であって、かつ、原則として、被保険者の年間収入の［D］であることを要する。

2　被保険者の［E］は、日本国内に住所を有する者等であり、かつ、主として被保険者により生計を維持している場合には、被保険者と同一世帯に属していなくとも、原則として被扶養者として認められる。

選択肢

① 直系尊属、配偶者、子及び孫
② 直系尊属、配偶者、子、孫及び兄弟姉妹
③ 配偶者、子、父母、孫、祖父母又は兄弟姉妹
④ 被用者年金各法に基づく老齢給付等の受給権者
⑤ 4分の3以下　⑥ 2分の1未満　⑦ 100
⑧ 3分の2未満　⑨ 3分の1以下　⑩ 120
⑪ 60歳以上の者　⑫ 70歳以上の者　⑬ 130
⑭ 3親等内の親族　⑮ 140　⑯ 150　⑰ 160
⑱ 後期高齢者医療の被保険者等　⑲ 170　⑳ 180

## 解答

【⑩被扶養者】

A ⑬ 130
B ⑪ 60歳以上の者
C ⑳ 180
D ⑥ 2分の1未満
E ② 直系尊属、配偶者、子、孫及び兄弟姉妹

根拠 法3-Ⅶ、H5.3.5保発15号・庁保発4号

## 解説

《Eについて》

「直系尊属」の「直系」とは、祖父母、父母、子、孫というように親子関係で直列している関係をいい、「尊属」とは、過去から未来につながる、いわば自分から上の世代ということになる。したがって、「直系尊属」とは、父母、祖父母、曾祖父母などをいう。

問題16 択一 実践 教科書 Section 3

チェック欄 1／ 2／ 3／

## 保険医療機関等

次の記述のうち、誤っているものはどれか。

A　厚生労働大臣は、保険医療機関又は保険薬局の指定を行おうとするときや、保険医又は保険薬剤師の登録を行おうとするときは、地方社会保険医療協議会に諮問するものとされている。

B　保険医又は保険薬剤師の登録の申請があった場合、当該申請をした医師若しくは歯科医師又は薬剤師が健康保険法の規定により保険医又は保険薬剤師に係る登録を取り消されて5年を経過していないときは、厚生労働大臣は、地方社会保険医療協議会の議を経て、その登録をしないことができる。

C　健康保険組合である保険者が開設する病院若しくは診療所又は薬局は、保険医療機関等としての指定を受けていなくても、当該健康保険組合の組合員である被保険者に対しては、療養の給付を行うことができる。

D　診療所が医師の開設したものであり、かつ開設者である医師のみが診療に従事している場合は、当該医師について保険医の登録があったときに、原則として保険医療機関の指定があったものとみなされる。

E　指定訪問看護事業者の指定は、訪問看護事業を行う者の申請により、訪問看護事業を行う事業所ごとに厚生労働大臣が行う。ただし、申請者が、社会保険料について、当該申請をした日の前日までに、社会保険各法又は地方税法の規定に基づく滞納処分を受け、かつ、当該処分を受けた日から正当な理由なく3月以上の期間にわたり、当該処分を受けた日以降に納期限の到来した社会保険料のすべてを引き続き滞納しているときは、厚生労働大臣は指定してはならない。

## 解説

**A ×** 【①保険医療機関等、②保険医等】

保険医又は保険薬剤師の登録を行おうとするときは、地方社会保険医療協議会に諮問する必要はない。 根拠 法63-Ⅲ①、64、82-Ⅱ

**B ○** 【②保険医等】

設問の通り正しい。保険医又は保険薬剤師の登録を行おうとするときは、地方社会保険医療協議会への諮問等は必要ないが、登録の拒否については、地方社会保険医療協議会の議を経なければならないことに注意すること。 根拠 法71-Ⅱ①、Ⅲ

**C ○** 【①保険医療機関等】

設問の通り正しい。健康保険組合である保険者が開設する病院若しくは診療所又は薬局は、当該健康保険組合の組合員である被保険者に対しては、保険医療機関等としての指定を受けていなくとも、療養の給付を行うことができる。なお、その他の被保険者に対して療養の給付を行うためには、保険医療機関等の指定を受ける必要がある。 根拠 法63-Ⅲ③

**D ○** 【①保険医療機関等】

設問の通り正しい。なお、当該診療所が、保険医療機関の指定をしないこととすることができる要件又は保険医療機関の指定の申請に係る病床の全部又は一部を除いて保険医療機関の指定をすることができる要件に該当する場合であって厚生労働大臣が保険医療機関の指定があったとみなすことが不適当と認められるときは、この限りでないとされている。 根拠 法69

**E ○** 【③指定訪問看護事業者】

設問の通り正しい。指定訪問看護事業者の指定や指定の拒否、指定の取消しに当たっては、地方社会保険医療協議会への諮問等は必要ない。

根拠 法88-Ⅰ、89-ⅠⅣ⑦

**解答 A**

## 問題17 選択 実践 教科書 Section 3

チェック欄 1／ 2／ 3／

# 保険医療機関等

次の文中の［　］の部分を選択肢の中の適当な語句で埋め、完全な文章とせよ。

1　厚生労働大臣の保険医療機関等の指定は、指定の日から起算して［A］を経過したときは、その効力を失うが、いわゆる個人開業の保険医療機関等（［B］を除く。）については、その指定の効力を失う日前［C］までの間に、別段の申出がないときは、保険医療機関の指定の申請があったものとみなされる。

2　保険医又は保険薬剤師は、［D］以上の予告期間を設けて、その［E］を求めることができる。

選択肢

| | | |
|---|---|---|
| ①　2年 | ②　1月 | ③　2月から同日前日 |
| ④　3年 | ⑤　2月 | ⑥　3月から同日前1月 |
| ⑦　5年 | ⑧　3月 | ⑨　4月から同日前2月 |
| ⑩　6年 | ⑪　6月 | ⑫　6月から同日前3月 |
| ⑬　免許の失効 | ⑭　病院 | ⑮　病院及び薬局 |
| ⑯　指定の取消 | ⑰　薬局 | ⑱　登録の抹消 |
| ⑲　指定の辞退 | ⑳　病院及び病床を有する診療所 | |

## 解答

【①保険医療機関等、②保険医等】

A ⑩ 6年
B ⑳ 病院及び病床を有する診療所
C ⑫ 6月から同日前3月
D ② 1月
E ⑱ 登録の抹消

根拠 法68、79-Ⅱ

## 解説

《D、Eについて》

保険医療機関等（保険医療機関又は保険薬局）とは、厚生労働大臣の指定を受けた病院若しくは診療所又は薬局であるが、保険医又は保険薬剤師とは、厚生労働大臣の登録を受けた医師若しくは歯科医師又は薬剤師である。保険医療機関等は、［②1月］以上の予告期間を設けて、その［⑲指定の辞退］をすることができるが、保険医又は保険薬剤師は、［②1月］（D）以上の予告期間を設けて、その［⑱登録の抹消］（E）を求めることができる。

問題18 択一 実践 教科書 Section 4

チェック欄 1 ／ 2 ／ 3 ／

## 標準報酬

次の記述のうち、誤っているものはどれか。

A　全国健康保険協会管掌健康保険において、事業主が負担すべき出張旅費を被保険者が立て替え、その立て替えた実費を弁償する目的で被保険者に出張旅費が支給された場合、当該出張旅費は労働の対償とは認められないため、報酬には該当しないものとして取り扱われる。(H30-4B)

B　通勤費として1年に2回、6か月通勤定期乗車券を支給している場合、その通勤費は健康保険法における賞与に算入される。

C　労働基準法に基づく解雇予告手当又は退職を事由に支払われる退職金であって、退職時に支払われるもの若しくは事業主の都合等により退職前に一時金として支払われるものは報酬又は賞与には含まれない。(H26-9A)

D　報酬又は賞与の一部が、通貨以外のもので支払われる場合においては、その価額は、その地方の時価によって、厚生労働大臣が定めるが、健康保険組合は、当該規定にかかわらず、規約で別段の定めをすることができる。

E　健康保険法における標準報酬月額の等級は、第1級（58,000円）から第50級（1,390,000円）に区分されている。

## 解説

**A ○** 【①報酬及び賞与】

設問の通り正しい。事業主が負担すべきものを被保険者が立て替え、その実費弁償を受ける場合は、「労働の対償」とは認められないため、報酬に該当しない。

根拠 法3-Ⅴ、H29.6.2事務連絡

確認してみよう！ 「報酬」とは、賃金、給料、俸給、手当、賞与その他いかなる名称であるかを問わず、労働者が、労働の対償として受けるすべてのものをいう。ただし、臨時に受けるもの及び3月を超える期間ごとに受けるものは、この限りでない。

**B ×** 【①報酬及び賞与】

設問の6か月通勤定期乗車券の支給は、単に支払上の便宜により1年に2回の支給とされているだけであるから、賞与ではなく、報酬の範囲に含まれる。

根拠 法3-ⅤⅥ、S27.12.4保文発7241号

確認してみよう！ 「賞与」とは、賃金、給料、俸給、手当、賞与その他いかなる名称であるかを問わず、労働者が、労働の対償として受けるすべてのもののうち、3月を超える期間ごとに受けるものをいう。

**C ○** 【①報酬及び賞与】

設問の通り正しい。なお、退職手当については、被保険者の在職時に、退職金相当額の全部又は一部を給与や賞与に上乗せするなど前払いされる場合は、労働の対償としての性格が明確であり、被保険者の通常の生計にあてられる経常的な収入としての意義を有することから、原則として、報酬又は賞与に該当するものとされている。

根拠 法3-ⅤⅥ、S24.6.24保文発1175号、H15.10.1保保発1001002号・庁保険発1001001号

**D ○** 【①報酬及び賞与】

設問の通り正しい。

根拠 法46

得点UP！ 現物給与の価額の適用に当たっては、被保険者の勤務地（被保険者が常時勤務する場所）が所在する都道府県の現物給与の価額を適用することを原則とし、派遣労働者について、派遣元と派遣先の事業所が所在する都道府県が異なる場合は、派遣元事業所が所在する都道府県の現物給与の価額を適用することとされている。

**E ○** 【②標準報酬月額】

設問の通り正しい。厚生年金保険法における標準報酬月額の等級が、第1級（88,000円）から第32級（650,000円）に区分されていることと比較しておこう。

根拠 法40-Ⅰ

**解答 B**

問題19 択一 基本 教科書 Section 4

チェック欄 1／ 2／ 3／

## 標準報酬

次の記述のうち、正しいものはどれか。

A 事業主は、被保険者がその資格を取得した日から5日以内に、健康保険被保険者資格取得届を日本年金機構又は健康保険組合に提出することにより、資格取得時の報酬月額を届け出ることとされている。

B 日、時間、出来高又は請負によって報酬が定められている者が、被保険者資格を取得した場合には、当該資格を取得した月前3か月間に当該事業所で同様の業務に従事し、かつ、同様の報酬を受ける者が受けた報酬の額の平均額を報酬月額として、その者の標準報酬月額を決定する。

C 4月に被保険者資格を取得した通常の労働者（短時間労働者でないものをいう。）の定時決定について、4月、5月、6月に受けた報酬の支払基礎となった日数がそれぞれ5日、10日、18日であった場合、5月と6月に受けた報酬の平均額をもってその年の9月から翌年の8月までの標準報酬月額を決定する。

D 7月1日に被保険者資格を取得した者については、標準報酬月額の定時決定を行わず、資格取得時に決定された標準報酬月額を、原則として翌年の6月30日までの1年間用いることになっている。(H24-3D)

E 基本給の増減はなかったものの、残業手当が大幅に増加し、3か月間の報酬総額の平均額が現在の報酬月額と2等級以上の差が生じている場合には、いわゆる随時改定の対象となる。

## 解説

**A ○**　【③資格取得時決定】

設問の通り正しい。提出先は、全国健康保険協会が管掌する健康保険の被保険者の場合は「日本年金機構」、健康保険組合が管掌する健康保険の被保険者の場合は「健康保険組合」となる。　根拠 法48、則24-Ⅰ

**B ×**　【③資格取得時決定】

資格を取得した月前「3か月間」ではなく、「1か月間」である。

根拠 法42-Ⅰ②

**C ×**　【④定時決定】

定時決定において、4月、5月及び6月のうち、報酬の支払基礎となった日数が17日未満の月があるときは、その月を除いた報酬の平均額に基づいて標準報酬月額を決定する。設問の場合、報酬の支払の基礎となった日数が17日以上の月が6月のみであるので、「6月」に受けた報酬の額に基づいて、標準報酬月額を決定する。　根拠 法41-ⅠⅡ

**D ×**　【③資格取得時決定、④定時決定】

7月1日に被保険者資格を取得した者については、その年の標準報酬月額の定時決定は行わず、資格取得時に決定された標準報酬月額を、原則として翌年の「8月31日」まで用いる。　根拠 法41-Ⅲ、42-Ⅱ

**E ×**　【⑤随時改定】

基本給（固定的賃金）に変動がない場合には、いわゆる随時改定の対象とならない。　根拠 法43-Ⅰ

**解答　A**

## 問題20 択一 実践 教科書 Section 4

# 標準報酬

チェック欄 1／ 2／ 3／

次の記述のうち、誤っているものはどれか。

A　特定適用事業所において被保険者である短時間労働者（1週間の所定労働時間が同一の事業所に使用される通常の労働者の1週間の所定労働時間の4分の3未満である者又は1か月間の所定労働日数が同一の事業所に使用される通常の労働者の1か月間の所定労働日数の4分の3未満である者）の標準報酬月額の定時決定は、報酬支払いの基礎となった日数が11日未満である月があるときは、その月を除いて行う。また、標準報酬月額の随時改定は、継続した3か月間において、各月とも報酬支払いの基礎となった日数が11日以上でなければ、その対象とはならない。（H29-9エ改題）

B　6月10日に被保険者の資格を取得した者は、その年の定時決定の対象から除かれる。

C　標準報酬月額の定時決定の算定の基礎となる報酬は、4月分、5月分及び6月分の報酬であり、実際に報酬がいつ支払われたかは問われない。

D　報酬月額が1,430,000円である者について、固定給が降給し、その報酬が支給された月以後継続した3か月間（各月とも報酬の支払基礎日数が17日以上あるものとする。）に受けた報酬を3で除して得た額が1,297,000円となり、標準報酬月額等級が第50級から第49級となった場合は、随時改定を行うものとされている。

E　月給制の被保険者について3月に行うべき昇給が、事業主の都合により5月に行われ、3月に遡った昇給差額が5月に支払われた場合、随時改定の対象になるのは、5月、6月及び7月の3か月に受けた報酬の総額（昇給差額を除く。）を3で除して得た額であり、それが随時改定の要件に該当したときは8月から標準報酬月額が改定される。（H26-9D）

## 解説

**A ○** 【④定時決定、⑤随時改定】

設問の通り正しい。通常の労働者については、原則として定時決定の場合は報酬支払基礎日数が「17日」未満の月を除いて算定し、随時改定の場合はいずれの月も報酬支払基礎日数が「17日」以上なければ行われないが、設問の4分の3基準を満たさない短時間労働者については、「17日」を「11日」に読み替えて適用する。

根拠 法41-Ⅰ、43-Ⅰ、(24)法附則46-Ⅰ、則24の2

**B ○** 【④定時決定】

設問の通り正しい。6月1日から7月1日までの間に被保険者の資格を取得した者については、その年の定時決定の対象から除かれる。なお、随時改定、育児休業等終了時改定又は産前産後休業終了時改定により、7月から9月までのいずれかの月から標準報酬月額が改定され、又は改定されるべき被保険者についても、その年の定時決定の対象から除かれる。

根拠 法41-Ⅲ

**C ×** 【④定時決定】

定時決定は、4月、5月及び6月の各月に「実際に支払われた報酬」を基に行われる（何月分の報酬であるかは問われない。）。 根拠 法41-Ⅰ

**D ○** 【⑤随時改定】

設問の通り正しい。設問の場合のように、第50級の標準報酬月額にある者の報酬月額（1,415,000円以上である場合に限る。）が降給したことにより、その算定月額が第49級の標準報酬月額に該当することとなった場合には、2等級以上の差が生じたものとみなして随時改定が行われる。

根拠 法43-Ⅰ、H30.3.1保発0301第8号

**E ○** 【⑤随時改定】

設問の通り正しい。設問の場合、実際に受ける報酬の最初の変動月が「5月」であるので、随時改定の算定の対象月となるのは、「5月、6月及び7月」であって、「3月、4月及び5月」ではない。

根拠 法43-Ⅰ、44-Ⅰ、H30.3.1保発0301第8号

**解答 C**

## 問題21 択一 基本

教科書 Section 4

チェック欄 1 ／ 2 ／ 3 ／

## 標準報酬

次の記述のうち、誤っているものはどれか。

A　健康保険法第43条の2の規定によるいわゆる育児休業等終了時における報酬月額の改定は、被保険者が育児休業等を終了した日において当該育児休業等に係る3歳に満たない子を養育する場合であって、育児休業等終了日の翌日が属する月以後3月間（報酬支払の基礎となった日数が17日（被保険者であって、その1週間の所定労働時間が同一の事業所に使用される通常の労働者の1週間の所定労働時間の4分の3未満である短時間労働者又はその1月間の所定労働日数が同一の事業所に使用される通常の労働者の1月間の所定労働日数の4分の3未満である短時間労働者については11日）未満である月があるときは、その月を除く。）に受けた報酬の総額をその期間の月数で除して得た額を報酬月額として、その使用される事業所の事業主が保険者等に申出をすることにより、行われる。

B　健康保険法第43条の2の規定によるいわゆる育児休業等終了時における報酬月額の改定は、所定の要件に該当すれば、育児休業等の前後の報酬月額が標準報酬月額等級において2等級以上変動しない場合であっても、行われる。

C　残業手当の減少により、育児休業等終了日の翌日が属する月以後3月間の報酬総額の平均額が従前の標準報酬月額の基礎となった報酬月額と比べて変動した場合は、基本給等の固定的賃金に変動がなくても育児休業等終了時改定の対象となる。

D　産前産後休業終了時改定によって改定された標準報酬月額は、原則として、産前産後休業終了日の翌日から起算して2月を経過した日の属する月の翌月からその年の8月（当該翌月が7月から12月までのいずれかの月である場合は、翌年の8月）までの各月の標準報酬月額とされる。

E　事業主は、被保険者が産前産後休業終了時改定の要件に該当したときは、速やかに、所定の事項を記載した届書を日本年金機構又は健康保険組合に提出することにより、報酬月額を届け出なければならない。

## 解説

**A ×** 【⑥育児休業等終了時改定】

育児休業等終了時改定は、事業主の申出ではなく、被保険者の申出（事業主経由）により行われる。その他の記述は正しい。 根拠 法43の2-Ⅰ

**B ○** 【⑥育児休業等終了時改定】

設問の通り正しい。育児休業等終了時改定は、所定の要件を満たせば、随時改定の場合と異なり、標準報酬月額に2等級以上の変動がなくても、行われる。 根拠 法43の2-Ⅰ

**C ○** 【⑥育児休業等終了時改定】

設問の通り正しい。随時改定は、固定的賃金に変動がなければ他の賃金に変動があっても行われないが、育児休業等終了時改定は、固定的賃金の変動を伴う必要はなく、非固定的賃金の変動であっても行われる。なお、産前産後休業終了時改定についても、同様に、固定的賃金の変動を伴う必要はない。 根拠 法43の2-Ⅰ

**D ○** 【⑦産前産後休業終了時改定】

設問の通り正しい。なお、育児休業等終了時改定によって改定された標準報酬月額についても、原則として、育児休業等終了日の翌日から起算して2月を経過した日の属する月の翌月からその年の8月（当該翌月が7月から12月までのいずれかの月である場合は、翌年の8月）までの各月の標準報酬月額とされる。 根拠 法43の3-Ⅱ

**E ○** 【⑦産前産後休業終了時改定】

設問の通り正しい。「随時改定」「育児休業等終了時改定」「産前産後休業終了時改定」に係る報酬月額の届出期限は、「速やかに」と規定されていることに注意しておこう。 根拠 法43の3-Ⅰ、48、則26の3

**解答 A**

## 問題22 択一 基本 教科書 Section 4

チェック欄 1 ／ 2 ／ 3 ／

### 標準報酬

次のアからオの記述のうち、誤っているものの組合せは、後記AからEまでのうちどれか。

**ア** 全国健康保険協会管掌健康保険の任意継続被保険者の標準報酬月額は、①「当該任意継続被保険者が被保険者の資格を喪失したときの標準報酬月額」と②「前年（1月から3月までの標準報酬月額については、前々年）の9月30日における当該全国健康保険協会が管掌する全被保険者の同月の標準報酬月額を平均した額を標準報酬月額の基礎となる報酬月額とみなしたときの標準報酬月額」のうちいずれか少ない額をもって、その者の標準報酬月額とする。

**イ** 特例退職被保険者の標準報酬月額は、当該特定健康保険組合が管掌する前年（1月から3月までの標準報酬月額については、前々年）の9月30日における特例退職被保険者以外の全被保険者の同月の標準報酬月額を平均した額の範囲内においてその規約で定めた額を標準報酬月額の基礎となる報酬月額とみなしたときの標準報酬月額とされる。

**ウ** 保険者等は、被保険者が賞与を受けた月において、その月に当該被保険者が受けた賞与額に基づき、これに1,000円未満の端数を生じたときは、これを切り捨てて、その月における標準賞与額を決定することとされている。

**エ** 全国健康保険協会管掌健康保険における同一の適用事業所において、一般の被保険者が6月、12月及び翌年3月にそれぞれ300万円、300万円、100万円の賞与を受けた場合、標準賞与額は6月300万円、12月240万円となり、翌年3月は零となる。

**オ** 被保険者が同一の月に2回に分けて賞与の支払を受けたときは、その支払を受けた賞与のうち最も高い額を標準賞与額の基礎とすることとされている。

**A**（アとイ）　**B**（アとオ）　**C**（イとウ）
**D**（ウとエ）　**E**（エとオ）

## 解説

**ア ○** 【⑧任意継続被保険者等の標準報酬月額】

設問の通り正しい。

根拠 法47-Ⅰ

確認してみよう！ 健康保険組合管掌健康保険においては、「前年（1月から3月までの標準報酬月額については、前々年）の9月30日における当該健康保険組合が管掌する全被保険者の同月の標準報酬月額を平均した額（当該健康保険組合が当該平均した額の範囲内においてその規約で定めた額があるときは、当該規約で定めた額）を標準報酬月額の基礎となる報酬月額とみなしたときの標準報酬月額」を設問中の②として適用する。また、①に掲げる額が②に掲げる額を超える任意継続被保険者について、規約で定めるところにより、①に掲げる額（当該健康保険組合が②に掲げる額を超え①に掲げる額未満の範囲内においてその規約で定めた額があるときは、当該規約で定めた額を標準報酬月額の基礎となる報酬月額とみなしたときの標準報酬月額）をその者の標準報酬月額とすることができる。

**イ ○** 【⑧任意継続被保険者等の標準報酬月額】

設問の通り正しい。任意継続被保険者のように、当該被保険者がその資格を喪失したときの標準報酬月額と比較するわけではないことに注意しておこう。

根拠 法附則3-Ⅳ

**ウ ○** 【⑨標準賞与額】

設問の通り正しい。

根拠 法45-Ⅰ

得点UP！ 事業主は、その使用する被保険者に賞与を支払ったときは、5日以内に、日本年金機構又は健康保険組合に被保険者賞与支払届を提出しなければならない。

**エ ×** 【⑨標準賞与額】

設問の場合の標準賞与額は、6月は「300万円」で正しいが、12月は「273万円（573万円－300万円）」となる。なお、年度における標準賞与額の累計額が573万円を超えるため、翌年3月は「零」となるとするのは正しい。

根拠 法45-Ⅰ

**オ ×** 【⑨標準賞与額】

被保険者が同一の月に2回に分けて賞与の支払を受けたときは、その支払を受けた賞与の合算額を標準賞与額の基礎とすることとされている。

根拠 法45-Ⅰ

**解答 E（エとオ）**

## 問題23　選択　実践　教科書 Section 4

チェック欄　1 ／　2 ／　3 ／

### 標準報酬

次の文中の［　］の部分を選択肢の中の適当な語句で埋め、完全な文章とせよ。

1　保険者等は、被保険者が毎年［A］1日現に使用される事業所において同日前3月間（その事業所で継続して使用された期間に限るものとし、かつ、報酬支払の基礎となった日数が17日（被保険者であって、その1週間の所定労働時間が同一の事業所に使用される通常の労働者の1週間の所定労働時間の4分の3未満である短時間労働者又はその1月間の所定労働日数が同一の事業所に使用される通常の労働者の1月間の所定労働日数の4分の3未満である短時間労働者については［B］）未満である月があるときは、その月を除く。）に受けた報酬の総額をその期間の月数で除して得た額を報酬月額として、標準報酬月額を決定する。

2　上記1の規定は、［C］までの間に被保険者の資格を取得した者及び［D］までのいずれかの月から随時改定、育児休業等終了時改定又は産前産後休業終了時改定が行われる者又はこれらの改定が行われる予定の者については、その年に限り適用しない。

3　事業主は、毎年［A］1日現に使用する被保険者の報酬月額に関する届出を、同月［E］までに、健康保険被保険者報酬月額算定基礎届を日本年金機構又は健康保険組合に提出することによって行うものとする。

選択肢

| | | | |
|---|---|---|---|
| ①　5日 | ②　7日 | ③　10日 | ④　11日 |
| ⑤　13日 | ⑥　15日 | ⑦　20日 | ⑧　末日 |
| ⑨　4月 | ⑩　5月から7月 | ⑪　3月1日から4月1日 | |
| ⑫　7月 | ⑬　6月から8月 | ⑭　6月1日から7月1日 | |
| ⑮　8月 | ⑯　7月から9月 | ⑰　7月1日から8月1日 | |
| ⑱　9月 | ⑲　8月から10月 | ⑳　8月1日から9月1日 | |

## 解答

【④定時決定】

A　⑫　7月
B　④　11日
C　⑭　6月1日から7月1日
D　⑯　7月から9月
E　③　10日

根拠 法41-ⅠⅢ、則25-Ⅰ

## 解説

《A、C、Dについて》

［⑭6月1日から7月1日］（C）までの間に資格を取得した者については、［⑫7月］（A）1日現在において定時決定を行おうとしても、それはすなわち資格取得時の決定と同一となるので定時決定を行わず、資格取得時に決定された標準報酬月額をもって、原則として翌年8月までの標準報酬月額とする。また、［⑯7月から9月］（D）までのいずれかの月から随時改定等が行われる者又はこれらの改定が行われる予定の者については、その改定された標準報酬月額は、原則として翌年の8月までの標準報酬月額となることから、定時決定の規定が排除されることになる。

## 問題24 選択 実践 教科書 Section 4

## 標準報酬

チェック欄 1 ／ 2 ／ 3 ／

次の文中の[ ]の部分を選択肢の中の適当な語句で埋め、完全な文章とせよ。

1　保険者等は、被保険者が賞与を受けた月において、その月に当該被保険者が受けた賞与額に基づき、これに[ A ]円未満の端数を生じたときは、これを切り捨てて、その月における標準賞与額を決定する。ただし、その月に当該被保険者が受けた賞与によりその年度（毎年4月1日から翌年3月31日までをいう。以下同じ。）における標準賞与額の累計額が[ B ]（標準報酬月額の等級区分の改定が行われたときは、政令で定める額。以下同じ。）を超えることとなる場合には、当該累計額が[ B ]となるようその月の標準賞与額を決定し、その年度においてその月の翌月以降に受ける賞与の標準賞与額は[ C ]とする。

2　厚生労働大臣は、上記1の政令の制定又は改正について立案を行う場合には、[ D ]の意見を聴くものとする。

3　事業主は、その使用する被保険者に賞与を支払ったときは、[ E ]に、日本年金機構又は健康保険組合に届書を提出しなければならない。

選択肢

| | | |
|---|---|---|
| ① 150万円 | ② 理事長 | ③ 社会保障審議会 |
| ④ 200万円 | ⑤ 速やか | ⑥ 翌年度への繰越 |
| ⑦ 450万円 | ⑧ 1,000 | ⑨ 保険者等が定める額 |
| ⑩ 573万円 | ⑪ 500 | ⑫ 標準報酬月額と同額 |
| ⑬ 20日以内 | ⑭ 100 | ⑮ 10　⑯ 零 |
| ⑰ 10日以内 | ⑱ 中央社会保険医療協議会 | |
| ⑲ 5日以内 | ⑳ 地方社会保険医療協議会 | |

## 解答

【⑨標準賞与額】

A ⑧ 1,000
B ⑩ 573万円
C ⑯ 零
D ③ 社会保障審議会
E ⑲ 5日以内

根拠 法45、則27-Ⅰ

## 解説

《A、Bについて》

標準賞与額については、標準報酬月額と異なり、等級表が設定されているわけではない。したがって、まず賞与額の［⑧1,000］（A）円未満を切り捨て、また、等級表の上限の代わりに年度累計額に［⑩573万円］（B）の上限を設けることで、標準賞与額が設定される。なお、厚生年金保険法の場合は、1回の賞与額に［①150万円］の上限が設けられていることと比較しておくこと。

## 問題25 択一 実践 教科書 Section 5

# 保険給付Ⅰ

チェック欄 1 ／ 2 ／ 3 ／

次の記述のうち、正しいものはどれか。

A　被保険者の疾病又は負傷に関して行う療養の給付の範囲は、①診察、②薬剤または治療材料の支給、③処置、手術その他の治療、④居宅における療養上の管理及びその療養に伴う世話その他の看護、⑤病院又は診療所への入院及びその療養に伴う世話その他の看護とされている。

B　定期的健康診査の結果、疾病の疑いがあると診断された被保険者が精密検査を行った場合、その精密検査が定期的健康診査の一環として予め計画されたものでなくとも、当該精密検査は療養の給付の対象とはならない。
(H28-3B)

C　被保険者が出産の際、保険医療機関において手当を受けたときは、正常出産、異常出産を問わず、療養の給付は行われない。

D　身体に違和感を覚えて診察を受けたが、結果的になんらの異常も認められなかった場合には、当該診察は療養の給付の対象とならない。

E　被保険者の資格取得が適正である場合、その資格取得前の疾病又は負傷については、2か月以内のものに限り保険給付を行う。

解説

A ○ 【②療養の給付】

設問の通り正しい。労災保険の療養（補償）等給付たる療養の給付と異なり、「移送」が含まれていないことに注意すること（「移送」は「移送費」として別の保険給付とされている。）。

根拠 法63-Ⅰ

B × 【②療養の給付】

当該精密検査は療養の給付の対象となる。なお、健康診査（健康診断）については、保険給付の対象外である。 根拠 法63-Ⅰ、S39.3.18保文発176号

C × 【②療養の給付】

医師の手当を必要とする異常出産の場合に、被保険者が、保険医療機関において手当を受けたときは療養の給付として取り扱われる。

根拠 法63-Ⅰ、S17.1.28社発82号

確認してみよう！ 正常出産の場合は、医師の手当を受けても療養の給付の対象とならない。

D × 【②療養の給付】

設問の場合、当該診察は、療養の給付の対象となる。

根拠 法63-Ⅰ①、S10.11.9保規338号

E × 【②療養の給付】

保険給付は、被保険者の資格取得が適正であれば、「２か月以内のもの」に限らず、その資格取得前の疾病又は負傷についても行われる。

根拠 法63-Ⅰ、S26.10.16保文発4111号

解答 A

## 問題26 択一 基本 教科書 Section 5

チェック欄 1／ 2／ 3／

### 保険給付Ⅰ

次の記述のうち、誤っているものはどれか。

A　入院時食事療養費に係る食事療養標準負担額は、平均的な家計における食費の状況及び特定介護保険施設等における食事の提供に要する平均的な費用の額を勘案して厚生労働大臣が定める額（所得の状況その他の事情をしん酌して厚生労働省令で定める者については、別に定める額）とされている。

B　被保険者（特定長期入院被保険者を除く。以下本肢において同じ。）が保険医療機関である病院又は診療所から食事療養を受けたときは、保険者は、その被保険者が当該病院又は診療所に支払うべき食事療養に要した費用について、入院時食事療養費として被保険者に対し支給すべき額の限度において、被保険者に代わり当該病院又は診療所に支払うことができ、この支払があったときは、被保険者に対し入院時食事療養費の支給があったものとみなされる。(H29-7A)

C　保険医療機関は、食事療養に要した費用につき、その支払を受ける際、当該支払をした被保険者に対し、入院時食事療養費に係る療養について被保険者から支払を受けた費用の額のうち食事療養標準負担額とその他の費用の額とを区分して記載した領収証を交付しなければならない。(H27-6C)

D　入院時生活療養費に係る生活療養標準負担額は、平均的な家計における食費及び光熱水費の状況並びに病院及び診療所における生活療養に要する費用について介護保険法に規定する食費の基準費用額及び居住費の基準費用額に相当する費用の額を勘案して厚生労働大臣が定める額（所得の状況、病状の程度、治療の内容その他の事情をしん酌して厚生労働省令で定める者については、別に定める額）とされている。

E　67歳の被保険者が、保険医療機関の療養病床に入院し、市町村民税の非課税者である場合、生活療養標準負担額については、居住費分の負担はなく、食費分のみの負担となる。

## 解説

A ○ 【③入院時食事療養費】

設問の通り正しい。食事療養標準負担額は、一般の患者については1食460円とされているが、小児慢性特定疾病児童等・指定難病の患者や低所得者については、この額を減額する措置が講じられている。 根拠 法85-Ⅱ

B ○ 【③入院時食事療養費】

設問の通り正しい。なお、「特定長期入院被保険者」とは、療養病床に入院する65歳以上の被保険者をいい、入院時食事療養費ではなく入院時生活療養費の対象となる。 根拠 法85-ⅠⅤⅥ

C ○ 【③入院時食事療養費】

設問の通り正しい。「その他の費用の額」とは、特別メニューに要した費用の額などである。 根拠 法85-Ⅷ、則62

D ○ 【③入院時食事療養費】

設問の通り正しい。 根拠 法85の2-Ⅱ

> 得点UP! 厚生労働大臣は、生活療養標準負担額を定めた後に勘案又はしん酌すべき事項に係る事情が著しく変動したときは、速やかにその額を改定しなければならない（食事療養標準負担額についても同様の規定が設けられている。）。

E × 【④入院時生活療養費】

生活療養標準負担額について、居住費の負担がないのは、市町村民税の非課税者等の低所得者ではなく、指定難病の患者である。また、生活保護法の要保護者である者のうち、生活療養標準負担額が、仮に「居住費0円（1日）＋食費100円（1食)」に減額されるとするならば、生活保護法の保護を要しなくなる者については、生活療養標準負担額は食費のみ（1食100円）となり、居住費の負担はない。

根拠 法85の2-Ⅱ、則62の3、R2厚労告336号

**解答 E**

問題27 択一 基本 教科書 Section 5

チェック欄 1／ 2／ 3／

## 保険給付Ⅰ

次の記述のうち、正しいものはどれか。

A　高度の医療技術を用いた療養であって、当該療養を受けようとする者の申出に基づき、療養の給付の対象とすべきものであるか否かについて、適正な医療の効率的な提供を図る観点から評価を行うことが必要な療養として厚生労働大臣が定めるものを「評価療養」という。

B　被保険者の被扶養者が、保険医療機関等のうち自己の選定するものから選定療養を受けたときは、被保険者に対し、その療養に要した費用について、保険外併用療養費が支給される。

C　輸血に係る血液料金は、保存血の場合も含めて療養費として支給され、療養の給付として現物給付されることはない。(H26-1B)

D　事業主が被保険者資格取得届の届出を怠った場合においては、その間に保険医療機関で受診しても被保険者の身分を証明し得ない状態であるので、療養費の対象となる。(H24-9B)

E　緊急疾病で、他に適当な保険医がいるにもかかわらず、好んで保険医以外の医師について診療又は手当を受けたときには、療養の給付は行われないため、療養費の支給対象となる。

## 解説

**A ×** 【⑤保険外併用療養費】

設問の記述は、「患者申出療養」に関するものである。「評価療養」とは、厚生労働大臣が定める高度の医療技術を用いた療養その他の療養であって、療養の給付の対象とすべきか否かについて、適正な医療の効率的な提供を図る観点から評価を行うことが必要な療養（患者申出療養を除く。）として厚生労働大臣が定めるものをいう。 根拠 法63-Ⅱ③④

**B ×** 【⑤保険外併用療養費、⑨家族療養費】

設問の場合は、「家族療養費」が支給される。健康保険では被扶養者についても、療養の給付、入院時食事療養費、入院時生活療養費、保険外併用療養費、療養費に相当する給付が行われるが、これらはすべて家族療養費として被保険者に対して支給される。 根拠 法110-Ⅰ

**C ×** 【⑥療養費】

輸血に係る血液料金は、「生血」を購入した場合には療養費の支給対象となるが、「保存血」の場合は、療養の給付として現物給付される。

根拠 法63-Ⅰ、87-Ⅰ、S14.5.13社医発336号

**D ○** 【⑥療養費】

設問の通り正しい。設問の場合には、療養の給付等を行うことが困難であると保険者が認めるときに該当するとして、療養費の対象となる。

根拠 法87-Ⅰ、S3.4.30保理1089号

**E ×** 【⑥療養費】

設問の場合には、療養費の支給対象とはならない。

根拠 法87-Ⅰ、S24.6.6保文発1017号

**解答**  D

## 問題28　択一　実践　教科書 Section 5

チェック欄 1／ 2／ 3／

## 保険給付Ⅰ

次のアからオの記述のうち、正しいものの組合せは、後記ＡからＥまでのうちどれか。

**ア**　保険外併用療養費の支給対象となる先進医療については、あらかじめ患者に対し、その内容及び費用に関して説明を行い、患者の自由な選択と文書による同意を得るものとされている。したがって、先進医療の内容を患者等に説明することが医療上好ましくないと認められる場合には、保険外併用療養費の支給対象とならない。

**イ**　被保険者が予約診察制をとっている病院で予約診察を受けた場合には、保険外併用療養費制度における選定療養の対象となり、その特別料金は、全額自己負担となる。(H28-7C)

**ウ**　被保険者が病床数100床以上の病院で、他の病院や診療所の文書による紹介なしに初診を受けたとき、当該病院はその者から選定療養として特別の料金を徴収することができる。ただし、緊急その他やむを得ない事情がある場合に受けたものを除く。(H26-1E)

**エ**　療養費の額は、当該療養（食事療養及び生活療養を除く。）に要した費用の額から、その額に一部負担金の割合を乗じて得た額を控除した額及び当該食事療養又は生活療養に要した費用の額から食事療養標準負担額又は生活療養標準負担額を控除した額を基準として、保険者が定めるものとされている。

**オ**　現に海外に居住する被保険者からの療養費の支給申請は、原則として事業主を経由して行うこととされている。また、その支給は、支給決定日の外国為替換算率（買レート）を用いて海外の現地通貨に換算され、当該被保険者の海外銀行口座に送金される。(H27-2C)

**A**（アとイ）　**B**（アとウ）　**C**（イとエ）
**D**（ウとオ）　**E**（エとオ）

## 解説

**ア ○** 【⑤保険外併用療養費】

設問の通り正しい。 根拠 法86-Ⅰ、H28.3.4保医発0304第12号

得点UP! 保険外併用療養費の支給対象となる先進医療の実施に当たっては、先進医療ごとに、保険医療機関が、別に厚生労働大臣が定める施設基準に適合していることを地方厚生局長又は地方厚生支局長に届け出なければならない。

**イ ○** 【⑤保険外併用療養費】

設問の通り正しい。なお、予約診察の場合でも、予約時間から一定時間(30分程度)以上患者を待たせたり、医師1人につき1日に診察する予約患者数が40人を超えるような場合は、特別料金(予約料)の徴収は認められないとされている。 根拠 法63-Ⅱ⑤、86-Ⅰ、R2厚労告105号

**ウ ×** 【⑤保険外併用療養費】

設問の「病床数100床以上」は、正しくは「病床数200床以上」である。

根拠 法63-Ⅱ⑤、86-Ⅰ、R2厚労告105号

**エ ×** 【⑥療養費】

療養費の額は、当該療養(食事療養及び生活療養を除く。)について算定した費用の額から、その額に一部負担金の割合を乗じて得た額を控除した額及び当該食事療養又は生活療養について算定した費用の額から食事療養標準負担額又は生活療養標準負担額を控除した額を基準として、保険者が定めるものとされている。つまり、実際に要した費用の額ではなく、健康保険法の規定により(診療報酬により)算定した費用の額を基準として、療養費の額が定められる。 根拠 法87-Ⅱ

**オ ×** 【⑥療養費】

現に海外に居住する者に係る療養費の支給については、保険者から国外への送金は行わず、支給決定日の外国為替換算率(売レート)を用いて邦貨に換算され、事業主等が代理して受領する。なお、設問前段部分については、その通り正しい。 根拠 法87-Ⅰ、H11.3.30保険発39号・庁保発7号

**解答 A(アとイ)**

問題29 択一 実践 教科書 Section 5

チェック欄 1 ／ 2 ／ 3 ／

## 保険給付Ⅰ

次の記述のうち、誤っているものはどれか。

A　68歳の被保険者で、その者の厚生労働省令で定めるところにより算定した収入の額が520万円を超えるとき、その被扶養者で72歳の者に係る家族療養費の給付割合は80％である。

B　自宅において療養している被保険者が、保険医療機関の看護師から療養上の世話を受けたときは、訪問看護療養費の支給の対象とならず、療養の給付が行われる。

C　訪問看護療養費に係る指定訪問看護を受けようとする者は、主治の医師が指定した指定訪問看護事業者から受けなければならない。（H27-4エ）

D　被保険者が、指定訪問看護ステーションが定める営業時間以外の時間に指定訪問看護を受けた場合であっても、指定訪問看護事業者の都合により営業時間以外の時間となったときは、割増料金を負担する必要はない。

E　被保険者の被扶養者が指定訪問看護事業者から指定訪問看護を受けたときは、被保険者に対し、その指定訪問看護に要した費用について、家族訪問看護療養費を支給する。

## 解説

**A ○** 【⑨家族療養費】

設問の通り正しい。設問の場合は、被保険者が70歳未満であるので、収入の額が520万円を超える場合であっても、設問の被扶養者に係る家族療養費の給付割合は80%である。 根拠 法110-Ⅱ①ハ

**B ○** 【⑦訪問看護療養費】

設問の通り正しい。居宅において行われる療養上の世話又は必要な診療の補助であっても、保険医療機関等又は介護保険法に規定する介護老人保健施設若しくは介護医療院によるものは訪問看護療養費の対象とならない。

根拠 法63-Ⅰ④、88-Ⅰ

**C ×** 【⑦訪問看護療養費】

訪問看護療養費に係る指定訪問看護は、「主治の医師が指定した」指定訪問看護事業者ではなく、「自己の選定する」指定訪問看護事業者から、電子資格確認等により、被保険者であることの確認を受け、当該指定訪問看護を受けるものとされている。 根拠 法88-Ⅲ

**D ○** 【⑦訪問看護療養費】

設問の通り正しい。指定訪問看護事業者は、利用者の選定に係る指定訪問看護ステーションが定める時間以外の時間における指定訪問看護の提供に関し、利用者に対して割増料金の負担を求めることができるが、当該時間外の指定訪問看護の提供が、「指定訪問看護事業者の都合によるものであるとき」は、その負担を求めることはできない。

根拠 法88-ⅠⅡⅣ、運営基準13-Ⅱ、H24厚労告163号、H12.12.13保発227号

**E ○** 【⑩家族訪問看護療養費】

設問の通り正しい。「被扶養者に対し」ではなく「被保険者に対し」であることに注意すること。 根拠 法111-Ⅰ

**解答 C**

## 問題30 択一 実践 教科書 Section 5

## 保険給付 I

チェック欄 1 ／ 2 ／ 3 ／

次の記述のうち、誤っているものはどれか。

A 保険外併用療養費に係る選定療養部分、患者申出療養又は評価療養の先進医療部分の自己負担額は、高額療養費の支給対象とならない。

B 高額療養費の対象となる一部負担金等の額については、同一の医療機関であっても、入院診療分と通院診療分はそれぞれ区分して算定される。

C 標準報酬月額560,000円の被保険者（50歳）の被扶養者（45歳）が、同一の月における入院療養（食事療養及び生活療養を除き、同一の医療機関における入院である。）に係る1か月の一部負担金の額として210,000円を支払った場合、高額療養費算定基準額は84,430円である。なお、当該世帯は、入院療養があった月以前12か月以内に高額療養費の支給を受けたことはない。（H25-2A）

D 標準報酬月額が53万円の70歳未満である被保険者が、同一の月に同一の医療機関で人工透析治療を受け、それに係る自己負担金が2万円を超えた場合、超えた額が高額療養費として支給される。

E 全国健康保険協会管掌健康保険の被保険者が適用事業所を退職したことにより被保険者資格を喪失し、その同月に、他の適用事業所に就職したため組合管掌健康保険の被保険者となった場合、同一の病院で受けた療養の給付であったとしても、それぞれの管掌者ごとにその月の高額療養費の支給要件の判定が行われる。（H29-8B）

## 解説

**A ○** 【⑫高額療養費】

設問の通り正しい。なお、訪問看護療養費に係るその他の利用料についても、高額療養費の支給対象とならない。 根拠 法115、令41-Ⅰ

**B ○** 【⑫高額療養費】

設問の通り正しい。なお、同一の医療機関内の歯科と歯科以外の診療科についても、それぞれ区分して算定される。

根拠 法115、令43-Ⅹ、S48.10.17保険発95号・庁保険発18号

**C ×** 【⑫高額療養費】

設問の場合の高額療養費算定基準額は、「84,430円」ではなく、「168,820円」となる。設問の被保険者は、70歳未満で所得区分が「標準報酬月額53万円以上83万円未満」に該当し、高額療養費算定基準額は、「167,400円＋(医療費－558,000円)×１％」により算定されるが、一部負担金の額が210,000円であるため、医療費は700,000円となり、167,400円＋(700,000円－558,000円)×１％＝168,820円となる。 根拠 法115、令41-Ⅰ、42-Ⅰ③

**D ○** 【⑫高額療養費】

設問の通り正しい。長期高額疾病（特定疾病）に係る高額療養費算定基準額は１万円とされているが、70歳未満で標準報酬月額が53万円以上の者が人工腎臓を実施している慢性腎不全に係る療養（人工透析治療等）を受けた場合は２万円である。 根拠 法115、令42-Ⅸ②、H21厚労告292号

**E ○** 【⑫高額療養費】

設問の通り正しい。同一月内で全国健康保険協会から健康保険組合、あるいは共済組合に移った場合の高額療養費は、それぞれの管掌者ごとに要件をみる。 根拠 法115、S48.11.7保険発99号・庁保険発21号

**解答 C**

## 問題31 択一 基本 教科書 Section 5

# 保険給付 I

チェック欄 1 ／ 2 ／ 3 ／

次のアからオの記述のうち、正しいものの組合せは、後記AからEまでのうちどれか。

**ア** 被保険者が3月15日から4月10日まで同一の医療機関で入院療養を受けた場合は、月間の高額療養費は3月15日から3月31日までの療養に係るものと、4月1日から4月10日までの療養に係るものに区分される。
(H24-3E改題)

**イ** 療養があった月の標準報酬月額が28万円である70歳未満の被保険者について、その月以前12月以内に、すでに3回以上高額療養費が支給されているときの高額療養費算定基準額は、83,400円である。

**ウ** 被保険者の標準報酬月額が260,000円で被保険者及びその被扶養者がともに72歳であり、同一の月に、被保険者がA病院で受けた外来療養による一部負担金が16,000円、被扶養者がB病院で受けた外来療養による一部負担金が10,000円である場合、この月についての外来療養に係る月間の高額療養費は支給されない。

**エ** 高額介護合算療養費は、介護保険の保険給付を受けておらず、健康保険の保険給付に係る一部負担金等のみで高額介護合算療養費に係る自己負担限度額を超えている場合についても、支給される。

**オ** 高額介護合算療養費は、計算期間（前年8月1日から7月31日までの1年間）の末日において健康保険の被保険者及びその被扶養者についてそれぞれ個別に算定し支給する。(H25-10オ)

**A**（アとウ）　**B**（アとオ）　**C**（イとウ）
**D**（イとエ）　**E**（エとオ）

## 解説

**ア ○** 【⑫高額療養費】

設問の通り正しい。月間の高額療養費は暦月1月ごとに算定する。

根拠 法115、令41-Ⅰ①

**イ ×** 【⑫高額療養費】

設問の被保険者の所得区分は、「標準報酬月額28万円以上53万円未満」に該当するため、多数回該当の場合の高額療養費算定基準額は、「83,400円」ではなく、「44,400円」である。

根拠 法115、令42-Ⅰ①

**ウ ○** 【⑫高額療養費】

設問の通り正しい。設問の被保険者の標準報酬月額が260,000円であるため、所得区分は「一般」に該当し、外来療養に係る月間の高額療養費の高額療養費算定基準額は、原則として18,000円となる。70歳以上の一般所得者の外来療養については、個人単位で高額療養費を算定するため、設問の月については、被保険者及び被扶養者ともに月間の高額療養費の支給対象とならない。

根拠 法115、令41-Ⅴ、42-Ⅴ

**エ ×** 【⑬高額介護合算療養費】

高額介護合算療養費は、健康保険の保険給付に係る一部負担金等及び介護保険の保険給付に係る利用者負担額等を合算した額が、高額介護合算療養費に係る自己負担限度額を超えている場合について支給されるものであり、介護保険の保険給付を受けておらず、介護保険の保険給付に係る利用者負担額がない場合については、支給されない。

根拠 法115の2、H21.4.30保保発0430002号

**オ ×** 【⑬高額介護合算療養費】

高額介護合算療養費は、健康保険の被保険者及び被扶養者についてそれぞれ個別に算定し支給するのではなく、世帯単位で算定し支給する。

根拠 法115の2-Ⅰ、H21.4.30保保発0430002号

**解答 A(アとウ)**

## 問題32 選択 実践 教科書 Section 5

チェック欄 1 ／ 2 ／ 3 ／

# 保険給付Ⅰ

次の文中の［　］の部分を選択肢の中の適当な語句で埋め、完全な文章とせよ。

1　入院時生活療養費の額は、当該生活療養につき生活療養に要する［A］費用の額を勘案して［B］が定める基準により算定した費用の額（その額が現に当該生活療養に要した費用の額を超えるときは、当該現に生活療養に要した費用の額）から、［A］家計における食費及び光熱水費の状況並びに病院及び診療所における生活療養に要する費用について［C］に規定する食費の［D］及び居住費の［D］に相当する費用の額を勘案して［B］が定める額（所得の状況、病状の程度、治療の内容その他の事情をしん酌して厚生労働省令で定める者については、別に定める額。「生活療養標準負担額」という。）を控除した額とする。

2　［B］は、上記1の基準を定めようとするときは、［E］ものとする。

選択肢

| | | |
|---|---|---|
| ① 基準費用額 | ② 国民健康保険法 | |
| ③ 基本費用額 | ④ 社会保障審議会の意見を聴く | |
| ⑤ 平均費用額 | ⑥ 日本年金機構 | ⑦ 生活保護法 |
| ⑧ 標準費用額 | ⑨ 厚生労働大臣 | ⑩ 介護保険法 |
| ⑪ 中央社会保険医療協議会に諮問する | | ⑫ 通常の |
| ⑬ 社会保険診療報酬支払基金 | | ⑭ 保険者 |
| ⑮ 地方社会保険医療協議会に諮問する | | ⑯ 一般的な |
| ⑰ 高齢者の医療の確保に関する法律 | | ⑱ 標準的な |
| ⑲ 地方社会保険医療協議会の議を経る | | ⑳ 平均的な |

## 解答

【④入院時生活療養費】

A ⑳ 平均的な

B ⑨ 厚生労働大臣

C ⑩ 介護保険法

D ① 基準費用額

E ⑪ 中央社会保険医療協議会に諮問する

根拠 法85の2-Ⅱ Ⅲ

## 解説

《C、Dについて》

［⑩介護保険法］（C）が適用される療養病床（介護療養型医療施設）では、食費及び居住費が原則として介護保険の保険給付の対象とされておらず、市町村民税非課税者などの低所得者については、食費と居住費のそれぞれに［①基準費用額］（D）が設定されており、この［①基準費用額］から、所得区分に応じた食費・居住費それぞれの「負担限度額」を控除した額が「特定入所者介護サービス費」として支給されることとなっている。健康保険法が適用される療養病床における入院時生活療養費の生活療養標準負担額については、この［⑩介護保険法］に規定する食費の［①基準費用額］及び居住費の［①基準費用額］を勘案して定められることとなっている。

## 問題33 択一 基本 教科書 Section 6

## 保険給付Ⅱ

チェック欄 1 ／ 2 ／ 3 ／

次のアからオの記述のうち、正しいものの組合せは、後記AからEまでのうちどれか。

**ア** 傷病手当金の支給を始める日の属する月以前の直近の継続した期間において標準報酬月額が定められている月が12月に満たない場合には、傷病手当金の額は、1日につき、傷病手当金の支給を始める日の属する月以前の直近の継続した各月の標準報酬月額を平均した額の30分の1に相当する額の3分の2に相当する金額である。

**イ** 傷病手当金の受給中に出産手当金が支払われるときは、傷病手当金の支給が優先される。

**ウ** 療養のため労務に服することができなくなった日から起算して3日間を年次有給休暇として処理した場合には、傷病手当金の待期は完成しない。

**エ** 傷病手当金の支給に関して、労務に服することができない期間は、労務に服することができない状態になった日から起算するが、その状態になったときが業務終了後である場合は、その翌日から起算する。(H25-10ア)

**オ** 被保険者が、業務外の事由による疾病で労務に服することができなくなり、5月29日から欠勤し、同年6月1日から傷病手当金が支給された。その後病状は快方に向かい、同年9月1日から職場復帰したが、同年12月1日から再び同一疾病により労務に服することができなくなり欠勤したため、傷病手当金の請求を行った。この場合、傷病手当金の支給期間は、6月1日から8月31日までの期間と12月1日以降の期間とを通算して1年6月間とされる。

**A**（アとイ）　**B**（イとウ）　**C**（イとエ）
**D**（ウとオ）　**E**（エとオ）

## 解説

**ア ×** 【①傷病手当金】

傷病手当金の支給を始める日の属する月以前の直近の継続した期間において標準報酬月額が定められている月が12月に満たない場合には、傷病手当金の額は、設問の額と「傷病手当金の支給を始める日の属する年度の前年度の９月30日における全被保険者の同月の標準報酬月額を平均した額を標準報酬月額の基礎となる報酬月額とみなしたときの標準報酬月額の30分の１に相当する額の３分の２に相当する金額」のいずれか少ない額である。

根拠 法99-Ⅱ

**イ ×** 【①傷病手当金】

傷病手当金の受給中に出産手当金が支払われるときは、「出産手当金」の支給が優先される。

根拠 法103-Ⅰ

**ウ ×** 【①傷病手当金】

療養のため労務に服することができなくなった日から起算して３日間を年次有給休暇で処理しても、傷病手当金の待期は完成する。

根拠 法99-Ⅰ、S26.2.20保文発419号

**エ ○** 【①傷病手当金】

設問の通り正しい。

根拠 法99-Ⅰ、S28.1.9保文発69号

得点UP! 就業時間中に労務不能になった場合は、その日に賃金の全部又は一部を受けていたか否かを問わず、その日から起算する。

**オ ○** 【①傷病手当金】

設問の通り正しい。傷病手当金の支給期間は、その支給を開始した日から通算して１年６か月間とされている。

根拠 法99-ⅠⅣ

**解答 E（エとオ）**

## 問題34 択一 応用 教科書 Section 6

| チェック欄 | | |
|---|---|---|
| 1 ／ | 2 ／ | 3 ／ |

### 保険給付Ⅱ

次の記述のうち、誤っているものはどれか。

A　傷病手当金は、傷病が休業を要する程度でなくとも、遠隔地であり、通院のため事実上働けない場合には支給される。(H25-10イ)

B　傷病手当金の支給を受けるべき者が、同一の傷病により障害厚生年金の支給を受けることができるときは、障害厚生年金が優先して支給される。

C　被保険者が、療養のため、その本来の職場における労務に就くことが不可能な場合は、傷病手当金の支給があるまでの間、一時的に軽微な他の労務に服することにより、賃金を得るようなときであっても、傷病手当金は支給される。

D　出産手当金を支給すべき場合において傷病手当金が支払われたときは、その支払われた傷病手当金は、出産手当金の内払とみなされるが、この場合において、傷病手当金の額が出産手当金の額よりも多く、傷病手当金と出産手当金との差額が傷病手当金として支払われたときは、その差額として支給された傷病手当金も含めて出産手当金の内払とみなされる。

E　傷病手当金の支給を受けている期間に別の疾病又は負傷及びこれにより発した疾病につき傷病手当金の支給を受けることができるときは、それぞれの疾病又は負傷及びこれにより発した疾病に係る傷病手当金について、健康保険法第99条第２項の規定により傷病手当金として算定されるべき額を計算し、そのうちいずれか多い額を傷病手当金として支給することとなる。

## 解説

**A ○** 【①傷病手当金】

設問の通り正しい。被保険者が療養の給付を受ける場合に、保険医がその傷病は休業を要する程度のものでないと認定しても、被保険者の住所が診療所より遠く通院のため事実上労務に服することができない場合は、療養のため労務不能と解し、傷病手当金が支給される。

根拠 法99-Ⅰ、S2.5.10保理2211号

**B ○** 【①傷病手当金】

設問の通り正しい。なお、この場合において、その受けることができる障害厚生年金の額（当該障害厚生年金と同一の支給事由に基づき国民年金法による障害基礎年金の支給を受けることができるときは、当該障害厚生年金の額と当該障害基礎年金の額との合算額。以下同じ。）につき厚生労働省令で定めるところにより算定した額が、傷病手当金の額より少ないときは、当該額と、障害厚生年金の額並びに報酬及び出産手当金の額に係る区分に応じて定められた額との差額が支給される。 根拠 法108-Ⅲ

**C ○** 【①傷病手当金】

設問の通り正しい。被保険者がその本来の職場における労務に就くことが不可能な場合であって、本来の職場における労務に対する代替的性格をもたない副業ないし内職等の労務に従事したり、あるいは傷病手当金の支給があるまでの間、一時的に軽微な他の労務に服することにより、賃金を得るような場合その他これらに準ずる場合には、通常なお労務不能に該当するものとし、傷病手当金が支給される。

根拠 法99-Ⅰ、H15.2.25保保発0225007号・庁保険発４号

**D ×** 【①傷病手当金】

傷病手当金と出産手当金との差額が傷病手当金として支払われたときは、その差額として支給された傷病手当金については、出産手当金の内払とみなされない。 根拠 法103-Ⅱ

**E ○** 【①傷病手当金】

設問の通り正しい。つまり、前後の疾病に係る傷病手当金の支給期間が重複する期間については、前の疾病に係る傷病手当金の額と後の疾病に係る傷病手当金の額とを比較して、いずれか多い方の額が支給されることになる。 根拠 法99-Ⅱ、則84の２-Ⅶ

**解答 D**

問題35 択一 実践 教科書 Section 6

チェック欄 1 ／ 2 ／ 3 ／

## 保険給付Ⅱ

次の記述のうち、誤っているものはどれか。

A　被保険者が双子を出産した場合に支給される出産育児一時金の額は、第一子、第二子ともに同額である。

B　被保険者又は被扶養者が出産し所定の要件に該当した場合については、40万８千円に３万円を超えない範囲内で保険者が定める額を加算した額が、出産育児一時金又は家族出産育児一時金として支給される。

C　出産手当金は、出産の日以前42日（多胎妊娠の場合を除く。）から出産の日後56日までの間について支給されるものであるから、出産予定日の42日前から休暇を取得した場合において、実際の出産の日が出産予定日よりも５日遅れたような場合には、実際の出産の日以前42日からの休暇が出産手当金の支給対象となり、当該休暇のうち当初の５日間については、出産手当金の支給対象とならない。

D　被保険者が労務可能な状態にある場合であっても、出産の日以前42日（多胎妊娠の場合は98日）、出産の日後56日以内において労務に服さなかった期間に対しては、出産手当金は支給される。

E　被保険者が介護休業期間中に出産手当金の支給を受ける場合、その期間内に事業主から介護休業手当で報酬と認められるものが支給されているときは、その額が本来の報酬と出産手当金との差額よりも少なくとも、出産手当金の支給額について介護休業手当との調整が行われる。（H27-4オ）

## 解説

A ○ 【③出産育児一時金】

設問の通り正しい。双子等の出産の場合には、胎盤数にかかわらず、一産児排出を一出産と認め、胎児数に応じて出産育児一時金が支給されるが、第一子と第二子以降の出産育児一時金の額は、同額である。

根拠 法101、令36、H20.12.17保保発1217004号

B ○ 【③出産育児一時金、④家族出産育児一時金】

設問の通り正しい。なお、所定の要件に該当する出産とは、産科医療補償制度に加入する医療機関等による医学的管理の下で、在胎週数が22週に達した日以後の出産（死産を含む。）であることとされている。また、「3万円を超えない範囲内で保険者が定める額」は、現在1万2千円であるので、実際は42万円が支給される。

根拠 法101、114、令36

C × 【②出産手当金】

出産手当金は、（実際の）出産の日が出産の予定日後であるときは、出産の予定日以前42日（多胎妊娠の場合は98日）から出産の日後56日までの間について支給されるものとされており、設問の場合には、出産の予定日以前42日（休暇当初）からの休暇が出産手当金の支給対象となる。

根拠 法102-Ⅰ

D ○ 【②出産手当金】

設問の通り正しい。なお、傷病手当金の「労務に服することができない期間」との違いに注意すること。

根拠 法102-Ⅰ、S8.8.28保発539号

E ○ 【②出産手当金】

設問の通り正しい。介護休業手当であっても、報酬と認められるものが支給される場合には、出産手当金との調整が行われる。

根拠 法108-Ⅱ、H11.3.31保険発46号・庁保険発9号

**解答 C**

## 問題36　択一　基本　教科書 Section 6

チェック欄　1 ／　2 ／　3 ／

# 保険給付Ⅱ

次の記述のうち、正しいものはどれか。

**A**　埋葬を行う者とは、実際に埋葬を行った者をいうのであるから、被保険者が死亡し社葬を行った場合には、たとえその被保険者に配偶者がいたとしても、配偶者には埋葬料は支給されない。(H25-7A)

**B**　埋葬料の支給の対象となるのは、被保険者の被扶養者であった者に限られない。

**C**　埋葬料の支給を受けるべき者がいないときは、埋葬を行った者に対し埋葬料の金額の範囲内で埋葬に要した費用に相当する金額が支給されるが、その中には、僧侶に対する謝礼は含まれない。

**D**　死亡した被保険者により生計を維持されていなかった兄弟姉妹は、実際に埋葬を行った場合であっても、埋葬費の支給を受ける埋葬を行った者に含まれない。(H25-7D)

**E**　被保険者が死産児を出産した場合には、家族埋葬料が支給される。

## 解説

**A ×** 【⑤埋葬料】

「埋葬を行う者」とは、現実に埋葬を行う者又は行った者をいうのではなく、社会通念上埋葬を行うべき者をいうので、設問の配偶者が被保険者により生計を維持されていた場合には、配偶者が埋葬料の支給対象となる。

根拠 法100-Ⅰ、S2.7.14保理2788号

**B ○** 【⑤埋葬料】

設問の通り正しい。埋葬料は、被保険者により生計を維持していた者であって、埋葬を行うものに支給されるものであるが、この場合の「生計を維持」とは、死亡当時その収入により生計を維持した事実があれば足り、民法上の親族又は遺族であることを要せず、かつ、被保険者が世帯主であることも、また被保険者により生計を維持する者が被保険者と同一の世帯にあったか否かとは関係がないことである。 根拠 法100-Ⅰ、S7.4.25保規129号

**C ×** 【⑥埋葬費】

埋葬に要した費用に相当する金額（埋葬費）の支給対象とされる費用は、具体的には、霊柩代、霊柩車代、火葬料、葬式の際の供物代などであり、僧侶に対する謝礼も含まれる。 根拠 法100-Ⅱ、S2.2.28保理765号

**D ×** 【⑥埋葬費】

死亡した被保険者により生計を維持されていなかった父母、または兄弟姉妹あるいは子等が、現に埋葬を行った場合には、当然「埋葬を行った者」に含まれ、埋葬費の支給対象となる。 根拠 法100-Ⅱ、S26.6.28保文発162号

**E ×** 【⑦家族埋葬料】

設問の場合、死産児は被扶養者に該当しないので、「家族埋葬料」は支給されない。 根拠 法113、S23.12.2保文発898号

**解答 B**

## 問題37 択一 実践 教科書 Section 6

## 保険給付Ⅱ

チェック欄 1／ 2／ 3／

次の記述のうち、正しいものはどれか。

A 傷病手当金を受けていた者が、被保険者期間が6か月経過したときに退職せざるを得なくなった場合、たとえ当該被保険者期間の前に、1日の空白もなく継続した6か月以上の他の保険者における被保険者期間があったとしても、資格喪失後の傷病手当金は受けられない。なお、これらの被保険者期間には、任意継続被保険者、特例退職被保険者又は共済組合の組合員である被保険者の期間は含まれない。(H25-2B)

B 被保険者の資格を喪失した日の前日まで引き続き1年以上一般の被保険者（共済組合の組合員である被保険者を除く。）であった者が特例退職被保険者となり、かつ、一般の被保険者資格を喪失した際に傷病手当金を受けている場合は、当該傷病手当金の継続給付を受けることができる。

C 5月25日が出産予定日（多胎妊娠ではない。）である被保険者が、同年3月20日に勤務していた適用事業所を退職し、被保険者の資格を喪失した場合、資格喪失日の前日において引き続き1年以上の被保険者期間（任意継続被保険者期間、特例退職被保険者期間又は共済組合の組合員である期間を除く。）があれば、資格喪失後に出産手当金の継続給付を受けることができる。(H26-9E)

D 引き続き1年以上の被保険者期間（任意継続被保険者期間、特例退職被保険者期間又は共済組合の組合員である期間を除く。）を有し、資格喪失後6か月以内に出産した者が、健康保険の被扶養者になっている場合、請求者の選択により被保険者本人としての出産育児一時金、又は被扶養者としての家族出産育児一時金のいずれかを受給することとなる。(H25-1E)

E 被保険者であった者が被保険者の資格を喪失した日後6か月以内に死亡したときは、被保険者であった者により生計を維持していた者であって、埋葬を行うものは、その被保険者の最後の保険者から埋葬料の支給を受けることができる。(H24-1A)

## 解説

**A ×** 【⑧資格喪失後の継続給付】

資格喪失後の手当金の継続給付の要件である「引き続き１年以上被保険者であった者であること」については、必ずしも同一の保険者でなくてもよく、また資格の得喪があっても法律上の被保険者としての資格が連続していればよいとされているため、設問の場合には、資格喪失後の傷病手当金を受けることができる。

根拠 法104、法附則３-Ⅵ

**B ×** 【⑧資格喪失後の継続給付】

特例退職被保険者となった場合は、傷病手当金の継続給付の要件を満たしていても、これを受けることはできない。なお、任意継続被保険者となった場合は、傷病手当金の継続給付の要件を満たしていれば、これを受けることができる。

根拠 法附則３-Ⅴ

**C ×** 【⑧資格喪失後の継続給付】

設問の場合は、出産手当金の継続給付を受けることはできない。出産手当金の継続給付は、出産予定日の42日（多胎妊娠の場合においては、98日）前の日が資格喪失日の前日以前であり、継続給付の要件を満たしている場合に受けることができる。

根拠 法104、法附則３-Ⅵ、H18.8.18事務連絡

**D ○** 【⑨資格喪失後の出産育児一時金】

設問の通り正しい。設問の者は、資格喪失後の出産育児一時金と被扶養者としての家族出産育児一時金の両方の対象となり得るが、両方を受給することはできず、選択となる。

根拠 法106、114、法附則３-Ⅵ、S48.11.7保険発99号・庁保険発21号

**E ×** 【⑩資格喪失後の埋葬料・埋葬費】

「６か月以内」ではなく「３か月以内」である。

根拠 法105-Ⅰ

**解答** 

**問題38** 選択 基本 教科書 Section 6

チェック欄 1 ／ 2 ／ 3 ／

## 保険給付Ⅱ

次の文中の［　］の部分を選択肢の中の適当な語句で埋め、完全な文章とせよ。

1　被保険者（任意継続被保険者を除く。）が療養のため労務に服することができないときは、その労務に服することができなくなった日から起算して［A］を経過した日から［B］、傷病手当金を支給する。

2　傷病手当金の額は、原則として、1日につき、傷病手当金の支給を始める日の属する月以前の直近の継続した12月間の各月の標準報酬月額（被保険者が現に属する保険者等により定められたものに限る。）を平均した額の30分の1に相当する額（その額に、5円未満の端数があるときは、これを切り捨て、5円以上10円未満の端数があるときは、これを10円に切り上げるものとする。）の［C］に相当する金額（その金額に、50銭未満の端数があるときは、これを切り捨て、50銭以上1円未満の端数があるときは、これを1円に切り上げるものとする。）とする。

3　傷病手当金の支給期間は、同一の疾病又は負傷及びこれにより発した疾病に関しては、その［D］から通算して［E］間とする。

選択肢

| | | | | | |
|---|---|---|---|---|---|
| ① | 3日 | ② | 労務に服することができない期間 | | |
| ③ | 1年 | ④ | 療養中の期間 | ⑤ | 3分の2 |
| ⑥ | 4日 | ⑦ | 傷病の初診日 | ⑧ | 2分の1 |
| ⑨ | 2年 | ⑩ | 100分の60 | ⑪ | 100分の55 |
| ⑫ | 5日 | ⑬ | 療養を開始した日 | ⑭ | 休業を始めた日 |
| ⑮ | 3年 | ⑯ | 治ゆするまでの間 | ⑰ | 支給を始めた日 |
| ⑱ | 7日 | ⑲ | 労務に服さなかった期間 | ⑳ | 1年6月 |

## 解答

【①傷病手当金】

A ① 3日
B ② 労務に服することができない期間
C ⑤ 3分の2
D ⑰ 支給を始めた日
E ⑳ 1年6月

根拠 法99-ⅠⅡⅣ

## 解説

《Bについて》

傷病手当金は、疾病又は負傷の療養のため労務不能となり、収入の喪失又は減少をきたした場合に、これをある程度補てんし、生活の保障を行うものであるから、Bには［②労務に服することができない期間］が入ることになる。出産手当金の支給対象となる［⑲労務に服さなかった期間］と対比して押さえておくこと。

《Cについて》

傷病手当金の支給率は、制定当初は［⑩100分の60］(0.6) とされていたが、平成15年4月から総報酬制が導入され、賞与について月収と同率の保険料率が付加されていることを踏まえ、平成19年4月より［⑤3分の2］(約0.67) に改定されている。これは、当時の政府管掌健康保険（現在の協会管掌健康保険）の年間平均賞与月数が1.6か月であったこと（1か月あたり0.13か月であることから、1.13か月×0.6≒0.68となる。）、また、傷病手当金と同じ割合で支給している出産手当金について、ＩＬＯ（国際労働機関）第183号条約（母性保護条約）の求める「所得の3分の2」という水準が参考とされている。

問題39 選択 基本 教科書 Section 6

チェック欄 1 ／ 2 ／ 3 ／

## 保険給付Ⅱ

次の文中の［　　］の部分を選択肢の中の適当な語句で埋め、完全な文章とせよ。

1　被保険者（任意継続被保険者を除く。）が出産したときは、出産の日（出産の日が出産の予定日後であるときは、出産の予定日）［ A ］（多胎妊娠の場合においては、［ B ］）から出産の日［ C ］までの間において労務に服さなかった期間、出産手当金が支給される。

2　傷病手当金又は出産手当金の継続給付を受ける者が死亡したとき、当該継続給付を受けていた者がその給付を受けなくなった日後［ D ］以内に死亡したとき、又はその他の被保険者であった者が被保険者の資格を喪失した日後［ D ］以内に死亡したときは、被保険者であった者により生計を維持していた者であって、埋葬を行うものは、その被保険者の最後の保険者から埋葬料として［ E ］の支給を受けることができる。

選択肢

| | | | | |
|---|---|---|---|---|
| A | ①　前28日<br>③　以前28日 | | ②　前42日<br>④　以前42日 | |
| B | ①　56日 | ②　70日 | ③　84日 | ④　98日 |
| C | ①　後56日<br>③　以後56日 | | ②　後84日<br>④　以後84日 | |
| D | ①　2月 | ②　3月 | ③　6月 | ④　1年 |
| E | ①　5万円<br>③　10万円 | ②　埋葬に要した費用に相当する金額<br>④　標準報酬月額の1か月分 | | |

## 解答

【②出産手当金、⑩資格喪失後の埋葬料・埋葬費】

A ④ 以前42日
B ④ 98日
C ① 後56日
D ② 3月
E ① 5万円

根拠 法102-Ⅰ、105-Ⅰ、令35

## 解説

《A～Cについて》

出産日（出産予定日）については「産前」に含まれることから、Aは「以前」となっている③か④、Cは「後」となっている①か②に絞り込まれる。また、労働基準法の産前産後休業の期間を思い出すと、産前が「6週間（多胎妊娠は14週間）」、産後が原則として「8週間」であることから、これらに1週間の日数である7を乗じて、Aは［④以前42日］、Bは［④98日］、Cは［①後56日］となる。

《Eについて》

資格喪失後の埋葬料・埋葬費の額は、通常の埋葬料・埋葬費と同額である。設問は「被保険者であった者により生計を維持していた者であって、埋葬を行うもの」に支給するものであるから、「埋葬料」の額である［①5万円］が解答となる。

## 問題40 択一 実践 教科書 Section 7

## 費用の負担等

チェック欄 1 ／ 2 ／ 3 ／

次の記述のうち、正しいものはどれか。

**A** 健康保険事業の事務の執行に要する費用について、国庫は、全国健康保険協会に対して毎年度、予算の範囲内において負担しているが、健康保険組合に対しては負担を行っていない。(H29-4ウ)

**B** 国庫は、全国健康保険協会が管掌する健康保険の事業の執行に要する費用のうち、療養の給付等の主要給付費については、定率の補助を行っているが、出産手当金、出産育児一時金及び家族出産育児一時金の支給に要する費用については、この補助は行われていない。

**C** 国庫は、予算の範囲内において、健康保険事業の執行に要する費用のうち、特定健康診査等の実施に要する費用の一部を負担する。

**D** 全国健康保険協会が管掌する健康保険の被保険者及び任意継続被保険者に関する保険料は、厚生労働大臣が徴収する。

**E** 前月から引き続き被保険者であり、12月10日にその年度で初めての賞与として30万円を支給された者が、同月20日に退職した場合、事業主は当該賞与に係る保険料を納付する義務はない。(H25-2D)

## 解説

A ×　【①国庫負担等】

健康保険組合に対しても、健康保険事業の事務の執行に要する費用について国庫負担が行われる。 根拠 法151

B ×　【①国庫負担等】

「出産手当金」の支給に要する費用については、国庫補助が行われている。国庫補助の対象となっていない保険給付は、出産育児一時金、家族出産育児一時金、埋葬料（埋葬費）及び家族埋葬料である。 根拠 法153

C ×　【①国庫負担等】

国庫は、予算の範囲内において、健康保険事業の執行に要する費用のうち、特定健康診査等の実施に要する費用の一部を補助することができる。

根拠 法154の2

D ×　【②保険料の算定等】

全国健康保険協会が管掌する健康保険の「被保険者」については正しいが、任意継続被保険者に関する保険料は、全国健康保険協会が徴収するので誤りである。 根拠 法5-Ⅱ、155

E ○　【②保険料の算定等】

設問の通り正しい。被保険者の資格を喪失した日の属する月において、被保険者の資格を喪失した日の属する月に支払われた賞与は、原則として保険料の賦課の対象とされないので、事業主は当該賞与に係る保険料を納付する義務はない。 根拠 法156-Ⅲ、161-Ⅱ

**解答 E**

# 問題41 択一 実践 教科書 Section 7

## 費用の負担等

チェック欄 1 ／ 2 ／ 3 ／

次の記述のうち、誤っているものはどれか。

A　厚生労働大臣が全国健康保険協会に滞納者に係る保険料の徴収を行わせることとした場合において、全国健康保険協会が滞納者に係る保険料を徴収したときは、その徴収した額に相当する額については、政府から全国健康保険協会に対し、交付されたものとみなされる。

B　保険料の算定は、月を単位とし、原則として、被保険者資格取得日の属する月の翌月から資格喪失日の属する月までの各月について算定される。

C　全国健康保険協会は、被保険者が介護保険第２号被保険者に該当しない場合には、その被扶養者が介護保険第２号被保険者に該当する場合であっても、その被保険者から介護保険料を徴収することはできない。

D　全国健康保険協会が管掌する健康保険の被保険者に関する一般保険料率は、1,000分の30から1,000分の130までの範囲内において、支部被保険者を単位として全国健康保険協会が決定する。なお、支部被保険者とは、各支部の都道府県に所在する適用事業所に使用される被保険者及び当該都道府県の区域内に住所又は居所を有する任意継続被保険者をいう。

(H26-4D改題)

E　全国健康保険協会の従たる事務所（以下「支部」という。）の支部長は、都道府県単位保険料率の変更が必要と認める場合には、あらかじめ、当該支部に設けられた評議会の意見を聴いた上で、理事長に対し、当該都道府県単位保険料率の変更について意見の申出を行うものとされている。

## 解説

**A ○** 【②保険料の算定等】

設問の通り正しい。なお、厚生労働大臣は、全国健康保険協会と協議を行い、効果的な保険料の徴収を行うために必要があると認めるときは、全国健康保険協会に保険料の滞納者に関する情報その他必要な情報を提供するとともに、当該滞納者に係る保険料の徴収を行わせることができる。

根拠 法181の3-Ⅳ

**B ×** 【②保険料の算定等】

保険料の算定は、月を単位とし、原則として、被保険者資格取得日の属する月から資格喪失日の属する月の前月までの各月について算定される。

根拠 法156-ⅠⅢ

**C ○** 【②保険料の算定等】

設問の通り正しい。なお、健康保険組合は、規約で定めるところにより、被保険者が介護保険第2号被保険者に該当しない場合でも、その被扶養者が介護保険第2号被保険者に該当する場合には、その被保険者から介護保険料を徴収することができるとされており、当該被保険者を「特定被保険者」という。

根拠 法附則7-Ⅰ

**D ○** 【③保険料率】

設問の通り正しい。設問の支部被保険者を単位として協会が決定する一般保険料率を「都道府県単位保険料率」といい、当該支部被保険者に適用される。

根拠 法160-Ⅰ

**E ○** 【③保険料率】

設問の通り正しい。

根拠 法160-Ⅶ

**得点UP!**

① 厚生労働大臣は、都道府県単位保険料率が、当該都道府県における健康保険事業の収支の均衡を図る上で不適当であり、全国健康保険協会が管掌する健康保険の事業の健全な運営に支障があると認めるときは、全国健康保険協会に対し、相当の期間を定めて、当該都道府県単位保険料率の変更の認可を申請すべきことを命ずることができる。

② 厚生労働大臣は、全国健康保険協会が上記①の期間内に当該申請をしないときは、社会保障審議会の議を経て、当該都道府県単位保険料率を変更することができる。

**解答 B**

問題42　択一　基本　教科書 Section 7

チェック欄　1 ／　2 ／　3 ／

## 費用の負担等

次の記述のうち、正しいものはどれか。

A　全国健康保険協会は政府から独立した保険者であることから、厚生労働大臣は、事業の健全な運営に支障があると認める場合には、全国健康保険協会に対し、都道府県単位保険料率の変更の認可を申請すべきことを命ずることができるが、厚生労働大臣がその保険料率を変更することは一切できない。(R元-6A)

B　合併により設立された健康保険組合又は合併後存続する健康保険組合のうち一定の要件に該当する合併に係るものは、当該合併が行われた日の属する年度及びこれに続く3か年度に限り、1000分の30から1000分の130までの範囲内において、不均一の一般保険料率を決定することができる。

C　育児休業等をしている被保険者が使用される事業所の事業主が、厚生労働省令で定めるところにより保険者等に申出をしたときは、原則として、その育児休業等を開始した日の属する月の翌月からその育児休業等が終了する日の翌日が属する月の前月までの期間、当該被保険者に関する保険料は徴収されない。

D　前月から引き続き任意継続被保険者である者が、刑事施設に拘禁されたときは、原則として、その月以後、拘禁されなくなった月までの期間、保険料は徴収されない。(H29-4オ)

E　被保険者及び被保険者を使用する事業主は、それぞれ保険料額の2分の1を負担するが、健康保険組合は、規約で定めるところにより、事業主の負担すべき一般保険料額又は介護保険料額の負担の割合を増加することができる。

## 解説

A ×　【③保険料率】

「厚生労働大臣がその保険料率を変更することは一切できない」が誤りである。厚生労働大臣は、都道府県単位保険料率が、当該都道府県における健康保険事業の収支の均衡を図る上で不適当であり、全国健康保険協会が管掌する健康保険の事業の健全な運営に支障があると認める場合には、全国健康保険協会に対し、相当の期間を定めて、当該都道府県単位保険料率の変更の認可を申請すべきことを命ずることができ、全国健康保険協会が当該期間内に申請をしないときは、社会保障審議会の議を経て、当該都道府県単位保険料率を変更することができる。　根拠 法160-ⅩⅪ

B ×　【③保険料率】

「3か年度」ではなく、「5か年度」である。　根拠 法附則3の2-Ⅰ

C ×　【④保険料の負担等】

育児休業等を開始した日の属する「月の翌月」からではなく、育児休業等を開始した日の属する「月」から保険料は徴収されない。　根拠 法159

D ×　【④保険料の負担等】

任意継続被保険者が刑事施設に拘禁されている場合は、保険料免除の規定は適用されず、保険料は徴収される。　根拠 法158

E ○　【④保険料の負担等】

設問の通り正しい。なお、被保険者の負担すべき一般保険料額又は介護保険料額の負担の割合を増加することができない。　根拠 法161-Ⅰ、162

解答　E

## 問題43 択一 実践 教科書 Section 7

チェック欄 1／ 2／ 3／

## 費用の負担等

次の記述のうち、正しいものはどれか。

**A** 被保険者が刑事施設に拘禁されたときは、原則として、疾病、負傷又は出産につき、その期間に係る保険給付は行われない。また、前月から引き続き一般の被保険者である者が刑事施設に拘禁された場合については、原則として、その翌月以後、拘禁されなくなった月までの期間、保険料は徴収されない。(H27-3D)

**B** 産前産後休業をしている被保険者は、厚生労働省令で定めるところにより保険者等に申出をしたときは、その産前産後休業を開始した日の属する月からその産前産後休業が終了する日の翌日が属する月の前月までの期間、当該被保険者に関する保険料は徴収されない。

**C** 一般の被保険者に関する毎月の保険料は、翌月末日までに、納付しなければならない。任意継続被保険者に関する毎月の保険料は、その月の10日までに納付しなければならないが、初めて納付すべき保険料については、被保険者が任意継続被保険者の資格取得の申出をした日に納付しなければならない。(H30-5エ)

**D** 被保険者に支払う報酬から控除した保険料の額が被保険者の負担すべき額に満たない場合には、事業主は被保険者の負担すべき保険料の不足部分の納付義務はない。(H25-9E)

**E** 保険者等は、①被保険者に関する保険料の納入の告知をした後に、告知をした保険料額が当該納付義務者の納付すべき保険料額を超えていることを知ったとき、又は②納付した被保険者に関する保険料額が当該納付義務者の納付すべき保険料額を超えていることを知ったときは、その超えている部分に関する納入の告知又は納付を、その告知又は納付の日の翌日から6月以内の期日に納付されるべき保険料について納期を繰り上げてしたものとみなすことができる。

## 解説

**A ×** 【④保険料の負担等、Sec 9 ⑤併給調整】

前月から引き続き一般の被保険者である者が刑事施設に拘禁された場合、保険料が免除される期間は、原則として、その月以後、拘禁されなくなった月の前月までの期間である。なお、設問前段部分については正しい。

根拠 法118-Ⅰ②、158

---

**B ×** 【④保険料の負担等】

産前産後休業をしている被保険者が使用される事業所の事業主が、厚生労働省令で定めるところにより保険者等に申出をしたときは、その産前産後休業を開始した日の属する月からその産前産後休業が終了する日の翌日が属する月の前月までの期間、当該被保険者に関する保険料を徴収されない。保険料免除に係る申出を行うのは、被保険者ではなく、被保険者が使用される事業所の事業主である。

根拠 法159の3

---

**C ×** 【⑤保険料の納付】

任意継続被保険者に関する毎月の保険料のうち初めて納付すべき保険料については、「保険者が指定する日」までに納付しなければならない。

根拠 法164-Ⅰ

---

**D ×** 【⑤保険料の納付】

事業主は、被保険者に支払う報酬から控除した被保険者が負担する保険料の額のいかんにかかわらず、保険料全額の納付義務がある。

根拠 法161-Ⅱ、S2.2.14保理218号

---

**E ○** 【⑤保険料の納付】

設問の通り正しい。設問は保険料のいわゆる繰上充当の規定である。なお、設問の「保険者等」とは、厚生労働大臣又は健康保険組合をいうが、被保険者が全国健康保険協会管掌健康保険の任意継続被保険者である場合は全国健康保険協会をいう。

根拠 法164-Ⅱ

**解答 E**

問題44　択一　基本　教科書 Section 7

チェック欄　1 ／　2 ／　3 ／

## 費用の負担等

次の記述のうち、誤っているものはどれか。

**A**　勤務していた適用事業所を５月31日で退職し、被保険者資格を喪失した者の健康保険料の源泉控除について、その者の給与支払方法が月給制であり、毎月末日締め、当月25日払いの場合、事業主は、５月25日支払いの給与（５月１日から５月31日までの期間に係るもの）で４月分及び５月分の健康保険料を控除することができる。(H26-9C)

**B**　事業主が破産手続開始の決定を受けた場合において、納付期限が過ぎても支払われない保険料があるときは、保険者等は、督促をすることなく、すべて当該保険料を徴収することができるものとされている。

**C**　保険料等を滞納する者があるときは、原則として保険者等は、期限を指定して、これを督促しなければならない。督促をしようとするときは、保険者等は、納付義務者に対して、督促状を発しなければならない。この督促状により指定する期限は、原則として、督促状を発する日から起算して10日以上を経過した日でなければならない。

**D**　滞納処分に関する厚生労働大臣の権限に係る事務は日本年金機構に委任されているが、日本年金機構が国税滞納処分の例による処分を行う場合には、あらかじめ、厚生労働大臣の認可を受けるとともに、滞納処分等実施規程に従い、徴収職員に行わせなければならない。

**E**　保険者等は、保険料を滞納する事業主に対して督促をしたときは、原則として、徴収金額に、納期限の翌日から徴収金完納又は財産差押えの日の前日までの期間の日数に応じ、年14.6パーセント（当該納期限の翌日から３月を経過する日までの期間については、年7.3パーセント）の割合を乗じて計算した延滞金を徴収するものとされている。

## 解説

**A ○** 【⑤保険料の納付】

設問の通り正しい。月の最終日に退職等した場合には、前月及びその月の保険料を同時に控除することができる。 根拠 法167-Ⅰ

**B ×** 【⑦滞納に対する措置等】

設問の場合（事業主が破産手続開始の決定を受けた場合）に、督促をすることなくすべて徴収することができるのは、納期前の保険料であり、納付期限が過ぎても支払われない保険料については、保険者等は督促をし、徴収することとなる。 根拠 法172-①ハ、180-Ⅰ

**C ○** 【⑦滞納に対する措置等】

設問の通り正しい。 根拠 法180-Ⅰ～Ⅲ

得点UP! 督促は、健康保険法施行規則に定められた様式の督促状によって行われ、口頭、電話又は普通の書面で行われることはない。

**D ○** 【⑦滞納に対する措置等】

設問の通り正しい。なお、日本年金機構は、滞納処分等の実施に関する規程（滞納処分等実施規程）を定め、厚生労働大臣の認可を受けなければならない（これを変更しようとするときも、同様）とされている。

根拠 法204-Ⅰ⑮、204の3-Ⅰ

**E ○** 【⑦滞納に対する措置等】

設問の通り正しい。 根拠 法181-Ⅰ

確認してみよう！ 延滞金の割合については、当分の間、各年の延滞税特例基準割合が年7.3パーセントの割合に満たないときは、その年中においては、年14.6パーセントの割合にあっては当該延滞税特例基準割合に年7.3パーセントの割合を加算した割合とし、年7.3パーセントの割合にあっては当該延滞税特例基準割合に年1パーセントの割合を加算した割合（当該加算した割合が年7.3パーセントの割合を超える場合には、年7.3パーセントの割合）とする特例措置が設けられている。

**解答 B**

## 問題45 選択 応用 教科書 Section 7

チェック欄 1 ／ 2 ／ 3 ／

# 費用の負担等

次の文中の［　　］の部分を選択肢の中の適当な語句で埋め、完全な文章とせよ。

調整保険料額は、各月につき、各被保険者の標準報酬月額及び標準賞与額にそれぞれ調整保険料率を乗じて得た額であるが、調整保険料率は、基本調整保険料率に［ A ］を乗じて算出される。基本調整保険料率は、財政調整のために交付される交付金の総額の見込額を健康保険組合連合会の会員である全健康保険組合の組合員である被保険者の標準報酬月額の総額及び標準賞与額の総額の合算額の見込額で除して得た率として［ B ］が定める。［ A ］は、健康保険組合連合会の会員である全健康保険組合の平均の［ C ］に対する各健康保険組合の［ C ］の比率を基準として、厚生労働大臣の定める範囲内で、［ D ］が定める。また、健康保険組合の自律性の強化及び事務負担の軽減を図るため、一般保険料率と調整保険料率を合算した率に変更を生じない［ E ］の変更の決定については、厚生労働大臣の認可を要しないこととされている。

**選択肢**

| | | |
|---|---|---|
| ① 医療給付率 | ② 修正率 | ③ 前期高齢者納付金等 |
| ④ 保険料総額 | ⑤ 保険者 | ⑥ 後期高齢者支援金等 |
| ⑦ 保険給付額 | ⑧ 負担率 | ⑨ 健康保険組合連合会 |
| ⑩ 厚生労働大臣 | ⑪ 都道府県知事 | ⑫ 高齢者加入率 |
| ⑬ 地方厚生局長 | ⑭ 一般保険料率 | ⑮ 所要保険料額 |
| ⑯ 調整保険料率 | ⑰ 社会保険診療報酬支払基金 | |
| ⑱ 社会保障審議会 | ⑲ 中央社会保険医療協議会 | |
| ⑳ 見込所要保険料率 | | |

## 解答

【③保険料率、⑥調整保険料】

A ② 修正率
B ⑩ 厚生労働大臣
C ⑳ 見込所要保険料率
D ⑨ 健康保険組合連合会
E ⑭ 一般保険料率

根拠 法附則２－Ⅰ～Ⅴ、Ⅷ、令67

## 解説

《A～Dについて》

組合管掌健康保険の医療給付等に要する費用の財源の不均衡を調整するため、健康保険組合連合会は、会員である健康保険組合に対する交付金の交付の事業を行っており、健康保険組合は、当該事業に要する費用に充てるため、健康保険組合連合会に対し、拠出金を拠出するものとされている。この拠出金の拠出に要する費用に充てるため、健康保険組合が被保険者から徴収するのが「調整保険料」である。

「調整保険料率」は、「基本調整保険料率」×［②修正率］（A）であり、次のように定められる。

⑴ 「基本調整保険料率」は、「交付金の総額の見込額」を「健康保険組合連合会の会員である全健康保険組合の組合員である被保険者の標準報酬月額の総額及び標準賞与額の総額の合算額の見込額」で除して得た率として［⑩厚生労働大臣］（B）が定める。

⑵ ［②修正率］は、「各健康保険組合の［⑳見込所要保険料率］（C）」の「健康保険組合連合会の会員である全健康保険組合の平均の［⑳見込所要保険料率］」に対する比率を基準として、［⑨健康保険組合連合会］（D）が定める。

なお、「各健康保険組合の［⑳見込所要保険料率］」は、「当該健康保険組合が行う医療給付（付加給付を除く。）並びに前期高齢者納付金等、後期高齢者支援金等及び日雇拠出金の納付に要する費用の見込額（前期高齢者交付金がある場合には、これを控除した額）」を「当該健康保険組合の組合員である被保険者の標準報酬月額の総額及び標準賞与額の総額の合算額の見込額」で除して得た率とされている。

## 問題46 選択  教科書 Section 7

チェック欄 1 ／ 2 ／ 3 ／

# 費用の負担等

次の文中の[　　]の部分を選択肢の中の適当な語句で埋め、完全な文章とせよ。

保険者等は、保険料等の督促をしたときは、一定の場合を除き、徴収金額（[ A ]未満の端数は切り捨てる。）に、[ B ]から徴収金完納又は財産差押えの日の前日までの期間の日数に応じ、年[ C ]（当該督促が保険料に係るものであるときは、当該[ B ]から[ D ]を経過する日までの期間については、年[ E ]）の割合を乗じて計算した延滞金を徴収する。なお、当分の間、各年の延滞税特例基準割合が年[ E ]の割合に満たない場合には、その年中においては、年[ C ]の割合については当該延滞税特例基準割合に年[ E ]の割合を加算した割合とし、年[ E ]の割合については当該延滞税特例基準割合に年１％の割合を加算した割合（当該加算した割合が年[ E ]の割合を超える場合には、年[ E ]の割合）とする。

選択肢

| | | | | |
|---|---|---|---|---|
| A | ①　50円 | ②　100円 | ③　500円 | ④　1,000円 |
| B | ①　納期限<br>③　督促状により指定する期限<br>④　督促状により指定する期限の翌日 | | ②　納期限の翌日 | |
| C | ①　7.3% | ②　7.6% | ③　14.6% | ④　16.4% |
| D | ①　２月 | ②　３月 | ③　６月 | ④　１年 |
| E | ①　7.3% | ②　7.6% | ③　14.6% | ④　16.4% |

## 解答

【⑦滞納に対する措置等】

A ④ 1,000円
B ② 納期限の翌日
C ③ 14.6%
D ② 3月
E ① 7.3%

根拠 法181-ⅠⅢ、法附則9

## 解説

「延滞金」については、すでに労働保険徴収法でも学習済であり、また、この後の国民年金法・厚生年金保険法でも学習するので、ここで横断整理をしておこう。

(1) 延滞金は、保険料等を督促したときに原則として発生する。この「保険料等」であるが、労働保険では「保険料」のみ、健康保険・国民年金・厚生年金保険（以下まとめて「社会保険」という。）では「保険料」その他各法の規定による「徴収金」とされ、保険料に限られない。

(2) 延滞金の計算にあたり、徴収金額の［④1,000円］（A）未満の端数は切り捨てられる。ただし、国民年金では［③500円］である。

(3) 延滞金の計算期間は、［②納期限の翌日］（B）から「徴収金完納又は財産差押えの日の前日」までである。起算点は③や④のような「督促状により指定する期限」ではないことに注意したい。

(4) 延滞金の割合は、年［③14.6%］（C）であるが、保険料に係るものに限り、［②納期限の翌日］から［② 3月］（D）を経過する日までの期間については、年［①7.3%］（E）とされる。ただし、労働保険の場合は、［① 2月］を経過する日までの期間が年［①7.3%］とされており、また、(1)で述べたように、労働保険の場合は保険料のみに延滞金が発生し得ることを確認しておきたい。

(5) 延滞金には軽減措置が設けられており、当分の間、各年の「延滞税特例基準割合」が年［①7.3%］の割合に満たない場合は次のように読み替えることとされている。

・14.6%→延滞税特例基準割合＋7.3%
・ 7.3%→延滞税特例基準割合＋1%と7.3%のいずれか低い方

## 問題47 択一 基本 教科書 Section 8

## 日雇特例被保険者に関する保険給付等

チェック欄 1 ／ 2 ／ 3 ／

次の記述のうち、誤っているものはどれか。

A　日雇特例被保険者の保険の保険者は、全国健康保険協会のみである。

B　農業、漁業、商業等他に本業を有する者が臨時に日雇労働者として適用事業所に使用される場合は、厚生労働大臣の承認を受けて、日雇特例被保険者とならないことができる。

C　適用事業所の事業主は、日雇特例被保険者を使用するときは、その者を使用するに至った日から起算して5日以内に、厚生労働大臣に日雇特例被保険者手帳の交付を申請しなければならない。

D　介護保険第2号被保険者である日雇特例被保険者の賞与に関する保険料額は、1日につき、賞与額（1,000円未満の端数がある場合には、これを切り捨て、その額が40万円を超える場合には、40万円とする。）に平均保険料率と介護保険料率とを合算した率を乗じて得た額である。

E　事業主（日雇特例被保険者が1日において2以上の事業所に使用される場合においては、初めにその者を使用する事業主）は、日雇特例被保険者を使用する日ごとに、その者及び自己の負担すべきその日の標準賃金日額に係る保険料を納付する義務を負う。

## 解説

**A ○** 【①保険者】

設問の通り正しい。

根拠 法4カッコ書、123-Ⅰ

得点UP! 日雇特例被保険者の保険の保険者の業務のうち、日雇特例被保険者手帳の交付、日雇特例被保険者に係る保険料の徴収及び日雇拠出金の徴収並びにこれらに附帯する業務は、厚生労働大臣が行う。また、日雇特例被保険者の保険の保険者の事務のうち厚生労働大臣が行うものの一部は、政令で定めるところにより、市町村長が行うこととすることができる。

**B ○** 【②日雇特例被保険者】

設問の通り正しい。適用事業所に使用される日雇労働者であっても、「特別の理由があるとき」に該当する者として厚生労働大臣の承認を受けたものは、日雇特例被保険者とならないが、この「特別の理由があるとき」とは、次のような場合をいう。

① 農業、漁業、商業等他に本業を有する者が臨時に日雇労働者として使用される場合
② 昼間学生が休暇期間中にアルバイトとして日雇労働に従事する場合
③ 家庭の主婦その他の家事専従者が、余暇を利用して内職に類する日雇労働に従事する場合。ただし、日雇労働に従事することを常態とする場合を除く

根拠 法3-Ⅱ③、S34.7.7保発57号

**C ×** 【②日雇特例被保険者】

日雇特例被保険者手帳の交付申請は、適用事業所の事業主ではなく、日雇労働者本人が、日雇特例被保険者となった日から起算して5日以内にしなければならない。

根拠 法126-Ⅰ

**D ○** 【④保険料の額及び負担額】

設問の通り正しい。なお、「平均保険料率」とは、各都道府県単位保険料率に各支部被保険者の総報酬額の総額を乗じて得た額の総額を協会管掌健康保険の被保険者の総報酬額の総額で除して得た率をいう。

根拠 法168-Ⅰ②

**E ○** 【⑤保険料の納付】

設問の通り正しい。

根拠 法169-Ⅱ

得点UP! 雇用保険印紙の場合、事業主は、日雇労働被保険者を使用した場合に、その者に賃金を支払う都度、その使用した日数に相当する枚数の雇用保険印紙をその使用した日の被保険者手帳における該当日欄にはり、消印しなければならない、と規定されていることと区別しておこう。

**解答 C**

## 問題48 択一 基本 教科書 Section 8

## 日雇特例被保険者に関する保険給付等

チェック欄 1 ／ 2 ／ 3 ／

次の記述のうち、正しいものはどれか。

A　日雇特例被保険者が療養の給付を受けるときは、保険医療機関等に日雇特例被保険者手帳を提出しなければならない。

B　日雇特例被保険者に対する傷病手当金の支給に当たっては、労務不能となった際にその原因となった傷病について療養の給付等を受けていることのほか、労務不能期間のすべてにおいて当該傷病につき療養の給付等を受けていることを要する。

C　日雇特例被保険者の本人給付と、一般の被保険者の家族給付とが競合するときは、一般の被保険者の家族給付が優先し、日雇特例被保険者の本人給付は行われない。

D　日雇特例被保険者が出産した場合において、その出産の日の属する月の前４か月間に通算して30日分以上の保険料がその者について納付されていなければ、出産育児一時金が支給されない。(H30-6E)

E　４月２日に初めて日雇特例被保険者手帳の交付を受けた日雇特例被保険者は、その年の６月30日まで特別療養費の支給を受けることができる。

## 解説

**A ×** 【⑦療養の給付等】

日雇特例被保険者が療養の給付を受けるときは、保険医療機関等に「日雇特例被保険者手帳」ではなく、「受給資格者票」を提出しなければならない。 根拠 法129-Ⅳ

**B ×** 【⑧傷病手当金】

日雇特例被保険者に対する傷病手当金の支給に当たっては、労務不能となった際にその原因となった傷病について療養の給付等を受けていることで足り、労務不能期間において当該傷病につき療養の給付等を受けていることを要しない。 根拠 法135-Ⅰ、H15.2.25保発0225001号・庁保発1号

**C ×** 【⑦療養の給付等】

設問の場合には、一般の被保険者の家族給付（被扶養者に係る給付）が優先するわけではなく、どちらか一方の給付を受けたときに、他方の給付がその限度において行われないとされている。 根拠 法54、128-Ⅱ

**D ×** 【⑨出産手当金等】

「30日分以上」ではなく、「26日分以上」である。 根拠 法137

**E ○** 【⑪特別療養費】

設問の通り正しい。なお、日雇特例被保険者手帳の交付日が月の初日の場合は、日雇特例被保険者手帳の交付日から翌月末日まで特別療養費の支給を受けることができる。 根拠 法145-Ⅰ

**解答 E**

## 問題49 選択 基本 教科書 Section 8

チェック欄 1／ 2／ 3／

# 日雇特例被保険者に関する保険給付等

次の文中の［　］の部分を選択肢の中の適当な語句で埋め、完全な文章とせよ。

1　健康保険法において「日雇特例被保険者」とは、適用事業所に使用される日雇労働者をいう。ただし、後期高齢者医療の被保険者等である者又は次のいずれかに該当する者として［A］の承認を受けたものは、この限りでない。

(1)　適用事業所において、引き続く［B］使用される見込みのないことが明らかであるとき。

(2)　［C］とき。

(3)　その他特別の理由があるとき。

2　日雇特例被保険者に係る傷病手当金の支給期間は、同一の疾病又は負傷及びこれにより発した疾病に関しては、その支給を始めた日から起算して［D］（結核性疾病に関しては、［E］）を超えないものとされている。

選択肢

①　2月　②　3月　③　6月　④　1年　⑤　2年
⑥　4月間に通算して26日以上　⑦　3年　⑧　1年6月
⑨　任意継続被保険者である　⑩　5年　⑪　市町村長
⑫　2月間に通算して26日以上　⑬　地方厚生局長
⑭　季節的業務に使用される　⑮　厚生労働大臣
⑯　2月の各月において18日以上　⑰　全国健康保険協会
⑱　傷病手当金又は出産手当金の継続給付を受けている
⑲　2月間に通算して26日以上又は6月間に通算して78日以上
⑳　健康保険組合が設立されている適用事業所に使用される

## 解答

【②日雇特例被保険者、⑧傷病手当金】

A ⑮ 厚生労働大臣
B ⑫ 2月間に通算して26日以上
C ⑨ 任意継続被保険者である
D ③ 6月
E ⑧ 1年6月

根拠 法3-Ⅱ、135-Ⅲ、S59.9.28厚告158号

## 解説

《B、Cについて》

日雇特例被保険者に関する療養の給付等の保険給付を受けるためには、[⑫2月間に通算して26日以上]（B）などの保険料納付要件が問われることになる。したがって、これを満たすことができないものについては、日雇特例被保険者の適用除外の承認を受けることができる。また、[⑨任意継続被保険者である]（C）者については、一般の被保険者と同様の保険料を納める反面、同様の給付も受けられるため、日雇特例被保険者とする実益がないため、同じく適用除外の承認を受けることができる。

## 問題50 択一 実践 教科書 Section 9

チェック欄 1／ 2／ 3／

### 通則等

次の記述のうち、誤っているものはどれか。

A　被保険者が死亡した場合、その被保険者の傷病手当金の請求権については、相続権者は請求権をもたない。(H25-10ウ)

B　被保険者に係る療養の給付は、同一の傷病について、介護保険法の規定によりこれに相当する給付を受けることができる場合には、健康保険の給付は行われない。(H29-4イ)

C　被保険者等が、故意に給付事由を生じさせた場合は、その給付事由についての保険給付は行われないことと規定されているが、自殺未遂による傷病について、その傷病の発生が精神疾患等に起因するものと認められる場合は、保険給付の対象となる。(H25-10エ)

D　保険者は、被保険者が少年院その他これに準ずる施設に収容されたときには、疾病、負傷又は出産につき、その期間に係る保険給付（傷病手当金及び出産手当金の支給にあっては、厚生労働省令で定める場合に限る。）を行わないが、被扶養者に係る保険給付を行うことは妨げられない。(H26-8C)

E　保険医療機関が偽りその他不正の行為によって療養の給付に関する費用の支払を受けたときは、保険者は、当該保険医療機関に対し、その支払った額につき返還させるほか、その返還させる額に100分の40を乗じて得た額を支払わせることができる。

## 解説

**A ×** 【④受給権の保護】

被保険者が死亡した場合、その被保険者の傷病手当金の請求権については、その相続人（相続権者）が請求権を承継し、その相続人により受領される。 根拠 法61、99、S2.2.18保理719号・747号

確認してみよう！ 健康保険法には、未支給給付規定が設けられていないので、未支給給付がある場合は、民法によることになる。したがって、保険給付の受給権を有する被保険者が死亡したときは、その相続人が請求権を承継し、当該相続人が受領することとなる。

**B ○** 【⑤併給調整】

設問の通り正しい。 根拠 法55-Ⅲ

確認してみよう！ 被保険者に係る療養の給付又は入院時食事療養費、入院時生活療養費、保険外併用療養費、療養費、訪問看護療養費、家族療養費若しくは家族訪問看護療養費の支給は、同一の疾病又は負傷について、介護保険法の規定によりこれらに相当する給付を受けることができる場合には、行わないとされている。なお、介護保険法には、「死亡」についての保険給付は存在しないので、埋葬料、埋葬費及び家族埋葬料といった死亡に関する給付については、調整が行われることはない。

**C ○** 【①給付制限】

設問の通り正しい。被保険者等が、故意に給付事由を生じさせた場合は、その給付事由についての保険給付は行わないことと規定されているが、自殺未遂による傷病について、その傷病の発生が精神疾患等に起因するものと認められる場合は、「故意」に給付事由を生じさせたことに当たらず、保険給付の対象となる。 根拠 法116、H22.5.21保保発0521第１号

**D ○** 【⑤併給調整】

設問の通り正しい。なお、いわゆる未決勾留者の場合は、傷病手当金又は出産手当金の支給は行われる。 根拠 法118-Ⅰ①、Ⅱ

**E ○** 【②不正利得の徴収】

設問の通り正しい。設問の規定は、保険医療機関等の不正請求に厳重に対処するため設けられている。 根拠 法58-Ⅲ

**解答 A**

## 問題51 択一 基本 教科書 Section 9

チェック欄 1／ 2／ 3／

## 通則等

次の記述のうち、正しいものはどれか。

**A** 保険者は、偽りその他不正の行為により保険給付を受け、又は受けようとした者に対して、6か月以内の期間を定め、その者に支給すべき療養の給付の全部又は一部を支給しない旨の決定をすることができる。ただし、偽りその他不正の行為があった日から1年を経過したときは、この限りではない。

**B** 被保険者の被扶養者が第三者の行為により死亡し、被保険者が家族埋葬料の給付を受けるときは、保険者は、当該家族埋葬料の価額の限度において当該被保険者が当該第三者に対して有する損害賠償請求権を代位取得し、第三者に対して求償できる。(H28-4A)

**C** 傷病手当金は、休業期間中の所得を保障するものであるため、所得税の課税対象となる。

**D** 生活保護法による医療扶助と健康保険法による保険給付が併用される場合には、生活保護法による医療扶助が優先され、費用のうち生活保護法による医療扶助が及ばない部分について、健康保険法による保険給付の対象となる。

**E** 全国健康保険協会は、保険給付に併せて、規約で定めるところにより、付加給付を行うことができる。(H24-7C)

## 解説

**A ×** 【①給付制限】

設問の給付制限は、「療養の給付」ではなく、「傷病手当金又は出産手当金」について行われる。

根拠 法120

**B ○** 【③損害賠償との調整】

設問の通り正しい。保険者は、給付事由が第三者の行為によって生じた場合において、保険給付を行ったときは、その給付の価額の限度において、保険給付を受ける権利を有する者が第三者に対して有する損害賠償の請求権を取得する。

根拠 法57-Ⅰカッコ書、S48.9.26保発34号・庁保発16号

**C ×** 【④受給権の保護】

保険給付として支給を受けた金品を標準として租税その他の公課は課されない。

根拠 法62

**D ×** 【⑤併給調整】

生活保護法による医療扶助と健康保険法による保険給付が併用される場合には、「健康保険法による保険給付」が優先され、費用のうち「健康保険法による保険給付」が及ばない部分について、「医療扶助」の対象となる。

根拠 法55-Ⅳ、生活保護法4-Ⅱ

**E ×** 【⑥健康保険組合の付加給付】

規約で定めるところにより、保険給付に併せて付加給付を行うことができるのは、健康保険組合であり、「全国健康保険協会」は付加給付を行うことはできない。

根拠 法53

**解答 B**

## 問題52 選択 基本 教科書 Section 9

### 通則等

チェック欄 1 ／ 2 ／ 3 ／

次の文中の[　]の部分を選択肢の中の適当な語句で埋め、完全な文章とせよ。

1　保険者は、偽りその他不正の行為により保険給付を受け、又は受けようとした者に対して、[ A ]以内の期間を定め、その者に支給すべき[ B ]の全部又は一部を支給しない旨の決定をすることができる。ただし、偽りその他不正の行為があった日から[ C ]を経過したときは、この限りでない。

2　被保険者が闘争、[ D ]によって給付事由を生じさせたときは、当該給付事由に係る保険給付は、[ E ]。

選択肢

| | |
|---|---|
| A | ①　1月　②　3月　③　6月　④　1年 |
| B | ①　療養の給付　②　埋葬料又は埋葬費<br>③　傷病手当金又は出産手当金<br>④　傷病手当金、出産手当金、埋葬料又は埋葬費 |
| C | ①　6月　②　1年　③　2年　④　3年 |
| D | ①　泥酔又は著しい非行　②　争議又は著しい不行跡<br>③　泥酔又は著しい不行跡　④　非行又は著しい不行跡 |
| E | ①　行わない<br>②　その全部を行わないことができる<br>③　その一部を行わないことができる<br>④　その全部又は一部を行わないことができる |

## 解答

【①給付制限】

A ③ 6月
B ③ 傷病手当金又は出産手当金
C ② 1年
D ③ 泥酔又は著しい不行跡
E ④ その全部又は一部を行わないことができる

根拠 法117、120

## 解説

《A～Cについて》

「偽りその他不正の行為によって保険給付を受けた者」については、法58条（不正利得の徴収等）によりその者からその給付の価額の全部又は一部を徴収することができるが、本条では、「受けた者」のみならず「受けようとした者」についても、「将来において」一定期間［③傷病手当金又は出産手当金］（B）の全部又は一部を支給しないこととすることができるというものである。なお、「［③6月］（A）以内の期間を定め」とは、例えば傷病手当金について、本来1年6か月支給し得るものを6か月以内に制限するという意味ではなく、「○月○日から向こう△か月間」は、傷病手当金の給付事由が発生しても「支給しない」とか、あるいは「2分の1を支給する」というように、「給付制限の行われるべき期間」を定めるものである。また、不正行為の事実等が発見されてから「将来」において支給を受けるべき給付について制限をするものであることから、その事実等があった日から［②1年］（C）を経過したときは、不支給期間の決定はできないこととされている。

# 問題53 択一 基本

教科書 Section10

## 保健事業及び福祉事業、不服申立て、雑則等

チェック欄 1 ／ 2 ／ 3 ／

次の記述のうち、誤っているものはどれか。

A　保険料等の賦課若しくは徴収の処分又は健康保険法第180条の規定による滞納処分に不服がある者は、社会保険審査官に対して審査請求をし、その決定に不服がある者は、社会保険審査会に対して再審査請求をすることができる。

B　被保険者の資格又は標準報酬に関する処分が確定したときは、その処分についての不服を当該処分に基づく保険給付に関する処分についての不服の理由とすることはできない。

C　保険給付に関する処分について社会保険審査官に審査請求をしている場合、当該審査請求の決定について不服があるときは、再審査請求をすることなく、裁判所に処分の取消しの訴えを提起することができる。

D　保険医療機関は、療養の給付の担当に関する帳簿及び書類その他の記録をその完結の日から３年間保存しなければならない。ただし、患者の診療録にあっては、その完結の日から５年間とされている。

E　事業主が、正当な理由がなくて被保険者の資格の取得及び喪失並びに報酬月額及び賞与額に関する事項を保険者等に届出をせず、又は虚偽の届出をしたときは、６月以下の懲役又は50万円以下の罰金に処せられる。

## 解説

**A ×** 【②不服申立て】

設問の処分に不服がある者は、社会保険審査会に対して審査請求をすることができる。

根拠 法190

確認してみよう！ 被保険者の資格、標準報酬又は保険給付に関する処分に不服がある者は、社会保険審査官に対して審査請求をし、その決定に不服がある者は、社会保険審査会に対して再審査請求をすることができる。

**B ○** 【②不服申立て】

設問の通り正しい。一度資格又は標準報酬に関する処分が確定したにもかかわらず、当該処分に基づく保険給付の際に、資格又は標準報酬に関する処分に不服があるとして争うことは、確定した内容をさらに争うことになるため、認められていない。

根拠 法189-Ⅳ

**C ○** 【②不服申立て】

設問の通り正しい。被保険者の資格、標準報酬又は保険給付に関する処分の取消しの訴えは、当該処分についての審査請求に対する社会保険審査官の決定を経た後でなければ、提起することができないとされている。したがって、これらの処分の取消しの訴えを審査請求を経ずに直接提起することはできないが（審査請求前置主義）、審査請求に対する社会保険審査官の決定に不服がある場合には、社会保険審査会に対して再審査請求をするか、又は裁判所に処分取消しの訴えを提起することができる。

根拠 法189、192

**D ○** 【③雑則等】

設問の通り正しい。なお、事業主は、健康保険に関する書類を、その完結の日より2年間、保存しなければならないとされている。

根拠 保険医療機関則9

**E ○** 【③雑則等】

設問の通り正しい。なお、事業主が、正当な理由がなくて被保険者の資格の取得及び喪失並びに報酬月額及び賞与額に関する事項以外の事項に関する報告をせず、若しくは虚偽の報告をし、文書の提示をせず、又は必要な事務を行うことを怠ったときは、10万円以下の過料に処せられる。

根拠 法208-①

**解答 A**

# 問題54 選択 実践 教科書 Section10

チェック欄 1 ／ 2 ／ 3 ／

## 保健事業及び福祉事業、不服申立て、雑則等

次の文中の［　］の部分を選択肢の中の適当な語句で埋め、完全な文章とせよ。

1　健康保険法では、保険給付の受給権の消滅時効の期間が、これを行使することができる時から２年となっている。この場合、消滅時効の起算日は、療養費は［A］、傷病手当金は［B］、高額療養費は原則として［C］、高額介護合算療養費は［D］である。

2　事業主は、健康保険に関する書類を、その完結の日より［E］間、保存しなければならない。

選択肢

| | |
|---|---|
| A | ①　事故発生の日　②　事故発生の日の翌日<br>③　療養に要した費用を支払った日<br>④　療養に要した費用を支払った日の翌日 |
| B | ①　待期期間の満了日　②　待期期間の満了日の翌日<br>③　労務不能であった日ごとにその当日<br>④　労務不能であった日ごとにその翌日 |
| C | ①　診療を受けた日　②　診療を受けた日の翌日<br>③　診療を受けた月の翌月の１日<br>④　診療を受けた月の翌々月の１日 |
| D | ①　年度の初日　②　年度の末日<br>③　計算期間の末日　④　計算期間の末日の翌日 |
| E | ①　２年　②　３年　③　４年　④　５年 |

## 解答

【③雑則等】

A ④ 療養に要した費用を支払った日の翌日
B ④ 労務不能であった日ごとにその翌日
C ③ 診療を受けた月の翌月の１日
D ④ 計算期間の末日の翌日
E ① ２年

根拠 法193-Ⅰ、則34、S30.9.7保険発199号の２、S31.3.13保文発1903号、S48.11.7保険発99号・庁保険発21号、H21.4.30保保発0430001号

## 解説

《A～Dについて》

消滅時効期間の起算日は、条文上では「これを行使することができる時」からと規定されている。例えば、Aの療養費については、療養に要した費用を支払ったところでその受給権が生じるわけであるから、その支払った日の翌日が起算日とされ、［④療養に要した費用を支払った日の翌日］となる。また、Bの傷病手当金については、労務不能の日につき（1日ごとに）支給要件が判断されるものであるから［④労務不能であった日ごとにその翌日］が起算日とされる。さらにCの高額療養費については、原則として、月ごとに算定、Dの高額介護合算療養費については、計算期間（8月から翌年7月）ごとに算定するものであるから、それぞれ［③診察を受けた月の翌月の１日］、［④計算期間の末日の翌日］が起算日になる。

# CHAPTER 8
# 国民年金法

CONTENTS

# 国民年金法　オリエンテーション

## 過去５年の本試験出題実績

選択は出題された空欄の数、択一は出題された肢の数です！

| | H29 | | H30 | | R元 | | R2 | | R3 | |
|---|---|---|---|---|---|---|---|---|---|---|
| | 選択 | 択一 | 選択 | 択一 | 選択 | 択一 | 選択 | 択一 | 選択 | 択一 |
| Section1<br>目的等 | - | - | - | 1 | - | 2 | - | 3 | - | 1 |
| Section2<br>被保険者等 | - | 14 | 2 | 4 | - | 5 | - | 8 | - | 12 |
| Section3<br>費用の負担等 | 2 | 7 | 1 | 10 | 5 | 12 | 1 | 9 | 3 | 7 |
| Section4<br>老齢基礎年金 | - | 3 | 2 | 8 | - | 9 | - | 6 | - | 4 |
| Section5<br>障害基礎年金 | - | 4 | - | 6 | - | 7 | - | 4 | - | 5 |
| Section6<br>遺族基礎年金 | - | 3 | - | 9 | - | 5 | 2 | 2 | - | 4 |
| Section7<br>独自給付等 | 2 | 6 | - | 4 | - | 3 | - | 9 | - | 3 |
| Section8<br>年金額の調整等 | - | 1 | - | 1 | - | - | 2 | 1 | - | 1 |
| Section9<br>通則等、不服申立て、雑則等 | 1 | 7 | - | 4 | - | 5 | - | 6 | 2 | 7 |
| Section10<br>国民年金基金等 | - | 5 | - | 3 | - | 2 | - | 2 | - | 6 |

## 傾向分析

**●選択式●**

しばしば難しい問題が出題される傾向にあります。国民年金制度の沿革や仕組みなど、条文の知識だけでは対応できないものもあり、社会保険に関する一般常識で、年金制度の沿革をおさえておくことも対策の１つとなります。

給付に関する問題は少ない傾向にありますが、平成30年には、老齢基礎年金の支給繰下げの申出、令和２年には、遺族基礎年金の死亡者の要件といった基本事項が問われており、各給付の支給要件、支給額等については、きちんとおさえておきましょう。

●択一式●

択一式は、給付を中心に、比較的オーソドックスな問題が多いのが特徴ですが、令和元年から令和３年は、事例形式の問題が多く出題されています。平成29年及び平成30年は、事例形式の問題が少なく、平易な問題が目立ちましたが、被保険者の資格の取得・喪失や届出、保険料の免除、老齢基礎年金は、出題頻度が高い項目ですので、きちんとした理解が必要なものでした。また、独自給付（付加年金、死亡一時金、寡婦年金、脱退一時金）については基本事項からの出題が多いので、しっかりとおさえ、得点源にしたいところです。



## 最近の法改正トピックス

●令和４年試験向け改正●

**●国民年金手帳から基礎年金番号通知書への切替え**

20歳到達などで新たに国民年金第１号被保険者となった者などに対する資格取得のお知らせとして、国民年金手帳の交付から基礎年金番号通知書の送付に切り替えることとされました（令和４年４月１日施行）。

**●老齢基礎年金の繰下げ受給の上限年齢の引上げ**

老齢基礎年金の繰下げ受給の上限年齢が75歳に引き上げられ、受給開始時期が60歳から75歳の間で選択可能となりました。なお、老齢厚生年金においても同様です（令和４年４月１日施行）。

**●老齢基礎年金の繰上げ減額率の改定**

老齢基礎年金の繰上げ減額率・繰下げ増額率については、選択された受給開始時期にかかわらず年金財政上中立となるよう設定されており、平均余命の延伸に伴い、繰上げ減額率を１か月当たり0.5%から0.4%に改定することとされました。なお、老齢厚生年金においても同様です（令和４年４月１日施行）。

**●20歳前傷病による障害基礎年金の支給停止に係る所得情報の切替時期等の見直し**

20歳前傷病による障害基礎年金の支給停止に係る所得情報の切替時期が、８月～翌年７月から、10月～翌年９月に変更されました。また、所得基準額についても見直しが行われています（令和３年10月１日施行）。

●令和３年試験向け改正●

**●納付猶予期間の延長**

50歳未満の第１号被保険者に係る納付猶予の規定の適用期間が、令和12年６月まで延長されました（令和２年６月５日施行）。

**●賃金の低下に合わせた年金額の改定ルールの見直し**

名目手取り賃金変動率が物価変動率よりも低下する場合には、名目手取り賃金変動率の低下に合わせて年金額を改定するよう、ルールが見直されました。なお、厚生年金保険法においても同様です（令和３年４月１日施行）。

**●申請免除基準の見直し**

地方税法に定める障害者・寡婦のほか、市町村民税が課されない者として政令で定める者が保険料の申請全額免除等の対象者に追加されました。これにより、母子家庭のみならず、父子家庭や未婚のひとり親についても、障害者・寡婦と同様の基準で保険料免除の判断がなされることとなりました。また、所得税法等の改正に併せ、申請免除に係る所得基準額も見直されました（令和３年４月１日施行）。

**●寡婦年金に係る死亡した夫の要件の改正**

寡婦年金の支給要件においては、その夫（死亡した夫）が「障害基礎年金の受給権者であったことがあるとき、又は老齢基礎年金の支給を受けていたときは、この限りでない」（寡婦年金は支給されない）とされていましたが、これが「老齢基礎年金又は障害基礎年金の支給を受けたことがある夫が死亡したときは、この限りでない」に改められました（令和３年４月１日施行）。

**●脱退一時金の支給上限年数の引上げ**

平成31年４月に施行された改正出入国管理法により、期間更新に限度のある在留資格における在留期間の上限が５年になる（特定技能１号）ことなどから、支給上限年数をこれまでの３年（36月）から５年（60月）に引き上げることとされました。なお、厚生年金保険法においても同様です（令和３年４月１日施行）。

## 学習アドバイス

国民年金法は、他の社会保険関係科目と比較すると、全体的には基礎を問う問題が多いので、得点しやすい科目といえますが、近年は事例形式の問題が出題されるなど応用力が試される傾向にあります。出題項目では、給付が中心となりますが、被保険者、届出等、保険料についてもほぼ毎年のように出題されています。過去に問われた論点が繰り返し出題される傾向がありますので、『社労士の教科書』で学習した後に、本書で知識の確認を行っていくとよいでしょう。

MEMO

## 問題1 択一 実践 教科書 Section 1

## 目的等

チェック欄 1 ／ 2 ／ 3 ／

次の記述のうち、誤っているものはどれか。

A 国民年金は、昭和34年に制定された国民年金法に基づき、同年11月から無拠出制の福祉年金の給付が開始され、昭和36年4月から拠出制の年金制度が開始されて、国民皆年金の体制が成立した。

B 国民年金制度は、日本国憲法第25条第2項に規定する理念に基き、老齢、障害又は死亡によって国民生活の安定がそこなわれることを国民の共同連帯によって防止し、もって健全な国民生活の維持及び向上に寄与することを目的としている。

C 国民年金事業は、日本年金機構が、管掌するものとされている。

D 国民年金事業の事務の一部は、政令の定めるところにより、法律によって組織された共済組合、国家公務員共済組合連合会、全国市町村職員共済組合連合会、地方公務員共済組合連合会又は日本私立学校振興・共済事業団に行わせることができる。

E 国民年金法において、「配偶者」、「夫」及び「妻」には、婚姻の届出をしていないが、事実上婚姻関係と同様の事情にある者を含むものとされている。

## 解説

**A ○** 【①沿革】

設問の通り正しい。昭和34年に制定された国民年金法は一部の規定を除き昭和34年11月から施行され、昭和36年４月に全面施行されるに至った。

根拠 法附則１他

**B ○** 【②目的等】

設問の通り正しい。 根拠 法１

確認してみよう！ 国民の生存権を定める日本国憲法25条において、その２項では、「国は、すべての生活部面について、社会福祉、社会保障及び公衆衛生の向上及び増進に努めなければならない。」と規定している。

**C ×** 【②目的等】

国民年金事業は、政府が、管掌する。 根拠 法３－Ⅰ

**D ○** 【②目的等】

設問の通り正しい。なお、国民年金事業の事務の一部は、政令の定めるところにより、市町村長（特別区の区長を含む。）が行うこととすることができる、ともされている。 根拠 法３－Ⅱ

**E ○** 【②目的等】

設問の通り正しい。 根拠 法５－Ⅶ

得点UP！ 事実上婚姻関係と同様の事情にある者とは、いわゆる内縁関係にある者をいう。内縁関係とは、婚姻の届出を欠くが、社会通念上、夫婦としての共同生活と認められる事実関係をいい、次の要件を備えることを要するものであることとされている。

① 当事者間に、社会通念上、夫婦の共同生活と認められる事実関係を成立させようとする合意があること。

② 当事者間に、社会通念上、夫婦の共同生活と認められる事実関係が存在すること。

**解答 C**

## 問題2 択一 基本 教科書 Section 2

## 被保険者等

チェック欄 1 ／ 2 ／ 3 ／

次の記述のうち、正しいものはどれか。

**A** 国民年金の被保険者のうち、国内居住要件が問われるのは第1号被保険者だけである。

**B** 日本国内に住所を有する20歳以上60歳未満の者であっても、厚生年金保険法に基づく遺族給付の受給権者は、第1号被保険者とはならない。
(H25-2エ改題)

**C** 第2号被保険者の被扶養配偶者と認められる場合であっても、20歳以上の大学生は、第3号被保険者ではなく第1号被保険者としての適用を受ける。

**D** 繰上げ支給の老齢基礎年金の受給権者は、国民年金に任意加入することができる。

**E** 第3号被保険者は、第2号被保険者の被扶養配偶者でなくなったときは、原則としてその日の翌日に第3号被保険者の資格を喪失する。

## 解説

**A ×** 【①強制加入被保険者】

第1号被保険者のほか、第3号被保険者についても、日本国内に住所を有する者又は外国において留学をする学生その他の日本国内に住所を有しないが渡航目的その他の事情を考慮して日本国内に生活の基礎があると認められる者として厚生労働省令で定める者に限られており、国内居住要件を問われることがある。また、任意加入被保険者についても、国内居住要件を問われることがある。

根拠 法7-Ⅰ、法附則5-Ⅰ、(6)法附則11-Ⅰ、(16)法附則23-Ⅰ

**B ×** 【①強制加入被保険者】

日本国内に住所を有する20歳以上60歳未満の者であっても、厚生年金保険法に基づく「老齢給付」等の受給権者は、第1号被保険者とならない。

根拠 法7-Ⅰ①

**C ×** 【①強制加入被保険者】

設問の者は第3号被保険者となる。 根拠 法7-Ⅰ①③

確認してみよう！ 「被扶養配偶者」とは、第2号被保険者の配偶者（日本国内に住所を有する者又は外国において留学をする学生その他の日本国内に住所を有しないが渡航目的その他の事情を考慮して日本国内に生活の基礎があると認められる者として厚生労働省令で定める者に限る。）であって主として第2号被保険者の収入により生計を維持するもの（第2号被保険者である者その他国民年金法の適用を除外すべき特別の理由がある者として厚生労働省令で定める者を除く。）をいう。

**D ×** 【②任意加入被保険者】

繰上げ支給の老齢基礎年金の受給権者は、国民年金に任意加入することはできない。 根拠 法附則9の2の3

**E ○** 【③強制加入被保険者の資格の得喪】

設問の通り正しい。 根拠 法9-⑥

確認してみよう！ 第3号被保険者が被扶養配偶者でなくなったときにおいて、第1号被保険者又は第2号被保険者に該当するときは、資格は喪失しない（種別の変更の扱いとなる）。

**解答 E**

## 問題3 択一 基本 教科書 Section 2

チェック欄 1 ／ 2 ／ 3 ／

### 被保険者等

次の記述のうち、誤っているものはどれか。

**A** 20歳に達しない者であっても、厚生年金保険の被保険者である場合には、第2号被保険者となる。

**B** 日本国籍を有しない20歳以上60歳未満の被扶養配偶者は、第3号被保険者とならない。

**C** 老齢基礎年金の受給権を有する65歳以上の厚生年金保険の被保険者の収入によって生計を維持するその者の配偶者は、20歳以上60歳未満であっても、第3号被保険者とならない。

**D** 昭和40年4月1日以前生まれの者であって、日本国内に住所を有する65歳以上70歳未満のもの（第2号被保険者を除く。）は、障害基礎年金の受給権を有していても、任意加入被保険者となることができる場合がある。

**E** 第1号被保険者及び第3号被保険者は、60歳に達したとき（第2号被保険者に該当するときを除く。）は、60歳に達した日に被保険者の資格を喪失する。

## 解説

**A** ○ 【①強制加入被保険者】

設問の通り正しい。

根拠 法7-Ⅰ②

確認してみよう！ 厚生年金保険の被保険者は、20歳未満又は60歳以上であっても第2号被保険者となるが、65歳以上の老齢厚生年金等の受給権者は、第2号被保険者から除かれる。

**B** × 【①強制加入被保険者】

第3号被保険者について、国籍要件は問われないので、設問の者は、第3号被保険者となる。

根拠 法7-Ⅰ③

**C** ○ 【①強制加入被保険者】

設問の通り正しい。65歳以上の老齢又は退職を支給事由とする年金たる給付の受給権を有する厚生年金保険の被保険者は、第2号被保険者とはならない。したがって、その者によって生計を維持されている配偶者は第3号被保険者とはならない。

根拠 法7-Ⅰ③、法附則3

**D** ○ 【②任意加入被保険者】

設問の通り正しい。設問の者（昭和40年4月1日以前生まれの者）は、障害基礎年金の受給権を有していても、老齢又は退職を支給事由とする年金たる給付の受給権を有していない場合には、任意加入被保険者となることができる。

根拠 (6)法附則11-Ⅰ、(16)法附則23-Ⅰ

**E** ○ 【③強制加入被保険者の資格の得喪】

設問の通り正しい。第1号被保険者及び第3号被保険者は「20歳以上60歳未満の者」に限られ、60歳に達したときは、第2号被保険者に該当するときを除き、その日（60歳に達した日）に被保険者資格を喪失する。

根拠 法9-③

**解答 B**

## 問題4 択一 基本 教科書 Section 2

チェック欄 1 ／ 2 ／ 3 ／

## 被保険者等

次のアからオの記述のうち、正しいものの組合せは、後記AからEまでのうちどれか。

**ア** 日本国内に住所を有する60歳以上65歳未満の者は、国民年金法の適用を除外すべき特別の理由がある者として厚生労働省令で定める者を除き、日本国籍を有するか否かにかかわらず、厚生労働大臣に申し出て被保険者となることができる。

**イ** 日本国内に住所を有しない20歳以上65歳未満の在外邦人が、任意加入被保険者となる申出を行おうとする場合には、口座振替納付を希望する旨の申出又は口座振替納付によらない正当な事由がある場合として厚生労働省令で定める場合に該当する旨の申出を、厚生労働大臣に対して行わなければならない。

**ウ** 65歳以上70歳未満の任意加入被保険者としての被保険者期間は、死亡一時金及び脱退一時金に関する規定の適用については、第1号被保険者としての被保険者期間とみなされる。

**エ** 第2号被保険者は、厚生年金保険の被保険者の資格を喪失したとき（第1号被保険者、第2号被保険者又は第3号被保険者に該当するときを除く。）は、その日の翌日に第2号被保険者の資格を喪失する。

**オ** 厚生年金保険の被保険者は、60歳に達した日に国民年金の被保険者の資格を喪失する。(H25-2ア改題)

**A**（アとイ）　**B**（アとウ）　**C**（イとエ）
**D**（エとオ）　**E**（ウとオ）

## 解説

**ア ○** 【②任意加入被保険者】

設問の通り正しい。日本国内に住所を有する60歳以上65歳未満の者（第２号被保険者を除く。）は、原則として、国籍を問わず、厚生労働大臣に申し出て任意加入被保険者となることができる。 根拠 法附則５－Ⅰ②

**イ ×** 【②任意加入被保険者】

設問の者（日本国内に住所を有しない20歳以上65歳未満の在外邦人）が、任意加入被保険者となる申出を行う場合には、口座振替納付を希望する旨の申出等をする必要はない。 根拠 法附則５－Ⅱ

**ウ ○** 【②任意加入被保険者】

設問の通り正しい。なお、65歳以上70歳未満の任意加入被保険者としての被保険者期間は、寡婦年金に関する規定の適用については第１号被保険者としての被保険者期間とみなされないことに注意。

根拠 (6)法附則11－Ⅸ、(16)法附則23－Ⅸ

**エ ×** 【③強制加入被保険者の資格の得喪】

設問の場合、その日に第２号被保険者の資格を喪失する。 根拠 法９－⑤

**オ ×** 【③強制加入被保険者の資格の得喪】

厚生年金保険の被保険者について、「60歳に達した」ことにより国民年金の被保険者の資格を喪失するという規定はないので誤りである。なお、厚生年金保険の被保険者については、65歳に達したとき（老齢又は退職を支給事由とする年金給付であって政令で定める給付の受給権を有しない場合を除く。）は、その日に国民年金の被保険者（第２号被保険者）の資格を喪失する。 根拠 法９－ⅢⅤ、法附則４

**解答 B（アとウ）**

## 問題5 択一 基本 教科書 Section 2

チェック欄 1／ 2／ 3／

### 被保険者等

次の記述のうち、誤っているものはどれか。

A 日本国籍を有する者で、日本国内に住所を有しない20歳以上65歳未満の者（第2号被保険者及び第3号被保険者を除く。）が任意加入被保険者の資格の取得の申出をしたときは、申出をした日に任意加入被保険者の資格を取得する。(H29-3E)

B 日本国内に住所を有する60歳以上65歳未満の任意加入被保険者が保険料を滞納し、督促状の指定期限までに保険料を納付しないときは、原則として、その日の翌日に被保険者の資格を喪失する。

C 日本国籍を有する者で、日本国内に住所を有しない65歳以上70歳未満の特例による任意加入被保険者は、日本国籍を有しなくなった日の翌日（その事実があった日に更に国民年金の被保険者資格を取得したときを除く。）に任意加入被保険者の資格を喪失する。(H29-3A)

D 昭和29年4月1日生まれの第1号被保険者は、平成26年に60歳に達するが、その際、引き続いて任意加入被保険者又は第2号被保険者とならない場合、平成26年3月までが被保険者期間に算入される。(H26-5A)

E 被保険者期間の計算において、同一の月に種別変更が1回あり、第1号被保険者から第3号被保険者となった月につき、すでに第1号被保険者としての保険料が納付されている場合でも、当該月は第3号被保険者であった月とみなす。

## 解説

**A ○** 【④任意加入被保険者の資格の得喪】

設問の通り正しい。なお、設問の申出とは、任意加入被保険者となることの申出である。日本国内に住所を有する者については、口座振替納付を希望する旨の申出又は口座振替納付によらない正当な事由がある場合として厚生労働省令で定める場合に該当する旨の申出をした日に任意加入被保険者の資格を取得する。

根拠 法附則５－Ⅲ

**B ○** 【④任意加入被保険者の資格の得喪】

設問の通り正しい。なお、日本国内に住所を有しない任意加入被保険者が保険料を滞納し、その後、保険料を納付することなく２年間が経過したときは、その日の翌日に被保険者の資格を喪失する。

根拠 法附則５－Ⅶ

**C ○** 【④任意加入被保険者の資格の得喪】

設問の通り正しい。なお、日本国内に住所を有しない20歳以上65歳未満の任意加入被保険者が日本国籍を有しなくなったときも、同様である。

根拠 (6)法附則11－Ⅷ②、(16)法附則23－Ⅷ②

**D ×** 【⑤被保険者期間の計算等】

昭和29年４月１日生まれの第１号被保険者は、60歳に達した日である平成26年３月31日に被保険者の資格を喪失することとなるため、同日に任意加入被保険者又は第２号被保険者とならない場合には、被保険者の資格を喪失した日の属する月の前月まで、つまり、平成26年「２月」までが被保険者期間に算入される。

根拠 法11

**E ○** 【⑤被保険者期間の計算等】

設問の通り正しい。被保険者の種別に変更があった月は、変更後の種別の被保険者であった月とみなされる。なお、同一の月において、２回以上にわたり被保険者の種別に変更があったときは、その月は最後の種別の被保険者であった月とみなす。

根拠 法11の２

**解答 D**

## 問題6　択一　実践　教科書 Section 2

## 被保険者等

チェック欄　1 ／　2 ／　3 ／

次の記述のうち、誤っているものはどれか。

A　事業主は、使用する第1号厚生年金被保険者である第2号被保険者の被扶養配偶者である第3号被保険者に関して、経由に係る事務の一部を、当該事業主が設立する健康保険組合に委託することができる。

B　被保険者又は被保険者であった者は、国民年金原簿に記録された自己に係る特定国民年金原簿記録（被保険者の資格の取得及び喪失、種別の変更、保険料の納付状況その他厚生労働省令で定める事項の内容をいう。）が事実でない、又は国民年金原簿に自己に係る特定国民年金原簿記録が記録されていないと思料するときは、厚生労働大臣に対し、国民年金原簿の訂正の請求をすることができる。

C　いわゆる「ねんきん定期便」について、通常は、これまでの年金加入期間、保険料納付額等の内容が「はがき」に記載されて送られてくるが、これらの内容に加え、これまでの加入履歴、国民年金保険料の納付状況など詳細に記載された「封書」が送られる被保険者の節目の年齢は、40歳、50歳、59歳である。

D　障害基礎年金の受給権者は、所定の障害の状態に該当しなくなったときは、速やかに、障害状態不該当の届出を日本年金機構に提出しなければならない。

E　住民基本台帳法の規定により機構保存本人確認情報の提供を受けることができる受給権者の死亡について、受給権者の死亡の日から7日以内に当該受給権者に係る戸籍法の規定による死亡の届出をした場合は、国民年金法の規定による死亡の届出は要しない。（H24-1E改題）

## 解説

**A ○** 【⑥届出等】

設問の通り正しい。なお、委託先として「当該事業主が設立する健康保険組合」が規定されているのであり、全国健康保険協会ではないことに注意すること。

根拠 法12-Ⅷ

**B ○** 【⑥届出等】

設問の通り正しい。

根拠 法14の2-Ⅰ

得点UP! 厚生労働大臣は、訂正請求に理由があると認めるときは、当該訂正請求に係る国民年金原簿の訂正をする旨を決定しなければならず、これ以外の場合は訂正をしない旨を決定しなければならない。なお、これらの決定に関する厚生労働大臣の権限は地方厚生局長等に委任されており、地方厚生局長等が決定をしようとするときは、あらかじめ、地方年金記録訂正審議会に諮問しなければならない。

**C ×** 【⑥届出等】

ねんきん定期便が封書で送られるいわゆる節目の年齢は、「35歳、45歳、59歳」である。

根拠 則15の4-Ⅱ

**D ○** 【⑥届出等】

設問の通り正しい。「14日以内」ではなく「速やかに」と規定されていることに注意すること。

根拠 法105-Ⅲ、則33の7-Ⅰ

**E ○** 【⑥届出等】

設問の通り正しい。受給権者が死亡したときは、戸籍法の規定による死亡の届出義務者は、所定の届書を、当該事実があった日から14日以内に、日本年金機構に提出することによって死亡の届出を行わなければならないとされているが、設問の場合には、当該死亡の届出を行うことを要しない。

根拠 法105-Ⅳ、則24-ⅥⅦ他

**解答 C**

## 問題7　択一　実践　教科書 Section 2

## 被保険者等

チェック欄 1 ／ 2 ／ 3 ／

次の記述のうち、正しいものはどれか。

A　老齢基礎年金の受給権者の属する世帯の世帯主その他その世帯に属する者は、当該受給権者の所在が1年以上明らかでないときは、速やかに、所定の事項を記載した届書を日本年金機構に提出しなければならない。

B　日本国内に住所を有しない任意加入被保険者が保険料を滞納した場合に、その後、保険料を納付することなく3年間が経過したときは、その日の翌日に被保険者の資格を喪失する。

C　第3号被保険者が、配偶者である第2号被保険者と離婚をしたことにより被扶養配偶者でなくなったときは、原則として当該事実があった日から14日以内に、市町村長に対して第1号被保険者としての資格取得の届出を行わなければならない。

D　遺族基礎年金の受給権者は、被保険者又は被保険者であった者の死亡の当時胎児であった子が出生したことにより年金額の改定の事由が生じたときは、速やかに、所定の事項を記載した請求書を日本年金機構に提出しなければならない。

E　障害基礎年金の受給権者は、加算対象者である18歳に達する日以後の最初の3月31日までの間にある子が障害等級1級又は2級に該当する程度の障害の状態に該当するに至ったときは、速やかに、所定の届書を日本年金機構に提出しなければならない。

## 解説

**A ×** 【⑥届出等】

老齢基礎年金の受給権者の属する世帯の世帯主その他その世帯に属する者は、当該受給権者の所在が「1月以上」明らかでないときは、速やかに、所定の事項を記載した届書を日本年金機構に提出しなければならない。

根拠 法105-Ⅲ、則23-Ⅰ

**B ×** 【④任意加入被保険者の資格の得喪】

設問の場合、2年間が経過した日の翌日に任意加入被保険者の資格を喪失する。ただし、その事実があった日に更に被保険者の資格を取得したときは、その日に任意加入被保険者の資格を喪失する。 根拠 法附則5-Ⅷ④

**C ×** 【⑥届出等】

設問の場合は、原則として、第1号被保険者への「種別変更」の届出を行わなければならない。なお、第3号被保険者であった者は、第2号被保険者の被扶養配偶者でなくなったことについて、厚生労働省令の定めるところにより、その旨を厚生労働大臣に届け出なければならないこととされている。 根拠 法12-Ⅰ、則6の2-Ⅰ

**D ×** 【⑥届出等】

設問の請求書は、当該事実があった日（胎児であった子が出生した日）から14日以内に提出しなければならない。 根拠 則42-Ⅰ

**E ○** 【⑥届出等】

設問の通り正しい。なお、障害等級に該当する障害の状態にある子について、その事情がやんだ場合（その子が18歳に達する日以後の最初の3月31日までの間にあるときを除く。）における加算額対象者の不該当の届出は、当該事実があった日から14日以内にしなければならない。

根拠 則33の5-Ⅰ

**解答 E**

## 問題8 選択 基本 教科書 Section 2

## 被保険者等

| チェック欄 | | |
|---|---|---|
| 1 ／ | 2 ／ | 3 ／ |

次の文中の［　］の部分を選択肢の中の適当な語句で埋め、完全な文章とせよ。

1　厚生労働大臣は、［A］を備え、これに被保険者の氏名、資格の取得及び喪失、種別の変更、［B］、基礎年金番号（政府管掌年金事業の運営に関する事務その他当該事業に関連する事務であって厚生労働省令で定めるものを遂行するために用いる記号及び番号であって厚生労働省令で定めるものをいう。）その他厚生労働省令で定める事項を記録するものとする。

2　厚生労働大臣は、国民年金制度に対する国民の［C］を増進させ、及びその［D］を向上させるため、厚生労働省令で定めるところにより、被保険者に対し、当該被保険者の保険料納付の実績及び［E］に関する必要な情報を分かりやすい形で通知するものとする。

選択肢

| | | |
|---|---|---|
| A | ①　基礎年金番号通知書<br>③　厚生年金原簿 | ②　住民基本台帳<br>④　国民年金原簿 |
| B | ①　保険料の納付状況<br>③　標準報酬 | ②　国籍<br>④　所得 |
| C | ①　関心<br>③　理解 | ②　信頼<br>④　福祉 |
| D | ①　関心<br>③　理解 | ②　信頼<br>④　福祉 |
| E | ①　配偶者の保険料納付実績<br>③　共済組合の加入状況 | ②　財政の現況及び見通し<br>④　将来の給付 |

## 解答

【⑥届出等】

A　④　国民年金原簿
B　①　保険料の納付状況
C　③　理解
D　②　信頼
E　④　将来の給付

根拠 法14、14の5

## 解説

《A、Bについて》

［④国民年金原簿］（A）は、国民年金に関する記録であるから、Bに［③標準報酬］はふさわしくなく、また、［②国籍］や［④所得］は直接年金記録には関係ないことから、受給権の発生や年金の額を左右することになる［①保険料の納付状況］が正しいことになる。

《C～Eについて》

問題文2は、いわゆる「ねんきん定期便」の根拠となる規定である。ねんきん定期便の趣旨や目的を考えて、Cには［③理解］、Dには［②信頼］が入ることを確認しておきたい。また、Eについても、ねんきん定期便に記載される内容を考えれば、①や②などはふさわしくなく、［④将来の給付］が入ることも理解しておきたい。

問題9　択一　実践　教科書 Section 3

チェック欄　1 ／　2 ／　3 ／

## 費用の負担等

次の記述のうち、正しいものはどれか。

A　保険料4分の1免除期間に係る老齢基礎年金の給付に要する費用については、480から保険料納付済期間の月数を控除して得た月数を限度として、その7分の4を国庫が負担することとなる。(H26-4ア)

B　国民年金法第30条の4に規定する20歳前傷病による障害基礎年金の給付に要する費用については、その7割を国庫が負担することとなる。
(H26-4イ)

C　付加年金や死亡一時金の給付に要する費用（死亡一時金については加算額の給付に要する費用）については、国庫負担は行われない。

D　第1号被保険者である夫の妻が第2号被保険者であるときは、夫の保険料を連帯して納付する義務を負わない。

E　国民年金法第85条第2項では、国庫が、毎年度、国民年金事業の事務の執行に要する費用の総額を負担することを規定している。

## 解説

A ○ 【②国庫負担】

設問の通り正しい。なお、保険料4分の1免除期間のうち、480から保険料納付済期間の月数を控除して得た月数を超える月数に係る老齢基礎年金の給付に要する費用については、国庫負担は行われない。

根拠 法85-Ⅰ①②

B × 【②国庫負担】

20歳前傷病による障害基礎年金の給付に要する費用については、その「6割」を国庫が負担する。 根拠 法85-Ⅰ①③

C × 【②国庫負担】

設問の費用については、その4分の1を国庫が負担するとされている。

根拠 (60)法附則34-Ⅰ①

D × 【⑤保険料】

配偶者の一方は、第1号被保険者たる他方の保険料を連帯して納付する義務を負う。 根拠 法88-Ⅲ

E × 【②国庫負担】

法85条2項では、「国庫は、毎年度、予算の範囲内で、国民年金事業の事務の執行に要する費用を負担する。」と規定しており、「総額を負担する」とするのは誤りである。 根拠 法85-Ⅱ

**解答 A**

## 問題10 択一 基本 教科書 Section 3

## 費用の負担等

チェック欄 1 ／ 2 ／ 3 ／

次の記述のうち、誤っているものはどれか。

A　保険料の前納は、厚生労働大臣が定める期間につき、6か月又は年を単位として行うものとされているが、厚生労働大臣が定める期間のすべての保険料（既に前納されたものを除く。）をまとめて前納する場合においては、6か月又は年を単位として行うことを要しない。(H26-3イ)

B　付加保険料については、任意に申出を行い納付するものであるため、納期限までにその保険料を納付しなかった場合は、その納期限の日に付加保険料の納付を辞退したものとみなされる。(H26-3ウ)

C　政府は、第1号被保険者と任意加入被保険者から国民年金の保険料を徴収するが、第2号被保険者及び第3号被保険者から国民年金の保険料を徴収していない。(H24-1A)

D　夫のみに所得がある夫婦（夫42歳、妻38歳であり、ともに第1号被保険者）と3人の子（13歳、10歳、5歳）の5人世帯において、夫の前年の所得（1月から6月までの月分の保険料については前々年の所得とする。）が207万円以下であれば、申請により当該夫婦の保険料は全額免除される。なお、法定免除の事由には該当しないものとする。

E　第1号被保険者が令和4年4月8日に保険料全額免除を申請する場合には、保険料未納期間について令和2年3月分に遡って免除の申請を行うことができる。

## 解説

A ○ 【⑤保険料】

設問の通り正しい。なお、保険料の前納は最大で2年度分について行うことができる。 根拠 法93-Ⅰ、令7

---

B × 【⑧付加保険料】

納期限までに付加保険料を納付しなかった場合であっても、付加保険料の納付を辞退したものとはみなされない。 根拠 法87の2-ⅢⅣ

---

C ○ 【⑤保険料】

設問の通り正しい。第2号被保険者としての被保険者期間及び第3号被保険者としての被保険者期間については、政府は、保険料を徴収せず、被保険者は、保険料を納付することを要しない。 根拠 法94の6

---

D ○ 【⑥保険料の免除】

設問の通り正しい。設問の「207万円」は、「（4＋1）×35万円＋32万円＝207万円」により算出する。 根拠 法90-Ⅰ①、令6の7、所得税法2-Ⅰ㉝㉞

---

E ○ 【⑥保険料の免除】

設問の通り正しい。令和4年4月8日に免除の申請をする場合には、申請月の2年1か月前の月である令和2年3月分に遡って免除の申請を行うことができる。 根拠 H26厚労告191号

**解答 B**

## 問題11 択一 実践 教科書 Section 3

チェック欄 1／ 2／ 3／

## 費用の負担等

次の記述のうち、正しいものはどれか。

A　第1号被保険者が属する世帯の他の世帯員は、それぞれ当該第1号被保険者の保険料を連帯して納付する義務を負う。

B　前納された保険料について保険料納付済期間又は保険料4分の3免除期間、保険料半額免除期間若しくは保険料4分の1免除期間を計算する場合においては、前納が行われた日に、前納に係る月の保険料が納付されたものとみなされる。

C　保険料の納付受託者は、厚生労働省令で定めるところにより、国民年金保険料納付受託記録簿を備え付けなければならず、当該帳簿をその完結の日から3年間保存しなければならない。

D　被保険者（産前産後期間の免除、保険料4分の3免除、保険料半額免除、保険料4分の1免除の規定の適用を受ける被保険者を除く。）が障害等級1級の障害基礎年金の受給権者となったときは、厚生労働大臣に申請することにより、保険料の全額が免除される。

E　付加保険料を納付する者となったものが、国民年金基金の加入員となったときは、当該加入員となった日の属する月以後の各月に係る付加保険料につき、付加保険料を納付する者でなくなる。

## 解説

**A ×** 【⑤保険料】

世帯主は、その世帯に属する第1号被保険者の保険料を連帯して納付する義務を負うが、他の世帯員は納付する義務を負わない。 根拠 法88-Ⅱ

**B ×** 【⑤保険料】

設問の場合においては、「前納に係る期間の各月が経過した際に、それぞれその月の保険料が納付されたもの」とみなされる。なお、「追納」が行われたときは、「追納が行われた日に、追納に係る月の保険料が納付されたもの」とみなされる。 根拠 法93-Ⅲ

**C ○** 【⑤保険料】

設問の通り正しい。 根拠 法92の5-Ⅰ、則72の7

> **確認してみよう！** 被保険者の利便性を図るため、次の①～③の者（納付受託者）は、被保険者の委託を受けて、保険料の納付事務を行うことができる。
> ① 国民年金基金又は国民年金基金連合会（国民年金基金の加入員の委託に限る。）
> ② 納付事務を適正かつ確実に実施することができると認められ、かつ、政令で定める要件に該当する者として厚生労働大臣が指定するもの
> ③ 厚生労働大臣に対し、納付事務を行う旨の申出をした市町村（保険料を滞納している者であって、市町村から特別の有効期間が定められた国民健康保険の被保険者証の交付を受け、又は受けようとしている者の委託に限る。）

**D ×** 【⑥保険料の免除】

法定免除の要件に該当した場合、申請することなく、法律上当然に、保険料の全額が免除（法定免除）される。 根拠 法89-Ⅰ①

**E ×** 【⑧付加保険料】

設問の者は、国民年金基金の加入員となった日に、付加保険料を納付する者でなくなる旨の申出をしたものとみなされ、原則として、加入員となった日の属する月の前月以後の各月に係る付加保険料について、付加保険料を納付する者でなくなったものとされる。 根拠 法87の2-ⅢⅣ

**解答 C**

問題12 択一 基本 教科書 Section 3

チェック欄 1／ 2／ 3／

## 費用の負担等

次のアからオの記述のうち、誤っているものの組合せは、後記AからEまでのうちどれか。

**ア** 毎月の保険料は、翌月末日までに納付しなければならず、65歳以上の特例による任意加入被保険者についても翌月末日までに納付しなければならない。

**イ** 任意加入被保険者は、生活保護法による生活扶助を受けることとなった場合であっても、法定免除の対象とならない。

**ウ** 学生等の納付特例の対象になる学生には、原則として夜間部の大学生は含まれない。

**エ** 平成28年7月から令和12年6月までの期間において、50歳に達する日の属する月の前月までの被保険者期間がある第1号被保険者は、前年の所得が一定の額以下であるとき等、所定の要件に該当するときは、厚生労働大臣にいわゆる納付猶予の申請をすることにより保険料の全額が免除されるが、この場合における所得等の要件については、本人のみならず、配偶者及び世帯主も問われることとなる。

**オ** 第1号被保険者（保険料の法定免除又は申請免除を受ける者及び国民年金基金の加入員を除く。）は、厚生労働大臣に申し出て、その申出をした日の属する月以後の各月につき、付加保険料を納付する者となることができる。

**A**（アとウ） **B**（イとエ） **C**（イとオ）
**D**（ウとエ） **E**（エとオ）

## 解説

**ア ○** 【⑤保険料】

設問の通り正しい。健康保険法の任意継続被保険者に係る保険料の納期限がその月の10日とされていることと混同しないようにしておこう。

根拠 法91

**イ ○** 【⑥保険料の免除】

設問の通り正しい。任意加入被保険者には、保険料免除の規定は適用されない。

根拠 法附則5-X、(6)法附則11-X、(16)法附則23-X

**ウ ×** 【⑥保険料の免除】

学生等の納付特例の対象になる学生には、昼間部だけでなく、夜間部の大学生も含まれる。

根拠 令6の6、則77の6-①

**エ ×** 【⑥保険料の免除】

50歳未満の者に係る納付猶予の所得等の要件については、本人のみならず、配偶者も問われることとなるが、世帯主については問われない。

根拠 (26)法附則14-Ⅰ

**オ ○** 【⑧付加保険料】

設問の通り正しい。なお、保険料の法定免除又は申請免除を受ける者及び国民年金基金の加入員については、付加保険料を納付する者となる申出はできないが、65歳未満の任意加入被保険者及び保険料の産前産後期間の免除を受ける者は、付加保険料を納付する者となる申出をすることができる。

根拠 法87の2-Ⅰ

**解答 D(ウとエ)**

## 問題13 択一 実践

教科書 Section 3

チェック欄 1 ／ 2 ／ 3 ／

## 費用の負担等

次の記述のうち、正しいものはどれか。

A 第1号被保険者は、出産の予定日（厚生労働省令で定める場合にあっては、出産の日）の属する月（以下「出産予定月」という。）の前々月（多胎妊娠の場合においては、3月前）から出産予定月の翌々月までの期間に係る保険料は、納付することを要しないとされている。

B 繰上げ支給の老齢基礎年金を受給している者であっても、65歳に達する日の前日までの間であれば、法定免除又は申請免除の規定により納付することを要しないものとされた保険料につき、厚生労働大臣の承認を受けて、当該承認の日の属する月前10年以内の期間に係るものについて、その全部又は一部につき追納することができる。

C 納付することを要しないものとされた保険料の一部について追納する場合は、原則として、全額免除期間又は一部免除期間、次いで学生等の納付特例期間又は50歳未満の者に係るいわゆる納付猶予期間の順に、それぞれ先に経過した月の分から順次行うこととされている。(H26-3オ改題)

D 第1号被保険者が令和2年3月分の保険料の全額免除を受け、これを令和4年4月に追納するときには、追納すべき額に国民年金法第94条第3項の規定による加算は行われない。

E 被保険者又は被保険者であった者が、特定事由（国民年金法その他の政令で定める法令の規定に基づいて行われるべき事務の処理が行われなかったこと又はその処理が著しく不当であることをいう。）により保険料を納付することができなくなったと認められる期間を有するため、厚生労働大臣にその旨の申出をし、その承認を受けたときは、当該承認に係る期間の各月につき、特例保険料を納付することができるとされており、特例保険料の納付が行われたときは、その納付した日に、納付に係る月の保険料が納付されたものとみなされる。

## 解説

**A ×** 【⑥保険料の免除】

第1号被保険者は、出産の予定日（厚生労働省令で定める場合にあっては、出産の日）の属する月（以下「出産予定月」という。）の**前月**（多胎妊娠の場合においては、3月前）から出産予定月の翌々月までの期間に係る保険料は、納付することを要しないとされている。なお、「厚生労働省令で定める場合」とは、産前産後期間の免除の届出を行う前に出産した場合である。

根拠 法88の2

**B ×** 【⑦保険料の追納】

**老齢基礎年金の受給権者**は、保険料を追納することができない。繰上げ受給している場合も同様である。

根拠 法94-Ⅰカッコ書

**C ×** 【⑦保険料の追納】

納付することを要しないものとされた保険料の一部について追納をするときは、原則として、学生等の納付特例期間又は納付猶予期間について行い、次いで全額免除期間又は一部免除期間の順に、それぞれ先に経過した月の分から順次行うものとされている。

根拠 法94-Ⅱ、(16)法附則19-Ⅳ、(26)法附則14-Ⅲ

**D ○** 【⑦保険料の追納】

設問の通り正しい。追納すべき額には、免除月の属する年度に属する**4月1日**から起算して**3年**を経過した日以後に追納する場合には、政令で定める額が加算されるが、免除月が**3月**であって、当該免除月の属する年の**翌々年の4月**に追納する場合は**加算されない**。

根拠 法94-Ⅲ、令10-Ⅰ

**E ×** 【⑨特定事由に係る保険料の納付の特例等】

特例保険料の納付が行われたときは、その**申出**をした日に、納付に係る月の保険料が納付されたものとみなされる。

根拠 法附則9の4の9-Ⅰ～Ⅲ、Ⅵ

**得点UP!** 老齢基礎年金の受給権者が特例保険料の納付を行ったときは、その申出のあった日の属する月の翌月から、年金額が改定される。

**解答** 

D

## 問題14 択一 実践 教科書 Section 3

## 費用の負担等

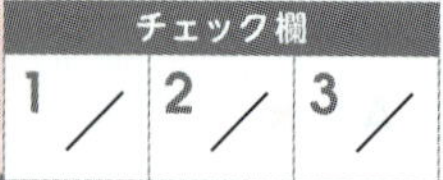


次のアからオの記述のうち、正しいものの組合せは、後記AからEまでのうちどれか。

**ア** 保険料納付確認団体は、当該団体の構成員その他これに類する者である被保険者からの委託により、当該被保険者の保険料納付の実績及び将来の給付に関する必要な情報を当該被保険者に通知する義務を負う。(R元-1ウ)

**イ** 配偶者からの暴力の防止及び被害者の保護等に関する法律に規定する配偶者からの暴力を受けた第1号被保険者からの保険料の免除申請については、配偶者の所得は審査の対象としない。(H25-5オ)

**ウ** 学生納付特例事務法人は、その教育施設の学生等である被保険者の委託を受けて、当該被保険者に係る保険料の納付に関する事務を行うことができる。

**エ** 保険料その他国民年金法の規定による徴収金を滞納する者があるときは、厚生労働大臣は、期限を指定して、これを督促しなければならない。(H24-5A)

**オ** 日本年金機構が滞納処分等を行う場合は、あらかじめ、厚生労働大臣の認可を受けるとともに、日本年金機構が定め、厚生労働大臣の認可を受けた滞納処分等実施規程に従って、徴収職員に行わせなければならない。(H30-4B)

**A**（アとイ）　**B**（アとエ）　**C**（ウとエ）
**D**（ウとオ）　**E**（イとオ）

## 解説

**ア ×** 【⑤保険料】

保険料納付確認団体は、当該団体の構成員その他これに類する者である被保険者からの委託により、当該被保険者に係る保険料が納期限までに納付されていない事実（「保険料滞納事実」という。）の有無について確認し、その結果を当該被保険者に通知する業務を行うものとされており、設問のような義務を負うこととはされていない。なお、「被保険者の保険料納付の実績及び将来の給付に関する必要な情報」については、法14条の５において、厚生労働大臣が被保険者に対して通知することとされている。

根拠 法109の３－ⅠⅡ

**イ ○** 【⑥保険料の免除】

設問の通り正しい。配偶者からの暴力を受けた第１号被保険者であって、配偶者からの暴力に起因して配偶者と住居が異なることにより保険料の納付が困難な者からの免除申請については、配偶者の所得は審査の対象としない。

根拠 則77の７－③、H24.7.6年管管発0706第１号

**ウ ×** 【⑥保険料の免除】

学生納付特例事務法人は、その教育施設の学生等である被保険者の委託を受けて、当該被保険者に係る学生納付特例申請をすることができるとされており、「保険料の納付に関する事務」を行うことはできない。

根拠 法109の２の２－Ⅰ

**エ ×** 【⑩滞納に対する措置等】

設問の場合、厚生労働大臣は、期限を指定して、これを「督促することができる」とされている。なお、厚生年金保険法においては、保険料等の徴収金を滞納する者があるときは、厚生労働大臣は、期限を指定して、これを督促しなければならないとされている。

根拠 法96－Ⅰ

**オ ○** 【⑩滞納に対する措置等】

設問の通り正しい。滞納処分（国税滞納処分の例による処分）等に関する厚生労働大臣の権限に係る事務は、日本年金機構に委任されているが、日本年金機構が滞納処分等を行う場合には、あらかじめ、厚生労働大臣の認可を受けるとともに、滞納処分等実施規程に従い、徴収職員に行わせなければならない。この滞納処分等実施規程は、日本年金機構が定め、厚生労働大臣の認可を受けなければならないこととされている。

根拠 法109の６－Ⅰ、109の７－Ⅰ

**解答 E（イとオ）**

# 問題15 選択 基本 教科書 Section 3

チェック欄 1 ／ 2 ／ 3 ／

## 費用の負担等

次の文中の[ ]の部分を選択肢の中の適当な語句で埋め、完全な文章とせよ。

1 国民年金事業の財政は、長期的にその[ A ]が保たれたものでなければならず、著しくその[ A ]を失すると見込まれる場合には、速やかに所要の措置が講ぜられなければならない。

2 政府は、少なくとも5年ごとに、保険料及び[ B ]並びに国民年金法による給付に要する費用の額その他の国民年金事業の財政に係る[ C ]についてその現況及び[ D ]における見通し（以下「財政の現況及び見通し」という。）を作成しなければならないが、当該[ D ]は、財政の現況及び見通しが作成される年以降おおむね[ E ]間とされている。

選択肢

| | | | |
|---|---|---|---|
| ① 10年 | ② 均衡 | ③ 借入 | ④ 制度体系 |
| ⑤ 30年 | ⑥ 経済 | ⑦ 運営 | ⑧ 調整期間 |
| ⑨ 50年 | ⑩ 収支 | ⑪ 基準 | ⑫ 給付水準 |
| ⑬ 100年 | ⑭ 有限均衡期間 | | ⑮ 財政均衡期間 |
| ⑯ 年金特例国債の残高 | | | ⑰ 国庫負担の額 |
| ⑱ 基礎年金拠出金の額 | | | ⑲ 財政検証期間 |
| ⑳ 国庫補助の額 | | | |

## 解答

【①国民年金事業の財政】

A ② 均衡
B ⑰ 国庫負担の額
C ⑩ 収支
D ⑮ 財政均衡期間
E ⑬ 100年

根拠 法4の2、4の3-ⅠⅡ

## 解説

《B、Cについて》

Bの前に「保険料及び」とあり、後ろに「並びに国民年金法による給付に要する費用の額」とあることから、「並びに」の前が国民年金財政における「収入」、後ろが「支出」に関する内容であることがわかる。したがって、Bには「収入」に関して保険料と対応するものとして［⑰国庫負担の額］が入り、また、Cには［⑩収支］が入ることになる。

《D、Eについて》

［⑮財政均衡期間］（D）とは、年金財政の長期の均衡を考えつつ、積立金水準を抑制する、いわゆる有限均衡方式に基づき設定される期間であり、既に生まれている世代が年金受給を終えるまでの期間としておおむね［⑬100年］（E）間とされている。

## 問題16　選択　基本　教科書 Section 3

チェック欄 1 ／ 2 ／ 3 ／

# 費用の負担等

次の文中の［　　］の部分を選択肢の中の適当な語句で埋め、完全な文章とせよ。

1　被保険者は、厚生労働大臣に対し、被保険者の保険料を［ A ］する事務を［ B ］かつ［ C ］に実施することができると認められる者であって、政令で定める要件に該当する者として厚生労働大臣が［ D ］するもの（以下「［ D ］代理納付者」という。）から付与される番号、記号その他の符号を通知することにより、当該［ D ］代理納付者をして当該被保険者の保険料を［ A ］させることを希望する旨の申出をすることができる。

2　厚生労働大臣は、上記1の申出を受けたときは、その納付が［ C ］と認められ、かつ、その申出を承認することが［ E ］と認められるときに限り、その申出を承認することができる。

選択肢

| | | | | |
|---|---|---|---|---|
| ① 指示 | ② 任命 | ③ 指定 | ④ 指名 | ⑤ 免除 |
| ⑥ 前払式支払手段により決済 | | | ⑦ 確実 | ⑧ 適正 |
| ⑨ 合理的 | ⑩ 公共の福祉に資する | | | ⑪ 円滑 |
| ⑫ 一般に公正妥当 | ⑬ 保険料の徴収上有利 | | | ⑭ 適当 |
| ⑮ 連帯して納付 | ⑯ 福祉の増進に寄与する | | | ⑰ 安全 |
| ⑱ 立て替えて納付 | ⑲ 福祉の向上に寄与する | | | ⑳ 公平 |

## 解答

【⑤保険料】

A ⑱ 立て替えて納付
B ⑧ 適正
C ⑦ 確実
D ③ 指定
E ⑬ 保険料の徴収上有利

根拠 法92の2の2-Ⅰ Ⅱ

## 解説

《A、C、D、Eについて》

［③指定］（D）代理納付者とは、いわゆるクレジットカード会社のことであり、設問はクレジットカードを用いた国民年金保険料の納付の申出に係る規定である。クレジットカードによる決済の仕組みを考えれば、Aには［⑱立て替えて納付］が入ることがわかるであろう。

また、問題文2の「その納付が［⑦確実］（C）と認められ、かつ、その申出を承認することが［⑬保険料の徴収上有利］（E）と認められるときに限り、その申出を承認することができる」という規定の仕方は、口座振替納付の承認に係る規定などでも用いられているので確認しておきたい。

## 問題17 選択 実践 教科書 Section 3

チェック欄 1／ 2／ 3／

# 費用の負担等

次の文中の［　　］の部分を選択肢の中の適当な語句で埋め、完全な文章とせよ。

1　被保険者は、将来の一定期間の保険料を前納することができ、その際は、厚生労働大臣が定める期間につき、［ A ］を単位として、行うものとする。ただし、厚生労働大臣が定める期間の［ B ］保険料（既に前納されたものを除く。）をまとめて前納する場合においては、［ A ］を単位として行うことを要しない。

2　前納すべき額は、当該期間の各月の保険料の額から政令で定める額を控除した額とし、その控除額は、前納に係る期間の各月の保険料の合計額から、その期間の各月の保険料の額を［ C ］によって前納に係る期間の最初の月から当該各月（［ D ］により納付する場合にあっては、当該各月の翌月）までのそれぞれの期間に応じて割り引いた額の合計額を控除した額とする。なお、［ E ］年度分の保険料を前納することができることとされている。

選択肢

| | |
|---|---|
| A | ①　月又は四半期　②　四半期又は年<br>③　四半期又は６月　④　６月又は年 |
| B | ①　すべての　②　全部又は一部の<br>③　４分の３以上の　④　３分の２以上の |
| C | ①　年４分の利率による複利現価法<br>②　年４分の利率による単利計算法<br>③　年５分の利率による複利現価法<br>④　年５分の利率による単利計算法 |
| D | ①　現金による納付　②　口座振替納付<br>③　指定代理納付者による立替え納付<br>④　保険料納付受託者への交付 |
| E | ①　2　②　3　③　4　④　5 |

## 解答

【⑤保険料】

A ④ 6月又は年
B ① すべての
C ① 年4分の利率による複利現価法
D ② 口座振替納付
E ① 2

根拠 法93-ⅠⅡ、令7、8他

## 解説

《A、Bについて》

保険料の前納は、原則として［④6月又は年］（A）を単位として行うものとされている。ただし、例えば令和3年9月に60歳に達する第1号被保険者が令和3年度の保険料を前納する場合は、令和3年4月分から8月分（9月に資格喪失するため、その前月分）までの5か月分を前納することができる。これが「厚生労働大臣が定める期間の［①すべての］（B）保険料」の意味するところである。

《Cについて》

［①年4分の利率による複利現価法］による割引とは、前納する額に年4％（1か月あたり0.33…％）の金利を乗せると、将来支払うべき保険料額になるように割り引くということである。例えば、16,590円の保険料を1か月早く前納すれば、16,590÷1.0033…≒16,540円(50円割引）となり、2か月早く前納すれば、16,590÷1.0066…≒16,480円（110円割引）となる、というイメージである。

## 問題18 択一 応用 教科書 Section 4

チェック欄 1 ／ 2 ／ 3 ／

# 老齢基礎年金

次の記述のうち、正しいものはどれか。

A　昭和61年４月１日前に厚生年金保険法の通算遺族年金の受給者であった20歳以上60歳未満の期間は、老齢基礎年金の合算対象期間に算入される。

(H25-6Ｂ改題)

B　脱退手当金の支給を受けた者が、昭和61年４月１日から65歳に達する日の前日までの間に保険料納付済期間又は保険料免除期間を有するに至った場合におけるその者の当該脱退手当金の計算の基礎となった期間に係る厚生年金保険の被保険者であった期間は、すべて合算対象期間に算入される。

C　昭和61年４月１日から平成29年７月31日までの間において、厚生労働大臣の承認に基づき国民年金の被保険者とされなかった期間は、合算対象期間に算入する。

D　60歳以上65歳未満の期間を含む国会議員であった期間のうち、昭和36年４月１日から昭和55年３月31日までの期間は、老齢基礎年金の合算対象期間に算入される。(H25-6Ｃ)

E　昭和36年５月１日以後、国籍法の規定により日本国籍を取得した者（20歳に達した日の翌日から65歳に達した日の前日までの間に日本国籍を取得した者に限る。）で日本に住所を有していた20歳以上60歳未満の期間のうち、国民年金の適用除外とされていた昭和36年４月１日から昭和61年４月１日前の期間は、老齢基礎年金の合算対象期間に算入される。(H25-6Ｄ)

## 解説

**A ×** 【⑦合算対象期間】

設問の期間を合算対象期間に算入する旨の規定はない。

根拠 (60) 法附則 8－Ｖ

**B ×** 【⑦合算対象期間】

設問の期間のうち、昭和36年４月１日以後の期間に係るものが、合算対象期間に算入される。

根拠 (60) 法附則 8－Ｖ⑦

**C ○** 【⑦合算対象期間】

設問の通り正しい。

根拠 (24) 法附則13－Ⅱ

得点UP！ 昭和60年改正前の旧法の規定により、都道府県知事の承認に基づき任意脱退した期間についても、合算対象期間に算入する。

**D ×** 【⑦合算対象期間】

国会議員であった期間のうち、60歳以上65歳未満の期間は合算対象期間に算入されない。

根拠 (60) 法附則 8－Ｖ⑧

**E ×** 【⑦合算対象期間】

設問の期間のうち合算対象期間に算入されるのは、昭和36年４月１日から昭和57年１月１日前の期間（国籍要件が撤廃される前の期間）とされている。

根拠 (60) 法附則 8－Ｖ⑩

**解答 C**

## 問題19 択一 実践 教科書 Section 4

チェック欄 1 ／ 2 ／ 3 ／

# 老齢基礎年金

次の記述のうち、誤っているものはどれか。

**A** 昭和36年4月1日から昭和61年3月31日までの間の厚生年金保険の被保険者期間は、20歳に達した日の属する月前の期間及び60歳に達した日の属する月以後の期間に係るものを除き、老齢基礎年金の受給資格期間に関して、保険料納付済期間とみなされる。

**B** 国民年金法において、「保険料免除期間」とは、保険料全額免除期間、保険料4分の3免除期間、保険料半額免除期間及び保険料4分の1免除期間を合算した期間をいう。

**C** 昭和36年4月1日から平成3年3月31日までの期間のうち、学生であることにより国民年金の適用を除外されていた期間であって、任意加入をしなかった期間は、老齢基礎年金の受給資格期間の算定に当たり、合算対象期間とはならない。

**D** 厚生年金保険の被保険者の配偶者であったために国民年金の適用を除外されていた期間のうち、20歳以上60歳未満の期間であって、任意加入をしていたが保険料を納付しなかった期間は、老齢基礎年金の受給資格期間の算定に当たり、合算対象期間となる。

**E** いわゆる学生納付特例期間及び納付猶予期間は、老齢基礎年金の受給資格期間の算定に当たり、保険料免除期間とされるが、老齢基礎年金の額の算定の基礎となる期間とはならない。

## 解説

**A ○** 【⑤保険料納付済期間】

設問の通り正しい。なお、厚生年金保険の被保険者期間のうち、20歳に達した日の属する月前の期間及び60歳に達した日の属する月以後の期間については、老齢基礎年金の受給資格期間に関して合算対象期間に算入される。

根拠 (60)法附則8－Ⅱ、Ⅴ⑥

**B ○** 【⑥保険料免除期間】

設問の通り正しい。なお、保険料について産前産後期間の免除を受ける期間は、保険料納付済期間とされ、保険料免除期間とはされないことに注意すること。

根拠 法5－Ⅱ

**C ×** 【⑦合算対象期間】

設問の期間は、合算対象期間とされる。

根拠 (60)法附則8-Ⅴ①、(元)法附則4

**得点UP!** 日本国内に住所を有する20歳以上60歳未満の者であっても、いわゆる昼間学生については、平成3年3月31日までは国民年金法の適用が除外されていた。

**D ○** 【⑦合算対象期間】

設問の通り正しい。設問のようないわゆる任意加入未納期間については、平成26年4月1日から合算対象期間に算入されることとなった。

根拠 (60)法附則8-Ⅴ、(24)法附則11、12

**E ○** 【⑧年金額】

設問の通り正しい。学生納付特例期間や納付猶予期間については、合算対象期間と同様に受給資格期間には算入されるが、年金額の算定の基礎には算入されない（カラ期間扱い）。

根拠 法27、(26)法附則14

**解答 C**

## 問題20 択一 実践 教科書 Section 4

チェック欄 1 ／ 2 ／ 3 ／

# 老齢基礎年金

次の記述のうち、誤っているものはいくつあるか。

**ア** 保険料4分の1免除期間については、当該期間の月数（480から保険料納付済期間の月数を控除して得た月数を限度とする。）の4分の3に相当する月数が年金額に反映される。

**イ** いわゆる学生納付特例期間は、老齢基礎年金の受給資格期間には算入されるが、年金額の計算においては、保険料が追納されない限りは、その算定の基礎とされない。

**ウ** 振替加算の額は、その受給権者の老齢基礎年金の額に受給権者の生年月日に応じて政令で定める率を乗じて得た額として算出される。（H28-4ア）

**エ** 老齢基礎年金の受給権者が、厚生年金保険法による老齢厚生年金を受けることができるときは、その額の計算の基礎となる被保険者期間の月数にかかわらず、振替加算は行われない。

**オ** 大正15年4月2日から昭和41年4月1日までの間に生まれた者であって、65歳に達した日において、合算対象期間といわゆる学生納付特例による被保険者期間を合計した期間が10年あり、かつそれ以外の被保険者期間はすべて保険料未納期間である者が、振替加算の要件に該当する場合は、振替加算相当額の老齢基礎年金が支給される。

A 一つ
B 二つ
C 三つ
D 四つ
E 五つ

## 解説

**ア ×** 【⑧年金額】

設問の場合、「8分の7（平成21年3月までの期間については6分の5）」に相当する月数が年金額に反映される。

根拠 法27-②、(16)法附則10-Ⅰ②④

**イ ○** 【⑧年金額】

設問の通り正しい。なお、いわゆる納付猶予期間についても同様である。

根拠 法26、27-⑧カッコ書

**ウ ×** 【⑨振替加算】

振替加算の額は、「224,700円に改定率を乗じて得た額」に受給権者の生年月日に応じて政令で定める率を乗じて得た額である。根拠 (60)法附則14-Ⅰ

**エ ×** 【⑨振替加算】

厚生年金保険法による老齢厚生年金を受けることができる場合であっても、その額の計算の基礎となる被保険者期間の月数が240未満であるときは、振替加算が行われる。 根拠 (60)法附則14-Ⅰただし書、Ⅱただし書

**オ ○** 【⑨振替加算】

設問の通り正しい。保険料納付済期間及び保険料免除期間（学生納付特例期間を除く。）を有しない者であっても、合算対象期間及び学生納付特例期間を合算した期間のみで10年以上ある者が、振替加算の他の要件を満たす場合には、その者に振替加算相当額の老齢基礎年金が支給される。

根拠 (60)法附則15-ⅡⅢ

**解答 C（三つ）**

問題21 択一 実践 教科書 Section 4

チェック欄 1 ／ 2 ／ 3 ／

## 老齢基礎年金

次の記述のうち、誤っているものはどれか。

A　振替加算された老齢基礎年金は、その受給権者が障害基礎年金、障害厚生年金等の障害を支給事由とする年金たる給付であって政令で定めるものの支給を受けることができるときは、その間、当該振替加算に相当する部分の支給を停止する。

B　振替加算が加算されている老齢基礎年金を受給している老齢厚生年金の受給権者が、いわゆる離婚分割により離婚時みなし被保険者期間を有することとなり、老齢厚生年金の額の計算の基礎となる月数が240以上となるに至った場合には、振替加算は行われなくなる。

C　任意加入被保険者である者は、老齢基礎年金の支給繰上げの請求をすることはできない。(H26-1A)

D　老齢基礎年金の支給繰上げの請求は、老齢厚生年金の支給繰上げの請求ができるときであっても、老齢厚生年金の支給繰上げの請求と同時に行う必要はない。

E　老齢基礎年金の繰上げ支給を受けると、国民年金法第36条第２項ただし書き（その他障害の程度と併せて障害の程度が２級以上に該当したことによる支給停止解除）の規定が適用されなくなる。

## 解説

A ○ 【⑨振替加算】

設問の通り正しい。なお、設問の障害基礎年金等の全額につき支給が停止されている場合には、振替加算に相当する部分の支給は停止されない。

根拠 (60)法附則16-Ⅰ、(61)措置令28

B ○ 【⑨振替加算】

設問の通り正しい。 根拠 (60)法附則14-Ⅰ①

確認してみよう! 老齢基礎年金の受給権者が、厚生年金保険の被保険者期間が240月（中高齢者の特例あり）以上の老齢厚生年金を受けることができるときは、振替加算は行われない。

C ○ 【Sec 2 ②任意加入被保険者、Sec 4 ⑩支給の繰上げ】

設問の通り正しい。 根拠 法附則 9 の 2 −Ⅰ、9 の 2 の 2 −Ⅰ

確認してみよう! 繰上げ支給の老齢基礎年金の受給権者は、任意加入被保険者になることはできない。

D × 【⑩支給の繰上げ】

老齢基礎年金の支給繰上げの請求は、老齢厚生年金の支給繰上げの請求をすることができるときは、老齢厚生年金の支給繰上げの請求と同時に行わなければならない。 根拠 法附則 9 の 2 −Ⅱ、9 の 2 の 2 −Ⅱ

E ○ 【⑩支給の繰上げ、Sec 5 ⑩支給停止】

設問の通り正しい。「その他障害の程度と併せて障害の程度が 2 級以上に該当したことによる支給停止解除」に関する規定は、65歳に達した者や老齢基礎年金の繰上げ支給を受けた者には適用されない。

根拠 法附則 9 の 2 の 3

解答 D

## 問題22 択一 基本

教科書 Section 4

チェック欄 1 ／ 2 ／ 3 ／

## 老齢基礎年金

次の記述のうち、正しいものはどれか。

A　老齢基礎年金の繰上げ支給の受給権は、繰上げ請求のあった日に発生し、受給権発生日の属する月から支給される。

B　付加年金は、老齢基礎年金の支給繰上げの請求をした場合には、当該繰上げ受給したときから加算されるが、当該付加年金には減額率は乗じないものとされている。

C　寡婦年金の受給権者が、繰上げ支給の老齢基礎年金の受給権を取得したときは、当該寡婦年金の支給を停止する。

D　65歳に達して老齢基礎年金の受給権を取得したときに障害基礎年金の受給権者であった者は、当該老齢基礎年金の支給繰下げの申出をすることはできない。

E　60歳以上65歳未満で国民年金に任意加入している者は、老齢基礎年金の支給繰下げの申出をすることができない。

## 解説

**A ×** 【⑩支給の繰上げ】

「受給権発生日の属する月」ではなく、「受給権発生日の属する月の翌月」から支給される。なお、受給権が「繰上げ請求のあった日」に発生するという記述は正しい。 根拠 法18-Ⅰ、法附則９の２-Ⅲ他

**B ×** 【⑩支給の繰上げ、Sec 7 ①付加年金】

老齢基礎年金の支給繰上げの請求をした場合には、付加年金も同時に繰り上げられ、老齢基礎年金と同じ減額率を乗じた額となる。

根拠 法43、44、法附則９の２-Ⅵ

**C ×** 【⑩支給の繰上げ、Sec 7 ②寡婦年金】

設問の場合、寡婦年金の受給権が消滅する。 根拠 法附則９の２-Ⅴ

**D ○** 【⑪支給の繰下げ】

設問の通り正しい。65歳に達したときに他の年金たる給付〔他の年金給付（付加年金を除く。）又は厚生年金保険法による年金たる保険給付（老齢を支給事由とするものを除く。）をいう。以下同じ。〕の受給権者であったとき、又は65歳に達した日から66歳に達した日までの間において他の年金たる給付の受給権者となったときは、支給繰下げの申出をすることができない。 根拠 法28-Ⅰ

**E ×** 【⑪支給の繰下げ】

65歳前において国民年金に任意加入している者であっても、所定の要件を満たせば、老齢基礎年金の支給繰下げの申出をすることができる。

根拠 法28-Ⅰ

**解答 D**

## 問題23 択一 実践 教科書 Section 4

チェック欄 1／ 2／ 3／

# 老齢基礎年金

次の記述のうち、正しいものはどれか。

A　老齢基礎年金の支給の繰上げについては国民年金法第28条において規定されているが、老齢基礎年金の支給の繰下げについては、国民年金法附則において当分の間の措置として規定されている。(R元-5B)

B　特別支給の老齢厚生年金の支給を受けていた者は、老齢基礎年金の支給繰下げの申出をすることはできない。

C　寡婦年金の受給権者であった者は、老齢基礎年金の繰下げ支給を受けることはできない。(H24-8D)

D　66歳に達した日後に、他の年金たる給付（他の年金給付（付加年金を除く。）又は厚生年金保険法による年金たる保険給付（老齢を支給事由とするものを除く。）をいう。）の受給権者となった場合には、その者は老齢基礎年金の支給繰下げの申出をすることはできない。

E　65歳に達した日に老齢基礎年金の受給権を取得した者の当該年金額は、70歳に達した日に支給繰下げの申出をしたときは、42%増額され、75歳に達した日に支給繰下げの申出をしたときは、84%増額される。

## 解説

A ×　【⑩支給の繰上げ、⑪支給の繰下げ】

老齢基礎年金の支給の繰上げについては、法附則において当分の間の措置として規定されている。また、老齢基礎年金の支給の繰下げについては、法28条において規定されている。 根拠 法28、法附則9の2

B ×　【⑪支給の繰下げ】

特別支給の老齢厚生年金の支給を受けていた者であっても、所定の要件を満たしていれば、老齢基礎年金の支給繰下げの申出をすることができる。

根拠 法28-Ⅰ

C ×　【⑪支給の繰下げ】

寡婦年金の受給権者であった者であっても、所定の要件を満たしていれば、老齢基礎年金の繰下げ支給を受けることができる。 根拠 法28-Ⅰ

D ×　【⑪支給の繰下げ】

設問の者であっても、老齢基礎年金の支給繰下げの申出をすることができる。なお、66歳に達した日後75歳に達する日前に他の年金たる給付〔他の年金給付（付加年金を除く。）又は厚生年金保険法による年金たる保険給付（老齢を支給事由とするものを除く。）をいう。以下同じ。〕の受給権者となった者については、他の年金たる給付を支給すべき事由が生じた日に老齢基礎年金の支給繰下げの申出があったものとみなされる。

根拠 法28-ⅠⅡ①

E ○　【⑪支給の繰下げ】

設問の通り正しい。老齢基礎年金の繰下げの申出に係る増額率は、1000分の7に当該年金の受給権を取得した日の属する月から当該年金の支給の繰下げの申出をした日の属する月の前月までの月数（当該月数が120を超えるときは、120）を乗じて得た率とされている。したがって、「70歳に達した日」に支給繰下げの申出をした場合の増額率は、1000分の7×60月＝0.42（42%）であり、「75歳に達した日」に支給繰下げの申出をした場合の増額率は、1000分の7×120月＝0.84（84%）となる。

根拠 法28-Ⅳ、令4の5-Ⅰ

**解答　E**

## 問題24 選択 基本

教科書 Section 4

チェック欄 1 ／ 2 ／ 3 ／

# 老齢基礎年金

次の文中の□の部分を選択肢の中の適当な語句で埋め、完全な文章とせよ。

1　老齢基礎年金は、保険料納付済期間又は保険料免除期間（ A の規定により納付することを要しないものとされた保険料に係るものを除く。）を有する者が65歳に達したときに、その者に支給する。ただし、その者の保険料納付済期間、保険料免除期間及び合算対象期間を合算した期間が B 年に満たないときは、この限りでない。

2　老齢基礎年金の額は、 C 円に D を乗じて得た額（その額に50円未満の端数が生じたときは、これを切り捨て、50円以上100円未満の端数が生じたときは、これを100円に切り上げるものとする。）とする。ただし、保険料納付済期間の月数が E に満たない者に支給する場合は、当該額に、保険料納付済期間等の月数を合算した月数（ E を限度とする。）を E で除して得た数を乗じて得た額とする。

選択肢

| | | | |
|---|---|---|---|
| ① 改定率 | ② 10 | ③ 768,800 | ④ 240 |
| ⑤ 算出率 | ⑥ 15 | ⑦ 772,800 | ⑧ 300 |
| ⑨ 再評価率 | ⑩ 25 | ⑪ 780,900 | ⑫ 360 |
| ⑬ 法定免除 | ⑭ 35 | ⑮ 804,200 | ⑯ 480 |
| ⑰ 申請一部免除 | | ⑱ 実質賃金変動率 | |
| ⑲ 申請全額免除 | | | |
| ⑳ 学生納付特例又は納付猶予 | | | |

## 解答

【④支給要件、⑧年金額】

A ⑳ 学生納付特例又は納付猶予
B ② 10
C ⑪ 780,900
D ① 改定率
E ⑯ 480

根拠 法26、27本文、法附則 9－Ⅰ、(16)法附則19－Ⅳ、(26)法附則14－Ⅲ

## 解説

《Aについて》

「保険料納付済期間又は保険料免除期間（[⑳学生納付特例又は納付猶予]の規定により納付することを要しないものとされた保険料に係るものを除く。）を有する者」とは、老齢基礎年金の額の計算の基礎となる期間を１月以上有する者、という意味である。

《Bについて》

「その者の保険料納付済期間、保険料免除期間及び合算対象期間を合算した期間が［②10］年に満たないときは、この限りでない」とあるが、この「保険料免除期間」については、学生納付特例期間や納付猶予期間を除くとはされていない。すなわち、受給資格期間の計算においては、学生納付特例期間や納付猶予期間も含まれるということになる。

## 問題25 選択 基本 教科書 Section 4

チェック欄 1／ 2／ 3／

# 老齢基礎年金

次の文中の[　]の部分を選択肢の中の適当な語句で埋め、完全な文章とせよ。

1　老齢基礎年金の額は、受給権者が、大正15年4月2日から[ A ]4月1日までの間に生まれた者であって、65歳に達した日において、次のいずれかに該当するその者の配偶者によって生計を維持していたときは、老齢基礎年金の額に、[ B ]円に改定率を乗じて得た額に[ C ]に応じて政令で定める率を乗じて得た額を加算した額とする。

(1)　厚生年金保険の被保険者期間の月数が[ D ]以上である老齢厚生年金の受給権者

(2)　障害厚生年金の受給権者（当該障害厚生年金と同一の支給事由に基づく障害基礎年金の受給権を有する者に限る。）

2　上記1の加算額は、その受給権者が障害基礎年金、障害厚生年金その他の障害を支給事由とする年金たる給付（ただし、その全額につき支給を停止されている給付を除く。）であって政令で定めるものの支給を受けることができるときは、その間、[ E ]。

選択肢

| | | |
|---|---|---|
| ① 全部又は一部の支給を停止する | | ② 74,900 |
| ③ その者の配偶者の被保険者期間 | | ④ 120,000 |
| ⑤ その2分の1に相当する額を停止する | | ⑥ 224,700 |
| ⑦ その者の配偶者の生年月日 | | ⑧ 780,900 |
| ⑨ 支払を一時差し止める | ⑩ 240 | ⑪ 昭和36年 |
| ⑫ その者の被保険者期間 | ⑬ 300 | ⑭ 昭和40年 |
| ⑮ 支給を停止する | ⑯ 360 | ⑰ 昭和41年 |
| ⑱ その者の生年月日 | ⑲ 480 | ⑳ 昭和61年 |

## 解答

【⑨振替加算】

A ⑰ 昭和41年
B ⑥ 224,700
C ⑱ その者の生年月日
D ⑩ 240
E ⑮ 支給を停止する

根拠 (60)法附則14-Ⅰ、16-Ⅰ



## 解説

《Aについて》

振替加算の対象者は、「大正15年4月2日から［⑰昭和41年］4月1日までの間に生まれた者」である。昭和41年4月2日以後生まれの者が振替加算の対象とされないのは、この者は、新法施行日（昭和61年4月1日）において20歳以下であり、20歳から60歳になるまでの40年間、国民年金に加入が可能（つまり、満額の老齢基礎年金の受給が可能）であるためである。

《B、Cについて》

「［⑱その者の生年月日］（C）に応じて政令で定める率」は、「1～0.067」とされている。大正15年4月2日～昭和2年4月1日生まれの者が「1」であり、以降、生年月日に応じて（若い人ほど）減少していく（昭和36年4月2日～昭和41年4月1日生まれは0.067)。「［⑥224,700］（B）円に改定率を乗じて得た額」、すなわち厚生年金保険の加給年金額相当額がそのまま振替加算の額になるとは限らないので、注意したい。

問題26 択一 応用 教科書 Section 5

チェック欄 1 ／ 2 ／ 3 ／

## 障害基礎年金

次の記述のうち、正しいものはどれか。

A　被保険者であった者が、日本国内に住所を有し、かつ、60歳以上65歳未満である間に初診日のある傷病により、障害認定日において障害等級に該当する程度の障害の状態に該当し、かつ、初診日の前日において保険料納付要件を満たしている場合であっても、障害認定日が65歳を超えている場合には、障害基礎年金は支給されない。

B　第1号被保険者であった50歳の時に初診日がある傷病を継続して治療している現在（令和4年4月8日とする。）66歳の者は、初診日から1年6か月を経過した日の障害状態が障害等級1級又は2級に該当し、かつ、初診日の前日において保険料納付要件を満たしていれば、国民年金法第30条の規定による障害基礎年金を請求することができる。

C　初診日が令和3年8月30日である場合、令和3年7月分までの1年間のうちに保険料の滞納がなければ、障害基礎年金の保険料納付要件を満たす。

D　被保険者でなかった19歳の時に初めて医療機関で診察を受け、うつ病と診断され継続して治療している現在（令和4年4月8日とする。）25歳の者は、20歳に達した日の障害状態が障害等級1級又は2級に該当していれば、その日に20歳前傷病による障害基礎年金の受給権が発生する。

E　精神の障害による障害等級2級の障害基礎年金を30歳の時から継続して受給している者が、第1号被保険者であった45歳のときに、事故で足にけがをし、その障害認定日（令和4年4月8日）において障害等級1級の状態に該当した。この場合、精神の障害による障害等級2級の障害基礎年金と足の障害による障害等級1級の障害基礎年金は、どちらかの選択となるが、年金受給選択申出書を提出しない場合は、引き続き精神の障害による障害等級2級の障害基礎年金が支給される。

## 解説

**A ×** 【②一般的な障害基礎年金】

設問の場合には、障害基礎年金は支給される。「障害認定日」とは、初診日から起算して1年6月を経過した日〔その期間内にその傷病が治った場合においては、その治った日（その症状が固定し治療の効果が期待できない状態に至った日を含む。）〕をいい、年齢要件等は設けられていない。

根拠 法30－Ⅰ②

**B ○** 【②一般的な障害基礎年金】

設問の通り正しい。設問の者は、法30条の規定による障害基礎年金の支給要件を満たすため、その請求（裁定請求）をすることができる。

根拠 法16、30

**C ×** 【②一般的な障害基礎年金】

初診日が令和8年4月1日前にある傷病による障害についての保険料納付要件の特例は、初診日の前日において、初診日の属する月の前々月までの1年間に保険料の滞納がなく、かつ、当該障害に係る者が当該初診日において65歳未満である場合に適用される。したがって、設問の場合において、当該特例が適用されるためには、「令和3年7月分までの1年間」ではなく「令和3年6月分までの1年間」のうちに保険料の滞納がなく、かつ、当該障害に係る者が当該初診日において65歳未満であることを要する。

根拠 法30－Ⅰ、(60)法附則20－Ⅰ

**D ×** 【⑤20歳前傷病による障害基礎年金】

設問の者は、現在まで継続してうつ病の治療をしていることから、障害認定日は、19歳の時の初診日から起算して1年6月を経過した日、つまり、20歳に達した日後となる。したがって、設問の場合、20歳に達した日ではなく、障害認定日において障害等級1級又は2級に該当していれば、その日に20歳前傷病による障害基礎年金の受給権が発生する。根拠 法30の4－Ⅰ

**E ×** 【⑦併合認定】

設問の場合、法31条に規定する併合認定の対象となり、前後の障害を併合した障害の程度による障害基礎年金が支給され、従前の精神の障害による障害基礎年金の受給権は消滅する。

根拠 法31

**解答 B**

# 問題27 択一 実践 教科書 Section 5

チェック欄 1／ 2／ 3／

## 障害基礎年金

次の記述のうち、正しいものはどれか。

**A** 疾病にかかり、又は負傷し、かつ、当該傷病の初診日において被保険者であり、障害認定日において障害等級に該当する程度の障害の状態になかったものが、障害認定日後65歳に達する日の前日までの間において、同一の傷病により障害等級に該当する程度の障害の状態になったときは、65歳に達した日以後であっても障害基礎年金の支給を請求することができる。

**B** 国民年金法第30条の3に規定するいわゆる基準障害による障害基礎年金は、65歳に達する日の前日までに基準障害と他の障害を併合して障害等級に該当する程度の障害の状態に該当したとしても、その請求を65歳に達した日以後に行うことはできない。(H29-7D)

**C** 厚生年金保険法に規定する障害等級に該当する程度の障害の状態に該当しなくなった日から起算して当該障害等級に該当する程度の障害の状態に該当することなく3年が経過したことにより、平成6年10月に障害基礎年金を失権した者が、平成31年4月において、同一傷病によって再び国民年金法に規定する障害等級に該当する程度の障害の状態に該当した場合は、いつでも障害基礎年金の支給を請求することができ、請求があった月の翌月から当該障害基礎年金が支給される。(R元-9A)

**D** 障害基礎年金の受給権を取得した当時胎児であった子が出生したときは、その出生した日の属する月の翌月から年金の額が改定される。

**E** 障害の程度が増進したことによる障害基礎年金の受給権者からの年金額の改定請求は、その障害の程度が増進したことが明らかな場合であっても、受給権を取得した日から起算して1年を経過した日までの間は、行うことができない。

## 解説

**A ×** 【③事後重症による障害基礎年金】

設問のいわゆる事後重症による障害基礎年金は、65歳に達する日の前日までの間にその支給を請求しなければならない。 根拠 法30の2－Ⅰ

**B ×** 【④基準障害による障害基礎年金】

いわゆる基準障害（基準傷病に基づく障害）による障害基礎年金の請求は、65歳に達する日の前日までに基準障害と他の障害を併合して障害等級に該当する程度の障害の状態に該当する限り、65歳に達した日以後であっても行うことができる。 根拠 法30の3－Ⅰ

**C ×** 【⑥経過措置による障害基礎年金】

設問の障害基礎年金の請求（平成6年11月9日前に受給権が消滅した障害基礎年金に係る経過措置による請求）は、65歳に達する日の前日までの間に行わなければならない（いつでも請求できるわけではない。）。

根拠 (6)法附則4－Ⅰ

**D ○** 【⑨年金額の改定】

設問の通り正しい。障害基礎年金の受給権を取得した当時にさかのぼって年金額が改定されるわけではないことに注意すること。 根拠 法33の2－Ⅱ

**E ×** 【⑨年金額の改定】

受給権者の障害の程度が増進したことが明らかである場合として、厚生労働省令で定める場合は、1年を経過した日までの間であっても、年金額の改定請求を行うことはできる。 根拠 法34－Ⅱ Ⅲ

解答 D

## 問題28 択一 基本 教科書 Section 5

チェック欄 1／ 2／ 3／

## 障害基礎年金

次の記述のうち、正しいものはどれか。

A 老齢基礎年金又は障害基礎年金の受給権者がその権利を取得した当時、その者によって生計を維持している18歳に達する日以後の最初の３月31日までの間にある子がいるときは、老齢基礎年金又は障害基礎年金の額にその子の数に応じた額が加算される。(H24-3D)

B 障害基礎年金の受給権者が当該受給権を取得した後に18歳に達する日以後最初の３月31日までの間にある子を有することとなった場合には、その子との間に生計維持関係があっても、その子を対象として加算額が加算されることはない。(H25-10A)

C 障害基礎年金の受給権者の子についての加算額は、その加算対象となっている子が受給権者の配偶者以外の者の養子となったときは、年金額が減額改定される。

D 厚生労働大臣が、障害基礎年金の受給権者について、その障害の程度を診査し、その程度が従前の障害等級以外の障害等級に該当すると認めるときに、障害基礎年金の額を改定することができるのは、当該受給権者が65歳未満の場合に限られる。(H29-2エ)

E 障害等級２級の障害基礎年金の受給権者が、初診日が厚生年金保険の被保険者であった66歳の時である別の傷病について、障害認定日に障害等級３級に該当した場合、前後の障害を併合すると従前の障害基礎年金の障害の程度よりも増進するときは、障害基礎年金の額の改定請求を行うことができる。(H26-9E)

## 解説

**A ×** 【⑧年金額】

老齢基礎年金の額については、子の加算の規定はない。なお、障害基礎年金の額の子の加算については、設問の通り正しい。 根拠 法33の2-Ⅰ

**B ×** 【⑧年金額、⑨年金額の改定】

設問の場合には、その子を対象として加算額が加算される。障害基礎年金の受給権取得当時に限らず、受給権者によって生計を維持している所定の要件に該当する子があるときは、その子を対象とした加算額が加算される。 根拠 法33の2-ⅠⅡ

**C ○** 【⑨年金額の改定】

設問の通り正しい。 根拠 法33の2-Ⅲ④

確認してみよう！ 子の加算額が加算された障害基礎年金については、子が次のいずれかに該当するに至ったときは、その該当するに至った日の属する月の翌月から、その該当するに至った子の数に応じて、年金額が改定される。

① 死亡したとき
② 受給権者による生計維持の状態がやんだとき
③ 婚姻をしたとき
④ 受給権者の配偶者以外の者の養子となったとき
⑤ 離縁によって、受給権者の子でなくなったとき
⑥ 18歳に達した日以後の最初の3月31日が終了したとき（障害等級に該当する障害の状態にあるときを除く）
⑦ 障害等級に該当する障害の状態にある子について、その事情がやんだとき（その子が18歳に達する日以後の最初の3月31日までの間にあるときを除く）
⑧ 20歳に達したとき

**D ×** 【⑨年金額の改定】

障害基礎年金の額を改定することができるのは、当該受給権者が65歳未満の場合に限られない。 根拠 法34-Ⅰ

**E ×** 【⑨年金額の改定】

その他障害との併合による改定請求は、後発の傷病による障害（その他障害）に係る障害認定日以後65歳に達する日の前日までの間において、既存の障害基礎年金の支給事由となった障害とその他障害とを併合した障害の程度が当該障害基礎年金の支給事由となった障害の程度より増進したときに、保険料納付要件等を満たしている限り、その期間内に行うことができる。 根拠 法34-Ⅳ

**解答 C**

## 問題29 択一 基本 教科書 Section 5

チェック欄 1／ 2／ 3／

## 障害基礎年金

次の記述のうち、正しいものはどれか。

A　障害基礎年金は、受給権者が障害等級に該当する程度の障害の状態に該当しなくなって３年を経過したときは、その支給が停止される。

B　障害基礎年金の受給権者が就職し、厚生年金保険の被保険者となった場合には、当該障害基礎年金は支給停止される。

C　国民年金法第30条第１項の障害基礎年金は、その受給権者が当該傷病による障害について労働者災害補償保険法の規定による障害補償給付、複数事業労働者障害給付又は障害給付を受けることができるときは、６年間、その支給を停止する。

D　国民年金法第30条第１項の障害基礎年金は、受給権者が刑事施設、労役場その他これらに準ずる施設に拘禁されているときであっても、その支給は停止されない。

E　障害基礎年金の受給権は、厚生年金保険の障害等級３級以上の障害状態にない者が、その該当しなくなった日から、障害等級３級以上の障害状態に該当することなく５年を経過したとき消滅する。ただし、５年を経過した日においてその者が65歳未満であるときを除く。(H26-7B)

## 解説

**A ×** 【⑩支給停止】

障害基礎年金は、受給権者が障害等級に該当する程度の障害の状態に該当しなくなったときは、障害の状態に該当しない間、その支給が停止される。 根拠 法36-Ⅱ

**B ×** 【⑩支給停止】

設問のような規定はない。厚生年金保険の被保険者となったことを理由として、障害基礎年金が支給停止されることはない。 根拠 法36～36の4

**C ×** 【⑩支給停止】

設問の場合には、労働者災害補償保険法の規定による障害補償給付、複数事業労働者障害給付又は障害給付が減額支給され、障害基礎年金は支給停止されない。なお、障害基礎年金は、その受給権者が当該傷病による障害について労働基準法の規定による障害補償を受けることができるときは、6年間、その支給が停止される。 根拠 法36

**D ○** 【⑩支給停止】

設問の通り正しい。設問の場合、法30条の4のいわゆる20歳前傷病による障害基礎年金は支給停止されるが、法30条1項のいわゆる一般的な障害基礎年金は支給停止されない。 根拠 法36、36の2-Ⅰ②

**E ×** 【⑪失権】

障害基礎年金の受給権は、受給権者が厚生年金保険の障害等級3級以上に該当する程度の障害状態に該当しなくなった日から起算して障害等級3級以上に該当する程度の障害状態に該当することなく「3年」を経過したときに消滅する。ただし、「3年」を経過した日において、当該受給権者が65歳未満であるときを除く。 根拠 法35-③

**解答 D**

## 問題30　択一　実践　教科書 Section 5

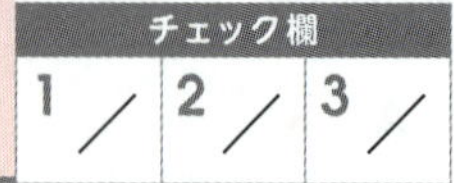


## 障害基礎年金

次のアからオの記述のうち、誤っているものの組合せは、後記AからEまでのうちどれか。

**ア**　国民年金法第30条の4に規定する20歳前傷病による障害基礎年金は、受給権者が日本国内に住所を有しないときは、その期間、その支給が停止される。

**イ**　国民年金法第30条の4に規定する20歳前傷病による障害基礎年金は、受給権者が障害者福祉施設に入所しているときは支給停止される。
(H25-7エ)

**ウ**　国民年金法第30条の4に規定する20歳前傷病による障害基礎年金は、その受給権者が刑事施設等に拘禁されている場合であっても、未決勾留中の者については、その支給は停止されない。

**エ**　国民年金法第30条の4に規定する20歳前傷病による障害基礎年金は、受給権者本人の前年の所得が政令で定められた金額を超えるときは、その年の10月から翌年9月までの間、年金額の全部、又は、年金額の4分の3、2分の1若しくは4分の1に相当する部分の支給が停止される。
(H25-7ア改題)

**オ**　労働者災害補償保険法による年金たる給付の受給権者であってその全額が支給停止されているときは、国民年金法第30条の4に規定する20歳前傷病による障害基礎年金は支給停止されない。(H25-7イ)

A（アとイ）　B（アとウ）　C（イとエ）
D（ウとオ）　E（エとオ）

## 解説

**ア ○** 【⑩支給停止】

設問の通り正しい。なお、国内に住所を有しないことにより支給停止されるのは、20歳前傷病による障害基礎年金のみであり、一般的な障害基礎年金等については設問の場合であっても支給停止されない。

根拠 法36の2-Ⅰ④

**イ ×** 【⑩支給停止】

20歳前傷病による障害基礎年金について、設問の施設に入所しているときに支給停止される旨の規定はない。 根拠 法36の2-Ⅰ

**ウ ○** 【⑩支給停止】

設問の通り正しい。20歳前傷病による障害基礎年金は、刑事施設、労役場その他これらに準ずる施設に拘禁されているときや少年院その他これに準ずる施設に収容されているときは支給停止されるが、未決勾留中の者については、その支給は停止されない。 根拠 法36の2-Ⅰ②③、則34の4

**エ ×** 【⑩支給停止】

設問の場合には、原則として、年金額の「全部又は2分の1」に相当する部分の支給が停止される。 根拠 法36の3-Ⅰ

**オ ○** 【⑩支給停止】

設問の通り正しい。20歳前傷病による障害基礎年金は、労働者災害補償保険法の規定による年金たる給付を受けることができるときは、その間、その支給を停止するとされているが、労働者災害補償保険法の規定による年金たる給付が、その全額につき支給を停止されているときは、原則として、20歳前傷病による障害基礎年金の支給は停止されない。

根拠 法36の2-Ⅰ①、Ⅱ

**解答 C（イとエ）**

## 問題31　選択　基本　教科書 Section 5

チェック欄　1 ／　2 ／　3 ／

### 障害基礎年金

次の［　］の部分を選択肢の中の適当な語句で埋め、完全な文章とせよ。

子を対象とする加算額が加算された障害基礎年金については、子のうち1人又は2人以上が次の(1)から(8)までのいずれかに該当するに至ったときは、その該当するに至った日の属する月の翌月から、その該当するに至った子の数に応じて、年金額が改定される。

(1) 死亡したとき。
(2) 受給権者による生計維持の状態がやんだとき。
(3) ［A］をしたとき。
(4) ［B］以外の者の養子となったとき。
(5) ［C］によって、受給権者の子でなくなったとき。
(6) ［D］歳に達した日以後の最初の3月31日が終了したとき。ただし、障害等級に該当する障害の状態にあるときを除く。
(7) 障害等級に該当する障害の状態にある子について、その事情がやんだとき。ただし、その子が［D］歳に達する日以後の最初の3月31日までの間にあるときを除く。
(8) ［E］歳に達したとき。

選択肢

| | | | |
|---|---|---|---|
| ① 受給権者の直系血族又は直系姻族 | | | ② 除籍 |
| ③ 婚姻関係の終了 | ④ 13 | ⑤ 15 | ⑥ 認知 |
| ⑦ 受給権者の配偶者 | ⑧ 16 | ⑨ 18 | ⑩ 離縁 |
| ⑪ 受給権者の親族 | ⑫ 20 | ⑬ 22 | ⑭ 婚姻 |
| ⑮ 養子縁組 | ⑯ 25 | ⑰ 30 | ⑱ 養親 |
| ⑲ 受給権者 | | | ⑳ 離婚 |

## 解答

【⑨年金額の改定】

A ⑭ 婚姻
B ⑦ 受給権者の配偶者
C ⑩ 離縁
D ⑨ 18
E ⑫ 20

根拠 法33の２－Ⅲ

## 解説

《Bについて》

「子が［⑦受給権者の配偶者］以外の者の養子となったとき」ということは、［⑦受給権者の配偶者］の養子となっても、当該子は加算対象のままということである。例えば、障害基礎年金の受給権者が再婚し、加算対象となっている当該受給権者の子がその再婚相手の養子となった場合でも、これをもって加算対象から外れるということはない。

《Dについて》

「［⑨18］歳に達した日以後の最初の３月31日が終了したとき。ただし、障害等級に該当する障害の状態にあるときを除く。」ということは、［⑨18］歳年度末時点で障害等級に該当する障害の状態にある場合には、当該子は加算対象のままということである。労災保険法の遺族（補償）等年金の失権・失格事由では「労働者の死亡の時から引き続き所定の障害の状態にあるときを除く。」とされているのと異なり、受給権取得時点ではなく「18歳年度末時点」での障害状態が問われることに注意すること。

## 問題32 選択 基本 教科書 Section 5

チェック欄 1 ／ 2 ／ 3 ／

## 障害基礎年金

次の文中の［　　］の部分を選択肢の中の適当な語句で埋め、完全な文章とせよ。

(1) 障害基礎年金の額は、［ A ］円×改定率とする。

(2) 障害の程度が障害等級1級に該当する者に支給する障害基礎年金の額は、上記(1)の額の100分の［ B ］に相当する額とする。

(3) 障害基礎年金の額は、受給権者によって生計を維持しているその者の子（［ C ］までの間にある子及び20歳未満であって障害等級に該当する障害の状態にある子に限る。）があるときは、上記(1)又は(2)の額に、その子1人につき、［ D ］円×改定率（そのうち［ E ］人までについては、それぞれ224,700円×改定率）を加算した額とする。

選択肢

| | | | |
|---|---|---|---|
| ① 15歳に達する日 | | ② 15歳に達する日以後の最初の3月31日 | |
| ③ 18歳に達する日 | | ④ 18歳に達する日以後の最初の3月31日 | |
| ⑤ 1 | ⑥ 120 | ⑦ 585,700 | ⑧ 56,200 |
| ⑨ 2 | ⑩ 125 | ⑪ 779,300 | ⑫ 74,800 |
| ⑬ 3 | ⑭ 150 | ⑮ 780,900 | ⑯ 74,900 |
| ⑰ 4 | ⑱ 200 | ⑲ 804,200 | ⑳ 77,100 |

## 解答

【⑧年金額】

A ⑮ 780,900
B ⑩ 125
C ④ 18歳に達する日以後の最初の３月31日
D ⑯ 74,900
E ⑨ 2

根拠 法33、33の２－Ⅰ



## 解説

《D、Eについて》

障害基礎年金の子の加算額は、［⑨２］（E）人目までが、１人につき、「224,700円」×改定率、３人目以降から、１人につき、［⑯74,900］（D）円×改定率となるが、条文では、１人につき、「［⑯74,900］円×改定率（そのうち［⑨２］人までについては、それぞれ224,700円×改定率）」と、［⑯74,900］円をメインに、「224,700円」となるほうがカッコ書きで記載されているので、条文で見るときには十分に注意すること。なお、子の加算額の計算の基礎となるのは「受給権者によって生計を維持しているその者の子」であって、「受給権者がその権利を取得した当時その者によって生計を維持していたその者の子」ではないことにも注意すること（受給権取得後に生計を維持することとなった子も加算対象となる。）。

## 問題33 択一 基本

教科書 Section 6

チェック欄 1 ／ 2 ／ 3 ／

# 遺族基礎年金

次の記述のうち、正しいものはどれか。

**A** 遺族基礎年金は、被保険者、被保険者であった60歳以上65歳未満の者、老齢基礎年金の受給権者、又は老齢基礎年金の受給資格期間を満たした者、のいずれかに該当する者が死亡した場合に、一定の要件に該当する遺族に支給する。(H24-2D)

**B** 死亡日に被保険者であって、保険料納付要件を満たしている者が死亡した場合であっても、その者が日本国内に住所を有していなければ、その者の遺族に遺族基礎年金が支給されることはない。

**C** 保険料納付済期間を25年有する50歳の第１号被保険者が死亡した場合、その者によって生計を維持していた14歳の子がいても、当該死亡日の前日において当該死亡日の属する月の前々月までの１年間に保険料滞納期間があるときは、子は遺族基礎年金の受給権を取得しない。(H26-8D)

**D** 平成26年４月から障害等級２級の障害基礎年金を継続して受給している第１号被保険者が、平成28年４月に死亡した場合、その者の死亡当時、その者に生計を維持されていた16歳の子がいた場合、死亡した者に係る保険料納付要件は満たされていることから、子に遺族基礎年金の受給権が発生する。なお、死亡した者は国民年金法第89条第２項の規定による保険料を納付する旨の申出をしていないものとする。(H28-8E)

**E** 夫の死亡の当時その者によって生計を維持していた子のない30歳未満の妻に支給される遺族基礎年金は、当該受給権を取得した日から５年間に限り、その妻に支給される。(H24-2B)

## 解説

**A ×** 【②死亡者の要件】

遺族基礎年金の支給要件において、被保険者であった60歳以上65歳未満の者の死亡については、死亡の当時その者が日本国内に住所を有していたことを要する。また、「老齢基礎年金の受給権者」は「保険料納付済期間と保険料免除期間とを合算した期間が25年以上である者」に限られ、「老齢基礎年金の受給資格期間を満たした者」は正しくは「保険料納付済期間と保険料免除期間とを合算した期間が25年以上である者」である。なお、「保険料納付済期間と保険料免除期間とを合算した期間が25年以上」ない者であっても、保険料納付済期間又は学生納付特例期間・納付猶予期間以外の保険料免除期間を（1月以上）有しており、かつ、保険料納付済期間、保険料免除期間及び合算対象期間を合算した期間が25年以上あれば、「保険料納付済期間と保険料免除期間とを合算した期間が25年以上」ある者とみなされる。 根拠 法37

**B ×** 【②死亡者の要件】

被保険者が死亡した場合には、国内居住要件は問われないので、死亡した被保険者が日本国内に住所を有していなくても遺族基礎年金が支給されることがある。国内居住要件が問われるのは、被保険者であった者であって、60歳以上65歳未満であるものが死亡したときである。 根拠 法37-①

**C ×** 【②死亡者の要件】

設問の死亡者は、保険料納付済期間を25年有していたことから、保険料納付要件を問われることなく、設問の子は遺族基礎年金の受給権を取得する。なお、設問の場合には、仮に設問の死亡者が20歳に達した時から死亡した時まで第1号被保険者だったとしても、被保険者期間30年間のうち25年が保険料納付済期間であり、本来の保険料納付要件を満たしている。

根拠 法37-①④、(60)法附則20-Ⅱ

**D ○** 【②死亡者の要件】

設問の通り正しい。死亡した者は第1号被保険者、つまり65歳未満の者であり、死亡日の前日において、死亡日の属する月の前々月までの1年間が障害基礎年金の受給権者であることにより法定免除期間となることから、特例の保険料納付要件を満たすことになる。設問の子には、遺族基礎年金の受給権が発生する。 根拠 法37-Ⅰ①、37の2-Ⅰ②、(60)法附則20-Ⅱ

**E ×** 【⑤遺族の範囲】

設問の子のない妻には遺族基礎年金は支給されない。 根拠 法37の2-Ⅰ①

**解答 D**

問題34 択一 実践 教科書 Section 6

チェック欄 1／ 2／ 3／

## 遺族基礎年金

次のアからオの記述のうち、正しいものの組合せは、後記AからEまでのうちどれか。

**ア** 被保険者である妻が死亡した当時その者によって生計を維持し、かつ、遺族基礎年金を受けることができる子と生計を同じくする夫は、妻の死亡当時55歳以上である場合に限り、遺族基礎年金を受けることができる遺族となる。

**イ** 被保険者又は被保険者であった者の死亡の当時その者により生計を維持し、かつ、20歳未満で障害等級に該当する障害の状態にある子であっても、現に婚姻をしている場合は、遺族基礎年金を受けることができる遺族には含まれない。

**ウ** 遺族基礎年金を受けることができる子には、死亡した被保険者と養子縁組をしていない配偶者の子を含むものとされている。

**エ** 配偶者に支給する遺族基礎年金の額には、例外なく子の加算額が加算される。

**オ** 子に支給する遺族基礎年金の額は、受給権を取得した子が3人であるときは、780,900円に改定率を乗じて得た額に224,700円に改定率を乗じて得た額に2を乗じて得た額を加算した額を、3で除して得た額とする。

**A**（アとイ）　**B**（アとオ）　**C**（イとエ）
**D**（ウとエ）　**E**（ウとオ）

## 解説

**ア ×** 【⑤遺族の範囲】

遺族基礎年金を受けることができる配偶者について、年齢要件は問われない。

根拠 法37の2－Ⅰ①

**イ ○** 【⑤遺族の範囲】

設問の通り正しい。被保険者により生計を維持し、かつ、18歳に達する日以後の最初の3月31日までの間にある子又は20歳未満で障害等級に該当する障害の状態にある子であっても、現に婚姻をしている場合には、遺族基礎年金を受けることができる子に該当しない。

根拠 法37の2－Ⅰ②

**ウ ×** 【⑤遺族の範囲】

遺族基礎年金を受けることができる子については、死亡した被保険者等の子（法律上の子）であることが必要である。

根拠 法37の2－Ⅰ②

**エ ○** 【⑥年金額】

設問の通り正しい。配偶者が遺族基礎年金を受けることができる遺族となるためには、遺族基礎年金を受けることができる子（加算の対象となる子）と生計を同じくしていることを要するため、結果として、配偶者に支給する遺族基礎年金の額には、例外なく子の加算額が加算されることとなる。

根拠 法37の2－Ⅰ①、39－Ⅰ

**オ ×** 【⑥年金額】

設問の場合、遺族基礎年金の額は、780,900円に改定率を乗じて得た額に224,700円に改定率を乗じて得た額及び74,900円に改定率を乗じて得た額を加算した額を、3で除して得た額となる。

根拠 法39の2－Ⅰ

**解答 C（イとエ）**

## 問題35　択一　応用　教科書 Section 6

チェック欄　1 ／　2 ／　3 ／

# 遺族基礎年金

次の記述のうち、正しいものはどれか。

**A**　合算対象期間を25年以上有し、このほかには被保険者期間を有しない61歳の者が死亡し、死亡時に国民年金には加入していなかった。当該死亡した者に生計を維持されていた遺族が14歳の子のみである場合、当該子は遺族基礎年金を受給することができる。(R元-9B)

**B**　死亡した被保険者によって生計を維持していた配偶者であっても、遺族の範囲に属する子を有しないときは、遺族基礎年金を受けることができない。ただし、当該配偶者が障害等級１級又は２級の障害の状態に該当する場合は、遺族基礎年金の受給権を取得できる。

**C**　厚生年金保険の被保険者である40歳の女性が死亡し、子が遺族厚生年金を受給する場合は、その死亡した被保険者により生計を維持していた40歳の夫が、被保険者の死亡した当時、死亡した被保険者の子と生計を同じくしていたとしても、子が遺族厚生年金を受給している間は、夫の遺族基礎年金は支給停止される。(H26-10A)

**D**　子のある配偶者が遺族基礎年金の受給権を有する場合、子に対する遺族基礎年金の支給は停止されるが、その配偶者が他の年金たる給付の支給を受けることにより当該遺族基礎年金の全額につき支給を停止されているときでも、子に対する遺族基礎年金の支給は停止される。(H24-2E改題)

**E**　配偶者からの申出により、配偶者の遺族基礎年金の全額が支給停止されたときであっても、子の遺族基礎年金は支給停止する。

## 解説

**A ×** 【②死亡者の要件】

合算対象期間のみを25年有している者の死亡について、遺族基礎年金は支給されない。

根拠 法37、法附則 9－Ⅰ

**B ×** 【⑤遺族の範囲】

設問文ただし書のような規定はない。なお、設問文前段の記述は正しい。

根拠 法37の 2－Ⅰ①

**C ×** 【⑧支給停止】

設問の場合、子に対する遺族基礎年金が支給停止され、夫に対する遺族基礎年金は支給停止されない。

根拠 法41－Ⅱ

**D ○** 【⑧支給停止】

設問の通り正しい。遺族基礎年金の受給権を有する配偶者が他の年金たる給付を選択受給したことにより、当該遺族基礎年金の全額につき支給を停止されているときでも、子に対する遺族基礎年金の支給は停止される。なお、配偶者に対する遺族基礎年金が法20条の 2（受給権者からの申出による支給停止）又は法41条の 2（所在不明による支給停止）の規定によりその支給を停止されているときは、原則として、子に対する遺族基礎年金の支給は停止されない。

根拠 法41－Ⅱ

**E ×** 【⑧支給停止】

子に対する遺族基礎年金は、配偶者が遺族基礎年金の受給権を有するときは、その間、その支給が停止されるが、このような場合であっても、配偶者が、法20条の 2（受給権者の申出による支給停止）の規定により遺族基礎年金の支給停止の申出をしたときは、原則として、子に対する遺族基礎年金は支給停止されない。

根拠 法20の 2－Ⅰ、41－Ⅱ

**解答 D**

## 問題36 択一 実践 教科書 Section 6

# 遺族基礎年金

チェック欄 1 ／ 2 ／ 3 ／

次の記述のうち、正しいものはどれか。

**A** 配偶者に対する遺族基礎年金については、配偶者がその権利を取得した当時、遺族の範囲に属し、かつ、その者と生計を同じくしていなかった子が生計を同じくするに至ったときは、その至った日の属する月の翌月から当該年金額が改定される。

**B** 遺族基礎年金の受給権者である障害の状態にある子が、19歳のときに障害等級に該当する障害の状態に該当しなくなったときは、当該子の遺族基礎年金の受給権は消滅する。

**C** 子の有する遺族基礎年金の受給権は、当該子が18歳に達した日以後の最初の３月31日が終了したときに障害等級に該当する障害の状態にあった場合は、その後、当該障害の状態に該当しなくなっても、20歳に達するまで消滅しない。(H27-3A)

**D** 遺族基礎年金の受給権者が婚姻をしたときであっても、その者が障害等級２級以上の障害の状態にある場合には、当該遺族基礎年金の受給権は、消滅しない。

**E** 遺族基礎年金の受給権者である子が、死亡した被保険者の兄の養子となったとしても、当該子の遺族基礎年金の受給権は消滅しない。(R元-2B)

## 解説

**A ×** 【⑦年金額の改定】

設問のような規定はない。配偶者に対する遺族基礎年金について、子の加算額の対象となるのは、遺族基礎年金の受給権取得当時、生計を同じくしていた遺族基礎年金の遺族の範囲に属する子に限られる。したがって、配偶者が遺族基礎年金の受給権取得後に遺族基礎年金の遺族の範囲に属する子と生計を同じくするに至ったとしても、遺族基礎年金の額は増額改定されない。 根拠 法37の2-Ⅰ、39

**B ○** 【⑨失権】

設問の通り正しい。障害等級に該当する障害の状態にある子について、その事情がやんだときは、その子が18歳に達する日以後の最初の3月31日までの間にあるときを除き、遺族基礎年金の受給権は消滅する。

根拠 法40-Ⅲ③

**C ×** 【⑨失権】

設問の場合、20歳に達するまでの間に障害状態に該当しなくなったときは、遺族基礎年金の受給権は消滅する。 根拠 法40-Ⅲ③

**D ×** 【⑨失権】

遺族基礎年金の受給権者が婚姻をしたときは、その者の障害状態にかかわらず、当該遺族基礎年金の受給権は、消滅する。 根拠 法40-Ⅰ②

**E ×** 【⑨失権】

死亡した被保険者の兄は、遺族基礎年金の受給権者である子の伯父であり、傍系血族に当たる（直系血族又は直系姻族に該当しない）ので、設問の場合には、当該子の遺族基礎年金の受給権は消滅する。 根拠 法40-Ⅰ③

**解答 B**

## 問題37 択一 基本 教科書 Section 6

チェック欄 1／ 2／ 3／

# 遺族基礎年金

次の記述のうち、正しいものはどれか。

**A** 配偶者に支給する遺族基礎年金は、当該配偶者が養子縁組により子（18歳に達する日以後の最初の3月31日までの間にあるものとする。）を有するに至ったときは、当該子を有するに至った日の属する月の翌月から年金額が改定される。

**B** 遺族基礎年金の受給権は、受給権者が老齢基礎年金の支給繰上げの請求をした場合には消滅する。

**C** 子に支給する遺族基礎年金は、生計を同じくしているその子の父又は母がいるときは、その間、減額して支給される。

**D** 遺族基礎年金の受給権を有する子が2人以上ある場合において、その子のうち1人以上の子の所在が1年以上明らかでないときは、その子に対する遺族基礎年金は、他の子の申請によって、その申請のあった月の翌月から、その支給を停止する。

**E** 被保険者、配偶者及び当該夫婦の実子が1人いる世帯で、被保険者が死亡し配偶者及び子に遺族基礎年金の受給権が発生した場合、その子が直系血族又は直系姻族の養子となったときには、子の有する遺族基礎年金の受給権は消滅しないが、配偶者の有する遺族基礎年金の受給権は消滅する。

(H28-3B)

## 解説

**A ×** 【⑤遺族の範囲】

設問の場合には、配偶者に支給する遺族基礎年金は増額改定されない。配偶者に支給する遺族基礎年金が増額改定されるのは、「配偶者が遺族基礎年金の受給権を取得した当時胎児であった子が生まれたとき」である。

根拠 法39-ⅠⅡ

**B ×** 【⑨失権】

遺族基礎年金の受給権は、受給権者が老齢基礎年金の支給繰上げの請求をした場合であっても消滅しない。なお、この場合、老齢基礎年金と遺族基礎年金を併給することはできず、老齢基礎年金を選択して受給することになるが、遺族基礎年金の受給権が消滅しない限り、将来に向かって、受給する年金を遺族基礎年金に選択替えすることはできる。 根拠 法40

**C ×** 【⑧支給停止】

子に支給する遺族基礎年金は、生計を同じくしているその子の父又は母がいるときは、その間、「支給が停止」される。 根拠 法41-Ⅱ

**D ×** 【⑧支給停止】

設問の場合、子の所在が明らかでなくなった時にさかのぼって、その支給を停止する。 根拠 法42-Ⅰ

**E ○** 【⑨失権】

設問の通り正しい。配偶者の有する遺族基礎年金の受給権は、加算対象となっている子の全てが配偶者以外の者の養子（事実上養子縁組関係と同様の事情にある者を含む。）となったときは、消滅する。

根拠 法39-Ⅲ③、40-Ⅰ③、Ⅱ

**解答 E**

# 問題38 選択 基本 教科書 Section 6

## 遺族基礎年金

チェック欄 1 ／ 2 ／ 3 ／

次の文中の［　　］の部分を選択肢の中の適当な語句で埋め、完全な文章とせよ。

遺族基礎年金は、被保険者又は被保険者であった者が次の(1)から(4)までのいずれかに該当する場合に、その者の配偶者又は子であって、被保険者又は被保険者であった者［ A ］もののうち、一定の要件に該当する者に支給される。ただし、(1)又は(2)に該当する場合にあっては、死亡した者につき、［ B ］において、死亡日の属する月の前々月までに被保険者期間があり、かつ、当該被保険者期間に係る保険料納付済期間と保険料免除期間とを合算した期間が当該被保険者期間の［ C ］に満たないときは、原則として、この限りでない。

(1) 被保険者が、死亡したとき。

(2) 被保険者であった者であって、日本国内に住所を有し、かつ、［ D ］であるものが、死亡したとき。

(3) 老齢基礎年金の受給権者（保険料納付済期間と保険料免除期間とを合算した期間が［ E ］年以上である者に限る。）が、死亡したとき。

(4) 保険料納付済期間と保険料免除期間とを合算した期間が［ E ］年以上である者が、死亡したとき。

選択肢

| | | |
|---|---|---|
| ① 20歳以上60歳未満 | ② 20歳以上65歳未満 | ③ 2分の1 |
| ④ 60歳以上65歳未満 | ⑤ 65歳以上70歳未満 | ⑥ 4分の3 |
| ⑦ 死亡日の前日 | ⑧ 死亡日の翌日 | ⑨ 3分の1 |
| ⑩ 死亡に係る傷病の初診日 | | ⑪ 3分の2 |
| ⑫ と生計を同じくしていたことがある | | ⑬ 死亡日 |
| ⑭ によって生計を維持していたことがある | ⑮ 10 | ⑯ 15 |
| ⑰ の死亡の当時、その者と生計を同じくしていた | | ⑱ 20 |
| ⑲ の死亡の当時、その者によって生計を維持していた | | ⑳ 25 |

## 解答

【②死亡者の要件】

A　⑲　の死亡の当時、その者によって生計を維持していた
B　⑦　死亡日の前日
C　⑪　3分の2
D　④　60歳以上65歳未満
E　⑳　25

根拠 法37、37の2



## 解説

《Eについて》

老齢基礎年金の受給権者の死亡であっても、その者の保険料納付済期間と保険料免除期間とを合算した期間が［⑳25］年以上でなければ、遺族基礎年金の死亡者の要件を満たすことはできない。なお、「保険料納付済期間と保険料免除期間とを合算した期間が［⑳25］年以上」ない者であっても、保険料納付済期間又は学生納付特例期間・納付猶予期間以外の保険料免除期間を（1月以上）有しており、かつ、保険料納付済期間、保険料免除期間及び合算対象期間を合算した期間が［⑳25］年以上あれば、「保険料納付済期間と保険料免除期間とを合算した期間が［⑳25］年以上」ある者とみなされる。

## 問題39 選択 基本

教科書 Section 6

チェック欄 1 / 2 / 3 /

# 遺族基礎年金

次の文中の[　　]の部分を選択肢の中の適当な語句で埋め、完全な文章とせよ。

1　子に対する遺族基礎年金は、原則として、配偶者が遺族基礎年金の受給権を有するとき、又は[ A ]その子の[ B ]があるときは、その間、その支給を停止する。

2　配偶者に対する遺族基礎年金は、その者の所在が[ C ]以上明らかでないときは、遺族基礎年金の受給権を有する子の申請によって、[ D ]、その支給を停止する。

3　配偶者は、[ E ]、上記2の支給の停止の解除を申請することができる。

選択肢

| | |
|---|---|
| ① その申請をした月の翌月から | ② 扶養義務のある |
| ③ 父母若しくは祖父母 | ④ 3親等内の親族 |
| ⑤ 850万円以上の収入を有する | ⑥ 生計を維持する |
| ⑦ 60歳に達する日の前日までに | ⑧ 父若しくは母 |
| ⑨ 生計を同じくする | ⑩ いつでも |
| ⑪ 65歳に達する日の前日までに | ⑫ 父母若しくは兄弟姉妹 |
| ⑬ その申請をした月の翌月から6年間 | ⑭ 1月 |
| ⑮ 受給権を取得した日から5年以内に | ⑯ 3月 |
| ⑰ 所在が明らかでなくなった時から3年間 | ⑱ 1年 |
| ⑲ その所在が明らかでなくなった時にさかのぼって | ⑳ 2年 |

## 解答

【⑥年金額】

A ⑨ 生計を同じくする
B ⑧ 父若しくは母
C ⑱ １年
D ⑲ その所在が明らかでなくなった時にさかのぼって
E ⑩ いつでも

根拠 法41-Ⅱ、41の２

## 解説

《A、Bについて》

「[⑨生計を同じくする]（A）その子の［⑧父若しくは母］（B）があるとき」とは、例えば以下の図のように、死亡者の子は遺族基礎年金の受給権を有しているが、その子の母である死亡者の前妻と生計を同じくしていることにより支給停止となる場合である。

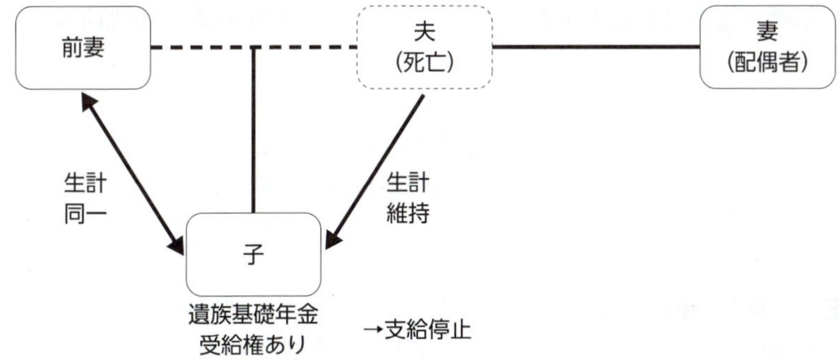

問題40 択一 基本 教科書 Section 7

チェック欄 1 ／ 2 ／ 3 ／

## 独自給付等

次の記述のうち、正しいものはどれか。

A　付加年金は、国民年金の被保険者であった期間に、付加保険料の納付済期間を有している者が、特別支給の老齢厚生年金の受給権を取得したときに支給される。

B　遺族基礎年金の受給権者が65歳に達し、老齢基礎年金と付加年金の受給権を取得したときは、その者の選択により遺族基礎年金か老齢基礎年金のいずれか一方が支給されるが、遺族基礎年金を選択した場合も付加年金が併せて支給される。

C　付加保険料に係る保険料納付済期間を300か月有する者が、65歳で老齢基礎年金の受給権を取得したときには、年額120,000円の付加年金が支給される。

D　一定要件を満たした第１号被保険者の夫が死亡し、妻が遺族基礎年金の受給権者となった場合には、妻に寡婦年金が支給されることはない。

(H29-8D)

E　寡婦年金の額の算定には、死亡した夫が第２号被保険者としての被保険者期間を有していたとしても、当該期間は反映されない。(H24-4ウ)

## 解説

**A ×** 【①付加年金】

付加年金は、付加保険料の保険料納付済期間を有する者が、老齢基礎年金の受給権を取得したときに支給される。 根拠 法43

**B ×** 【①付加年金】

付加年金は、老齢基礎年金と併せて支給されるものであり、遺族基礎年金を選択したことによって老齢基礎年金の支給が停止されているときは、その間、付加年金の支給も停止する。 根拠 法20-Ⅰ、43、47

**C ×** 【①付加年金】

設問の者には、年額60,000円（200円×300月）の付加年金が支給される。 根拠 法43、44

**D ×** 【②寡婦年金】

夫の死亡により遺族基礎年金の受給権を取得した場合であっても、要件を満たす限り、妻は、寡婦年金の受給権を同時に取得する。なお、これらの年金は、１人１年金の原則により併給することはできないが、例えば、先行して遺族基礎年金の支給を受け、その受給権消滅後、60歳に達した日の属する月の翌月から65歳に達するまでの間、寡婦年金の支給を受けることはできる。 根拠 法49-Ⅰ他

**E ○** 【②寡婦年金】

設問の通り正しい。寡婦年金の額は、死亡日の属する月の前月までの第１号被保険者としての被保険者期間に係る死亡日の前日における保険料納付済期間及び保険料免除期間につき、老齢基礎年金の額の規定の例によって計算した額の４分の３に相当する額とされている。 根拠 法49-Ⅰ、50

**解答 E**

## 問題41 択一 実践 教科書 Section 7

チェック欄 1 ／ 2 ／ 3 ／

# 独自給付等

次のアからオの記述のうち、正しいものの組合せは、後記AからEまでのうちどれか。

**ア** 付加年金及び死亡一時金は、第1号被保険者及び第3号被保険者としての被保険者期間を対象とした給付で、第2号被保険者としての被保険者期間は対象とされない。

**イ** 付加保険料の納付者が死亡した場合における妻に対する寡婦年金の額は、夫が受け取るはずであった老齢基礎年金の付加年金部分の2分の1相当額が加算される。(H24-4イ)

**ウ** 寡婦年金の受給権者である寡婦が65歳に達したときに老齢基礎年金の受給資格を満たしていなかった場合でも、寡婦年金の受給権は消滅する。(H24-4ア)

**エ** 寡婦年金の受給権は、受給権者が直系血族又は直系姻族の養子となったとしても、それを理由に、消滅することはない。(H24-4エ)

**オ** 死亡一時金は、死亡日の前日において死亡日の属する月の前月までの第1号被保険者としての被保険者期間に係る保険料納付済期間と保険料全額免除期間等とを合算して36月以上ある者が死亡したとき、その遺族に支給する。(H24-3B)

**A**（アとイ）　**B**（アとウ）　**C**（イとオ）
**D**（ウとエ）　**E**（エとオ）

## 解説

**ア ×** 【①付加年金、③死亡一時金】

付加年金及び死亡一時金は、第２号被保険者及び「第３号被保険者」としての被保険者期間は対象とされない。 根拠 法43、52の２-Ⅰ

**イ ×** 【②寡婦年金】

寡婦年金の額については、付加保険料の納付者が死亡した場合でも、設問のような加算は行われない。 根拠 法50

**ウ ○** 【②寡婦年金】

設問の通り正しい。寡婦年金の受給権は、受給権者が65歳に達したときは、その者が老齢基礎年金の受給資格期間を満たしているか否かにかかわらず、消滅する。 根拠 法51

**エ ○** 【②寡婦年金】

設問の通り正しい。なお、寡婦年金の受給権は、受給権者が「直系血族又は直系姻族以外」の者の養子（届出をしていないが、事実上養子縁組関係と同様の事情にある者を含む。）となったときは、消滅する。

根拠 法40-Ⅰ③、51

**オ ×** 【③死亡一時金】

死亡一時金の支給要件における保険料納付済期間等の月数に、保険料全額免除期間は含まれない。 根拠 法52の２-Ⅰ

**解答 D（ウとエ）**

## 問題42 択一 基本 教科書 Section 7

チェック欄 1 ／ 2 ／ 3 ／

## 独自給付等

次の記述のうち、正しいものはどれか。なお、Eにおいて「基準月」とは、脱退一時金の請求に係る当該請求の日の属する月の前月までの第1号被保険者としての被保険者期間に係る保険料納付済期間、保険料4分の1免除期間、保険料半額免除期間又は保険料4分の3免除期間のうち請求の日の前日までに当該期間の各月の保険料として納付された保険料に係る月及び産前産後期間の免除の規定により納付することを要しないものとされた保険料に係る月のうち直近の月のことである。

**A** 死亡一時金を受けることができる遺族は、死亡した者の配偶者、子、父母、孫、祖父母、兄弟姉妹又はこれらの者以外の三親等内の親族であって、その者の死亡の当時その者と生計を同じくしていたものである。(H28-5B)

**B** 夫の死亡により、寡婦年金と死亡一時金の受給要件を同時に満たした妻に対しては、寡婦年金が支給される。ただし、夫の死亡日の属する月に寡婦年金の受給権が消滅したときは、この限りでない。(H24-4オ)

**C** 死亡一時金の額は、死亡日の属する月の前月までの第1号被保険者としての保険料納付済期間の月数が300か月以上ある場合については、一律に32万円である。(H26-2E)

**D** 脱退一時金の請求について、日本国籍を有しない者が、請求の日の前日において請求の日の属する月の前月までの第1号被保険者としての被保険者期間に係る保険料納付済期間の月数を3か月及び保険料半額免除期間の月数を6か月有する場合、この者は、当該請求に必要な保険料の納付の要件を満たしている。(H29-8C)

**E** 脱退一時金の額は、基準月の属する年度における保険料の額に国民年金法附則第9条の3の2第1項にいう保険料納付済期間等の月数に応じて政令で定める数を乗じて得た額とする。

## 解説

**A ×** 【③死亡一時金】

死亡一時金を受けることができる遺族は、死亡した者の「配偶者、子、父母、孫、祖父母又は兄弟姉妹」であって、その者の死亡の当時その者と生計を同じくしていたものとされている。 根拠 法52の3－I

**B ×** 【③死亡一時金】

夫の死亡により、妻に対して死亡一時金と寡婦年金の受給権が発生する場合は、受給権者の選択により、死亡一時金と寡婦年金のうちいずれか一方が支給され、他方は支給されない。 根拠 法52の6

**C ×** 【③死亡一時金】

死亡一時金の額は、死亡日の属する月の前月までの第1号被保険者としての被保険者期間に係る死亡日の前日における保険料納付済期間の月数が「420か月」以上ある場合には、32万円である。なお、付加保険料納付済期間が3年以上である者の遺族に支給する死亡一時金の額については、さらに8,500円の加算が行われる。 根拠 法52の4－I

**D ○** 【④脱退一時金】

設問の通り正しい。設問の者は、脱退一時金の請求の日の前日において請求の日の属する月の前月までの第1号被保険者としての被保険者期間に係る保険料納付済期間の月数（3箇月）及び保険料半額免除期間の月数（6箇月）の2分の1に相当する月数（3箇月）を合算した月数が6箇月以上となるため、脱退一時金の請求に必要な保険料の納付の要件を満たしている。 根拠 法附則9の3の2－I

**E ×** 【④脱退一時金】

脱退一時金の額は、基準月の属する年度における保険料の額に2分の1を乗じて得た額に保険料納付済期間等の月数に応じて政令で定める数を乗じて得た額とされている。 根拠 法附則9の3の2－III

確認してみよう！ 「政令で定める数」は、保険料納付済期間等の月数（請求の日の前日において請求の日の属する月の前月までの第1号被保険者としての被保険者期間に係る保険料納付済期間の月数、保険料4分の1免除期間の月数の4分の3に相当する月数、保険料半額免除期間の月数の2分の1に相当する月数及び保険料4分の3免除期間の月数の4分の1に相当する月数を合算した月数をいう。）に応じて6から60の間で定められている。

**解答 D**

CH 8 国民年金法

# 問題43 択一 基本 教科書 Section7

チェック欄 1／ 2／ 3／

## 独自給付等

次のアからオの記述のうち、誤っているものの組合せは、後記AからEまでのうちどれか。

**ア** 老齢基礎年金の支給を繰上げ又は繰下げる者に対して付加年金を支給するときは、付加年金も老齢基礎年金と同様に繰上げ又は繰下げて支給される。

**イ** 付加年金は、付加保険料に係る保険料納付済期間を有する者が障害基礎年金の受給権を取得したときに、その者に支給する。

**ウ** 付加年金の額は、「200円×付加保険料納付済期間の月数×改定率」とされている。

**エ** 寡婦年金は、死亡した夫が障害基礎年金の支給を受けたことがあるときには、支給されない。

**オ** 寡婦年金の受給権は、受給権者が婚姻をしたときは、消滅する。

**A**（アとイ）　**B**（アとエ）　**C**（イとウ）
**D**（ウとオ）　**E**（エとオ）

## 解説

**ア** ○ 【①付加年金】

設問の通り正しい。なお、付加年金については、老齢基礎年金と同じ減額率又は増額率が適用される。 根拠 法46、法附則9の2-Ⅵ、9の2の2-Ⅵ

**イ** × 【①付加年金】

付加年金は、付加保険料に係る保険料納付済期間を有する者が老齢基礎年金の受給権を取得したときに限り、その者に支給する。 根拠 法43

**ウ** × 【①付加年金】

付加年金の額は、「200円×付加保険料納付済期間の月数」とされている。

根拠 法44

**エ** ○ 【②寡婦年金】

設問の通り正しい。なお、寡婦年金は、死亡した夫が老齢基礎年金の支給を受けたことがあるときにも、支給されない。 根拠 法49-Ⅰただし書

**オ** ○ 【②寡婦年金】

設問の通り正しい。 根拠 法40-Ⅰ②、51

確認してみよう！ 寡婦年金の受給権は、受給権者が次の①～⑤のいずれかに該当するに至ったときは、消滅する。

① 65歳に達したとき
② 死亡したとき
③ 婚姻（届出をしていないが、事実上婚姻関係と同様の事情にある場合を含む。）をしたとき
④ 養子（届出をしていないが、事実上養子縁組関係と同様の事情にある者を含む。）となったとき（直系血族又は直系姻族の養子となったときを除く。）
⑤ 繰上げ支給の老齢基礎年金の受給権を取得したとき

**解答 C（イとウ）**

## 問題44 択一 基本 教科書 Section 7

チェック欄 1 ／ 2 ／ 3 ／

## 独自給付等

次の記述のうち、誤っているものはどれか。

A　65歳以上の特例による任意加入被保険者が死亡した場合であっても、死亡一時金の支給要件を満たしていれば、一定の遺族に死亡一時金が支給される。

B　死亡一時金の額は、死亡日の属する月の前月までの第１号被保険者としての被保険者期間に係る死亡日の前日における保険料納付済期間の月数、保険料４分の１免除期間の月数、保険料半額免除期間の月数及び保険料４分の３免除期間の月数を合算した月数が36月以上180月未満の場合には、12万円である。

C　死亡一時金の額は、死亡日の属する月の前月までの第１号被保険者としての被保険者期間に係る死亡日の前日における付加保険料納付済期間が３年以上である者の遺族に支給する場合、8,500円を加算した額とする。

D　障害基礎年金の受給権者については、当該障害基礎年金の支給を停止されている場合であっても、脱退一時金の支給を請求することができない。

E　脱退一時金の支給を受けたときは、支給を受けた者は、その額の計算の基礎となった第１号被保険者としての被保険者であった期間は、被保険者でなかったものとみなされる。

## 解説

**A ○** 【③死亡一時金】

設問の通り正しい。特例による任意加入被保険者としての被保険者期間は、死亡一時金の支給要件においては、第1号被保険者としての被保険者期間とみなされる。 根拠 法52の2－Ⅰ、(6)法附則11－Ⅸ、(16)法附則23－Ⅸ

**B ×** 【③死亡一時金】

死亡一時金の額として12万円支給されるのは、死亡日の属する月の前月までの第1号被保険者としての被保険者期間に係る死亡日の前日における保険料納付済期間の月数、保険料4分の1免除期間の月数の「4分の3に相当する月数」、保険料半額免除期間の月数の「2分の1に相当する月数」及び保険料4分の3免除期間の月数の「4分の1に相当する月数」を合算した月数が36月以上180月未満の場合である。 根拠 法52の4－Ⅰ

**C ○** 【③死亡一時金】

設問の通り正しい。なお、寡婦年金や脱退一時金については、死亡した夫（寡婦年金）や脱退一時金の請求権者に付加保険料納付済期間があっても、設問のような加算はない。 根拠 法52の4－Ⅱ

**D ○** 【④脱退一時金】

設問の通り正しい。障害基礎年金の受給権を有したことがあるときは、脱退一時金の支給を請求することができない。 根拠 法附則9の3の2－Ⅰ②

**E ○** 【④脱退一時金】

設問の通り正しい。 根拠 法附則9の3の2－Ⅳ

得点UP！ 脱退一時金の請求回数に制限はない。

**解答 B**

## 問題45 選択 基本 教科書 Section 7

チェック欄 1 ／ 2 ／ 3 ／

# 独自給付等

次の文中の[　]の部分を選択肢の中の適当な語句で埋め、完全な文章とせよ。

1　死亡一時金は、死亡日の前日において死亡日の[ A ]までの[ B ]としての被保険者期間に係る保険料納付済期間の月数、保険料4分の1免除期間の月数の4分の3に相当する月数、保険料半額免除期間の月数の2分の1に相当する月数及び保険料4分の3免除期間の月数の4分の1に相当する月数を合算した月数が[ C ]月以上であって[ D ]の支給を受けたことがない者が死亡した場合において、その者に遺族があるときに、その遺族に支給する。

2　死亡一時金を受けることができる遺族は、死亡した者の[ E ]であって、その者の死亡の当時その者と生計を同じくしていたものとする。

選択肢

| | |
|---|---|
| ① 第3号被保険者 | ② 属する月の前月 |
| ③ 前日の属する月 | ④ 第1号被保険者 |
| ⑤ 第2号被保険者 | ⑥ 属する月の前々月 |
| ⑦ 遺族基礎年金又は寡婦年金 | ⑧ 妻又は子 |
| ⑨ 老齢基礎年金又は遺族基礎年金 | ⑩ 属する月 |
| ⑪ 老齢基礎年金又は障害基礎年金 | ⑫ 妻 |
| ⑬ 配偶者、子、父母、孫又は祖父母 | ⑭ 6 |
| ⑮ 障害基礎年金又は遺族基礎年金 | ⑯ 12 |
| ⑰ 第1号被保険者又は第3号被保険者 | ⑱ 18 |
| ⑲ 配偶者、子、父母、孫、祖父母又は兄弟姉妹 | ⑳ 36 |

## 解答

【③死亡一時金】

A ② 属する月の前月
B ④ 第１号被保険者
C ⑳ 36
D ⑪ 老齢基礎年金又は障害基礎年金
E ⑲ 配偶者、子、父母、孫、祖父母又は兄弟姉妹

根拠 法52の２－Ⅰ、52の３－Ⅰ

## 解説

《A、B、Dについて》

死亡一時金は、死亡日の前日において死亡日の［②属する月の前月］（A）までの［④第１号被保険者］（B）としての被保険者期間によって算定される月数によって支給要件を判断し、また、支給額が算定される。Aについて、遺族基礎年金の死亡者の保険料納付要件のように死亡日の［⑥属する月の前々月］とされていないのは、死亡一時金は「保険料の掛け捨て防止」を目的として支給されるものであり、死亡日の［②属する月の前月］の保険料がすでに納付されている場合には、これも支給要件や支給額に反映していこうというものである（「保険料の納付状況」をチェックしようとする遺族基礎年金とは趣旨が異なることになる。）。なお、死亡一時金は国民年金の独自給付であることから、Bには［④第１号被保険者］が入り、また、前述のように死亡一時金は保険料の掛け捨て防止を目的として支給されるものであるから、死亡者には「［⑪老齢基礎年金又は障害基礎年金］（D）の支給を受けたことがない者」という要件が付されることになる（「遺族基礎年金」「寡婦年金」などは、受給者本人の保険料納付実績が給付に結びついているものではない。）。

問題46 選択 基本 教科書 Section 7

チェック欄 1 ／ 2 ／ 3 ／

## 独自給付等

次の文中の［　］の部分を選択肢の中の適当な語句で埋め、完全な文章とせよ。

請求の日の前日において請求の日の属する月の前月までの第1号被保険者としての被保険者期間に係る［A］の月数、保険料4分の1免除期間の月数の4分の3に相当する月数、保険料半額免除期間の月数の2分の1に相当する月数及び保険料4分の3免除期間の月数の4分の1に相当する月数を合算した月数が［B］以上である日本国籍を有しない者（［C］でない者に限る。）が、老齢基礎年金の受給資格期間を満たしていない場合、脱退一時金の支給を請求することができる。ただし、［D］があるとき、障害基礎年金等の受給権を有したことがあるとき、最後に被保険者の資格を喪失した日(同日において［D］を有していた者にあっては、同日後初めて、［D］を有しなくなった日)から起算して［E］を経過しているときは支給されない。

選択肢

① 保険料納付済期間、学生納付特例期間及び納付猶予期間
② 保険料納付済期間、合算対象期間、学生納付特例期間及び納付猶予期間
③ 保険料納付済期間及び合算対象期間　④ 保険料納付済期間
⑤ 第1号被保険者　⑥ 1月　⑦ 2月　⑧ 外国籍
⑨ 任意加入被保険者　⑩ 3月　⑪ 6月　⑫ 在留資格
⑬ 日本国外に住所　⑭ 1年　⑮ 2年　⑯ 被保険者
⑰ 日本国内に住所　⑱ 3年　⑲ 7年
⑳ 国民年金基金の加入員

## 解答

【④脱退一時金】

A ④ 保険料納付済期間
B ⑪ 6月
C ⑯ 被保険者
D ⑰ 日本国内に住所
E ⑮ 2年

根拠 法附則9の3の2-Ⅰ



## 解説

《D、Eについて》

現在の脱退一時金の制度は、我が国の経済社会の国際化の進展や、外国人技能実習制度の実施等に伴い、短期間我が国に滞在する外国人が増加していることを踏まえ、外国との年金通算協定が締結されるまでの経過的な措置として、平成6年11月9日に公布された「国民年金法等の一部を改正する法律」において設けられたものである。短期滞在の外国人を対象とした制度であることから、［⑰日本国内に住所］（D）を有する場合には、脱退一時金は支給されない。また、脱退一時金の支給を請求する権利については、法令上の時効は設けられていないが、資格喪失日（同日に［⑰日本国内に住所］を有している場合には、［⑰日本国内に住所］を有しなくなった日）から起算して［⑮2年］（E）以内という請求期限が設けられている。

## 問題47 選択 実践　教科書 Section 8

チェック欄 1 ／ 2 ／ 3 ／

# 年金額の調整等

次の文中の［　　］の部分を選択肢の中の適当な語句で埋め、完全な文章とせよ。

1　新規裁定者に係る調整期間終了後の改定率については、毎年度、［A］を基準として改定し、当該年度の［B］月以降の年金たる給付について適用する。

2　既裁定者に係る調整期間終了後の基準年度以後改定率（受給権者が［C］歳に達した日の属する年度の初日の属する年の［D］年後の年の4月1日の属する年度以後において適用される改定率をいう。）の改定については、上記1の規定にかかわらず、［E］（［E］が［A］を上回るときは、［A］）を基準とする。

選択肢

| | |
|---|---|
| A | ①　物価変動率　②　公的年金被保険者等総数の変動率<br>③　再評価率　④　名目手取り賃金変動率 |
| B | ①　4　②　6　③　9　④　10 |
| C | ①　65　②　68　③　70　④　75 |
| D | ①　2　②　3　③　5　④　10 |
| E | ①　物価変動率　②　公的年金被保険者等総数の変動率<br>③　再評価率　④　名目手取り賃金変動率 |

## 解答

【①年金額の改定】

A ④ 名目手取り賃金変動率
B ① 4
C ① 65
D ② 3
E ① 物価変動率

根拠 法27の2-Ⅱ、27の3-Ⅰ



## 解説

《A、Eについて》

新規裁定者の年金額は、就労世代の生活水準に合わせ、可処分所得（手取り賃金）を基準に改定するため、Aには［④名目手取り賃金変動率］が入る。一方、既裁定者については、年金の実質価値（購買力）を維持するだけで、就労世代の生活水準は年金額には反映させないため、Eには［①物価変動率］が入ることになる。ただし、［①物価変動率］が［④名目手取り賃金変動率］を上回る場合には、新規裁定者よりも既裁定者のほうが改定基準が高くなってしまうため、このような場合には、既裁定者についても［④名目手取り賃金変動率］を基準に改定することとされている。

問題48 択一 基本 教科書 Section 9

## 通則等、不服申立て、雑則等

チェック欄 1 ／ 2 ／ 3 ／

次の記述のうち、誤っているものはどれか。

A　遺族基礎年金の受給権者である妻が死亡した場合の未支給の年金について、妻の死亡の当時、当該遺族基礎年金の支給の要件となり、又はその額の加算の対象となっていた被保険者又は被保険者であった者の子は、当該妻と養子縁組をしていなくても、未支給の年金の支給を請求することができる子とみなされる。(H25-1D)

B　未支給の年金を受けるべき同順位者が2人以上あるときは、その1人のした請求は、全員のためその全額につきしたものとみなし、その1人に対してした支給は、全員に対してしたものとみなす。(H24-8C)

C　受給権者の申出による年金給付の支給停止は、いつでも撤回することができ、過去に遡って給付を受けることができる。(H24-8B)

D　被保険者の資格に関する処分について社会保険審査官に審査請求をした者は、審査請求をした日から2月以内に決定がないときは、社会保険審査官が審査請求を棄却したものとみなすことができる。

E　被保険者の資格に関する処分が確定したときは、その処分についての不服を当該処分に基づく給付に関する処分の不服の理由とすることができない。

## 解説

A ○ 【①未支給年金】

設問の通り正しい。未支給の年金の支給を請求することができる子は、原則として、死亡した者の法律上の子（実子又は養子）である必要があるが、例えば、死亡した者が遺族基礎年金の受給権者（後妻）であったときは、その者の死亡の当時当該遺族基礎年金の支給の要件となり、又はその額の加算の対象となっていた被保険者等の子（亡夫と先妻との間の子）は、当該遺族基礎年金の受給権者（後妻）と養子縁組をしていなくても、未支給の年金の支給を請求することができる子とみなされる。根拠 法19-Ⅱ

B ○ 【①未支給年金】

設問の通り正しい。未支給年金を受けるべき同順位者が複数いる場合は、そのうちの1人が請求すればよく、また、支給もそのうちの1人に対して行うことができる。

根拠 法19-Ⅴ

C × 【④受給権者の申出による支給停止】

受給権者の申出による年金の支給停止は、いつでも、「将来に向かって」撤回できることとされており、過去に遡って給付を受けることはできない。

根拠 法20の2-Ⅲ

D ○ 【⑦不服申立て】

設問の通り正しい。設問の場合、審査請求人は、社会保険審査会に再審査請求をするか、又は処分取消しの訴えを提起するか、選択することができる。

根拠 法101-Ⅱ

E ○ 【⑦不服申立て】

設問の通り正しい。一度資格に関する処分が確定したにもかかわらず、当該処分に基づく給付の際に、資格に関する処分に不服があるとして争うことは、確定した内容をさらに争うことになるため、認められていない。

根拠 法101-Ⅳ

解答 C

問題49　択一　実践　教科書 Section 9

チェック欄 1／ 2／ 3／

## 通則等、不服申立て、雑則等

次のアからオの記述のうち、正しいものの組合せは、後記AからEまでのうちどれか。

**ア**　原則として、給付を受けた金銭を標準として租税その他の公課を課することはできないが、老齢基礎年金及び付加年金には公課を課することができる。(H25-10C)

**イ**　年金給付の受給権者が死亡した場合において、その死亡した者に支給すべき年金給付でまだその者に支給しなかったものがあるとき、その未支給の年金を請求することができる者の順位は、①配偶者又は子、②父母、③孫、④祖父母、⑤兄弟姉妹、⑥これらの者以外の３親等内の親族の順位である。

**ウ**　障害厚生年金（厚生労働大臣が支給するものに限る。以下本肢において同じ。）の支給を停止し、老齢基礎年金を支給すべき場合に、支給を停止すべき月の翌月以降の分として障害厚生年金が支払われた場合であっても、両年金は、異なる制度の年金であるので、障害厚生年金を老齢基礎年金の内払とみなすことはできない。

**エ**　障害基礎年金を減額して改定すべき事由が生じたにもかかわらず、その事由が生じた日の属する月の翌月以降の分として減額しない額の障害基礎年金が支払われた場合における当該障害基礎年金の当該減額すべきであった部分は、その後に支払うべき障害基礎年金の内払とみなすことができる。

**オ**　遺族基礎年金の受給権者が同一の支給事由に基づく遺族厚生年金の受給権者の死亡に伴う当該遺族厚生年金の支払金の金額の過誤払による返還金債権に係る債務の弁済をすべき者である場合には、その者に対する遺族基礎年金の支払金の金額を当該過誤払による返還金債権の金額に充当することができる。

**A**（アとウ）　**B**（アとエ）　**C**（イとオ）
**D**（イとエ）　**E**（ウとオ）

## 解説

**ア ○** 【②受給権の保護】

設問の通り正しい。受給権の保護の視点から、国民年金の給付は原則として非課税とされているが、老齢基礎年金及び付加年金については、雑所得として課税対象となる。

根拠 法25

**イ ×** 【②受給権の保護】

未支給の年金を請求することができる遺族の順位は、配偶者と子は同順位ではないため、「①配偶者、②子、③父母、④孫、⑤祖父母、⑥兄弟姉妹、⑦これらの者以外の3親等内の親族」となる。 根拠 法19-Ⅳ、令4の3の2

**ウ ×** 【③支払の調整】

内払調整は、厚生労働大臣が支給する厚生年金保険の年金たる保険給付と国民年金の年金たる給付の間でも行われる。

根拠 法21-Ⅲ

**エ ○** 【③支払の調整】

設問の通り正しい。なお、遺族基礎年金を減額して改定すべき事由が生じたにもかかわらず、その事由が生じた日の属する月の翌月以降の分として減額しない額の遺族基礎年金が支払われた場合についても同様に、内払とみなすことができるとされている。

根拠 法21-Ⅱ

**オ ×** 【③支払の調整】

国民年金と厚生年金保険の制度間での充当処理は行われない。

根拠 法21の2、則86の2-②

**解答 B（アとエ）**

## 問題50 択一 基本 教科書 Section 9

チェック欄 1 ／ 2 ／ 3 ／

## 通則等、不服申立て、雑則等

次の記述のうち、正しいものはどれか。

A 老齢基礎年金、付加年金及び死亡一時金を受ける権利は、国税滞納処分により差し押えることができる。

B 年金給付の受給権者が死亡したため、その受給権が消滅したにもかかわらず、その死亡の日の属する月の翌月以降の分として当該年金給付の過誤払が行われた場合において、当該過誤払による返還金に係る債権（以下「返還金債権」という。）に係る債務の弁済をすべき者に支払うべき障害基礎年金があるときは、当該障害基礎年金の支払金の金額を当該過誤払による返還金債権の金額に充当することができる。

C 障害基礎年金と遺族厚生年金は、受給権者の年齢にかかわらず、併給することができる。

D 65歳未満の繰上げ支給の老齢基礎年金の受給権者が、遺族厚生年金の受給権を取得した場合には、その翌月から65歳に達するまでの間についても、繰上げにより減額された老齢基礎年金と遺族厚生年金を併給することができる。

E 偽りその他不正な手段により給付を受けた者は、3年以下の懲役又は100万円以下の罰金に処せられる。

## 解説

**A ×** 【②受給権の保護】

死亡一時金を受ける権利は、国税滞納処分により差し押えることはできない。なお、老齢基礎年金、付加年金及び「脱退一時金」を受ける権利については、国税滞納処分により差し押えることができる。

根拠 法24、令14の5

**B ×** 【③支払の調整】

設問の障害基礎年金の支払金の金額を当該過誤払による返還金債権の金額に充当することはできない。年金たる給付の支払金の金額の過誤払による返還金債権への充当は、次の①又は②に掲げる場合に行うことができる。

① 年金たる給付の受給権者の死亡を支給事由とする遺族基礎年金の受給権者が、当該年金たる給付の受給権者の死亡に伴う当該年金たる給付の支払金の金額の過誤払による返還金債権に係る債務の弁済をすべき者であるとき。

② 遺族基礎年金の受給権者が同一の支給事由に基づく他の遺族基礎年金の受給権者の死亡に伴う当該遺族基礎年金の支払金の金額の過誤払による返還金債権に係る債務の弁済をすべき者であるとき。

根拠 法21の2、則86の2

**C ×** 【⑤併給調整】

障害基礎年金と遺族厚生年金は、受給権者が65歳に達している場合に限り、併給することができる。 根拠 法20-Ⅰ、法附則9の2の4

**D ×** 【⑤併給調整】

老齢基礎年金と遺族厚生年金は、受給権者が65歳に達している場合に限り、併給することができる。繰上げ支給の老齢基礎年金（65歳未満の者に支給される老齢基礎年金）と遺族厚生年金は併給されない（いずれか一方を選択して受給することとなる。）。 根拠 法20-Ⅰ、法附則9の2の4

**E ○** 【⑧雑則等】

設問の通り正しい。不正受給に関しては、国民年金法上最も重い罰則が規定されている。 根拠 法111

**解答 E**

問題51 択一 基本 教科書 Section 9

チェック欄 1 ／ 2 ／ 3 ／

## 通則等、不服申立て、雑則等

次の記述のうち、正しいものはどれか。

**A** 65歳に達している者の老齢基礎年金と障害厚生年金は、併給することができる。

**B** 併給の調整により支給を停止された年金給付について、いわゆる選択替えをすることができるのは、毎年、厚生労働大臣が受給権者に係る現況の確認を行う際に限られる。(H25-3B)

**C** 遺族基礎年金の受給権者である配偶者が、正当な理由がなくて、指定日までに提出しなければならない加算額対象者と引き続き生計を同じくしている旨等を記載した届書を提出しないときは、当該遺族基礎年金は支給を停止するとされている。(R2-7C)

**D** 死亡一時金については、死亡一時金の支給事由となった事故について、受給権者が損害賠償を受けた場合であっても、その損害賠償額との調整は行われない。

**E** 年金給付を受ける権利及び死亡一時金を受ける権利は、その支給すべき事由が生じた日から5年を経過したときは、時効によって消滅する。

(H27-5E改題)

## 解説

**A ×** 【⑤併給調整】

老齢基礎年金と障害厚生年金は、併給することができない。

根拠 法20-Ⅰ、法附則9の2の4

**B ×** 【⑤併給調整】

設問の選択替えは「いつでも」行うことができるとされている。

根拠 法20-Ⅳ

**C ×** 【⑥特殊的調整】

設問の配偶者が、正当な理由がなくて、設問の届書を提出しないときは、遺族基礎年金の支払を一時差し止めることができるとされている。

根拠 法73、105-Ⅲ、則51の3-Ⅰ

**D ○** 【⑥特殊的調整】

設問の通り正しい。死亡一時金については、保険料の掛け捨て防止の考え方に立った給付であり、その給付額にも鑑み、損害賠償を受けた場合であっても、損害賠償額との調整は行わないこととされている。

根拠 法22-Ⅱ、H27.9.30年管管発0930第6号

**E ×** 【⑧雑則等】

死亡一時金を受ける権利は、これを行使することができる時から2年を経過したときは、時効によって消滅する。なお、年金給付を受ける権利について、その支給すべき事由が生じた日から5年を経過したときは、時効によって消滅する、とする記述については正しい。 根拠 法102-ⅠⅣ

**解答 D**

## 問題52 択一 実践 教科書 Section10

# 国民年金基金等

チェック欄 1 ／ 2 ／ 3 ／

次の記述のうち、正しいものはどれか。

**A** 国民年金基金は、厚生労働大臣の認可を受けて、他の国民年金基金と吸収合併（国民年金基金が他の国民年金基金とする合併であって、合併により消滅する国民年金基金の権利義務の全部を合併後存続する国民年金基金に承継させるものをいう。）をすることができるが、地域型国民年金基金と職能型国民年金基金との間で吸収合併をすることはできない。

**B** 第1号被保険者が従事する職業において職能型国民年金基金が設立されている場合、当該被保険者は職能型国民年金基金に加入することとなり、地域型国民年金基金には加入できない。（H24-9C）

**C** 毎月の掛金の上限額である68,000円を超えていなければ、職能型国民年金基金と地域型国民年金基金の両方に同時に加入することができる。

（H24-9D）

**D** 第1号被保険者は、国民年金基金に対し加入員となる申出をした日に当該加入員の資格を取得し、加入員資格の喪失の申出が受理された日にその加入員の資格を喪失する。（H25-3D）

**E** 国民年金基金が支給する年金は、基金への掛金を納付した場合であっても国民年金の保険料納付済期間とされない期間があるときは、その期間分については給付の対象とされず、基金に納付したその期間分の掛金は還付される。

## 解説

**A ×** 【①国民年金基金】

地域型国民年金基金と職能型国民年金基金との吸収合併については、その地区が全国である地域型国民年金基金が吸収合併後存続する国民年金基金となる場合には、することができる。 根拠 法137の3－Ⅰ

**B ×** 【②加入員】

第1号被保険者は、すでに地域型国民年金基金又は職能型国民年金基金の加入員であるときは、他の国民年金基金の加入員となることはできないが、設問のような制限は行われない。 根拠 法127－Ⅰ

**C ×** 【②加入員】

第1号被保険者は、毎月の掛金の上限額である68,000円を超えていなくても、地域型国民年金基金と職能型国民年金基金の両方に同時に加入することはできない。 根拠 法127－Ⅰ、134、基金令34

**D ×** 【②加入員】

国民年金基金の加入員は、申出により任意にその資格を喪失することは認められていないので、「加入員資格の喪失の申出が受理された日にその加入員の資格を喪失する」とする規定はない。 根拠 法127－ⅡⅢ

**E ○** 【③基金の給付水準】

設問の通り正しい。国民年金基金が支給する年金の額は、加入員期間の月数に応じて算定されるが、この「加入員期間」は、国民年金法87条の規定による保険料に係る保険料納付済期間である期間に限るとされており、基金の掛金を納付した期間であっても、保険料納付済期間とされていない月については基金からの給付の対象とされず、その月に係る掛金は還付される。 根拠 法130－Ⅱカッコ書

**解答 E**

問題53 択一 実践 教科書 Section10

チェック欄 1 ／ 2 ／ 3 ／

## 国民年金基金等

次の記述のうち、正しいものはどれか。

**A** 国民年金基金は、政令で定めるところにより、厚生労働大臣の認可を受けて、その業務（加入員又は加入員であった者に年金又は一時金の支給を行うために必要となるその者に関する情報の収集、整理又は分析を含む。）の全部又は一部を信託会社、信託業務を営む金融機関、生命保険会社、農業協同組合連合会、共済水産業協同組合連合会、国民年金基金連合会その他の法人に委託することができる。

**B** 国民年金基金は、加入員又は加入員であった者の老齢に関し年金の支給を行い、あわせて加入員又は加入員であった者の障害に関し一時金の支給を行うものとする。

**C** 日本国籍を有する者であって、日本国内に住所を有しない20歳以上65歳未満の任意加入被保険者は、その者が住所を有していた地区に係る地域型国民年金基金に申し出て、当該地域型国民年金基金の加入員となることができる。

**D** 国民年金基金の加入員が、法定免除又は申請免除の規定により保険料を納付することを要しないものとされたときは、当該保険料を納付することを要しないものとされた日に加入員の資格を喪失する。

**E** 国民年金基金が支給する年金は、少なくとも、当該基金の加入員であった者が老齢基礎年金の受給権を取得したときから5年以内には、その者に支給されるものでなければならない。

## 解説

**A ×** 【①国民年金基金】

国民年金基金は、その業務の「一部」を信託会社等に委託することができるのであり、全部を委託することはできない。なお、その他の記述は正しい。 根拠 法128-Ⅴ

**B ×** 【①国民年金基金】

国民年金基金は、加入員又は加入員であった者の老齢に関し年金の支給を行い、あわせて加入員又は加入員であった者の死亡に関し一時金の支給を行うものとする。 根拠 法115、128-Ⅰ

**C ○** 【②加入員】

設問の通り正しい。なお、設問の者（日本国内に住所を有しない20歳以上65歳未満の任意加入被保険者）は、その者が加入していた職能型国民年金基金に申し出て、当該職能型国民年金基金の加入員となることもできる。

根拠 法附則5-Ⅻ

**D ×** 【②加入員】

設問の場合、当該保険料を納付することを要しないものとされた月の初日に加入員の資格を喪失する。 根拠 法127-Ⅲ③

確認してみよう！ 加入員の資格を取得した月にその資格を喪失した者は、その資格を取得した日にさかのぼって、加入員でなかったものとみなされる。

**E ×** 【③基金の給付水準】

国民年金基金が支給する年金は、少なくとも、当該基金の加入員であった者が老齢基礎年金の受給権を「取得したとき」には、その者に支給されるものでなければならない。 根拠 法129-Ⅰ

**解答 C**

## 問題54 選択

教科書 Section10

チェック欄 1 ／ 2 ／ 3 ／

## 国民年金基金等

次の文中の□の部分を選択肢の中の適当な語句で埋め、完全な文章とせよ。

1　国民年金基金（以下「基金」という。）は、国民年金制度の目的を達成するため、加入員の A に関して必要な給付を行うものとする。

2　地域型国民年金基金の設立要件は、 B 人以上の加入員たる資格を有する者が厚生労働大臣に地域型国民年金基金の設立を希望する旨の申出を行うことにより、加入員たる資格を有する者及び年金に関する学識経験を有する者のうちから厚生労働大臣が任命した者が設立委員となり、1,000人以上の加入員が必要となる。

3　職能型国民年金基金の設立要件は、加入員となろうとする15人以上の者が C となり、 D 人以上の加入員が必要となる。

4　基金の設立に際し、設立委員又は C は、規約を作成し、創立総会の日時及び場所とともに公告して、創立総会を開かなければならない。

5　上記４の公告は、会日の E 前までにしなければならない。

選択肢

| | | | |
|---|---|---|---|
| ①　200 | ②　5,000 | ③　発起人 | ④　10日 |
| ⑤　老齢又は脱退 | ⑥　老齢 | ⑦　２週間 | ⑧　30日 |
| ⑨　老齢又は障害 | ⑩　脱退 | ⑪　代議員 | ⑫　100 |
| ⑬　評議員 | ⑭　300 | ⑮　４週間 | ⑯　500 |
| ⑰　2,000 | ⑱　理事 | ⑲　700 | ⑳　3,000 |

## 解答

【①国民年金基金】

A ⑥ 老齢
B ⑭ 300
C ③ 発起人
D ⑳ 3,000
E ⑦ 2週間

根拠 法115、119、119の2－ⅠⅡ

## 解説

《Aについて》

国民年金基金が加入員又は加入員であった者に対して行う年金の支給は、［⑥老齢］に関するもののみである（「障害」や「脱退」に関する給付は行われていない。）。なお、国民年金基金は、年金の支給のほか、加入員又は加入員であった者の「死亡」に関し、「一時金」の支給を行うものとされている。

《Bについて》

地域型国民年金基金を設立するには、加入員たる資格を有する者及び年金に関する学識経験を有する者のうちから厚生労働大臣が任命した者が設立委員とならなければならないが、この設立委員の任命は、［⑭300］人以上の加入員たる資格を有する者が厚生労働大臣に地域型国民年金基金の設立を希望する旨の申出を行った場合に行うものとされている。

# CHAPTER 9
# 厚生年金保険法

CONTENTS

# 厚生年金保険法　オリエンテーション

## 過去５年の本試験出題実績

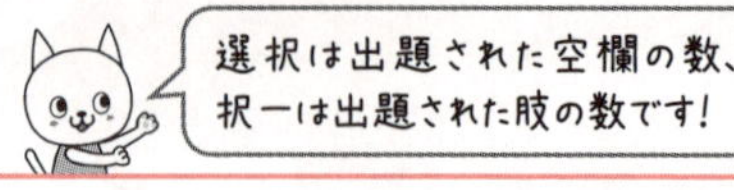


| | H29 | | H30 | | R元 | | R2 | | R3 | |
|---|---|---|---|---|---|---|---|---|---|---|
| | 選択 | 択一 | 選択 | 択一 | 選択 | 択一 | 選択 | 択一 | 選択 | 択一 |
| Section1<br>目的等 | - | 1 | - | 4 | - | 6 | - | 4 | 2 | - |
| Section2<br>被保険者等、標準報酬 | - | 10 | 2 | 11 | - | 15 | 1 | 16 | 1 | 11 |
| Section3<br>本来の老齢厚生年金 | - | 3 | - | 6 | - | 1 | 2 | 2 | - | 6 |
| Section4<br>特別支給の老齢厚生年金等 | - | 3 | - | 2 | - | 5 | - | 1 | - | 4 |
| Section5<br>障害厚生年金等 | - | 8 | - | 4 | - | 5 | - | 7 | - | 6 |
| Section6<br>遺族厚生年金等 | 1 | 7 | - | 2 | - | 9 | - | 8 | - | 15 |
| Section7<br>離婚時における標準報酬の分割 | 3 | 5 | - | 1 | - | 3 | 2 | 2 | - | 4 |
| Section8<br>年金額の調整等、通則等 | - | 6 | - | 9 | 2 | 2 | - | 6 | - | 4 |
| Section9<br>費用の負担等、不服申立て、雑則等 | 1 | 7 | 3 | 11 | 3 | 4 | - | 4 | 2 | - |
| Section10<br>厚生年金基金等 | - | - | - | - | - | - | - | - | - | - |

## 傾向分析

**●選択式●**

「老齢厚生年金」などの保険給付のほか、「費用の負担等」「雑則」など幅広い分野からの出題がみられます。内容的には基本事項が多いのですが、平成30年の「養育期間標準報酬月額の特例」や令和２年の老齢厚生年金の「支給繰下げ」のように、単に覚えているかどうかというよりは、規定そのものを理解していないと解答しづらいような出題もみられます。したがって、選択式対策として何か特別なことが必要なのではなく、択一式対策と同様に条文や用語を一つひとつていねいに理解しながら学習を進めていくことが重要になります。

●択一式●

「保険給付」に関する問題が中心となりますが、「適用事業所・被保険者」「費用の負担」「届出等」についても出題が多く、各項目についてまんべんなく出題されているといえます。保険給付に関する問題のうち、「老齢厚生年金」については、「年金額」「在職老齢年金」「支給の繰上げ・繰下げ」「雇用保険法の失業等給付との調整」など、個々の項目についてもしっかりと学習しておく必要があります。また、障害厚生年金や遺族厚生年金についても、近年、出題数が増えていますので、注意が必要です。被保険者については、「任意単独被保険者」「高齢任意加入被保険者」「適用除外」について、きちんとおさえておきましょう。そのほか、「離婚時における標準報酬の分割」については、「合意分割」又は「3号分割」から、おおむね毎年出題されていますので、今後も引き続き注意しておきたい事項です。



## 最近の法改正トピックス

●令和4年試験向け改正●

**●在職定時改定の導入**

高齢期の就労が拡大する中、就労を継続したことの効果を退職改定を待たずに早期に老齢厚生年金の額に反映することで、年金を受給しながら働く在職受給権者の経済基盤の充実を図るため、65歳以上の老齢厚生年金について、その額の改定を定時に(毎年1回、10月分から)行うこととされました(令和4年4月1日施行)。

**●在職老齢年金制度の見直し**

60～64歳の在職老齢年金(低在老)について、支給停止の基準額を「28万円」から、現行の65歳以上の在職老齢年金(高在老)と同じ「47万円」に引き上げることとされました(令和4年4月1日施行)。

●令和3年試験向け改正●

**●標準報酬月額の等級区分の見直し**

標準報酬月額の等級区分について、法20条2項(上限額の弾力的調整)の規定に基づき、健康保険法に規定する標準報酬月額の等級区分を参酌して、法定の最高等級(第31級：620,000円)の上に、政令で、さらに1等級(第32級：650,000円)を加えることとされました(令和2年9月1日施行)。

**●事業所への立入検査等の規定の整備**

厚生労働大臣は、被保険者の資格、標準報酬、保険料又は保険給付に関する決定に関し、必要があると認めるときは、適用事業所のみならず、適用事業所であると認められる事業所に対しても、立入検査等を行うことができることとされました。これにより、厚生労働大臣(日本年金機構)は、厚生年金保険を適用すべきであるにもかかわらず、未適用となっている事業所について法的権限に基づく立入検査等を行うことができるようになりました（令和２年６月25日施行）。

**●標準報酬改定請求の請求期限の特例の延長**

合意分割に係る標準報酬改定請求の請求期限について、請求すべき按分割合に関する審判又は調停が長期化し、離婚が成立等した日の翌日から起算して２年を経過した日以後に、又は離婚が成立等した日の翌日から起算して２年を経過した日前「６月」以内に当該審判が確定又は調停が成立した場合（離婚が成立等した日の翌日から起算して２年を経過した日前に当該審判又は調停の申立てがあったときに限ります。）には、当該審判が確定又は調停が成立した日の翌日から起算して「６月」を経過する日までとされました（「１月」が「６月」に延長されました。）（令和２年８月３日施行）。

## 学習アドバイス

厚生年金保険法は、制度が複雑なこともあり、社労士試験の中でも難易度の高い科目の１つです。まずは、原則を核に制度を把握し、経過措置や特例について正確に覚えていくようにしましょう。

MEMO

## 問題1 択一 実践 教科書 Section 1

チェック欄 1 ／ 2 ／ 3 ／

### 目的等

次のアからオの記述のうち、誤っているものの組合せは、後記AからEまでのうちどれか。

**ア** 厚生年金保険法は、労働者の老齢、障害又は死亡について保険給付を行い、労働者及びその遺族の生活の安定と福祉の向上に寄与することを目的としている。

**イ** 適用事業所の取消しの認可、2以上の適用事業所（船舶を除く。）を一の適用事業所とすることの承認についての厚生労働大臣の権限に係る事務は、日本年金機構に委任されている。

**ウ** 日本年金機構は、滞納処分等を行う場合には、あらかじめ、厚生労働大臣の認可を受けなければならないが、この認可に係る厚生労働大臣の権限は、地方厚生局長等に委任されている。

**エ** 船員法第1条に規定する船員として船舶所有者に使用される者が乗り組む船舶であっても、船員の数が常時5人未満であるときは、厚生年金保険の適用事業所とならない。

**オ** 個人経営の教育の事業の事業所は、常時5人以上の従業員を使用する場合であっても、厚生年金保険の適用事業所とならない。

A（アとイ）　B（アとエ）　C（イとウ）
D（ウとエ）　E（エとオ）

## 解説

**ア ○** 【①目的等】

設問の通り正しい。 根拠 法1

得点UP! 国民年金法1条では、国民年金制度の目的を「日本国憲法第25条第2項に規定する理念に基き、老齢、障害又は死亡によって国民生活の安定がそこなわれることを国民の共同連帯によって防止し、もって健全な国民生活の維持及び向上に寄与すること」と定めている。厚生年金保険法の目的と比較しておこう。

**イ ○** 【①目的等】

設問の通り正しい。 根拠 法100の4－Ⅰ①

確認してみよう! 厚生年金保険法の厚生労働大臣の権限に係る事務の一部（任意適用事業所・任意単独被保険者・高齢任意加入被保険者に係る認可、被保険者資格得喪の確認、標準報酬月額・標準賞与額の決定等、生計維持関係の認定、滞納処分等）は、厚生労働大臣の委任を受けて、日本年金機構がその権限で行っている。

**ウ ○** 【①目的等】

設問の通り正しい。なお、日本年金機構は、設問の滞納処分を、滞納処分等実施規程に従い、徴収職員に行わせなければならないとされているが、この滞納処分等実施規程の認可や徴収職員を任命する際の認可に係る厚生労働大臣の権限も、地方厚生（支）局長に委任されている。

根拠 法100の6－Ⅰ、100の9、則108－Ⅰ⑦、Ⅱ

**エ ×** 【②強制適用事業所】

船員法1条に規定する船員として船舶所有者に使用される者が乗り組む船舶は、その船員の数にかかわらず、厚生年金保険の適用事業所となる。

根拠 法6－Ⅰ③

**オ ×** 【②強制適用事業所】

教育の事業はいわゆる適用業種であり、個人経営の事業所であっても常時5人以上の従業員を使用する場合には、厚生年金保険の適用事業所となる。 根拠 法6－Ⅰ①ワ

**解答 E（エとオ）**

## 問題2　択一　基本　教科書 Section 1

チェック欄　1 ／　2 ／　3 ／

# 目的等

次の記述のうち、正しいものはどれか。なお、本問において、第2号厚生年金被保険者、第3号厚生年金被保険者又は第4号厚生年金被保険者及びこれらの者に係る事業主については、考慮しないものとする。

**A**　厚生年金保険法第6条第3項に定める任意適用事業所となる認可を受けようとするときは、当該事業所の事業主は、当該事業所に使用される者（同法第12条の規定により適用除外となる者を除く。）の3分の2以上の同意を得て、厚生労働大臣に申請しなければならない。(H25-5A改題)

**B**　2以上の船舶の船舶所有者が同一である場合には、当該2以上の船舶は、1つの適用事業所とする。この場合において、当該2以上の船舶は、厚生年金保険法第6条に定める適用事業所でないものとみなす。(H25-5E)

**C**　厚生年金保険法第6条第1項の規定により初めて適用事業所となった船舶の船舶所有者は、当該事実があった日から5日以内に、所定の事項を記載した届書を日本年金機構に提出しなければならない。(H27-1ウ)

**D**　事業主（船舶所有者を除く。）は、厚生年金保険法の規定に基いて事業主（船舶所有者を除く。）がしなければならない事項につき、代理人を選任したときは、速やかに、文書でその旨を日本年金機構に届け出なければならない。

**E**　適用事業所の事業主（船舶所有者を除く。）は、廃止、休止その他の事情により適用事業所に該当しなくなったときは、当該事実があった日から10日以内に、適用事業所に該当しなくなったことを証する書類を添えて、所定の事項を記載した届書を日本年金機構に提出しなければならない。

(H26-9E)

## 解説

**A ×** 【③任意適用事業所】

適用事業所以外の事業所を適用事業所とするための厚生労働大臣の認可を受けようとするときは、当該事業所に使用される者（適用除外となる者を除く。）の２分の１以上の同意を得て、厚生労働大臣に申請しなければならない。

根拠 法６-Ⅳ

**B ○** 【④適用事業所の一括】

設問の通り正しい。２以上の船舶の船舶所有者が同一である場合には、当該２以上の船舶は、厚生労働大臣の承認によらず、法律上当然に１つの適用事業所とされる。

根拠 法８の３

**C ×** 【⑤適用事業所に関する届出】

初めて適用事業所となった船舶の船舶所有者は、当該事実があった日から「10日以内」に、所定の事項を記載した届書を日本年金機構に提出しなければならない。

根拠 則13-Ⅲ

**D ×** 【⑤適用事業所に関する届出】

事業主（船舶所有者を除く。）は、厚生年金保険法の規定に基いて事業主（船舶所有者を除く。）がしなければならない事項につき、代理人をして処理させようとするときは、あらかじめ、文書でその旨を日本年金機構に届け出なければならない。

根拠 則29-Ⅰ

**E ×** 【⑤適用事業所に関する届出】

設問の届書は、当該事実があった日から「５日以内」に提出しなければならない。なお、船舶所有者は、船舶が適用事業所に該当しなくなったときは、当該事実があった日から10日以内に届書を提出しなければならない。

根拠 則13の２-Ⅰ Ⅱ

**解答 B**

## 問題3 択一 基本 教科書 Section 2

## 被保険者等、標準報酬

チェック欄 1 ／ 2 ／ 3 ／

次の記述のうち、誤っているものはどれか。

A　臨時的事業の事業所に使用される者であって、その者が継続して6か月を超えない期間使用される場合は、厚生年金保険の被保険者とならない。（H25-1オ改題）

B　巡回興行などの所在地が一定しない事業所に使用される者は、その者が引き続き6か月以上使用される場合であっても、厚生年金保険の被保険者とならない。（H25-1エ改題）

C　季節的業務に使用される者（船舶所有者に使用される船員を除く。）は、当初から継続して6か月を超えて使用されるべき場合を除き、被保険者とならない。（H27-2D）

D　被保険者がその事業所又は船舶に使用されなくなったときは、その日の翌日に、被保険者の資格を喪失するが、その日に更に被保険者の資格を取得するに至ったときは、その日に被保険者の資格を喪失する。

E　適用事業所の事業主（第1号厚生年金被保険者に係るものに限る。）は、70歳以上の者（厚生年金保険法第12条各号に定める適用除外者に該当する者を除く。）であって、過去に厚生年金保険の第1号厚生年金被保険者であった者を新たに雇い入れたときは、「70歳以上の使用される者の該当の届出」を行わなければならない。

## 解説

**A** ○ 【①当然被保険者】

設問の通り正しい。なお、臨時的事業の事業所に使用される者は被保険者としないもの（適用除外）とされているが、当初から継続して6月を超えて使用されるべき場合は、適用除外とされていない。 根拠 法12-④

**B** ○ 【①当然被保険者】

設問の通り正しい。「所在地が一定しない事業所に使用される者」は、その者の使用期間の長さにかかわらず、被保険者としないものとされている。 根拠 法12-②

**C** × 【①当然被保険者】

季節的業務に使用される者（船舶所有者に使用される船員を除く。）は、当初から継続して4か月を超えて使用されるべき場合を除き、被保険者とならない。 根拠 法12-③

**D** ○ 【②当然被保険者の資格の得喪】

設問の通り正しい。当然被保険者は、「死亡したとき」「その事業所又は船舶に使用されなくなったとき」「任意適用事業所の適用取消しの認可があったとき」「適用除外の規定に該当するに至ったとき」は、その日の翌日（その事実があった日に更に被保険者の資格を取得するに至ったときは、その日）、また、「70歳に達したとき」は、その日に、被保険者の資格を喪失する。 根拠 法14-②

**E** ○ 【③70歳以上被用者】

設問の通り正しい。なお、設問の届出は、当該事実があった日から5日以内（船員たる70歳以上の使用される者に係る届出にあっては10日以内）に70歳以上被用者該当届を日本年金機構に提出することによって行うものとされている。 根拠 法27、則10の4

**解答 C**

## 問題4 択一 基本 教科書 Section 2

チェック欄 1 ／ 2 ／ 3 ／

## 被保険者等、標準報酬

次の記述のうち、正しいものはどれか。

**A** 適用事業所以外の事業所に使用される70歳未満の者が被保険者になるためには、保険料を全額負担し、厚生労働大臣の認可を受けなければならない。(H24-2A)

**B** 任意単独被保険者は、当該被保険者の資格を喪失することにつき、厚生労働大臣の認可があったときは、その日に、任意単独被保険者の資格を喪失する。

**C** 任意単独被保険者が厚生労働大臣の認可を受けてその資格を喪失するには、事業主の同意を得た上で、所定の事項を記載した申請書を提出しなければならない。(H27-2A)

**D** 適用事業所以外の事業所に使用される70歳以上の者が高齢任意加入被保険者になるには、事業主の同意を得たうえで、厚生労働大臣に対して申出を行うこととされており、その申出が受理された日に資格を取得する。(H26-3C)

**E** 適用事業所に使用される70歳以上の高齢任意加入被保険者は、保険料の全額を負担し、自己の負担する保険料を納付する義務を負うものとする。ただし、その者の事業主（第２号厚生年金被保険者及び第３号厚生年金被保険者に係るものを除く。）が当該保険料の半額を負担し、かつその被保険者及び自己の負担する保険料を納付する義務を負うことにつき同意したときはこの限りではない。(H24-10A改題)

## 解説

**A** ×　【④任意単独被保険者】

設問の厚生労働大臣の認可を受けて被保険者（任意単独被保険者）となるためには、事業主の同意を得なければならず、任意単独被保険者となることに同意をした事業主は、当該被保険者の保険料の半額を負担し、保険料の全額を納付する義務を負う。したがって、設問の被保険者は、保険料の「全額」ではなく、半額を負担することになる。　根拠 法10、82-Ⅰ

**B** ×　【④任意単独被保険者】

設問の場合には、「厚生労働大臣の認可があった日の翌日」に任意単独被保険者の資格を喪失する。　根拠 法14-③

**C** ×　【④任意単独被保険者】

任意単独被保険者が厚生労働大臣の認可を受けてその資格を喪失する場合、事業主の同意を得る必要はない。　根拠 法11、則5

**D** ×　【⑤高齢任意加入被保険者】

適用事業所以外の事業所に使用される70歳以上の者が高齢任意加入被保険者となるためには、事業主の同意を得たうえで、厚生労働大臣の認可を受けなければならない。また、この場合、厚生労働大臣の認可を受けた日に高齢任意加入被保険者の資格を取得する。　根拠 法附則4の5-Ⅰ

**E** ○　【⑤高齢任意加入被保険者】

設問の通り正しい。適用事業所に使用される70歳以上の者であって、実施機関に申し出て高齢任意加入被保険者となった者の厚生年金保険料は、当該高齢任意加入被保険者がその全額を負担し、自ら納付義務を負うが、事業主（第2号厚生年金被保険者及び第3号厚生年金被保険者に係るものを除く。）が同意したときは、当該事業主が、高齢任意加入被保険者に係る保険料の半額を負担し、当該高齢任意加入被保険者の負担分を合わせて保険料の全額を納付する義務を負う。　根拠 法附則4の3-Ⅶ

**解答　E**

CH 9 厚生年金保険法

## 問題5 択一 実践 教科書 Section 2

## 被保険者等、標準報酬

チェック欄 1／ 2／ 3／

次の記述のうち、誤っているものはどれか。なお、本問において、特に断りのない限り、第2号厚生年金被保険者であり、若しくはあった者、第3号厚生年金被保険者であり、若しくはあった者又は第4号厚生年金被保険者であり、若しくはあった者及びこれらの者に係る事業主並びにこれらの被保険者期間に基づく保険給付の受給権者については、考慮しないものとする。

**A** 厚生年金保険の被保険者の資格を取得した月にその資格を喪失し、国民年金の第1号被保険者となった者について、そのまま資格の得喪を伴わずその月が経過したときは、その月は、厚生年金保険の被保険者期間とならない。

**B** 第1号厚生年金被保険者の資格の取得及び喪失に係る厚生労働大臣の確認は、事業主による届出又は被保険者若しくは被保険者であった者からの請求により、又は職権で行われる。(H28-10A)

**C** 被保険者（適用事業所に使用される高齢任意加入被保険者及び第4種被保険者等を除く。）がその氏名を変更したときは、速やかに、変更後の氏名を事業主に申し出なければならないが、厚生労働大臣が住民基本台帳法第30条の9の規定により機構保存本人確認情報の提供を受けることができる場合には、これを省略することができる。

**D** 障害厚生年金の受給権者（当該障害厚生年金の全額が支給停止されている者を除く。）であって、その障害の程度の診査が必要であると認めて厚生労働大臣が指定したものは、厚生労働大臣が指定した年において、指定日までに、指定日前3月以内に作成されたその障害の現状に関する医師又は歯科医師の診断書を日本年金機構に提出しなければならない。

**E** 障害等級1級又は2級の障害の状態にある障害厚生年金の受給権者は、当該障害厚生年金の加給年金額の対象者である配偶者が65歳に達したときは、10日以内に所定の事項を記載した届書を日本年金機構に提出しなければならないとされている。(R元-6D)

## 解説

**A ○** 【⑦被保険者期間】

設問の通り正しい。設問の場合、その月は、国民年金の第1号被保険者としての被保険者期間とされ、厚生年金保険の被保険者期間とならない。

根拠 法19-Ⅱ

**B ○** 【⑧資格得喪の確認】

設問の通り正しい。なお、被保険者又は被保険者であった者からの確認の請求は、いつでもすることができ、文書又は口頭で行うものとされている。

根拠 法18-Ⅱ

**C ○** 【⑨被保険者等に関するその他の届出】

設問の通り正しい。なお、被保険者（適用事業所に使用される高齢任意加入被保険者及び第4種被保険者等を除く。）がその住所を変更したときも、速やかに、変更後の住所及び変更の年月日を事業主に申し出なければならないが、厚生労働大臣が住民基本台帳法30条の9の規定により機構保存本人確認情報の提供を受けることができる場合には、これを省略することができる。

根拠 則6

**D ○** 【⑩受給権者の届出】

設問の通り正しい。なお、障害厚生年金の受給権者に係る障害の現状に関する届出をすべき者の障害が一定の疾病又は負傷によるものであるときは、指定日前3月以内に作成されたその障害の現状の程度を示すレントゲンフィルムを添えなければならないとされている。

根拠 則51の4-Ⅰ

**E ×** 【⑩受給権者の届出】

加給年金額対象者の不該当の事由が、「配偶者が65歳に達したとき」である場合には、設問の届書を提出する必要はない。

根拠 則46

**解答 E**

## 問題6 択一 基本 教科書 Section 2

チェック欄 1 ／ 2 ／ 3 ／

## 被保険者等、標準報酬

次の記述のうち、誤っているものはどれか。

A　任意適用事業所について適用の取消の申請をし、厚生労働大臣の認可を受けたときは、当該事業所に使用される被保険者は、当該取消の申請をすることにつき同意をしなかった者を含めて、その資格を喪失する。

B　所在地の一定しない事業所に使用される70歳未満の者は、事業主の同意を得た場合であっても、任意単独被保険者となることができない。

C　適用事業所に使用される70歳以上の者であっても、障害厚生年金、障害基礎年金その他の障害を支給事由とする年金たる給付の受給権を有するものは、高齢任意加入被保険者となることはできない。

D　適用事業所以外の事業所に使用される高齢任意加入被保険者が厚生労働大臣の認可を受けてその資格を喪失しようとするときは、事業主の同意を得る必要はない。

E　適用事業所に使用される高齢任意加入被保険者（事業主の保険料半額負担及び全額納付の同意がないものとする。）は、保険料（初めて納付すべき保険料を除く。）を滞納し、督促状の指定の期限までに、その保険料を納付しないときは、当該保険料の納期限の属する月の前月の末日に、被保険者の資格を喪失する。

## 解説

**A ○** 【Sec 1 ③任意適用事業所、Sec 2 ②当然被保険者の資格の得喪】

設問の通り正しい。任意適用事業所の事業主は、その事業所に使用される被保険者の4分の3以上の同意を得て申請をし、厚生労働大臣の認可を受けることにより、当該事業所を適用事業所でなくすることができる。この認可を受けたときは、当該事業所に使用される被保険者は、当該取消の申請をすることにつき同意をしなかった者を含めて、その資格を喪失する。

根拠 法8、14-③

**B ○** 【①当然被保険者、④任意単独被保険者】

設問の通り正しい。所在地の一定しない事業所に使用される者は、厚生年金保険の適用除外の規定に該当するので、事業主の同意を得た場合であっても、任意単独被保険者となることはできない。 根拠 法12-②

**C ×** 【⑤高齢任意加入被保険者】

障害を支給事由とする年金たる給付の受給権を有する者であっても、老齢厚生年金、老齢基礎年金その他の老齢又は退職を支給事由とする年金たる給付の受給権を有しないものであるときは、一定の要件に該当すれば、高齢任意加入被保険者となることができる。 根拠 法附則4の3-Ⅰ

**D ○** 【⑤高齢任意加入被保険者】

設問の通り正しい。適用事業所以外の事業所に使用される70歳以上の者が、厚生労働大臣の認可を受けて高齢任意加入被保険者となろうとするときは、その使用される事業所の事業主の同意を得て申請する必要があるが、厚生労働大臣の認可を受けてその資格を喪失しようとする場合には、事業主の同意を得る必要はない。 根拠 法附則4の5-Ⅰ

**E ○** 【⑤高齢任意加入被保険者】

設問の通り正しい。なお、設問の高齢任意加入被保険者が、初めて納付すべき保険料を滞納し、督促状の指定の期限までに、その保険料を納付しないときは、高齢任意加入被保険者とならなかったものとみなされる。

根拠 法附則4の3-Ⅵ

**解答 C**

CH 9 厚生年金保険法

## 問題7 択一 実践 教科書 Section 2

チェック欄 1 ／ 2 ／ 3 ／

### 被保険者等、標準報酬

次の記述のうち、正しいものはどれか。

A　適用業種を行う個人の事業所であって、強制適用事業所に該当していたものが、従業員数の減少により、常時5人未満の従業員を使用するものに該当するに至ったときは、その該当するに至った日の翌日に、当該事業所に使用される被保険者はすべて被保険者の資格を喪失する。

B　適用事業所の事業主（第1号厚生年金被保険者に係るものに限る。）は、その使用する被保険者（船舶に使用される者を除く。）を70歳に達した日以後も引き続き使用する場合には、厚生年金保険被保険者資格喪失届・70歳以上被用者該当届を日本年金機構に提出することにより、70歳以上被用者の要件該当の届出及び被保険者の資格喪失の届出を行わなければならず、これを省略することはできない。

C　昭和61年4月1日前の旧船員保険法による船員保険の被保険者であった期間を有する者については、その期間に3分の4を乗じて得た月数をもって厚生年金保険の被保険者期間とする。

D　障害等級1級又は2級の障害厚生年金（厚生労働大臣が支給するものに限る。）の受給権者は、その者によって生計を維持しているその者の65歳未満の配偶者を有するに至ったときは、速やかに、所定の事項を記載した届書を日本年金機構に提出しなければならない。

E　第1号厚生年金被保険者であり、又はあった者は、厚生年金保険原簿に記録された自己の被保険者資格の取得及び喪失の年月日、標準報酬等の所定の事項の内容が事実でないと思料するときには、法第28条の2第1項の規定に基づき、厚生労働大臣に対して、当該厚生年金保険原簿の訂正の請求をすることができるが、厚生年金保険原簿に自己に係る所定の事項が記録されていないと思料する場合には、当該規定に基づく訂正の請求をすることはできない。

## 解説

**A ×** 【Sec 1 ③任意適用事業所、Sec 2 ②当然被保険者の資格の得喪】
強制適用事業所（船舶を除く。）が、使用労働者数の減少等により強制適用の要件を欠くに至ったときは、その該当するに至った日に任意適用事業所となることにつき厚生労働大臣の認可があったものとみなされるので、当該事業所に使用される被保険者は、被保険者の資格を喪失せず、引き続き、被保険者となる。 根拠 法7

**B ×** 【②当然被保険者の資格の得喪、③70歳以上被用者】
設問の場合であっても、70歳到達後の標準報酬月額相当額が70歳到達前の標準報酬月額と同額である場合には、厚生年金保険被保険者資格喪失届・70歳以上被用者該当届の提出を省略することができる。
根拠 則15の2－ⅠⅢ、22－Ⅰ④

**C ○** 【⑦被保険者期間】
設問の通り正しい。昭和61年4月1日に厚生年金保険に統合された同日前の船員保険の被保険者であった期間については、3分の4を乗じて得た月数をもって厚生年金保険の被保険者期間とする。 根拠 (60)法附則47－Ⅲ

**D ×** 【⑩受給権者の届出】
設問の届書は、当該事実のあった日から10日以内に、提出しなければならない。 根拠 則47の3－Ⅰ

**E ×** 【⑪記録等】
厚生年金保険原簿に記録された自己に係る「特定厚生年金保険原簿記録」（被保険者資格の取得及び喪失の年月日、標準報酬その他厚生労働省令で定める事項の内容をいう。）が事実でないと思料するときだけでなく、厚生年金保険原簿に自己に係る特定厚生年金保険原簿記録が記録されていないと思料するときにも、厚生労働大臣に対して、厚生年金保険原簿の訂正の請求をすることができる。 根拠 法28の2－Ⅰ

**解答 C**

## 問題8 択一 基本 教科書 Section 2

チェック欄 1／ 2／ 3／

## 被保険者等、標準報酬

次の記述のうち、正しいものはどれか。

**A** 被保険者が労働の対償として毎年期日を定め四半期毎に受けるものは、いかなる名称であるかを問わず、厚生年金保険法における賞与とみなされる。(H29-4A)

**B** 労働協約により報酬と傷病手当金との差額を見舞金として支給する場合、当該見舞金は臨時に受け取るものであるので、厚生年金保険法第3条第1項第3号に規定する報酬には含まれない。(H24-1A)

**C** 70歳以上の使用される者に係る標準報酬月額に相当する額については、標準報酬月額等級の第1級の88,000円から第32級の650,000円までの区分により定められる。

**D** 毎年9月30日における全被保険者の標準報酬月額を平均した額の100分の200に相当する額が標準報酬月額等級の最高等級の標準報酬月額を超える場合において、その状態が継続すると認められるときは、その翌年の4月1日から、健康保険法に規定する標準報酬月額の等級区分を参酌して、政令で、当該最高等級の上に更に等級を加える標準報酬月額の等級区分の改定を行うことができる。

**E** 1月1日から6月1日までの間に被保険者の資格を取得した者について、資格取得時決定により決定された標準報酬月額は、原則として、その年の8月までの各月の標準報酬月額とする。

## 解説

**A ×** 【⑫報酬及び賞与】

賞与とは、労働者が労働の対償として、3月を超える期間ごとに受けるものをいう。四半期ごとに受けるものは、「3月ごと」に受けるものであるため、賞与とされない。

根拠 法3－Ⅰ③④

**B ×** 【⑫報酬及び賞与】

設問の見舞金は、事業主と被保険者との雇用関係に基づいて事業主が病気中報酬の一部を支給し生活を保障しようとするものであり、報酬の中に含まれる。

根拠 法3－Ⅰ③、S32.8.6保文発6737号

**C ○** 【⑬標準報酬月額】

設問の通り正しい。厚生年金保険の被保険者に係る標準報酬月額は、第1級88,000円から第32級「650,000円」とされており、当該規定は70歳以上の使用される者に係る高在老の支給停止基準額を算定する上で使用する標準報酬月額に相当する額についても準用されている。

根拠 法20、46－Ⅱ、令3の6の2、R2政令246号

**D ×** 【⑬標準報酬月額】

毎年3月31日における全被保険者の標準報酬月額を平均した額の100分の200に相当する額が標準報酬月額等級の最高等級の標準報酬月額を超える場合において、その状態が継続すると認められるときは、その年の9月1日から、健康保険法に規定する標準報酬月額の等級区分を参酌して、政令で、当該最高等級の上に更に等級を加える標準報酬月額の等級区分の改定を行うことができるとされている。

根拠 法20－Ⅱ

**E ×** 【⑬標準報酬月額】

「6月1日」に資格を取得した者については、資格取得時決定により決定された標準報酬月額は、原則として、翌年の8月までの各月の標準報酬月額とされる。なお、1月1日から5月末日までに資格を取得した者については、設問の通りである。

根拠 法22－Ⅱ

**解答 C**

## 問題9 択一 応用 教科書 Section 2

## 被保険者等、標準報酬

チェック欄 1／ 2／ 3／

次の記述のうち、誤っているものはどれか。

A　第１号厚生年金被保険者が同時に２以上の適用事業所（船舶を除く。）に使用される場合における各事業主の負担すべき標準報酬月額に係る保険料の額は、各事業所について算定した報酬月額に相当する額を当該被保険者の報酬月額で除し、それにより得た数を当該被保険者の保険料の半額に乗じた額とする。

B　９月３日に出産した被保険者について、その年の定時決定により標準報酬月額が280,000円から240,000円に改定され、産後休業終了後は引き続き育児休業を取得した。職場復帰後は育児休業等終了時改定に該当し、標準報酬月額は180,000円に改定された。この被保険者が、出産日から継続して子を養育しており、厚生年金保険法第26条に規定する養育期間標準報酬月額特例の申出をする場合の従前標準報酬月額は280,000円である。

C　被保険者の配偶者が出産した場合であっても、所定の要件を満たす被保険者は、厚生年金保険法第26条に規定する３歳に満たない子を養育する被保険者等の標準報酬月額の特例の申出をすることができる。(H30-8A)

D　実施機関は、被保険者が賞与を受けた月において、その月に当該被保険者が受けた賞与の額に基づき、その額に1,000円未満の端数を生じたときはこれを切り捨てて、その月における標準賞与額を決定するものとされているが、その月に受けた賞与の額が、実施機関ごとに主務省令で定める額に満たないときは、当該額をその月の標準賞与額とする。

E　第１号厚生年金被保険者を使用する事業主が当該被保険者（船員被保険者を除く。）に賞与を支払ったときの厚生年金保険法に基づく「被保険者の賞与額の届出」は、５日以内に届け出なければならないとされている。

## 解説

**A ○** 【⑬標準報酬月額】

設問の通り正しい。設問の場合は、健康保険法の場合と同様に、各事業主が報酬月額に応じ、保険料を按分して、それぞれ半額負担義務と納付義務を負う（賞与の場合も同様）。

根拠 令4－Ⅰ

**B ○** 【⑬標準報酬月額】

設問の通り正しい。設問の場合における従前標準報酬月額は、当該子を養育することとなった日（9月3日）の属する月の前月（8月）の標準報酬月額である「280,000円」である。

根拠 法26－Ⅰ

**C ○** 【⑬標準報酬月額】

設問の通り正しい。設問の特例の対象となる者は、3歳に満たない子を養育する被保険者等であり、当該子を出産した者に限られていない。

根拠 法26－Ⅰ

**D ×** 【⑭標準賞与額】

「実施機関ごとに主務省令で定める額に満たないときは、当該額をその月の標準賞与額とする」のではなく、「150万円（標準報酬等級区分の改定が行われたときは政令で定める額。以下同じ。）を超えるときは、その月の標準賞与額を150万円とする」とされている。

根拠 法24の4－Ⅰ

**E ○** 【⑭標準賞与額】

設問の通り正しい。設問の「被保険者の賞与額の届出」は、原則として、賞与を支払った日から5日以内に、厚生年金保険被保険者賞与支払届・70歳以上被用者賞与支払届又は当該届書に記載すべき事項を記録した光ディスクを日本年金機構に提出することによって行うものとされている。

根拠 則19の5－Ⅰ

**解答**  D

## 問題10 択一 基本 教科書 Section 2

チェック欄 1 ／ 2 ／ 3 ／

## 被保険者等、標準報酬

次の記述のうち、正しいものはどれか。

**A** 実施機関は、被保険者が現に使用される事業所において継続した３月間（報酬支払の基礎となった日数が17日（厚生労働省令で定める者にあっては、11日）未満である月があるときは、その月を除く。）に受けた報酬の総額を３で除して得た額が、その者の標準報酬月額の基礎となった報酬月額に比べて、著しく高低を生じた場合において、必要があると認めるときは、その額を報酬月額として、その著しく高低を生じた月の翌月から、標準報酬月額を改定することができる。

**B** 事業主（第１号厚生年金被保険者に係るものに限る。）は、船員被保険者の報酬月額に変更があったことにより標準報酬月額を改定する必要があるときは、５日以内に、日本年金機構に届け出なければならない。

**C** 厚生年金保険法第23条の３（産前産後休業を終了した際の改定）の規定により改定された標準報酬月額は、産前産後休業終了日の翌日から起算して３月を経過した日の属する月の翌月からその年の８月（当該翌月が７月から12月までのいずれかの月である場合は、翌年の８月）までの各月の標準報酬月額とされる。

**D** 船舶と船舶以外の適用事業所に同時に使用される第１号厚生年金被保険者について、標準報酬月額を決定する場合においては、船舶所有者から受ける報酬の額により算定した報酬月額により標準報酬月額を決定し、船舶以外の適用事業所から受ける報酬は、その算定の基礎としない。

**E** 同時に２か所の適用事業所Ａ及びＢに使用される第１号厚生年金被保険者について、同一の月に適用事業所Ａから200万円、適用事業所Ｂから100万円の賞与が支給された。この場合、適用事業所Ａに係る標準賞与額は150万円、適用事業所Ｂに係る標準賞与額は100万円として決定され、この合計である250万円が当該被保険者の当該月における標準賞与額とされる。

(H29-4C)

## 解説

**A ×** 【⑬標準報酬月額】

設問のいわゆる随時改定の対象となるのは、「継続した３月間の各月とも、報酬支払の基礎となった日数が、17日（厚生労働省令で定める者にあっては、11日）以上」ある場合に限られている。

根拠 法23－Ⅰ

**B ×** 【⑬標準報酬月額】

設問の場合は、「５日以内」ではなく「10日以内」に届け出なければならない。

根拠 法27、則19－Ⅱ

**C ×** 【⑬標準報酬月額】

「産前産後休業終了日の翌日から起算して３月を経過した日の属する月の翌月」を「産前産後休業終了日の翌日から起算して２月を経過した日の属する月の翌月」とすると正しい記述となる。

根拠 法23の２－Ⅱ

**D ○** 【⑬標準報酬月額】

設問の通り正しい。船舶と船舶以外の適用事業所に使用される第１号厚生年金被保険者については、船舶に係る報酬のみにより報酬月額が算定され、標準報酬月額が決定される。また、当該被保険者に係る保険料は、船舶以外の適用事業所の事業主は負担せず、当該被保険者と船舶所有者が折半負担し、船舶所有者がその全額を納付する義務を負う。

根拠 法24の２、令４－Ⅳ

**E ×** 【⑭標準賞与額】

設問の場合、適用事業所Ａの賞与（200万円）と適用事業所Ｂの賞与（100万円）の合算額が設問の第１号厚生年金被保険者の賞与額とされ、当該賞与額に基づき標準賞与額が決定されることとなる。合算額は300万円であり、上限額の150万円を超えるため、150万円が当該被保険者の標準賞与額とされる。

根拠 法24－Ⅱ、24の４、Ｒ２政令246号

**解答 D**

問題11　選択　基本　教科書 Section 2

チェック欄　1 ／　2 ／　3 ／

## 被保険者等、標準報酬

次の文中の［　　］の部分を選択肢の中の適当な語句で埋め、完全な文章とせよ。

事業所に使用される者であって、その1週間の所定労働時間が同一の事業所に使用される通常の労働者の1週間の所定労働時間の［ A ］未満である短時間労働者又はその1月間の所定労働日数が同一の事業所に使用される通常の労働者の1月間の所定労働日数の［ A ］未満である短時間労働者に該当し、かつ、(1)から(4)までのいずれかの要件に該当するものは、厚生年金保険の被保険者としない。

(1)　1週間の所定労働時間が［ B ］時間未満であること
(2)　当該事業所に継続して［ C ］以上使用されることが見込まれないこと
(3)　報酬（［ D ］第4条第3項各号に掲げる賃金に相当するものとして厚生労働省令で定めるものを除く。）について、資格取得時決定の規定の例により算定した額が、［ E ］円未満であること
(4)　学校教育法に規定する高等学校の生徒、大学の学生その他の厚生労働省令で定める者であること

選択肢

| | | | |
|---|---|---|---|
| ①　53,000 | ②　15 | ③　労働基準法 | ④　2月 |
| ⑤　58,000 | ⑥　20 | ⑦　最低賃金法 | ⑧　3月 |
| ⑨　88,000 | ⑩　25 | ⑪　雇用保険法 | ⑫　6月 |
| ⑬　98,000 | ⑭　30 | ⑮　健康保険法 | ⑯　1年 |
| ⑰　3分の1 | | ⑱　3分の2 | |
| ⑲　2分の1 | | ⑳　4分の3 | |

## 解答

【①当然被保険者】

A ⑳ 4分の3
B ⑥ 20
C ⑯ 1年
D ⑦ 最低賃金法
E ⑨ 88,000

根拠 法12-⑤



## 解説

《A、Bについて》

問題文は、いわゆる［⑳4分の3］（A）基準を満たさない短時間労働者に関する適用除外の規定である。Bについて、1週間の所定労働時間が［⑥20］（B）時間未満の者を適用除外の要件としているのは、雇用保険法の適用除外を参照したものである。

《D、Eについて》

⑶の基準となる報酬額［⑨88,000］（E）円に含まれない報酬には、「臨時に支払われる賃金」「1月を超える期間ごとに支払われる賃金」「所定労働時間を超える時間の労働に対して支払われる賃金」「所定労働日以外の日の労働に対して支払われる賃金」「深夜の労働に対して支払われる賃金のうち通常の労働時間の賃金の計算額を超える部分」「［⑦最低賃金法］（D）で最低賃金において算入しないことを定める賃金（精皆勤手当、通勤手当及び家族手当）」が規定されている。

## 問題12 選択 実践 教科書 Section 2

チェック欄 1／ 2／ 3／

# 被保険者等、標準報酬

次の文中の□の部分を選択肢の中の適当な語句で埋め、完全な文章とせよ。なお、本問において、第２号厚生年金被保険者期間、第３号厚生年金被保険者期間又は第４号厚生年金被保険者期間に基づく保険給付の受給権者については、考慮しないものとする。

1　受給権者又は受給権者の［ A ］は、厚生労働省令の定めるところにより、厚生労働大臣に対し、厚生労働省令の定める事項を届け出、かつ、厚生労働省令の定める書類その他の物件を提出しなければならない。

2　老齢厚生年金の受給権者の［ A ］は、当該受給権者の所在が［ B ］以上明らかでないときは、速やかに、受給権者の氏名及び生年月日、基礎年金番号等所定の事項を記載した届書を日本年金機構に提出しなければならない。

3　受給権者が死亡したときは、［ C ］の規定による死亡の届出義務者は、［ D ］、その旨を厚生労働大臣に届け出なければならない。ただし、厚生労働大臣が住民基本台帳法の規定により当該受給権者に係る機構保存本人確認情報の提供を受けることができる受給権者の死亡について、同法の規定による死亡の届出をした場合（受給権者の死亡の日から［ E ］日以内に当該受給権者に係る［ C ］の規定による死亡の届出をした場合に限る。）は、この限りでない。

選択肢

| | | | |
|---|---|---|---|
| ①　5日以内に | ②　遅滞なく | ③　5 | ④　7 |
| ⑤　10日以内に | ⑥　速やかに | ⑦　民法 | ⑧　1月 |
| ⑨　同居の親族 | ⑩　地方税法 | ⑪　戸籍法 | ⑫　3月 |
| ⑬　属する世帯の世帯主又は配偶者 | | ⑭　配偶者 | ⑮　1年 |
| ⑯　属する世帯の世帯主その他その世帯に属する者 | | | ⑰　7年 |
| ⑱　住民基本台帳法 | | ⑲　10 | ⑳　14 |

## 解答

【⑩受給権者の届出】

A ⑯ 属する世帯の世帯主その他その世帯に属する者
B ⑧ 1月
C ⑪ 戸籍法
D ⑤ 10日以内に
E ④ 7

根拠 法98-ⅢⅣ、則40の2-Ⅰ、41-ⅤⅥ



## 解説

《A、Bについて》

受給権者に関する届出において、受給権者のほか、受給権者の［⑯属する世帯の世帯主その他その世帯に属する者］（A）に届出義務が規定されているのは、問題文2の「所在不明の届出」である。この所在不明の届出は、年金たる保険給付の受給権者の所在が［⑧1月］（B）以上明らかでないときに必要となるものであり、老齢厚生年金の受給権者のほか、障害厚生年金の受給権者や遺族厚生年金の受給権者の所在が不明の場合にも規定されている。

《C～Eについて》

［⑪戸籍法］（C）では、死亡の届出は、届出義務者が、死亡の事実を知った日から原則として［④7］（E）日以内に、これをしなければならないことを規定している。死亡した受給権者について、この届出が行われている場合には、厚生労働大臣が住民基本台帳法30条の9の規定により当該受給権者に係る機構保存本人確認情報の提供を受けることにより、死亡の事実を把握することができるため、［⑤10日以内に］（D）届出をすることを要しない。

## 問題13 選択 基本 教科書 Section 2

## 被保険者等、標準報酬

チェック欄 1／ 2／ 3／

次の文中の［　　］の部分を選択肢の中の適当な語句で埋め、完全な文章とせよ。

1　育児・介護休業法第2条第1号に規定する子その他これに類する者として政令で定めるものであって、当該育児休業等に係る3歳に満たないものを養育している被保険者が、実施機関に申出（第1号厚生年金被保険者又は第4号厚生年金被保険者にあっては、その使用される事業所の事業主を経由して行うものとする。）をしたときは、原則として、当該子を養育することとなった［ A ］から当該子が3歳に達した日の翌日の属する月の前月までの各月のうち、その標準報酬月額が当該子を養育することとなった日の属する月の前月の標準報酬月額（以下「従前標準報酬月額」という。）を下回る月（当該申出が行われた日の属する月前の月にあっては、当該申出が行われた日の属する月の前月までの［ B ］間のうちにあるものに限る。）については、従前標準報酬月額を当該下回る月の［ C ］の計算の基礎となる標準報酬月額とみなす。

2　育児休業等終了時改定の規定によって改定された標準報酬月額は、育児休業等終了日の翌日から起算して［ D ］からその年の8月（当該翌月が［ E ］までのいずれかの月である場合は、翌年の8月）までの各月の標準報酬月額とする。

**選択肢**

① 4月から6月　② 基礎年金の額　③ 報酬月額
④ 平均標準報酬額　⑤ 6月から12月　⑥ 保険料の額
⑦ 2月を経過した日の属する月の翌月　⑧ 6月
⑨ 3月を経過した日の属する月の前月　⑩ 1年
⑪ 2月を経過した日の翌日の属する月の前月　⑫ 2年
⑬ 3月を経過した日の翌日の属する月の翌月　⑭ 5年
⑮ 日の属する月の前月　⑯ 7月から9月
⑰ 日の属する月の翌月　⑱ 日の属する月
⑲ 日の翌日の属する月の前月　⑳ 7月から12月

## 解答

【⑬標準報酬月額】

A ⑱ 日の属する月
B ⑫ 2年
C ④ 平均標準報酬額
D ⑦ 2月を経過した日の属する月の翌月
E ⑳ 7月から12月

根拠 法26-Ⅰ、23の2-Ⅱ



## 解説

《A～Cについて》

問題文1は、いわゆる養育期間標準報酬月額の特例に関する条文である。この特例は、子を養育することとなった［⑱日の属する月］（A）から当該子が3歳に達した日の翌日の属する月の前月まで適用される。したがって、特例の申出をした日より前に子を養育することとなった日がある場合には、過去にさかのぼって特例の適用を受けることができるが、申出が行われた日の属する月の前月までの［⑫2年］（B）間にあるものに限られている。

この特例により、子を養育し、標準報酬月額が低下している期間については、従前標準報酬月額を用いて［④平均標準報酬額］（C）が計算される。すなわち、標準報酬月額が低下していても、将来受け取る年金額は、低下前の従前標準報酬月額で計算されるということである。

《Dについて》

育児休業等終了時改定により改定された標準報酬月額は、育児休業等終了日の翌日から起算して［⑦2月を経過した日の属する月の翌月］から適用される。例えば、8月16日に育児休業等を終了した場合、その翌日（8月17日）から起算して2月を経過した日（10月17日）の属する月（10月）の翌月、すなわち「11月」から適用となる。

## 問題14　択一　基本　教科書 Section 3

チェック欄　1 ／　2 ／　3 ／

# 本来の老齢厚生年金

次の記述のうち、正しいものはどれか。なお、本問以降の問題において、特に断りのない限り、2以上の種別（第1号厚生年金被保険者、第2号厚生年金被保険者、第3号厚生年金被保険者又は第4号厚生年金被保険者のいずれであるかの区別をいう。）の被保険者であった期間を有する者については、考慮しないものとする。

**A**　年金の支給は、年金を支給すべき事由が生じた月の翌月から始め、また、その支給を停止すべき事由が生じたときは、その事由が生じた月から支給しない。(H24-2C)

**B**　65歳以上の者であって、厚生年金保険の被保険者期間が1年未満の者は、国民年金法に規定する保険料納付済期間、保険料免除期間及び合算対象期間を合算した期間が10年以上あるときであっても、老齢厚生年金を請求することはできない。

**C**　特別支給の老齢厚生年金を受給している者が65歳に到達した場合、65歳から老齢基礎年金及び老齢厚生年金の支給を受ける場合には、実施機関に裁定請求をすることを要しない。

**D**　老齢厚生年金の報酬比例部分の額の計算の基礎となる被保険者期間の月数については、定額部分の額の計算の基礎となる被保険者期間の月数と異なり、上限は設けられていない。

**E**　受給権者が毎年9月1日（以下「基準日」という。）において被保険者である場合（基準日に被保険者の資格を取得した場合を除く。）の老齢厚生年金の額は、基準日の属する月前の被保険者であった期間をその計算の基礎とするものとし、基準日の属する月から、年金の額を改定する。

## 解説

**A ×** 【②年金の支給期間等】

年金の支給を停止すべき事由が生じたときは、その事由が生じた月の翌月から支給しない。 根拠 法36-ⅠⅡ

**B ×** 【④受給資格要件】

本来の（65歳以上の者に支給される）老齢厚生年金は、厚生年金保険の被保険者期間が1年未満であっても、1月以上あれば支給されるので誤り。

根拠 法42、法附則14-Ⅰ

**C ×** 【④受給資格要件】

特別支給の老齢厚生年金の受給権は、65歳に達したときに消滅するため、65歳から老齢基礎年金及び老齢厚生年金の支給を受ける場合には、実施機関に裁定請求をしなければならない。 根拠 法33、則30の2-Ⅰ

**D ○** 【⑤年金額】

設問の通り正しい。 根拠 法43-Ⅰ

得点UP! 定額部分の額の計算の基礎となる被保険者期間の月数については、原則として480（受給権者の生年月日により420～468の読替あり）が上限とされている。

**E ×** 【⑦年金額の改定】

受給権者が基準日において被保険者である場合（基準日に被保険者の資格を取得した場合を除く。）の老齢厚生年金の額は、基準日の属する月前の被保険者であった期間をその計算の基礎とするものとし、基準日の属する月の翌月から、年金の額を改定するとされている。いわゆる在職定時改定の仕組みであり、在職者については、原則として、年1回、「10月」から、基準日の属する月前の被保険者であった期間をその計算の基礎として、年金額が改定される。 根拠 法43-Ⅱ

**解答 D**

## 問題15 択一 基本 教科書 Section 3

チェック欄 1 ／ 2 ／ 3 ／

# 本来の老齢厚生年金

次の記述のうち、正しいものはどれか。

A 老齢厚生年金の受給権者がその権利を取得した当時その者によって生計を維持していた子が18歳に達した日以後の最初の3月31日が終了したため、子に係る加給年金額が加算されなくなった。その後、その子は、20歳に達する日前までに障害等級1級又は2級に該当する程度の障害の状態となった。この場合、その子が20歳に達するまで老齢厚生年金の額にその子に係る加給年金額が再度加算される。(H28-8C)

B 老齢厚生年金に加算される加給年金額の対象となる子が3人いる場合は、対象となる子が1人のときに加算される加給年金額の3倍の額の加給年金額が加算される。(H26-5B)

C 老齢厚生年金に加算される加給年金額の対象となる配偶者（昭和31年4月2日生まれ）が保険料納付済期間、保険料免除期間及び合算対象期間を合算した期間が10年に満たないため老齢基礎年金を受給できない場合には、当該配偶者が65歳に達した日の属する月の翌月以後も引き続き加給年金額が加算される。

D 子の加算額が加算された障害基礎年金の支給を受けている者に、当該子に係る加給年金額が加算された老齢厚生年金が併給されることとなった場合、当該老齢厚生年金については、当該子について加算する額に相当する部分の支給が停止される。(H29-7B)

E 老齢厚生年金に加算される加給年金額の対象となる配偶者が障害等級3級の障害厚生年金を受給している場合であっても、加給年金額は支給停止されない。(H26-5C)

## 解説

**A ×** 【⑤年金額】

老齢厚生年金の加給年金額対象者である子が18歳に達した日以後の最初の3月31日が終了したため、当該子に係る加給年金額が加算されなくなった場合には、その後、その子が20歳に達する日前までに障害等級1級又は2級に該当する程度の障害の状態となった場合であっても、その子に係る加給年金額は再度加算されることはない。 根拠 法44-ⅠⅣ⑧

**B ×** 【⑤年金額】

子を対象とする加給年金額は、1人につき74,900円に改定率を乗じて得た額（そのうち2人までについては、それぞれ224,700円に改定率を乗じて得た額）とされており、子が3人いる場合は1人の場合の3倍の額ではない。 根拠 法44-Ⅱ

**C ×** 【⑤年金額】

設問の配偶者が65歳に達したときは、当該配偶者が老齢基礎年金を受給できるか否かにかかわらず、当該配偶者を対象とする加給年金額は加算しないものとし、当該配偶者が65歳に達した日の属する月の翌月から老齢厚生年金の額が改定される。 根拠 法44-Ⅳ④

**D ○** 【⑤年金額】

設問の通り正しい。老齢厚生年金と障害基礎年金を併給する場合において、同一の子について両年金の加算対象となる場合には、加算額が重複しないように、老齢厚生年金の加給年金額に相当する部分の支給を停止する。 根拠 法44-Ⅰただし書

**E ×** 【⑤年金額】

配偶者を対象とする加給年金額は、当該配偶者が障害厚生年金の支給を受けることができるときは、それが障害等級3級の障害厚生年金であっても、支給停止される。 根拠 法46-Ⅵ

**解答 D**

CH 9 厚生年金保険法

問題16 択一 基本 教科書 Section 3

チェック欄 1 ／ 2 ／ 3 ／

## 本来の老齢厚生年金

次の記述のうち、正しいものはどれか。

**A** 在職老齢年金の支給停止額を計算する際の「総報酬月額相当額」とは、その者の標準報酬月額と直前の7月1日以前1年間の標準賞与額の総額を12で除して得た額とを合算した額である。(H25-8B)

**B** 老齢厚生年金の受給権者が前月以前の月に属する日から引き続き国会議員若しくは地方公共団体の議会の議員（以下、「国会議員等」という。）であっても、その者の国会議員等として受ける報酬と老齢厚生年金の年金額との調整は行われない。

**C** 60歳台後半の在職老齢年金においては、支給停止の対象となるのは、老齢厚生年金と経過的加算額であり、老齢基礎年金は支給停止の対象にはならない。(H24-4D)

**D** 70歳以上の使用される者については、支給停止調整額を28万円として、在職老齢年金の仕組みが適用される。

**E** 令和4年4月において、総報酬月額相当額が480,000円の66歳の被保険者（第1号厚生年金被保険者期間のみを有し、前月以前の月に属する日から引き続き当該被保険者の資格を有する者とする。）が、基本月額が100,000円の老齢厚生年金を受給することができる場合、在職老齢年金の仕組みにより月額55,000円の老齢厚生年金が支給停止される。

## 解説

**A ×** 【⑥支給停止】

総報酬月額相当額とは、標準報酬月額とその月（被保険者である日等が属する月）以前の１年間の標準賞与額の総額を12で除して得た額とを合算して得た額である。

根拠 法46-Ⅰ

**B ×** 【⑥支給停止】

前月以前の月に属する日から引き続き国会議員等である者についても、その者の標準報酬月額に相当する額として政令で定める額とその月以前１年間の標準賞与額及び標準賞与額に相当する額として政令で定める額の総額を12で除して得た額とを合算して得た額を総報酬月額相当額として、在職老齢年金の仕組みが適用される。

根拠 法46-Ⅰ

**C ×** 【⑥支給停止】

在職老齢年金の仕組みにより老齢厚生年金の額が全額支給停止となる場合であっても、経過的加算額は支給停止の対象ではない。なお、老齢基礎年金が支給停止の対象とならない旨の記述は正しい。

根拠 法46-Ⅰ、(60)法附則62-Ⅰ

**D ×** 【⑥支給停止】

70歳以上の使用される者に適用される在職老齢年金の仕組みは、60歳台後半の老齢厚生年金の受給権者が被保険者である場合の在職老齢年金（高在老）の仕組みであり、支給停止調整額は47万円である。

根拠 法46-Ⅰ、改定率改定令５

**E ○** 【⑥支給停止】

設問の通り正しい。なお、設問の支給停止月額の計算式は次の通りである。

(480,000円＋100,000円－470,000円)×１/２＝55,000円

根拠 法46-Ⅰ、改定率改定令５

**解答 E**

CH 9 厚生年金保険法

# 問題17 択一 実践 教科書 Section 3

チェック欄 1 ／ 2 ／ 3 ／

## 本来の老齢厚生年金

次の記述のうち、正しいものはどれか。

**A** 昭和36年4月2日以後に生まれた男子（第3種被保険者等又は特定警察職員等であった者を除く。）で、老齢厚生年金の支給を繰り上げて受給している厚生年金保険の被保険者が、65歳に達している場合において、その被保険者の資格を喪失し、かつ、被保険者となることなくして被保険者の資格を喪失した日から起算して1月を経過したときは、その被保険者の資格を喪失した月前までの被保険者であった期間を老齢厚生年金の額の計算の基礎とするものとする。

**B** 63歳の在職老齢年金を受給している者が適用事業所を退職し、4月1日に被保険者資格を喪失した場合、同年4月15日に再び別の適用事業所に採用されて被保険者となったときは、資格を喪失した月前における被保険者であった期間に基づく老齢厚生年金の年金額の改定が、同年4月分から行われる。

**C** 老齢厚生年金の受給権を有する者であって、その受給権を取得した日から起算して1年を経過した日前に当該老齢厚生年金を請求していなかったものはすべて、実施機関に当該老齢厚生年金の支給繰下げの申出をすることができる。

**D** 老齢厚生年金の支給の繰下げの請求があったときは、その請求があった日の属する月から、その者に老齢厚生年金が支給される。(H28-4D)

**E** 75歳に達した者であって、その者が老齢厚生年金の支給繰下げの申出を行った場合に支給する老齢厚生年金の額に加算する額は、繰下げ対象額(在職老齢年金の仕組みにより支給停止があったと仮定しても支給を受けることができた（支給停止とはならなかった）額に限られる。）から経過的加算額を控除して得られた額に増額率を乗じて得られる額である。

## 解説

**A ○** 【⑦年金額の改定】

設問の通り正しい。なお、設問の繰上げ支給の老齢厚生年金の受給権者である被保険者については、65歳に達する前に退職した場合には、退職改定は行われない。

根拠 法43-Ⅲ、法附則７の３-Ⅰ、15の２

**B ×** 【⑦年金額の改定】

設問の者は、「被保険者の資格を喪失し、かつ、被保険者となることなくして被保険者の資格を喪失した日から起算して１月を経過」していないので、退職改定は行われない。

根拠 法43-Ⅲ

**C ×** 【⑧支給開始年齢】

設問の者が老齢厚生年金の受給権を取得したときに、他の年金たる給付〔他の年金たる保険給付又は国民年金法による年金たる給付（老齢基礎年金及び付加年金並びに障害基礎年金を除く。）をいう。以下同じ。〕の受給権者であったとき、又は当該老齢厚生年金の受給権を取得した日から１年を経過した日までの間において他の年金たる給付の受給権者となったときは、当該老齢厚生年金の支給繰下げの申出をすることができない。

根拠 法44の３-Ⅰ

**D ×** 【⑧支給開始年齢】

老齢厚生年金の支給の繰下げは「請求」ではなく「申出」により行われ、その支給は、繰下げの申出のあった月の翌月から始めるものとされている。なお、老齢厚生年金は、法42条の要件を満たしたときに支給される（受給権が発生する）のであって、繰下げの申出により老齢厚生年金が支給される（受給権が発生する）ものではない。「請求」により支給される（受給権が発生する）繰上げ支給の老齢厚生年金との違いに注意しよう。

根拠 法42、44の３、法附則７の３-Ⅲ

**E ×** 【⑧支給開始年齢】

経過的加算額を「控除して」の箇所が誤り。支給繰下げの申出を行った場合に支給する老齢厚生年金の額に加算する額は、増額の算定対象となる年金額（設問でいう繰下げ対象額）に増額率を乗じて得られる額であるが、増額の算定対象となる年金額には経過的加算額が含まれる。

根拠 法44の３-Ⅳ、(60)法附則59-Ⅱ、令３の５の２-Ⅰ

**解答 A**

CH 9 厚生年金保険法

問題18 択一 実践 教科書 Section 3

チェック欄 1 ／ 2 ／ 3 ／

## 本来の老齢厚生年金

次の記述のうち、正しいものはどれか。

A　65歳以上の老齢厚生年金の年金額には、特別支給の老齢厚生年金の定額部分の額と老齢基礎年金相当額（昭和36年４月１日以後で20歳未満又は60歳以上の厚生年金保険の被保険者期間分に限る。）との差額が加算される。

B　いわゆる高在老の仕組みによる支給停止基準額が、老齢厚生年金の額（加給年金額、繰下げ加算額及び経過的加算額を除く。）以上であるときは、老齢厚生年金の全部（加給年金額、繰下げ加算額及び経過的加算額を除く。）の支給が停止される。

C　老齢厚生年金の受給権者が被保険者の資格を取得した場合には、その取得した月から在職老齢年金の仕組みによる年金額調整の対象となる。

D　月の末日に退職した者の老齢厚生年金の年金額の改定（いわゆる退職改定）は、退職月の翌月から行われる。

E　昭和36年４月２日以後に生まれた男子（第３種被保険者等又は特定警察職員等であった者を除く。）で、老齢厚生年金の支給を繰り上げて受給している厚生年金保険の被保険者は、いわゆる在職定時改定や退職改定が行われるまでは、当該受給権を取得した日以後の被保険者期間は老齢厚生年金の額の計算の基礎に含まれない。

## 解説

**A** ×　【⑤年金額】

65歳以上の老齢厚生年金の年金額には、特別支給の老齢厚生年金の定額部分の額と老齢基礎年金相当額（昭和36年４月１日以後で「20歳以上60歳未満」の厚生年金保険の被保険者期間分に限る。）との差額（経過的加算額）が加算される。　根拠 (60)法附則59-Ⅱ

**B** ×　【⑥支給停止】

設問の場合、支給停止となるのは、「老齢厚生年金の全部（加給年金額、繰下げ加算額及び経過的加算額を除く。）」ではなく、「老齢厚生年金の全部（繰下げ加算額及び経過的加算額を除く。）」である（加給年金額も支給停止される。）。　根拠 法46-ⅠⅢ、(60)法附則62-Ⅰ、改定率改定令５-Ⅰ

**C** ×　【⑥支給停止】

設問の老齢厚生年金の受給権者が被保険者の資格を取得した月については、前月以前の月に属する日から引き続き被保険者の資格を有していないので、在職老齢年金の仕組みによる年金額調整の対象とならない（資格取得月の翌月から調整の対象となる。）。　根拠 法46-Ⅰ

**D** ○　【⑦年金額の改定】

設問の通り正しい。退職改定は、被保険者の資格喪失日から起算して１月を経過したときに、その喪失月前における被保険者であった期間を老齢厚生年金の額の計算の基礎として、年金額を改定するものであるが、事業所又は船舶に使用されなくなった（退職した）とき、任意適用事業所の適用取消又は任意単独被保険者の資格喪失につき厚生労働大臣の認可があったとき又は適用除外に該当するに至ったときには、その日から起算して１月を経過した日の属する月から改定が行われる。したがって、月の末日に退職した場合には、退職月までを老齢厚生年金の額の計算の基礎として、退職月の翌月から改定が行われることになる。　根拠 法14-②、43-Ⅲ

**E** ×　【⑧支給開始年齢】

設問の繰上げ支給の老齢厚生年金の支給を受ける者については、当該受給権者が65歳に達した日後でなければ在職定時改定や退職改定は行われないが、65歳に達した日において被保険者期間を有している場合には、在職定時改定や退職改定を待たずに、65歳に達した日の属する月の翌月から年金額の改定（いわゆる65歳時改定）が行われる。　根拠 法附則７の３-Ⅴ

**解答　D**

問題19 択一 実践 教科書 Section 3

チェック欄 1／ 2／ 3／

## 本来の老齢厚生年金

次の記述のうち、誤っているものはどれか。

A　大正15年４月１日以前に生まれた配偶者に係る老齢厚生年金の加給年金額については、配偶者が65歳に達しても加給年金額の加算が停止されることはない。

B　老齢厚生年金の受給権を取得した当時は被保険者期間が240月未満であったため配偶者に係る加給年金額が加算されていなかった厚生年金保険の被保険者である受給権者について、その後退職した時点で改定が行われ、被保険者期間が240月以上となった場合には、当該240月以上となるに至った当時の配偶者の年齢及び生計維持関係を確認し、加給年金額が加算されることとなる。

C　老齢厚生年金の加給年金額の加算対象者である子が、受給権者の配偶者以外の者の養子となったときは、その月の翌月以降、その者に係る加給年金額は加算されない。

D　老齢厚生年金の加給年金額の加算対象となる配偶者が老齢基礎年金の繰上げ支給を受けている場合であっても、当該配偶者に係る加給年金額の加算は停止されない。

E　配偶者を対象とする加給年金額を加算した額の老齢厚生年金の受給権を有する者が、当該老齢厚生年金の支給繰下げの申出をしたときは、老齢厚生年金の支給が開始されるときから、報酬比例部分の額と同様の割合で増額された配偶者加給年金額が加算される。

## 解説

**A ○** 【⑤年金額】

設問の通り正しい。配偶者に係る老齢厚生年金の加給年金額は、その配偶者が65歳に達したときは加算されなくなるが、大正15年4月1日以前に生まれた配偶者の場合は年齢制限がないので、65歳以上でも加給年金額の加算の対象となる。

根拠 法44-Ⅳ④、(60)法附則60-Ⅰ

**B ○** 【⑤年金額】

設問の通り正しい。なお、設問のいわゆる退職改定のほか、いわゆる在職定時改定により、被保険者期間が240月以上となった場合にも、当該240月以上となるに至った当時の配偶者の年齢及び生計維持関係を確認し、加給年金額が加算されることとなる。

根拠 法44-Ⅰカッコ書

**C ○** 【⑤年金額】

設問の通り正しい。

根拠 法44-Ⅳ⑤

確認してみよう！ 加給年金額の加算の対象となっていた配偶者又は子が、次のいずれかに該当するに至ったときは、その者に係る加給年金額は、その該当するに至った月の翌月から、加算されなくなる。

① 死亡したとき
② 受給権者による生計維持の状態がやんだとき
③ 配偶者が、離婚又は婚姻の取消しをしたとき
④ 配偶者が、65歳に達したとき
⑤ 子が、養子縁組によって受給権者の配偶者以外の者の養子となったとき
⑥ 養子縁組による子が、離縁をしたとき
⑦ 子が、婚姻をしたとき
⑧ 子（障害等級の1級又は2級に該当する障害の状態にある子を除く）について、18歳に達した日以後の最初の3月31日が終了したとき
⑨ 障害等級の1級又は2級に該当する障害の状態にある子（18歳に達する日以後の最初の3月31日までの間にある子を除く）について、その事情がやんだとき
⑩ 子が、20歳に達したとき

**D ○** 【⑤年金額】

設問の通り正しい。加給年金額は、加算対象となる配偶者が「老齢厚生年金（その年金額の計算の基礎となる被保険者期間の月数が原則として240以上であるものに限る。)、障害厚生年金、障害基礎年金等」の支給を受けることができるときに、その間、加算が停止される。繰上げ支給の老齢基礎年金を受けても加算は停止されない。

根拠 法46-Ⅵ、令3の7

**E ×** 【⑧支給開始年齢】

支給繰下げの申出をしたことにより、配偶者加給年金額が増額されることはない。なお、老齢厚生年金の支給繰下げの申出をしたときは、老齢厚生年金の支給が開始されるときから、配偶者加給年金額が加算されるとする記述は正しい。

根拠 法44、44の3-Ⅳ

**解答 E**

CH 9 厚生年金保険法

## 問題20 選択 実践 教科書 Section 3

チェック欄 1／ 2／ 3／

# 本来の老齢厚生年金

次の文中の［　　］の部分を選択肢の中の適当な語句で埋め、完全な文章とせよ。

1　老齢厚生年金の額は、被保険者であった全期間の［ A ］（被保険者期間の計算の基礎となる各月の標準報酬月額と標準賞与額に、厚生年金保険法別表の各号に掲げる受給権者の区分に応じてそれぞれ当該各号に定める率（以下「［ B ］」という。）を乗じて得た額の総額を当該被保険者期間の月数で除して得た額をいう。）の1,000分の［ C ］に相当する額に被保険者期間の月数を乗じて得た額とする。

2　［ B ］については、毎年度、厚生年金保険法第43条の2第1項第1号に掲げる率（以下「［ D ］」という。）に第2号及び第3号に掲げる率を乗じて得た率（「［ E ］」という。）を基準として改定し、当該年度の4月以降の保険給付について適用する。

3　受給権者が65歳に達した日の属する年度の初日の属する年の3年後の年の4月1日の属する年度（「基準年度」という。）以後において適用される［ B ］（「基準年度以後［ B ］」という。）の改定については、上記2の規定にかかわらず、［ D ］（［ D ］が［ E ］を上回るときは、［ E ］）を基準とする。

選択肢

| | | | | | |
|---|---|---|---|---|---|
| ① | 物価変動率 | ② | 名目手取り賃金変動率 | ③ | 5.481 |
| ④ | 給付乗率 | ⑤ | 可処分所得割合変化率 | ⑥ | 5.769 |
| ⑦ | 再評価率 | ⑧ | 全国消費者物価指数 | ⑨ | 7.125 |
| ⑩ | 基本月額 | ⑪ | 実質手取り賃金変動率 | ⑫ | 7.692 |
| ⑬ | 平均標準報酬額 | ⑭ | 総報酬月額相当額 | ⑮ | 改定率 |
| ⑯ | 実質所得変化率 | ⑰ | 物価スライド指数 | ⑱ | 調整率 |
| ⑲ | 実質賃金変動率 | ⑳ | 平均標準給与 | | |

## 解答

【⑤年金額】

A ⑬ 平均標準報酬額
B ⑦ 再評価率
C ③ 5.481
D ① 物価変動率
E ② 名目手取り賃金変動率

根拠 法43-Ⅰ、43の2-Ⅰ、43の3-Ⅰ



## 解説

《Bについて》

老齢厚生年金の報酬比例部分の額は、毎年度、[⑦再評価率]を改定することにより改定される。加給年金額や国民年金の老齢基礎年金等の基本年金額の改定に用いられる[⑮改定率]と混同しないようにしておこう。

《D、Eについて》

問題文3には「65歳に達した日の属する年度の初日の属する年の3年後の年の4月1日の属する年度(基準年度)」とあり、これが既裁定者に係る[⑦再評価率]の改定に関する規定であることに気がつけば、Dには[①物価変動率]が入り、Eには[②名目手取り賃金変動率]が入ることがわかるだろう。なお、[②名目手取り賃金変動率]は、厚生年金保険法43条の2,1項1号に掲げる率([①物価変動率])に、同項2号に掲げる率(2～4年度前の実質賃金変動率の3年度平均)と同項3号に掲げる率(3年度前の可処分所得割合変化率)を乗じて算出される。

問題21 選択 実践 教科書 Section 3

チェック欄 1 / 2 / 3 /

## 本来の老齢厚生年金

次の文中の[  ]の部分を選択肢の中の適当な語句で埋め、完全な文章とせよ。

1 被保険者期間が[ A ]月以上ある者の老齢厚生年金の額については、受給権者がその権利を取得した当時その者によって生計を維持していたその者の65歳未満の配偶者又は子（18歳に達する日以後の最初の3月31日までの間にある子及び20歳未満で障害等級の2級以上に該当する障害の状態にある子に限る。）があるときは、原則として、老齢厚生年金の額に[ B ]が加算される。また、受給権者がその権利を取得した当時胎児であった子が出生したときは、その出生の翌月から年金の額が改定される。

2 [ B ]の対象者である配偶者が、昭和61年4月1日において[ C ]である場合には、旧法が適用されて老齢基礎年金が支給されないことから、配偶者が65歳に達した後も[ B ]が加算される。

3 妻が65歳に達して老齢基礎年金を受給するときの年金水準との格差を是正するために、受給権者が[ D ]生まれのときは配偶者の[ B ]に[ E ]が行われる。

選択肢

| | | |
|---|---|---|
| ① 特別加算 | ② 大正15年4月1日前 | ③ 180 |
| ④ 付加年金 | ⑤ 昭和9年4月2日以後 | ⑥ 240 |
| ⑦ 支払調整 | ⑧ 昭和16年4月1日以後 | ⑨ 300 |
| ⑩ 振替加算 | ⑪ 昭和31年4月1日以前 | ⑫ 480 |
| ⑬ 60歳以上 | ⑭ 35歳以上65歳未満 | ⑮ 特別支給金 |
| ⑯ 55歳以上 | ⑰ 55歳以上65歳未満 | ⑱ 加給年金額 |
| ⑲ 支給停止 | ⑳ 経過的加算額 | |

## 解答

【⑤年金額】

A　⑥　240
B　⑱　加給年金額
C　⑬　60歳以上
D　⑤　昭和９年４月２日以後
E　①　特別加算

根拠 法44-ⅠⅢ、(60)法附則31、60

## 解説

《Cについて》

問題文２の２行目に「旧法が適用されて老齢基礎年金が支給されない」とあることから、「大正15年４月１日以前生まれ」の者を考えれば、Cに入るのは「昭和61年４月１日」（新法施行日）において［⑬60歳以上］ということがわかるだろう。

《B、D、Eについて》

老齢厚生年金の［⑱加給年金額］（B）に［①特別加算］（E）が行われるのは、「配偶者」に係るもののみであることに注意したい。また、Dの［⑤昭和９年４月２日以後］生まれという［①特別加算］が行われるための要件は、「配偶者」ではなく「受給権者」の生年月日であることにも注意したい。

問題22　択一　実践　教科書 Section 4

チェック欄　1 ／　2 ／　3 ／

## 特別支給の老齢厚生年金等

次の記述のうち、正しいものはどれか。

**A**　特別支給の老齢厚生年金について、第１号厚生年金被保険者期間（第３種被保険者であった期間はない。）のみが30年ある、昭和34年４月１日生まれの男性（障害等級に該当しない。）には定額部分は支給されず、64歳から報酬比例部分のみが支給される。

**B**　特別支給の老齢厚生年金について、第１号厚生年金被保険者期間（第３種被保険者であった期間はない。）のみが30年ある、昭和39年４月２日生まれの女性（障害等級に該当しない。）には定額部分は支給されず、63歳から報酬比例部分のみが支給される。

**C**　昭和24年４月１日生まれの者に支給される特別支給の老齢厚生年金の定額部分の額の計算に係る被保険者期間の月数は、456月を上限とする。

**D**　昭和21年４月１日以前に生まれた男子で、坑内員たる被保険者であった期間と船員たる被保険者であった期間とを合算した期間が15年以上あり、かつ、老齢基礎年金の受給資格期間を満たしている者は、55歳から特別支給の老齢厚生年金を受けることができる。

**E**　保険料納付済期間、保険料免除期間及び合算対象期間を合算した期間が10年に満たない60歳以上の者で、厚生年金保険の被保険者期間（第１号厚生年金被保険者期間に限る。）を１年以上有し、当該被保険者期間と旧共済組合員期間とを合算して15年以上の期間を有する者については、厚生年金保険の被保険者期間に応じて特別支給の老齢厚生年金の例によって計算した額を特例老齢年金として支給する。

## 解説

**A ×** 【②支給開始年齢の原則】

設問の者には定額部分は支給されず、「63歳」から報酬比例部分のみの老齢厚生年金が支給される。

根拠 法附則８の２－Ⅰ

**B ×** 【②支給開始年齢の原則】

設問の者には定額部分は支給されず、「64歳」から報酬比例部分のみの老齢厚生年金が支給される。

根拠 法附則８の２－Ⅱ

**C ×** 【④年金額】

昭和21年４月２日以後に生まれた者に支給する特別支給の老齢厚生年金の定額部分の額の計算に係る被保険者期間の月数は、480を上限とする。

根拠 法附則９の２－Ⅱ①、(6)法附則20－ⅠⅡ、(16)法附則36－Ⅰ

**D ○** 【③支給開始年齢の特例】

設問の通り正しい。なお、この場合の「坑内員たる被保険者であった期間と船員たる被保険者であった期間とを合算した期間」は３分の４倍や５分の６倍しない実期間で15年以上必要であることにも注意しよう。

根拠 法附則９の４、(6)法附則15－Ⅰ

**E ×** 【①受給資格要件】

設問の「15年以上」は、「20年以上」である。

根拠 法附則14－Ⅰ、28の３－ⅠⅡ

**解答 D**

# 問題23 択一 実践

教科書 Section 4

チェック欄 1 ／ 2 ／ 3 ／

## 特別支給の老齢厚生年金等

次の記述のうち、正しいものはどれか。

A　60歳台前半の在職老齢年金について、加給年金額が加算されている老齢厚生年金の場合には、その加給年金額も含めて基本月額を算定する。

B　60歳台前半の老齢厚生年金の受給権者が被保険者である場合において、その者の総報酬月額相当額と老齢厚生年金の基本月額との合計額が47万円以下のときは、在職老齢年金の仕組みによる支給停止は行われない。

C　60歳台前半の老齢厚生年金の基本月額が150,000円であり、その者の総報酬月額相当額が360,000円の場合の在職老齢年金の支給停止額は115,000円となる。

D　被保険者である60歳台前半の老齢厚生年金の受給権者について、その者の総報酬月額相当額が改定された場合は、改定が行われた月から新たな総報酬月額相当額に基づいて支給停止額が再計算され、当該改定が行われた月の翌月から、年金額が改定される。

E　60歳台前半の老齢厚生年金を受給している被保険者が、その被保険者の資格を喪失し、かつ被保険者となることなくして被保険者の資格を喪失した日から起算して1か月を経過したときは、その被保険者の資格を喪失した月前における被保険者であった期間を老齢厚生年金の額の計算の基礎とするものとし、資格を喪失した日の属する月から年金の額を改定する。

## 解説

**A ×** 【⑤支給停止】

60歳台前半の在職老齢年金（低在老）について、加給年金額が加算されている老齢厚生年金の場合には、65歳以降の在職老齢年金（高在老）の場合と同様にその加給年金額を除いて基本月額を算定する。

根拠 法附則11-Ⅰ、(6)法附則21-Ⅰ

**B ○** 【⑤支給停止】

設問の通り正しい。在職老齢年金（低在老）の仕組みによる支給停止が行われるのは、総報酬月額相当額と老齢厚生年金の基本月額との合計額が支給停止調整額（47万円）を超えるときである。

根拠 法附則11-Ⅰ、(6)法附則21-Ⅰ

**C ×** 【⑤支給停止】

設問の場合の在職老齢年金の支給停止月額は、20,000円となる。

(360,000円＋150,000円−470,000円)×1／2＝20,000円

根拠 法附則11-Ⅰ、(6)法附則21-Ⅰ

**D ×** 【⑤支給停止】

設問の場合は、総報酬月額相当額の改定が行われた月から（翌月ではない)、年金額が改定される。 根拠 法附則15の3、(6)法附則21-Ⅲ

**E ×** 【Sec 3 ⑦年金額の改定】

設問の場合、「資格を喪失した日の属する月」ではなく、「資格を喪失した日（事業所又は船舶に使用されなくなったとき、任意適用事業所の適用取消又は任意単独被保険者の資格喪失につき厚生労働大臣の認可があったとき、又は適用除外に該当するに至ったときには、その日）から起算して1月を経過した日の属する月」から年金の額を改定する。 根拠 法43-Ⅲ

**解答 B**

## 問題24 択一 応用 教科書 Section 4

# 特別支給の老齢厚生年金等

チェック欄 1 ／ 2 ／ 3 ／

次の記述のうち、正しいものはどれか。

A　昭和36年4月2日以後に生まれた男子であって被保険者期間が44年以上ある者が、被保険者でないときは、60歳に達したときから、その者に定額部分と報酬比例部分を合わせた額の特別支給の老齢厚生年金を支給する。

B　昭和34年4月1日に生まれた男子であって、60歳に達したときに被保険者でなく、30年間にわたり厚生年金保険の被保険者であった者が障害厚生年金の受給権を有していた場合において、特別支給の老齢厚生年金の受給権を取得後に障害者の特例の適用を請求したときは、報酬比例部分と定額部分とを合わせた額の特別支給の老齢厚生年金が、60歳に達したときにさかのぼって支給される。

C　昭和35年4月2日に生まれた者で、かつ、30年間にわたり厚生年金保険の被保険者であった者が、老齢厚生年金の受給権を取得した当時、坑内員たる被保険者であった期間と船員たる被保険者であった期間とを合算した期間が15年以上ある場合には、被保険者でないことを要件に、62歳から報酬比例部分と定額部分とを合わせた額の特別支給の老齢厚生年金が支給される。

D　報酬比例部分のみの特別支給の老齢厚生年金の受給権者が被保険者の資格を喪失し、退職改定により被保険者期間が44年以上となったときは、その者の請求により、当該請求があった月の翌月から、報酬比例部分の額と定額部分とを合わせた額の年金額に改定される。

E　特別支給の老齢厚生年金（その年金額の計算の基礎となる被保険者期間の月数が240以上あるものとする。）の受給権者が、その権利を取得した当時その者によって生計を維持する65歳未満の配偶者がある場合であっても、報酬比例部分のみの特別支給の老齢厚生年金には、加給年金額は加算されない。

## 解説

A ×　【③支給開始年齢の特例】

設問の男子は、法附則８条の規定による特別支給の老齢厚生年金の対象者ではないので、長期加入者の特例の対象とされない。

根拠 法附則７の３-Ⅰ①、８カッコ書

確認してみよう！ 設問の男子が昭和41年４月１日以前に生まれた者であって、船員たる被保険者及び坑内員たる被保険者であった期間とを合算した期間が15年以上あるときは、生年月日に応じた支給開始年齢（62歳ないし64歳）に達したときから、坑内員・船員の特例による特別支給の老齢厚生年金が支給される。

B ×　【③支給開始年齢の特例】

設問の者は、63歳に達したときから報酬比例部分の額のみの特別支給の老齢厚生年金が支給される者であるから、その受給権者となった後に障害者の特例の適用を請求したときは、63歳に達した日に障害者の特例の適用を請求したものとみなし、63歳に達した月の翌月から、報酬比例部分と定額部分とを合わせた額の特別支給の老齢厚生年金が支給される。

根拠 法附則８の２-Ⅰ、９の２-Ⅴ①

C ×　【③支給開始年齢の特例】

「被保険者でないこと」は、第３種被保険者の特例の要件ではないので、設問の者は、被保険者であっても、62歳に達したときから、報酬比例部分と定額部分とを合わせた額の特別支給の老齢厚生年金が支給される。

根拠 法附則８の２-Ⅲ、９の４-Ⅰ

D ×　【③支給開始年齢の特例】

設問の退職改定により、長期加入者の特例に該当したときは、請求によらず、退職改定が行われたときから、報酬比例部分と定額部分とを合わせた額の年金額に改定される。　根拠 法附則９の３-Ⅲ

E ○　【④年金額】

設問の通り正しい。定額部分の額が加算されない**報酬比例部分の額のみ**の特別支給の老齢厚生年金については、**加給年金額は加算されない**。

根拠 法附則９

**解答 E**

CH９ 厚生年金保険法

## 問題25 択一 実践 教科書 Section 4

チェック欄 1 ／ 2 ／ 3 ／

# 特別支給の老齢厚生年金等

次の記述のうち、誤っているものはどれか。

**A** 老齢厚生年金の受給権者である夫（昭和23年４月２日生まれ）と国民年金の加入期間しか有さない妻（昭和21年４月２日生まれ）の例において、夫が定額部分が支給される64歳に達したとき、配偶者加給年金額の対象となる要件を満たしている場合には、66歳の妻の老齢基礎年金に振替加算が行われる。(H24-4B)

**B** 昭和35年４月２日生まれの女子（第２号厚生年金被保険者期間のみを有するものとする。）であって、１年以上の被保険者期間を有し、かつ、保険料納付済期間と保険料免除期間とを合算した期間が10年以上あるものが、62歳に達したときは、その者に、第２号厚生年金被保険者期間に基づく特別支給の老齢厚生年金が支給される。

**C** 昭和36年４月２日に生まれた者で、坑内員たる被保険者であった期間を15年以上有するものが、繰上げ支給の老齢厚生年金を受給する場合には、62歳に達する前に厚生労働大臣に支給繰上げの請求をしなければならない。

**D** 報酬比例部分のみの特別支給の老齢厚生年金の受給権者が、被保険者でなく、かつ、傷病により障害等級に該当する程度の障害の状態にあるときは、その者の請求により、当該請求があった月の翌月から、定額部分が加算された年金額に改定される。

**E** 特別支給の老齢厚生年金の受給権は、受給権者が65歳に達したときは、消滅する。

## 解説

A ○ 【②支給開始年齢の原則】

設問の通り正しい。設問の昭和23年４月２日生まれの夫には、60歳に達したときから報酬比例部分の額のみの特別支給の老齢厚生年金が支給され、64歳に達したときから定額部分が加算された特別支給の老齢厚生年金が支給される。加給年金額は、報酬比例部分の額のみの特別支給の老齢厚生年金には加算されないので、定額部分の支給開始年齢に達したときから加給年金額が加算されることになるが、設問の場合、定額部分の支給開始年齢に達したときに、加給年金額の対象となるべき妻がすでに65歳以上であるため、加給年金額を加算することなく、妻の老齢基礎年金に振替加算が行われる。

根拠 (60)法附則14-Ⅱ

B × 【②支給開始年齢の原則】

設問の者は、「第２号厚生年金被保険者期間のみ」を有するため、特別支給の老齢厚生年金の支給開始年齢は「62歳」ではなく「64歳」である（「第１号厚生年金被保険者期間」のみを有する場合には、「62歳」から第１号厚生年金被保険者期間に基づく特別支給の老齢厚生年金が支給される。）。

根拠 法附則８、８の２-Ⅰ

C ○ 【⑧老齢厚生年金の支給繰上げの特例】

設問の通り正しい。いわゆる坑内員・船員の特例において、昭和35年４月２日から昭和37年４月１日に生まれた者については、62歳から報酬比例部分に定額部分が加算された特別支給の老齢厚生年金が支給されるため、62歳に達する前に限り、老齢厚生年金の支給繰上げの請求をすることができる。

根拠 法附則８の２-Ⅲ、13の４-Ⅰ

D ○ 【⑥年金額の改定】

設問の通り正しい。いわゆる障害者の特例は、受給権者からの請求により適用される。

根拠 法附則９の２-ⅠⅡ

E ○ 【⑨失権】

設問の通り正しい。本来の老齢厚生年金の受給権は、受給権者が死亡した場合にのみ消滅するが、特別支給の老齢厚生年金の受給権については、受給権者の死亡のほか、受給権者が65歳に達したときにも消滅する。

根拠 法附則10

**解答 B**

## 問題26 択一 実践 教科書 Section 4

チェック欄 1／ 2／ 3／

# 特別支給の老齢厚生年金等

次の記述のうち、誤っているものはどれか。

**A** 特別支給の老齢厚生年金は、その受給権者が雇用保険法の規定による基本手当の受給資格を有する場合であっても、当該受給権者が同法の規定による求職の申込みをしないときは、基本手当との調整の仕組みによる支給停止は行われない。(H29-10C)

**B** 60歳台前半において、障害等級２級の障害基礎年金及び障害厚生年金の受給権者が雇用保険の基本手当を受けることができるときは、障害厚生年金のみが支給停止の対象とされる。(H27-3ウ)

**C** 特別支給の老齢厚生年金の受給権者が雇用保険法の規定による求職の申込みをした場合であっても、調整対象期間中に基本手当の支給を受けた日とみなされる日及びこれに準ずる日として政令で定める日が１日もない月があったときは、その月について老齢厚生年金の支給は停止されない。

**D** 特別支給の老齢厚生年金の受給権者であって、雇用保険法の規定による基本手当との調整による年金停止月があるものについて、基本手当の受給期間経過後に５箇月の年金停止月と100日の基本手当の支給を受けた日とみなされる日数があるときは、その者に１箇月分の老齢厚生年金がさかのぼって支給される。

**E** 60歳台前半の老齢厚生年金の受給権者であって被保険者である場合に、雇用保険法に基づく高年齢雇用継続基本給付金の支給を受けることができる者は、その者の老齢厚生年金について、標準報酬月額に法で定める率を乗じて得た額に相当する部分等が支給停止され、高年齢雇用継続基本給付金は支給停止されない。(H24-10D)

## 解説

**A ○** 【⑩失業等給付との調整】

設問の通り正しい。なお、基本手当の受給資格を有する老齢厚生年金の受給権者が、求職の申込みをしたときは、当該求職の申込みがあった月の翌月から、基本手当との調整の仕組みによる老齢厚生年金の支給停止が行われることになる。

根拠 法附則７の４－Ⅰ、11の５

**B ×** 【⑩失業等給付との調整】

設問の場合、障害基礎年金及び障害厚生年金のいずれについても支給停止の対象とはされない。障害基礎年金及び障害厚生年金と雇用保険の基本手当との間で、調整は行われない。

根拠 法附則７の４、11の５

**C ○** 【⑩失業等給付との調整】

設問の通り正しい。なお、「これに準ずる日として政令で定める日」とは、基本手当の待期期間及び不正受給以外の事由による基本手当の給付制限期間をいう。

根拠 法附則７の４－Ⅱ①、11の５

**D ○** 【⑩失業等給付との調整】

設問の通り正しい。設問の場合は、「５箇月」から「100日÷30日＝４箇月（１未満の端数は１に切上げ）」を控除して得られる「１箇月分」の老齢厚生年金がさかのぼって支給される。

根拠 法附則７の４－Ⅲ、11の５

**E ○** 【⑩失業等給付との調整】

設問の通り正しい。雇用保険法の規定による高年齢雇用継続給付との調整においては、高年齢雇用継続給付は調整されずに支給され、老齢厚生年金は在職老齢年金の仕組みによる支給停止額に加え、標準報酬月額に所定の率を乗じて得た額に相当する額が支給停止される。

根拠 法附則11の６－Ⅰ、(6)法附則26－Ⅰ

**解答 B**

## 問題27 選択 実践 教科書 Section 4

チェック欄 1／ 2／ 3／

# 特別支給の老齢厚生年金等

次の文中の［　　］の部分を選択肢の中の適当な語句で埋め、完全な文章とせよ。

1 ［ A ］までの間に生まれた女子であって、第1号厚生年金被保険者期間に係る特別支給の老齢厚生年金の受給権者であるもの（障害者、長期加入者及び坑内員・船員の特例に該当する者を除く。）については、原則として60歳から報酬比例部分のみの特別支給の老齢厚生年金が支給され、［ B ］歳から報酬比例部分に定額部分が加算された額の特別支給の老齢厚生年金が支給される。また、この者に支給される定額部分の年金額は、［ C ］円に国民年金法第27条に規定する改定率を乗じて得た額（その額に50銭未満の端数が生じたときは、これを切り捨て、50銭以上1円未満の端数が生じたときは、これを1円に切り上げるものとする。）に被保険者期間の月数（当該月数が480を超えるときは、480とする。）を乗じて得た額である。

2 昭和16年4月2日から昭和36年4月1日までの間に生まれた男子であって、特別支給の老齢厚生年金の受給権者であるものが、その権利を取得した当時、［ D ］でなく、かつ、その者の被保険者期間が［ E ］年以上であるときは、報酬比例部分に定額部分が加算された額の特別支給の老齢厚生年金が支給される。

選択肢

| | | | | |
|---|---|---|---|---|
| A | ① 昭和27年4月2日から昭和29年4月1日<br>② 昭和29年4月2日から昭和33年4月1日<br>③ 昭和33年4月2日から昭和35年4月1日<br>④ 昭和35年4月2日から昭和37年4月1日 | | | |
| B | ① 61 | ② 62 | ③ 63 | ④ 64 |
| C | ① 1,628 | ② 1,676 | ③ 3,053 | ④ 3,143 |
| D | ① 日本国籍を有する者　② 被保険者<br>③ 障害基礎年金の受給権者<br>④ 国民年金の任意加入被保険者 | | | |
| E | ① 20 | ② 40 | ③ 44 | ④ 45 |

## 解答

【Sec 3 ⑤年金額、Sec 4 ②支給開始年齢の原則、③支給開始年齢の特例、④年金額】

A　①　昭和27年４月２日から昭和29年４月１日
B　④　64
C　①　1,628
D　②　被保険者
E　③　44

根拠 法附則８の２－Ⅱ、９の２－Ⅱ①、９の３－Ⅰ、(6)法附則18－Ⅰ、19－Ⅰ、20－Ⅰ



## 解説

《A、Bについて》

設問の者は第１号厚生年金被保険者期間を有する女子（第１号女子）であり、「60歳から報酬比例部分のみの特別支給の老齢厚生年金」が支給されることから、少なくとも「昭和33年４月１日」までに生まれたものということになり、Aの解答は①か②に絞られる。そして、途中から（Bの年齢から）報酬比例部分に「定額部分」が加算されることから、定額部分が支給されないこととなる［②昭和29年４月２日から昭和33年４月１日］生まれの者は除かれることになり、Aの解答は［①昭和27年４月２日から昭和29年４月１日］ということになる。この生年月日の第１号女子については、［④64］（B）歳から報酬比例部分に定額部分が加算される。

《Cについて》

定額部分の単価である［①1,628］円は、780,900円（国民年金の基本年金額）÷480（40年×12か月）とほぼ同額である。

《D、Eについて》

被保険者期間が［③44］（E）年以上の者に係るいわゆる「長期加入者の特例」である。長期加入者の特例が適用されるためには、［②被保険者］（D）でないことが要件とされる。

## 問題28 選択 応用 教科書 Section 4

チェック欄 1 ／ 2 ／ 3 ／

# 特別支給の老齢厚生年金等

次の文中の［　］の部分を選択肢の中の適当な語句で埋め、完全な文章とせよ。

1　報酬比例部分のみの60歳台前半の老齢厚生年金の受給権者である被保険者が、年金額として120万円、総報酬月額相当額として34万円（標準報酬月額24万円とその月以前1年間の標準賞与額の総額を12で除して得た額10万円の合算額）であるとき、その者に支給すべき年金月額は、［A］円となる。

また、この者が、雇用保険法の規定による高年齢雇用継続基本給付金を受給しているときは、年金月額［A］円から月額［B］円が支給停止される。（この者の60歳到達時のみなし賃金日額に30を乗じて得た額は42万円とする。）

なおこの場合、老齢厚生年金の受給権者（老齢厚生年金の裁定請求書に雇用保険被保険者番号を記載していない者であって、一定のものに限る。）は、［C］提出しなければならない。

2　仮に、上記1の総報酬月額相当額34万円のうち標準報酬月額が［D］円以上であるときは、［E］。

選択肢

| | |
|---|---|
| A | ①　30,000　②　60,000<br>③　90,000　④　100,000 |
| B | ①　14,400　②　24,000<br>③　25,200　④　42,000 |
| C | ①　5日以内に、在職老齢年金受給届を所轄公共職業安定所長に<br>②　10日以内に、併給調整届を日本年金機構に<br>③　翌月10日までに高年齢雇用継続給付支給開始届を日本年金機構に<br>④　速やかに、支給停止事由該当届を日本年金機構に |
| D | ①　300,000　②　320,000<br>③　360,584　④　380,000 |
| E | ①　老齢厚生年金の全部の支給を停止する<br>②　高年齢雇用継続基本給付金の支給を停止する<br>③　高年齢雇用継続基本給付金との調整は行わない<br>④　高年齢雇用継続基本給付金の最高限度額に相当する額の支給を停止する |

## 解答

【④年金額、⑩失業等給付との調整】

A ④ 100,000
B ① 14,400
C ④ 速やかに、支給停止事由該当届を日本年金機構に
D ② 320,000
E ③ 高年齢雇用継続基本給付金との調整は行わない

根拠 法附則11-ⅠⅡ、11の6-Ⅰ①、Ⅵ、改定率改定令5、則33-Ⅲ



## 解説

《Aについて》

基本月額：120万円÷12＝10万円
総報酬月額相当額（34万円）と基本月額（10万円）との合計額（44万円）が47万円に満たないため、在職老齢年金（低在老）の仕組みによる支給停止は行われない。したがって、Aは［④100,000］である。

《Bについて》

標準報酬月額（24万円）＜42万円×61％（256,200円）
したがって、支給停止額：24万円×6/100＝［①14,400］円

《D、Eについて》

問題文1と同じく総報酬月額相当額が34万円であるから、在職老齢年金（低在老）の仕組みにより［①老齢厚生年金の全部の支給を停止する］ことはない。また、「標準報酬月額」に応じて［②高年齢雇用継続基本給付金の支給を停止する］ことはなく、［④高年齢雇用継続基本給付金の最高限度額に相当する額の支給を停止する］こともないので、Eに入り得るのは［③高年齢雇用継続基本給付金との調整は行わない］である。

［③高年齢雇用継続基本給付金との調整は行わない］のは、

(1) 標準報酬月額≧みなし賃金日額×30×75％

又は

(2) 標準報酬月額≧高年齢雇用継続給付の最高限度額（360,584円）

であるときであるが、設問の場合は「総報酬月額相当額」が34万円であるから、「標準報酬月額」が34万円を超えることはなく、(1)により、Dは、42万円×75％＝315,000円以上の額である［②320,000］円となる。

問題29 択一 基本 教科書 Section 5

チェック欄 1／ 2／ 3／

## 障害厚生年金等

次の記述のうち、正しいものはどれか。

A　厚生年金保険の被保険者であった18歳の時に初診日がある傷病について、その障害認定日に障害等級３級の障害の状態にある場合には、その者は障害等級３級の障害厚生年金の受給権を取得することができる。

(H26-3E)

B　基準傷病に係る初診日において被保険者であった者であって、基準傷病以外の傷病により障害の状態にあるものが、65歳に達した日以後において、初めて、基準傷病による障害（「基準障害」という。）と他の障害とを併合して障害等級１級又は２級に該当する程度の障害の状態に該当するに至ったときは、保険料納付要件を満たしていれば、その者に基準障害と他の障害とを併合した障害の程度による障害厚生年金を支給する。

C　厚生年金保険法第47条に定める障害認定日は、初診日から起算して１年６か月を経過した日又は当該障害の原因となった傷病が治った日（その症状が固定し、治療の効果が期待できない状態に至った日を含む。）のいずれか遅い方である。

D　傷病の初診日において被保険者であった者について、障害認定日には障害等級に該当する程度の障害の状態になかったが、同日後65歳に達する日の前日までに当該傷病により障害等級に該当する程度の障害の状態になり、かつ、初診日の前日において保険料納付要件を満たしているときは、65歳以後であっても障害等級に該当した日から３年を経過していなければ、障害厚生年金の支給を請求することができる。

E　いわゆる事後重症による障害厚生年金について、対象となる障害の程度は障害等級１級又は２級に限られ、障害の程度が障害等級３級に該当するに至った場合には請求することができない。(H26-6E)

解説

A ○ 【①一般的な障害厚生年金】

設問の通り正しい。初診日において20歳未満の厚生年金保険の被保険者は、初診日の属する月の前々月までに国民年金の被保険者期間がある場合には、その期間はすべて第２号被保険者としての被保険者期間（保険料納付済期間）であることから保険料納付要件を満たすこととなる。根拠 法47

B × 【③基準障害による障害厚生年金】

設問文中「65歳に達した日以後」の部分が誤り。基準障害による障害厚生年金については、基準傷病に係る障害認定日以後「65歳に達する日の前日までの間」において、初めて、基準障害と他の障害とを併合して障害等級１級又は２級に該当する程度の障害の状態に該当するに至ることが支給要件とされる。

根拠 法47の３－Ⅰ

C × 【①一般的な障害厚生年金】

いずれか「遅い方」ではなく、いずれか「早い方」とすると正しい記述となる。障害認定日とは、初診日から起算して１年６月を経過した日〔その期間内にその傷病が治った日（その症状が固定し治療の効果が期待できない状態に至った日を含む。）があるときは、その日〕をいう。根拠 法47－Ⅰ

D × 【②事後重症による障害厚生年金】

設問の事後重症による障害厚生年金は、65歳に達する日の前日までの間でなければ、請求することができない。

根拠 法47の２－Ⅰ

E × 【②事後重症による障害厚生年金】

事後重症による障害厚生年金の対象となる障害の程度には、障害等級３級も含まれる。

根拠 法47の２－Ⅰ

解答 A

## 問題30 択一 基本 教科書 Section 5

## 障害厚生年金等

チェック欄 1 ／ 2 ／ 3 ／

次の記述のうち、正しいものはどれか。

**A** 障害等級３級に該当する者に支給される障害厚生年金の額が、障害等級２級の障害基礎年金の額に３分の２を乗じて得た額に端数処理をして得た額に満たないときは、障害等級２級の障害基礎年金の額に３分の２を乗じて得た額に端数処理をして得た額を支給する。(H25-10C)

**B** 障害等級３級に該当する障害厚生年金の受給権者の障害の程度が増進し２級に改定された場合、その受給権を取得した日以後に、その者によって生計を維持している65歳未満の配偶者を有するに至ったときであっても、配偶者加給年金額は加算されない。(H24-10B)

**C** 傷病に係る初診日が令和２年９月１日で、障害認定日が令和４年３月１日である障害厚生年金の額の計算において、令和４年３月以後の被保険者期間はその計算の基礎としない。なお、当該傷病以外の傷病を有しないものとする。

**D** 障害厚生年金の額の改定は、実施機関の職権によるほか、受給権者による額の改定の請求によって行うことができる。受給権者による額の改定の請求は、当該受給権者が65歳未満の場合はいつでもできるが、65歳以上の場合は、障害厚生年金の受給権を取得した日又は実施機関の診査を受けた日から起算して１年を経過した日後でなければ行うことができない。(H25-2C改題)

**E** 老齢基礎年金（繰上げ支給を含む。）の受給権者又は65歳以上の者であって、かつ障害厚生年金の受給権者（当該障害厚生年金と同一事由に基づく障害基礎年金の受給権を有しないものに限る。）は、障害の程度が増進しても障害厚生年金の額の改定を請求することはできない。

## 解説

A ×　【⑥年金額】

障害厚生年金の最低保障額は、障害等級2級の障害基礎年金の額に4分の3を乗じて得た額に端数処理をして得た額である。 根拠 法50-Ⅲ

B ×　【⑥年金額】

障害厚生年金の受給権を取得後に生計を維持する65歳未満の配偶者を有するに至った場合であっても、障害等級1級又は2級に該当する者に支給する障害厚生年金には、当該配偶者を加算対象とする加給年金額が加算されるので、設問の場合には「配偶者加給年金額」は加算される。

根拠 法50の2-Ⅰ

C ×　【⑥年金額】

設問の場合は、令和4年「4月」以後の被保険者期間はその計算の基礎としない。障害厚生年金の額については、当該障害厚生年金の支給事由となった障害に係る障害認定日の属する月後における被保険者であった期間は、その計算の基礎としないとされている。 根拠 法47-Ⅰ、51

D ×　【⑦年金額の改定】

障害厚生年金の受給権者が65歳未満の場合であっても、当該受給権を取得した日又は実施機関の診査を受けた日から起算して1年を経過した日後でなければ、障害厚生年金の額の改定を請求することができない。また、障害の程度が増進したことが明らかである場合として厚生労働省令で定めるときは、1年を経過した日後でなくても、障害厚生年金の額の改定を請求することができる。 根拠 法52-Ⅱ Ⅲ

E ○　【⑦年金額の改定】

設問の通り正しい。なお、障害厚生年金と同一の支給事由に基づく障害基礎年金の受給権を有している者であって、障害の程度が軽減したことにより当該障害基礎年金の支給が停止されている者については、「老齢基礎年金（繰上げ支給を含む。）の受給権者」又は「65歳以上の者」であっても、障害厚生年金の額の改定を請求することができる。

根拠 法52-Ⅶ、法附則16の3-Ⅱ

**解答 E**

## 問題31 択一 実践 教科書 Section 5

# 障害厚生年金等

チェック欄 1 ／ 2 ／ 3 ／

次の記述のうち、正しいものはどれか。

**A** 障害厚生年金の受給権を有していたが障害等級に該当しなくなったときから起算して3年を経過したために平成6年11月9日前にその受給権を喪失していた者については、当該障害厚生年金の支給事由となった傷病により、同日後から65歳に達する日の前日までの間において、障害等級に該当する程度の障害の状態に該当するに至ったときは、65歳以降に請求しても障害厚生年金を支給する。

**B** 障害厚生年金の受給権を取得した当時は障害等級2級に該当したが、現在は障害等級3級である受給権者に対して、新たに障害等級2級の障害厚生年金を支給すべき事由が生じたときは、前後の障害を併合した障害の程度による障害厚生年金を支給することとし、従前の障害厚生年金の受給権は消滅する。(H29-5D)

**C** 障害の程度が障害等級1級又は2級に該当する者に支給する障害厚生年金の額は、受給権者がその権利を取得した日の翌日以後にその者によって生計を維持しているその者の20歳未満の子が障害等級1級又は2級に該当する程度の障害の状態に該当するに至ったときは、当該子を対象とする加給年金額を加算した額に改定される。

**D** 障害厚生年金の額を計算する場合においては、当該障害厚生年金の支給事由となった障害認定日の属する月後における被保険者であった期間はその計算の基礎としないものとし、被保険者期間の月数が480を超えるときはこれを480とする。

**E** 障害等級3級の障害厚生年金の支給を受けていた者が、63歳の時に障害の程度が軽減したためにその支給が停止された場合、当該障害厚生年金の受給権はその者が65歳に達した日に消滅する。(H27-4E)

## 解説

**A ×** 【④経過措置による障害厚生年金】

設問のいわゆる経過措置による障害厚生年金が支給されるためには、65歳に達する日の前日までに請求しなければならない。 根拠 (6)法附則14-Ⅰ

**B ○** 【⑤併合認定】

設問の通り正しい。障害厚生年金（その権利を取得した当時から引き続き障害等級の１級又は２級に該当しない程度の障害の状態にある受給権者に係るものを除く。以下同じ。）の受給権者に対して更に障害厚生年金を支給すべき事由が生じたときは、前後の障害を併合した障害の程度による障害厚生年金を支給するとされている。設問は「障害厚生年金の受給権を取得した当時は障害等級２級に該当」していたことから、併合認定の対象となる。

根拠 法48

**C ×** 【⑥年金額】

障害厚生年金には、子を対象とする加給年金額は加算されない。

根拠 法50の２-ⅠⅢ

**D ×** 【⑥年金額】

被保険者期間の月数に上限の定めはない。なお、被保険者期間の月数が300に満たないときは、これを300とするものとされている。

根拠 法50-Ⅰ、51

**E ×** 【⑨失権】

設問の場合、65歳に達した日において、障害等級（１～３級）に該当する程度の障害の状態に該当しなくなった日から起算して３年を経過していないので、65歳に達した日に障害厚生年金の受給権は消滅しない。

根拠 法53-②

**解答 B**

## 問題32 択一 基本 教科書 Section 5

チェック欄 1／ 2／ 3／

# 障害厚生年金等

次の記述のうち、正しいものはどれか。

A 障害手当金は、疾病にかかり、又は負傷し、その傷病に係る初診日において被保険者（その前日において保険料納付要件を満たしている者に限る。）であった者が、障害認定日から起算してその傷病により政令で定める程度の障害の状態に該当することなく5年を経過した者に支給する。

B 障害手当金が支給されるためには、傷病に係る初診日において被保険者であった者が、障害の程度を定めるべき日において、一定の障害の状態に該当し、かつ、障害の程度を定めるべき日の前日において保険料納付要件を満たしていることが必要である。

C 障害の程度を定めるべき日において厚生年金保険又は国民年金の年金給付の受給権者であって、障害等級3級以上に該当しなくなって2年を経過した障害厚生年金又は障害基礎年金の受給権者には、障害手当金が支給される。

D 障害手当金は、障害の程度を定めるべき日において、当該障害の原因となった傷病について労働基準法の規定による障害補償を受ける権利を有する者には支給されないが、労働者災害補償保険法の規定による障害補償給付を受ける権利を有する者には支給される。(H25-10A)

E 障害手当金の額については、被保険者期間の月数が300に満たないときは、これを300として計算され、また、障害基礎年金の支給を受けることができない場合の障害厚生年金の最低保障額に2を乗じて得た額が最低保障される。

## 解説

**A ×** 【⑩障害手当金】

障害手当金は、「初診日」から起算して5年を経過する日までの間におけるその傷病の治った日において、その傷病により政令で定める程度の障害の状態（障害等級3級よりも軽い状態）にある場合に支給されるものである。

根拠 法55

**B ×** 【⑩障害手当金】

障害手当金が支給されるためには、傷病に係る初診日の前日において保険料納付要件を満たしていることが必要である。

根拠 法55-Ⅱ

**C ×** 【⑩障害手当金】

障害等級3級以上に該当しなくなって3年を経過しない障害厚生年金又は障害基礎年金の受給権者には障害手当金は支給されない。

根拠 法56-①②、令3の9の2

**D ×** 【⑩障害手当金】

障害手当金は、障害の程度を定めるべき日において、当該障害の原因となった傷病について労働者災害補償保険法の規定による障害補償給付を受ける権利を有する者にも支給されない。

根拠 法56-③

**E ○** 【⑩障害手当金】

設問の通り正しい。障害手当金の最低保障額は、障害厚生年金の最低保障額〔障害基礎年金（子の加算額を含まない障害等級2級の障害基礎年金の額とする。）に4分の3を乗じて得た額〕の2倍に相当する額である。

根拠 法57

確認してみよう！ 障害手当金の原則的な額は、老齢厚生年金の報酬比例部分の額（配偶者加給年金額を含まない障害等級2級の障害厚生年金の額）の算式により計算した額の100分の200に相当する額である。

**解答 E**

CH 9 厚生年金保険法

## 問題33 択一 実践 教科書 Section 5

## 障害厚生年金等

チェック欄 1 ／ 2 ／ 3 ／

次のアからオの記述のうち、誤っているものの組合せは、後記AからEまでのうちどれか。

**ア** 高齢任意加入被保険者であった者については、当該高齢任意加入被保険者であった期間中に初診日がある傷病により、初診日から起算して1年6月を経過した日（その期間内に傷病が治ったときは、その治った日）において障害等級に該当する程度の障害の状態にあっても、障害厚生年金は支給されない。

**イ** 厚生年金保険法第47条の3に規定するいわゆる基準障害による障害厚生年金を受給するためには、基準傷病の初診日が、基準傷病以外の傷病（基準傷病以外の傷病が2以上ある場合は、基準傷病以外の全ての傷病）に係る初診日以降でなければならない。(H29-3エ)

**ウ** 障害等級2級の障害厚生年金の受給権者に更に障害等級3級の障害厚生年金を支給すべき事由が生じたときは、前後の障害を併合した障害の程度による障害厚生年金が支給される。

**エ** 障害等級1級の障害厚生年金の基本年金額は、障害等級2級の障害厚生年金の額の100分の125に相当する額であるが、当該障害厚生年金の受給権者が同一の支給事由に基づく障害基礎年金の支給を受けることができない場合であって、当該障害厚生年金の額が満額の老齢基礎年金相当額に4分の3を乗じて得た額に満たないときは、その額を障害厚生年金の額とする。

**オ** 障害等級1級又は2級の障害厚生年金の受給権者が、その権利を取得した日の翌日以後にその者によって生計を維持しているその者の65歳未満の配偶者を有するに至ったことにより加給年金額を加算することとなったときは、当該配偶者を有するに至った日の属する月の翌月から、障害厚生年金の額が改定される。

**A**（アとウ）　**B**（アとオ）　**C**（イとウ）
**D**（イとエ）　**E**（エとオ）

## 解説

**ア ×** 【①一般的な障害厚生年金】

初診日において高齢任意加入被保険者であっても、初診日の前日おいて保険料納付要件を満たしており、障害認定日において障害等級に該当する者には、障害厚生年金が支給される。 根拠 法47-Ⅰ

**イ ○** 【③基準障害による障害厚生年金】

設問の通り正しい。基準障害による障害厚生年金は、厚生年金保険の被保険者である期間中に初診日のある傷病（基準傷病）による障害（基準障害）と基準傷病の初診日前にある傷病による障害と併合して初めて1級又は2級に該当する障害の状態になったときに支給されるものである。

根拠 法47の3-Ⅰ

**ウ ×** 【⑤併合認定】

後発の障害厚生年金が障害等級3級の障害厚生年金である場合には、法48条の規定による併合認定は行われない。 根拠 法48-Ⅰ

**エ ○** 【⑥年金額】

設問の通り正しい。設問の後半は障害厚生年金の最低保障額に関する規定であり、障害等級1級の障害厚生年金についても最低保障額の規定は適用される。 根拠 法50-ⅡⅢ

**オ ○** 【⑥年金額】

設問の通り正しい。障害の程度が障害等級1級又は2級に該当する者に支給する障害厚生年金の額には、受給権者によって生計を維持しているその者の65歳未満の配偶者があるときは、加給年金額が加算される。したがって、障害厚生年金の受給権を取得した当時に受給権者によって生計を維持していた65歳未満の配偶者がある場合のみならず、受給権取得日の翌日以後にその者によって生計を維持しているその者の65歳未満の配偶者を有するに至った場合にも加給年金額が加算されることとなり、当該配偶者を有するに至った日の属する月の翌月から、障害厚生年金の額が改定される。

根拠 法50の2-Ⅲ

**解答 A（アとウ）**

## 問題34 択一 実践 教科書 Section 5

## 障害厚生年金等

チェック欄 1 ／ 2 ／ 3 ／

次の記述のうち、正しいものはどれか。

**A** 障害等級２級の障害厚生年金の受給権者について、障害の程度が障害等級３級に該当しない程度に軽快したために障害厚生年金の支給が停止されていたが、その後、その他障害により65歳に達する日の前日までに当該障害厚生年金に係る障害と併合して障害の程度が障害等級１級に該当する状態となった。この場合、保険料納付要件等を満たしていれば、障害厚生年金の支給停止は解除され、その者は、障害厚生年金の額の改定を請求することができる。

**B** 同一の支給事由に基づく障害基礎年金の受給権を有しない障害等級３級の障害厚生年金の受給権者が65歳に達した日以後に障害の程度が増進した場合においては、障害の程度が増進したことが明らかである場合として厚生労働省令で定める場合を除き、障害の程度が増進したことによる障害厚生年金の額の改定を請求することができない。

**C** 障害厚生年金の受給権は、障害等級に該当する程度の障害の状態に該当しなくなった日から起算して当該障害の状態に該当することなく３年を経過したとき、又は、65歳に達したときに障害等級に該当する程度の障害の状態に該当しないときは、消滅する。

**D** 障害の原因となった傷病の初診日において被保険者であって、当該初診日の前日において保険料納付要件を満たしている者が、当該初診日から起算して５年を経過する日までの間にその傷病が治っていない場合であっても、当該５年を経過する日において、一定の障害の状態にあるときは、その者に障害手当金を支給する。

**E** 在職老齢年金の仕組みにより支給停止が行われている老齢厚生年金を受給している65歳の者が、障害の程度を定めるべき日において障害手当金に該当する程度の障害の状態になった場合、障害手当金は支給される。

（H30-2イ）

## 解説

**A ○** 【⑦年金額の改定】

設問の通り正しい。なお、設問の場合には「その他障害」の初診日において被保険者要件を、その前日において保険料納付要件をそれぞれ満たしている必要がある。 根拠 法48-Ⅰカッコ書、52-Ⅳ、54-Ⅱただし書

**B ×** 【⑦年金額の改定】

「障害の程度が増進したことが明らかである場合として厚生労働省令で定める場合を除き」が誤り。同一の支給事由に基づく障害基礎年金の受給権を有しない障害等級３級の障害厚生年金の受給権者は、当該障害の程度が増進したことが明らかであっても、65歳以後に当該障害厚生年金の額の改定を請求することはできない。 根拠 法48-Ⅰカッコ書、52-ⅡⅣⅦ

**C ×** 【⑨失権】

障害厚生年金の受給権は、「障害等級に該当する程度の障害の状態に該当しなくなった日から起算して障害等級に該当する程度の障害の状態に該当することなく３年を経過し」、かつ、「65歳に達している」ときでなければ消滅しない。 根拠 法53-②③

**D ×** 【⑩障害手当金】

「当該初診日から起算して５年を経過する日までの間にその傷病が治っていない場合」には、障害手当金は支給されない。障害手当金は、障害の原因となった傷病の初診日において被保険者であって、当該初診日の前日において保険料納付要件を満たしている者が、当該初診日から起算して５年を経過する日までの間におけるその傷病の治った日において、障害等級３級に満たない一定の障害の状態にあるときに、その者に支給される。

根拠 法55-Ⅰ

**E ×** 【⑩障害手当金】

障害の程度を定めるべき日において年金たる保険給付の受給権者〔最後に障害等級に該当する程度の障害の状態（以下「障害状態」という。）に該当しなくなった日から起算して障害状態に該当することなく３年を経過した障害厚生年金の受給権者（現に障害状態に該当しない者に限る。）を除く。〕である者に障害手当金は支給されない。 根拠 法56-①

**解答 A**

## 問題35 選択 基本 教科書 Section 5

チェック欄 1 ／ 2 ／ 3 ／

# 障害厚生年金等

次の文中の［　］の部分を選択肢の中の適当な語句で埋め、完全な文章とせよ。

1　疾病にかかり、又は負傷し、かつ、その傷病（「基準傷病」という。）に係る［A］において被保険者であった者であって、基準傷病以外の傷病により障害の状態にあるものが、基準傷病に係る障害認定日以後［B］までの間において、初めて、基準傷病による障害（「基準障害」という。）と他の障害とを併合して［C］に該当する程度の障害の状態に該当するに至ったとき（基準傷病の［A］が、基準傷病以外の傷病（基準傷病以外の傷病が2以上ある場合は、基準傷病以外のすべての傷病）に係る［A］以降であるときに限る。）は、その者に基準障害と他の障害とを併合した障害の程度による障害厚生年金を支給する。

2　障害厚生年金の額を計算する場合において、当該障害厚生年金の額の計算の基礎となる被保険者期間の月数が［D］に満たないときは、これを［D］とする。

3　上記1のいわゆる基準障害による障害厚生年金の支給は、当該障害厚生年金の［E］から始めるものとする。

選択肢

① 60歳に達する日　② 60歳に達する日の前日
③ 請求があった月　④ 請求があった月の翌月
⑤ 障害等級の1級　⑥ その傷病の治った日　⑦ 初診日
⑧ 65歳に達する日　⑨ 障害等級の3級　⑩ 発症日
⑪ 65歳に達する日の前日　⑫ 障害等級　⑬ 240
⑭ 障害等級の1級又は2級　⑮ 障害認定日　⑯ 300
⑰ 基準傷病に係る障害認定日の属する月　⑱ 360
⑲ 基準傷病に係る障害認定日の属する月の翌月　⑳ 480

## 解答

【③基準障害による障害厚生年金、⑥年金額】

A ⑦ 初診日
B ⑪ 65歳に達する日の前日
C ⑭ 障害等級の１級又は２級
D ⑯ 300
E ④ 請求があった月の翌月

根拠 法47の３-ⅠⅢ、50-Ⅰ



## 解説

《B、C、Eについて》

基準傷病に基づく障害（基準障害）による障害厚生年金は、「基準障害」と「基準傷病の初診日前に初診日のある傷病による障害」とを併合して初めて［⑭障害等級の１級又は２級］（C）に該当する障害の状態となったときに支給されるものであり、「３級」は入らないことに注意したい。この基準障害による障害厚生年金の受給権（基本権）の発生は、「初めて［⑭障害等級の１級又は２級］に該当する障害の状態となったとき」であり、これが［⑪65歳に達する日の前日］（B）までの間にあることを要する。受給権が発生している限り、請求は65歳以後に行われても問題ないが、その支給の開始、すなわち支分権の発生は、［④請求があった月の翌月］（E）からとなる。

## 問題36 選択 基本 教科書 Section 5

# 障害厚生年金等

チェック欄 1 ／ 2 ／ 3 ／

次の文中の□の部分を選択肢の中の適当な語句で埋め、完全な文章とせよ。

1　障害の程度が障害等級の1級又は2級に該当する者に支給する障害厚生年金の額は、受給権者によって生計を維持しているその者の A があるときは、加給年金額を加算した額とする。

2　上記1に規定する加給年金額は、 B 円に C を乗じて得た額（その額に50円未満の端数が生じたときは、これを切り捨て、50円以上100円未満の端数が生じたときは、これを100円に切り上げるものとする。）とする。

3　障害厚生年金の受給権者がその権利を取得した日の翌日以後にその者によって生計を維持しているその者の A を有するに至ったことにより上記1に規定する加給年金額を加算することとなったときは、当該 A を有するに至った D から、障害厚生年金の額を改定する。

4　障害厚生年金の額については、当該障害厚生年金の支給事由となった障害に係る E における被保険者であった期間は、その計算の基礎としない。

選択肢

①　74,900　②　224,700　③　物価変動率
④　改定率　⑤　再評価率　⑥　配偶者又は子
⑦　77,100　⑧　231,400　⑨　60歳未満の配偶者
⑩　日の属する月の翌月　⑪　日の属する月
⑫　初診日の属する月後　⑬　65歳未満の配偶者
⑭　名目手取り賃金変動率　⑮　日の翌日の属する月
⑯　障害認定日の属する月以後　⑰　初診日の属する月以後
⑱　日の翌日の属する月の前月　⑲　障害認定日の属する月後
⑳　40歳以上65歳未満の配偶者

## 解答

【⑥年金額、Sec 8 ②加給年金額等の改定】

A ⑬ 65歳未満の配偶者
B ② 224,700
C ④ 改定率
D ⑩ 日の属する月の翌月
E ⑲ 障害認定日の属する月後

根拠 法50の2-Ⅰ～Ⅲ、51



## 解説

《A、Dについて》

問題文1のとおり、障害厚生年金の額に加給年金額が加算されるのは、「受給権者によって生計を維持しているその者の［⑬65歳未満の配偶者］（A）があるとき」である。「生計を維持している」であって、老齢厚生年金のようにその権利を取得した当時などに「生計を維持していた」ではないので、障害厚生年金の受給権取得後に［⑬65歳未満の配偶者］を有するに至った場合にも加給年金額が加算され、問題文3のとおり当該［⑬65歳未満の配偶者］を有するに至った［⑩日の属する月の翌月］（D）から、障害厚生年金の額が改定されることになる。

問題37 択一 実践 教科書 Section 6

チェック欄 1 ／ 2 ／ 3 ／

## 遺族厚生年金等

次の記述のうち、正しいものはどれか。

A 保険料納付要件を満たした厚生年金保険の被保険者であった者が被保険者の資格を喪失した後に、被保険者であった間に初診日がある傷病により、当該被保険者の資格を喪失した日から起算して5年を経過する日前に死亡した場合、死亡した者によって生計を維持していた一定の遺族に遺族厚生年金が支給される。

B 遺族厚生年金は、被保険者の死亡当時、当該被保険者によって生計維持されていた55歳以上の夫が受給権者になることはあるが、子がいない場合は夫が受給権者になることはない。(R2-10オ)

C 死亡日（令和8年4月1日前とする。）において60歳以上の被保険者については、死亡日の前日において死亡日の属する月の前々月までの1年間に保険料納付済期間及び保険料免除期間以外の期間がない場合であっても、保険料納付済期間と保険料免除期間を合算した期間がその者の被保険者期間の3分の2以上でなければ、遺族厚生年金に係る保険料納付要件を満たすことができない。

D 厚生年金保険の被保険者期間（第1号厚生年金被保険者期間に限る。）が1年以上であり、かつ、保険料納付済期間、保険料免除期間及び合算対象期間を合算した期間が25年未満であるが、当該被保険者期間と旧共済組合員期間とを合算した期間が20年以上である者が死亡した場合には、その者の遺族に遺族厚生年金の額の100分の50に相当する額の特例遺族年金が支給される。

E 保険料納付済期間と保険料免除期間とを合算した期間が25年以上である被保険者（障害等級1級又は2級に該当する障害厚生年金の受給権者を除き、保険料納付要件を満たしているものとする。）が死亡したときは、その遺族が遺族厚生年金を請求したときに別段の申出をした場合を除き、厚生年金保険法第58条第1項第1号（短期要件）に該当し、同条第1項第4号（長期要件）には該当しないものとみなされる。

## 解説

**A ×** 【①死亡者の要件】

被保険者であった間に初診日がある傷病により死亡した場合であっても、その死亡が「当該被保険者の資格を喪失した日」ではなく、「当該初診日」から起算して5年を経過する日前になければ、遺族厚生年金は支給されない。 根拠 法58-Ⅰ②

**B ×** 【③遺族の範囲及び順位】

子がいることは、夫が遺族厚生年金を受けることができる遺族となるための要件とされていない。 根拠 法59-Ⅰ

**C ×** 【①死亡者の要件】

死亡日において65歳未満である者については、保険料納付要件の経過措置が適用される。 根拠 (60)法附則64-Ⅱ

**D ×** 【①死亡者の要件】

特例遺族年金の年金額は、「遺族厚生年金の額」ではなく、「報酬比例部分と定額部分とを合わせた老齢厚生年金の額」の100分の50に相当する額である。 根拠 法附則14-Ⅰ、28の4-ⅠⅡ

**E ○** 【④年金額】

設問の通り正しい。設問の「被保険者」の死亡と「保険料納付済期間と保険料免除期間とを合算した期間が25年以上」である者の死亡のように、短期要件、長期要件の双方を満たす場合には、その遺族が遺族厚生年金を請求したときに別段の申出をした場合を除き、短期要件のみに該当するものとみなされる。 根拠 法58-Ⅱ、法附則14-Ⅰ

**解答 E**

## 問題38 択一 実践 教科書 Section 6

## 遺族厚生年金等

チェック欄 1 ／ 2 ／ 3 ／

次の記述のうち、誤っているものはどれか。

A　被保険者の死亡により遺族厚生年金の受給権者となった妻が、再婚したことによってその受給権を失ったとき、被保険者の死亡当時その者によって生計を維持していた母がいたとしても、当該母がその遺族厚生年金を受給することはできない。

B　老齢厚生年金の受給権者（保険料納付済期間と保険料免除期間とを合算した期間が25年以上である者に限る。）が死亡したことにより支給される遺族厚生年金の額の計算における給付乗率については、死亡した者が昭和21年４月１日以前に生まれた者であるときは、生年月日に応じた読み替えを行った乗率が適用される。

C　遺族厚生年金の受給権者である子が２人いる場合において、そのどちらかが死亡したときは、他の受給権者に支給される遺族厚生年金の額は、受給権者の数に減少が生じた月の翌月から改定される。(H26-1D)

D　被保険者期間が240月以上であり、保険料納付済期間と保険料免除期間とを合算した期間が25年以上である者が死亡した場合において、その者の死亡に係る遺族基礎年金の受給権を取得する者がなく、死亡した者の妻が遺族厚生年金の受給権を取得し、当該妻がその受給権を取得した当時40歳以上65歳未満であったときには、当該妻の遺族厚生年金に中高齢寡婦加算が行われる。

E　遺族厚生年金の受給権者である妻で一定の要件を満たす者に加算される経過的寡婦加算額は、当該妻の生年月日にかかわらず、遺族基礎年金の額の４分の３に相当する額とされている。

## 解説

**A ○** 【③遺族の範囲及び順位】

設問の通り正しい。設問の母は、妻が遺族厚生年金を受けることができるときは、遺族厚生年金を受けることができる遺族とされないので、妻が遺族厚生年金の受給権を失っても、母に対して遺族厚生年金が支給されることはない。 根拠 法59-Ⅱ、63-Ⅰ②

**B ○** 【④年金額】

設問の通り正しい。長期要件に該当することにより支給される遺族厚生年金の額を計算する際には、死亡した者が昭和21年4月1日以前に生まれた者であるときは、生年月日に応じた給付乗率の読替えを行う。

根拠 法60-Ⅰ①、(60)法附則59-Ⅰ、(60)法附則別表第7

**C ○** 【④年金額】

設問の通り正しい。配偶者以外の者に支給される遺族厚生年金は、受給権者の数に増減を生じた月の翌月から改定される。 根拠 法61-Ⅰ

**D ○** 【⑤中高齢寡婦加算等】

設問の通り正しい。中高齢の寡婦加算は、遺族厚生年金の受給権を取得した当時子がなく遺族基礎年金を受けられない妻については、当該妻がその当時40歳以上65歳未満であるときに行われる。 根拠 法62-Ⅰ

**E ×** 【⑤中高齢寡婦加算等】

経過的寡婦加算の額は、「遺族基礎年金の額の4分の3に相当する額（中高齢寡婦加算の額)」から「満額の老齢基礎年金の額に妻の生年月日に応じた一定率（0/480～348/480）を乗じて得た額」を控除して得た額とされている。 根拠 (60)法附則73-Ⅰ、(60)法附則別表9

**解答 E**

CH 9 厚生年金保険法

## 問題39 択一 実践 教科書 Section 6

## 遺族厚生年金等

チェック欄 1 ／ 2 ／ 3 ／

次の記述のうち、誤っているものはどれか。

**A** 国外に居住する障害等級２級の障害厚生年金の受給権者が死亡した。死亡の当時、この者は、国民年金の被保険者ではなく、また、保険料納付済期間と保険料免除期間とを合算した期間が25年に満たなかった。この者によって生計を維持していた遺族が５歳の子１人であった場合、その子には遺族基礎年金は支給されないが、その子に支給される遺族厚生年金の額に遺族基礎年金の額に相当する額が加算される。

**B** 遺族厚生年金と老齢厚生年金を同時に受けることができる場合における当該遺族厚生年金の額は、その受給権者が65歳以上の配偶者であるときに限り、当該老齢厚生年金の額に相当する部分の支給を停止するものとされている。

**C** 被保険者の死亡により妻と子に遺族厚生年金の受給権が発生した場合、妻の遺族厚生年金は、妻が遺族基礎年金の受給権を有しない場合であって、子が当該遺族基礎年金の受給権を有するときは、その間、支給停止される。なお、本問において遺族基礎年金及び遺族厚生年金の受給権者の所在が明らかでない場合を考慮する必要はない。(H26-1C)

**D** 遺族厚生年金の受給権者である妻が実家に復籍して姓も婚姻前に戻した場合であっても、遺族厚生年金の失権事由である離縁による親族関係の終了には該当しないため、その受給権は消滅しない。(H27-5B)

**E** 被保険者又は被保険者であった者の死亡の当時胎児であった子が出生したときは、父母、孫、祖父母の遺族厚生年金の受給権は消滅するが、妻の受給権は消滅しない。(H24-1E)

## 解説

A ○ 【⑤中高齢寡婦加算等】

設問の通り正しい。配偶者又は子に支給する遺族厚生年金の額には、「被保険者又は被保険者であった者の死亡の当時子と生計を同じくしていた配偶者」又は「子」が、遺族基礎年金の受給権を取得しないときは、遺族基礎年金（及び子の加算額）に相当する額が加算される。

根拠 (60)法附則74-Ⅱ

B × 【⑥支給停止】

設問の老齢厚生年金の額に相当する部分の支給を停止するものとされている遺族厚生年金の受給権者は、「65歳以上の配偶者」に限られない。「遺族厚生年金（その受給権者が65歳に達しているものに限る。）は、その受給権者が老齢厚生年金の受給権を有するときは、当該老齢厚生年金の額に相当する部分の支給を停止する」とされている。 根拠 法64の2

C ○ 【⑥支給停止】

設問の通り正しい。配偶者に対する遺族厚生年金は、配偶者が遺族基礎年金の受給権を有しない場合であって子が当該遺族基礎年金の受給権を有するときは、その間、その支給を停止するものとされている。 根拠 法66-Ⅱ

D ○ 【⑦失権】

設問の通り正しい。「離縁」とは養子縁組の解消をいい、設問の場合は離縁に該当しない。 根拠 法63-Ⅰ④、S32.2.9保文発9485号

E ○ 【⑦失権】

設問の通り正しい。遺族の順位は、①配偶者と子、②父母、③孫、④祖父母であり、配偶者と子は同順位である。 根拠 法63-ⅠⅢ

解答 B

## 問題40 択一 基本 教科書 Section 6

チェック欄 1 ／ 2 ／ 3 ／

# 遺族厚生年金等

次の記述のうち、誤っているものはどれか。

A　遺族厚生年金の受給権は、受給権発生後に直系姻族の養子となった場合であっても、消滅しない。(H26-1E)

B　15歳の子と生計を同じくする55歳の夫が妻の死亡により遺族基礎年金及び遺族厚生年金の受給権を取得した場合、子が18歳に達した日以後の最初の3月31日までの間は遺族基礎年金と遺族厚生年金を併給することができるが、子が18歳に達した日以後の最初の3月31日が終了したときに遺族基礎年金は失権し、その翌月から夫が60歳に達するまでの間は遺族厚生年金は支給停止される。なお、本問の子は障害の状態にはなく、また、設問中にある事由以外の事由により遺族基礎年金又は遺族厚生年金は失権しないものとする。(H29-5E)

C　遺族厚生年金の受給権を取得した当時30歳未満である妻が、当該遺族厚生年金と同一の支給事由に基づく遺族基礎年金の受給権を取得しない場合、当該遺族厚生年金の受給権を取得した日から5年を経過したときに、その受給権は消滅する。(H26-10B)

D　被保険者期間が6月以上である日本国籍を有しない者であって、保険料納付済期間、保険料免除期間及び合算対象期間を合算した期間が10年に満たないものは、日本国内に住所を有するときも厚生年金保険の脱退一時金の支給を請求することができる。

E　障害手当金の受給権を有したことがある者については、日本国籍を有しない者であるなど他の要件を満たしていても、厚生年金保険の脱退一時金の支給を請求することができない。

## 解説

**A ○** 【⑦失権】

設問の通り正しい。遺族厚生年金の受給権は、受給権者が直系血族及び直系姻族以外の者の養子となったときに消滅する。 根拠 法63-Ⅰ③

**B ○** 【⑥支給停止】

設問の通り正しい。夫に対する遺族厚生年金は、同一の支給事由による遺族基礎年金の受給権を有するときを除き、60歳に達するまでの期間、その支給を停止する。 根拠 法59-Ⅰ、65の2他

**C ○** 【⑦失権】

設問の通り正しい。 根拠 法63-Ⅰ⑤イ

確認してみよう！ 若年の妻が有する遺族厚生年金の受給権は、次のいずれかに該当した日から起算して5年を経過したときに、消滅する。

① 遺族厚生年金の受給権を取得した当時30歳未満の子のない妻
…遺族厚生年金の受給権を取得したとき

② 遺族厚生年金と当該遺族厚生年金と同一の支給事由に基づく遺族基礎年金の受給権を有する妻が、30歳に達する日前に当該遺族基礎年金の受給権が消滅したとき
…当該遺族基礎年金の受給権が消滅したとき

**D ×** 【⑧脱退一時金】

日本国内に住所を有するときは、脱退一時金の支給を請求することはできない。 根拠 法附則14-Ⅰ、29-Ⅰ①

**E ○** 【⑧脱退一時金】

設問の通り正しい。障害厚生年金その他政令で定める保険給付の受給権を有したことがある者については、脱退一時金の支給を請求することはできないとされており、「障害手当金」は「その他政令で定める保険給付」に含まれる。 根拠 法附則29-Ⅰ②、令12-①

**解答 D**

CH 9 厚生年金保険法

問題41 択一 応用 教科書 Section 6

チェック欄 1 ／ 2 ／ 3 ／

## 遺族厚生年金等

次の記述のうち、正しいものはどれか。

**A** 行方不明となった当時被保険者であったものについて、失踪の宣告を受けたことによりその者の遺族に支給される遺族厚生年金については、失踪の宣告を受けた者について保険料納付要件は問われない。

**B** 障害等級1級又は2級の障害厚生年金の受給権者が死亡した場合において、その者の遺族に遺族厚生年金が支給されるためには、死亡した障害厚生年金の受給権者が老齢厚生年金の受給権者（保険料納付済期間と保険料免除期間とを合算した期間が25年以上である者に限る。）であるか又は保険料納付済期間と保険料免除期間とを合算した期間が25年以上である場合を除き、保険料納付要件を満たしていることが必要である。

**C** 被保険者であった平成28年10月1日に初診日のある傷病により、被保険者の資格喪失後の令和3年8月1日に死亡した者について、その者の遺族に遺族厚生年金が支給されるためには、初診日の前日において保険料納付要件を満たしていることが必要である。

**D** 令和8年4月1日前に死亡した高齢任意加入被保険者について、死亡日の前日において死亡日の属する月の前々月までの1年間が引き続き厚生年金保険の被保険者期間であれば、その者の一定の遺族に遺族厚生年金が支給される。

**E** 死亡した被保険者の配偶者及び子に生計維持関係が認められず、56歳の母に生計維持関係が認められたことにより当該母が遺族厚生年金の受給権者となったときは、当該母が60歳に達するまでは、遺族厚生年金は支給停止となる。

## 解説

**A ×** 【①死亡者の要件】

行方不明となった当時被保険者であった者について失踪の宣告を受けたことにより、被保険者が死亡したことを支給事由とする遺族厚生年金が支給されるためには、行方不明となった当時（行方不明となった日の前日）において保険料納付要件を満たしていなければならない。

根拠 法58-Ⅰ①カッコ書

---

**B ×** 【①死亡者の要件】

障害等級1級又は2級の障害厚生年金の受給権者が死亡したことを支給事由とする遺族厚生年金については、保険料納付要件は問われない。

根拠 法58-Ⅰ③、法附則14-Ⅰ

---

**C ×** 【①死亡者の要件】

設問の場合には、「初診日の前日」ではなく、「死亡日の前日」において保険料納付要件を満たしていることが必要である。 根拠 法58-Ⅰ②

---

**D ×** 【①死亡者の要件】

設問の保険料納付要件の特例は、死亡日において65歳以上の者には適用されない。設問の者は高齢任意加入被保険者であることから、死亡日において70歳以上ということになり、原則の保険料納付要件を満たしていなければ、その者の遺族に遺族厚生年金は支給されない。 根拠 (60)法附則64-Ⅱ

---

**E ○** 【③遺族の範囲及び順位、⑥支給停止】

設問の通り正しい。被保険者又は被保険者であった者の死亡の当時55歳以上の夫、父母又は祖父母が遺族厚生年金の受給権者であるときは、同一の支給事由に基づく遺族基礎年金の受給権を有する夫が遺族厚生年金の受給権者である場合を除き、60歳に達するまでは、遺族厚生年金は支給停止となる。

根拠 法59-Ⅰ①、65の2

**解答 E**

問題42　択一　実践　教科書 Section 6

チェック欄 1 ／ 2 ／ 3 ／

## 遺族厚生年金等

次の記述のうち、誤っているものはどれか。

A　遺族厚生年金の額は、原則として、死亡した被保険者又は被保険者であった者の被保険者期間を基礎として老齢厚生年金の額の規定の例により計算した額の4分の3に相当する額とする。

B　老齢厚生年金の受給権者（保険料納付済期間と保険料免除期間とを合算した期間が25年以上である者に限る。）又は保険料納付済期間と保険料免除期間とを合算した期間が25年以上である者が死亡したこと以外の支給事由による遺族厚生年金の額については、その額の計算の基礎となる被保険者期間の月数が300に満たないときは、これを300として計算した額とする。

C　遺族厚生年金の受給権者が老齢厚生年金の受給権を有する65歳以上の者であるときは、死亡した被保険者又は被保険者であった者の被保険者期間を基礎として老齢厚生年金の額の規定の例により計算した額の4分の3に相当する額の3分の2に相当する額と当該受給権者の老齢厚生年金の額の2分の1に相当する額とを合算した額と、死亡した被保険者又は被保険者であった者の被保険者期間を基礎として老齢厚生年金の額の規定の例により計算した額の4分の3に相当する額のいずれか多い額を、遺族厚生年金の額とする。

D　日本国籍を有しない者が国民年金の被保険者でなく、6月以上の厚生年金保険の被保険者期間を有する場合であっても、最後に国民年金の被保険者資格を喪失した日（その日に日本国内に住所を有していた者にあっては日本国内に住所を有しなくなった日）から起算して2年を経過したときは、脱退一時金の支給を請求することができない。

E　脱退一時金の額は、被保険者であった期間の平均標準報酬額に支給率を乗じて得た額とされているが、この平均標準報酬額は、再評価率を乗じない被保険者であった期間の各月の標準報酬月額及び標準賞与額の総額をその期間の月数で除して得た額である。

## 解説

A ○ 【④年金額】

設問の通り正しい。遺族厚生年金の受給権者が老齢厚生年金の受給権を有する65歳以上の配偶者である場合を除き、原則として、設問の額が遺族厚生年金の額とされている。 根拠 法60-Ⅰ①

B ○ 【④年金額】

設問の通り正しい。いわゆる短期要件による遺族厚生年金の額を計算する場合には、被保険者期間の月数は300を最低保障することとされている。また、この場合には、給付乗率（1000分の5.481又は1000分の7.125）については被保険者又は被保険者であった者の生年月日に応じた読み替えは行わないものとされている。 根拠 法60-Ⅰ①ただし書

C × 【④年金額】

原則の遺族厚生年金の額に３分の２を乗じて得た額と受給権者自身の老齢厚生年金の額の２分の１に相当する額とを合算した額と、原則の遺族厚生年金の額のいずれか多い額を遺族厚生年金の額とするのは、遺族厚生年金の受給権者が老齢厚生年金の受給権を有する65歳以上の「配偶者」であって、遺族基礎年金の支給を受けないものに限られる。 根拠 法60-Ⅰ②

D ○ 【⑧脱退一時金】

設問の通り正しい。最後に「国民年金」の被保険者資格を喪失した日から起算して２年であり、また、同日において日本国内に住所を有していた場合には、「日本国内に住所を有しなくなった日」から起算して２年であることに注意すること。 根拠 法附則29-Ⅰ Ⅱ

E ○ 【⑧脱退一時金】

設問の通り正しい。 根拠 法附則29-Ⅲカッコ書

確認してみよう！ 支給率は、「最終月（最後に被保険者の資格を喪失した日の属する月の前月）の属する年の前年10月の保険料率（最終月が１月から８月までの場合にあっては、前々年10月の保険料率）」に「２分の１」を乗じて得た率に、被保険者であった期間に応じて政令で定める数（６～60）を乗じて得た率（小数点以下四捨五入）である。

**解答 C**

# 問題43 選択 基本

教科書 Section 6

チェック欄 1 ／ 2 ／ 3 ／

## 遺族厚生年金等

次の文中の［　　］の部分を選択肢の中の適当な語句で埋め、完全な文章とせよ。

1　被保険者又は被保険者であった者の死亡の当時胎児であった子が出生したときは、［A］、その子は、被保険者又は被保険者であった者の死亡の当時その者によって生計を維持していた子とみなされ、［B］ときに、遺族厚生年金の受給権が発生する。

2　遺族厚生年金の受給権は、次の(1)又は(2)に掲げる区分に応じ、当該(1)又は(2)に定める日から起算して［C］年を経過したときは、消滅する。

| | | |
|---|---|---|
| (1) | 遺族厚生年金の受給権を取得した当時［D］歳未満である妻が、当該遺族厚生年金と同一の支給事由に基づく遺族基礎年金の受給権を取得しないとき | 当該遺族厚生年金の受給権を取得した日 |
| (2) | 遺族厚生年金と当該遺族厚生年金と同一の支給事由に基づく遺族基礎年金の受給権を有する妻が［D］歳に達する日前に当該遺族基礎年金の受給権が消滅したとき | 当該［E］日 |

選択肢

| | |
|---|---|
| A | ①　将来に向って　②　出生届を提出したときから<br>③　請求することにより　④　死亡したときにさかのぼって |
| B | ①　出生届を提出した　②　死亡した<br>③　請求のあった　④　出生した |
| C | ①　1　②　2　③　3　④　5 |
| D | ①　20　②　25　③　30　④　40 |
| E | ①　妻が30歳に達した　②　妻が40歳に達した<br>③　遺族基礎年金の受給権が消滅した<br>④　遺族基礎年金の受給権を取得した |

## 解答

【③遺族の範囲及び順位、⑦失権】

A ① 将来に向って
B ④ 出生した
C ④ 5
D ③ 30
E ③ 遺族基礎年金の受給権が消滅した

根拠 法58-Ⅰ、59-Ⅲ、63-Ⅰ⑤



## 解説

《A、Bについて》

被保険者又は被保険者であった者の死亡の当時胎児であった子は、その［④出生した］（B）日から、その死亡の当時その者によって生計を維持していた子とみなされる。つまり、［④出生した］日を起算点として［①将来に向って］（A）遺族厚生年金の受給権を有することになるのであって、［④死亡したときにさかのぼって］受給権が認められるわけではないので注意しよう。

《C～Eについて》

問題文2は、いわゆる若年の妻に係る失権事由に関する規定である。⑴夫の死亡の当時［③30］（D）歳未満で同一事由による遺族基礎年金の受給権を取得しない場合（生計を同じくする遺族の範囲に属する子を有しない場合など）、又は⑵［③30］歳未満で同一事由による遺族基礎年金の受給権が消滅した場合（生計を同じくする遺族の範囲に属する子を有しなくなった場合など）には、遺族厚生年金のみでは［④ 5 ］（C）年間しか受給できない（有期年金になる）ということである。⑵の［④ 5 ］年の起算日は、［③遺族基礎年金の受給権が消滅した］（E）日であることに注意しよう。

# 問題44 選択 実践 教科書 Section 6

## 遺族厚生年金等

チェック欄 1 / 2 / 3 /

次の文中の［　　］の部分を選択肢の中の適当な語句で埋め、完全な文章とせよ。

脱退一時金の額は、被保険者であった期間に応じて、その期間の平均標準報酬額に支給率を乗じて得た額となるが、当該支給率は、最終月（最後に［ A ］日の属する［ B ］をいう。）の属する年の前年［ C ］月の保険料率（最終月が1月から［ D ］月までの場合にあっては、前々年［ C ］月の保険料率）に［ E ］を乗じて得た率に、被保険者であった期間に応じて政令で定める数を乗じて得た率とし、その率に小数点以下1位未満の端数があるときは、これを四捨五入する。

選択肢

| | |
|---|---|
| A | ① 日本国内に住所を有していた<br>② 被保険者の資格を喪失した<br>③ 国民年金の被保険者であった<br>④ 障害厚生年金等の受給権を喪失した |
| B | ① 月　② 月の翌月<br>③ 月の前月　④ 月の前々月 |
| C | ① 7　② 8　③ 9　④ 10 |
| D | ① 7　② 8　③ 9　④ 10 |
| E | ① 2分の1　② 3分の1<br>③ 4分の3　④ 3分の2 |

## 解答

【⑧脱退一時金】

A ② 被保険者の資格を喪失した
B ③ 月の前月
C ④ 10
D ② 8
E ① 2分の1

根拠 法附則29-ⅢⅣ



## 解説

《C～Eについて》

厚生年金保険の脱退一時金は、短期滞在の外国人の保険料掛け捨て防止を図るため、厚生年金保険料の被保険者負担分、つまり保険料の［①2分の1］（E）を基準にその額が定められている。脱退一時金の額の計算には、最終月の前年の保険料率を用いるが、この保険料率は、平成16年改正の保険料水準固定方式の導入により、第1号厚生年金被保険者については平成29年「9月」より1000分の183に固定されるまで、毎年「9月」に段階的に引上げがなされていたため、最終月が1月から［②8］（D）月までの場合には、前々年の保険料率を用いることになる。なお、平成16年改正の保険料水準固定方式の導入により最初に保険料が引き上げられたのが平成16年「10月」であったため、Cには［④10］が入ることになる。

## 問題45 択一 基本 教科書 Section 7

チェック欄 1 ／ 2 ／ 3 ／

# 離婚時における標準報酬の分割

次の記述のうち、誤っているものはどれか。

**A** 第1号改定者及び第2号改定者又はその一方は、実施機関に対し、主務省令の定めるところにより、標準報酬改定請求を行うために必要な按分割合の範囲等についての情報の提供を請求することができるが、当該請求は標準報酬改定請求後に行うことはできない。

**B** 離婚等をした場合に当事者が行う標準報酬の改定又は決定の請求について、請求すべき按分割合の合意のための協議が調わないときは、当事者の一方の申立てにより、家庭裁判所は当該対象期間における保険料納付に対する当事者の寄与の程度その他一切の事情を考慮して、請求すべき按分割合を定めることができる。(H27-10C)

**C** 障害厚生年金の額の計算の基礎となる被保険者期間に係る標準報酬が、合意分割により改定又は決定がされた場合は、改定又は決定後の標準報酬を基礎として年金額が改定される。ただし、年金額の計算の基礎となる被保険者期間の月数が300月に満たないため、これを300月として計算された障害厚生年金については、離婚時みなし被保険者期間はその計算の基礎とされない。(H29-6A)

**D** 実施機関は、特定被保険者の被扶養配偶者から特定期間に係る被保険者期間の標準報酬の改定及び決定の請求があった場合において、特定期間に係る被保険者期間の各月ごとに、当該特定被保険者及び被扶養配偶者の標準報酬月額を当該特定被保険者の標準報酬月額に当事者が合意した按分割合に基づいて算出した割合を乗じて得た額にそれぞれ改定し、及び決定することができる。(H26-8C改題)

**E** 離婚時における厚生年金保険の保険料納付記録の分割について、離婚時みなし被保険者期間及び被扶養配偶者みなし被保険者期間は、遺族厚生年金の支給要件（厚生年金保険法第58条第1項第4号該当）となる被保険者期間に含まれる。(H24-5ア改題)

## 解説

**A ○** 【①離婚等をした場合における特例（合意分割の特例）】

設問の通り正しい。なお、離婚等をしたときから2年を経過した場合においても情報の提供の請求をすることができない。

根拠 法78の4－Ⅰただし書

**B ○** 【①離婚等をした場合における特例（合意分割の特例）】

設問の通り正しい。合意分割請求（標準報酬改定請求）は、当事者（第1号改定者及び第2号改定者）が合意分割の請求をすること及び請求すべき按分割合について合意しているとき、又は合意分割の請求について、当事者の合意のための協議が調わないとき、若しくは協議をすることができないときであって、当事者の一方の申立てにより、家庭裁判所が請求すべき按分割合を定めたときに行うことができる。 根拠 法78の2－Ⅱ

**C ○** 【①離婚等をした場合における特例（合意分割の特例）】

設問の通り正しい。（分割を受ける側の）障害厚生年金の額の計算につき、300月の被保険者期間の最低保障が行われているときは、離婚時みなし被保険者期間を算入することにより平均標準報酬額が低下し、かえって年金額が低下することもあるため、離婚時みなし被保険者期間については、当該障害厚生年金の計算の基礎とされない。 根拠 法78の10－Ⅱ

**D ×** 【②被扶養配偶者である期間についての特例（3号分割の特例）】

設問の場合、実施機関は、特定期間に係る被保険者期間の各月ごとに、当該特定被保険者及び被扶養配偶者の標準報酬月額を「当該特定被保険者の標準報酬月額に2分の1を乗じて得た額」にそれぞれ改定し、及び決定することができるとされている。 根拠 法78の14－Ⅱ

**E ○** 【①離婚等をした場合における特例（合意分割の特例）、②被扶養配偶者である期間についての特例（3号分割の特例）】

設問の通り正しい。離婚時みなし被保険者期間又は被扶養配偶者みなし被保険者期間を有する者が死亡した場合、たとえ厚生年金保険の被保険者であったことがない者であっても、その者が遺族厚生年金の長期要件に該当する者であれば、被保険者であった者の死亡として、遺族厚生年金が支給されることがある。

根拠 法78の11、78の19、法附則17の10、17条の12、(16)法附則48、50

**解答 D**

CH 9 厚生年金保険法

問題46 選択 実践 教科書 Section 7

チェック欄 1 ／ 2 ／ 3 ／

## 離婚時における標準報酬の分割

次の文中の［　　］の部分を選択肢の中の適当な語句で埋め、完全な文章とせよ。

1 ［A］は、離婚等をした場合であって、次の(1)又は(2)のいずれかに該当するときは、実施機関に対し、当該離婚等について対象期間に係る被保険者期間の標準報酬（第1号改定者及び第2号改定者（以下これらの者を「当事者」という。）の標準報酬をいう。）の改定又は決定を請求することができる。ただし、当該離婚等をしたときから［B］年を経過したときその他の厚生労働省令で定める場合に該当するときは、この限りでない。

(1) 当事者が標準報酬の改定又は決定の請求をすること及び請求すべき［C］について合意しているとき。

(2) ［D］が請求すべき［C］を定めたとき。

2 請求すべき［C］は、当事者それぞれの対象期間標準報酬総額（対象期間に係る被保険者期間の各月の標準報酬月額と標準賞与額に当事者を受給権者とみなして［E］において適用される再評価率を乗じて得た額の総額をいう。以下同じ。）の合計額に対する第2号改定者の対象期間標準報酬総額の割合を超え2分の1以下の範囲内で定められなければならない。

選択肢

① 対象期間の初日　② 改定割合　③ 家庭裁判所
④ 対象期間の末日　⑤ 寄与割合　⑥ 第1号改定者
⑦ 社会保険審査会　⑧ 按分割合　⑨ 厚生労働大臣
⑩ 2　⑪ 年金記録訂正審議会　⑫ 特定被保険者
⑬ 3　⑭ 離婚等が成立した日　⑮ 第2号改定者
⑯ 5　⑰ 第1号改定者又は第2号改定者　⑱ 配分割合
⑲ 6　⑳ 標準報酬の改定又は決定の請求をした日

## 解答

【①離婚等をした場合における特例（合意分割の特例）】

A ⑰ 第１号改定者又は第２号改定者
B ⑩ ２
C ⑧ 按分割合
D ③ 家庭裁判所
E ④ 対象期間の末日

根拠 法78の２－Ⅰ、78の３－Ⅰ



## 解説

《Aについて》

設問はいわゆる合意分割に係る規定である。合意分割の請求は［⑰第１号改定者又は第２号改定者］どちらからでもできることに注意したい（なお、「３号分割」の場合、請求できるのは「被扶養配偶者」のみである。）。

《Cについて》

［⑧按分割合］とは、第１号改定者及び第２号改定者双方の対象期間標準報酬総額の合計額をどのように分け合うか、という割合であり、最大で２分の１とされている。例えば、第１号改定者の対象期間標準報酬総額が6,000万円、第２号改定者の対象期間標準報酬総額が2,000万円だった場合、最大で4,000万円ずつになるように分け合うということである。なお、標準報酬の分割にあたり、第１号改定者の標準報酬を各月ごとに第２号改定者に分割していくことになるが、その際に「第１号改定者」の各月ごとの標準報酬のうちのどのくらいの割合を「第２号改定者」に分割するか、という割合が［②改定割合］である。

《Eについて》

対象期間が長期にわたる場合には、標準報酬の実質的価値が大きく変動してしまうことがあるため、［④対象期間の末日］の再評価率を用いて、標準報酬の実質的価値を維持することとしている。

問題47 択一 基本 教科書 Section 8

チェック欄 1 ／ 2 ／ 3 ／

## 年金額の調整等、通則等

次のアからオの記述のうち、誤っているものの組合せは、後記AからEまでのうちどれか。

**ア** 加給年金額及び特別加算額は、毎年度、改定率を改定することによって改定されるが、所定の額に改定率を乗じて得た額に50円未満の端数が生じたときは、これを切り捨て、50円以上100円未満の端数が生じたときは、これを100円に切り上げるものとされている。

**イ** 保険給付の受給権者が裁定請求を行う前の死亡した場合において、未支給の保険給付を受けるべき同順位の遺族が２人以上いるときは、そのうち１人が自己の名で未支給の保険給付を請求することができる。

**ウ** 保険給付を受ける権利は、譲り渡し、担保に供し、又は差し押さえることができないので、老齢厚生年金及び脱退一時金を受ける権利は国税滞納処分（その例による処分を含む。）によって差し押さえることができない。
(H24-2B)

**エ** 一の被保険者の種別に係る被保険者であった期間（以下本問において「一の期間」という。）に基づく遺族厚生年金の受給権者が当該一の期間に基づく障害厚生年金の受給権を取得し、障害厚生年金の支給を選択した場合において、遺族厚生年金の支給を停止すべき事由が生じた月の翌月以後の分として遺族厚生年金の支払が行われたときは、その支払われた遺族厚生年金は、障害厚生年金の内払とみなす。

**オ** 遺族である子が２人で受給している遺族厚生年金（同一の実施機関が支給するものとする。）において、１人が婚姻したことにより受給権が消滅したにもかかわらず、引き続き婚姻前と同額の遺族厚生年金が支払われた場合、過誤払として、もう１人の遺族である子が受給する遺族厚生年金の支払金の金額を返還すべき年金額に充当することができる。

**A**（アとイ）　**B**（アとオ）　**C**（イとウ）
**D**（ウとオ）　**E**（エとオ）

## 解説

**ア ○** 【②加給年金額等の改定】

設問の通り正しい。加給年金額及び特別加算額の計算において、改定率を乗じて得た額に50円未満の端数が生じたときは、これを切り捨て、50円以上100円未満の端数が生じたときは、これを100円に切り上げる。なお、定額部分の計算式（1,628円×改定率）においては、改定率を乗じて得た額に50銭未満の端数が生じたときは、これを切り捨て、50銭以上1円未満の端数が生じたときは、これを1円に切り上げることと区別しておこう。

根拠 法44-Ⅱ、(60)法附則60-Ⅱ

**イ ○** 【④未支給の保険給付】

設問の通り正しい。未支給の保険給付を受けるべき同順位の遺族が2人以上あるときは、その1人のした請求は全員のためその全額につきしたものとみなし、その1人に対してした支給は、全員に対してしたものとみなすとされている。

根拠 法37-ⅠⅢⅤ

**ウ ×** 【⑤受給権の保護】

老齢厚生年金及び脱退一時金を受ける権利は、国税滞納処分（その例による処分を含む。）によって差し押さえることができるものとされている。

根拠 法41-Ⅰ、法附則29-Ⅸ、令14

**エ ○** 【⑥支払の調整】

設問の通り正しい。なお、内払調整は、同一の種別の厚生年金被保険者期間に基づく年金間において行われる。

根拠 法39-Ⅰ

**オ ×** 【⑥支払の調整】

設問の子の遺族厚生年金の受給権が「死亡」以外の事由により消滅した場合に、設問の充当処理の規定が適用されることはない。

根拠 法39の2、則89条の2

**解答 D（ウとオ）**

CH 9 厚生年金保険法

## 問題48 択一 実践 教科書 Section 8

チェック欄 1／ 2／ 3／

## 年金額の調整等、通則等

次の記述のうち、正しいものはどれか。

**A** 2以上の種別の被保険者であった期間を有する者の老齢厚生年金の額の計算においては、その者の2以上の被保険者の種別に係る期間を合算して1の期間に係る被保険者期間のみを有するものとみなして平均標準報酬額を算出する。(H29-9エ)

**B** 第1号厚生年金被保険者期間を170か月、第2号厚生年金被保険者期間を130か月有する昭和25年10月2日生まれの男性が、老齢厚生年金の受給権を65歳となった平成27年10月1日に取得した。この場合、一定の要件を満たす配偶者がいれば、第1号厚生年金被保険者期間に基づく老齢厚生年金に加給年金額が加算される。なお、この者は、障害等級3級以上の障害の状態になく、上記以外の被保険者期間を有しないものとする。(H28-5C)

**C** 国民年金の第1号被保険者としての保険料納付済期間が25年ある昭和31年4月2日生まれの女性が、60歳となった時点で第1号厚生年金被保険者期間を8か月及び第4号厚生年金被保険者期間を10か月有していた場合であっても、それぞれの種別の厚生年金保険の被保険者期間が1年以上ないため、60歳から特別支給の老齢厚生年金を受給することはできない。(H28-7ウ)

**D** 第1号厚生年金被保険者期間を30年と第2号厚生年金被保険者期間を14年有する昭和29年10月2日生まれの現に被保険者でない男性は、両種別を合わせた被保険者期間が44年以上であることにより、61歳から定額部分も含めた特別支給の老齢厚生年金を受給することができる。(H28-7エ)

**E** 障害厚生年金の受給権者であって、当該障害に係る障害認定日において2以上の種別の被保険者であった期間を有する者に係る当該障害厚生年金の支給に関する事務は、当該障害に係る障害認定日における被保険者の種別に応じた実施機関が行う。(H28-6D)

## 解説

A ✕ 【①２以上の種別の被保険者であった期間を有する者の取扱い】

２以上の種別の被保険者であった期間を有する者に係る老齢厚生年金の額の計算においては、その者の２以上の被保険者の種別に係る被保険者期間ごとに平均標準報酬額を算出する。 根拠 法78の26-Ⅱ

B ○ 【①２以上の種別の被保険者であった期間を有する者の取扱い】

設問の通り正しい。２以上の種別の被保険者であった期間を有する者に係る老齢厚生年金の額について、加給年金額の加算要件である「老齢厚生年金の額の計算の基礎となる被保険者期間の月数が240以上であること」の判定については、その者の２以上の種別の被保険者であった期間に係る被保険者期間を合算して行う。また、加給年金額が加算される場合において、各号の厚生年金被保険者期間に基づく老齢厚生年金の受給権を取得した時期が同じであるときは、各号の厚生年金被保険者期間のうち最も長い一の期間に基づく老齢厚生年金に加給年金額が加算される。

根拠 法44-Ⅰ、78の27、令３の13-ⅠⅡ

C ✕ 【①２以上の種別の被保険者であった期間を有する者の取扱い】

２以上の種別の被保険者であった期間を有する者について、特別支給の老齢厚生年金の支給要件である「１年以上の被保険者期間を有すること」の判定については、その者の２以上の種別の被保険者であった期間に係る被保険者期間を合算して行う。したがって、設問の女性は、18か月の厚生年金保険の被保険者期間を有し、かつ、受給資格期間を満たしていることから、60歳から第１号厚生年金被保険者期間に基づく特別支給の老齢厚生年金を受給することができる。 根拠 法附則８、８の２-Ⅰ、20-Ⅰ

D ✕ 【①２以上の種別の被保険者であった期間を有する者の取扱い】

いわゆる長期加入者の老齢厚生年金の支給要件である「被保険者期間が44年以上であること」の判定については、２以上の種別の被保険者であった期間に係る被保険者期間を合算せず、各号の厚生年金被保険者期間ごとに行う。したがって、設問の場合には、長期加入者の老齢厚生年金の支給要件を満たさない。 根拠 法附則８の２-Ⅰ、20-Ⅱ

E ✕ 【①２以上の種別の被保険者であった期間を有する者の取扱い】

障害認定日において２以上の種別の被保険者であった期間を有する者に対する障害厚生年金の支給に関する事務は、当該障害に係る初診日における被保険者の種別に応じた実施機関が行う。 根拠 法78の33-Ⅰ

**解答 B**

## 問題49 択一 基本 教科書 Section 9

## 費用の負担等、不服申立て、雑則等

チェック欄 1 ／ 2 ／ 3 ／

次の記述のうち、正しいものはどれか。

A 厚生年金保険の保険料は、被保険者の資格を取得した月の翌月から、その資格を喪失した月までの各月につき徴収される。

B 被保険者及び被保険者を使用する事業主は、それぞれ厚生年金保険料の半額を負担するが、事業主は自らの負担すべき保険料額の負担の割合を増加することができる。(H25-7A)

C 育児休業若しくは育児休業の制度に準ずる措置による、子が3歳に達するまでの休業期間中は、当該第1号厚生年金被保険者が使用される事業所の事業主が厚生労働大臣に申出をすることにより、その育児休業等を開始した日の属する月から終了する日の翌日が属する月の前月までの期間に係る保険料の徴収は行われないが、当該被保険者が産後休業する期間中は育児休業等の期間に当たらないため、保険料は徴収される。

D 厚生労働大臣は、第1号厚生年金被保険者に係る保険料の納付義務者が保険料を滞納し、督促状によって指定した納期限までにこれを納付しなかった場合に、保険料額につき所定の割合で、納期限の日から保険料完納の日までの日数によって計算した延滞金を徴収する。

E 厚生労働大臣は、保険料の繰上徴収が認められる要件に該当したことにより納期を繰り上げて第1号厚生年金被保険者に係る保険料納入の告知を受けた者が、その指定の期限までに保険料を納付しないとき、国税滞納処分の例によってこれを処分し、又は納付義務者の居住地若しくはその者の財産所在地の市町村に対して、その処分を請求することができる。

(H25-4E改題)

## 解説

A ×　【⑤保険料の納付】

保険料は、被保険者の資格を取得した月から、その資格を喪失した月の前月までの各月につき徴収される。

根拠 法19-Ⅰ、81-Ⅱ

B ×　【⑤保険料の納付】

事業主は自らの負担すべき保険料額の負担の割合を増加することはできない。なお、被保険者が負担すべき保険料額の負担の割合を増加することもできない。

根拠 法82-Ⅰ

C ×　【⑤保険料の納付】

産前産後休業する期間は、保険料免除の対象とされており、当該第1号厚生年金被保険者が使用される事業主が申出をすることにより、産前産後休業を開始した日の属する月から、終了する日の翌日が属する月の前月までの期間に係る保険料は徴収されない。

根拠 法81の2、81の2の2

D ×　【⑥滞納に対する措置等】

設問中の「納期限の日」は「納期限の翌日」であり、「保険料完納の日まで」は「保険料完納又は財産差押の日の前日まで」である。

根拠 法87-ⅠⅣ、87の2

E ○　【⑥滞納に対する措置等】

設問の通り正しい。保険料の繰上徴収の要件に該当したことにより納期を繰り上げて第1号厚生年金被保険者に係る保険料納入の告知を受けた者が、その指定の期限までに保険料を納付しない場合には、厚生労働大臣は督促をすることなく、滞納処分を行うことができる。

根拠 法86-Ⅴ②、87の2

**解答 E**

## 問題50 択一 実践 教科書 Section 9

チェック欄 1 ／ 2 ／ 3 ／

# 費用の負担等、不服申立て、雑則等

次の記述のうち、誤っているものはどれか。

**A** 厚生年金保険の被保険者に係る保険料の額は、被保険者の標準報酬月額及び標準賞与額に、それぞれ保険料率を乗じて得た額とされており、平成29年８月までは、被保険者の種別、坑内員たる被保険者又は船員たる被保険者であるか否かの区別に応じて定められていたが、平成29年９月以降は、全ての厚生年金被保険者について、1000分183.00に統一された。

**B** 適用事業所に使用される高齢任意加入被保険者に係る毎月の保険料は、当該高齢任意加入被保険者自身が、その全額を負担し、納付する場合であっても、翌月末日までに納付すればよい。

**C** 適用事業所以外の事業所に使用される任意単独被保険者が産前産後休業又は育児休業等をしている場合において、当該事業所の事業主が厚生労働大臣に申出をしたときは、当該被保険者に係る保険料であって、これらの休業等を開始した日の属する月から、当該休業等を終了した日の翌日が属する月の前月までの期間に係るものの徴収は行われない。

**D** 厚生労働大臣が、第１号厚生年金被保険者に係る保険料を滞納している納付義務者に対して公示送達による督促を行ったときは、延滞金は徴収されない。

**E** 第１号厚生年金被保険者に係る保険料その他厚生年金保険法の規定による徴収金について延滞金の割合は、年14.6％（保険料の納期限の翌日から３月を経過する日までの軽減期間については、年7.3％）の割合とされているが、当分の間、延滞税特例基準割合が7.3％を下回る年については、年14.6％の割合は、延滞税特例基準割合に年7.3％の割合を加算した割合に軽減される。

## 解説

**A ×** 【④保険料額】

第1号厚生年金被保険者については、坑内員たる被保険者又は船員たる被保険者を含めて、平成29年9月以降は、1000分183.00に統一されたが、第2号厚生年金被保険者、第3号厚生年金被保険者については平成30年9月に統一され、第4号厚生年金被保険者については原則として令和9年4月までに順次引上げを行い、同月から統一されることとされている。

根拠 法81-Ⅳ、(16)法附則33、(24)法附則83～85

**B ○** 【⑤保険料の納付】

設問の通り正しい。適用事業所に使用される高齢任意被保険者の保険料について、その事業主が半額を負担し、全額を納付する場合も、納期限は翌月末日である。 根拠 法83-Ⅰ、法附則4の3-Ⅶ

**C ○** 【⑤保険料の納付】

設問の通り正しい。育児休業等期間中及び産前産後休業期間中の保険料は、厚生年金保険の当然被保険者だけでなく、任意単独被保険者や高齢任意加入被保険者についても、免除される。

根拠 法2の5-Ⅰ①、81の2、81の2の2

**D ○** 【⑥滞納に対する措置等】

設問の通り正しい。第1号厚生年金被保険者に係る保険料の納付義務者が保険料を滞納している場合であっても、公示送達の方法により督促したときは、延滞金を徴収しない。 根拠 法87-Ⅰ③

**E ○** 【⑥滞納に対する措置等】

設問の通り正しい。当分の間、各年の延滞税特例基準割合が年7.3％に満たない場合には、その年中においては、「年14.6％」の割合は、延滞税特例基準割合に年7.3％を加算した割合とする軽減措置が定められている。また、「年7.3％」の割合についても、延滞税特例基準割合に年1％を加算した割合が年7.3％の割合に満たないときは、延滞税特例基準割合に年1％を加算した割合に軽減される。 根拠 法87-Ⅰ、87の2、法附則17の14

**解答 A**

## 問題51 択一 実践 教科書 Section 9

## 費用の負担等、不服申立て、雑則等

チェック欄 1 ／ 2 ／ 3 ／

次の記述のうち、正しいものはどれか。

A 厚生労働大臣による保険給付に関する処分（脱退一時金に関する処分を含む。）に不服がある者は、社会保険審査官に審査請求をすることができるが、当該請求は、原則として、処分があったことを知った日の翌日から起算して3月を経過したときは、することができない。

B 厚生労働大臣による被保険者の資格、標準報酬又は保険給付に関する処分に不服がある者は、社会保険審査官に対して審査請求をし、その決定に不服がある者は、社会保険審査会に対して再審査請求をすることができるが、訂正請求に係る厚生年金保険原簿の訂正をする旨又は訂正をしない旨の決定については、この限りでない。

C 厚生労働大臣は、標準報酬平均額その他これに関連する事項で厚生労働省令で定めるものについて、当該標準報酬平均額の算定のために必要な事項として厚生労働省令で定める事項について厚生労働大臣に報告を行った厚生労働大臣を除く各実施機関に対して通知するものとされている。

D 年金たる保険給付を受ける権利の時効は、当該年金たる保険給付がその全額につき支給を停止されたときであっても、進行する。

E 第1号厚生年金被保険者に係る適用事業所の事業主は、厚生年金保険に関する書類を原則として、その完結の日から2年間、保存しなければならないが、被保険者の資格の取得及び喪失に関するものについては、保険給付の時効に関わるため、その完結の日から5年間、保存しなければならない。(H29-4E)

## 解説

**A ×** 【⑦不服申立て】

保険給付に関する処分のうち、「脱退一時金」に関する処分について不服がある者は、「社会保険審査官」ではなく、社会保険審査会に審査請求をすることができるものとされている。

根拠 法90-Ⅰ、法附則29-Ⅵ、社審法4-Ⅰ

**B ○** 【⑦不服申立て】

設問の通り正しい。なお、訂正請求に係る厚生年金保険原簿の訂正をする旨又は訂正をしない旨の決定に不服がある者は、厚生労働大臣に対して審査請求をすることができる。 根拠 法90-Ⅰ

**C ×** 【⑧雑則等】

厚生労働大臣は、標準報酬平均額その他これに関連する事項で厚生労働省令で定めるものについて、「実施機関を所管する大臣に報告を行う」ものとされている。 根拠 法100の3-Ⅱ

**D ×** 【⑧雑則等】

年金たる保険給付を受ける権利の時効は、当該年金たる保険給付がその全額につき支給を停止されている間は、「進行しない」ものとされている。

根拠 法92-Ⅲ

**E ×** 【⑧雑則等】

設問文後段のような例外規定はない。 根拠 則28

**解答 B**

## 問題52 択一 基本 教科書 Section 9

## 費用の負担等、不服申立て、雑則等

チェック欄 1 ／ 2 ／ 3 ／

次の記述のうち、誤っているものはどれか。

A　厚生年金保険事業の財政は、長期的にその均衡が保たれたものでなければならず、著しくその均衡を失すると見込まれる場合には、速やかに所要の措置が講ぜられなければならない。

B　政府は、少なくとも5年ごとに、保険料及び国庫負担の額並びに厚生年金保険法による保険給付に要する費用の額その他の厚生年金保険事業の財政に係る収支についてその現況及び財政均衡期間における見通し（以下「財政の現況及び見通し」という。）を作成しなければならない。

C　政府は、財政の現況及び見通しを作成するに当たり、厚生年金保険事業の財政が、財政均衡期間の終了時に保険給付の支給に支障が生じないようにするために必要な積立金を政府等が保有しつつ当該財政均衡期間にわたってその均衡を保つことができないと見込まれる場合には、保険料率を変更するものとする。

D　積立金（年金特別会計の厚生年金勘定の積立金（以下「特別会計積立金」という。）及び実施機関（厚生労働大臣を除く。）の積立金のうち厚生年金保険事業（基礎年金拠出金の納付を含む。）に係る部分に相当する部分として政令で定める部分（「実施機関積立金」という。）をいう。）の運用は、積立金が厚生年金保険の被保険者から徴収された保険料の一部であり、かつ、将来の保険給付の貴重な財源となるものであることに特に留意し、専ら厚生年金保険の被保険者の利益のために、長期的な観点から、安全かつ効率的に行うことにより、将来にわたって、厚生年金保険事業の運営の安定に資することを目的として行うものとする。

E　特別会計積立金の運用は、厚生労働大臣が、厚生年金保険法第79条の2に規定する積立金の運用の目的に沿った運用に基づく納付金の納付を目的として、年金積立金管理運用独立行政法人に対し、特別会計積立金を寄託することにより行うものとする。

## 解説

**A ○** 【①厚生年金保険事業の財政】

設問の通り正しい。 根拠 法２の３

得点UP! 国民年金法においても「国民年金事業の財政は、長期的にその均衡が保たれたものでなければならず、著しくその均衡を失すると見込まれる場合には、速やかに所要の措置が講ぜられなければならない。」と規定されている。

**B ○** 【①厚生年金保険事業の財政】

設問の通り正しい。 根拠 法２の４－Ⅰ

確認してみよう! 財政均衡期間は、財政の現況及び見通しが作成される年以降おおむね100年間とされている。

**C ×** 【①厚生年金保険事業の財政】

設問の場合には、保険料率を変更するのではなく、保険給付の額を調整するものとし、政令で、保険給付の額を調整する期間（調整期間）の開始年度を定めるものとする、とされている。 根拠 法34－Ⅰ

確認してみよう! 調整期間の開始年度は、平成17年度である。

**D ○** 【③積立金の運用】

設問の通り正しい。なお、積立金には、「年金特別会計の厚生年金勘定の積立金」と「実施機関積立金」があり、「実施機関積立金」とは、厚生労働大臣以外の実施機関の積立金のうち基礎年金拠出金の納付を含む厚生年金保険事業に係る部分として政令で定める部分をいう。 根拠 法79の２

**E ○** 【③積立金の運用】

設問の通り正しい。なお、実施機関積立金の運用についても、「積立金の運用の目的（Dの問題文参照）」に沿って、実施機関が行うものとされているが、実施機関積立金の一部については、政令で定めるところにより、国家公務員共済組合法、地方公務員等共済組合法又は私立学校教職員共済法の目的に沿って運用することができるものとし、この場合においては、「積立金の運用の目的」文中の「専ら厚生年金保険」を、「厚生年金保険」と読み替えることとされている。 根拠 法79の３－Ⅰ

**解答 C**

## 問題53 選択 実践 教科書 Section 9

## 費用の負担等、不服申立て、雑則等

チェック欄 1 ／ 2 ／ 3 ／

第1号厚生年金被保険者に係る保険料の徴収等に関する次の文中の［　］の部分を選択肢の中の適当な語句で埋め、完全な文章とせよ。

1　厚生労働大臣は、［A］をした保険料額が当該納付義務者が納付すべき保険料額をこえていることを知ったとき、又は納付した保険料額が当該納付義務者が納付すべき保険料額をこえていることを知ったときは、そのこえている部分に関する［A］又は納付を、その［A］又は納付の［B］から［C］納付されるべき保険料について納期を繰り上げてしたものとみなすことができる。

2　事業主は、被保険者に対して［D］場合においては、被保険者の負担すべき前月の標準報酬月額に係る保険料（被保険者がその事業所又は船舶に使用されなくなった場合においては、［E］の標準報酬月額に係る保険料）を報酬から控除することができる。

選択肢

| | |
|---|---|
| A | ①　納入の告知　②　督促<br>③　繰上徴収　④　滞納処分 |
| B | ①　日　②　日の前日<br>③　日の翌日　④　日の前々日 |
| C | ①　3箇月以内の期日に　②　6箇月以内の期日に<br>③　督促状に指定された期限までに<br>④　繰上げ徴収の通知の通知をした日 |
| D | ①　報酬の全額を支払う　②　直接報酬を支払う<br>③　通貨をもって報酬を支払う<br>④　支払う報酬から控除する旨の労使協定を締結した |
| E | ①　その月　②　前月及びその月<br>③　前々月及び前月　④　前月以前の各月 |

## 解答

【⑤保険料の納付】

A ① 納入の告知
B ③ 日の翌日
C ② 6箇月以内の期日に
D ③ 通貨をもって報酬を支払う
E ② 前月及びその月

根拠 法83-Ⅱ、84、84の2



## 解説

《A～Cについて》

問題文1は、繰上充当（過納充当）に関する規定である。報酬に係る保険料の額は、前月末の標準報酬等級別、被保険者の種別の被保険者の現在員数に、標準報酬月額と保険料率とを乗じて算定され、保険者は、「保険料納入告知書」を発行して、その額、納期日、納付場所を事業主に通知する。この［①納入の告知］（A）をしたあとで、告知した保険料の金額が正しい額より多かったり、又は事業主が誤って余分に保険料を払い込んだようなことを知った場合には、その超過している部分に関する［①納入の告知］又はその超過して納付された部分については、誤って告知をした又は誤払込を受けた［③日の翌日］（B）から［②6箇月以内の期日に］（C）納付されるべき保険料について、納期を繰り上げて［①納入の告知］又は納付をしたものとみなすことができるというものである。

## 問題54 択一 実践 教科書 Section10

## 厚生年金基金等

チェック欄 1 ／ 2 ／ 3 ／

次の記述のうち、正しいものはどれか。

A 存続厚生年金基金（以下「基金」という。）の設立事業所が減少する場合において、当該減少に伴い他の設立事業所に係る掛金が増加することとなるときは、当該基金は当該増加する額に相当する額を、当該減少した設立事業所の事業主から掛金として一括徴収するものとする。一括徴収される掛金は当該事業主のみが負担し、加入員に負担させてはならない。

B 基金は、代議員会の議決により、厚生労働大臣の認可を受けて解散することができるが、この場合の代議員会の議決は、代議員の定数の４分の３以上の多数によるものでなければならない。

C 基金が支給する老齢年金給付は、原則として、当該基金の加入員又は加入員であった者が老齢厚生年金（第１号厚生年金被保険者期間に基づくものに限る。）の受給権を取得したときに、その者に支給するものでなければならず、その支給を受ける権利を有する者の請求に基づいて、厚生労働大臣が裁定する。

D 基金の代行保険料率は、当該基金の代行給付費の予想額の現価を加入員に係る標準報酬月額の総額及び標準賞与額の総額の予想額の現価で除して得た率とする。

E 基金が解散した場合、当該基金の残余財産は、規約の定めるところにより、解散した日において当該基金が年金たる給付の支給に関する義務を負っていた者及び事業主に分配しなければならない。(H25-3C)

## 解説

**A ×** 【①厚生年金基金】

設問後段の「掛金は当該事業主のみが負担し、加入員に負担させてはならない」とする記述が誤り。設問の掛金は、事業主が負担するのが原則であるが、加入員は、政令で定める基準に従い規約で定めるところにより、当該掛金の一部を負担することができるものとされている。

根拠 (25)法附則 5－Ⅰ①、改正前法138－Ⅴ、139－Ⅲただし書

**B ×** 【①厚生年金基金】

設問の代議員会の議決は、代議員の定数の3分の2以上の多数によるものであればよい。 根拠 (25)法附則 5－Ⅰ Ⅱ、改正前法145

**C ×** 【②給付及び掛金】

基金が支給する老齢年金給付の裁定は、その支給を受ける権利を有する者の請求に基づいて、「基金」が裁定する。なお、設問前段の記述は正しい。

根拠 (25)法附則 5－Ⅰ、改正前法131－Ⅰ①、134

**D ○** 【②給付及び掛金】

設問の通り正しい。なお、設問の代行保険料率を算定するのは、基金であり、基金は、その算定した代行保険料率及びその算定の基礎となる一定の事項を厚生労働大臣に届け出なければならない。

根拠 (25)法附則 5－Ⅰ①、改正前法81の3－Ⅱ、廃止前基金令36の4－Ⅰ

**E ×** 【①厚生年金基金】

設問の残余財産は、解散した日において当該基金が年金たる給付の支給に関する義務を負っていた者に分配しなければならず、当該残余財産を事業主に引き渡してはならないとされている。 根拠 (25)法附則34－Ⅳ Ⅴ

**解答 D**

# CHAPTER10
# 社会保険に関する一般常識

CONTENTS

# 社会保険に関する一般常識　オリエンテーション

## 過去５年の本試験出題実績

選択は出題された空欄の数、
択一は出題された肢の数です！

| | H29 | | H30 | | R元 | | R2 | | R3 | |
|---|---|---|---|---|---|---|---|---|---|---|
| | 選択 | 択一 | 選択 | 択一 | 選択 | 択一 | 選択 | 択一 | 選択 | 択一 |
| Section1<br>社会保険法規等 | 5 | 21 | 2 | 16 | 4 | 20 | 2 | 20 | 4 | 14 |
| Section2<br>企業年金制度、社会保険労務士法 | - | 9 | 3 | 5 | 1 | 5 | 1 | 10 | 1 | 10 |
| Section3<br>社会保障制度、社会保障の沿革等 | - | - | - | 9 | - | 5 | 2 | - | - | 6 |

## 傾向分析

### ●選択式●

法令からの出題が中心となりますが、平成25年及び平成26年の試験では「厚生労働白書」から出題されています。平成28年には「社会保険制度」の沿革等についても問われていますが、平成18年以前は沿革が問題の主流であったことから、今後も注意が必要です。また、平成27年及び平成29年は、目的条文を含む条文から出題されています。目的条文等については、その法律の制定趣旨や各制度の概要と照らし合わせ、きちんと覚えておきましょう。

### ●択一式●

選択式と同様に法令に関する問題が中心となりますが、平成27年及び平成28年には統計に関する出題、平成30年には「厚生労働白書」からの出題、令和元年には法改正の沿革に関する出題があり、社会保険の現状を広く把握しておくことも重要です。法規では、「社会保険労務士法」や「国民健康保険法」「介護保険法」「高齢者医療確保法」などからの出題が多いのですが、近年では「船員保険法」などからの出題も多くみられます。なお、令和３年には、健康保険法も含めた社会保険法規の目的条文から大問１題が出題されています。目的条文については、選択式・択一式両方の対策として重要ですので、他の科目も含めてしっかりと学習しておきましょう。

内容については、「保険給付」に関する問題が比較的少なく、国や都道府県の責務、費用の負担、不服申立て等の出題が多いことが特徴です。『社労士の教科書』や本書の内容を中心に、きちんと整理しておきましょう。また、今まで学習してきた社会保険の各科目の共通事項などを横断して問う問題もみられますので、これらの科目を横断整理しておくことも必要です。

## 最近の法改正トピックス

●令和４年試験向け改正●

### ●確定拠出年金法

公的年金の受給開始時期の選択肢の拡大に併せて、老齢給付金の受給開始時期等の上限年齢が「70歳」から「75歳」に引き上げられました（令和４年４月１日施行）。

●令和３年試験向け改正●

### ●国民健康保険法・高齢者医療確保法

健康保険法と同様に、療養の給付等を受けるに当たり、電子資格確認等（オンライン資格確認）により被保険者であることの確認が行われることとされました。これにより、被保険者証がなくても、個人番号カード（マイナンバーカード）で受診できる仕組みが整備されることになりました（令和２年10月１日施行）。

### ●確定拠出年金法

「中小事業主掛金」の制度や「簡易企業型年金」の制度を導入することができる中小事業主の規模が、100人以下から300人以下に拡大されました（令和２年10月１日施行）。

また、法附則３条１項の脱退一時金（国民年金の保険料免除者等に該当する者に支給する脱退一時金）の通算拠出期間に係る要件が、「１月以上３年以下」から「１月以上５年以下」に拡大されました（令和３年４月１日施行）。

### ●確定給付企業年金法

老齢給付金の支給開始時期について、事業主等は60歳から70歳までの範囲で規約に定めることができることとされ、上限年齢が65歳から70歳に引き上げられました（令和２年６月５日施行）。

### ●社会保険労務士法

社会保険労務士の業務に、労働施策総合推進法に規定する調停の手続について、紛争の当事者を代理することが追加されました（令和２年６月１日施行）。

## 学習アドバイス

「社会保険に関する一般常識」は、学ぶべき法令が多く、また、「医療・年金制度」の沿革や仕組みなど、幅広く問われます。また、近年では、択一式問題において「厚生労働白書」や統計資料からの出題もみられ、難易度は上がってきています。比較的解きやすい法規の問題を中心に、これらが確実に得点できるようにしておきましょう。「国民健康保険法」等は、健康保険と密接に関連していますので、CHAPTER７「健康保険法」を基に整理し、効率的に学習しましょう。

MEMO

## 問題1 択一 実践 教科書 Section 1

## 社会保険法規等

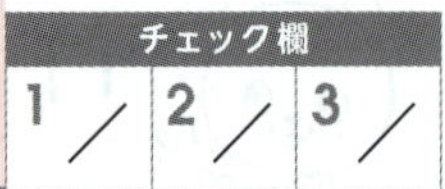


国民健康保険法に関する次の記述のうち、誤っているものはどれか。

**A** 国民健康保険法は、国民健康保険事業の健全な運営を確保し、もって社会保障及び国民保健の向上に寄与することを目的とする。

**B** 都道府県は、安定的な財政運営、市町村（特別区を含む。以下問題1、2において同じ。）の国民健康保険事業の効率的な実施の確保その他の都道府県及び当該都道府県内の市町村の国民健康保険事業の健全な運営について中心的な役割を果たすものとされている。

**C** 国民健康保険組合を設立しようとするときは、主たる事務所の所在地の都道府県知事の認可を受けなければならず、国民健康保険組合は、当該設立の認可を受けた時に成立する。

**D** 国民健康保険法によると、保険医療機関等は療養の給付に関し、市町村長の指導を受けなければならないとされている。

**E** 国は、政令の定めるところにより、国民健康保険組合に対して国民健康保険の事務（前期高齢者納付金等及び後期高齢者支援金等並びに介護納付金の納付に関する事務を含む。）の執行に要する費用を負担する。

## 解説

**A ○** 【①国民健康保険法】

設問の通り正しい。 根拠 国保法1

得点UP! 国民健康保険法2条では、「国民健康保険は、被保険者の疾病、負傷、出産又は死亡に関して必要な保険給付を行うものとする。」と規定している。

**B ○** 【①国民健康保険法】

設問の通り正しい。なお、国は、国民健康保険事業の運営が健全に行われるよう必要な各般の措置を講ずるとともに、国民健康保険法1条の目的の達成に資するため、保健、医療及び福祉に関する施策その他の関係施策を積極的に推進するものとされている。 根拠 国保法4－Ⅱ

**C ○** 【①国民健康保険法】

設問の通り正しい。 根拠 国保法17－ⅠⅤ

確認してみよう! 設問の認可の申請は、15人以上の発起人が規約を作成し、組合員となるべき者300人以上の同意を得て行うものとされている。

**D ×** 【①国民健康保険法】

設問の保険医療機関等が受けなければならないとされる指導は、「厚生労働大臣又は都道府県知事」が行う。なお、厚生労働大臣又は都道府県知事は、設問の指導をする場合において、必要があると認めるときは、原則として、診療又は調剤に関する学識経験者をその関係団体の指定により指導に立ち合わせるものとされている。 根拠 国保法41－Ⅰ

**E ○** 【①国民健康保険法】

設問の通り正しい。なお、「都道府県が当該都道府県内の市町村とともに行う国民健康保険」には、事務費の国庫負担は規定されていない。

根拠 国保法69

**解答 D**

# 問題2 択一 基本 教科書 Section 1

## 社会保険法規等

チェック欄 1 ／ 2 ／ 3 ／

国民健康保険法に関する次の記述のうち、誤っているものはどれか。

**A** 高齢者の医療の確保に関する法律の規定による被保険者は、都道府県が当該都道府県内の市町村とともに行う国民健康保険の被保険者にならない。

**B** 生活保護法による保護を受けている世帯（その保護を停止されている世帯を除く。）に属する者は、都道府県が当該都道府県内の市町村とともに行う国民健康保険の被保険者にならない。

**C** 修学のため一の市町村の区域内に住所を有する被保険者であって、修学していないとすれば他の市町村の区域内に住所を有する他人と同一の世帯に属するものと認められるものは、国民健康保険法の適用については、当該他の市町村の区域内に住所を有するものとみなし、かつ、当該世帯に属するものとみなす。

**D** 市町村は、保険料を滞納している世帯主が、当該保険料の納期限から1年が経過するまでの間に当該保険料を納付しない場合においては、当該保険料の滞納につき災害その他の政令で定める特別の事情があると認められる場合を除き、当該世帯主に対し被保険者証の返還を求めるものとする。

**E** 市町村及び国民健康保険組合は、被保険者の属する世帯の世帯主（以下「世帯主」という。）又は国民健康保険組合の組合員（以下「組合員」という。）がその世帯に属する被保険者に係る被保険者資格証明書の交付を受けている場合において、当該被保険者が保険医療機関等で療養を受けたときは、世帯主又は組合員に対しその療養に要した費用について、家族療養費を支給する。(H26-7A改題)

## 解説

**A** ○ 【①国民健康保険法】

設問の通り正しい。「高齢者の医療の確保に関する法律の規定による被保険者」とは、後期高齢者医療広域連合が行う後期高齢者医療の被保険者のことである。

根拠 国保法6-⑧

**B** ○ 【①国民健康保険法】

設問の通り正しい。なお、「生活保護法による保護を受けている世帯（その保護を停止されている世帯を除く。）に属する者」は、後期高齢者医療広域連合が行う後期高齢者医療の被保険者ともされない。

根拠 国保法6-⑨

**C** ○ 【①国民健康保険法】

設問の通り正しい。なお、病院等に入院等することにより他市町村から病院等のある市町村に転入してきたものについては、原則として、当該入院等をした際現に住所を有していた従前の市町村に住所があるものとみなされる。

根拠 国保法116

**D** ○ 【①国民健康保険法】

設問の通り正しい。なお、世帯主が被保険者証を返還したときは、市町村は、当該世帯主に対し、その世帯に属する被保険者に係る**被保険者資格証明書**を交付するものとされているが、その世帯に属する被保険者の一部が18歳に達する日以後の最初の3月31日までの間にある者であるときは、その者については有効期間を6月とする被保険者証が交付される。

根拠 国保法9-Ⅲ、同則5の6

**E** × 【①国民健康保険法】

設問の場合に、世帯主又は組合員に対し支給されるのは、「家族療養費」ではなく、「**特別療養費**」である。

根拠 国保法54の3-Ⅰ

**解答 E**

## 問題3 択一 実践 教科書 Section 1

チェック欄 1 ／ 2 ／ 3 ／

## 社会保険法規等

船員保険法に関する次の記述のうち、正しいものはどれか。

A　船員保険は、政府が、管掌する。

B　傷病手当金の支給期間は、同一の疾病又は負傷及びこれにより発した疾病に関しては、その支給を始めた日から通算して1年6か月を超えないものとする。(H28-7B改題)

C　被保険者が職務上の事由により行方不明となったときは、その期間、被扶養者に対し、行方不明手当金を支給する。ただし、行方不明の期間が1か月未満であるときは、この限りでない。(R2-7E)

D　疾病保険料率は、1000分の10から1000分の35までの範囲内において、災害保健福祉保険料率は、1000分の40から1000分の130までの範囲内において、それぞれ定められている。

E　船員法第1条に規定する船員として船舶所有者に使用されている後期高齢者医療制度の被保険者である船員保険の被保険者に対する船員保険の保険料額は、標準報酬月額及び標準賞与額にそれぞれ疾病保険料率と災害保健福祉保険料率とを合算した率を乗じて算定される。(R2-10C)

## 解説

**A** ×　【②船員保険法】

船員保険は、健康保険法による全国健康保険協会が、管掌している。

根拠 船保法４－Ⅰ

**B** ×　【②船員保険法】

船員保険法による傷病手当金の支給期間は、同一の疾病又は負傷及びこれにより発した疾病に関しては、その支給を始めた日から通算して「３年」を超えないものとされている。

根拠 船保法69－Ⅴ

**C** ○　【②船員保険法】

設問の通り正しい。

根拠 船保法93

**得点UP!** 被保険者の行方不明の期間に係る報酬が支払われる場合においては、その報酬の額の限度において行方不明手当金を支給しないとされ、報酬との調整が行われる。

**D** ×　【②船員保険法】

疾病保険料率は、1000分の40から1000分の130までの範囲内において、災害保健福祉保険料率は、1000分の10から1000分の35までの範囲内において、それぞれ全国健康保険協会が決定するものとされている。

根拠 船保法121－Ⅰ、122－Ⅰ

**E** ×　【②船員保険法】

後期高齢者医療制度の被保険者である船員保険の被保険者に対する船員保険の保険料額は、標準報酬月額及び標準賞与額に「災害保健福祉保険料率」のみを乗じて算定される。

根拠 船保法120－Ⅱ

**得点UP!** 後期高齢者医療の被保険者であっても、船員として船舶所有者に使用される者は、船員保険の被保険者となるが、職務外疾病・負傷等の給付のうち一定のものは支給されない。

**解答** C

## 問題4 択一 応用 教科書 Section 1

## 社会保険法規等

チェック欄 1 ／ 2 ／ 3 ／

高齢者医療確保法に関する次の記述のうち、正しいものはどれか。

A　国は、高齢者医療確保法の趣旨を尊重し、住民の高齢期における医療に要する費用の適正化を図るための取組及び高齢者医療制度の運営が適切かつ円滑に行われるよう所要の施策を実施しなければならない。

B　都道府県は、国民の高齢期における医療に要する費用の適正化を図るための取組が円滑に実施され、高齢者医療制度の運営が健全に行われるよう必要な各般の措置を講じなければならない。

C　高齢者医療確保法における保険者には、医療保険各法の規定により医療に関する給付を行う全国健康保険協会、健康保険組合、都道府県及び市町村（特別区を含む。）、国民健康保険組合のほか、共済組合及び日本私立学校振興・共済事業団も含まれる。(H29-8C改題)

D　都道府県は、医療費適正化基本方針に即して５年ごとに５年を１期として、当該都道府県における医療費適正化を推進するための都道府県医療費適正化計画を定めるものとされている。

E　都道府県は、厚生労働省令で定めるところにより、年度（都道府県医療費適正化計画の進捗状況に関する調査及び分析の結果の公表及び当該計画の実績に関する評価を行った年度を除く。）ごとに、都道府県医療費適正化計画の進捗状況を公表しなければならない。

## 解説

**A ×** 【③高齢者の医療の確保に関する法律】

国は、国民の高齢期における医療に要する費用の適正化を図るための取組が円滑に実施され、高齢者医療制度の運営が健全に行われるよう必要な各般の措置を講ずるとともに、高齢者医療確保法の目的の達成に資するため、医療、公衆衛生、社会福祉その他の関連施策を積極的に推進しなければならないとされている。 根拠 高医法3

**B ×** 【③高齢者の医療の確保に関する法律】

地方公共団体は、高齢者医療確保法の趣旨を尊重し、住民の高齢期における医療に要する費用の適正化を図るための取組及び高齢者医療制度の運営が適切かつ円滑に行われるよう所要の施策を実施しなければならないとされている。 根拠 高医法4

**C ○** 【③高齢者の医療の確保に関する法律】

設問の通り正しい。なお、「後期高齢者医療広域連合」は「保険者」として定義されていないことに注意すること。 根拠 高医法7－Ⅱ

**D ×** 【③高齢者の医療の確保に関する法律】

設問の都道府県医療費適正化計画は、医療費適正化基本方針に即して「6年」ごとに「6年」を1期として、定めるものとされている。

根拠 高医法9－Ⅰ

**E ×** 【③高齢者の医療の確保に関する法律】

都道府県は、年度ごとに、都道府県医療費適正化計画の進捗状況を公表するよう努めるものとするとされている。なお、厚生労働大臣は、厚生労働省令で定めるところにより、年度（全国医療費適正化計画の進捗状況に関する調査及び分析の結果の公表及び当該計画の実績に関する評価を行った年度を除く。）ごとに、全国医療費適正化計画の進捗状況を公表するものとされている。 根拠 高医法11－Ⅰ

**解答 C**

## 問題5 択一 基本 教科書 Section 1

チェック欄 1／ 2／ 3／

## 社会保険法規等

高齢者医療確保法に関する次の記述のうち、誤っているものはどれか。

A　厚生労働大臣は、特定健康診査等基本指針に即して、6年ごとに、6年を1期として、特定健康診査等の実施に関する計画（特定健康診査等実施計画）を定めるものとする。

B　保険者は、原則として、特定健康診査等実施計画に基づき、40歳以上の加入者に対し、特定健康診査を行うものとする。

C　社会保険診療報酬支払基金は、各保険者（都道府県が当該都道府県内の市町村とともに行う国民健康保険にあっては、都道府県）に係る加入者の数に占める前期高齢者である加入者の数の割合に係る負担の不均衡を調整するため、政令で定めるところにより、保険者に対して、前期高齢者交付金を交付する。

D　市町村（特別区を含む。以下同じ。）は、後期高齢者医療の事務（保険料の徴収の事務及び被保険者の便益の増進に寄与するものとして政令で定める事務を除く。）を処理するため、都道府県の区域ごとに当該区域内のすべての市町村が加入する広域連合（後期高齢者医療広域連合）を設けるものとする。

E　高齢者医療確保法では、生活保護法による保護を受けている世帯（その保護を停止されている世帯を除く。）に属する者は、後期高齢者医療広域連合が行う後期高齢者医療の被保険者としないことを規定している。

（H28-6エ）

## 解説

**A ×**　【③高齢者の医療の確保に関する法律】

特定健康診査等基本指針に即して、6年ごとに、6年を1期として、特定健康診査等の実施に関する計画（特定健康診査等実施計画）を定めるのは、「厚生労働大臣」ではなく「**保険者**（都道府県が当該都道府県内の市町村とともに行う国民健康保険にあっては、**市町村**）」である。なお、「特定健康診査等基本指針」を定めるのは厚生労働大臣である。

根拠 高医法19-Ⅰ

**B ○**　【③高齢者の医療の確保に関する法律】

設問の通り正しい。なお、「加入者」とは、①医療保険各法の規定による被保険者、組合員又は加入者及びその被扶養者（健康保険法の規定による日雇特例被保険者及びその被扶養者を除く。）、②日雇特例被保険者手帳の交付を受け、その手帳に健康保険印紙を貼り付ける余白のある者（日雇特例被保険者の適用除外の承認を受けていない者であること）及びその被扶養者をいう。

根拠 高医法20

**C ○**　【③高齢者の医療の確保に関する法律】

設問の通り正しい。なお、前期高齢者である加入者とは、**65歳に達する日の属する月の翌月**（その日が月の初日であるときは、その日の属する月）以後である加入者であって、**75歳に達する日の属する月以前**であるものその他厚生労働省令で定めるものをいう。

根拠 高医法32-Ⅰ

**D ○**　【③高齢者の医療の確保に関する法律】

設問の通り正しい。なお、保険料の徴収等に係る事務等は、市町村（特別区を含む。）が行う。

根拠 高医法48

**E ○**　【③高齢者の医療の確保に関する法律】

設問の通り正しい。なお、後期高齢者医療の適用除外とすべき特別の理由がある者で厚生労働省令で定めるものも被保険者としない。

根拠 高医法51-①

**解答　A**

## 問題6 択一 実践 教科書 Section 1

## 社会保険法規等

チェック欄 1 ／ 2 ／ 3 ／

高齢者医療確保法に関する次の記述のうち、正しいものはどれか。

A 後期高齢者医療広域連合の区域内に住所を有する65歳以上75歳未満の者であって、厚生労働省令で定めるところにより、政令で定める程度の障害の状態にある旨の後期高齢者医療審査会の認定を受けたものは、当該後期高齢者医療広域連合が行う後期高齢者医療の被保険者とする。

B 市町村（特別区を含む。）は、政令で定めるところにより、後期高齢者医療広域連合に対し、その一般会計において、負担対象額の一部を負担している。(H29-8E)

C 高齢者医療確保法では、老齢基礎年金の年間の給付額が18万円以上である場合、後期高齢者医療制度の被保険者が支払う後期高齢者医療制度の保険料は、年金からの特別徴収の方法によらなければならず、口座振替の方法により保険料を納付することは一切できない。(H30-9C)

D 高齢者医療確保法では、都道府県は、年度ごとに、保険者から、後期高齢者支援金及び後期高齢者関係事務費拠出金を徴収することを規定している。(H28-6ウ)

E 保険料その他高齢者医療確保法の規定による徴収金を徴収し、又はその還付を受ける権利及び後期高齢者医療給付を受ける権利は、これらを行使することができる時から5年を経過したときは、時効によって消滅する。

## 解説

**A ×** 【③高齢者の医療の確保に関する法律】

設問の認定は、「後期高齢者医療審査会」ではなく、当該「後期高齢者医療広域連合」が行う。 根拠 高医法50-②

得点UP! 後期高齢者医療給付に関する処分（被保険者証の交付の請求又は返還に関する処分を含む。）又は保険料その他徴収金〔市町村（特別区を含む。）及び後期高齢者医療広域連合が徴収するものに限る。〕に関する処分に不服がある者は、各都道府県に置かれた後期高齢者医療審査会に審査請求をすることができる。

**B ○** 【③高齢者の医療の確保に関する法律】

設問の通り正しい。市町村（特別区を含む。）は、政令で定めるところにより、後期高齢者医療広域連合に対し、その一般会計において、負担対象額の12分の1に相当する額を負担するものとされている。 根拠 高医法98

**C ×** 【③高齢者の医療の確保に関する法律】

老齢基礎年金の年間の給付額が18万円以上であっても、同一の月に徴収されると見込まれる後期高齢者医療の保険料額と介護保険の保険料額の合算額が、老齢等年金給付の額の２分の１に相当する額を超える場合等においては、特別徴収の対象とならず、普通徴収の対象となる。また、特別徴収の要件に該当する場合であっても、申出により、口座振替により納付することも可能である。したがって、設問の場合において口座振替の方法により保険料を納付することが「一切できない」ということはない。

根拠 高医法110、同令21〜23、同則94

**D ×** 【③高齢者の医療の確保に関する法律】

後期高齢者支援金及び後期高齢者関係事務費拠出金は、「社会保険診療報酬支払基金」が、年度ごとに、保険者から徴収することが規定されている。 根拠 高医法118-Ⅰ

**E ×** 【③高齢者の医療の確保に関する法律】

保険料その他高齢者医療確保法の規定による徴収金を徴収し、又はその還付を受ける権利及び後期高齢者医療給付を受ける権利は、これらを行使することができる時から「２年」を経過したときは、時効によって消滅する。 根拠 高医法160-Ⅰ

**解答 B**

CH10 社会保険に関する一般常識

## 問題7 択一 実践 教科書 Section 1

チェック欄 1／ 2／ 3／

## 社会保険法規等

介護保険法に関する次の記述のうち、正しいものはどれか。

**A** 国は、介護保険事業の運営が健全かつ円滑に行われるように、必要な助言及び適切な援助をしなければならない。

**B** 都道府県は、介護保険事業の運営が健全かつ円滑に行われるよう保健医療サービス及び福祉サービスを提供する体制の確保に関する施策その他の必要な各般の措置を講じなければならない。

**C** 国及び地方公共団体は、被保険者が、可能な限り、住み慣れた地域でその有する能力に応じ自立した日常生活を営むことができるよう、保険給付に係る保健医療サービス及び福祉サービスに関する施策、要介護状態等となることの予防又は要介護状態等の軽減若しくは悪化の防止のための施策並びに地域における自立した日常生活の支援のための施策を、医療及び居住に関する施策との有機的な連携を図りつつ包括的に推進するよう努めなければならない。

**D** 介護保険法では、第2号被保険者とは、市町村（特別区を含む。以下問題7～10において同じ。）の区域内に住所を有する20歳以上65歳未満の医療保険加入者をいう、と規定している。

**E** 第2号被保険者は、医療保険加入者でなくなった日以後も、医療保険者に申し出ることにより第2号被保険者の資格を継続することができる。

(H29-7E)

## 解説

**A ×** 【④介護保険法】

介護保険事業の運営が健全かつ円滑に行われるように、必要な助言及び適切な援助をしなければならないとされているのは、「都道府県」である。

根拠 介保法５－Ⅱ

**B ×** 【④介護保険法】

介護保険事業の運営が健全かつ円滑に行われるよう保健医療サービス及び福祉サービスを提供する体制の確保に関する施策その他の必要な各般の措置を講じなければならないとされているのは、「国」である。

根拠 介保法５－Ⅰ

**C ○** 【④介護保険法】

設問の通り正しい。

根拠 介保法５－Ⅲ

得点UP! 国及び地方公共団体は、設問の規定により設問に掲げる施策を包括的に推進するに当たっては、障害者その他の者の福祉に関する施策との有機的な連携を図るよう努めるとともに、地域住民が相互に人格と個性を尊重し合いながら、参加し、共生する地域社会の実現に資するよう努めなければならないとされている。

**D ×** 【④介護保険法】

介護保険の第２号被保険者とは、市町村の区域内に住所を有する「40歳以上」65歳未満の医療保険加入者をいう。

根拠 介保法９－②

**E ×** 【④介護保険法】

設問のような規定はない。介護保険第２号被保険者は、医療保険加入者でなくなった日から、その資格を喪失する。

根拠 介保法11－Ⅱ

**解答 C**

## 問題8 択一 基本 教科書 Section 1

## 社会保険法規等

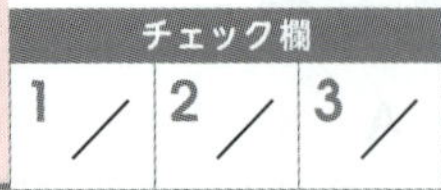


介護保険法に関する次の記述のうち、正しいものはどれか。

**A** 市町村の区域内に住所を有する65歳以上の者を第1号被保険者という。

**B** 市町村の区域内に住所を有している65歳以上の者であっても、生活保護法による保護を受けている世帯（その保護を停止されている世帯を除く。）に属する者は、介護保険の被保険者とならない。

**C** 介護給付を受けようとする被保険者は、要介護者に該当すること及びその該当する要介護状態区分について、厚生労働大臣の認定を受けなければならない。(H24-7B)

**D** 市町村の区域内に住所を有する40歳以上65歳未満の医療保険加入者（介護保険の第2号被保険者）であるものが、身体上又は精神上の障害により6月間にわたり継続して常時介護を要すると見込まれる状態であって、要介護状態区分のいずれかに該当するときは、当該障害の原因にかかわらず、介護保険法の規定による介護給付を受けることができる。

**E** 要介護認定の申請に対する処分は、当該申請に係る被保険者の心身の状況の調査に日時を要する等特別な理由がある場合を除き、当該申請のあった日から2月以内にしなければならない。

## 解説

**A ○** 【④介護保険法】

設問の通り正しい。市町村の区域内に住所を有する65歳以上の者はすべて介護保険の第1号被保険者となる。 根拠 介保法9-①

**B ×** 【④介護保険法】

市町村の区域内に住所を有している65歳以上の者は、生活保護法による保護を受けている世帯に属する者であっても、介護保険の第1号被保険者となる（第1号被保険者は、医療保険加入者であることを要件としていない。）。 根拠 介保法9-①

**C ×** 【④介護保険法】

介護給付を受けようとする被保険者は、要介護者に該当すること及びその該当する要介護状態区分について、「市町村」の認定を受けなければならない。 根拠 介保法19-Ⅰ

**D ×** 【④介護保険法】

介護保険の第2号被保険者が介護給付を受けることができるのは、要介護状態の原因である身体上又は精神上の障害が「加齢に伴って生ずる心身の変化に起因する疾病であって政令で定めるもの（特定疾病）」によって生じたものであるとき（要介護者に該当するとき）に限られる。

根拠 介保法7－Ⅰ、Ⅲ②、9－②、18－①、19－Ⅰ、同則2

**E ×** 【④介護保険法】

要介護認定の申請に対する処分は、当該申請に係る被保険者の心身の状況の調査に日時を要する等特別な理由がある場合を除き、当該申請のあった日から30日以内にしなければならない。 根拠 介保法27-Ⅺ

**解答 A**

## 問題9 択一 実践 教科書 Section 1

## 社会保険法規等

チェック欄 1 ／ 2 ／ 3 ／

介護保険法に関する次の記述のうち、正しいものはどれか。

**A** 市町村は、居宅要介護被保険者が、当該市町村の長（特別区の区長を含む。以下同じ。）又は他の市町村の長が指定する指定居宅介護支援事業者から当該指定に係る居宅介護支援事業を行う事業所により行われる指定居宅介護支援を受けたときは、当該居宅要介護被保険者に対し、当該指定居宅介護支援に要した費用について、居宅介護サービス計画費を支給する。

**B** 高額医療合算介護サービス費の対象となる介護サービス費の自己負担額には、福祉用具購入費・住宅改修費や施設サービス等での食費・居住費の負担も含まれる。

**C** 高額療養費、高額介護サービス費及び高額介護予防サービス費の支給を受けていない場合は、高額介護合算療養費、高額医療合算介護サービス費及び高額医療合算介護予防サービス費の支給を受けることができない。

**D** 指定居宅サービス事業者の指定は、厚生労働省令で定めるところにより、居宅サービス事業を行う者の申請により、居宅サービスの種類及び当該居宅サービスの種類に係る居宅サービス事業を行う事業所ごとに市町村長が行う。

**E** 介護老人保健施設を開設しようとする者は、厚生労働省令で定めるところにより、都道府県知事の認可を受けなければならない。

## 解説

**A ○** 【④介護保険法】

設問の通り正しい。なお、居宅介護サービス計画費は、その費用の全額が支給され、自己負担はない。 根拠 介保法46-Ⅰ

**B ×** 【④介護保険法】

福祉用具購入費及び住宅改修費などの自己負担額並びに施設サービス等に係る食費及び居住費の自己負担額は、高額医療合算介護サービス費の算定対象となる自己負担額には含まれない。 根拠 介保法51の2-Ⅰ他

**C ×** 【④介護保険法】

高額療養費、高額介護サービス費及び高額介護予防サービス費の支給を受けていない場合であっても、医療に係る自己負担額及び介護に係る自己負担額があれば、高額介護合算療養費、高額医療合算介護サービス費及び高額医療合算介護予防サービス費の支給を受けることができる。なお、医療に係る自己負担額又は介護に係る自己負担額のいずれかが0円である場合は、高額介護合算療養費、高額医療合算介護サービス費及び高額医療合算介護予防サービス費の支給を受けることができない。

根拠 介保法51の2-Ⅰ、61の2-Ⅰ、健保法115の2-Ⅰ

**D ×** 【④介護保険法】

指定居宅サービス事業者の指定は、「都道府県知事」が行う。

根拠 介保法41-Ⅰ、70-Ⅰ

**E ×** 【④介護保険法】

介護老人保健施設を開設しようとする者は、厚生労働省令で定めるところにより、都道府県知事の「許可」を受けなければならない。

根拠 介保法94-Ⅰ

**解答 A**

## 問題10 択一 実践 教科書 Section 1

チェック欄 1 ／ 2 ／ 3 ／

## 社会保険法規等

介護保険法に関する次のアからオの記述のうち、誤っているものの組合せは、後記AからEまでのうちどれか。

**ア** 地域包括支援センターは、要介護認定の申請をしようとする被保険者の当該申請に関する手続を代わって行うことができる。

**イ** 国は、介護保険の財政の調整を行うため、第1号被保険者の年齢階級別の分布状況、第1号被保険者の所得の分布状況等を考慮して、政令で定めるところにより、市町村に対して調整交付金を交付する。

**ウ** 市町村は、政令で定めるところにより、その一般会計において、介護給付及び予防給付に要する費用の額の100分の25に相当する額を負担する。

**エ** 市町村は、厚生労働大臣の定める基本指針に即して、6年を1期とする当該市町村が行う介護保険事業に係る保険給付の円滑な実施に関する計画（市町村介護保険事業計画）を定めるものとする。

**オ** 第1号被保険者の保険料の徴収については、特別徴収の方法による場合を除くほか、普通徴収の方法によらなければならないとされているが、特別徴収とは、老齢等年金給付の支払をする者（年金保険者）に保険料を徴収させ、かつ、その徴収すべき保険料を納入させることをいう。

A （アとイ）　B （アとウ）　C （イとオ）
D （ウとエ）　E （エとオ）

## 解説

**ア ○** 【④介護保険法】

設問の通り正しい。要介護認定の申請をしようとする被保険者は、指定居宅介護支援事業者、地域密着型介護老人福祉施設若しくは介護保険施設であって厚生労働省令で定めるもの又は地域包括支援センターに、当該申請に関する手続を代わって行わせることができる。 根拠 介保法27-Ⅰ

**イ ○** 【④介護保険法】

設問の通り正しい。なお、調整交付金の総額は、各市町村の介護給付及び予防給付に要する費用の額として一定の方法により算定した額の総額の100分の5に相当する額とされている。 根拠 介保法122-Ⅰ

**ウ ×** 【④介護保険法】

市町村は、介護給付及び予防給付に要する費用の額の「100分の12.5」に相当する額を負担するものとされている。 根拠 介保法124-Ⅰ

**エ ×** 【④介護保険法】

設問の市町村が定める市町村介護保険事業計画は、「3年」を1期とする。

根拠 介保法117-Ⅰ

**オ ○** 【④介護保険法】

設問の通り正しい。なお、普通徴収とは、市町村が、保険料を課せられた第1号被保険者又は当該第1号被保険者の属する世帯の世帯主若しくは当該第1号被保険者の配偶者（婚姻の届出をしていないが、事実上婚姻関係と同様の事情にある者を含む。）に対し、地方自治法231条の規定により納入の通知をすることによって保険料を徴収することをいう。

根拠 介保法131

**解答 D（ウとエ）**

## 問題11 択一 基本 教科書 Section 1

## 社会保険法規等

チェック欄 1 ／ 2 ／ 3 ／

児童手当法に関する次の記述のうち、正しいものはどれか。

A 「児童」とは、15歳に達する日以後の最初の3月31日までの間にある者をいう。

B 一般受給資格者（公務員である一般受給資格者を除く。）は、児童手当の支給を受けようとするときは、その受給資格及び児童手当の額について厚生労働大臣の認定を受けなければならない。

C 児童手当の支給を受けている一般受給資格者（個人である場合に限る。）は、内閣府令で定めるところにより、市町村長又は特別区の区長に対し、前年の所得の状況及びその年の7月1日における被用者又は被用者等でない者の別を記載した届出を毎年7月1日から同月末日までの間に提出しなければならない。（H25-10イ改題）

D 児童手当の支給は、受給資格者が児童手当法第7条の規定による認定の請求をした日の属する月の翌月から始め、児童手当を支給すべき事由が消滅した日の属する月で終わる。ただし、受給資格者が住所を変更した場合又は災害その他やむを得ない理由により認定の請求をすることができなかった場合はこの限りでない。（H25-10ウ）

E 都道府県知事又はその委任を受けた者が認定をした地方公務員に対する児童手当の支給に要する費用（当該地方公務員が施設等受給資格者である場合にあっては、中学校修了前の施設入所等児童に係る児童手当の額に係る部分を除く。）は、国と当該都道府県がそれぞれ50％ずつを負担する。

（H25-10エ）

## 解説

**A ×** 【⑤児童手当法】

「児童」とは、18歳に達する日以後の最初の3月31日までの間にある者であって、日本国内に住所を有するもの又は留学その他の内閣府令で定める理由により日本国内に住所を有しないものをいう。 根拠 児手法3-Ⅰ

**B ×** 【⑤児童手当法】

一般受給資格者（公務員である一般受給資格者を除く。）は、児童手当の支給を受けようとするときは、その受給資格及び児童手当の額について、「住所地（一般受給資格者が未成年後見人であり、かつ、法人である場合にあっては、主たる事務所の所在地とする。）の市町村長（特別区の区長を含む。）」の認定を受けなければならない。 根拠 児手法7-Ⅰ

**C ×** 【⑤児童手当法】

設問の「7月1日」を「6月1日」と読み替えると正しい内容となる。

根拠 児手法26-Ⅰ、同則4-Ⅰ

**D ○** 【⑤児童手当法】

設問の通り正しい。なお、受給資格者が住所を変更した場合又は災害その他やむを得ない理由により児童手当法7条の規定による認定の請求をすることができなかった場合において、住所を変更した後又はやむを得ない理由がやんだ後15日以内にその請求をしたときは、児童手当の支給は、受給資格者が住所を変更した日又はやむを得ない理由により当該認定の請求をすることができなくなった日の属する月の翌月から始められる。

根拠 児手法8-ⅡⅢ

**E ×** 【⑤児童手当法】

設問の費用については、国は負担せず、都道府県がその全額を負担することとされている。 根拠 児手法18-Ⅳ②

**解答 D**

## 問題12 択一 実践 教科書 Section 1

## 社会保険法規等

チェック欄 1／ 2／ 3／

次の記述のうち、正しいものはどれか。

A 社会保険審査官は、各年金事務所に置かれ、船員保険法や石炭鉱業年金基金法の規定による審査請求の事件も取り扱う。

B 社会保険審査官は、人格が高潔であって、社会保障に関する識見を有し、かつ、法律又は社会保険に関する学識経験を有する者のうちから、厚生労働大臣が任命することとされている。(H29-6A)

C 社会保険審査会は厚生労働大臣の所轄の下に置かれ、委員長及び委員5人をもって組織する。

D 社会保険審査会の委員長及び委員の任期は2年とし、補欠の委員長及び委員の任期は前任者の残任期間とする。

E 健康保険等の被保険者若しくは加入員の資格、標準報酬又は標準給与に関する処分に対する審査請求は、原処分があった日から起算して1年を経過したときは、することができない。

## 解説

**A ×** 【⑥社会保険審査官及び社会保険審査会法】

社会保険審査官は各地方厚生局（地方厚生支局を含む。）に置かれている。なお、船員保険法や石炭鉱業年金基金法の規定による審査請求の事件を取り扱うとする記述は正しい。 根拠 社審法1－Ⅰ

**B ×** 【⑥社会保険審査官及び社会保険審査会法】

社会保険審査官は、厚生労働省の職員のうちから、厚生労働大臣が命ずるものとされているが、設問のような規定はない。なお、社会保険審査会の委員長及び委員にあっては、「人格が高潔であって、社会保障に関する識見を有し、かつ、法律又は社会保険に関する学識経験を有する者のうちから、両議院の同意を得て、厚生労働大臣が任命する。」とされている。

根拠 社審法2

**C ○** 【⑥社会保険審査官及び社会保険審査会法】

設問の通り正しい。なお、社会保険審査会は、委員長及び委員のうちから、審査会が指名する者3人をもって構成する合議体で、再審査請求又は審査請求の事件を取り扱うとされている。 根拠 社審法19、21

**D ×** 【⑥社会保険審査官及び社会保険審査会法】

社会保険審査会の委員長及び委員の任期は3年とし、補欠の委員長及び委員の任期は前任者の残任期間とされている。 根拠 社審法23－Ⅰ

**E ×** 【⑥社会保険審査官及び社会保険審査会法、CH7 Sec10②不服申立て 他】

健康保険等の被保険者若しくは加入員の資格、標準報酬又は標準給与に関する処分に対する審査請求は、原処分があった日の翌日から起算して2年を経過したときは、することができないとされている。 根拠 社審法4－Ⅱ

**解答 C**

## 問題13 選択 基本 教科書 Section 1

チェック欄 1 ／ 2 ／ 3 ／

### 社会保険法規等

次の文中の［　］の部分を選択肢の中の適当な語句で埋め、完全な文章とせよ。

高齢者の医療の確保に関する法律では、厚生労働大臣は、［A］（糖尿病その他の政令で定める［B］に関する健康診査）及び［C］の適切かつ有効な実施を図るための［A］等基本指針を定めるものと規定されている。また、保険者（都道府県が当該都道府県内の市町村とともに行う国民健康保険にあっては、市町村）は、この基本指針に即して、［D］年ごとに、［D］年を1期として、［A］等実施計画を定め、この実施計画に基づき、厚生労働省令で定めるところにより、［E］歳以上の加入者に対し、原則として［A］を行うものとされている。

選択肢

| | | |
|---|---|---|
| ① 治療健康診査 | ② 医療費適正化計画 | ③ 6 |
| ④ 健康相談 | ⑤ 65 | ⑥ 特定疾病 |
| ⑦ 75 | ⑧ 感染症 | ⑨ 2 |
| ⑩ 健康教育 | ⑪ 5 | ⑫ 特定保健指導 |
| ⑬ 70 | ⑭ 特定健康診査 | ⑮ 3 |
| ⑯ 特定疾患健康診査 | ⑰ 長期高額疾病 | ⑱ 40 |
| ⑲ 医療健康診査 | ⑳ 生活習慣病 | |

## 解答

【③高齢者の医療の確保に関する法律】

A ⑭ 特定健康診査
B ⑳ 生活習慣病
C ⑫ 特定保健指導
D ③ 6
E ⑱ 40

根拠 高医法18-Ⅰ、19-Ⅰ、20

## 解説

《A～Cについて》

Bの前には、「糖尿病その他の政令で定める」とあることから、Bには［⑳生活習慣病］が入ることになる。また、これらに関する健康診査ということから、Aには［⑭特定健康診査］が入ることになり、また、Cには［⑫特定保健指導］が入ることになる。

《Dについて》

設問の［⑭特定健康診査］等実施計画のほか、医療費適正化基本方針や全国医療費適正化計画、都道府県医療費適正化計画の計画期間については、かつては［⑪5］年間とされていたが、介護保険事業計画（計画期間3年間）や医療計画等と見直し時期を一致させるとともに、関係性を明確にさせるため、現在では［③6］年間とされている。

《Eについて》

［⑳生活習慣病］のリスクは、一般に［⑱40］歳以降から高まるとされている。

## 問題14 選択 応用 教科書 Section 1

チェック欄 1／ 2／ 3／

### 社会保険法規等

次の文中の［　　］の部分を選択肢の中の適当な語句で埋め、完全な文章とせよ。

1　児童手当法第1条では、「この法律は、［ A ］第7条第1項に規定する［ B ］の適切な実施を図るため、父母その他の保護者が子育てについての第一義的責任を有するという基本的認識の下に、児童を養育している者に児童手当を支給することにより、［ C ］における［ D ］に寄与するとともに、次代の社会を担う児童の健やかな成長に資することを目的とする。」と規定している。

2　児童手当の支給を受けている者につき、児童手当の額が増額することとなるに至った場合における児童手当の額の改定は、［ E ］から行う。

選択肢

| | | | |
|---|---|---|---|
| ① 育児・介護休業法 | ② 次世代育成支援対策推進法 | | |
| ③ 母子保健法 | ④ 子ども・子育て支援法 | | |
| ⑤ 子ども・子育て支援 | ⑥ 育児休業 | | |
| ⑦ 一般事業主行動計画 | ⑧ 保健指導 | | |
| ⑨ 地域 | ⑩ 家庭等 | ⑪ 子育て期 | ⑫ 子の成長過程 |
| ⑬ 生活の安定 | ⑭ 保育 | ⑮ 教育 | ⑯ 格差の是正 |

⑰ その事由が生じた日の属する月
⑱ その事由が生じた日の属する月の翌月
⑲ その者がその改定後の額につき認定の請求をした日の属する月
⑳ その者がその改定後の額につき認定の請求をした日の属する月の翌月

## 解答

【⑤児童手当法】

A ④ 子ども・子育て支援法
B ⑤ 子ども・子育て支援
C ⑩ 家庭等
D ⑬ 生活の安定
E ⑳ その者がその改定後の額につき認定の請求をした日の属する月の翌月

根拠 児手法1、9-Ⅰ

## 解説

《C、Dについて》

児童手当は、所得保障施策の一環としての役割と児童福祉施策の一環としての役割を有しており、前者が「[⑩家庭等]（C）における[⑬生活の安定]（D）」、後者が「次代の社会を担う児童の健やかな成長」に対応している。なお、[⑩家庭等]の「等」は、施設等受給資格者に対して児童手当を支給することとなった平成24年改正で追加されたものである。

《Eについて》

児童手当の支給は請求主義をとっており、新たな児童の誕生により増額改定の要件に該当したことが、住民基本台帳関係の届出等によって市町村長が確認できたとしても、受給資格者が増額改定についての認定の請求をしない限り、児童手当の額は改定されないことになる。したがって、[⑳その者がその改定後の額につき認定の請求をした日の属する月の翌月]からその額の改定が行われることになる。なお、児童手当の額が「減額」することとなるに至った場合における児童手当の額の改定は、[⑱その事由が生じた日の属する月の翌月]から行うとされている。

## 問題15 択一 基本 教科書 Section 2

チェック欄 1 ／ 2 ／ 3 ／

### 企業年金制度、社会保険労務士法

確定拠出年金法に関する次の記述のうち、誤っているものはどれか。

A　企業型年金が実施される厚生年金適用事業所に使用される第1号等厚生年金被保険者（60歳未満の厚生年金保険の被保険者のうち厚生年金保険法に規定する第1号厚生年金被保険者又は同法に規定する第4号厚生年金被保険者をいう。）は、原則として企業型年金加入者とされる。

B　企業型年金加入者は、企業型年金規約で定めるところにより、年1回以上、定期的に自ら掛金を拠出することができる。

C　個人型年金加入者の掛金の額は、個人型年金規約の定めるところにより、国民年金基金連合会が決定し、又は変更する。

D　中小事業主は、その使用する第1号厚生年金被保険者である個人型年金加入者が掛金を拠出する場合（当該中小事業主を介して納付を行う場合に限る。）は、当該第1号厚生年金被保険者の過半数で組織する労働組合があるときは当該労働組合、当該第1号厚生年金被保険者の過半数で組織する労働組合がないときは当該第1号厚生年金被保険者の過半数を代表する者の同意を得て、政令で定めるところにより、年1回以上、定期的に、掛金を拠出することができる。

E　企業型記録関連運営管理機関等は、毎年少なくとも1回、企業型年金加入者等の個人別管理資産額その他厚生労働省令で定める事項を当該企業型年金加入者等に通知しなければならない。(H25-8E)

## 解説

**A ○** 【①確定拠出年金法】

設問の通り正しい。なお、企業型年金規約で60歳以上65歳以下の一定の年齢に達したときに加入者の資格を喪失することを定めたときは、60歳に達した日の前日において当該実施事業所に使用される第1号等厚生年金被保険者であった者で60歳に達した日以後引き続き当該実施事業所に使用される第1号厚生年金被保険者又は第4号厚生年金被保険者であるもの（当該一定の年齢に達していない者に限る。）のうち60歳に達した日の前日において当該企業型年金の企業型年金加入者であった者も企業型年金加入者となる。

根拠 確拠法２-Ⅵ、９-Ⅰ

**B ○** 【①確定拠出年金法】

設問の通り正しい。なお、企業型年金加入者掛金の額は、企業型年金規約で定めるところにより、企業型年金加入者が決定し、又は変更する。

根拠 確拠法19-Ⅲ

**C ×** 【①確定拠出年金法】

個人型年金の掛金の額は、個人型年金規約で定めるところにより、「個人型年金加入者」が決定し、又は変更する。

根拠 確拠法68

**D ○** 【①確定拠出年金法】

設問の通り正しい。いわゆる中小事業主掛金に係る規定に関する記述である。

根拠 確拠法68の２-Ⅰ

**E ○** 【①確定拠出年金法】

設問の通り正しい。なお、設問の個人別管理資産額の通知に係る規定は、個人型年金にも準用されている。

根拠 確拠法27

**解答 C**

## 問題16 択一 基本 教科書 Section 2

チェック欄 1 ／ 2 ／ 3 ／

## 企業年金制度、社会保険労務士法

次の記述のうち、誤っているものはどれか。

**A** 確定給付企業年金法は、少子高齢化の進展、産業構造の変化等の社会経済情勢の変化にかんがみ、事業主が従業員と給付の内容を約し、高齢期において従業員がその内容に基づいた給付を受けることができるようにするため、確定給付企業年金について必要な事項を定め、国民の高齢期における所得の確保に係る自主的な努力を支援し、もって公的年金の給付と相まって国民の生活の安定と福祉の向上に寄与することを目的としている。

**B** 確定給付企業年金法において「厚生年金保険の被保険者」とは、厚生年金保険の被保険者（厚生年金保険法に規定する第1号厚生年金被保険者又は同法に規定する第4号厚生年金被保険者に限る。）をいう。

**C** 確定給付企業年金法において、老齢給付金は、加入者又は加入者であった者が、規約で定める老齢給付金を受けるための要件を満たすこととなったときに、その者に支給するものとされているが、当該規約において、20年を超える加入者期間を老齢給付金の給付を受けるための要件として定めてはならないと規定されている。

**D** 確定給付企業年金法において、事業主は、給付に関する事業に要する費用に充てるため、規約で定めるところにより、毎月1回以上、定期的に掛金を拠出しなければならないと規定されている。

**E** 確定給付企業年金の掛金の額は、給付に要する費用の額の予想額及び予定運用収入の額に照らし、将来にわたって財政の均衡を保つことができるように計算されるものでなければならない。

## 解説

**A ○** 【②確定給付企業年金法】

設問の通り正しい。 根拠 確給法1

得点UP! 確定拠出年金法の目的は「少子高齢化の進展、高齢期の生活の多様化等の社会経済情勢の変化にかんがみ、個人又は事業主が拠出した資金を個人が自己の責任において運用の指図を行い、高齢期においてその結果に基づいた給付を受けることができるようにするため、確定拠出年金について必要な事項を定め、国民の高齢期における所得の確保に係る自主的な努力を支援し、もって公的年金の給付と相まって国民の生活の安定と福祉の向上に寄与すること」と規定されていることと比較しておこう。

**B ○** 【②確定給付企業年金法】

設問の通り正しい。 根拠 確給法2-Ⅲ

得点UP! 確定拠出年金法において「厚生年金保険の被保険者」とは、60歳未満の厚生年金保険の被保険者をいうことと比較しておこう。

**C ○** 【②確定給付企業年金法】

設問の通り正しい。 根拠 確給法36-ⅠⅣ

得点UP! 規約で定める老齢給付金支給開始要件は、次の①②を満たすものでなければならない。

① 60歳以上70歳以下の規約で定める年齢に達したときに支給するものであること

② 50歳以上上記①の規約で定める年齢未満の規約で定める年齢に達した日以後に実施事業所に使用されなくなったときに支給するものであること（規約において当該状態に至ったときに老齢給付金を支給する旨が定められている場合に限る）

**D ×** 【②確定給付企業年金法】

確定給付企業年金法において、事業主は、給付に関する事業に要する費用に充てるため、規約で定めるところにより、年１回以上、定期的に掛金を拠出しなければならないと規定されている。なお、加入者は、政令で定める基準に従い規約で定めるところにより、当該掛金の一部を負担することができるとされている。 根拠 確給法55-Ⅰ

**E ○** 【②確定給付企業年金法】

設問の通り正しい。なお、事業主等は、少なくとも５年ごとに設問の規定の基準に従って掛金の額を再計算（財政再計算）しなければならないとされている。 根拠 確給法57

**解答 D**

問題17 択一 基本 教科書 Section 2

チェック欄 1 ／ 2 ／ 3 ／

## 企業年金制度、社会保険労務士法

社会保険労務士法に関する次の記述のうち、誤っているものはどれか。

A 社会保険労務士法は、社会保険労務士の制度を定めて、その業務の適正を図り、もって労働及び社会保険に関する法令の円滑な実施に寄与するとともに、事業の健全な発達と労働者等の福祉の向上に資することを目的としている。

B 社会保険労務士は、常に品位を保持し、業務に関する法令及び実務に精通して、公正な立場で、誠実にその業務を行わなければならない。

C 特定社会保険労務士に限り、補佐人として、労働社会保険に関する行政訴訟の場面や、個別労働関係紛争に関する民事訴訟の場面で、弁護士とともに裁判所に出頭し、陳述することができる。(H28-3A)

D 社会保険労務士法人が行う紛争解決手続代理業務は、社員のうちに特定社会保険労務士がある社会保険労務士法人に限り、行うことができる。(H29-3D)

E 開業社会保険労務士が委託者より呈示された帳簿等の記載内容が真正の事実と異なるものであることを知りながら、故意に真正の事実に反して申請書等の作成をした場合は、失格処分を受けることがある。(H25-6A)

## 解説

A ○ 【③社会保険労務士法】

設問の通り正しい。法律をもって社会保険労務士の制度を定める直接の目的は、社会保険労務士の業務の適正化を図ることであるが、その究極の目的は、労働及び社会保険に関する法令の円滑な実施に寄与し、事業の健全な発達と労働者等の福祉の向上に資することにあるとされている。

根拠 社労士法1

B ○ 【③社会保険労務士法】

設問の通り正しい。設問の規定は、社会保険労務士の職務遂行の在り方を規律し、社会保険労務士制度の運用に関し、いわば「公の秩序」としての作用を果たす重要な規定であると考えられている。 根拠 社労士法1の2

C × 【③社会保険労務士法】

「社会保険労務士」は、事業における労務管理その他の労働に関する事項及び労働社会保険諸法令に基づく社会保険に関する事項について、裁判所において、補佐人として、弁護士である訴訟代理人とともに出頭し、陳述をすることができるとされており、特定社会保険労務士に限られない。

根拠 社労士法2の2－Ⅰ

D ○ 【③社会保険労務士法】

設問の通り正しい。紛争解決手続代理業務を行うことを目的とする社会保険労務士法人は、特定社員（特定社会保険労務士である社員）が常駐していない事務所においては、紛争解決手続代理業務を取り扱うことができない。 根拠 社労士法25の9－Ⅱ

E ○ 【③社会保険労務士法】

設問の通り正しい。厚生労働大臣は、社会保険労務士が、故意に、真正の事実に反して申請書等の作成を行ったときは、1年以内の開業社会保険労務士若しくは開業社会保険労務士の使用人である社会保険労務士若しくは社会保険労務士法人の社員若しくは使用人である社会保険労務士の業務の停止又は失格処分の処分をすることができる。 根拠 社労士法25の2－Ⅰ

**解答 C**

## 問題18 択一 実践 教科書 Section 2

チェック欄 1 ／ 2 ／ 3 ／

## 企業年金制度、社会保険労務士法

社会保険労務士法に関する次の記述のうち、正しいものはどれか。

A 開業社会保険労務士は、正当な理由がある場合を除き、すべての依頼を拒んではならない。

B 社会保険労務士又は社会保険労務士法人でない者は、他人の求めに応じ報酬を得て、社会保険労務士法第２条第１項第１号から第２号までに掲げる事務を業として行うことができない。ただし、他の法律に別段の定めがある場合及び政令で定める業務に付随して行う場合はこの限りでないとされており、この付随業務として行うことができる事務には、紛争解決手続代理業務も含まれている。(H26-6D)

C 厚生労働大臣は、社会保険労務士に対し戒告の処分をしたときは、遅滞なく、その旨を、その理由を付記した書面により当該社会保険労務士に通知しなければならないが、官報をもって公告する必要はない。(H25-6E)

D 社会保険労務士法人は、定款で定めるところにより、厚生労働大臣の許可を受け労働者派遣事業を行うことができるため、この場合、当該社会保険労務士法人の使用人である社会保険労務士は労働者派遣の対象となり、派遣先については特段の制限はなく、一般企業等へ派遣される。

E 何人も、社会保険労務士について、社会保険労務士法第25条の２や第25条の３に規定する行為又は事実があると認めたときは、厚生労働大臣に対し、当該社会保険労務士の氏名及びその行為又は事実を通知し、適当な措置をとるべきことを求めることができる。(R元-５D)

## 解説

A ×　【③社会保険労務士法】

「すべての依頼を拒んではならない」とするのが誤りである。開業社会保険労務士は、正当な理由がある場合でなければ、依頼（紛争解決手続代理業務に関するものを除く。）を拒んではならないとされており、紛争解決手続代理業務については、いわゆる双方代理の禁止など「業務を行い得ない事件」が規定されている。　根拠 社労士法20

B ×　【③社会保険労務士法】

紛争解決手続代理業務は、政令で定める業務（税理士等が行う業務）に付随して行うことができる事務には含まれない。　根拠 社労士法27、同令2

C ×　【③社会保険労務士法】

設問の場合、厚生労働大臣は、戒告の処分をした旨を当該社会保険労務士に通知するとともに、官報をもって公告しなければならない。

根拠 社労士法25の5

D ×　【③社会保険労務士法】

派遣先については開業社会保険労務士又は社会保険労務士法人（一定のものを除く。）に限られ、一般企業等への派遣はできない。

根拠 社労士法25の9－Ⅰ①、同則17の3－②

E ○　【③社会保険労務士法】

設問の通り正しい。　根拠 社労士法25の3の2－Ⅱ

得点UP！ 社会保険労務士会又は全国社会保険労務士会連合会は、社会保険労務士会の会員について、社労士法25条の2（不正行為の指示等を行った場合の懲戒）や25条の3（一般の懲戒）に規定する行為又は事実があると認めたときは、厚生労働大臣に対し、当該会員の氏名及び事業所の所在地並びにその行為又は事実を通知しなければならない。

**解答　E**

CH10 社会保険に関する一般常識

## 問題19 択一 応用 教科書 Section 2

チェック欄 1／ 2／ 3／

## 企業年金制度、社会保険労務士法

社会保険労務士法に関する次のアからオの記述のうち、誤っているものの組合せは、後記AからEまでのうちどれか。

**ア** 社会保険労務士は、社会保険労務士の信用又は品位を害するような行為をしてはならない。

**イ** 懲戒処分により社会保険労務士の失格処分を受けた者で、その処分を受けた日から5年を経過しないものは、社会保険労務士となる資格を有しない。

**ウ** 全国社会保険労務士会連合会は、社会保険労務士名簿の登録を受けた者の所在が2年以上継続して不明であるときは、資格審査会の議決に基づき、当該登録を取り消すことができる。

**エ** 開業社会保険労務士は、その業務に関する帳簿をその関係書類とともに、帳簿閉鎖の時から2年間保存しなければならない。開業社会保険労務士でなくなったときも、同様とする。

**オ** 厚生労働大臣は、社会保険労務士が、相当の注意を怠り、真正の事実に反して申請書等の作成、事務代理若しくは紛争解決手続代理業務を行ったとき、又は社会保険労務士法第15条の規定（不正行為の指示等の禁止）に違反する行為をしたときは、1年以内の開業社会保険労務士若しくは開業社会保険労務士の使用人である社会保険労務士若しくは社会保険労務士法人の社員若しくは使用人である社会保険労務士の業務の停止又は失格処分の処分をすることができる。

**A**（アとイ）　**B**（アとウ）　**C**（イとオ）
**D**（ウとエ）　**E**（エとオ）

## 解説

**ア ○** 【③社会保険労務士法】

設問の通り正しい。なお、設問の規定（信用失墜行為の禁止）違反について、罰則は設けられていないが、懲戒処分の対象になる。 根拠 社労士法16

**イ ×** 【③社会保険労務士法】

懲役処分により社会保険労務士の失格処分を受けたもので、その処分を受けた日から「3年」を経過しないものは、社会保険労務士となる資格を有しない。

根拠 社労士法5-③

**ウ ○** 【③社会保険労務士法】

設問の通り正しい。 根拠 社労士法14の9-Ⅰ③

確認してみよう！ 全国社会保険労務士会連合会は、社会保険労務士の登録を受けた者が、次の①～③のいずれかに該当するときは、資格審査会の議決に基づき、当該登録を取り消すことができる。

① 登録を受ける資格に関する重要事項について、告知せず又は不実の告知を行って当該登録を受けたことが判明したとき
② 心身の故障により社会保険労務士の業務を行うことができない者に該当するに至ったとき
③ 2年以上継続して所在が不明であるとき

**エ ○** 【③社会保険労務士法】

設問の通り正しい。開業社会保険労務士は、その業務に関する帳簿を備え、これに事件の名称、依頼を受けた年月日、受けた報酬の額、依頼者の住所及び氏名又は名称その他厚生労働大臣が定める事項を記載しなければならず、当該帳簿については、その関係書類とともに、帳簿閉鎖の時から2年間保存しなければならない。 根拠 社労士法19-Ⅱ

**オ ×** 【③社会保険労務士法】

設問の場合、厚生労働大臣は、「戒告又は1年以内の開業社会保険労務士若しくは開業社会保険労務士の使用人である社会保険労務士若しくは社会保険労務士法人の社員若しくは使用人である社会保険労務士の業務の停止」の処分をすることができるとされている。 根拠 社労士法25の2-Ⅱ

**解答 C（イとオ）**

## 問題20 選択 基本 教科書 Section 2

チェック欄 1 ／ 2 ／ 3 ／

# 企業年金制度、社会保険労務士法

次の文中の［　］の部分を選択肢の中の適当な語句で埋め、完全な文章とせよ。

確定拠出年金法第1条では、「この法律は、少子高齢化の進展、高齢期の生活の多様化等の社会経済情勢の変化にかんがみ、個人又は事業主が拠出した資金を［A］が［B］において［C］を行い、高齢期においてその［D］に基づいた給付を受けることができるようにするため、確定拠出年金について必要な事項を定め、国民の高齢期における所得の確保に係る自主的な努力を支援し、もって［E］と相まって国民の生活の安定と福祉の向上に寄与することを目的とする。」と規定している。

選択肢

| | | |
|---|---|---|
| ① 個人 | ② 事業主 | ③ 個人及び事業主 |
| ④ 資産管理機関 | ⑤ 事業主の責任 | ⑥ 自己の責任 |
| ⑦ 事業主の管理下 | ⑧ 自己の管理下 | ⑨ 積立て |
| ⑩ 運用 | ⑪ 運用の指図 | ⑫ 積立の管理 |
| ⑬ 納付 | ⑭ 資産 | ⑮ 預金 |
| ⑯ 結果 | ⑰ 確定給付企業年金 | ⑱ 国民年金基金 |
| ⑲ 公的年金の給付 | ⑳ 福祉の施策 | |

## 解答

【①確定拠出年金法】

A ① 個人
B ⑥ 自己の責任
C ⑪ 運用の指図
D ⑯ 結果
E ⑲ 公的年金の給付

根拠 確拠法1

## 解説

確定拠出年金法の目的条文である。確定拠出年金の大きな特徴は、掛金の拠出額は確定しているが、給付の額は確定しておらず、掛金として拠出された年金資産（個人別管理資産）について［①個人］（A）が［⑥自己の責任］（B）において［⑪運用の指図］（C）を行い、その［⑯結果］（D）に基づき給付の額が決まるものである。事業主があらかじめ従業員と給付の内容を約し、その内容に基づいた給付を受けることができるとする「確定給付企業年金法」の目的条文との違いに注意すること。なお、後半の「国民の高齢期における所得の確保に係る自主的な努力を支援し、もって［⑲公的年金の給付］（E）と相まって国民の生活の安定と福祉の向上に寄与すること」という文言は、確定給付企業年金法の目的条文にも存在する。

## 問題21 選択 基本 教科書 Section 2

チェック欄 1 ／ 2 ／ 3 ／

## 企業年金制度、社会保険労務士法

次の文中の［　　］の部分を選択肢の中の適当な語句で埋め、完全な文章とせよ。

1　社会保険労務士法は、社会保険労務士の制度を定めて、その業務の適正を図り、もって労働及び社会保険に関する法令の［ A ］に寄与するとともに、［ B ］と労働者等の［ C ］に資することを目的とする。

2　社会保険労務士は、社会保険労務士法人を設立することができる。なお、社会保険労務士法人を設立するには、その社員になろうとする社会保険労務士が、［ D ］を定めなければならない。

3　社会保険労務士法人は、その主たる事務所の所在地において設立の［ E ］をすることによって成立する。

選択肢

| | | |
|---|---|---|
| ① 定款 | ② 就業規則 | ③ 立案 |
| ④ 売上目標 | ⑤ 福祉の向上 | ⑥ 改廃 |
| ⑦ 完全雇用の達成 | ⑧ 産業の平和 | ⑨ 円滑な実施 |
| ⑩ 職業の安定 | ⑪ 公告 | ⑫ 登録 |
| ⑬ 登記 | ⑭ 経営方針 | ⑮ 見直し |
| ⑯ 事業の健全な発達 | ⑰ 経済及び社会の発展 | ⑱ 経済の興隆 |
| ⑲ 雇用状態の是正 | ⑳ 申出 | |

## 解答

【③社会保険労務士法】

A ⑨ 円滑な実施
B ⑯ 事業の健全な発達
C ⑤ 福祉の向上
D ① 定款
E ⑬ 登記

根拠 社労士法1、25の6、25の11-Ⅰ、25の12

## 解説

《D、Eについて》

社会保険労務士法人は、社会保険労務士法に基づく特別の法人であり、社員を社会保険労務士に限定した、会社法上の合名会社に準ずるものである。社会保険労務士法人の設立に当たっては、株式会社などの社団法人と同様にその組織活動の根本規則である［①定款］（D）の作成が必要であり、また、設立の［⑬登記］（E）をしなければならないものとされている。

## 問題22 択一 実践 教科書 Section 3

## 社会保障制度、社会保障の沿革等

チェック欄 1 ／ 2 ／ 3 ／

次のアからオの記述のうち、正しいものの組合せは、後記AからEまでのうちどれか。

**ア** 公的な医療保険制度としては、大正11年に被用者を対象とする健康保険法が制定された後、労働者以外の者にも医療保険を適用するため、昭和13年に（旧）国民健康保険法が制定された。

**イ** 高齢者の医療費の負担の公平化を目指して、老人保健法が昭和47年に制定され、翌年2月から施行された。同法においては、各医療保険制度間の負担の公平を図る観点から老人保健拠出金制度が新たに導入された。また、老人医療費の一定額を患者が自己負担することとなった。(H26-10C)

**ウ** 老人保健法が全面改正された「高齢者の医療の確保に関する法律」に基づき、後期高齢者医療制度が平成10年4月から実施された。本制度は、現役世代と高齢者の費用負担のルールを明確化するとともに、都道府県単位で全ての市町村が加入する後期高齢者医療広域連合を運営主体とすることにより、運営責任の明確化及び財政の安定化を図り、75歳以上の者等を対象とする、独立した医療制度として創設された。(H26-10D)

**エ** 75歳以上の方々の医療給付費は、その約4割を現役世代からの後期高齢者支援金によって賄われている。この支援金は、加入者数に応じた負担から負担能力に応じた負担とする観点から、被用者保険者間の按分について、平成22年度から3分の1を総報酬割（被保険者の給与や賞与などすべての所得で按分)、残りの3分の2を加入者割とする負担方法を導入した。また、より負担能力に応じた負担とするために、平成26年度には総報酬割を2分の1、平成27年度には3分の2と段階的に引き上げ、平成28年度からは全面総報酬割を実施することとされた。(H28-10A)

**オ** 平成30年度から、国民健康保険の財政運営の責任主体が市町村から都道府県に替わり、安定的な財政運営や効率的な事業の確保など、国保運営に中心的な役割を担い、制度の安定化を目指すこととなった。

**A**（アとエ）　**B**（アとオ）　**C**（イとウ）
**D**（イとエ）　**E**（ウとオ）

## 解説

**ア ○** 【②社会保険制度の沿革】

設問の通り正しい。なお、健康保険法は昭和２年に全面施行され、（旧）国民健康保険法は昭和13年に制定・施行されている。また、国民健康保険法は、昭和33年に全面改正（翌年施行）され、昭和36年からは全市町村で国民健康保険が実施されることとなった。

根拠「平成24年版厚生労働白書（厚生労働省）」P13他

**イ ×** 【②社会保険制度の沿革】

老人保健法は「昭和57年」に制定され、翌年２月から施行された。

根拠「平成19年版厚生労働白書（厚生労働省）」P18、57他

**ウ ×** 【②社会保険制度の沿革】

後期高齢者医療制度は「平成20年」４月から実施された。

根拠「平成21年版厚生労働白書（厚生労働省）」P138他

**エ ×** 【②社会保険制度の沿革】

後期高齢者支援金の負担方法については、平成22年度から３分の１を総報酬割、残りの３分の２を加入者割とする負担方法を導入したことについては設問の通りであるが、より負担能力に応じた負担とするために、総報酬割を２分の１としたのは「平成27年度」、３分の２としたのは「平成28年度」、全面総報酬割を実施することとしたのは「平成29年度」である。

根拠「平成27年版厚生労働白書（厚生労働省）」P409、410

**オ ○** 【②社会保険制度の沿革、⑧国保改革】

設問の通り正しい。国民健康保険は、健康保険などの被用者保険と比べて低所得者の加入者が多い、年齢構成が高く医療費水準が高い、所得に占める保険料負担が重いといった課題を抱えており、財政基盤の安定化が求められていることから、平成27年に成立した「持続可能な医療保険制度を構築するための国民健康保険法等の一部を改正する法律」により、平成30年度から、国民健康保険の財政運営の責任主体が市町村から都道府県に替わり、安定的な財政運営や効率的な事業の確保など、国保運営に中心的な役割を担い、制度の安定化を目指すこととなった。

根拠「平成29年版厚生労働白書（厚生労働省）」P98他

**解答 B（アとオ）**

問題23 択一 基本 教科書 Section 3

チェック欄 1 ／ 2 ／ 3 ／

## 社会保障制度、社会保障の沿革等

次の記述のうち、誤っているものはどれか。

**A** 公的年金制度は、昭和14年に年金制度を有する旧船員保険法がまず創設され、次いで昭和16年に現在の厚生年金保険制度の前身である労働者年金保険法が創設された。同法が厚生年金保険法となったのは昭和19年のことである。

**B** 昭和60年の公的年金制度の改正で、1階部分を基礎年金とし2階部分を厚生年金保険などの被用者年金とする現行の2階建ての公的年金制度が創設され、同年4月からいわゆる新法が実施された。

**C** 年金制度では、少なくとも5年に一度、将来の人口や経済の前提を設定した上で、長期的な年金財政の見通しを作成し、給付と負担の均衡が図られているかどうかの確認である「財政検証」を行っている。平成16年改正以前は、給付に必要な保険料を再計算していたが、平成16年改正により、保険料水準を固定し、給付水準の自動調整を図る仕組みの下で年金財政の健全性を検証する現在の財政検証へ転換した。(H27-9D)

**D** 厚生年金保険法の改正により平成26年4月1日以降は、経過措置に該当する場合を除き新たな厚生年金基金の設立は認められないこととされた。(H29-9A)

**E** 年金額については、マクロ経済スライドによる調整をできるだけ早期に実施するために、現在の年金受給者に配慮する観点から、年金の名目額が前年度を下回らない措置（名目下限措置）は維持しつつ、賃金・物価上昇の範囲内で、前年度までの未調整分（キャリーオーバー分）を含めて調整することとした。この調整ルールの見直しは、平成30年4月に施行された。(H30-10C)

## 解説

**A ○** 【②社会保険制度の沿革】

設問の通り正しい。なお、（旧）船員保険法は、ほとんどすべての社会保険部門を有する「小型総合社会保険制度」として、昭和14年に制定（翌年施行）された法律であったが、昭和60年の法改正で職務外年金部門が厚生年金保険制度に移行された。

根拠 「平成23年版厚生労働白書（厚生労働省）」P35他

**B ×** 【②社会保険制度の沿革】

「同年４月」ではなく、「翌年４月」である。いわゆる新法による年金制度は、昭和61年４月から実施されている。

根拠 「平成23年版厚生労働白書（厚生労働省）」P62他

**C ○** 【④平成16年年金制度改正の概要】

設問の通り正しい。なお、「給付水準の自動調整を図る仕組み」とは、いわゆるマクロ経済スライド（Eの得点UP!参照）のことである。

根拠 「平成26年版厚生労働白書（厚生労働省）」P360

**D ○** 【②社会保険制度の沿革】

設問の通り正しい。平成25年に成立した「公的年金制度の健全性及び信頼性の確保のための厚生年金保険法等の一部を改正する法律」により、平成26年４月１日以後は厚生年金基金の新設は認めないこととしたほか、厚生年金基金について他の企業年金制度への移行を促進しつつ、同日から５年間に限り、特例的な解散制度の導入等を行うこととされた。

根拠 （25）厚年法附則６他

**E ○** 【②社会保険制度の沿革、④平成16年年金制度改正の概要】

設問の通り正しい。 根拠 「平成29年版厚生労働白書（厚生労働省）」P285

**得点UP!** マクロ経済スライドは、少子高齢化が進む中で、現役世代の負担が過重なものとならないように、保険料の上限を固定し、その限られた財源の範囲内で年金の給付水準を徐々に調整する仕組みとして導入されたものであり、賃金・物価がプラスの場合に限り、その伸びを抑制する形で年金額に反映させるものである。マクロ経済スライドによる調整をより早く終了することができれば、その分、将来年金を受給する世代（将来世代）の給付水準が高い水準で安定することになる。

**解答 B**

CH10 社会保険に関する一般常識

## 問題24　択一　実践　教科書 Section 3

## 社会保障制度、社会保障の沿革等

チェック欄　1／　2／　3／

次のアからオの記述のうち、誤っているものの組合せは、後記AからEまでのうちどれか。

**ア**　国民年金基金は、昭和60年の国民年金法の改正により導入され、翌年の4月から施行されたが、地域型国民年金基金と職能型国民年金基金及び総合型国民年金基金の3タイプに分けられる。(H24-8E)

**イ**　確定拠出年金法は、平成13年6月に制定され、同年10月から施行されたが、同法に基づき、個人型年金と企業型年金の2タイプが導入された。(H24-8C)

**ウ**　確定給付企業年金法は、平成15年6月に制定され、同年10月から施行されたが、同法により基金型の企業年金の1タイプが導入された。(H24-8D)

**エ**　深刻化する高齢者の介護問題に対応するため、介護保険法が平成9年に制定され、平成12年4月から施行された。介護保険制度の創設により、介護保険の被保険者は要介護認定を受ければ、原則として費用の1割の自己負担で介護サービスを受けられるようになった。(H26-10E)

**オ**　子ども・子育て支援法の施行に伴い、児童手当は、一人一人の子どもが健やかに成長することができる社会の実現に寄与することを目的として支給される「子ども・子育て支援給付」のうち「子どものための現金給付」に位置づけられ、児童手当制度は、同法を所管する内閣府に移管された。

**A**（アとウ）　**B**（アとオ）　**C**（イとウ）
**D**（イとエ）　**E**（エとオ）

## 解説

**ア ×** 【②社会保険制度の沿革】

国民年金基金の制度は、昭和44年に導入された後「平成元年」の国民年金法の改正で整備され、「平成３年４月」から施行されている。また、国民年金基金に、「総合型国民年金基金」は存在しない。

根拠 「平成９年度版年金白書（旧厚生省）」P92他

**イ ○** 【②社会保険制度の沿革】

設問の通り正しい。なお、平成28年に成立した「確定拠出年金法等の一部を改正する法律」により、平成29年１月からは、個人型年金の加入者の範囲が基本的に20歳以上60歳未満の全ての者に拡大され、また、企業型年金でも、中小企業でも実施しやすい簡易企業型年金、企業年金を実施できない事業主でも従業員の高齢期の所得確保を支援できるようにする中小事業主掛金納付制度が平成30年５月より実施されている。

根拠 「平成14年版厚生労働白書（厚生労働省）」P249、250他

**ウ ×** 【②社会保険制度の沿革】

確定給付企業年金法は「平成13年６月」に制定され、「平成14年４月」から施行されている。また、同法による企業年金には、設問にある「基金型」のほか、「規約型」が存在する。

根拠 「平成14年版厚生労働白書（厚生労働省）」P249他

**エ ○** 【②社会保険制度の沿革】

設問の通り正しい。なお、介護保険制度が定着し、サービス利用の大幅な伸びに伴い、介護費用が急速に増大しており、その持続可能性の確保の観点から、平成27年８月より65歳以上の被保険者について、一定以上の所得がある利用者の自己負担割合が、従来の１割から２割に引き上げられ、また、平成30年８月からは、２割負担者のうち特に所得の高い層の負担割合が３割に引き上げられた。

根拠 「平成18年版厚生労働白書（厚生労働省）」P141他

**オ ○** 【②社会保険制度の沿革】

設問の通り正しい。なお、子ども・子育て支援法の施行は平成27年４月１日である。 根拠 「平成27年版厚生労働白書（厚生労働省）」P285、286他

**解答 A（アとウ）**

# 問題25 択一 実践 教科書 Section 3

## 社会保障制度、社会保障の沿革等

チェック欄 1 ／ 2 ／ 3 ／

次の記述のうち、正しいものはどれか。

**A** 我が国の社会保障は、国民が相互に連帯して支え合うことによって安心した生活を保障するという共助では対応できなくなっており、個人の責任及び自助努力によって、社会の構築・持続という目標の実現を目指している。

**B** 国際的な交流が活発化する中、海外在留日本人等が日本及び外国の年金制度等に二重に加入することを防止し、また、両国での年金制度の加入期間を通算することを目的として、外国との間で２国間協定である社会保障協定（年金通算協定）の締結が進められている。

**C** 公的年金制度の財政方式には、積立方式と賦課方式の２つの方式があるが、わが国の財政方式は、限りなく積立方式に近いものとなっている。

**D** 公的年金及び私的年金とも、保険料と運用収入のみで給付費が賄われている。

**E** 平成30年度における国民医療費は、国民所得の20％を占めるに至っている。また、制度区分別にみると、後期高齢者医療給付分は、国民医療費の５分の１を占めている。

## 解説

**A ×** 【①日本の社会保障制度】

我が国の社会保障は、個人の責任や自助努力のみでは対応できないリスクに対して、国民が相互に連帯して支え合うことにより安心した生活を保障したり、自助や共助では対応できない場合には必要な生活保障を行うものである。これにより社会保障は「一人一人が、生涯にわたり、家庭・職場・地域等において持てる力を十分に発揮し、共に支え合いながら、希望を持ち、健やかに安心して暮らすことができる社会の構築・持続」という目標の実現を目指している。

根拠「平成22年版厚生労働白書（厚生労働省）」P163

**B ○** 【②社会保険制度の沿革】

設問の通り正しい。なお、わが国が最初に締結したのは、平成12年に発効したドイツとの間の社会保障協定である。

根拠「平成25年版厚生労働白書（厚生労働省）」P281他

**C ×** 【③公的年金制度】

わが国の財政方式は、限りなく「賦課」方式に近いものとなっている。

根拠「平成18年版厚生労働白書（厚生労働省）」P102他

**D ×** 【③公的年金制度】

私的年金については、保険料とその運用収入で給付費が賄われているが、公的年金については、保険料と運用収入の他に国庫負担がある。

根拠 国年法85-Ⅰ、厚年法80-Ⅰ、「平成11年版厚生白書（旧厚生省）」P39

**E ×** 【⑦平成18年医療保険制度改正の概要】

平成30年度における国民医療費は、国民所得の「10.73％」を占め、後期高齢者医療給付分は、国民医療費の約「３分の１」を占めている。

根拠「平成30年度国民医療費の概況（厚生労働省）」

**解答 B**

## 問題26 選択 基本 教科書 Section 3

## 社会保障制度、社会保障の沿革等

チェック欄 1 ／ 2 ／ 3 ／

次の文中の［　］の部分を選択肢の中の適当な語句で埋め、完全な文章とせよ。

国民健康保険法が全面改正され、昭和36年から全国の市町村に国民健康保険の実施が義務づけられるなどにより、国民健康保険の全国普及が進み、［A］保険の体系と相まって、国民皆保険体制の基盤が確立された。当初、［A］については10割給付を原則としていたが、昭和59年の改正によって初めて定率1割負担が導入され、平成9年には2割負担、平成15年には3割負担となった。［A］保険における［B］については、長い間［C］割給付であったが、昭和［D］年には7割給付とすることに合わせて月額3万円を超える医療費の自己負担分を償還する［E］支給制度が新たに発足することになった。

選択肢

| | | | | | |
|---|---|---|---|---|---|
| ① | 生活保護受給者 | ② | 被扶養者 | ③ | 46 |
| ④ | 入院時生活療養費 | ⑤ | 自営業者 | ⑥ | 48 |
| ⑦ | 特別療養費 | ⑧ | 高額療養費 | ⑨ | 59 |

| | | | | | | | |
|---|---|---|---|---|---|---|---|
| ⑩ | 高齢者 | ⑪ | 失業者 | ⑫ | 被用者 | ⑬ | 61 |
| ⑭ | 移送費 | ⑮ | 無職者 | ⑯ | 学生 | ⑰ | 3 |
| ⑱ | 5 | ⑲ | 6 | ⑳ | 8 | | |

## 解答

【②社会保険制度の沿革】

A ⑫ 被用者
B ② 被扶養者
C ⑱ 5
D ⑥ 48
E ⑧ 高額療養費

根拠「平成18年版厚生労働白書（厚生労働省）」P132

## 解説

《Aについて》

医療保険制度については、大正11年制定（昭和２年完全施行）の健康保険法、昭和14年制定の職員健康保険法（昭和17年健康保険に統合）等により、［⑫被用者］保険を中心に整備されてきた。農村漁村民を対象とした国民健康保険法については、昭和13年に制定・施行されており、昭和20年には全国で約１万組合、被保険者数約4,100万人に達したと称せられていたものの、実態は貧弱きわまる状況であった。そして、昭和33年には、国民健康保険法が全面改正され、昭和36年から全国の市町村に国民健康保険の実施が義務づけられるなどにより、国民皆保険体制の基盤が確立した。

《B～Eについて》

昭和［⑥48］（D）年は、「福祉元年」と呼ばれ、設問の［②被扶養者］（B）の給付割合の［⑱５］（C）割から７割への拡充、［⑧高額療養費］（E）制度の創設ほか、老人医療費の無料化、年金の物価・賃金スライド制の導入が行われた年である。

問題27 選択 実践 教科書 Section 3

チェック欄 1／ 2／ 3／

## 社会保障制度、社会保障の沿革等

次の文中の［　　］の部分を選択肢の中の適当な語句で埋め、完全な文章とせよ。

急速な［ A ］の進展等により、社会保障費の増加が避けられない状況にあることを踏まえ、［ B ］の確保と財政健全化の同時達成に向け、税制抜本改革法に沿って、［ C ］年４月には消費税率が８％へ引き上げられることとなった。また、1999（平成11）年以降、消費税収（国分）については、各政府の予算総則において年金、高齢者医療、介護といった「高齢者三経費」に充てることとされていたが、今回の改革では、［ D ］や現役世代の医療を加えた「社会保障四経費」に消費税増収分の全てを充てることが消費税法等に明記された。

基礎年金国庫負担割合については、2009（平成21）年度以降、臨時的な財源の活用等により「２分の１」を確保してきたが、［ C ］年度以降については、消費税率の引上げによる増収分の活用により、恒久的に「２分の１」が実現されることとなった。併せて、［ C ］年４月から、厚生年金や健康保険における［ E ］の保険料免除、遺族基礎年金の父子家庭への支給などが開始されることとなった。

選択肢

| | | | |
|---|---|---|---|
| ① 2014(平成26) | ② 2013(平成25) | ③ 子育て | ④ 生活保護 |
| ⑤ 2012(平成24) | ⑥ 2011(平成23) | ⑦ 公的扶助 | ⑧ 災害補償 |
| ⑨ 育児休業期間中 | ⑩ 臨時財源 | ⑪ 少子高齢化 | ⑫ 高齢化 |
| ⑬ 国民の雇用の場 | ⑭ 国内需要 | ⑮ 少子化 | ⑯ 経済成長 |
| ⑰ 介護休業期間中 | ⑱ 社会保障の安定財源 | | |
| ⑲ 刑事施設等入所中 | ⑳ 産休期間中 | | |

## 解答

【②社会保険制度の沿革、④平成16年年金制度改正の概要】

A ⑪ 少子高齢化
B ⑱ 社会保障の安定財源
C ① 2014（平成26）
D ③ 子育て
E ⑳ 産休期間中

根拠「平成26年版厚生労働白書（厚生労働省）」P251、252、259

## 解説

《C、Eについて》

［⑨育児休業期間中］の保険料免除については、1995（平成７）年４月から被保険者負担分のみ、その後に事業主負担分についても実施されているが、［⑳産休期間中］（E）の保険料免除については、［①2014（平成26）］（C）年４月から実施されている。なお、配偶者に支給する遺族基礎年金については、その対象が［①2014（平成26）］年３月までは母子家庭（子のある妻）に限定されていた。

MEMO

MEMO